Albert

Gu

Idenpenning

Geschichte des Oströmischen Reiches

unter den Kaisern Arcadius und Theodosius II.

Albert
Güldenpenning

Idenpenning

Geschichte des Oströmischen Reiches
unter den Kaisern Arcadius und Theodosius II.

ISBN/EAN: 9783743657410

Hergestellt in Europa, USA, Kanada, Australien, Japan

Cover: Foto ©ninafisch / pixelio.de

Weitere Bücher finden Sie auf **www.hansebooks.com**

GESCHICHTE

DES

OSTRÖMISCHEN REICHES

UNTER DEN KAISERN

ARCADIUS UND THEODOSIUS II.

VON

D^R. ALBERT GÜLDENPENNING,
ORD. LEHRER AM KÖNIGL. BISMARCK-GYMNASIUM ZU PYRITZ.

HALLE.
MAX NIEMEYER.
1885.

FRAU SANITÄTSRÄTIN MASS

IN ANCLAM

EHRFURCHTSVOLL GEWIDMET.

Hochverehrte Frau!

Die wohlwollende Aufnahme, welche meines Freundes und meinem ersten Versuche, eine abgerundete Darstellung aus der späteren Kaiserzeit in unserer gemeinsamen Arbeit „Der Kaiser Theodosius der Grofse" Halle 1878, zu bieten, von seiten der Kritik zu teil wurde (vgl. Jenaer Litteraturzeitung 1879 No. 16, S. 223. und Theol. Litteraturzeitung 1879 No. 16, S. 420), liefs in mir die Neigung zu den einst in Halle begonnenen Studien auch unter den Anforderungen der Berufspflichten nicht erstickt werden. Der Gegenstand jenes Beitrages zur römischen Kaisergeschichte hatte mich bis zu dem Punkte geführt, von dem ab sich das grofse Weltreich in einen westlichen und östlichen Teil schied, und es trat daher an mich die Entscheidung heran, nach welcher von beiden Richtungen ich mich zunächst wenden sollte. Ein näheres Eingehen auf die den Occident behandelnde Litteratur überzeugte mich bald, dafs dieser in weit höherem Grade das Interesse der neueren Forschung erregt hatte als die östliche Reichshälfte, weil sich auf seinem Boden die durch die Völkerwanderung angebahnte Kulturentwickelung der germanischen Volksgenossenschaften vollzog. Die gründlichen und umfassenden Werke E. v. Wietersheim's, Dahn's, Kaufmanns und Arnolds behandeln die letzten Kämpfe zwischen dem sinkenden Römertum und dem anstürmenden Germanentum mit einer solchen Sachkenntnis und in so ansprechender Darstellungsweise, dafs für den Forscher, sofern er nicht besonders das römische Wesen zum Vorwurf seiner Studien erwählen will, in ihnen fast alles geschehen ist.

Anders dagegen liegen die Verhältnisse in Bezug auf den östlichen Reichsteil. Dieser wurde von den Stürmen der Völkerwanderung zu derselben Zeit, als der Westen ihnen erlag, nur vorübergehend berührt und lenkte, wenn er auch später ebenfalls staatliche Neugründungen einer anderen Nation auf seinem ausgedehnten Gebiet entstehen sah, dennoch weit weniger den Fleifs der deutschen Forschung auf sich. So kommt es, dafs man, im Begriff die Anfänge des oströmischen Reiches darzustellen, fast allein auf die grundlegenden Werke des Franzosen Tillemont (histoire des Emper. Rom. VI. Bd. und mémoires pour servir à l'histoire ecclésiastique) und des Engländers Gibbon angewiesen ist, welcher die hierauf bezüglichen Abschnitte im VII. und VIII. Bande seiner Geschichte des Verfalls und Untergangs des römischen Reiches behandelt hat. Denn die neueren deutschen Gelehrten, welche die Geschichte Griechenlands vom Absterben des antiken Lebens bis ins Mittelalter und in die Neuzeit verfolgt haben, wie Fallremayer, Zinkeisen, Hopf und Hertzberg gehen über die älteste Periode byzantinischer Geschichte schnell hinweg und konnten sich mit einer eingehenden Würdigung engerer Zeitabschnitte dem Plane ihrer Werke gemäfs nicht aufhalten. Auch die Stoffsammlung von Sievers in seinen Studien zur röm. Kaisergeschichte bot wohl ein angenehmes, aber durchaus nicht anleitendes Hülfsmittel dar, da die einzelnen Teile ohne inneren Zusammenhang aneinander gereiht sind. Hingegen haben Volkmann in Synesius v. Kyrene und Gregorovius in Athenais, eine byzantinische Kaiserin, anziehende Einzelbilder aus der Kulturgeschichte des Orients geliefert und so auch weiteren Kreisen des gebildeten Publikums oströmisches Leben zugänglich gemacht.

Bleibt somit ohne Zweifel die profangeschichtliche Behandlung der Osthälfte gegen die der Westhälfte zurück, so darf man dasselbe in Hinsicht auf die kirchengeschichtlichen Darstellungen keineswegs behaupten. Denn das kirchliche Leben im oström. Reich hat, wenn auch nicht an Tiefe, so doch an Lebendigkeit in den ersten Jahrhunderten dasjenige des Westens weit übertroffen, da nichts so sehr die orientalischen Völker aufregte und im Innersten ergriff als streng religiöse Fragen. Der Verfasser ist daher, um einen rein historischen und möglichst vorurteilslosen Standpunkt zu gewinnen, überall zu den Quellen selbst herabgestiegen, doch gingen ihm dabei aufser den neueren biographischen Darstellungen die gröfseren kirchengeschichtlichen Werke von Neander, A. F. Gfrörer, Gieseler und die Konziliengeschichte v. Hefele's vielfach hülfreich zur Hand.

Aus dieser vorausgeschickten Litteraturübersicht ist wohl nun ersichtlich, dafs eine neue Bearbeitung der Anfänge des Byzantinischen Reichs noch fehlte, eine andere Frage aber ist es, ob dieser Gegenstand eine solche auch verdiente. Zwar ist es richtig, dafs sich unter der grofsen Zahl der leitenden Persönlichkeiten wenige befinden, welche etwas Charaktervolles und Anziehendes an sich haben, gleichwohl aber werden Gestalten wie die des Anthemius und der Pulcheria auf der einen Seite, des Synesius und Johannes Chrysostomus auf der anderen stets bei der Nachwelt einen guten Klang haben. Noch mehr aber als durch diese Persönlichkeiten wird die Geschichte der Jahre 395—450 durch den Aufstand des Alarich und des Gainas, nicht minder durch das fortgesetzte Eingreifen des Ostreichs in die Verwickelungen des Occidents und endlich durch die engen Beziehungen zum Hunnenkönig Attila in den Rahmen der allgemeinen Weltgeschichte hineingezogen.

Die Eigentümlichkeiten der Quellen dieser Epoche sind im ganzen dieselben wie die derjenigen zur Geschichte Theodosius des Grofsen, welche ich in meiner Inauguraldissertation bereits besprochen und darum hier nicht näher zu kennzeichnen habe. Nur auf eine, leider verstümmelte Quelle möchte ich im voraus hinweisen, weil sie mit zu dem Besten gehört, was wir überhaupt an Originalberichten aus der Kaiserzeit besitzen, ich meine die Byzantinische Geschichte von Priscus. Sie bietet in ihrem 8. Fragment ein so lebendiges Bild der Verhältnisse zwischen Hunnen und Römerreich, dafs ich es mir nicht versagen durfte, es bis auf geringe Zusammenfassungen in deutscher Übersetzung wiederzugeben.

Indem ich nun diese Geschichte des oström. Reichs unter den Kaisern Arcadius und Theodosius II. der Öffentlichkeit übergebe, kann ich nicht unterlassen, den Herren Professoren Dr. Dümmler und Dr. Kirchhoff in Halle a/S., insbesondere dem Erstgenannten, und Dr. Seeck in Greifswald, welche mir auf an sie gerichtete Anfragen bereitwillige Antwort und Hinweisung gaben, meinen herzlichsten Dank auszusprechen. Ihnen aber, hochverehrte Frau, glaubte ich dies Ergebnis meiner Studien widmen zu müssen, weil ich Ihnen „von anderen Tagen" her unendlich viel zu danken habe. So nehmen Sie denn mit der Güte, die Sie so sehr auszeichnet, dieses Buch hin und lassen Sie mich schliefsen mit den Worten der Dichtung, die Sie vor anderen lieben:

„Wenn Ihr zufrieden seid, so ist's vollkommen;
„Denn Euch gehört es zu in jedem Sinn!"

Pfingsten 1885.

Dr. Albert Güldenpenning.

INHALT.

I. Buch.

Seite.

Erstes Kapitel. Tod Theodosius I. — Allgemeine Weltlage. — Die Reichsteilung. — Vergleichung des Orients und Occidents in Bezug auf Flächeninhalt, Bodenbeschaffenheit und Erzeugnisse. — Die Reichseinheit. — Die Osthälfte des römischen Reichs nach ihrer geographischen Lage, administrativen Gliederung und militärischen Machtentfaltung. — Constantinopel, bleibender Sitz der oströmischen Kaiser, am Ende des vierten Jahrhunderts 1

Zweites Kapitel. Arcadius bis zu seinem Regierungsantritt: Seine Geburt, Erziehung durch Arsenius und Themistius, seine Erhebung zum August. — Sein Bruder Honorius. — Der Minister Stilicho und Rufinus Abstammung, Laufbahn, Charakter und Feindschaft. — Rufin hofft seine Tochter mit Arcadius zu vermählen. — Arcadius heiratet auf Betreiben des Oberkämmerers Eutrop die Eudoxia, Tochter des Bauto 22

Drittes Kapitel. Erhebung Alarichs, Königs der Westgoten. — Verwüstung Nordgriechenlands, Bedrängnis Constantinopels. — Zu derselben Zeit Einfall der Hunnen durch die Caucasische Pforte. -- Stilicho am Rhein. — Erster Zug Stilichos gegen Alarich 395. — Rückkehr des orientalischen Heeres. — Rufins Ermordung. — Verwüstung Griechenlands durch die Westgoten. — Einnahme Athens. — Zweiter Zug Stilichos gegen Alarich 396. — Friedensschluß mit Alarich. — Seine Befugnisse und Gegenleistungen 37

Viertes Kapitel. Der Verschnittene Eutrop an Rufins Stelle allmächtig. — Seine Vorgeschichte. — Verhältnis zu Stilicho und Eudoxia. — Arcadius und Eudoxia. — Mangelhafte Verbindung zwischen Orient und Occident. — Gildo, comes Africae, wirft sich dem Ostreich in die Arme. — Seine Tyrannis. — Hungersnot in Rom. — Gildo wird im Senat für einen Feind des Vaterlandes erklärt. — Die Rüstungen. — Mascezel, Gildos Bruder, Befehlshaber der römischen Truppen. — Überfahrt nach Afrika. — Schlacht am Ardalio. — Gildos Niederlage und Tod . . . 56

Fünftes Kapitel. Die Amtsverwaltung des Eutrop. — Seine Habgier und Überhebung. — Ämterverkauf, Spione, falsche Ankläger. — Gesetz gegen das Asylrecht der Kirche und gegen Verschwörungen. — Osius, Leo,

X

Suburmachius. — Eutrop auf der Höhe seiner Macht als Konsul und Patricius. — Johannes Chrysostomus wird Bischof von Konstantinopel. — Seine Vorgeschichte, gesellschaftliche Stellung, Verhalten gegen den Klerus, die Heiden und Häretiker. — Synesius von Kyrene als Gesandter in Konstantinopel 72

Sechstes Kapitel. Die Germanen im Orient. — Wer ist der Typhos der Allegorie des Synesius? — Die römische Partei und Aurelian (Osiris). — Beginn der Erhebung des Tribigild. — Sorglosigkeit des Eutrop. — Die Rede des Synesius περὶ βασιλείας an Arcadius und ihre Bedeutung für die Zeitgeschichte. — Gainas wird als Feldherr gegen Tribigild gesandt. — Seine Vergangenheit und Zukunftspläne. — Aufreizung durch Typhos und seine Frau. — Leos unglücklicher Feldzug gegen Tribigild infolge der zweideutigen Haltung des Gainas. — Die Forderung des Gainas führt zum Sturz des Eunuchen. — Eutrop flieht in die Sophienkirche. — Homilie des Johannes Chrysostomus auf den gefallenen Günstling. — Verbannung des Eutrop nach Cypern und das Absetzungsdekret. — Eutrop wird auf Gainas Drängen gegen das Versprechen bei Chalcedon hingerichtet 91

Siebentes Kapitel. Zusammenkunft des Gainas und Arcadius bei Chalcedon. Auslieferung des Aurelian, Saturnin und Johannes. — Sie werden begnadigt und in die Verbannung geschickt. — Gainas Versuch, den Arianern eine Kirche innerhalb der Stadt zu gewinnen, scheitert an der Standhaftigkeit des Johannes Chrysostomus. — Schwanken des Gainas und Auszug aus Konstantinopel. — Überwältigung der Goten im Strafsenkampf. — Vernichtung der sieben Tausend in der Kirche. — Sturz des Typhos. — Gainas versucht nach Asien überzusetzen. — Der Heide Fravitta wird zum Feldherrn gegen ihn ernannt. — Seeschlacht im Hellespont. — Gainas Flucht und Tod durch die Hunnen jenseits der Donau. — Rückkehr Aurelians. — Poetische Darstellungen des Gotenaufstandes 117

Achtes Kapitel. Alarich und Westrom in den Jahren 401—403. — Arcadius und seine Familie. — Geburt und Taufe Theodosius II. — Johannes Chrysostomus' Verhältnis zur Gemeinde und dem Klerus. — Reise nach Ephesus. — Streit mit Severian von Gabala. — Eifersucht der alexandrinischen Patriarchen auf den Bischof von Konstantinopel. — Charakteristik des Theophilus. — Richtung der alexandrinischen Kirche. — Theophilus und die Mönche von Nitria. — „Die langen Brüder" in Konstantinopel. — Eudoxia nimmt sich ihrer an. — Johannes und Epiphanius von Konstantia. — Johannes Predigt gegen die Frauen. — Theophilus kommt nach Konstantinopel. — Synode ἐπὶ δρῦν bei Chalcedon. — Absetzung und Abführung des Johannes 131

Neuntes Kapitel. Volksauflauf in Konstantinopel. — Theophilus flieht nach Alexandrien. — Ein nächtliches Erdbeben erschreckt die Kaiserin. — Der Kammerherr Brison holt den Bischof zurück. — Feierlicher Einzug des Johannes. — Seine Antrittspredigt. — Ausbruch erneuter Streitigkeiten nach zwei Monaten. — Die silberne Statue der Eudoxia wird neben der grofsen Kirche aufgestellt. — Die untergeschobene

Predigt des Johannes. — Zweite Synode in Konstantinopel, doch ohne Theophilus. — Erste Aufforderung des Kaisers an Johannes seine Kirche zu verlassen gegen Ostern 404. - Tumult in der grofsen Kirche am Ostersabbat. — Die Johanniten. - Zweite Abführung des Johannes in die Verbannung am 20. Juni 404. — Brand der grofsen Kirche, des Senats und anderer Gebäude. — Untersuchung wegen der Feuersbrunst. — Arsacius, des Nectarius Bruder, wird am 26. Juni zum Bischof erhoben. — Standhaftigkeit des Lektors Eutropius, des Presbyters Tigris und der Olympias. — Beruhigungsedikte des Arcadius. — Verhältnis der occidentalischen und orientalischen Kirche. — Innocenz, Bischof von Rom, wird von beiden Parteien um Unterstützung angerufen. — Sein Briefwechsel mit Theophilus, Johannes und dessen Klerus. — Schreiben des Honorius an Arcadius in dieser Angelegenheit. — Unwürdige Behandlung der occidentalischen Gesandten. — Johannes stirbt in Comana 14. September 407. — Vergleichung des Ambrosius mit Johannes Chrysostomus 155

Zehntes Kapitel. Die Isaurer. — Ihr Verwüstungs- und Plünderungszug im Jahre 403/404. — Arbacazius' erste Erfolge, seine Bestechung und Freisprechung. — Fernere Streifzüge der Isaurer. — Zustand der afrikanischen Grenzlande. — Die Maziken und Auxorianer. — Not der Pentapolis zur Zeit des Arcadius. — Synesius Briefe. — Verhältnis des Ostreichs zu Persien. — Das weströmische Reich von 403 bis 408. — Der Einfall des Radagais wird durch Stilicho zurückgeschlagen. — Überschreitung der Rheingrenze durch Quaden, Alanen, Vandalen und andere germanische Völker. — Stilicho beschliefst mit Hülfe des Alarich Ostrom zu züchtigen. — Alarich rückt in Epirus ein 407. — Der in Britannien erhobene Tyrann Konstantinus setzt nach Gallien über. — Alarich in Venetien und seine Forderungen. — Tod des Arcadius. — Seine letzten Lebensjahre. — Äufsere und innere Eigenschaften. — Eudoxias Einflufs. — Seine selbständigen Thaten 172

II. Buch.

Erstes Kapitel. Übergang der Krone auf Theodosius II. — Unmündigkeit der Kinder des Arcadius. — Zustand des Reichs beim Tode desselben. — Verhältnis zu Westrom. — Honorius zuerst, dann Stilicho wollen sich nach Konstantinopel zur Ordnung der orientalischen Angelegenheiten begeben. — Stilichos Sturz und Hinrichtung 22. August 408. — Das Ostreich leitet der Präfektus praet. Anthemius. — Seine Vorgeschichte und sein Verkehrskreis. — Troilus, der Sophist, die Dichter Nicander und Theotimus. — Meinung des Synesius und Chrysostomus über Anthemius. — Annäherung an Westrom. — Freundliche Beziehungen zu Persien. — Der persische Handelsvertrag. — Besiegung des Uldes und Gefangennahme der Skiren. - - Die Verteilung derselben über die Provinzen. — Sicherung der Donaugrenze durch Vermehrung der Flotten. — Hungersnot in Konstantinopel. — Verfügung über den Transport des ägyptischen Getreides. — Versuch Illyrien aufzuhelfen. —

XII

Der Bau der Mauern Konstantinopels. — Die Ereignisse im Westen in
den Jahren 408—414. — Rücktritt des Anthemius 192

Zweites Kapitel. Pulcheria beginnt teil zu nehmen an der Erziehung der
Geschwister und an den Staatsgeschäften. — Ihr Charakter. — Sie
nimmt den Titel „Augusta" an. — Aurelianus zum zweiten Male Präfektus praetorio. — Pulcheria beschliefst Jungfrau zu bleiben. — Ebenbürtigkeit der Ehen kaiserlicher Prinzessinnen. — Der Bischof Atticus
von Konstantinopel. — Echt religiöser Sinn der Töchter des Arcadius.
— Die Ausbildung Theodosius II. — Bischof Cyrill von Alexandrien.
— Die jüdische Gemeinde in Alexandrien. — Streit zwischen Juden
und Christen. — Orestes, praefectus Augustalis, und Hierax. — Nächtliche Ermordung der Christen. — Cyrill vertreibt die Juden aus der
Stadt. — Die Mönche von Nitria in Alexandrien. — Das Heidentum
in Ägypten. — Der Mathematiker Theon und seine Tochter Hypatia.
— Ihre Studien, Sinnesart und Schönheit. — Ihr Einflufs in Alexandrien
und Verhältnis zu Orest. — Verschwörung der Parabolanen. — Ihre
Ermordung, März 415. — Ergebnis der Untersuchung durch Aedesius.
— Andere Ereignisse aus den ersten Jahren der Regierung Pulcherias 217

Drittes Kapitel. Die Ereignisse in Westrom bis zum Jahre 421. —
Emporkommen des Konstantius. — Sein Äufseres und Charakter. —
Durch Athaulfs Tod wird Placidia frei und von Wallia zurückgegeben.
— Ihre Vermählung mit Konstantius 1. Jan. 417. — Geburt Valentinians.
— Erhebung des Konstantius zum Mitregenten 421. — Er wird in Ostrom nicht anerkannt. — Zu derselben Zeit Ausbruch eines Krieges mit
Persien. — Das Christentum in Persien seit dem 4. Jahrhundert. — Die
diplomatischen Sendungen des Bischofs Maruthas. — Fanatismus des
Abdas, Bischofs von Ktesiphon. — Christenverfolgung in Persien. —
Die Märtyrer Hormisda, Jacob und Benjamin. — Beginn der Feindseligkeiten. — Pulcheria sucht eine Gemahlin für Theodosius. — Athenais,
Tochter des Leontius, aus Athen wird von Pulcheria und Theodosius
auserwählt und getauft. — Vermählung 421, 7. Juni. — Tod des Konstantius. — Krieg mit den Persern. — Ardaburius, römischer Feldherr.
— Friede 422 236

Viertes Kapitel. Geburt der Eudoxia. — Verhältnis Placidias zu Honorius
nach dem Tode des Konstantius. — Verbannung der Placidia mit ihren
Kindern in den Orient. — Honorius stirbt 15. Aug. 423. — Geheime
Mafsregeln des oströmischen Hofes. — Johannes, primicerius notariorum,
wird in Italien zum Kaiser erhoben. — Seine Gesandtschaft nach Konstantinopel. — Ardaburius, Aspar und Candidian werden gegen ihn geschickt. — Valentinian zum Cäsar erhoben. — Des Ardaburius unglückliche Expedition zur See und Gefangennahme. — Aquileia genommen.
— Ardaburius und Aspar siegen durch Verrat. — Johannes wird hingerichtet. — Valentinian wird von Theodosius in Rom zum August ernannt 23. Oktob. 425. — Sieg über die hunnischen Hülfsvölker. — Fürsorge des Theodosius für Illyrien. — Aufserordentliche Besteuerungen
werden notwendig. — Professoren und Ärzte unter den Kaisern. — Die
Gründung der Universität Konstantinopel 253

Fünftes Kapitel. Die Verhältnisse in Westrom. — Aetius und Bonifacius. — Ihr Vorleben und Charakter. — Die Intrigue des Aetius. — Aufstand des Bonifacius. — Mavortius, Galbio und Sinox werden gegen ihn gesandt. — Bonifacius ruft die Vandalen zu Hülfe. — Diese setzen unter der Führung Gaiserichs nach Afrika über. — Aussöhnung Placidias und des Bonifacius. — Unglücklicher Kampf mit den Vandalen. — Theodosius II. sendet seinen Feldherrn Aspar, der ebenfalls unterliegt. — Die kirchlichen Zustände des Orients. — Nach dem Tode des Atticus und Sisinnius wird Nestorius aus Antiochia Bischof in Konstantinopel. — Zwiespalt der alexandrinischen und antiochenischen Lehrrichtung. — Streit über Maria als $\vartheta\varepsilon o\tau \acute o\varkappa o\varsigma$. — Cyrill zieht den Kaiser und Hof in denselben hinein. — Synode zu Ephesus 431. — Absetzung des Nestorius. — Ende der Spaltung 433 279

Sechstes Kapitel. Die afrikanischen Grenzlande. — Veruneinigung mit Rua. — Aetius tötet den Bonifacius und flieht zu den Hunnen. — Friede zwischen ihm und Placidia durch Vermittelung des Rua. — Vermählung Valentinians III. mit Eudoxia in Konstantinopel 437. — Endgiltige Abtretung Dalmatiens an Ostrom. — Veröffentlichung des Codex Theodosianus 438. — Geschichte seiner Entstehung. — Überführung der Gebeine des Johannes Chrysostomus nach Konstantinopel. — Erste Reise Eudocias nach Jerusalem und ihr Aufenthalt in Antiochia. — Rückkehr im Jahre 437. — Der Hof Theodosius II. und Antiochus, Chrysaphius und der Dichter Kyros. — Vorübergehende Zurückdrängung des Einflusses der Pulcheria. — Sturz der Eudocia. — Paulinus und die Erzählung vom Apfel. — Eudocia zieht sich nach Jerusalem zurück . 305

Siebentes Kapitel. Die Beziehungen der Hunnen seit ihrem ersten Auftreten in Europa zu Ost- und West-Rom bis zum Tode des Rua. — Der Schwerpunkt ihrer Macht rückt allmählich bis in das heutige Ungarn vor. — In wiefern entsprach dieses den Lebensgewohnheiten der Hunnen? — Attila und Bleda, Ruas Nachfolger. — Äufseres und Charakter Attilas. — Sein Verhältnis zu Aetius und Gaiserich. — Austrag des Streites zwischen Ostrom und Rua. — Gaiserich erobert Karthago und greift Italien an. — Die Hülfesendung Ostroms. — Einfall der Perser, Sarrazenen, Hunnen von Osten, Attila's und Bleda's von Norden. — Eroberung der Donaukastelle und Verwüstung Thraciens. — Friede 443. Ereignisse in Ostrom von 443—447. — Zweiter Raubzug Attila's, Alleinherrschers der Hunnen. — Die Friedensbedingungen 327
Die Gesandtschaftsreise des Priscus. — Letzte Beziehungen des Theodosius zu Attila 352

Achtes Kapitel. Flavian B. v. Konstantinopel, Dioscurus B. v. Alexandrien, Leo B. v. Rom. — Eutyches wird von der Synode zu Konstantinopel abgesetzt. — Die Räubersynode zu Ephesus 449. — Flavian wird auf Betreiben des Dioscurus verurteilt. — Einmischung Leo's des Grofsen. — Sein Briefwechsel mit Theodosius II. — Anastasius, Nachfolger Flavians. — Sturz des Chrysaphius und erneutes Übergewicht der Pulcheria. — Furcht vor einem Aufstand des Zeno. — Beunruhigende Rüstungen Attila's. — Tod des Theodosius und Regierungsantritt des Marcianus. — Charakteristik und Würdigung Theodosius II. 373

XIV

Neuntes Kapitel. Die Zustände in Kirche und Staat in den Jahren 395—450. Die religiösen Verhältnisse: Die orthodoxe Kirche. — Die Häretiker. — Die Heiden. — Die Juden. — Die weltlichen Verhältnisse: Urteile der Geschichtsschreiber. — Aufserordentliche Besteuerungen und Steuererlasse. — Die Lage der Curialen und Senatoren. — Avancement und Rangverhältnisse der Beamten. — Die Verwaltung. — Unregelmäfsigkeiten im Militärwesen. — Die Getreidespenden. — Juristische Bestimmungen. — Die litterarischen Erscheinungen dieser Epoche . . . . 390—425

I. Buch.

Erstes Kapitel.

Tod Theodosius I. — Allgemeine Weltlage. — Die Reichsteilung. — Vergleichung des Orients und Occidents in Bezug auf Flächeninhalt, Bodenbeschaffenheit und Erzeugnisse. — Die Reichseinheit. — Die Osthälfte des römischen Reichs nach ihrer geographischen Lage, administrativen Gliederung und militaerischen Machtentfaltung. — Constantinopel, bleibender Sitz der oströmischen Kaiser, am Ende des vierten Jahrhunderts.

Am 17. Januar 395[1]) nach längerer Krankheit starb der Kaiser Theodosius I. in Mailand, nachdem er wenige Monate vorher den zweiten der unter seiner Herrschaft auftauchenden Usurpatoren, den Eugenius, in den Engen der Julischen Alpen am Frigidus vernichtet hatte.[2]) Anders wie seine jugendlichen Mitregenten Gratian und Valentinian II. und wie so viele seiner Vorgänger hauchte der fromme Monarch seinen letzten Atem aus, nicht hatte ihm der Mordstahl gedungener Schergen den Lebensfaden durchschnitten, sondern im Kreise trauter Angehöriger und im Beisein des ehrwürdigen Bischofs Ambrosius entwich seine gewaltige Seele dem von den vielen Anstrengungen fast ununterbrochener Kriegszüge und aufregender Ereignisse schon längst geschwächten Körper. Er hatte kein hohes Alter erreicht, denn im Jahre 346 geboren[3]) hatte er das 50. Lebensjahr noch nicht überschritten, und es schien ihm daher nach menschlichem Ermessen noch eine lange Regierungszeit beschieden zu sein. Niemals wäre eine solche wohl erspriesslicher für das römische Reich gewesen denn gerade jetzt, wo nach der Niederwerfung des Eugenius die römische Welt in ihrer ganzen Ausdehnung unvermutet noch einmal in einer einzigen Hand vereinigt war. Theodosius mit seiner

---
[1]) Socr. V. 26. Chron. Pasch. zu 394; vgl. Tillem. V. note 58 sur Théodose. Philost. XI. 2. Idac. chron.
[2]) Güldenpenning und Ifland: Der Kaiser Theodosius der Grosse. Halle, Max Niemeyer. 1878. S. 221 ff., weiterhin citiert unter dem Zeichen G.
[3]) Ebend. S. 52.

zweischneidigen Politik: ebenso aufrichtig andrängende Germanen, wenn sie Frieden und Freundschaft halten wollen, in die Grenzen seines Reichs aufzunehmen wie energisch ihren feindlichen Angriffen entgegenzutreten, wäre es gewiss gelungen die Ueberschwemmung des Westens durch die von den Hunnen getriebenen Völker noch eine Reihe von Jahren aufzuhalten, während der Tod dieses weit auch unter den Barbaren gefürchteten Gegners andererseits das Signal zu Aufständen im Innern wie zu Einbrüchen von aussen geworden ist.

Die weit gespannten Grenzen des Reichs gegen Norden von der Mündung des Rheins bis zu der der Donau boten dazu der Pforten viele, während im Süden die nomadisierenden Wüstenvölker des africanischen Erdteils wohl lästige Raubzüge in die Küstenländer unternahmen, aber zur Erschütterung des Reichsbestandes viel zu schwach waren, und der Westen am sichersten durch die Fluten des Oceans gedeckt wurde. Auch der Erbfeind des römischen Namens, das alte Partherreich an den Grenzen Armeniens und Mesopotamiens, war gerade unter Theodosius' Regierung als Nachbar nicht gefährlich gewesen, sondern die friedlichen Gesandtschaften zwischen Theodosius und Schapur III. beweisen, dass wenn auch nicht ein förmliches Bündnis zwischen beiden geschlossen ward, so doch wenigstens die Beziehungen zwischen ihnen äusserst freundschaftliche waren.[4]) So drohte dem Reiche nur von Nordosten das Verderben, von dem aus der kaspischen und pontischen Steppe allmählich immer weiter westwärts drängenden Hunnenvolke, das aber zu Theodosius Zeiten kaum selbst in der rumänischen Ebene angelangt war, sondern nur wie ein fernes Gewitter seine schreckenden Vorboten in Gothen, Gruthungen, Alanen und Skiren[5]) voraussandte. Im Innern konnte dem Reiche die Aufsässigkeit der entfernten in Gallien und Britannien garnisonierenden Legionen, der Uebermut der in Dacien und Moesien als Foederaten angesiedelten germanischen Westgothen nur dann gefährlich werden, wenn eben die von der Klugheit gelenkte Hand des Theodosius das Staatsruder nicht mehr führte, denn bei der Energie des Kaisers war vorauszusehen, dass er, der so viel stärkere Gegner bezwungen, den Statthalter des weströmischen Africas Gildo, welcher allein ihm zum Zuge gegen Eugen die Heeresfolge versagt hatte,[6]) mit leichter Mühe bewältigen werde.

Ueber alle diese Sorgen und Aufgaben starb nun der Herrscher hinweg, indem er das Reich seinen beiden Söhnen Arcadius und Honorius hinterliess, von denen der erstere ein Jüngling, der letztere

---

[4]) S. 128 ff. vgl. Orosius VII. 34.
[5]) Zos. IV. 35 u. 38. vergl. Ifland S. 134 ff. Cod. Theod. V. 4, 3.
[6]) Claudian de bello Gildon. v. 240 ff. VI. cons. Hon. v. 108—110.

ein noch nicht elfjähriger Knabe war. Die ihnen zufallenden Reichsteile waren ihnen sicher, wenigstens, was Arcadius anbetrifft, längst bestimmt; denn gewiss nicht erst auf dem Totenbette hat der vorsichtige Theodosius eine Anordnung darüber getroffen. Dem Arcadius war wohl, als dem älteren Sohne, von jeher die vom Vater beherrschte Osthälfte zugedacht gewesen, während für Honorius vor der Ermordung Valentinians II. wahrscheinlich eine erneute Teilung des Occidents zwischen diesem und ihm beabsichtigt war. Denn so dankbar Theodosius auch gegen Gratian war, so ging doch das Gefühl der Ergebenheit gewiss nicht so weit, dass er dem jugendlichen Bruder desselben, Valentinian II., die ganze Westhälfte des Reichs für immer überlassen wollte; sein Besuch in Rom im Jahre 389 mit Honorius, bei welchem er, diesen im Arm seinen Triumpfzug als Besieger des Maximus in die Stadt feierte, war aller Wahrscheinlichkeit nach zu dem Zweck unternommen, um den zukünftigen Beherrscher Italiens und Africas den Römern zu zeigen, während Valentinian wohl auf Gallien, Britannien, Spanien beschränkt worden wäre, eine keineswegs ungewöhnliche Teilung, da schon Diocletian, Maximian, Constantius Chlorus, Galerius und Gratian, Valentinian und Valens in solcher Abgrenzung regiert hatten.[1]) Aber die Verabredung, welche damals vielleicht zwischen Theodosius und Valentinian stattfand, war durch das gewaltsame Ende des jungen Fürsten gegenstandslos geworden und so war es nur natürlich, dafs dem zweiten Sohne Honorius die erledigte westliche Reichshälfte [7a]) zufiel.

Sie bestand aus Britannien bis zum Grenzwall des Hadrian, Gallien, Germanien bis zum limes transrhenanus, Spanien, Italien und dem westlichen Theile der Provinz Illyricum, welche Noricum, Pannonien, Dalmatien umfasste und deren Grenze gegen SO. vom Busen von Scodra (Scutari) über die bosnischen Berge am Drinus (Drina) entlang zum Saus (Sau) verlief, aufserdem aus der ganzen Nordküste Africas vom atlantischen Ocean bis zum Plateau von Barka. Der dem Arcadius zugewiesene östliche Teil dagegen setzte sich zusammen aus der Balkanhalbinsel mit der Donau als Nordgrenze, Klein-Asien, der Halbinsel Taurica (Krim), Syrien, Palaestina, Aegypten, Unter-Libyen und der Pentapolis. Schon der blofse Blick auf die Karte zeigt, dafs der Flächeninhalt der anderen Hälfte die letzgenannte weit übertrifft und

---

[7]) vgl. zu diesem Gedanken die Ausführung bei G. S. 174 ff.
[7a]) Claud. in Rufin. II. 154 ff. (Stilicho) . . . regit Italiam Libyenque coercet
        Hispanis Gallisque lubet.
    160. . . . Quid partem invadere tentat?
        Deserat Illyricos fines; Eoa remittat.

in der That ergiebt eine nähere Vergleichung, dafs des Honorius Reich etwa 70000 ☐Ml., das des Arcadius nur 50000 ☐Ml. enthält und somit um ungefähr 20000 ☐Ml. hinter dem Occident zurückbleibt.

Nicht minder übertreffen die einzelnen Teile des Occidents an Fruchtbarkeit und Produktenreichtum diejenigen des Orients: Britannien,[8]) das entfernteste Glied des weströmischen Reichs, brachte nach Strabos Bericht aufser dem Zinn der Halbinsel Cornwales aus seinem ebenen Südosten Getreide und trefliche Rinder, aus dem gebirgigen Westen und Norden Gold, Silber und Erz in den Handel. Die Gallier[9]) waren berühmte Schaf- und Schweinezüchter, führten Flausmäntel und Pökelfleisch nach Italien aus, während der ebene Norden und Osten Weizen in solcher Fülle hervorbrachte, dafs das volkreiche Rom am Ende des 4. Jahrhunderts daran denken konnte Africas zu entraten und sich aus Gallien sein Brodkorn kommen zu lassen;[10]) Spanien, zwar im Innern Plateau und dem Getreidebau nicht günstig, ist dafür durch seine Ebenen hinreichend entschädigt, in welchen in Ueberfülle aufser dem Weizen herrlicher Wein gedeiht, während die Flüsse Goldstaub mit sich führten, die Gebirge Silber, Kupfer, Erz enthielten und das Meer einen wunderbaren Reichtum an Fischen in sich barg;[11]) Africa ferner, seit Jahrhunderten wegen seiner üppigen Fruchtbarkeit die Kornkammer Roms, war so bevölkert, dass man im 4. Jahrhundert in Numidien 123, in der Consularprovinz Africa 170 Bischofssitze zählte,[12]) wogegen, weniger[12a]) allerdings als heute, Tripolis, hart an der Grenze der Sahara gelegen, weitzurücktrat. Italien sodann war und ist in sehr viel höherem Mafse als Griechenland ein Land des Ackerbaus, welchem dort heute 39,9 % des ganzen Areals, hier nur 18,4 % zufallen; Illyricum endlich mit Ausnahme des südlichen gebirgigen Teils (Bosnien) war ebenso wie jetzt ein dem Getreidebau und der Viehzucht äufserst günstiges Gebiet, welches gerade in der späteren Kaiserzeit die Producte derselben, insbesondere Häute und Wolle, in grofser Menge nach Italien ausführte, und dessen intensiverer Acker-

---

[8]) Strabo ed. Kramer IV. 5, 1. Kiepert Lehrb. der alten Geographie S. 528 ff.
[9]) Strabo IV. 4, 3. Mendelssohn, Das germanische Europa.
[10]) Claudian. de cons. Stilichonis v. 91 ff.
[11]) Strabo III. 3. Kiepert a. a. O. S. 484 ff.
[12]) Ebend. S. 215 ff. Bekker-Marquardt III. 1. S. 229 ff.
[12a]) Das Klima dieser Küste hat sich geändert; sie hatte mehr Niederschlag und bei weitem reichlichere Vegetation; vgl. Theob. Fischer in Petermanns Mitteilungen 1883, 1. Heft.
[13]) Kiepert. S. 380, 354 ff.
[14]) S. 362.

bau nur durch ausgedehnte Wälder und Sümpfe und die Unsicherheit der Donaugrenze gehemmt wurde.

Das oströmische Reich andererseits zeigt auf den ersten Blick einen bemerkenswerten Mangel an ebenen Teilen, wie einen Reichtum an Gebirgsformen: Die Balkanhalbinsel[14a]) zunächst ist fast völlig von Gebirgen durchzogen und zwar in so durchkreuzenden Zügen, dafs sie bis auf den heutigen Tag sowohl am wenigsten durchforscht und bekannt geworden ist, als auch allein von den drei südlichen Halbinseln des Europäischen Continents einer durchgehenden mit den nördlichen Culturstaaten verbindenden Eisenbahnlinie entbehrt und deshalb wie vor alters ihre Einfuhr ausschliefslich zur See empfängt und zwar nicht von den benachbarten nördlichen Handelsvölkern, sondern von den fernen Bewohnern Britanniens. Nie hat es an der unteren Donau im späteren Altertum und Mittelalter eine Handelsstadt wie Regensburg oder Augsburg gegeben, obwohl die türkische Herrschaft sich weit nach Ungarn und bis zur Krim erstreckte, sondern stets haben die beiden Häfen Constantinopel am Bosporus und Thessalonich (Saloniki) am Aegäischen Meere unbestritten den Austausch der einheimischen und fremden Erzeugnisse vermittelt.[15]) Die gebirgige Natur der Halbinsel hat von jeher nur eine teilweise Ausnutzung des Bodens gestattet, von dem heute in der Türkei $30^0/_0$, in Griechenland gar $58,9^0/_0$[16]) noch unproductiv sind: Der breite Norden war dem Getreidebau in den Thalebenen der Flüsse in so hohem Grade günstig, dafs Thracien[17]) einst den Ruhm genofs den feinsten und schwersten Weizen für die Ausfuhr nach Griechenland zu erzeugen, während von dem eigentlichen Griechenland nur Thessalien und Boeotien durch seinen Ackerboden ausgezeichnet war und die übrigen Landschaften den unergiebigen Boden in erster Linie für die Viehzucht nutzbar machten. Die verhältnismäfsig kalten Winter ferner der Balkanhalbinsel bewirken, dafs der Oelbaum, welcher in Italien südlich vom 44^0 N.B. vortreflich gedeiht, hier erst südwärts einer Linie, die den Malischen Meerbusen mit Istrien verbindet, zu finden ist.

Nochmehr ist Klein-Asien[18]) und die Ostküste des Mittelmeeres nur zum teil anbaufähig und lohnt die Arbeit, dort sind es

---

[14a]) vgl. zu dieser Ausführung G. Hertzberg, Gesch. Griechenlands seit dem Absterb. des ant. Lebens I. S. 33 ff.
[15]) vgl. Güldenpenning. Über die Besiedelung der Meerbusen. Progr. Pyritz 1883. S. 19 und 20.
[16]) Hübners geograph.-statistische Tabellen 1884.
[17]) Kiepert, S. 236 und 323.
[18]) S. 88 ff.

nur die westwärts geöffneten Thäler der ins Aegäische Meer sich ergiefsenden Flüsse, welche an Südfrüchten, Wein, Öl und Getreide gute Ernten liefern, und der zum Pontus abfallende kühlere Nordrand, die Mittelmeerküste dagegen läfst aufser der reichen Kornebene von Adana[19]) keinen nennenswerten Raum zu ergiebiger Bebauung und leidet an miasmatischen Ausdünstungen der flachen Küstenlagunen, während das innere Hochland vielfach entwaldet in der Mitte sich zu ödem Steppenland bedeckt mit einer Anzahl salziger Seen, deren gröfster der Tatta[20]) (Tûz-Tschölii) ist, ausbildet, trotz des Wassermangels aber ausgezeichnetes Weideland für Rinder, Schafe und ganz besonders Pferde abgiebt; denn gerade in Phrygien und Cappadocien hatten die Kaiser dieser Periode ihre grofsen Staatsgestüte für den Privatgebrauch und den Bedarf der circensischen Rennspiele.[21]) Die Ostbegrenzung des Mittelmeeres bildet das durch den Parallelismus der nordsüdlichen Gebirgsaufrichtungen bemerkenswerte nach dem Euphrat zu sich senkende Plateau von Syrien,[22]) welches von den aus Südwest heranziehenden Winterregen nur an der Westseite bestrichen wird und je weiter nach Osten einen immer wüstenartigeren Character annimmt; es sind daher nur die geringen Ebenen an jener Seite, welche überall bei der natürlichen Güte des Bodens und der reichen Bewässerung überaus ertragreich, namentlich an Wein und Öl, waren, während das Hochgebirge treffliches Bauholz, Eisen und Kupfer lieferte und der phoenicische Strand die besten Purpurschnecken aufwies. Auch in Aegypten ferner betrug das vom Nilschlamm befruchtete und deshalb allein aufserordentlich ertragfähige Areal nicht mehr als 600 ▢Ml.,[23]) diese aber spendeten so ergiebige Ernten, dafs Aegypten in Bezug auf die Getreidelieferung[23a]) für Constantinopel das wurde, was die Provinz Africa für Rom, — obwohl es auf jenem eng begrenzten Raum nicht weniger als 7—8 Millionen Menschen nährte,[23b]) also auf der ▢Ml. mindestens 11—12000. Dagegen vermochten die geographisch zu Aegypten gerechneten, das fruchtbare Land

---

[19]) S. 130.
[20]) Strabo XII. 5, 4.
[21]) Ebend. 6, 1: ὅμως δὲ καίπερ ἄνυδρος οὖσα ἡ χώρα πρόβατα ἐκτρέφει θαυμαστῶς, τραχείας δὲ ἐρέας. vgl. die Zusammenstellung bei Gothofredus im Comment. zu Cod. Th. X. 6, 1.
[22]) Kiepert S. 157 ff.
[23]) S. 193.
[23a]) 80000 Brote wurden täglich in Constantinopel verteilt. Socrates hist. eccl. II, 13, Soz. III. 7. Zos. II. 32, 1.
[23b]) Zählung 1883: 6798230. vgl. Bekker- Marquardt Handb. der Röm. Altertümer III. 1. S. 207 ff.

einschliefsenden Wüsteneien freilich nur treffliches Bau- und Sculptur-Material wie Granit, Porphyr, Basalt, Marmor u. a. herzugeben. Das sich westlich an Aegypten anschliefsende Gebiet, Libya inferior, endlich ist eine öde, steinige Hochfläche, die Pentapolis[24]) (Plateau von Barka) dagegen wird vom Winterregen reichlich befruchtet und war ergiebig an Wein, Öl und Sylphion.

Steht aber die Osthälfte des römischen Reichs hinter der Westhälfte an äufserem Umfang und Productenreichtum ohne Frage zurück, so weist hinwiderum der Osten mancherlei Vorzüge auf, welche dem andern Teile abgingen. Die räumlich gröfsere Ausdehnung des Occidents bedingte einmal bei der Gestaltung des europäischen Erdteils eine gröfsere Entfernung der einzelnen Glieder vom Mittelpunkte und konnte unzufriedenen Legionen und ehrgeizigen Officieren leichter eine Erhebung gegen das rechtmäfsige Staatsoberhaupt und die Möglichkeit ihres Gelingens an die Hand geben, andererseits bewirkte die nordwestliche Erstreckung eine verhängnisvolle Verlängerung der östlichen Grenzlinie, welche im ganzen durch leicht überschreitbare Ströme, Rhein und Donau, gedeckt wurde. Der Orient dagegen bildete einzig und allein die umgebende Küstenlinie und das Hinterland des längst der Schiffahrt erschlofsenen und den Seefahrern bekannten Mittelmeers und kein Glied war von dem andern durch unwegsame Landstrecken getrennt, sondern das leicht befahrbare, allverbindende Meer vermochte die Truppen des einen Teils in wenigen Tagen zum andern gelangen zu lassen, dazu war nur die Donaugrenze eine schwache Barriere für die von Norden her drängenden Barbaren, denn das Völkerthor von Baku führte die Eindringenden nicht in das Thal eines Klein-Asien aufschliefsenden Flusses, sondern in das schluchtenreiche, unschwer zu verteidigende Armenien.[25]) Aber selbst im Falle einer von Erfolg begleiteten Invasion von Norden her führte der ganze östliche Teil mit Ausnahme Aegyptens die Fremdlinge in ein ganz ungewohntes Terrain, in dem sie sich gewöhnt an weite Flächen, auf denen der Blick ungehemmt umherschweifen konnte und sich ihnen Acker- und Weide-Land in Ueberflufs und mühelos bot, schwerlich wohl fühlen konnten und sich einleben mochten; denn hier nahm das Ackerland den geringsten, das unproductive den bei weitem gröfsten Teil ein. Vor allen Dingen aber entsprach der Westen Europas in klimatischer Beziehung mehr als der Osten den körperlichen Eigentümlichkeiten

---

[24]) Kiepert, S. 211.
[25]) Man denke an den Zug der 10000 Griechen unter Xenophon. vgl. Strabo XI. 14, 4. Ἐν αὐτῇ δὲ τῇ Ἀρμενίᾳ πολλὰ μὲν ὄρη, πολλὰ δὲ ὀροπέδια, ἐν οἷς οὐδ' ἄμπελος φύεται ῥᾳδίως, πολλοὶ δ'αὐλῶνες.

der aus dem Nordosten kommenden Völker, welche in der sarmatischen Tiefebene an einen Januar von bisweilen [26]) — 30° C. gewöhnt waren, denn in seiner Ausdehnung zwischen dem 35. und 55° N. Br. bot der Occident Gegenden dar, in denen ein starker Winterfrost sich bis heute nicht verleugnet, der Orient aber, zwischen dem 25. und 45° N. Br. gelegen, also um volle 10 Breitengrade südlicher, kennt mit Ausnahme der nördlichen Balkanhalbinsel und der sonst öden Hochflächen Armeniens [27]) keinen Winter: Constantinopel hat im Januar $+5°$ C., Athen und Jerusalem je $+ 8,5°$ C., Suez im Februar $+13,1°$ C.

Aber nicht nur die klimatische Gleichartigkeit und die davon bedingte Uebereinstimmung der Erzeugnisse verband allein die Glieder des Ostens enger mit einander als diejenigen des Westens; es war vielmehr noch die Gleichartigkeit der geistigen Bildung und die gleiche Höhe auf der Stufe der Kultur, welche den Osten vor dem Westen auszeichnete; hatte dieser ausgedehntere Ländermassen, so fiel ihm hier auch eine gewaltige civilisatorische Aufgabe zu in zweierlei Beziehungen, einmal die, die nordwestlichen Provinzen noch mehr als bisher geistig zu durchdringen, andererseits ihnen allen die Segnungen des katholischen Christentums zu bringen, deren sie immer noch entbehrten; der Osten dagegen umfaßte nur Völker, welche entweder Griechen waren oder doch schon seit 7 Jahrhunderten, nämlich seit Alexanders glänzendem Siegeszuge zum Hydaspes unter seinen griechischen Nachfolgern längst griechisch nicht nur zu sprechen, sondern auch zu denken gelernt hatten und in denen schon längst die vom Arianischen Irrglauben gereinigten Lehre in der Weise durchgedrungen war, daß jede Verschiedenheit der Auffassung eines Dogmas das ganze Reich gleichmäßig von Norden nach Süden und vom niedrigsten bis zum höchsten ergriff und erregte.[28]) Im Occident dagegen gab es noch eine starke heidnische Hofpartei, welche durch die Besiegung des Eugenius nur äußerlich niedergeworfen war und sofern sich ihr die Gelegenheit bot, gern bereit war den Polytheismus selbst auf Kosten des Patriotismus von neuem zu proclamieren,[29]) während das Volk sich keineswegs in der Stärke wie das griechischredende mit seinem Herrscher durch die Religionsgemeinschaft als identisch fühlte und nicht immer notwendig in dem Feinde seine

---

[26]) Kiepert S. 339.
[27]) vgl. Joh. Chrysostomi ep. 4. 6. 109: ἀπήχθημεν εἰς χωρίον τῆς καθ' ἡμᾶς οἰκουμένης ἐρημότατον u. a. a. O.
[28]) vgl. Finlay Griechenland unter den Römern I. S. 125 ff. 149.
[29]) Zos. V. 41. während der Belagerung Roms durch Alarich.

Landes den eignen sah, sondern viel öfter den rettenden Befreier von
unerträglichem Steuerdruck.

Schwerlich ahnte der sterbende Theodosius, mehr, wie Ambrosius
behauptet,[30]) auf dem Totenbette um das Heil der Kirche als das
des Staates besorgt, dafs die von ihm also getrennten Reichshälften
so ganz verschiedene Wege wandeln und Schicksale haben würden;
er starb vielmehr in dem guten Glauben, dafs die Herrscher, seine
Söhne und Nachfolger, niemals den Gedanken der Zusammengehörigkeit aus den Augen verlieren, sondern stets die Gefahr des andern
auch für die eigne ansehen würden. Und äufserlich wenigstens wurde
die Reichseinheit noch Jahrhunderte hindurch dadurch aufrecht
erhalten, dafs die in beiden Teilen gegebenen Gesetze und Verordnungen alle ohne Ausnahme an der Spitze stets die Namen der beiderseitigen Regenten trugen, obwohl sie vor der erst durch Theodosius II.
erfolgten Codificierung nur einseitig erlassen waren,[31]) und dafs sie in
lateinischer Sprache abgefafst wurden (bis Justinian); sodann wurde
das Jahr nach wie vor nach den beiden Consuln[31a]) benannt, von
denen regelmäfsig jedes Reich einen ernannte. Es kommt zwar oft
vor, dafs am Ende der Verfügungen nur einer genannt ist, allein dies
erklärt sich leicht daher, dafs man oft mit ihrer Ernennung, um hochverdiente Männer dadurch auszuzeichnen, zu lange wartete, und infolge dessen der Name des Consuls am Beginn des Jahres im Nachbarreiche noch nicht officiell bekannt war.[32]) Endlich sahen auch die
Zeitgenossen die Teilung des Reichs nicht als eine dauernde Trennung
an, wie denn der spanische Presbyter Orosius, welcher um 417 seine
sieben Bücher gegen die Heiden schrieb, ausdrücklich sagt:[33]) „Der
Kaiser Arcadius, dessen Sohn Theodosius jetzt den Orient regiert, und
der Kaiser Honorius, sein Bruder, welchem jetzt unser Staat gehorcht,

---

[30]) De obitu Theod. orat. c. 35. Doch ermahnte er die Söhne die Steuern
herabzusetzen ibid. 5.

[31]) Vgl. Cod. Theod. ed. Hänel. I. 1, 5. u. De Theodos. cod. auctoritate
bei Hänel p. 94. § 5. u. 6.

[31a]) Vgl. Walter Geschichte des röm. Rechts I. S. 437 ff. Finlay a. a. O.
S. 139.

[32]) Vgl. Richter de Stilichone et Rufino. Dissert. Halae 1860, p. 3 u. 4.
Sievers Stud. zur Gesch. der Röm. Kaiser S. 546—548. Synesius ep. 132.

[33]) VII. 36. Arcadius ... et Honorius ... commune imperium divisis
tantum sedibus tenere coeperunt, eine Stelle, welche weder Richter a. a. O. noch
Sievers S. 337. anführen. Der von ihnen citierte Marcellinus Com. hat seine
Notiz aus Orosius entnommen, wie Holder-Egger im Neuen Arch. der Ges. für
ält. deutsche Gesch. Untersuchungen über einige annalist. Quellen zur Gesch. des
5. und 6. Jahrh. 1876, I, 1. nachgewiesen hat.

begannen das Reich gemeinsam zu beherrschen, nur dafs die Residenzen verschieden waren."

Gleichwohl sind die Unterschiede in den politischen, socialen und religiösen Verhältnissen bei der Verschiedenheit der geographischen Beschaffenheit der beiden Länder und ihrer Bewohner trotz aller Gemeinsamkeit in den Interessen so gewaltig, dafs man bereits von 395 an eine gesonderte Geschichte des Ostens und Westens schreiben kann, wenn man nurden andern Reichsteil und die Veränderungen in demselben stets dabei im Auge behält, um jedesmal, wenn die Ereignisse eine Gesammtaction der Reiche erforderten, überall über die Veranlassung derselben und ihre Folgen genau orientiert zu sein.

Will man das nun mit der **Osthälfte** für mehr als ein halbes Jahrhundert versuchen, so mufs man sich vor allen Dingen ausser über die allgemeine physische **Gliederung** derselben auch über die **administrative und militärische** klar sein: das ganze oströmische Reich zerfiel in zwei ungleiche Hälften **Oriens** und **Illyricum**,[34]) von denen jene weitaus die gröfsere war; beide wurden von einem Praefectus praetorio[34a]) verwaltet, doch hatte nur der Praefectus pr. per Orientem seinen Sitz und seine Kanzlei in Constantinopel, während der Praefectus pr. per Illyricum seit 395 zumeist in Thessalonich und nur kurze Zeit (in den Jahren 424—447 etwa) in Sirmium residierte.[35]) Die Praefectur des Orients zerfiel ihrerseits in fünf gröfsere Verwaltungsbezirke, Dioeceses: Oriens, Aegyptus, Asiana, Pontica, Thracia. Die Dioecese Oriens wurde von einem comes mit dem Amtssitze in der nur Rom und Alexandria an Volkszahl nachstehenden Hauptstadt Syriens Antiochia verwaltet; ihm unterstanden die Provinzen Cilicia secunda[36]) mit dem Hauptort Anazarbus, (Syria salutaris, mit Apamea), Euphratensis,[37]) Foenice Libani mit Damascus,[38]) Palaestina secunda mit Scythopolis, Palaestina salutaris mit Petra, Mesopotamia mit Amida,[39]) Osrhoena mit Edessa, Isauria mit Seleucia,[40]) welche ein praeses (Regierungspräsident) leitete; ferner Palaestina prima mit dem Haupt-

---

[34]) Im folgenden ist die Notitia dignitatum et administrationum ed. Ed. Böcking Bonnae 1839—1853 und ed. O. Seeck. Berlin 1876 zu Grunde gelegt. Vgl. Walter § 366—370.

[34a]) Ueber seine Amtsbefugnis und sein officium Walter a. a. O. S. 431 ff.

[35]) Hertzberg Gesch. Griechenlands seit dem Absterben d. antik. Lebens I. S. 62.

[36]) Vgl. Bekker-Marquardt Handb. der Röm. Altertümer III. 1. S. 171 und Joh. Malal. XIV. p. 365.

[37]) Bekker-Marquardt III. 1. S. 175.

[38]) S. 201.

[39]) S. 207.

[40]) Not. Dign. I. 313. Bekker-Marquardt S. 171.

orte Caesarea,[41]) Foenice mit Tyrus, Syria prima mit Antiochia, Cilicia prima mit Tarsus, die Insel Cyprus mit Constantia (Salamis[42]), welchen ein consularis vorgesetzt war; endlich die Provinz Arabia mit Bostra,[43]) welche jedoch einen Militairgouverneur (dux) hatte.

Die Dioecese Aegyptus unter einem praefectus, welcher wegen der Wichtigkeit des Landes für das Reich speciell der „Kaiserliche" Augustalis genannt wurde und seinen Sitz in Alexandria hatte,[44]) teilte sich in die Provinzen Aegyptus am Delta bis Memphis, Arcadia bis nördlich von Antinoe, Thebais bis Philae am Nil, in das an der Meeresküste westlich gelegene Libya inferior und die Pentapolis oder Libya superior an der kleinen Syrte mit dem Hauptort Kyrene;[45]) diese verwaltete je ein praeses, die Provinz Augustamnica dagegen, östlich vom Delta bis nach Rhinocolura reichend, wurde von einem corrector verwaltet.

Von der Dioecese Asiana war der schmale Küstenstrich am Aegäischen Meer von Assus bis zum Maeander mit der Hauptstadt Ephesus[46]) abgetrennt und genofs allein im ganzen Ostreich die Ehre einem proconsul Asiae unterstellt zu sein, der in Bezug auf diesen Teil seine Befehle direct jedesmal vom Kaiser empfing, während er für die ebenfalls von ihm ressortierenden Provinzen Hellespontus mit Cyzicus,[46a]) Lydien mit Sardes und die insulae den Anordnungen des praefectus praetorio Orientis unterworfen war. Diese letztgenannten[47]) waren 53 an der Zahl und umfalsten fast alle Cycladen und Sporaden, besonders Rhodus, Cos, Samos, Chios, Lesbos, Tenedos, Andros, Naxos, Paros, Thera, Amorgos, Astypalaea, deren Metropolis Rhodus war. Sie wurden von einem praeses, Hellespontus und Lydia von einem consularis geleitet. Dagegen unterstanden dem vicarius Asianae die Provinzen Pisidia, Lycaonia[48]) mit dem Hauptort Iconium, Frygia Pacatiana mit Laodicea, Frygia Salutaris mit Eukarpia,[49]) Lycia,[50])

---

[41]) S. 201. Not. Dign. p. 341 seq. 511 seq.
[42]) Bekker-Marquardt S. 133. Not. Dign. p. 130.
[43]) Bekker-Marquardt S. 203.
[44]) S. 219 ff.
[45]) S. 221—224.
[46]) S. 144. Not. Dign. p. 10, 51, 167. Vgl. Hertzberg Gesch. Griechenlands unter den Römern III. S. 236.
[46a]) Hierocles synecdem. ed. Bonnel p. 393. Bekker-Marquardt S. 144.
[47]) Hertzberg a. a. O. S. 233. Bekker-Marquardt S. 145.
[48]) S. 142. vgl. Malal. XIV. p. 364 seq.
[49]) Bekker-Marquardt S. 144.
[50]) S. 163.

Caria mit Aphrodisias, welche alle je ein praeses verwaltete, allein Pamphylia ein consularis.

Die Pontische Dioecese unter dem vicarius Ponticae zerfiel in die Provinzen Cappadocia prima[51]) mit der Hauptstadt Caesarea, Cappadocia secunda mit Tyana, Hellenopontus, Pontus Polemoniacus, Armenia prima und secunda mit Melitene und seit Theodosius II. in Galatia Salutaris mit Pessinus, Honorias mit Heraclea unter je einem praeses, Bithynia mit Nicomedia, Galatia mit Ancyra unter je einem consularis[52]) und endlich Paphlagonia unter einem corrector. Aber die Praefectur des Orients beschränkte sich nicht auf Asien und Africa, sondern sie griff noch mit der Dioecese Thracia nach Europa über und umfafste denjenigen Teil der Halbinsel südlich der Donau, welcher im Westen durch eine etwa von Philippi ziemlich nordwärts bis zur Mündung des Cebrus (oder Ciabrus = Tzibritza) in den Ister verlaufende Linie begrenzt wird. Es waren dies die Provinzen Haemimontus, Rhodopa, Moesia secunda, Scythia, welche unter einem praeses, Thracia und Europa, welche unter einem consularis standen. Der Statthalter Moesiens hatte zugleich die Oberaufsicht über die Vorgänge an der Nordküste des Pontus und speciell auf der Taurischen Halbinsel, welche, wenn sie auch nicht in der Notitia dignitatum aufgeführt wird, gleichwohl dem Unterthanenverbande des Reichs, wie durch inschriftliche und Münzenfunde hinreichend beglaubigt ist, angehörte;[53]) doch scheint eine Zufuhr von Getreide, wie sie im Altertum nach Griechenland stattfand, in diesen Zeiten zunächst nicht vorgekommen zu sein, wohl infolge der ungeordneten Verhältnisse, welche die Völkerwanderung grade auf dem so fruchtbaren Boden nördlich jenes Meeres hervorgerufen hatte.[54])

Im Verhältnis zu der weit ausgedehnten orientalischen Praefectur nahm das oströmische Illyricum einen weitaus geringeren Raum ein; es zerfiel nur in die beiden Dioecesen Macedonia und Dacia, aufserdem genofs die Provinz Achaia, den Pelopomes und das eigentliche Hellas mit Euboea und Lemnos umfassend, ebenfalls die Auszeichnung von einem proconsul verwaltet zu werden, doch unterstand dieser nicht wie der Asiens direct dem Kaiser, sondern dem praefectus pr.

---

[51]) Not. Dign. p. 146—148. Bekker-Marquardt S. 160.
[52]) S. 154 und 157, vgl. Malal. XIII p. 348.
[53]) Bekker-Marquardt S. 107 ff.
[54]) Procop Bell. Goth. IV. 5. Ἐκ δὲ Βοσπόρου πόλεως ἐς πόλιν Χερσῶνα ἰόντι, ἥκειται μὲν ἐν τῇ παραλίᾳ, Ῥωμαίων δὲ καὶ αὐτὴ κατήκοος, ἐκ παλαιοῦ ἐστι, βάρβαροι .... τὰ μεταξὺ ἅπαντα ἔχουσι. Vgl. Soc. IV. 16. Hertzberg a. a. O. III. S. 268 und Kiepert S. 347.

per Illyricum; seine Hauptstadt war Korinth.⁵⁵) Die Dioecese Macedonia hatte sechs Provinzen, von denen Thessalien mit Larissa, Epirus vetus, Epirus nova (mit einem Teile von Macedonia salutaris) mit Dyrrhachium,⁵⁶) Macedonia salutaris je einem praeses, Macedonia und Creta je einem consularis unterstellt waren. Die Dioecese Dacia endlich zerfiel in Dacia Mediterranea mit der Hauptstadt Serdica unter einem consularis, Dacia Ripensis mit Ratiaria, Moesia prima, Dardania mit Scupi und Praevalitana mit Scodra je unter einem praeses.

Man mufs gestehen, diese ganze administrative Gliederung war in einer Weise angelegt, dafs, wenn geeignete Männer die Verwaltungsposten bekleideten, das Wohl und Wehe des Reichs vortrefflich besorgt war; zwar fällt im Gegensatz zur Gegenwart die geringe Anzahl der Provinzen im Verhältnis zu dem riesigen Flächeninhalt auf, aber einmal war die Dichtigkeit der Bevölkerung (ausgenommen Aegypten), wie natürlich bei einem gebirgigen, zum grofsen Teil aus Plateaus bestehenden Lande eine sehr schwache, andererseits machte sich seit Theodosius I. auch das Princip gröfserer Teilung mehr und mehr geltend.

Nicht minder überlegt und sorgfältig durchdacht war die Verteilung des stehenden Heeres über das Reich. An der Spitze desselben standen die magistri militum (oder utriusque militiae), Heermeister oder kommandierende Generäle,⁵⁶ᵃ) deren es 5 gab, nämlich zwei für den Orient und einer für Illyrien, aufser diesen befanden sich zwei stets in der Umgebung des Kaisers, welche deshalb den Namen magistri militum praesentales führten. Ihnen unterstanden⁵⁷) die in Constantinopel und Umgegend garnisonierenden Truppen, nämlich im ganzen an Reiterei 11 vexillationes Palatinae⁵⁸) und 13 vexillationes Comitatenses, an Fufsvolk 12 legiones Palatinae, 35 auxilia Palatina und die Auxiliarii sagittarii; der magister militum per Orientem hatte 10 vexillationes Comitatenses, 9 legiones Comitatenses, 2 auxilia Palatina,

---

⁵⁵) Bekker-Marquardt S. 121 ff.
⁵⁶) S. 119. Not. Dign. p. 152. 153.
⁵⁶ a) Über ihre Befugnisse und Officium Walter a. a. O. S. 434.
⁵⁷) Diese Verteilung der Streitkräfte trifft allerdings nicht auf die Zeit der Reichsteilung zu, weil die Heere noch in Italien waren; erst nach ihrer Rückkehr nahmen sie die Stellungen ein, wie sie die Notitia Dignitatum angiebt. Die Haus- und Palasttruppen (domestici und scholae) hatten ihre eigenen comites, beziehungsweise standen sie unter dem magister officiorum. Böcking, Cap. X u. XIV, vgl. Walter a. a. O. S. 494.
⁵⁸) Über die Unterschiede der Truppengattungen giebt das gelehrte Paratitlon Gothofreds zu Cod. Th. lib. VII, p. 252 seq. Auskunft, vgl. Walter S. 495.

aber 10 legiones Pseudocomitatenses, der magister militum per Thracias führte 3 vexillationes Palatinae, 4 vexillationes Comitatenses und 21 legiones Comitatenses und endlich der magister militum per Illyricum 2 vexillationes Comitatenses, 1 legio Palatina, 8 legiones Comitatenses, 6 auxilia Palatina und 9 legiones Pseudocomitatetenses. Leider sind die Garnisonsorte aller dieser Truppen uns nicht erhalten,[58a]) sondern wir müssen uns auf die allgemeine Bemerkung beschränken, dafs sie in den genannten Provinzen zerstreut lagen, und dafs selbstverständlich die Hauptorte derselben je nach ihrer militairischen Wichtigkeit auch durch gröfsere Truppenmassen gedeckt waren. Glücklicher dagegen sind wir in dieser Hinsicht mit der Überlieferung derjenigen Heeresteile daran, welche den Gouverneuren der Grenzprovinzen unterstellt waren, da die Notitia Dignitatum sie fast überall bewahrt hat, wenn auch über die Lage der Ortschaften mitunter sicheres nicht gegeben werden kann. Die Truppenbefehlshaber an den Grenzen hiefsen entweder comites rei militaris oder duces,[59]) einen comes finden wir nur am Limes Aegypti und in Isauria, woselbst aber mit dieser Würde noch das Amt und der Titel eines Statthalters (praeses) verbunden war;[60]) in den übrigen Grenzdistrikten des Orients commandierten duces: In Libyen, Thebais, Palaestina, Arabia, Foenice, Syria, Osrhoene, Mesopotamia und Armenia.[61]) Aus dieser Zusammenstellung geht hervor, von wo die Oströmer den Feind hier im Osten und wen sie erwarteten, nämlich in Africa die wilden Völker der Sahara und in Vorderasien die nomadischen Reitervölker der arabisch-syrischen Wüste und die Perser. Besonders stark war die Besatzung der Thebais, weil diese oft von den libyschen Stämmen[62]) beunruhigt wurde: 2 Regimenter Reiterei, 16 alae derselben Truppengattung und an Fufsvolk 4 legiones und 9 cohortes, welche zum gröfsten Teil in den Nilstädten Hermopolis, Cusae, Coptus, Hermonthis, Thebae, Latopolis, Syene, Philae und der Oasis maior garnisonierten, wogegen die Angabe über die Besatzung Libyens leider verloren gegangen ist. Doch wissen wir aus den Briefen[63]) des späteren Bischofs der Pentapolis Synesius von Kyrene, dafs sie nicht zahlreich genug war, die einfallenden Maziken und Auxorianer in Schranken zu halten. Die Provinzen Vorderasiens waren alle stark geschützt, es lagen vom Pontus bis zum roten Meer, dem ersten

---

[58a]) Walter S. 495: Sie lagen, vielfach gemischt, im Reiche umher verteilt.
[59]) Über ihren Rang vgl. a. a. O. p. 256.
[60]) Böcking a. a. O. I. S. 313.
[61]) vgl. Notitia Dign. I. Cap. 27—35.
[62]) z. B. Die Blemmyer. Euagrius hist. eccles. ed. Valesius I. 7.
[63]) z. B. ep. 129, 131, 132 u. a. a. O. vgl. Philostorg. hist. eccles. XI. 8.

Angriff zu begegnen, nicht weniger als 61 Abteilungen Reiter und
38 alae, dazu an Infanterie 13 praefecturae von Legionen und 37
cohortes, im ganzen überwog die Reiterei das Fufsvolk, weil auch der
Feind dieser Grenzen meist zu Pferde kämpfte. Von den bekannten
Garnisonorten sind anzuführen: Aila an dem Busen der Sinai-Halb-
insel, Bostra, Aelia (Jerusalem), Palmyra, Callinicum, Circesium, Amida,
Melitene, Satala und Trapezunt. Ganz besonders gedeckt waren
Syrien und Foenice, weil sie den Weg durch die schon seit Alexanders
des Grofsen Feldzug bekannte sehr wichtige Amanuspforte zu schliefsen
und den Feind von der reichen, gewifs sehr begehrten syrischen Hauptstadt Antiochia abzuhalten hatten; auch die ebenen Provinzen Osrhoene
und Mesopotamien waren mit zahlreicher Reiterei belegt, wogegen das
gebirgige Armenien nur 2 Abteilungen equites, 8 alae und 10 cohortes
aufzuweisen hatte.

In Europa drohte der Feind seit alters von Norden über die
Donau her, deshalb waren die hier liegenden Grenzprovinzen Scythia,
Moesia Secunda, Dacia Ripensis und Moesia prima[64]) mit starken
Truppenmassen belegt, ebenfalls unter dem Befehle von duces. Die
Truppen: 31 Abteilungen Reiterei, 39 auxiliares, wovon eine Abteilung
im Kundschafterdienst geübter Leute (exploratores)[64a]), 32 legiones
riparenses, wovon 3 exploratores, dazu 3 Compagnien Marinesoldaten
(nauclarii) lagen in den zahlreichen Castellen, welche entweder an
der Donau selbst oder in ihrer nächsten Nähe angelegt waren,
besonders in Noviodunum[65]), Durostorum[66]), Viminacium[67]), Cebrum[68])
und Margus.[69]) — Diese ganze Streitmacht besteht, soweit das Fufsvolk
in Betracht kommt, schon an sich aus 70 Legionen[70]), welche, wenn

[61]) Not. Dign. cap. 36—39. und S. 441 ff.
[64a]) Vgl. über diese Böcking. S. 488 ff.
[65]) S. 449.
[66]) Heute Silistrija S. 465 ff.
[67]) S. 479 ff.
[68]) Heute Dschibra-palanka am Zibru (Ciabrus) S. 494.
[69]) S. 483 ff.
[70]) So berechnet sie wenigstens Bekker-Marquardt a. a. O. S. 357. Die
Legion wird von dem Zeitgenossen Vegetius epitoma rei militaris (ed. C. Lang) II, 2.
ausdrücklich zu 6000 Mann angegeben: Romani legiones habent, in quibus singulis
sena milia, interdum amplius militare consuerunt; während die Stelle I, 17. an und
für sich nichts beweist. Doch weist ebendasselbe cap. 3 auf die Umstände hin,
welche einen forwährenden Rückgang der Zahl herbeiführten. Wenn nun aber
andererseits O. Seeck Forschungen zur Deutschen Gesch. 1884, Heft 1: Über die
Glaubwürdigkeit Claudians in seiner Schilderung des Gildonischen Krieges auf
Grund von Ammian XIX. 2, 14 die Legion zu etwa 2000 Mann berechnet, so

sie vollzählig waren, ein Heer von 420000 Mann darstellen und somit den heutigen Friedensstand des auf diesem Gebiete gehaltenen türkischen Heeres von 151129 Mann (im Kriegsfalle 758000 M.) weit übertreffen würden; allein aus mancherlei Anzeichen geht hervor, dafs der Präsenzbestand des oströmischen Heeres dieser Periode durch geringere Aushebung, Desertion, ungesetzliche Urlaubsbewilligungen[71]) jene Zahl bei weitem nicht erreichte.

Waren die Grenzen des Reichs auf solche Weise gegen die Feinde zu Lande nachdrücklich geschützt, so ist anzunehmen, obwohl die Nachrichten darüber nur spärlich fliefsen, dafs auch zur See eine respectable Macht an Schiffen und Marinesoldaten von staatswegen gehalten wurde. Diese Flotten[72]) dienten zur Deckung der Militairtransporte und der Getreideschiffe, zum teil auch zur Überfahrt der Truppen selbst und des Kriegsmaterials. Bekannt ist aus der früheren Zeit die classis Pontica[73]), welche abwechselnd in Trapezus, Byzantium und Cyzicus lag und zu unserer Zeit gewiss in Constantinopel ihre Station hatte, dazu kommt die classis Carpathia[74]), so genannt von der Insel Carpathos auf halbem Wege zwischen Alexandria und Constantinopel, die classis Seleucena[75]) (wohl die alte classis Syriaca) mit dem Standort Seleucia, der Hafenstadt Antiochias, und endlich die Aegyptische Flotte, classis Alexandrina oder classis Augusta IV., mit der Station in Alexandria, doch wohl zu unterscheiden von der gleichnamigen aegyptischen Getreideflotte, welche das Brodkorn alljährlich nach der Reichshauptstadt anfuhr.

Aufserdem unterhielt das Ostreich, wie das Westreich auf dem Rhein, so auf der Donau[76]) eine Kriegsflotte, welche den Kommandeuren der dortigen Landtruppen untergeordnet war und deren einzelne Stationen geographisch nicht alle mit Sicherheit zu bestimmen sind.

Die Waffen für die ganze Streitmacht zu Wasser und zu Lande wurden in grofsen Staatsfabriken von einer besonderen Zunft, den fabricenses, welche ebenso wie die Decurionen an ihren Stand erblich

---

ist es einmal sehr schwer auf diese Stelle ein sicheres Urteil zu stützen, sodann ist § 12 und 13 ein heftiger Kampf vorausgegangen, in dem viele getötet und verwundet waren.

[71]) Vgl. Novell. Theod. II. VII. 3. Walter S. 496.
[72]) Bekker-Marquardt S. 392 ff.
[73]) S. 405.
[74]) Cod. Theod. XIII. 5, 72. Ebenda wird auch die classis Alexandrina erwähnt.
[75]) Cod. Th. X. 23, 1.
[76]) Not.Dign. Cap. 37—39. Cod.Theod. VII. 17,1. Bekker-Marquardt S.407.

gebunden waren, hergestellt. Sie standen unter der Aufsicht des magister officiorum.[77]) Im Orient wurden in Damascus und Antiochia Schilde und Waffen geschmiedet, in Antiochia ausserdem noch Panzerstücke für Mann und Ross, in Edessa Schilde und Schiffsausrüstungen, in Irenopolis (Cilicia) Speere und Lanzen; in der Dioecese Pontus in Caesarea (Kappadocien) Panzer und in Nicomedia ausser diesen noch Schilde; in Asien war nur in Sardes eine Fabrik für Schilde und Waffen; in Thracien für dieselben Gegenstände in Adrianopel und Marcianopel; in Illyrien in Thessalonich, Naissus (Dacia Mediterranea), heute Nisch, an der Morawa; in Ratiaria (Dacia Ripensis) an der Donau und in Horreomargus (Moesia I.), jetzt serbisch Morawa Hisar [78]), ebenfalls an der Morawa (Margus).

Die Hauptstadt des nunmehr für immer von dem Westen getrennten Reiches wurde seit dieser Zeit bleibend Constantinopel, welches bis dahin neben Rom die zweite Stelle eingenommen hatte. Es konnte sich, wenn auch aus dem uralten Byzanz [79]) hervorgegangen, freilich mit seiner Geschichte und seinen Erinnerungen keineswegs mit denen Roms messen, dagegen liess es in Bezug auf die Gunst seiner Lage dieses weit hinter sich zurück, und es wäre der grösste Missgriff Constantins des Grossen gewesen, wenn er im Begriff ein Neu-Rom im Osten zu gründen Serdica, Thessalonich, den Boden Iliums oder auch Chalcedon, zwischen denen er eine Zeit lang geschwankt hat,[80]) gewählt hätte. Denn alle diese Orte, so günstig sie auch sonst von der Natur ausgestattet sein mochten, würden in jedem einzelnen Falle mehr oder weniger als das Erzeugnis einer Fürstenlaune erschienen sein, während die Meerengenstadt des Bosporus bis auf den heutigen Tag und wohl für alle Zeiten die natürliche Beherrscherin der Balkanhalbinsel, Klein-Asiens und aller der Meere und Wasserstrafsen ist, welche dort von allen Seiten zusammenfliessen und münden[81]). Wie könnte man wohl eine andere nicht am Weltmeer gelegene Stadt auf dem Erdboden suchen und finden, wo so viele begünstigende Umstände ebenso freigebig gespendet worden sind! Es endigen hier von der

[77]) Not. Dign. c. 10 u. S. 237 ff. Früher bis zum Sturze Rufins standen die Fabriken unter dem praefectus praetorio, vgl. Joh. Lydus de mag. II. 10, III. 40 u. Walter a. a. O. S. 500.

[78]) Not. Dign. S. 244 vgl. S. 483 ff.

[79]) Vgl. zu diesem Abschnitt O. Frick in Pauly's Realencyclopaedie: Byzantium.

[80]) Zosim. II. 30, 2. Sozomen. II. 3. Vgl. Hertzberg Gesch. Griechenlands unter den Römern III. S. 252 ff.

[81]) Kohl Die Hauptstädte Europas, Abschnitt Constantinopel, u. G. Über die Besiedelung der Meerbusen. Progr. Pyritz 1883. S. 19 u. 20.

Landseite her die Strassen, welche über Thessalonich und Dyrrhachium in den Occident, über Philippopel, Adrianopel, Sophia und die Morawa entlang in das Herz Europas und andererseits quer durch das Plateau Klein-Asiens zu den grossen Metropolen des Ostens Antiochia, Babylon, ja im weiterem Verlaufe zu dem an Gewürzen, Perlen und Edelsteinen reichen Indien führten; von der Seeseite dagegen münden die Linien, welche sie nordwärts mit dem reichen Kornland an der Küste des Pontus, ostwärts mit Trapezunt, Phasis und in dieser verlängerten Richtung über Tiflis mit dem Kaspischen Meer und Central-Asien, südlich mit den blühenden Griechen-Colonien der Westküste Klein-Asiens und über Rhodus mit dem so wichtigen Culturland Aegypten, südwestwärts endlich mit der Inselwelt des Aegäischen Meeres, mit Athen und den Emporen des westlichen Mittelmeerbeckens verbinden. Zur Aufnahme eines so riesigen Schiffsverkehrs aber war Constantinopel[82]) ausserordentlich geeignet, weil es in dem tief einschneidenden „goldenen Horn" einen vor der reifsenden Nord-Südströmung des Bosporus und allen Stürmen wohlgeschützten Hafen besass, dessen günstigsten Ankerplätze zu unserer Zeit im Bosporion und Neorion (in dem Stadtteil der Blachernen) sich befanden, während sich an der gegenüberliegenden Westseite der dreieckigen Landzunge, auf welcher die Stadt sich erstreckte, der weniger sichere Theodosianische (Eleutherische) und Julianische Hafen[83]) den Ankommenden darbot.

Zur Ernährung der Bewohner hatte schon von jeher das Meer reichlich beigetragen, denn zu Millionen, heifst es, drangen in den ältesten Zeiten die Thunfische alljährlich durch die Propontis, wurden hier gesalzen und geräuchert[84]), und wenn sich dieser Reichtum auch im Laufe der Jahrhunderte gemindert hatte, so konnte doch noch ein grosser Bruchtteil der Einwohner darin seinen Unterhalt finden, zumal da bis auf den heutigen Tag aufser jener Art auch noch der Schwertfisch, Sardellen und eine Menge anderer Fische hier gefangen werden.[85]) Die nächste Umgebung bot an Wild Hasen, Wildschweine, Fasanen, treffliche Wachteln und Rebhühner, während das im Winter kühle, aber doch im ganzen milde Klima ausser unseren Obstsorten

---

[82]) Diese Ausführung stützt sich besonders auf das umfangreiche mit zwei Karten ausgestattete Werk Jos. v. Hammer's Constantinopolis u. der Bosporus. Pesth 1822. 2 Bände.
[83]) O. Frick a. a. O. S. 2622.
[84]) Kiepert a. a. O. S. 327. Guthe-Wagner Lehrb. der Geographie S. 418. Daniel II. S. 54 ff.
[85]) Hammer l. c. XIII.

die nahrungsspendende Feige wohl gedeihen liefs. Hatte die weitere Umgebung — Thracien — in früherer Zeit ausgereicht, die Zahl der Bewohner mit Brodkorn zu versorgen, so wuchsen mit der steigenden Menge auch ihre Bedürfnisse, welche dann durch die Zufuhr pontischen und aegyptischen Getreides befriedigt wurden. Allerdings ging die pontische Zufuhr, welche einst in athenischer Zeit einen Durchfahrtszoll von 15 Talenten jährlich abwarf, in den Wirren der Völkerwanderung ganz ein, doch sind Anzeichen vorhanden, dafs sie im 5. Jahrhundert zeitweise energisch wieder aufgenommen wurde.[86])

Dagegen wurde diese sonst so herrlich gelegene Stadt häufig von Erdbeben[87]) heimgesucht, mit denen sich oft ein Seebeben verband, allein trotz der Unsicherheit, besonders der hervorragenden Bauwerke, versäumten die Kaiser nicht die von Constantin dem Grofsen 330[88]) erneute Stadt mit solchen zu schmücken. Schon er selbst hatte mit nie versiegender Baulust versucht den von ihm um 15 Stadien nach der Landseite erweiterten Raum des Stadtgebietes mit Gebäuden jeder Art und Anlagen auszufüllen, die folgenden Kaiser waren hierin nicht hinter ihm zurückgeblieben, so dafs die Residenz der Oströmischen Kaiser zur Zeit der Reichsteilung auf ihren sieben Hügeln (nach dem Vorbilde Roms) und in den 14 Regionen[89]) etwa dieses Äufsere bot:

In dem ersten Bezirk, welcher die Ostspitze der vom goldnen Horn und dem Bosporus bespülten Landzunge umfafste, lag der grofse Kaiserliche Palast[90]), welcher aufser dem beständigen Wohnhaus des Kaisers mit dem Thronsaal und dem ganz aus Porphyr hergerichteten Gemach, in welchem die Prinzen und Prinzessinnen das Licht der Welt erblickten, die Wohnungen hoher Hofbeamten, die Kasernements der Leibwache und eine Zahl von sonstigen Prachtgebäuden, Hallen, Höfen und Gärten umschlofs, sodann mehrere andere Paläste wie der der Tochter Theodosius I. Placidia und aufser den fünfzehn Privatbädern die Thermen des Arcadius. Durch den von Säulenhallen umrahmten mit vergoldeten Erzziegeln gedeckten Vorhof,

---

[86]) Wenigstens spricht Socr. IV. 16 von einer Einfuhr pontischen Getreides wie von etwas gewöhnlichem: ἀεὶ γὰρ δὴ κωνσταντινούπολις, καὶ ἄπειρα τρέφουσα πλήθη, τὰ πολλὰ εἰθνεῖται τῷ τε διὰ θαλάσσης ἔχειν τῶν πανταχόθεν ἐπιτηδείων τὴν προσκομιδὴν καὶ ὅτι ὁ εὔξεινος πόντος παρακείμενος ἄφθονον αὐτῇ ἡνίκα προσδεήθῃ παρέχει τὸν σῖτον. Doch vgl. damit Procop. Bell. Goth. IV. 5.

[87]) Hammer c. XII. Auch noch heute treten hier Erschütterungen auf.

[88]) Vgl. Hertzberg a. a. O. S. 253 ff.

[89]) Notitia urbis Constantinopolitanae ed. O. Seeck 1876. Du Cange Constantinopolis Christiana. A. Schmidt, Der Aufstand in CP. unter Kaiser Justinian I.

[90]) Hammer Cap. XXVI. O. Frick. S. 2621.

die Chalce,[91]) gelangte man in das zweite Quartier, in welchem die von Constantin erbaute „grofse Kirche", später von Justinian neu aufgebaute ἁγία σοφία und das in feinstem Styl und kostbarstem Marmor aufgeführte Senatsgebäude[92]), vor welchem die rücksichtlose Hand des Constantin die ihrem eigentlichen Standort entrissenen Bildsäulen des Dodonäischen Zeus und der Athene von Lindos aufgestellt hatte, und endlich die Bäder des Zeuxippus[93]) im Hain des Hercules auffielen, ein Bau von solchem Umfange, dafs täglich darin zwei Tausend Menschen ein Bad nehmen konnten. Ein anderes, das Schneckenthor (Kochlias), führte auf der Seite des Bosporus in die dritte Region, in welcher der Hippodrom[93a]) oder der Circus, eines der grofsartigsten Bauwerke der damaligen Welt, lag. Es war von Septimius Severus errichtet und von Constantin mit zahlreichen Statuen geschmückt worden, welche er aus Athen, Cyzicus, Caesarea, Chalcis, Antiochia und anderen Orten hatte hierher bringen lassen. Aufser weniger bekannten Bildwerken wie die säugende Wölfin, Scylla und Charybdis, der Esel des Augustus mit dem Eselstreiber, dem Löwenbändiger, stand dort die sogenannte Schlangensäule, ein chernes Gewinde dreifach verschlungener Schlangen, auf deren Häuptern ursprünglich ein goldner Dreifufs ruhte, das Weihegeschenk der Hellenen, welche am zweiten Perserkrieg teilgenommen hatten, und der unter Theodosius I. von dem praefectus urbi Proclus errichtete Obelisk.[94]) In dem nördlich hieran sich anschliefsenden Stadtteil (4.) lag das Augustaeum,[95]) ein von Säulenhallen umgebener grofser Platz, mit der Statue der Helena und Theodosius des Grofsen, in dessen Mitte sich der goldene Meilenzeiger (Miliarium aureum)[96]) befand, von welchem die Strafsen nach allen Richtungen hin sich verzweigten. Weiter nördlich am goldenen Horn dehnte sich die fünfte Region aus, in welcher das Strategium, der Exercierplatz und das Hauptquartier der Kaiserlichen Garde lag, während die sechste westlich davon den Mittelpunkt der ganzen Stadt bildete. Hier befand sich das berühmte Forum Constantinum[97]), ein von zweistöckigen Hallen umschlossener Platz mit zwei Triumphbögen, in dessen Mitte

---

[91]) Du Cange a. a. O. S. 113.
[92]) Heute steht an der Stelle der Palast des Grofsveziers. Hammer I. S. 553. Vgl. Zos. X. 24.
[93]) O. Frick S. 2620. Hammer Cap. LIV. Du Cange S. 88 ff.
[93a]) Zos. II. 31. Du Cange S. 101 ff. Hammer Cap. XXII. O. Frick S. 2621
[94]) Corpus J. L. III. 1. 737.
[95]) O. Frick S. 2621. Vgl. Hertzberg a. a. O. S. 259.
[96]) Vgl. Über die Heerstrafsen des röm. Reichs II. Die Meilensteine. Von F. Berger. Progr. der Luisenstädt. Gewerbeschule zu Berlin 1884.
[97]) O. Frick a. a. O. Hertzberg a. a. O. S. 259 ff. Vgl. Zos. II. 31.

sich die columna purpurea Constantini erhob. Die Kirche der heiligen
Irene, der Anastasia und des Apostels Paulus schmückten die wieder
am Bosporus gelegene siebente Region, in welcher sich auch später
die bis zur höchsten Spitze auf Stufen ersteigbare Säule Theodosius I
befand. Der nordwestlich vom Forum Constantini westlich der Umfassungs-
mauer des alten Byzanz gelegene Bezirk war bemerkenswert durch
das, ebenfalls in Beziehung auf das Alte Rom, sogenannte Kapitolium[98]),
welches von Constantin den Wissenschaften gewidmet und zur Stätte
der neuen Universität Constantinopel erhoben war, während die neunte
und zehnte Region kein besonders hervorragendes Bauwerk aufzuweisen hatte. Dagegen glänzte das elfte am Polyandrischen Thor der
neuen Ringmauer gelegene Quartier durch die aus buntem Marmor
erbaute, hochgewölbte Kirche der Aposteln,[99]) welches die Kaiser und
Patriarchen von Constantinopel als Mausoleum benutzten, und südlich
davon das zwölfte durch die Troadensischen marmornen Säulenhallen
die Münze und das die Strafse von Thessalonich her aufnehmende
goldene Thor, die porta aurea,[100]) welcher die in erhabener Arbeit in
Marmor ausgeführten bildlichen Darstellungen der Arbeiten des
Hercules,[101]) der Qualen des Prometheus und andere zum Schmucke
dienten. Durch einen weiten Zwischenraum geschieden von der übrigen
Stadt lag ganz im Nordosten von einer eigenen Mauer umgeben die
vierzehnte Region, die Blachernen, in welchem sich der von Constantin
erbaute Palast des Hebdomon befand. Jenseits endlich des goldenen
Horns dehnte sich der dreizehnte Bezirk, die Vorstadt Sycae, heute
Galata und Pera, aus, in welchem eine Schiffswerft und die Thermen
des Honorius erbaut waren.

In dieser Einteilung zählte die seit 359[102]) einem eigenen
Praefectus, der im Range den übrigen praefecti illustres gleich stand,
unterstellte Stadtgemeinde nach dem Berichte des unbekannten Verfassers der notitia urbis CP. im ganzen 4388 Häuser, 14 Kirchen
20 öffentliche und 120 private Bäckereien, 8 Thermen und 153 private
Bäder, 4 grofse und 5 Fleischmärkte, 4 Häfen, 5 grofse Staatsspeicher,

---

[98]) O. Frick a. a. O. Hertzberg S. 271 ff. Du Cange S. 149 und 150.
[99]) Hertzberg S. 261.
[100]) Der Bau dieses Thores wird im Corp. In L. III. 1, 735. auf Grund der
Inschrift: Haec loca Theudosius decorat post fata tyranni
      Aurea saecla gerit qui portam construit auro.
mit Recht Theodosius I. zugeschrieben. Malal. XIV. dagegen, welcher ihn dem
jüngeren Theodosius zuweist, irrt, weil sich gegen denselben kein „Tyrann"
erhoben hat. Vgl. G. S. 197.
[101]) Hammer I. cap. XX.
[102]) Hertzberg S. 265 ff. Walter a. a. O. S. 447.

4 Cisternen und 2 Hauptwasserleitungen und dehnte sich von der porta aurea bis zum goldenen Horn 4,4 Km. in die Länge und 2 Km. in die Breite aus. Bei einem solchen Umfang, bei einer so grofsen Häuserzahl, so viel öffentlichen und privaten Anstalten kann die Einwohnerzahl hinter derjenigen des heutigen Constantinopels kaum zurückgeblieben sein, wurden doch allein täglich von Constantin[103] 80 000 Brodportionen verausgabt, welche Theodosius I. noch um 125 vermehrte und unter seinen Nachfolgern gewifs nicht vermindert worden sind. Denn rechnen wir die auf Staatskosten unterstützten Hausstände des Proletariats nur zu je drei Personen, so erhalten wir bereits für die Bewohner des niedrigsten Standes eine höchst ansehnliche Zahl. Erinnert man sich dazu des lebhaften Handelsverkehrs, der in Constantinopel statthatte, so wird man sich von dem lebendigen, bunten und volkstümlichen Treiben, welches auf den Märkten und am Quai des Goldenen Horns und des Bosporus herrschte, eine annähernde Vorstellung machen können, ohne dafs dabei schon an die zahlreiche Garnison mit ihren malerischen und bei Gardetruppen sicherlich reichen Uniformen[104] gedacht ist. Allerdings konnten im Anfang Alexandria und Antiochia mit der neuen Reichshauptstadt in Bezug auf Ausschmückung und Leben und Treiben wetteifern, aber je länger je mehr zog Constantinopel als bleibende Residenz der oströmischen Kaiser alles, was durch äufseren Reichtum und Wissen glänzte, an sich und wurde so allmählich die Sonne, von der allein die belebenden und erwärmenden Strahlen nach allen Seiten hin auf das Reich ausströmten.

Zweites Kapitel.

Arcadius bis zu seinem Regierungsantritt: Seine Geburt, Erziehung durch Arsenius und Themistius, seine Erhebung zum August. — Sein Bruder Honorius. — Der Minister Stilicho und Rufinus Abstammung, Laufbahn, Character und Feindschaft. — Rufin hofft seine Tochter mit Arcadius zu vermählen. — Arcadius heiratet auf Betreiben des Oberkämmerers Eutrop die Eudoxia, Tochter des Bauto.

Der Kaiser Arcadius oder, wie er mit vollem Namen heifst, Flavius Arcadius Pius Felix,[1] welchem durch den Tod Theodosius I. die Osthälfte des römischen Reichs zufiel, war dem Vater aus der

[103] S. 267 ff.
[104] Synesius περὶ βασιλείας cap. 18.
[1] Corpus J. L. III. 1, 413.

ersten Ehe mit Aelia Flaccilla,[2]) der Tochter eines vornehmen spanischen Geschlechtes, wahrscheinlich noch in Spanien geboren. Stand er 408, als er starb, in seinem einunddreifsigsten Lebensjahre[3]), so wird seine Geburt in das Jahr 377 oder 378 fallen, also kurze Zeit vor der Erhebung seines Vaters zum Augustus. Seine erste Erziehung in der neuen Heimat am Bosporus leitete zunächst seine dem nicaenischen Glaubensbekenntnisse eifrig zugethane Mutter, bis sie dieselbe einem durch den Ruf seiner Frömmigkeit ausgezeichneten Diaconus Arsenius[4]) aus Rom abtrat, welcher ihn und seinen jüngeren schon im Porphyrsaal geborenen Bruder Honorius auf den Wunsch des kaiserlichen Vaters in strenge Zucht nahm; doch die höhere Bildung und die Einführung in die schönen Wissenschaften verdankte der Prinz dem als Sophisten durch seine Gelegenheitsreden neben Libanius glänzenden Heiden Themistius,[5]) welcher sich in einer derselben den Hinweis nicht versagen kann, dafs ihm der Kaiser den Arcadius, als er gegen die Gothen zog, vor allem Volke feierlich als Schutzbefohlenen übergeben habe. Damit aber ein reger Wetteifer die geistige Kraft des Prinzen mehr entwickele und belebe, wurden ihm und seinem erst am 9. September 384[6]) geborenen Bruder Honorius die Söhne von Anverwandten des Kaiserlichen Hauses und treuer, verdienter Staatsdiener zu Genossen gegeben; es war dies in erster Linie ein etwas älterer Vetter der Prinzen Nebridius[7]), der Sohn einer

---

[2]) So der Name auf Münzen. Cohen déscription des monnaies. VI. S. 462. Tafel XVI. und bei Ambrosius de obitu Theod. § 40. Claudian de nupt. Hon. et Mar. v. 43; laus Serenae v. 69 und 137. Die griechischen Quellen nennen sie πλακίλλα; unrichtig πλακίδια nur Nicephorus Callista chronogr. und Joh. Malal. vgl. Ifland S. 55 und 56.

[3]) Cedren σύνοψις ίστοριών p. 334.

[4]) Zonaras XIII. 19. Cedren p. 327. Doch beruhen die näheren Angaben über die Art des Unterrichts bei Zonaras ohne Frage auf Erfindung.

[5]) Themistii orationes XVI. XVII. In XVIII. sagt er: ὅν μοι εἰς χεῖρας ἔθηκεν ἡνίκα ἐλαύνειν ὥρμητο ἐπὶ τὴν ἑσπέραν.

[6]) Idac. Fast. Chron. Alex. Socr. V. 10. Im Septemb. Marc. Com. Vgl. Ifland S. 128.

[7]) Wir erfahren das aus S. Hieronymi ep. 79 ad Salvinam § 5. Nutritus in palatio, contubernalis et condiscipulus Augustorum ... in primo aetatis flore tantae verecundiae fuit, ut virginalem pudorem vinceret et ne levem quidem obsceni rumoris in se fabulam daret. Deinde purpuratorum propinquus, socius, consobrinus, iisdem cum ambobus studiis eruditus, non est inflatus superbia nec caeteros homines adducta fronte contempsit. und § 2. quod de sorore generatus Augustae et in materterae nutritus sinu. Sind diese Angaben, wie nicht zu bezweifeln ist, thatsächlich, so kann dieser Nebridius, wie die Anmerkung des Maffei will, weder der Sohn des bei Ammian. Marcell. XIV. 2; XX. 9; XXI. 1; 5. 8; XXVI. 7. bezeugten praefectus praet. unter Constantin dem Jüngeren noch der

Schwester Aelia Flaccilla's, dessen Mäfsigkeit, Enthaltsamkeit, Bescheidenheit und Leutseligkeit der heilige Hieronymus nicht genug zu rühmen weifs, sodann die Kinder des tapferen Generals Promotus,[8] der zu früh für Theodosius durch Rufins Tücke ins Grab gesunken war. Aber war auch das Leben des jungen Thronerben von Elternliebe und Freundschaft umwebt und geschützt, so gelang es diesen doch nicht den Keim der Schlaflheit und Energielosigkeit, welcher in der Seele des Knaben schlummerte und durch das üppige Hofleben und sein übertriebenes Ceremoniel genährt wurde, zu unterdrücken und auszurotten. Denn immer mehr zeigte sich, dafs in seinem kleinen, wenig entwickelten Körper kein königlicher, männlicher Geist wohne, sondern eher eine zum Gehorchen geschaffene Seele.[9] Gleichwohl überkamen ihm die seiner Abstammung gebührenden Ehren frühzeitig, schon 384[10] am 16. Januar verlieh Theodosius dem erst sechsjährigen die Würde eines Augustus und Mitregenten, wohl aus keinem anderen Grunde als um aller Welt zu zeigen, dafs er beabsichtige, die Kaiserwürde in seinem Hause erblich zu machen und um allen Zufällen, welche sein plötzlicher Tod hervorrufen konnte, von vornherein die Spitze zu bieten. Die Erhebung ging auf dem grofsen Marsfelde Constantinopels, welches sich aufserhalb der Mauern neben dem Palaste des Hebdomon ausdehnte, vor sich und war mit die Veranlassung zu dem Steuerlafs und der Erhöhung der Getreidespenden, welche Themistius 385 in einer Lobrede[11] begeistert feierte. Schon im folgenden Jahre wurde ihm die Ehre des Consulats zu teil, welches er vor seiner Thronbesteigung nach 392 und 394 bekleidete.[12] In seiner Eigenschaft als Mitregent war Arcadius daher von Theodosius 394 in der Hauptstadt zurückgelassen worden, als dieser nach dem

---

382 als comes rer. priv. im Cod. Th. X. 10, 16. 383 X. 5, 4. VI. 30, 5. und 386 als Praefectus U. XIV. 12, 1. III. 4, 1. auftretende N. sein, weil er für eine Erziehung zusammen mit Arcadius und Honorius in jedem Falle viel zu alt wäre, sondern er mufs der Enkel des erstgenannten sein, den ich im Vicarius Asiae Nebridius Cod. Th. V. 11, 2. aus der Zeit 395—402 vermute. Vgl. Hänel Series chronol. constit. und Palladius dial. de vita S. Joh. Chrys. p. 90. Σιλβίνῃ.

[8] Er hatte die Greothungen besiegt und im Kriege gegen Maximus die Reiterei befehligt und kam bei einem Überfall durch die Bastarnen um, den man allgemein dem Rufin in die Schuhe schob. Die Belege bei G. S. 198 und 201.

[9] Zos. V. 1. Socr. VI. 23. Philost. XI. 3.

[10] Socr. V. 10. Idac. Fast. zu 383. Chron. Pasch. 25. Jan. — Soz. XII. 12. Idac. chron. Prosper Aquit. Marc. Com.

[11] Orat. XVIII. p. 269 ff.

[12] Hänel Series chronol. constitut.

Occident zog, um den Eugenius niederzuwerfen und an dem Kaisermörder Arbogast Rache zu nehmen; er war auch, als die Trauerkunde von der tötlichen Krankheit des Vaters eintraf, nicht an das Totenbett geeilt,[13]) sondern hatte auf Befehl des Vaters seinen elfjährigen Bruder Honorius dahin entsandt, um dem Sterbenden auch in seinem Namen die letzten Grüfse eines Sohnes zu überbringen. Wohl nur mit schwerem Herzen hatte er sich darin gefügt fernzubleiben und in der Überzeugung, die berechtigt genug war, dafs seine Abwesenheit, zumal beim Tode des Kaisers, leicht die bequeme Veranlassung zu Unruhen und Aufständen abgeben könnte. So blieb er denn allein zurück; um, ein achtzehnjähriger Jüngling, ohne Unterbrechung das Staatsschiff aus der Hand eines bewährten Steuermannes in seine eigene schwache zu übernehmen, nur geleitet und beraten von dem ihm von Theodosius noch zur Seite gesetzten Minister Rufinus.

Es war dies an und für sich kein Mifsgriff des Kaisers, denn fast alle die Vorwürfe, welche diesem Manne hüben und drüben, aus christlichem und heidnischem Lager, gemacht werden, sind allgemeine Laster des Beamtenstandes der damaligen Zeit überhaupt.[14]) Sieht man von dem parteiischen Standpunkt des zeitgenössischen Dichters Claudianus,[15]) des Sophisten Libanius und des Schmeichlers Symmachus[16]) ab, so stellt Rufin sich in einem etwas günstigerem Lichte dar, als ihm gemeiniglich bewilligt wird.[17]) Er war ein Aquitanier von Geburt aus Elusa[18]) (Euse en Gascogne) und es würde schon von einem thatkräftigen Geist zeugen, dafs es ihm, schwerlich von edlen Eltern geboren, bald gelang an dem Hofe des ersten Theodosius zu den einflufsreichsten Stellen zu gelangen, wenn es uns nicht ausdrücklich überliefert[19]) wäre, dafs er

---

[13]) Rufin. II. 34. Philost. XI. 2. Socr. V. 26. Soz. VII. 29. Claud. VI. cons. Hon. v. 88 ff. III. cons. Hon. v. 110 ff. Dagegen sprechen nur Theod. V. 25. und chron. Pasch. vgl. note 56 des Tillem. V. sur Théodose.

[14]) Vgl. Zos. V. 1. Eunap frgm. 62 und 63. Joh. Antioch. frgm. 188.

[15]) Vgl. G. S. 17—21, wo auch die Litteratur angeführt ist, zu welcher noch nachzutragen ist: Edm. Vogt in der Festschrift zur Begrüfsung der 34. Vers. Deutsch. Phil. und Schulm. zu Trier. Bonn 1879 und Volz Programm des Gymnas. zu Cöslin 1864.

[16]) Vgl. G. S. 16 und 17.

[17]) Eine meisterhafte Darstellung seiner Amtsthätigkeit giebt Gibbon Gesch. des Verfalls und Untergang des röm. Reichs VII. S. 164—182. Vgl. Richter Diss. cap. I. G. S. 200 ff. Für die Beurteilung Rufins fallen besonders ins Gewicht: Claudian in Ruf. I. und II. Vgl. Symmach. ep. III. 81—90. Libanius ep. 445, 900, 972, 1025, 1028 b, 1029, 1328. Ambros. ep. 52. Eunap frgm. 63. 88. Joh. Ant. frgm. 188. Soz. VIII. 17; Theodoret V. 18. Philost. XI. 3. Zos. IV 51. V. 1. ff.

[18]) Claud. in Ruf. I. v. 137.

[19]) Philost. XI. 3.

eine einnehmende, hohe, schlanke Gestalt von der Natur mit auf den
Weg bekommen, dafs aus seinen lebhaften Augen ein jugendliches
Feuer gestrahlt, das Zeichen einer energischen Seele, und dafs
ihm die Gabe der Rede wie selten einem Menschen zu Gebote
gestanden habe. Dazu kam gewifs ein hoher Grad persönlicher Klugheit
und Gewandtheit[20]), Eigenschaften, die niemand zur Schande gereichen,
andererseits aber für jemand, der an einem intriguenreichen Hofe
seine Laufbahn machen will, ganz unentbehrlich sind. Der scharfe
Blick des selbst aus dem Volke emporgekommenen Kaisers hatte die
Fähigkeiten des gallischen Hofmannes bald unter den übrigen herausgefunden,
und es ist sicher anzunehmen, dafs nicht die Gunst eines
anderen mächtigen ihn gehoben hat, sonst würde der Hofdichter
Stilichos nicht versäumt haben es ihm vorzuwerfen, während er
so nichts weiter über seine Vergangenheit anzuführen weifs als die
abgeschmackte Erfindung[21]), dafs die Furien selbst ihn aus seiner
Heimat herbeigeholt hätten, um die Ruhe und den Frieden unter
Theodosius Herrschaft zu stören und in das Gegenteil zu verkehren.

Historisch sicher verfolgen läfst sich Rufins Thätigkeit aber erst
seit dem Jahre 390,[22]) wo ihm von Theodosius das einflufsreiche Amt
des magister officiorum übertragen wurde, ein Amt, dessen Ausübung
ihn fast stets in der unmittelbaren Nähe des Kaisers festhielt.[23]) Hier
mögen seine glänzenden Gaben wohl nun erst recht ihren Einflufs auf
Theodosius ausgeübt haben, wenigstens wirft ihm Claudian[24]) vor,
dafs er ganz besonders auf den Kaiser eingewirkt habe Thessalonich
die Strafe wegen des Aufruhrs nicht zu erlassen, sondern ein abschreckendes
Beispiel für ähnliche Ausschreitungen zu geben. Wie
dem aber auch sein möge, jedenfalls erfreute sich der kühne und
gewandte Mann der zunehmenden Gunst und des aufrichtigsten Vertrauens
des Kaisers, aber dies erbitterte natürlich diejenigen, auf deren
Rat Theodosius sonst am meisten gehört hatte, die Generale Timasius
und Promot,[25]) aufs heftigste. Hatten diese, wie erklärlich, die Absicht
Rufin zu verdrängen, so war es nur Selbstverteidigung, wenn derselbe,

---

[20]) Claud. a. a. O. v. 97 ff.
[21]) v. 35 ff.
[22]) Cod. Theod. X. 22, 3. De fabricensibus.
[23]) Walter a. a. O. § 343.
[24]) In Ruf. I. v. 182. Ingeminat crimen commoti pectoris ignem
Nutrit et exiguum stimulando vulnus acerbat.
Über das Ereignifs selbst vgl. G. S. 181 ff.
[25]) Was von diesen sonst bekannt, ist zusammengestellt bei G. S. 198 ff.

einmal von Promot vor versammeltem Consistorium gröblich beleidigt,[26]) die Hülfe des Kaisers anrief seiner Ehre genug zu thun. Die Folge war bei dem leicht erregten Gemüt desselben die Verbannung des Promot zu seinem Truppenteil, von wo allerdings bald die Nachricht die Hauptstadt überraschte, dafs er von den feindlichen Bastarnen überfallen und getötet worden sei; ein Ereignis, dessen Schuld man, vielleicht mit Unrecht, allgemein dem Rufin beimafs.[27]) Einen klareren Blick können wir bei dem Sturze[28]) eines anderen hochgestellten Beamten, des praefectus praetorio Tatian und seines Sohnes Proclus, auf die Teilnahme des Rufin werfen, weil er selbst zum Vorsitzenden des Richtercollegiums ernannt wurde, das über jene aburteilen sollte. Es unterliegt nun keinem Zweifel, dafs Tatian bei Proscriptionen seine Hände nicht rein erhielt, Unschuldige verurteilte und zum Schaden der Staatskasse der Bauwut mehr als gewöhnlich ergeben war, und es ist andererseits der Gedanke nicht zurückzuweisen, dafs diese Anklagen dem Rufin wie gerufen kamen, um das höchste Staatsamt im Reiche an seine eigene Person zu bringen und so dürfen wir ihn nicht von dem Vorwurf der Parteilichkeit freisprechen, um so mehr, als er den bereits glücklich entflohenen Proclus durch falsche List zur Rückkehr veranlafste und seine Hinrichtung so sehr beeilte, dafs der Gnadenbote des Kaisers trotz aller Eile zu spät in Sycae ankam. Endlich aber hat er gewifs sein Teil dazu beigetragen den Kaiser zu jener grausamen, unserm Gefühl ganz unverständlichen Verfügung[29]) zu veranlassen, welche dem ganzen Volksstamm der Lycier eben um jenes Tatian und Proclus willen die Fähigkeit absprach Ämter im Staate zu verwalten.

---

[26]) Zos. VI. 51. Näheres bei G. S. 201.

[27]) Mit Recht macht Edm. Vogt. De Claudiani carminum quae Stilichonem praedicant fide historica. Diss. Bonn 1863. S. 12 und Progr. des kath. Gymnas. der Apostelkirche zu Cöln 1870 S. 22, darauf aufmerksam, dafs Claudian, der doch sonst Rufin alle Schandthaten vorzuwerfen sich Mühe giebt, ihm nicht den Tod des Promot zuschiebt.

[28]) Hierüber ist ausführlich gehandelt von G. S. 203—207. Ebendaselbst finden sich auch die Belege für diese Bemerkungen.

[29]) Cod. Th. IX. 38, 9... Nec unius viri illustris Tatiani tantum valuerit temporalis offensio taeterrimi iudicis inimici, ut adhuc macula in Lycios perseveret. Diese Bestrafung des ganzen Volks der Lycier erscheint verständlicher, wenn man weifs, dafs auch unter Theodosius II. die Karthager und Aegypter wegen ihrer unbeugsamen Sitten vom Staatsdienst ausgeschlossen waren nach Isidor Pelus. ep. 485 und 489. Vgl. Walter a. a. O. S. 500. und Kuhn Beitr. zur Verf. des röm. Reichs. S. 197. Claud. in Ruf. I. v. 232.

Non notos egisse sat est; exscindere cives
Funditus et nomen gentis delere laborat.

Auf diese Weise stieg Rufin zum Praefectus des Orients[30] empor, bekleidete zugleich 392 mit dem Kaiserlichen Prinzen Arcadius das Consulat und erhielt sich in jener Stellung, in welcher er dem Kaiser am nächsten stand, bis ihm nunmehr, als Theodosius nach dem Occident zog (Mai 394), die ehrenvolle Aufgabe zu teil wurde im Namen des abwesenden Monarchen das Ostreich mit Arcadius zusammen zu verwalten. Und jetzt, wo Theodosius unvermutet nicht zurückkehrte, sondern in Mailand für immer die Augen schlofs, schien dem ehrgeizigen eine noch höhere Gunst des Schicksals das ganze Reich unter seine Botmäfsigkeit zu geben.

Aber eben dieses unverhoffte Geschenk der Fortuna, die ihn bisher so begünstigt hatte, wurde ihm von einem anderen bestritten, welcher ihm schon früher in den Weg getreten war und gegen den er einen glühenden Hafs im Busen nährte: dieser Mann war der Vandale Stilicho.[31] Auch er verdankte seine Stellung neben der Vorliebe des Theodosius für die Germanen einzig und allein seinen militärischen Fähigkeiten. Etwa 360 in Pannonien geboren folgte er dem Berufe des Vaters, welcher unter dem Kaiser Valens einige Reiterschwadronen nicht unrühmlich geführt hatte, und erregte schon als gemeiner Soldat durch seine hohe, stolze Gestalt, seinen ruhigen Blick, sein festes, männliches Auftreten überall Aufsehen. Von seiner niederen militärischen Laufbahn wissen wir wenig, nur das eine wird berichtet, dafs er noch ziemlich jung als Gesandter nach Persien[32] geschickt wurde, wo der schöne Germane wohl mehr durch seine körperlichen Eigenschaften sich Achtung errang als durch seine diplomatischen Künste. Seit 385 gehörte er zu der Schule der Feldherrn, die Theodosius sich selbst in den Gothenkriegen ausgebildet hatte; diese gaben auch Stilicho hinreichende Gelegenheit durch seine Kühnheit und Tapferkeit gepaart mit Ruhe und Besonnenheit das Auge des Kaisers auf sich zu lenken, welcher mit richtigem Blick die einstige Bedeutung

---

[30] Zuerst 392 26. Aug. Cod. Th. VIII. 6, 2. Tatian zuletzt 30. Juni. Cod. Th. XII. 1, 127.

[31] Richter Diss. pag. 2. G. S. 199 und 200. — Hauptquelle ist Claudian in Ruf. I. und II., wo die glänzende Gestalt Stil. überall dem dunklen Bilde, das der Dichter von Rufin entwirft, gegenübergestellt ist. De nupt. Hon. et Mar. De laud. Stilichonis I. und II. Laus Serenae. vgl. Eunap frgm. 53. Zos. IV. 57. (Joh. Ant. frgm. 187). V. 1. V. 34. Soz. VIII. 28. Symmach. ep. IV. 1—14. Olympiod. frgm. 2. Orosius VII. 38. Orelli No. 1133 und 1134.

[32] Doch ist das bezweifelt worden, weil er vix primaevus, wie ihn Claud. de laud. Stil. I. v. 51 bei dieser Gelegenheit nennt, Vorsteher der Gesandtschaft nicht gut sein konnte. Vgl. Sievers a. a. O. S. 330. Joh. Lydus de mag. III. 52. und 53.

des Mannes erkennend ihn durch ein besonders enges Band seinem Hause verbindlich zu machen und an ihm demselben eine mächtige Stütze zu gewinnen trachtete. Er gab ihm nämlich die Tochter Serena seines verstorbenen Bruders Honorius, welche er adoptiert[33]) hatte, zur Gemahlin, eine Auszeichnung, die dadurch an Bedeutung nichts verliert, dafs es für die Kaiserlichen Princessinnen kaum andere Gemahle gab als verdiente Unterthanen. Wollte man dem oft genannten Hofdichter Stilicho's glauben, so würde Serena eine mit den seltensten Gaben ausgestattete Frau gewesen sein, die sich einer Penelope an häuslichen Tugenden und einer Tanaquil an Klugheit wohl zur Seite stellen konnte; jedenfalls scheint sie von ihrem Kaiserlichen Oheim sehr geliebt worden zu sein, der mehr als den Mahnungen der Aelia Flaccilla Serena's beruhigenden Worten seinen leicht zu erregenden Zorn preis zu geben pflegte.[34])

Es liegt nun überaus nahe, dafs Serena selbst wünschte auch ihren Gemahl als ersten Ratgeber der Krone zu sehen, aber da war Rufinus ihm zuvorgekommen und deshalb herrschte von vornherein eine natürliche Abneigung[35]) zwischen den beiden Männern, die dadurch keineswegs an Schärfe einbüfste, dafs Stilicho, als er, um den Tod des Freundes Promot zu rächen, gegen die Bastarnen und deren Bundesgenossen zu Felde lag und schon im Begriff war sie zu vernichten, auf Theodosius Befehl oder richtiger auf Rufins Anordnung plötzlich die Feindseligkeiten abbrechen und Friedensunterhandlungen anknüpfen mufste.[36]) Gerade dieser Befehl ist von den Gegnern Rufins dahin ausgenutzt worden, als ob er die Barbaren gerufen und nun schonen wollte, aber wer sich erinnert, wie sehr es die Politik des Theodosius war, mit den Barbaren Frieden zu halten, der wird nicht notwendig diesem Vorwurf beistimmen. Das Verhältnis zwischen Stilicho und Rufinus aber wurde seit dieser Zeit ein immer gespannteres, doch wurden sie 394 einander aus den Augen gerückt, als Stilicho mit Theodosius neben Timasius[37]) als commandierender General (magister militum) des gegen Eugenius gerüsteten Heeres gen Westen zog.

---

[33]) Laus Seren. v. 104 ff. Zos. V. 4 und 34.
[34]) v. 134 ff.
[35]) Claudian Laus Serenae v. 233 ff. deutet an, als ob Rufin dem Stilicho nach dem Leben getrachtet habe; das ist gewifs übertrieben.
[36]) Claud. De laud. Stil. I. 94—115. Richter S. 13 und 14, wo auch die Belege. Vgl. G. S. 202.
[37]) Zos. IV. 57. Officiell beglaubigt erscheint Stilicho allerdings als magister utriusque militiae erst 398 Cod. Theod. I. 7, 3. Doch ist klar, dafs er nur in dieser Würde neben Timasius den Oberbefehl über die Römer führen konnte.

Allein der unerwartete Tod des Kaisers fern seiner Hauptstadt in Italien brachte die durch seine Anwesenheit sonst gezügelten ehrgeizen Absichten der beiden feindlichen Männer von neuem an die Oberfläche zu unsäglichem Unheil für das ganze Reich. Man kann sich denken, dafs Rufins Gedanken neben der Trauer eines treuen Dieners bei dieser Nachricht zugleich die frohlockende Zuversicht war, nunmehr aller Fesseln ledig über seinen Kaiserlichen Herrn und damit über das weite Ostreich als allgebietender schalten und walten zu dürfen; wie peinlich und beleidigend mufste ihm daher die Forderung des Stilicho bedünken, nicht nur den Honorius leiten, sondern auch auf die andere Reichshälfte seine Fürsorge erstrecken zu wollen, und wie natürlich war daher sein Streben diese Zumutung mit aller Entrüstung zurückzuweisen und auch dem Arcadius eine solche Bevormundung als einen räuberischen, anmafsenden Eingriff in seine Selbstständigkeit darzustellen!

Und sieht man sich nach einer urkundlichen, unparteiischen Beglaubigung für eine derartige Stellung des Stilicho um, so wird man sie vergeblich suchen und fast ausnahmslos die Bemerkung machen, dafs nur Stilicho als alleiniger Zeuge für eine dahinlautende Bestimmung des Theodosius aufgetreten ist;[38]) denn die vielfachen [39]) Andeutungen und Behauptungen, welche Claudian in seinen Gelegenheitsgedichten überall anbringt, entbehren deshalb des historischen Kernes, weil der Dichter selbst eingestehen mufs, niemand sei zugegen[40]) gewesen, als der sterbende Kaiser dem Stilicho die Sorge für das ganze Reich übertrug. Aber mufs einerseits bestritten werden, dafs Stilicho officiell noch von Theodosius zum Vormund der beiden Söhne eingesetzt sei,[41]) so braucht man sich nur an das Sterbebett des Theodosius und in die ganze Situation des Januar 395 zu versetzen, um in Stilicho doch mehr zu sehen als in dem oströmischen Minister: Denn, da Theodosius kurz vor seinem Zuge gegen Eugenius zum zweiten Male Witwer geworden war,[42]) so umstanden sein Schmerzenslager von Verwandten

---

[38]) Zos. V. 4; 34.
[39]) In Rufin. II. 5 ff. III. consul. Honor. 142 ff. 152 ff. In Eutrop. II. 600 ff. IV. cons. Honorius 432 ff. De laud. Stilich. I. 40 ff. II. 52 ff. De nuptiis Honor. et Mar. 306. Vgl. Richter Diss. p. 24 ff. v. Wietersheim Geschichte der Völkerwanderung II. 2. Aufl. S. 111 und 112. Sievers a. a. O. S. 337 und 338. Hertzberg Geschichte Griechenl. unter den Römern III. S. 380. und Geschichte Griechenl. seit dem Absterben des antiquen Lebens S. 52.
[40]) III. consul. Honor. v. 142.
[41]) Orosius VII. 37. Zosim. IV. 59. Vgl. Eunap frgm. 62. Philost. XI. 3. — Behauptet wird es nur von Olympiod. frgm. 2.
[42]) Eunap. frgm. 61. Zos. IV. 57. Vgl. G. S. 223.

nur sein Sohn Honorius, vielleicht Placidia,[43]) seine Tochter aus zweiter Ehe mit Galla, seine Adoptivtochter und Nichte Serena und deren Gemahl Stilicho; der letztere war also der einzige erwachsene Angehörige der Familie und an ihn, nicht an das achtjährige Kind Honorius oder den greisen Ambrosius, werden sich daher alle Wünsche und Ratschläge des um sein Reich besorgten Kaisers und des um seine Kinder sorgenden Vaters gerichtet haben; dafs er in dieser seiner letzteren Eigenschaft die Fürsorge für seine Kinder, ihre Eintracht und damit, aber erst in zweiter Linie, auch für Thron und Reich dem Adoptivschwiegersohn recht innig ans Herz gelegt hat, wer möchte das bezweifeln? Die Seele eines Mannes und Monarchen, welche im Begriff ist von der irdischen Staubhülle sich zu lösen, denkt dabei nicht an die kleinen Wünsche des Menschenehrgeizes, sondern hat nur das grofse Ganze und Gute im Auge.

Stilicho hat daher einerseits ganz recht gehabt, wenn er behauptete, ihm seien von Theodosius Söhne und Reich anvertraut worden, doch nicht in irgend welcher amtlichen Stellung, sondern nur in derjenigen des älteren Verwandten und Oheims, und darauf zielte auch nur der heilige Ambrosius, wenn er in seiner Leichenrede[44]) erklärte: „In Betreff der Söhne hatte der Verblichene nichts Neues anzuordnen, denen er das ganze Reich gegeben, als dafs er ihr Wohl dem anwesenden Verwandten empfahl!" Andererseits gab Stilicho diese Vertrauensstellung keinerlei Gewalt über das Ostreich, sein Heer und seine Verwaltung in die Hand, sondern, wollte er den Wünschen des Verstorbenen nachkommen, so mufste er einzig und allein durch die Verwandtschaft des Blutes, sein höheres Alter und seine Erfahrung auf freundlichem Wege auf Arcadius einzuwirken trachten. Eine derartige Wirksamkeit des klugen Germanen würde ohne Zweifel von ersprießlichen Folgen für das Gesammtreich gewesen sein, um so mehr als sein ganzes Verhältnis zur Familie des Theodosius doch ein ganz anderes war als das seines Gegners im Osten. Denn war diesem die Leitung des jugendlichen Thronerben von Theodosius übergeben,[45]) so war ihm damit diese Stellung keineswegs auf lange Zeit gewährleistet, sondern nur so lange, als er sich gegen die Intriguen des Hofes im Sattel zu halten vermochte, Stilichos Verhältnis dagegen

---

[43]) Sievers a. a. O. S. 447.
[44]) De obitu Theodos. c. 5: De filiis enim nil habebat novum quod conderet, quibus totum dederat, nisi ut eos praesenti commendaret parenti. Dafs Stilicho den Ambrosius erst zu diesen Worten bewogen habe, wie Richter S. 25 will, ist nicht anzunehmen, weil sie an und für sich natürlich genug klingen.
[45]) Zosim. IV. 57.

zu Honorius und dem Westreich war von vornherein ein dauerndes, weil auf die Bande der engsten Verwandtschaft gegründetes, und mochte Honorius später den Stilicho seiner Stellung als Ratgeber entbinden, er blieb doch stets als Oheim der Krone nah, während der etwa in Ungnade gefallene Rufin ein Nichts geworden wäre.

Nun lagen allerdings beim Tode des Theodosius die Verhältnisse so, dafs Stilicho leicht in die Versuchung geraten konnte, sein vertrauliches Mandat dadurch zu einem officiellen zu machen, dafs er sich auf das Heer stützend, seinen Wünschen in Bezug auf das Ostreich besonderen Nachdruck verleihe. Denn, wenn er auch keineswegs, wie der Hofdichter behaupten will, zum Vormund der beiden Brüder und damit zum Oberbefehlshaber aller römischen Truppen von Theodosius noch ernannt worden ist,[46]) so stand doch thatsächlich fast die ganze römische Macht noch in Oberitalien, im Begriff mit Theodosius zum teil in den Orient zurückzukehren.[47]) Wohl mufsten diese Truppen eigentlich in Arcadius ihren Herrn sehen, aber dieser war entfernt, gegenwärtig dagegen der Oheim der beiden Kaiser, der Vertraute des Verstorbenen, ein Mann, der wie selten jemand es verstand die Herzen der Krieger durch Leutseligkeit, Freigebigkeit, aber auch strenges Gebot, alles zu rechter Zeit angewandt,[48]) an sich zu fesseln und durch kühnes Vorangehen mit fortzureifsen. Dazu kam, dafs die verschiedenen Heeresteile, die des Eugenius, des Besiegten, und des Teodosius, des Siegers, nicht recht zusammenstimmen wollten und nahe daran waren den Bürgerkrieg in ihre eigenen Reihen

---

[46]) Die Entscheidung über die Frage, ob Stilicho zum Feldherrn beider, des occidentalischen und orientalischen Heeres, von Theodosius eingesetzt ist, mufs eine sprachliche Vergleichung von Zosim. IV. 57 fin. und 59. init. geben. Dort heifst es: (Theod.) ἀπέλιπεν αὐτόθι (Constantinopel) 'Ρουφῖνον ἅμα τε τῆς αὐλῆς ὑπάρχον ὄντα καὶ ἐσ πᾶν ὁτιοῦν ἕτερον τῆς ἑαυτοῦ κρισεύοντα γνώμης ...; Hier: ἐπιδημήσας τῇ 'Ρώμῃ τὸν υἱὸν Ὁνώριον ἀναδείκνυσι βασιλέα Στελίχωνα στρατηγόν τε ἀποφήνας ἅμα τῶν αὐτόθι ταγμάτων καὶ ἐπίτροπον καταλιπὼν τῷ παιδί. Wer dies unbefangen liest, wird bei dem ersten ἅμα gewifs nicht an eine andere früher dem Rufin verliehene Würde denken, sondern, da er in der That nur praefectus praetorio war und zugleich allmächtiger Minister, so ist ἅμα nichts anderes als eine Verstärkung der Partikel τε = sowohl. Demgemäfs bedeutet ἅμα aber auch an der zweiten Stelle nur, dafs Stilicho in Rom zum Befehlshaber der dortigen (occidentalischen) Truppen und zugleich zum Ratgeber des Honorius ernannt wurde, ohne dafs darin eine Verschmelzung der beiden Commandos liegt; auch spricht entschieden dagegen, dafs Stilicho zurückgelassen wurde und dafs Theodosius, gewifs doch mit dem orientalischen Heere, nach Constantinopel zurückkehren wollte. Vgl. G. S. 230. Anm. Richter S. 17 und Sievers S. 338.

[47]) Zosim. IV. 59.

[48]) Claudian De laudib. Stilich. II. 147 ff.

zu übertragen,⁴⁹) wenn nicht eben Stilicho durch richtige Behandlung Ruhe und Gehorsam in die aufgeregten Massen gebracht hätte. Zur rechten Zeit für diese Verhältnisse, doch nicht fürs Wohl des Reichs, rief eine dringende Notwendigkeit die Truppen ins gefährdete Ostreich zurück.

Hier genofs inzwischen Rufinus das seltene Glück, ungestört als Diener über ein Weltreich, seine Hülfsquellen und Bewohner schalten zu können⁵⁰), und man darf ihn nicht von der Schuld freisprechen, dafs er das ihm anvertraute Amt eigennützig und mit Parteilichkeit verwaltet habe. Zwar werden die Vorwürfe, die ihm gemacht wurden, fast gegen alle hochgestellten Beamten der damaligen Zeit erhoben, wie wir im Laufe dieser Darstellung noch mehrmals sehen werden, jedoch scheint Rufin, ganz unbehelligt vom Auge eines einsichtigen Herrn, seine Machtmittel vielfach ausgenutzt zu haben, um sich an dem Gute von Reich und Arm zu bereichern und unermefsliche Schätze in seinem Palaste anzusammeln. Nicht nur, dafs ihn, wie natürlich, eine Schar von Schmeichlern⁵¹) umdrängte, von Leuten, welche eben noch hinter dem Schenktisch gestanden, die Treppen gekehrt oder die Fufsböden gereinigt hatten, und jetzt die mit dem Purpursaume verbrämte und von goldener Schnalle zusammengehaltene Toga und an der Hand in Gold gefafste Siegelringe trugen, sondern er verkaufte auch die Ämter⁵²) an die meistbietenden,

---

⁴⁹) Claudian in Rufin. II. 117:
    Et quamvis praesens tumor et civilia nuper
    Classica bellatrixque etiam nunc ira caleret,
    In ducis exitium conspiravere favorem.
De bello Gild. 294:
    Stringebat vetitos etiamnum exercitus enses
    Alpinis odiis alternaque jurgia victi
    Victoresque dabant.
    300: . . . . Dissensus acerbus
    Sed gravior consensus erat.
Doch erwähnt Claudian davon nichts De laudibus Stilich. I. 147 ff.
    162: In quo tam vario vocum generumque tumultu
    Tanta quies iurisque metus servator honesti
    Te moderante fuit nullis ut vinea furtis
    Vel seges exsecta fraudarit messe colonum u. s. w.
⁵⁰) Eunap frgm. 62. Zosim. V. 1. Philost. XI. 3.
⁵¹) Eunap frgm. 63. (Joh. Ant. frgm. 188.)
⁵²) Zosim. V. 1. Claudian in Rufin. I. 178:
    Illico ambitio nasci, discedere rectum,
    Venum cuncta dari. Profert arcana, clientes
    Fallit et ambitos a principe vendit honores.

brachte Staatssclaven für seine eigene Kasse unter den Hammer[53]) und begünstigte endlich die falschen Anklagen[54]), welche manchen begüterten Mann in kurzer Zeit an den Bettelstab führten. Und für wen dies alles? Nur für sein einziges Kind, eine Tochter, welche damals grade in die Jahre der Mädchenreife getreten war.

Aber gröfser als die Goldgier des allmächtigen Mannes war doch sein Ehrgeiz, der wohl herausfühlte, dafs seine Stellung dadurch sich von der des verhafsten Gegners im Occident unterschied, dafs Stilicho durch seine Verwandtschaft dem Herrscher gleichbürtig geworden war, und darum trachtete er danach, sich die Jugend des noch nicht zwanzigjährigen Arcadius zu nutze zu machen und durch eine Vermählung[54a]) seiner Tochter mit demselben sich selbst eine dauernde Gewalt zu verschaffen. Aber während er nur im geheimen mit seinen Vertrauten über diese Lieblingsidee sprach und meinte, niemand ahne seine Absicht, hatte sie doch das Haupt der Gegenpartei am Hofe, der Oberkämmerer und Verschnittene Eutropius, längst durchschaut und seinerseits alle Hebel in Bewegung gesetzt, das Auge des unerfahrenen Jünglings auf eine andere Dame zu lenken.

Es war das die Tochter eines hochverdienten Militärs, des Franken Bauto,[55]) welcher einst von Gratian neben Arbogast dem von neuem in Bedrängnis geratenen Theodosius 380 gegen die Gothen zu Hülfe geschickt, im Jahre 385 Consul gewesen war und dann im Orient geblieben und gestorben zu sein scheint: er war ein Ehrenmann in des Wortes bester Bedeutung gewesen, jeder Bestechung abhold, ein

---

[53]) Eunap. 63.

[54]) Ibid. und Zosim. a. a. O. Besonders ausführlich ist seine Goldgier geschildert von Claudian in Rufin. I. v. 187 ff.

[54a]) Zosim. V. 1. Sievers S. 339 meint, weil Stilicho die Aussicht hatte durch die Verheiratung seiner Tochter mit Honorius sein Verhältnis zu demselben noch enger zu gestalten, sei Rufin auf den Gedanken gekommen ähnliches zu betreiben. Doch brauchte ihm diese fragliche Aussicht nicht vorzuschweben, sondern überhaupt die nahe Verwandtschaft Stilichos mit Honorius. Eher könnte man annehmen, dafs Stilicho des Rufin Gedanken glücklicher 398 durch Vermählung seiner Tochter Maria mit Honorius (vgl. Clinton fasti Rom. zu diesem Jahre) verwirklicht habe. Wenn nun Zos. V. 1. sagt, Rufin habe nach dem Tode des Theodosius nach der Herrschaft selbst getrachtet und als Gelegenheit dazu die Heirat ersonnen, so ist das in dem Sinne, als ob er Kaiser werden wollte, gewifs nicht zu verstehen, vielmehr wollte er nur seine Stellung als Schwiegervater des Herrschers befestigen und vor allen Intriguen sicherstellen. So auch Gibbon VII. S. 174.

[55]) Zosim. IV. 33. Marcell. comes 385. Philost. XI. 5. Symmach. ep. IV. 15 und 16 sind an ihn gerichtet; er war vielleicht comes Italiae (vgl. Ambrosius ep. 24 und 57) unter Valentinian II. vgl. Böcking a. a. O. II. S. 584.

schneidiger Officier, doch ob ihn der Taufe heiliges Band mit Christus
vereinte oder ob er Heide war, mufs dahin gestellt bleiben.⁵⁶) Jedenfalls konnte ein Kaiser zu einer Zeit, da in der ganzen cultivierten
Welt nur ein legitimes Herrscherhaus existierte und wo der Begriff
der Mesalliance⁵⁷) daher noch nicht vorhanden war, keinen besseren
Griff thun, als wenn er die Tochter eines ausgezeichneten, treuen
Beamten oder Generals ehelichte, und das war hier der Fall. Dazu
empfahl die Eudoxia,⁵⁸) denn so hiefs Bautos Waise, ein schönes
Äufsere und ein hoheitsvolles, kühnes Benehmen, Dinge, welche Arcadius
abgingen und deshalb ihren Eindruck auf das Gemüt des jungen
Herrschers sicher nicht verfehlten; aufserdem war sie nach dem Tode
des Vaters in dem Hause der Witwe und der Söhne des Promot,
von denen der älteste verheiratet war,⁵⁹) der Gespielen des Arcadius,
aufgewachsen und erzogen. Wie natürlich machte sich daher eine
Annäherung der beiden, die gewifs aufser von Eutropius noch von
jenen Freunden selbst begünstigt wurde, welche durch ihre Vermählung
mit dem Kaiser für sich selbst eine goldene Zeit allmächtigen Einflusses und der Rache für den Sturz des Vaters kommen sahen. Alles

---

⁵⁶) Aus Ambros. ep. I. 57, 3: Aderat amplissimus honore magisterii militaris
Bauto comes et Rumoridus, et ipse eiusdem dignitatis, gentilium nationum cultui
inserviens, a primis pueritiae suae annis will O. Seeck in seiner Ausgabe der
Briefe des Symmachus p. CXL Anm. 709 schliefsen, dafs B. Christ war, indem
er sich dabei auf den Singularis ‚inserviens' stützt. Indes einmal beweist derselbe
nichts, weil auch das gemeinsame Praedicat, aderat' singularisch ist, andererseits
widerspricht dem das hohe Lob des Zosimus a. a. O., welches derselbe sonst
nur Heiden zukommen läfst: ἄμφω (B. und Arbogast) δὲ ἦσαν Φράγκοι τὸ
γένος εὐνοῖτε σφόδρα Ῥωμαίοις καὶ χρημάτων ὡς μάλιστα ἀδωρότατοι καὶ
περὶ τὰ πολέμια φρονῆσαι καὶ ἀλκῇ διαφέροντες. Arbogast war bekanntlich
Heide. Vgl. G. S. 9 Anm. 20 und S. 11. Doch ist nicht ausgeschlossen, dafs B.
sich später taufen liefs.

⁵⁷) Valentinian und Valens verboten allerdings 365 die Ehe zwischen
Römern und Barbarinnen. Cod. Theod. III. 14.; doch war dieses Gesetz sicherlich
nicht streng innegehalten worden, wie schon die Vermählung Stilichos mit Serena
zeigt; in diesem Falle konnte man die Eudoxia schon als Römerin rechnen. Vgl.
Gaupp die germanischen Ansiedelungen S. 208.

⁵⁸) Philost. XI. 5. Zosim. V. 3. Vgl. Cedren p. 334. Zonar. XIII. Erst
Nicephorus Call. XJII. 4. ist in Zweifel, ob sie die Tochter Gratians oder
Bautos sei.

⁵⁹) Sievers S. 339 will bei Zos. V. 3. συναναστρεφόμενοι, nicht συνανατρεφό-
μενοι lesen, weil im letzteren Falle die Söhne des Promot noch zu jung waren,
um das Mädchen bei sich haben zu können, doch wenn wir annehmen, dafs
wenigstens der eine etwas älter als Arcadius war, so konnte er gleichwohl schon
verheiratet sein und ohne Anstofs die Tochter Bautos bei sich haben. Aufserdem lebte noch Marsa, die Witwe des Promot. Palladius dialog. de vita S. Joh.
Chrysostomi p. 35.

dies entging dem Auge des Rufin, denn sonst würde er nicht, kurz bevor Arcadius sich entschied, Constantinopel, wenn auch nur auf kurze Wochen, verlassen haben.

Vielleicht hing diese Reise doch mit seinem Heiratsproject zusammen, denn Eucherius,[60]) ein Grofs-Oheim des Arcadius väterlicherseits, der sonst ohne Einflufs am Hofe lebte, aber gerade jetzt von Rufin um Unterstützung seiner Pläne angegangen war, hatte sich über den von Rufin begünstigten Comes orientis Lucian,[61]) den Sohn des früheren praefectus praetorio in Gallien Florentius, bei Arcadius beschwert, weil er ihn mit einer unziemlichen Forderung zurückgewiesen hatte. Da nun der Kaiser dem Rufin deswegen Vorwürfe machte, wollte dieser einerseits den Eucherius völlig zufrieden stellen, andererseits veranlafste ihn der Ärger über die Störung seines guten Einvernehmens mit demselben zu einer aufserordentlich grausamen Bestrafung jenes hohen Beamten. Ohne jemand seine Absicht kund zu thun, verliefs er die Hauptstadt mit nur wenigen Begleitern und langte in Antiochia, dem Amtssitze des Lucian, mitten in der Nacht an; unverzüglich liefs er denselben verhaften, zog ihn, ohne dafs jemand ihn anklagte, zur Rechenschaft und hiefs ihn mit Bleikugeln zu Tode knuten; aber obwohl er den Leichnam in einer Sänfte ins Amtsgebäude zurücktragen liefs, wie wenn Lucian noch lebe, so verbreitete sich dennoch das Gerücht von der Schreckensthat mit Schnelligkeit in der Stadt und versetzte sie in grofse Aufregung. Nur die Erinnerung an die harte Bestrafung des bekannten Aufstandes[62]) vor mehreren Jahren hielt die Bewohner von Tumulten zurück, welche Rufin noch dadurch zu besänftigen suchte, dafs er eine „Kaiserliche Säulenhalle" erbauen liefs, nachmals das herrlichste Bauwerk der Stadt.[63])

Aber nach Constantinopel zurückgekehrt mufste er bald erkennen, dafs er um die Hoffnung, seine Tochter als Kaiserin zu sehen, arg betrogen wurde und zwar von dem Oberstkämmerer Eutropius, der,

---

[60]) Aurelius Vict. epit. c. 48. Vgl. Ifland S. 50. Er ist wohl der consul 381. Übrigens deutet sein Name auf eine enge Verbindung mit der Familie des Stilicho, dessen Sohn ebenfalls Eucherius heifst.

[61]) Die Erzählung nur bei Zosim. V. 2. Eine Andeutung bei Claudian in Rufin. I. v. 241 ff. Lucian ist wohl derselbe, mit dem es Libanius zu thun hatte. Vgl. Sievers Leben des Lib. Cap. XVI. S. 202. A. 87. Florentius war praef. praet. Gall. 367. Cod. Theod. XIII. 10, 5. Vgl. Gothofred's Prosopogr.

[62]) Vgl. den Verlauf desselben bei A. Hug: Antiochia und der Aufstand im Jahre 387. Winterthur 1873 und Ifland. S. 142 ff.

[63]) Euagrius hist. eccles. I. 18.

nachdem er durch Rede und Bild⁶⁴) das Herz des jungen Kaisers
für die schöne Germanin entflammt hatte, keinen Augenblick verlor
und den Arcadius zu schnellem Handeln antrieb. Auch von seiten der
Religion stand der Verbindung nichts im Wege, da Eudoxia bereits
von Pansophus, dem späteren Bischof von Nicomedien, im katholischen
Christentum unterrichtet war,⁶⁵) während das Bedenken wegen der
Hoftrauer um den jüngst verstorbenen Vater wohl durch den Hinweis
auf die nicht allzukräftige Constitution des jungen Kaisers und die
Notwendigkeit, bald für einen Nachfolger zu sorgen, leicht beseitigt
wurde. So liefs denn Eutropius eines Tages dem Volke von Constantinopel einen Wink zukommen, Häuser und Strafsen zu bekränzen und
fröhlich zu sein, denn der Kaiser beabsichtige dem Reiche eine Herrscherin
zu geben; er selbst aber nahm das königliche Gewand, den Schmuck
und das Diadem aus der Schatzkammer und führte den von zahlreichen Dienern in prächtigen Uniformen geleiteten Hochzeitszug
unter dem Jubel der hinzuströmenden, schaulustigen Menge in das
Haus der Söhne des Promot, während die feierliche Vermählung
erst am 27. April 395⁶⁶) stattfand. Doch konnte weder Rufin seinem
gekränkten Ehrgeiz gegen Eutrop Luft machen noch sich Arcadius
den Freuden des jungen Ehestandes ungestört hingeben, denn die
politische Lage der Balkanhalbinsel, ein Aufstand im Innern und ein
Einfall äufserer Feinde, drohten gerade in jenen Tagen den Thron
des Kaisers ganz in Frage zu stellen.

Drittes Kapitel.

Erhebung Alarichs, Königs der Westgothen. — Verwüstung Nordgriechenlands,
Bedrängnis Constantinopels. — Zu derselben Zeit Einfall der Hunnen durch
die Caucasische Pforte. — Stilicho am Rhein. — Erster Zug Stilichos gegen
Alarich 395. — Rückkehr des orientalischen Heeres. — Rufins Ermordung. —
Verwüstung Griechenlands durch die Westgothen. — Einnahme Athens. —
Zweiter Zug Stilichos gegen Alarich 396. — Friedensschlufs mit Alarich. — Seine
Befugnisse und Gegenleistungen.

Eine der dunkelsten Partien der Geschichte ist die Erhebung
der Gothen in Bezug auf Motive und Absichten und das Verhalten

---

⁶⁴) Claudian spielt darauf an De nupt. Honor. et Mar. v. 24 ff.
⁶⁵) Sozom. VIII. 6. Ganz falsch ist die Bemerkung des Idac. zu 404:
Johannes ... qui ob fidem catholicam Eudoxiam Arcadii uxorem infestissimam
patitur Arianam. Denn Socrat. VI. 8. giebt sie, abgesehen von der inneren
Unwahrscheinlichkeit, selbst Geld her zu einer Demonstration gegen die Arianer.
⁶⁶) Das Datum nur im Chron. Pasch.

Rufins dazu, endlich auch die Hülfeleistung des Stilicho.[1]) Dem letzteren kam die Beunruhigung des Ostens gewifs sehr erwünscht, da sie ihm Gelegenheit zu geben schien, persönlich an der Spitze siegreicher Truppen nach Constantinopel zurückzukehren und der ihm von Theodosius vertraulich gewordenen Aufgabe gerecht zu werden; demgemäfs kann Rufinus den Aufstand der Westgothen nur mit Besorgnis begrüfst und ihn am allerwenigsten veranlafst haben; denn gesetzt den Fall, er habe von Anfang an die Absicht zu erkennen gegeben sich zum Mitkaiser im Orient ernennen zu lassen, so würde Stilicho, der von dem ganzen Heere geliebte Feldherr und im Besitz der gröfseren Streitkräfte, sicher sich nicht früher beruhigt haben, als bis er der Herrschaft des verhafsten Nebenbuhlers ein Ende gemacht hätte. Andererseits, nachdem einmal der Aufstand auf der Balkanhalbinsel emporgelodert war, lag es im Interesse des oströmischen Ministers ihn nicht so bald beseitigt zu sehen, weil eine Stärkung der Westgothen bis zu einem gewissen Grade Stilichos Sieg in die Länge ziehen, ja wohl ganz vereiteln konnte. Ebenso ausgeschlofsen ist, ihrer inneren Unwahrscheinlichkeit wegen, die Annahme, als ob Rufin selbst den Einfall der Hunnen durch die Caucasische Pforte von Baku veranlafst habe. Gleichwohl sind diese Anklagen gegen Rufin nicht nur von dem Dichter [1a]) erhoben worden, welcher Stilichos Person und Thaten verherrlicht, sondern auch fast von allen anderen zeitgenössischen und späteren Quellen, welchen es nicht begreiflich ist, dafs ein allmächtiger Mann zu damaliger Zeit einem schwachen Kaiser treu dienen konnte. Da aber Claudian der einzige Zeitgenosse ist, welcher über diesen

[1]) Vgl. Tillem. note 6. Gibbon VII. Richter S. 24 ff. v. Wietersheim S. 112 ff. Sievers S. 339 ff. Dahn Könige V. S. 33 ff. Finlay I. S. 145 ff. Hertzberg a. a. O. III. S. 380 ff. — Über Rufinus handelt besonders Claudian in Rufin. II. Die sogen. praefatio erwähnt nicht nur die Verwüstungen der Gothen in Griechenland, sondern auch des Alpheus als Kampfstätte. Da aber in dem Gedicht selbst vom Kampfe keine Rede ist, so pafst sie nicht dazu. Ferner folgt aus dem Gedichte, welches wohl die Verwüstungen Achaias kennt, aber nicht Stilichos Hülfeleistung, dafs diese nicht noch vor der dort erzählten Ermordung Rufins stattgefunden hat.

[1a]) Aufser an anderen Stellen erhebt der Dichter den Vorwurf des Strebens nach der Tyrannis gegen Rufin auch in Rufin. I. 306 ff. Es ist nun z. B. von Gesner (in seiner Ausgabe 1759) diese Stelle auf die Zeit Theodosius I. bezogen worden, weil es im v. 317 heifst
Ulta ducis socii letum
unter welchem derselbe Promotus versteht. Aber, da Rufinus unter Theodosius I. gar nicht an eine Erhebung denken konnte, so mufs diese ganze Partie von v. 306—322 auch auf die Zeit des Arcadius bezogen werden, doch wer ist dann der dux socius? Vgl. Edm. Vogt Diss. S. 12 und Programm S. 22.

Punkt mitten aus den Ereignissen heraus geschrieben hat und die Thatsachen wenigstens und ihre Reihenfolge nicht hat erdichten können, so bleibt er trotz seines parteiischen Standpunktes dennoch die beste und lebendigste Quelle, aus der man schöpfen kann.[2])

Mit freigebiger Hand hatte Theodosius nach seinem Siege über Eugenius an sein siegreiches Heer Ehren und Geld verteilt[3]) und auch nicht der bundesgenössischen Germanen und Hunnen vergessen, welche ihm nur zeitweise für diesen Krieg ihre Macht zur Verfügung gestellt hatten und die er selbst über die Alpen zurückzuführen gedachte.[4]) Nun hatte sein unerwarteter Tod das Band früher gelöst, und sie waren alle heimgezogen in ihre heimatlichen Gefilde, nur die regulären römischen Truppen, welche aus Armeniens fernen Bergen, aus Syriens grofsen Städten, vom Orontes und Halys hergezogen waren[5]) und von denen Stilicho grade die tauglichsten und ergebensten dem westlichen Heere eingereiht hatte,[6]) harrten noch ihrer Rückführung.[7])

Zu denen aber, die bereits Italien verlassen, gehörten auch die Foederaten der Römer, die in Thracien und Moesien angesiedelten Westgothen, welche ein Sprofs des edlen Geschlechtes der Balthen, das heifst „Kühnen", der kaum zwanzigjährige Alarich[8]), gen Westen geführt hatte. Er gehörte zu den wenigen Unzufriedenen, welchen Theodosius mit Huld und Gnadenbezeugung nicht genug gethan hatte, denn seine ehrgeizige Seele hatte im stillen die Würde eines magister militum erhofft und sich schmählich darin betrogen gesehen. Diese

---

[2]) Edm. Vogt Programm u. s. w. S. 19 ff. G. S. 19 ff.
[3]) Claud. IV. cons. Hon. 118: Magnarum largitor opum, largitor honorum.
[4]) Zosim. IV. 59.
[5]) Claudian spricht von der Zusammensetzung des Heeres III. cons. Hon. 68 ff. De bello Gild. 245 ff. In Rufin. II. 105 ff. und 174 ff. De laudibus Stilich. I. 154 ff.
[6]) Zosim. V. 4.
[7]) Hätte Stilicho, wie v. Wietersheim S. 112 annimmt, die untauglicheren römischen Soldaten schon vorher zurückgesandt, so würden diese doch irgendwie gegen die Gothen verwandt worden sein, wovon aber nirgends die Rede ist. Man müfste denn annehmen, dafs diese als Schutzmannschaft die Leiche des Theodosius nach Constantinopel geleitet haben, welche dort am 8. oder 9. November 395 anlangte. Socr. VI. 1. Chron. Pasch.
[8]) Zosim. IV. 57. V. 4. Socr. VII. 10. Vgl. Joh. Antioch. frgm. 186. Claudian VI. cons. Hon. 105. Er war auf der Donauinsel Peuce geboren. Vgl. Aschbach Gesch. d. Westgothen S. 65 ff. Köpke die Anfänge des Königtums bei den Gothen S. 121 ff. Dahn, Die Könige der Germanen V. S. 24 ff. G. Kaufmann, Deutsche Geschichte bis auf Karl den Grofsen I. S. 307 ff. Arnold, Deutsche Geschichte II. S. 20 ff. G. S. 223. Hertzberg S. 382 ff. Dahn, Urgeschichte der germ. und roman. Völker I. S. 337.

aber, wie Alarich meinte, ihm angethane Schmach verdrofs sein Volk um so mehr, als es im Treffen vor der Schlacht am Frigidus allein an 10000 Kampfgenossen eingebüfst hatte,[9]) dazu mochte die nicht ungerechtfertigte Besorgnis sich gesellen, dafs mit dem Gothenfreunde Theodosius auch ihre beste Zeit ins Grab gesunken sei, und dafs die Söhne nicht fortfahren würden sie mitten im eignen Reich als fremden Bestandteil zu hegen und noch ferner durch Geld und Naturalien in freundlicher Stimmung zu erhalten. War es ferner nur die Aufregung, welche einem Thronwechsel zu folgen pflegt oder ein wohlüberlegter Entschlufs — genug Arcadius zahlte ihnen grade jetzt nicht die fälligen Subsidien.[10]) Das hiefs Oel ins Feuer giefsen, die längst erregten Gemüter schäumten wild über und indem sich die Gothen bei der Jugend der beiden Kaiser und der offenkundigen Eifersucht der beiden Minister ihr Unternehmen leichter dachten, als es war, stellten sie wieder einen Volkskönig an ihre Spitze, eben jenen Balthen Alarich.[11])

Frägt man nach dem Endziel seiner Wünsche und dem Zweck der Erhebung, so waren jene gewifs nicht höher gerichtet als auf die römische Generalswürde, ein entsprechendes Kommando auch über römische Truppen und eine ungestörte Herrschaft als König über sein westgothisches Volk; jedenfalls dachte er nicht daran auf den Trümmern des römischen Reiches ein eignes westgothisches zu gründen. Die Zeitverhältnifse und das Glück waren Alarich aufserordentlich günstig: denn wären die römischen Truppen nicht noch in Italien, wären die Städte durch ihre alten Garnisonen geschützt gewesen, sein Aufstand würde nie die Ausdehnung gewonnen haben, die er wirklich annahm, und würde auch niemals von so verheerenden Wirkungen gewesen sein; dazu benutzten nicht die Gothen allein die Jugend der Herrscher, denn zu gleicher Zeit brachen, die günstige Gelegenheit klug erspähend, auf bis dahin ungewohntem Pfade, die Hunnen[12]) durch die caucasische

---

[9]) Zos. IV. 58. Oros. VII. 35. Theod. V. 24. Rufin II. 33. Socr. V. 25. Vgl. G. S. 225.

[10]) Jordan. c. 29.

[11]) Jordan. a. a. O. Vgl. v. Wietersheim S. 118 ff. Dahn a. a. O. S. 337 ff.

[12]) Socr. VI. 1. Soz. VII. 1. (Übrigens eine der Stellen, wo eine Nichtbenutzung des ersteren durch Sozomenus bei fast völliger Übereinstimmung im Ausdruck kaum anzunehmen ist.) Gothofr. bezieht hierauf Cod. Theod. VIII. 5, 57. Es ist sehr fraglich, ob Philost. XI. 8. auf diesen Einfall geht. Dagegen spricht ganz deutlich davon Claudian in Rufin. II. 28 ff.

.... alii per Caspia claustra
Armeniasque nives inopino tramite ducti
Invadunt Orientis opes seq.

Es ist ferner möglich, dafs, wie Sievers a. a. O. will, in Eutrop. II. 243 ff., sich auf den Hunnenangriff bezieht; doch ist das entschieden ausgeschlossen bei in

Pforte von Baku am Kaspischen Meer und ergossen ihre ungezählten Reiterschwärme durch Armenien nach Mesopotamien, Osrhoene, Euphrathensis und Syrien, während die südlicheren Gebiete mit dem Schreck davon kamen.[13])

Auch hier fehlten die Besatzungen[14]) und schutzlos lag das reiche und bevölkerte Land den rohen Horden preisgegeben da: da sanken die Klöster in Asche und mischte sich das unschuldige Blut der Mönche mit den Fluten des Euphrat und Tigris, da wurden die Städte am Halys, Cydnus und Orontes berannt, vor allem das reiche Antiochia, auf das es die goldgierigen Barbaren am meisten abgesehen hatten. Unverhofft, mit Blitzeseile waren sie da und kamen dem Gerücht durch Schnelligkeit zuvor, schonten nicht Religion, nicht Würde, nicht Alter, ja erbarmten sich nicht des Säuglings. Schon fürchtete Jerusalem für seine Sicherheit und besserte eiligst seine Mauern aus, während Tyrus die Meeresströmung verwünschte, welche es seit Alexanders Belagerung von Jahr zu Jahr mehr mit dem Festlande verbunden hatte, und sich in seine insulare Lage zurücksehnte. Wen Alter und Mittel fliehen liefsen, der entrann ans Gestade des rettenden Meeres wie der heilige Hieronymus und seine Genossen von Betlehem, zimmerte ein rohes Boot und sorgte sich weniger vor den wütenden Winden und Schiffbruch denn vor den Barbaren.

Wohl zeigten diese Stätten noch nach Jahren die Spuren der Verwüstungen, doch nachhaltiger und systematischer ist wohl nie ein Land durch einen Krieg verheert worden als die Heimat der alten Griechen durch Alarich und seine Gothen. Kaum war nämlich die Nachricht von ihrer Erhebung und ihrem Abfall von Ostrom über den Ister gedrungen, als die den Hunnen unterworfenen germanischen Völker ihre kampfliebenden Freischaren über den eisigen Flufs hinübersandten[15]) und die Zahl der Krieger Alarichs vermehrten, und während die Gothen doch noch ein nationales, höheres Ziel im Kampfe verfolgten, dachten diese Abenteurer an nichts anderes als an Brand,

---

Eutrop. II. 114 ff., da hier vorher von der Glanzperiode des Eutrop und dem Sommeraufenthalt in Ancyra 398 die Rede ist. Vielleicht ist bei beiden Stellen an fortgesetzte Einfälle der Hunnen zu denken.

[13]) Hierfür ist Quelle der Augenzeuge Hieronymus epist. 60, 16. ad Heliodorum und ep. 77, 8. ad Oceanum.

[14]) A. a. O. 77. Aberat tunc Romanus exercitus et bellis civilibus in Italia tenebatur.

[15]) Claud. in Rufin. II. 26. .... alii per terga ferocis
            Danubii solidata ruunt expertaque remos
            Frangunt stagna rotis.
Vgl. v. Wietersheim S. 113. und Sievers S. 341 zu dieser Stelle.

Mord und vor allen Dingen an Raub. So schwoll die waffenfähige Mannschaft Alarichs zu einem gewaltigen Heerhaufen an, welchem die oströmische Regierung nichts entgegen zu stellen vermochte, da ihre Truppen fast ausschliefslich noch in Italien standen, und ergofs sich wie eine riesige Springflut über das schutzlose Land; alles, was konnte, flüchtete in die grofsen Städte, aber die kleineren und das platte Land wurden eine leichte Beute der Gothen; von den Gestaden des schwarzen Meeres bis zu den bereits in neuem Laub ergrünenden dinarischen Alpen[16]) wurden die Bewohner getötet oder gefangen, ihre Habe vernichtet, das Vieh fortgetrieben und zum Unterhalt verwendet; immer weiter dehnte sich das überschwemmte Gebiet aus über Moesiens Gefilde, Pannonien, Macedonien und Thracien, und schon nahte der Feind der Hauptstadt Constantinopel selbst.[17])

Wohl durften die Einwohner von vornherein die Ueberzeugung hegen, dafs sie in ihren Befestigungen sicher seien, gleichwohl wurde Tag und Nacht auf den Mauern Wache gehalten und der Hafen durch eine feste Reihe durch Ketten verbundener Schiffe gesperrt.[18]) Dieser Gefahr gegenüber wäre selbst ein anderer als der wenig energische Arcadius mehr oder weniger ratlos gewesen, um wieviel mehr er, der unerfahrene, fern dem Kriegsleben erzogene Sohn des Theodosius, und sein Minister Rufin mag, noch immer verletzt durch die ihm ungenehme Heirat des Fürsten, nicht viel aufrichtige Lust gehabt haben ihm Mut einzuflöfsen, obwohl er, erfahrener und mit den Kräften der Diplomatie wohl vertraut, ihn wohl hätte spenden können. So war denn ganz Constantinopel in Angst und Aufregung, als die Gothenscharen immer näher und näher heranzogen ihren Weg durch Feuerbrand fernhin erhellend; schon leuchteten ihre Fackeln nachts den Wächtern entgegen, schon schreckte der dumpfe Ton ihrer Hörner die Bewohner aus dem ruhigen Schlummer, schon sauste ab und zu von einem Übermütigen geschleudert ein matter Speer in das Gebälk und das Dach der nächsten Häuser: Aber, wie sehr sich die Gothen auch als Herren fühlen mochten, eines Mannes Besitzungen schonten sie doch,[19]) nämlich die des Rufin; sie thaten

---

[16]) Claudian in Rufin. II 36. ff.
[17]) Zosim. V. 5. kennt diesen Zug nicht.
[18]) Claud. a. a. O. 55 ff. Jam non finitimo Martis terrore movetur,
Sed proprius lucere faces et rauca sonore
Cornua vibratisque peti fastigia telis
Adspicit.
[19]) v. 70. ..... videt omnia late
Exceptis incensa suis.

es, in der Hoffnung dadurch bei dem dereinstigen Friedenschlusse günstigere Bedingungen zu erhalten, zu dem Arcadius von Rufin bewogen jetzt bereits sich in Unterhandlungen einliefs. Von einer eigenen Leibwache umgeben,[20]) in barbarischer, nicht römischer Kleidung: Das gelbe Fell um die Schulter gehängt und mit Köcher und Bogen bewaffnet, also zog der Praefectus praetorio des römischen Kaisers in das Lager des Alarich, eine Auszeichnung für diesen, den Römern ein Hohn. Doch eine Verständigung kam noch nicht zu stande, denn wahrscheinlich gingen die Forderungen des Germanen selbst für einen Arcadius zu hoch; nicht mit Unrecht hoffte nämlich dieser auf eine Abwehr durch seine eignen Truppen, deren Rücksendung er schon früher von Stilicho gefordert hatte.

Stilicho war gewifs nie gewillt gewesen sie abzulehnen, wohl aber hatte er von vornherein die Absicht gehabt, selbst die Truppen zurückzuführen und den Kaiser mit Rat und That zu unterstützen. Er würde diesen Vorsatz schon längst ausgeführt haben, wenn ihn nicht seine Pflichten gegen das Westreich genötigt hätten, die germanischen Grenzen von neuem zu sichern,[21]) da Gallien und Germanien dem Eugen angehangen hatten. Mit bewunderungswürdiger Schnelligkeit eilte der Feldherr nur von wenigen begleitet über die rhätischen Alpen, durcheilte im Fluge die östlichen Grenzmarken, versicherte sich der Ergebenheit der Alamannen, Bastarnen, Cherusker, Bructerer, Sygambrer und Franken, nahm ihre Bittgesuche freundlich entgegen und schlofs gegen Gestellung von Geiseln neue Verträge mit ihnen ab. Zwar wird er sicherlich mehr Tage gebraucht haben als Drusus Jahre zur Bezwingung der germanischen Nachbarn, obwohl Claudian das Gegenteil behauptet, dennoch nahm seine ganze Reise verhältnismäfsig nur kurze Zeit in Anspruch und so konnte er bereits, als die Frühlingssonne eben erst angefangen hatte den Winterschnee zn schmelzen,[22]) sich fast mit seinem ganzen Heere nach den Alpen hin in Bewegung setzen, um dem Ostreich seine Krieger und zugleich die Hülfe zu bringen.

---

[20]) v. 75 ff.
[21]) Claudian IV. cons. Honor. 439 ff. (In diesem Gedicht ist der Dichter nur dann den Beweis, dafs auch an das 3. Consulat des Honorius sich die Erinnerung eines Sieges knüpft, schuldig geblieben, wenn die Seefahrt Stilichos nach dem Peloponnes nicht 396 stattfand.) De laudib. Stilich. v. 189—245 führt das noch weiter aus. Im Gegensatz zu v. Wietersheim S. 115 nehme ich an, dafs Stilicho den ganzen Weg zu Fufs machte, da sich nirgends eine Hindeutung auf eine teilweise Fahrt zur See findet.
[22]) Claud. in Rufin. v. 101 ff.

Es war ein seltsames Gemisch von Sprachen und Trachten in diesem aus allen Teilen des grofsen Reiches zusammengewürfelten Heere;[23]) hier konnten der blondgelockte Gallier und der Armenier mit gekräuseltem Haare sich von den Wundern ihrer Heimat erzählen, jener von der wilden Wut des unbekannten Oceans, dieser von seinen Schneebergen und weiten Hochflächen, dort reichten einander der Germane vom Rhein und der Phryger vom Halys die Hand; aber alle diese verschieden gearteten Massen, welche eben noch das Schwert zum Bruderkrieg zu zücken im Begriff gewesen waren,[24]) hielt die Achtung vor dem gemeinsamen Führer und das Vertrauen, er werde sie zum Siege führen, fest zusammen. Stilicho zog über die Julischen Alpen durch das heutige Bosnien auf Thessalien zu, wohin Alarich, welcher Constantinopel nur schrecken wollte, mit seinen Völkern marschiert war, und suchte diesen zur Schlacht zu bewegen; aber Alarich, welcher eben beim Versuch den Pindus zu überschreiten durch die Bürgermiliz von Thessalien einen grofsen Verlust erlitten hatte[25]) und wohl wufste, welchem Gegner er gegenüberstehe, wagte keine offene Feldschlacht, sondern, weil seine Scharen noch weithin zerstreut waren, suchte er hinter einem regelrechten Wall und Graben und einer Wagenburg in einer weiten Ebene, wahrscheinlich am Peneus, Schutz.[26])

So lagen die beiden Gegner, in deren Händen später das Geschick des Westreiches ruhte und die so oft noch sich begegnen sollten, zum ersten Male feindlich sich gegenüber, und nicht nur Stilichos Heer brannte darauf den Feind zu besiegen, sondern auch Stilicho selbst, der hier zum ersten Male allein den Oberbefehl hatte. Zwar ist es uns nicht überliefert worden, aber wir dürfen es mit Bestimmtheit annehmen, dafs er den Kaiser Arcadius von seiner Ankunft auf oströmischem Boden in Kenntnis gesetzt hatte. Diese Nachricht

---

[23]) Über Stilichos Heer vgl. Claud. in Rufin. II. 105 ff. und 174 ff. und De laudib. Stilich. 154 ff., wo aber immer nur die Truppen des äufsersten Westens und Ostens genannt werden. III. cons. Hon. 68 ff. dagegen bei der Erzählung von den Rüstungen des Theodosius, werden auch die kleinasiatischen Bewohner erwähnt, während erst De bello Gild. v. 245 ff. der Unterstützung der Gothen gedacht wird.

[24]) Claud. in Rufin. II. 117 ff. De bello Gild. 294 ff. De laudib. Stilich. I. 145 ff.

[25]) Mehr läfst sich aus der verworrenen Darstellung von Socr. VII. 10 über Alarichs Züge nicht entnehmen und auch dies selbst erscheint nicht ganz sicher, da Socr. an dieser Stelle, wie v. Wietersheim S. 116 gegen Richter S. 51 mit Recht bemerkt, die Ereignisse der Jahre 395—408 kurz zusammenfäfst. Vgl. Dahn Könige V. 32 ff. Hertzberg S. 388.

[26]) Claud. in Rufin. II. 125 ff.

nun wirkte auf Rufin geradezu vernichtend; eben das, was er am meisten gefürchtet hatte, war eingetreten, sein Todfeind Stilicho nahte sich der Hauptstadt, und wurde er nicht am Kampfe gehindert, gewifs als Sieger, und dann war es aus mit seiner unumschränkten Herrschaft! Daher mufste eine entscheidende Schlacht auf jeden Fall vereitelt werden, und noch war die Gewalt des Ministers trotz der Kaiserin Eudoxia und ihres Anhangs so grofs über seinen Herrn, dafs dieser sich völlig überzeugen[27]) liefs, es sei ein höchst strafbarer Eingriff in seine Souveränitätsrechte, dafs Stilicho unaufgefordert mit Alarich auf oströmischem Gebiete zu Felde liege, und dieser werde, wenn ihm nicht ausdrücklich verboten würde weitervorzurücken, in Constantinopel selbst ihm Gesetze vorschreiben.

Diese Vorstellungen hatten auch wirklich den gewünschten Erfolg; der durch den Aufstand schon sehr in Angst gesetzte Kaiser unterzeichnete willig den Befehl, welcher Stilicho aufgab sofort die oströmischen Grenzen zu verlassen und zugleich die ihm nicht gehörenden Truppen nach Constantinopel zurückzusenden. Die Nachricht, welche gerade im Lager eintraf, als Stilicho immer enger und enger seinen Feind eingeschlossen hatte und im Begriff war den Hauptschlag zu thun, erregte unter seinen Truppen eine gerechte Entrüstung, während Stilicho die Notwendigkeit des Gehorchens, wenn auch schweren Herzens, doch sogleich einsah.[27a]) Es war das ein verhängnisvoller Schritt Rufins, diese Zurückweisung der weströmischen Hülfe, welche, hätte er sie angenommen, das bis dahin von nachhaltiger Verwüstung freigebliebene Griechenland vor den schrecklichsten Leiden, Zerstörung von Städten und Dörfern und vor der Verheerung blühender Gefilde sicherlich bewahrt hätte. So gab Rufin, um die Not des Augenblicks zu kehren und seinen politischen Gegner von der Hauptstadt fernzuhalten, die bis jetzt noch verschonten Teile der Illyrischen Praefectur den wilden Horden der Gothen und ihrer Bundesgenossen preis.

Bevor Stilicho seinen Weg nach Salonae an der Dalmatischen Küste, wo er zunächst stehen bleiben wollte, um den Gang der Ereignisse zu beobachten, mit seinen eigenen Truppen antrat,[27b]) hielt er noch an die gen Osten ziehenden, über welche er

---

[27]) v. 141—170.
[27a]) v. 170—277.
[27b]) Aschbach Geschichte der Westgothen S. 67 ff. nimmt nur einen Zug Stilichos an. (Er begeht dabei Anm. 47. den merkwürdigen Irrtum Claud. in Rufin. II. 30 ff. auf Verwüstungen der Gothen zurückzuführen und sagt deshalb im Text: „ja selbst die asiatischen Provinzen wurden von ihnen geplündert."!) Köpke a. a. O. S. 124. Dahn Könige V. 33 und Urgeschichte I. Dagegen läfst Kaufmann a. a. O. S. 309 und 310 Stilicho zweimal Hülfe bringen.

den General Gainas[28]) setzte, eine Abschiedsrede, in welcher er sie zur Ruhe ermahnte, gewifs aber nicht verfehlte durch leisen Hinweis ihren Zorn auf den Urheber der Abberufung hinzulenken. Da die Hoffnung auf Sieg und Beute vorher so grofs für sie gewesen war, so bedurfte es bei diesen rohen Kriegsleuten nur noch eines solchen Anstofses, um sie einen für Rufinus höchst verhängnifsvollen Entschlufs fassen zu lassen, der von Gainas sicherlich befürwortet wurde; nämlich, wenn der Kaiser zur Begrüfsung der Truppen vor die Mauern Constantinopels ziehen werde, den verhafsten Minister zu umringen und zu töten, wie schon so oft ein lästig gewordener Kaiser früher sein Leben geendet hatte. Während die Gothen sich wieder sammelten und unbehelligt aus der thessalischen Ebene weiter nach Süden zu eilten, rückte das von Stilicho entlassene Heer langsam durch die verwüsteten Gegenden, oft gewifs auch mit zurückgebliebenen Feinden plänkelnd, durch Macedonien auf der via Egnatia über Heraclea[29]) (Perinth) der Hauptstadt immer näher, und Gainas versäumte nicht dem Arcadius seine Ankunft mitzuteilen und ihn zu bitten, sie der Sitte gemäfs feierlichst einzuholen.[30])

Inzwischen schwamm Rufinus, dem es gelungen war die Absichten seines ärgsten Feindes zu vereiteln, in einem Meer von Wonne, und sein letzter diplomatischer Sieg hatte seine Stellung so weit befestigt, dafs er, der die Gothen und Stilicho von der Hauptstadt ferngehalten hatte, sich dem Glauben hingeben konnte, Arcadius werde ihn zur Belohnung zum Mitregenten, zum Caesar, neben sich ernennen. Wenigstens berichtet uns so der am meisten in diese Verhältnisse eingeweihte Claudian, welcher Rufins Freude und Vorbereitungen zur Erhebung mit den lebhaftesten Farben ausmalt:[31]) „Schon verteilt er unter seine Anhänger Ehren, Würden, Provinzen und läfst am Morgen des 27. Novembers,[32]) an welchem der Empfang stattfinden sollte, die weiten Hallen seines Palastes mit königlicher Pracht zum Kaisermahle herrichten und nicht zufrieden mit den Statuen und Bildsäulen, die ihm vielfach in Stadt und Dorf und an der Strafse gesetzt waren,

[28]) Im Kriege gegen Eugenius befehligte er ein Corps barbarischer Hülfstruppen. Johannes Ant. frg. 187. Zosim. IV. 57. Joh. Ant. frg. 190: ὁ τότε τῶν ἑσπερίων στρατοπέδων ἔξαρχος ἦν.
[29]) Claud. in Rufin. II. 292.
[30]) Zosim. V. 7. Es ist merkwürdig, dafs sowohl Zosimus als auch Joh. Ant. frg. 190. Socr. VI. 1 und Soz. VIII. 1. betonen, diese Einholung sei alte Sitte gewesen.
[31]) In Rufin. II. 293—347.
[32]) Dies Datum bringt nur Socr. VI. 1, der in der Chronologie überhaupt meist zuverlässig ist.

heifst er bereits Goldmünzen prägen mit seinem Bildnis, um sie als Donativum an die Soldaten zu verschenken. Er selbst schreitet im Festzuge stolzer als der Kaiser einher und dreht nach Weiberart den Kopf, wie wenn ihn schon der Purpur und das Diadem schmücke."

Aber nicht nur der Hof begab sich auf das Paradefeld beim Hebdomon, sondern auch das schaulustige Volk der Hauptstadt eilte hinaus, um, wenn auch nicht immer einen Sohn oder Bruder oder Freund unter den Zurückgekehrten zu begrüfsen, sich doch wenigstens an dem seltenen militärischen Schauspiel zu ergötzen, das sich dort dem Auge bot. Die Truppen waren in Paradeaufstellung, das Fufsvolk auf dem linken Flügel; aber mehr lenkten die Reiter auf dem rechten Flügel die Aufmerksamkeit durch ihre wehenden Helmbüsche und die im Winde flatternden bunten Mäntel auf sich, und besonders die ganz mit Einschluss des Pferdes in Eisen gehüllten Kürassiere. Der Kaiser begrüfst die Krieger zuerst,[33]) welche seinen freundlichen Grufs auf das lebhafteste erwidern, auch Rufin kommt mit der liebenswürdigsten Miene heran und sucht die Gemüter sich dadurch zu gewinnen, dafs er diesen und jenen bei Namen nennt und ihm berichtet, wie es seinen Eltern oder Kindern ergeht. Und wirklich scheint das den Soldaten zu gefallen, sie drängen sich immer näher an ihn heran und umschliefsen ihn allmählich, während er von den übrigen abgeschnitten wird. Er aber merkt nichts davon oder hält es für Zuneigung und giebt dem zögernden Kaiser einen Wink, nun doch das Tribunal zu besteigen und seine Erhebung zu proclamieren. Da zücken die nächsten drohend die Schwerter, er stutzt, doch schon trifft ihn des ersten Stahl, die anderen folgen und zu den Füfsen des fassungslosen Kaisers wälzt sich zuckend sein Minister mit dem Tode ringend am Boden, eben noch ihm gebietend, nun nichts mehr denn ein toter Mann — sic transit gloria mundi! Aber nicht zufrieden mit der blofsen Ermordung senken die wutschnaubenden Krieger immer von neuem ihre Schwerter in seinen Leib, bis nichts mehr übrig von ihm ist als ein unförmlicher Klumpen;[34]) und als die Truppen wieder abrücken, da eilt nun erst das leicht bethörte Volk herzu und ergötzt sich herzlos an dem schauerlichen Anblick des gestürzten Mannes,

---

[33]) Aufser Claud. in Rufin II. a. a. O. berichtet über die Ermordung Rufins noch genau Zosim. V. 7. Philost. XI. 3. während Socr. VI. 1. Sozom. VIII. 1. Tiro Prosp. Idac. Marcell. comes. Chron. Pasch. nur kurze Notizen geben.

[34]) In Rufin. II. 407—415. Es ist dies eine der unschönsten Stellen bei Claudian, an der man eher einen Anatomen als einen Dichter zu lesen meint. Vgl. das häfsliche Bild, das er von der Schlacht am Frigidus entwirft III. cons. Hon. v. 99 ff. und G. S. 19.

steckt das abgeschnittene Haupt auf eine lange Stange und trägt es durch alle Gassen, während ein Steinhagel noch über das leblose sich ergiefst; auch die rechte Hand des Rufin, mit der er so viele Reichtümer in seinem Hause aufgetürmt hatte, trägt ein raffinierter Spafsvogel durch die Tabernen und Kaufläden herum und heimst durch den begleitenden Ruf: „Gebet dem Unersättlichen ein Almosen!"[35]) noch blutigen Gewinn ein.

Und Arcadius, der Kaiser? hiefs er nicht die Mörder ergreifen und die auf der Strafse noch Unfug mit der Leiche treibenden gefangen setzen!? Nichts von alledem! so weit reichte die Macht des einst als Gott verehrten Augustus nicht, er mufste sich schaudernd der Lynchjustiz fügen und bestätigte gewissermafsen das ungesetzliche Vorgehen der Soldateska, indem er alle bewegliche und unbewegliche Habe Rufins consfiscierte.[36]) Rufins Frau und Tochter blieben von der Rache der wütenden Menge verschont, doch waren sie aus Furcht in die Kirche geflohen[37]) und hatten das Asylrecht derselben in Anspruch genommen, später wurde ihnen durch Eutrops Vermittelung gestattet an allerheiligster Stätte zu Jerusalem[38]) ihr unrühmliches Dasein zu beschliefsen und für die Seele des Vaters zu beten, der übrigens äufserlich stets ein guter Christ gewesen war und zu Chalcedon die Apostelkirche erbaut hatte.[39])

Sie waren gewifs aufser wenigen die einzigen, die diesen Mann betrauerten, obwohl er, als er hoch dastand, selbst von den bedeutendsten Geistern der Römerwelt über das Mafs hinaus gefeiert war; denn noch vor kaum drei Jahren berichtete Libanius[40]) an einen Freund, Rufinus Name sei in aller Mund und die Frauen thäten Gebete für ihn, und einem anderen[41]) pries er seine Gerechtigkeitsliebe, und dafs er zwar geringer denn Gott, aber besser denn ein Mensch sei; hätte dieser wetterwendische Sophist noch gelebt, oder besäfsen wir noch eine

---

[35]) Hieronym. ep. 60, 16. Rufini caput pilo Constantinopolim gestatum est et abscissa manus dextra ad dedecus insatiabilis avaritiae ostiatim stipem mendicavit. Philost. XI. 3. „Δότε τῷ ἀπλήστῳ!" vgl. Zosim. V. 7. Asterius in fast. Kal. p. 59. — Das letzte Gesetz an Rufin ist datiert vom 11. Octob. 395. Cod. Th. II. 9, 3; also ist falsch datiert I. 14, 2 vom 4. Dec., da Caesarius schon am 30. Novemb. praef. praet. war X. 6, 1. vgl. Clinton fast. Rom.
[36]) Cod. Theod. IX. 42, 14. Synmach. ep. VI. 14. Vgl. Zosim. V. 8.
[37]) Zosim. ebend. Joh. Antioch. frgm. 190. παῖδες, während Zosim. nur eine Tochter kennt.
[38]) Zosim. ebend. Marc. Comes.
[39]) Sozom. VIII. 17.
[40]) epist. 1025 an Patriarches.
[41]) epit. 1028 b. θεῶν μὲν ἥττων, ἀνθρώπων δὲ ἀμείνων.

Äußerung seinerseits über Rufin aus dieser Zeit, sein Urteil würde sich, wie wir es schon bei Tatian und Proclus bemerken konnten, gewiß nun auch in das Gegenteil gewandt haben gerade so wie im Occident das des Schmeichlers Symmachus, welcher einst des Theodosius scharfen Blick und Menschenkenntnis gelobt hatte,[42]) weil er den Rufin an sich herangezogen hätte, und nach seinem Sturze keinen andern Titel für ihn übrig hat als den eines „alten Spitzbuben".[43])

Der reiche Besitz des Ermordeten blieb vorläufig auf ausdrücklichen kaiserlichen Befehl unberührt in den Händen des Fiscus, obwohl die Schar der früheren Besitzer und der Petenten täglich wuchs, welche daraus für sich einen Teil erhofften; und es mußte wiederholt sowohl vor eigenmächtiger Aneignung als auch vor lästigen Bittgesuchen gewarnt werden.[44]) Dagegen erhielten die Bewohner der Provinz Lycien die ihnen besonders auf Rufins Zureden genommene Fähigkeit wieder, Ehrenstellen nicht nur von neuem zu bekleiden, sondern auch die alten Würden wieder annehmen zu dürfen, was Arcadius durch ein sehr huldvolles Edict[45]) im ganzen Reiche bekannt machen ließ. Eine weitere Folge endlich war die Beschränkung der Gewalt des Praefectus praetorio,[46]) da Arcadius vielleicht der Meinung war, daß ein Minister, in dessen Händen weniger Dienstzweige ruhten, auch weniger sich anmaßen und gefährlich werden könne; er trennte daher von der Amtsbefugnis des Praefecten die Aufsicht über die Waffenfabriken ab, welche wir demgemäß in der Notitia Dignitatum im Dienstkreise des magister officiorum finden,[47]) und die nicht minder wichtige Entscheidung über die Erlaubnisscheine (evectiones) zur Benutzung der Staatspost (cursus publicus), welche ihm aber aus Nützlichkeitsrücksichten später wieder beigelegt wurde.[48]) Doch vermochte sich die schwache Seele des Arcadius nicht zu der Einsicht emporzuschwingen, daß gegen alle Übergriffe der Beamten nichts sicherer schützt als das eigene Auge des Herrschers, und daß durch solche Mittel die Gefahr der Überhebnng nicht verringert wird; denn leider hatte der tapfere Theodosius keine Söhne hinterlassen, die seiner

---

[42]) epist. III. 81. vgl. 82—90 und G. S. 203 und 204.
[43]) epist. VI. 14. praedo annosus.
[44]) Cod. Theod. IX. 42, 14. X. 10, 21.
[45]) IX. 38, 9. 31. Aug. 396. Devotissimae nobis provinciae Lyciae priorem famam meritumque inter ceteras renovari censemus seq.
[46]) Jod. Lydus de magistr. II. 10. III. 23. 40. 41. vgl. Walter a. a. O. S. 432.
[47]) Böcking I. cap. X.
[48]) In der Notitia Dign. haben die praef. praetorio und der magist. officior. die freie Verfügung über die evectiones. Vgl. Cap. II. III. X.

würdig waren, sonst würde Arcadius nun, wo er im Besitz von ausreichenden Truppen war, nichts eiliger unternommen haben, als sich selbst an die Spitze des Heeres zu stellen und das bedrängte Griechenland von seinen Peinigern zu befreien.

Denn diese Provinz, welche bisher von den barbarischen Einfällen freigeblieben war und an Einwohnerzahl zugenommen hatte, weil sich die im breiten Norden der Balkanhalbinsel nicht mehr sicheren Landbewohner in das südlicher gelegene Achaia zurückgezogen hatten, war, ohne nennenswerte Besatzung und feigen Officieren, den Werkzeugen Rufins, anvertraut, inzwischen eine leichte Beute Alarichs geworden. Dafs der Proconsul Antiochus, des hochgebildeten Musonius Sohn,[49]) von Rufin Befehl hatte keinen Widerstand zu leisten, ist ebenso wenig anzunehmen, als dafs Gerontius,[50]) der Wächter des Thermopylenpasses, beauftragt war den wichtigen Durchgang ohne Kampf frei zu geben; sie bewog vielmehr die Überzeugung, dafs sie weder Spartaner unter sich hatten noch eine zahlreiche Mannschaft, langsam vor dem übermächtigen Feinde zurückzuweichen, und man darf zugleich nicht vergessen, dafs die Haltung der Regierung, welche offenbar eine nachsichtige und schwache gegen die Gothen war, naturgemäfs auf diese gewifs nicht ausgezeichneten Feldherrn oder kriegskundigen Beamten zurückwirken mufste.

So zog sich denn Gerontius, als die Feinde den Thermopylen nahten, ohne Kampfzurück,[51]) und die Gothen ergossen sich nun wie eine wilde Meereswoge durch den Pafs in das reichgesegnete Hellas;[52]) die fruchtbaren Äcker der boeotischen Niederung wurden verwüstet, die kleinen Städte ohne Mühe erobert und zerstört, die Männer getötet, die Weiber und Kinder in die Knechtschaft getrieben, nur Theben wurde geschont[53]) wegen seiner Befestigungen und weil Alarich

---

[49]) Zosim. V. 5. Musonius selbst war früher Professor in Athen, dann in den Verwaltungsdienst übergetreten und magister officiorum geworden. Hertzberg a. a. O. S. 333.

[50]) Zosim. V. 5.

[51]) Claud. de bello Getico 186,: . . . . . Ipsae qua durius olim
. Restiterant Medis, primo conamine ruptae
Thermopylae etc.

Eunap. Vita. Max. p. 52 sagt von Alarich: διὰ τῶν πυλῶν παρῆλθεν, ὥσπερ διὰ σταδίου καὶ ἱπποκρότου πεδίου τρέχων· und schreibt frgm. 65. die Oeffnung der Thermopylen der Gottlosigkeit der (arianischen) Schwarzröcke (τῶν προσπαρεστλθόντων) zu und der Aufhebung des heidnischen Cultus. vgl. Hertzberg S. 313.

[52]) Die Verwüstung Griechenlands berichten Claudian praefat. in Rufin II. — In Rufin. II. 187—215. IV. consul. Hon. 464 ff. 471 ff. De bello Getico 175—194. 513 ff. Zosim. V. 5—7. Philost. XII. 2. Vgl. Hertzberg S. 390 ff. Finlay S. 130.   [53]) Zosim. V. 5.

eilte sich Athens und seines wichtigen Hafens zu bemächtigen. Und in der That gelang es ihm den Piraeus zu besetzen, doch die unter Valerian wiederhergestellten Mauern der Hauptstadt Griechenlands[54]) schienen dem klugen Gothenkönig mit Recht nur durch eine längere Belagerung einnehmbar, zu welcher er weder die nötigen Maschinen noch die Zeit hatte; andererseits war aber auch die stille Musenstadt, in welche sonst nur das Treiben der Studenten Leben brachte und deren Bewohner längst des Schwertes entwöhnt waren, in nicht geringer Verlegenheit, weil ihr durch die Wegnahme des Hafens die Zufuhr abgeschnitten war und bei einer längeren Belagerung grofse Leiden bevorstanden. Es wurden deshalb von beiden Seiten Unterhandlungen angeknüpft,[55]) welche bei der Lage der Umstände bald zum Ziele führten und Alarich als Freund und Gast in Athen einziehen liefsen.

Aber mochte der König auch sich die überaus freundliche Aufnahme von Seiten der Bügerschaft gern gefallen lassen, mochte er dort baden, speisen und Geschenke annehmen, seine Gothen scheinen die Heiligkeit der Capitulation dennoch nicht gewahrt zu haben, denn es wird uns mit Bestimmtheit berichtet, dafs sowohl Proterius, einer der bekanntesten Professoren, den Barbaren zum Opfer fiel als auch, dafs die athenischen Frauen nicht glimpflich behandelt wurden.[56]) Doch mag das erst nach Alarichs Abzug, der gewifs bald erfolgte, von der dort zurückgebliebenen Besatzung verübt worden sein. Alarich aber wandte sich, nachdem Eleusis und in demselben der berühmte Tempel der Eleusinischen Mysterien in Flammen aufgegangen war, mit seinen Gothen südwärts nach Megara,[57]) wo ebenfalls von römischer Seite ein Widerstand versäumt wurde; er nahm die Stadt im ersten Anlauf und durfte nun die durch langen Frieden zu Wohlstand und Reichtum emporgediehenen Landschaften des Peloponnes

---

[54]) Zosim. I. 29.
[55]) Zosim. V. 6. läfst freilich den Gothenkönig dadurch zu Unterhandlungen bewogen werden, dafs ihm Athene Promachos, die Schutzherrin der Stadt, auf den Mauern und der homerische Achill vor denselben zu stehen schien. — Nach der Stelle bei Eunap vita Prisci p. 57 ist allerdings der Philosoph Proterius in Athen getötet worden, doch schliefst das eine Capitulation nicht aus. Vgl. Müller frgm. hist. Graecor. zu frgm. 65 des Eunap; Sievers S. 347 und Hertzberg S. 391 ff. Wenn Philost. XII. 2. ausdrücklich sagt Alarich εἷλεν Ἀθήνας, so bezieht sich das auf den Piraeus; ganz falsch endlich fäfst Tillem. V. S. 435 die Sache auf, wenn er die Aufnahme Alarichs in Athen auf die Zeit, da dieser Gouverneur von Illyrien war, bezieht.
[56]) Claud. in Rufin. II. 191. Nec fera Cecropias traxissent vincula matres.
[57]) Zosim. V. 6. Philost. XII. 2. Vgl. Hertzberg S. 395 ff.

eine nach der anderen ausplündern und verheeren, da die Städte grade im Vertrauen auf den Schutz des Isthmus unbefestigt waren: So sank denn Corinth in Asche, Argos und seine Nachbarstädte, selbst Sparta fielen in seine Hände, während andere Scharen sich dem Westen der Halbinsel zuwälzten. Hier aber wurde den übermütigen Feinden ein Halt geboten, welches sie nicht erwartet hatten.[59])

Stilicho nämlich, ob gerufen durch des Oberkämmerers Eutropius Vermittelung oder, weil der unerwartete Erfolg und die ungeahnte Zunahme der gothischen Erhebung ihm auch für das Westreich Gefahren zu bringen schienen, brach in genialer Entscheidung nicht zu Fuſs, sondern auf einer Flotte von Salonae in Dalmatien auf und landete mit seinen Truppen an der Küste des Busens von Corinth.[59]) Alsbald trat ein sofortiger Stillstand in dem Vordringen der Gothen ein, welche am Alpheus in der weiten Ebene von Elis von ihrem Raubzuge aufgeschreckt sich sammelten. Auch hier ging Stilicho nicht sogleich zum Angriff über, weil er auf seinen Schiffen, wenn auch auserlesene, doch nicht sehr zahlreiche Mannschaften hatte mitführen können; es kam zu mehreren Gefechten,[60]) in denen die Gothen, wahrscheinlich mehr in Trupps abgefangen, bedeutende Verluste erlitten, bis es Stilicho endlich gelang, den Alarich wie ehedem in Thessalien auf der Hochebene von Pholoe einzuschlieſsen, so daſs es den Gothen, welche infolge des klimatischen Wechsels und des unmäſsigen Lebens viel durch Krankheit litten,[61]) bald an Lebensmitteln und durch die Klugheit Stilichos, welcher einen am Lager vorbeiliefſsenden Bach in ein anderes Bett lenkte, vor allen Dingen am nötigen Trinkwasser fehlte.[62]) Und merkwürdig! wiederum konnte Stilicho

---

[58]) Ich nehme nun gegen v. Wietersheim S. 116—117 mit Tillemont note 6. sur Arcade, welchem Finlay S. 146, Sievers S. 343, Clinton fasti Rom. zu 396, Hertzberg S. 395 ff. gefolgt sind, an, daſs Stilicho überhaupt zwei Expeditionen unternahm und zwar die zweite nach Rufins Tod. Am schlagendsten ist für mich, daſs Claudian in Rufin. II., obwohl er den Tod des Rufin noch berichtet und auch schon die Verwüstung Griechenlands andeutet, doch von einem Siege am Alpheus noch nichts weiſs.

[59]) Zosim. V. 7. Claud. De laudib. Stilich. 170—187.
[60]) De bello Getico 514 ff. 575. In Rufin. II. praef. 9:
  Alpheus late rubuit Siculumque per aequor
  Sanguineas belli rettulit unda notas
  Agnovitque novos absens Arethusa triumphos
  Et Geticam sensit teste cruore necem.
[61]) IV. cons. Hon. 466.
  Plaustra cruore natant: metitur pellita inventus
  Pars morbo pars ense perit. . . .
[62]) Claud. IV. cons. Hon. 475. De bello Getico 513 ff.

nicht den entscheidenden Schlag thun. War es eine neue Botschaft
aus Constantinopel, welche ihn aufforderte abzuziehen — kaum denkbar,
da der Rufins Erbschaft am Hofe antretende Eutropius kein Gegner
Stilichos war — oder wollte er nicht durch die gänzliche Vernichtung
der Gothen seine Hülfe für die Zukunft überflüssig machen[63])? —
wiederum[64]) gab er Alarich Gelegenheit und Zeit sich eiligst aus der
furchtbaren Lage, in der er sich befand, herauszuziehen und denselben
Weg, den er gekommen war, rückwärts zu verfolgen, wobei alles, was
auf dem Hinwege verschont geblieben war, nun ebenfalls noch den
räuberischen Scharen in die Hände fiel und geplündert wurde. Damals
war es, wo Griechenland jene Wunden geschlagen wurden, von denen es
sich Jahrhunderte[65]) hindurch nicht erholen konnte und zu deren
Heilung besonders der Nachfolger des Arcadius eifrig mit Wort
und That bemüht gewesen ist; und damals sanken auch viele Denkmäler antiker Erinnerung in Staub und Asche, da die Gothen, wenn
auch Arianer, nicht weniger fanatisch gegen das Heidentum waren
als die Katholiken.

Aber indem Alarich, während Stilicho unverrichteter Sache nach
Italien zurückkehrte, noch einmal Griechenland brandschatzte, hatte er
wohl nur die Absicht das zögernde Ostrom zu einem ihm vorteilhaften
Frieden zu bewegen, denn weiter konnten seine Pläne damals noch
nicht gehen. Dieser Friede kam nun endlich, auch Alarich nicht
unerwünscht, da ihm die Lebensmittel für ein so grofses Heer auszu-
gehen anfingen, durch Eutropius Vermittelung wahrscheinlich noch im
Jahre 396 zu stande und brachte den herabgekommenen Ländern
südlich von der Donau bis zum Mittelmeer die ersehnte Ruhe und
Rückkehr zu geordneten Zuständen. Wo der Vertrag abgeschlossen
wurde, wissen wir ebenso wenig, als uns die einzelnen Punkte desselben
klar überliefert sind: Nach Claudians[66]) Darstellung erhielt Alarich

---

[63]) So nimmt v. Wietersheim an S. 117.

[64]) Hierauf geht Orosius VII. 37. Taceo de Alarico rege cum Gothis suis
saepe victo, saepe concluso semperque dimisso.

[65]) Zosim. V. 5. τὴν ἐξ ἐκείνου μέχρι τοῦ νῦν καταστροφὴν διδόντα
τοῖς θεωμένοις ὁρᾶν. Vgl. Hertzberg Gesch. Griechenl. seit dem Abst. u. s. w.
S. 58 ff. 63 ff.

[66]) Eine andere als diese poetische Quelle haben wir leider nicht, deshalb
gehen die Forscher meistenteils nicht näher auf eine genauere Feststellung des
staatsrechtlichen Verhältnisses ein. Vgl. Gibbon VII. 237. Sievers S. 346,
v. Wietersheim S. 117. und 124, Hertzberg S. 408. — Die wichtigsten Stellen
sind in Eutrop. II. 216.

    Praesidet Illyrico. Jam quos obsedit amicus
    Ingreditur muros illis responsa daturus etc.

den Titel Dux und die Verwaltung des ganzen westlichen Illyriens, also der Dioecesen Dacien und Macedonien. Aber diese Nachricht erscheint wenig glaublich, da Alarich, schon 394 Anführer des gothischen Hülfscorps, schwerlich mit der Würde eines dux zufrieden war, nachdem er, wenn auch nicht allein durch eigenes Verdienst, Ostrom vollständig gedemütigt hatte; es ist daher eher anzunehmen, dafs ihm die höhere Würde des magister militum übertragen wurde; dafür spricht auch der Umstand, dafs ihm zugleich die Waffenfabriken in Thessalonich, Naissus, Ratiaria und Horreomagus unterstellt und zu eigenem Bedarf überlassen wurden.[67]) Die andere Seite seiner Stellung ist diejenige, welche derselbe Dichter mit „responsa daturus" und „praesidet Illyrico" bezeichnet, Ausdrücken, welche kaum anders aufgefafst werden können, als dafs Alarich auch die Gerichtsbarkeit in Illyricum gehabt habe oder mit einem Worte praefectus praetorio gewesen sei.

Allein gegen eine solche Auffassung spricht einerseits die Überlegung, was denn bei einer solchen Stellung Alarichs dem Kaiser für Hoheits- und Herrscherrechte übrig geblieben wären als der eitle Schein einer Lehensherrlichkeit,[67a] zumal, wie ebenfalls behauptet worden ist, wenn gar auch noch die Steuern in seine Tasche flossen. Andererseits widerspricht dem die unbestreitbare Thatsache, dafs es in den Jahren 397—399 einen Praefectus praetorio von Illyrien gab. Denn wir haben aus dieser Zeit im Theodosianischen Gesetzbuch vier Verfügungen,[68]) welche alle an ein und denselben Praefectus Anatolius gerichtet sind, und von denen das zweite auf einen Übergriff Alarichs, der sich an den in den Staatsspeichern angesammelten Naturalien vergreifen wollte, hinzuweisen scheint. Demgemäfs ist die staatsrechtliche Stellung Alarichs dahin zu praecisieren, dafs er Oberbefehlshaber (magister utriusque militiae) aller, auch der römischen Truppen der Illyrischen Praefectur war und als solcher zugleich die Oberaufsicht über die Waffenfabriken hatte, dafs er aber nicht auch Praefectus praetorio war und die Civilgerichtsbarkeit dieser Länder, sondern nur als oberste Militärbehörde die zwischen den Soldaten und Bürgern aus-

---

und De bello Getico 535 ff.
    At nunc Illyrici postquam mihi tradita iura
    Meque suum fecere ducem. . . . .

[67]) v. 537 ff.

[67a]) Hieronym. ep. 60, 16 sagt allerdings: Quid putas nunc animi habere Corinthias, Athenienses, Lacedaemonios, Arcadas cunctamque Graeciam, quibus imperant barbari?

[68]) 397: XVI. 8, 12. XI. 14, 3. — 398: IV. 11, 8. — 399. VI. 28, 6. Vgl. Tillemont tom. V. note 13 sur Arc. und zu XVI. 8, 12. Haenel p. 1596 k.

gebrochenen Streitigkeiten zu entscheiden und beizulegen hatte. Die römische Civilverwaltung bestand in denjenigen Gebieten, welche den Gothen nicht eingeräumt waren, nach wie vor fort.[69])

In Bezug auf das von den Gothen von dieser Zeit an bewohnte Land sind zwar die Grenzen genau nicht zu bestimmen, doch scheint soviel sicher zu sein, dafs sie nicht etwa durch ganz Illyricum zerstreut lagen, sondern sie nahmen, wahrscheinlich in erweitertem Umfange nach Südosten zu, das alte ihnen von Theodosius in Dacien und Moesien angewiesene Gebiet wieder ein und bebauten und bewohnten es bis zum endgiltigen Abzuge nach dem Occident;[70]) ein zeitgenössischer Schriftsteller nennt es daher geradezu „das barbarische", weil es mitten im römischen lag. Sind wir über die Zugeständnisse Ostroms schon nicht ohne mancherlei Zweifel, so wird uns erst recht nichts genaues über die Gegenleistung Alarichs berichtet, denn das ganze Verhältnis wird nur als Foedus[71]) bezeichnet, und es scheint sonach, als ob Alarich, wie einst die Foederati dem Theodosius, sich ruhig in seinen Grenzen zu verhalten und im Kriegsfalle für das Ostreich die Waffen ergreifen zu wollen, dem Arcadius versprochen hat.

Diese neuen Beziehungen mufsten aber für das Ostreich je länger, je mehr überaus peinlich sein, da Arcadius den Gothen nicht wie Theodosius nach ihrer Besiegung und im Gefühl der Stärke aus kluger, politischer Überlegung ihre Forderungen bewilligt hatte, sondern, nachdem seine Ohnmacht ihnen gegenüber überall zu Tage getreten war; das mufste in den Gothen ein Gefühl des Stolzes und des Übermutes wach

---

[69]) So nehme ich meiner Auffassung des ganzen Verhältnisses entsprechend gegen Sievers S. 346 an.

[70]) Aschbach S. 71 nennt Alarich „Oberfeldherr des östlichen Illyricums", über das den Westgothen überlassene Gebiet äufsert er sich nicht. Köpke S. 124: dux von Illyricum und das Land der Molosser und Thesprotier bis Epidamnus. Dahn Könige V. S. 35.: dux oder vielleicht magister militum. Kaufmann a. a. O. S. 310: Das Land zwischen dem 39. und 42. Parallelkr. zu beiden Seiten des Pindus; Dyrrhachium war Alarichs Haupthafen. Das ist entschieden zu weit gegriffen. v. Wietersheim und Hertzberg a. a. O. behaupten, dafs Alarich Epirus eingeräumt sei, doch dürften sie sich dabei auf nichts anderes als auf Claud. de bello Getico 496 und Zosim. V. 26 stützen. Sie haben die Stelle Sozom. IX. 4 nicht in Erwägung gezogen, wo es von Alarich heifst: καὶ ὁ μὲν Ἀλάριχος ἐκ τῆς πρὸς τῇ Δαλματίᾳ καὶ Παννονίᾳ γῆς βαρβάρου, οὐ διῆγε παραλαβὼν τοὺς ὑπ' αὐτὸν ἦγεν εἰς τὰς Ἠπείρους. Diese Worte lassen durchaus zu, eine Erweiterung des ehemaligen Gebietes (Jord. c. 26). über einen Teil des alten Macedoniens (Emathia) anzunehmen.

[71]) Cluud. de bello Get. 496.
 . . . . servator ut icti
Foederis Emathia tutus tellure maneres.

erhalten, das jeden Augenblick zu Abfallsgedanken übergehen konnte, andererseits bei den römischen Bewohnern des Reichs ein Gefühl der Demütigung und versteckten Grolles hervorrufen gegen alles, was germanisch und nicht römisch war. Es befand sich also in den durch den Frieden mit Alarich geschaffenen Zuständen schon der Keim einer späteren Reaction des Römertums gegen die germanischen Fremdlinge im Staate; während auf der anderen Seite auch für Westrom darin eine ernste Mahnung lag auf der Hut zu sein, da nicht anzunehmen war, dafs ein so hochstrebender Volkskönig wie Alarich zufrieden sein würde auf kleinem Raum und in einem schon ausgesogenen Lande für immer zu hausen; es lag vielmehr die Befürchtung nahe, dafs er bald auch nach dem reicheren und fruchtbareren Italien seine verwegene und räuberische Hand ausstrecken werde.

Viertes Kapitel.

Der Verschnittene Eutrop an Rufins Stelle allmächtig. — Seine Vorgeschichte. — Verhältnis zu Stilicho und Eudoxia. — Arcadius und Honorius. — Mangelhafte Verbindung zwischen Orient und Occident. — Gildo, comes Africae, wirft sich dem Ostreich in die Arme. — Seine Tyrannis. — Hungersnot in Rom. — Gildo wird im Senat für einen Feind des Vaterlandes erklärt. — Die Rüstungen. — Mascezel, Gildos Bruder, Befehlshaber der römischen Truppen. — Überfahrt nach Africa. — Schlacht am Ardalio. — Gildos Niederlage und Tod.

Nachdem der Friede mit Alarich abgeschlossen war, hatte das Ostreich in seinem Innern einige Jahre Ruhe, welche aber nicht von Arcadius benutzt wurden, um die durch Rufins Amtsverwaltung angerichteten Schäden abzustellen und zu beseitigen. Vielmehr vollzieht sich von Arcadius ab ein Umschwung in der Leitung des Reichs dahin, dafs die Kaiser nicht mehr überall selbst sehen und hören wollen, wie es in den einzelnen Reichsteilen aussieht, geschweige denn sich selbst an die Spitze der Truppen stellen, um durch ihre Anwesenheit und ihr Beispiel anfeuernd auf die Krieger einzuwirken, sondern dafs sie sich fortan hinter ein steifes Hofceremoniel zurückziehen und fast immer in den Mauern ihres Palastes bleiben, gleichsam, als wollten sie im Gefühl der eignen Schwäche durch ein vornehmes Fernhalten von den Unterthanen die Ehrfurcht vor ihnen und den Gehorsam gegen die Staatsgewalt erhalten. Infolge dessen haben in Zukunft meist nicht mehr diejenigen Männer den gröfsten Einflufs auf den Fürsten, welche ihm durch Verdienste im practischen Leben sei es im Heere oder in der Verwaltung nahe treten, sondern diejenigen Diener, welchen das körperliche Wohl und die Bequemlichkeit des Herrschers anvertraut worden ist, und deren Dienst sie naturgemäfs beständig an die Person desselben fesselt: die praepositi sacri cubiculi, Oberkämmerer. Sie, die fortwährend um den Fürsten herum sind, erspähen alle seine kleinen Neigungen und Schwächen und wissen unter kluger Benutzung derselben so die Fäden aller am Hofe gesponnenen Intriguen in ihre Hand zu bringen, dafs sie, wenn auch nicht immer an die Oberfläche tretend, dennoch die Herren der ganzen Situation und die Triebfedern der Handlungen des Monarchen sind. So beginnt mit Arcadius' Regierung zugleich die geheime Herrschaft der Kammereunuchen, und merkwürdig, wie wenn Constantinopel dazu bestimmt ist, allein in Europa noch die schmähliche Erinnerung an dies orientalische Geschenk zu bewahren, noch heute spinnt dort der Praepositus sacri cubiculi seine Ränke wie zur Zeit der Wende des vierten zum fünften Jahrhundert.

Grade der erste dieser entmannten Creaturen, welcher mit der Männlichkeit auch alle Mannhaftigkeit eingebüfst und dafür nur in verstärktem Grade Bosheit, Eitelkeit und Falschheit eingetauscht hatte, hat an seinem Beispiele gezeigt, wie nichtssagend der eigne Wille des Fürsten und wie übermäfsig anspruchsvoll ein Emporkömmling aus der Heefe des Volks werden kann. Anscheinend in Armenien, jedenfalls im fernsten Osten geboren und bald castriert, hatte Eutropius[1]) zahlreichen Herren gedient und war aus einer Hand in die andere übergegangen, bis er sich durch die Übernahme eines Kupplergeschäftes selbständig machte. Er war dabei alt und kahlköpfig, seine Haut schon runzlich geworden, so dafs nach menschlichem Ermessen das Ende seiner Laufbahn bald erreicht schien; aber im letzten Viertel seines an Erfahrungen so reichen Lebens bot ihm noch einmal das Glück die Hand, um durch die Höhe, auf die es den Verschnittenen erhob, zu zeigen, wie blind es selbst und die Menschen sind, über die es triumphiert. Wer den alternden Mann in den Hofdienst gebracht hat, das ist stets unbekannt geblieben, aber das andere steht fest, dafs es der verdiente General Abundantius[2]) war, durch dessen Gunst er aus den niedrigeren Regionen der Diener in die Reihe der Cubicularii aufgenommen, vielleicht auch schon zum

---

[1]) Die Hauptquelle über ihn ist Claudian in Eutrop. I. und II., von denen das erste zur Zeit seines Consulats 399, das zweite nach seinem Sturze geschrieben worden ist.

[2]) I. 154.: Donec Abundanti furiis, qui rebus Eois
Exitium primoque sibi produxit ab imis
Evectus thalamis summos invasit honores.

Oberkämmerer befördert wurde. Als solcher war er nach der oströmischen Hofrangordnung mit einem Schlage fast in die erste Rangklasse des Reiches der Illustres (Excellenzen)[3] erhoben, nicht weil seine Obliegenheiten etwa so schwerwiegender Natur waren — denn er hatte nur aufser den übrigen Cubicularien und ihrem Primicerius (Vicekämmerer) noch den Hausmeister des Kaiserlichen Palastes (castrensis Sacri palatii) und den Vorsteher der Kaiserlichen Garderobe (comes Sacrae vestis) mit ihren zahlreichen Beamten und Dienern unter sich[4] —, sondern, weil derjenige, welchem die Sicherheit des Monarchen anvertraut war und welcher immer in seiner Gesellschaft verweilte, notwendig dadurch geadelt und geehrt sein mufste.

Es scheint, als ob Eutrop diese Stellung bereits unter Theodosius I. einnahm, dessen Vertrauen er in dem Mafse genofs, dafs er vor dem Aufbruch des Kaisers gegen Eugenius nach Aegypten entsandt[5] wurde, um den thebäischen Einsiedler Johannes, dem Gott die Kraft der Prophetie und sonstige wunderbare Gaben nach der Behauptung der christlichen Zeitgenossen verliehen hatte, über den Ausgang des Krieges zu erforschen; doch schützte das offene Auge eines welterfahrenen Mannes und Kriegers den Theodosius vor einer Abhängigkeit von seinem Diener, und wir erfahren sonst nicht, dafs er irgendwie hervorgetreten sei oder mitgewirkt habe. Die steigende Gunst des Rufin zu damaliger Zeit brachte ihn wahrscheinlich dem Stilicho nahe, gleich dem er jenen allmächtigen Minister so bald als möglich gestürzt sehen wollte[6]. Aber gleich nach Theodosius Tod, als die Jugend des neuen Kaisers ihm keine Schranken mehr auferlegte und Gelegenheit mehr als genug bot, sich in seine Schwächen hineinzufinden und sie zu benutzen, beginnt der Stern des Eutrop am politischen Himmel des Orients emporzusteigen; wir sahen bereits, wie er in der Angelegenheit der Heirat des Arcadius dem Rufin geheim und äufserst geschickt entgegenarbeitete und wie es ihm gelang, den Arcadius mit Bautos Tochter zu vermählen. Seit dieser Zeit hatte er durch die Gunst, welche er unzweifelhaft bei der jungen Kaiserin genofs, mehr als je das Heft in den Händen, sonst würde ihn Rufin, ohne Erbarmen

---

[3] Notitia Dign. ed. Böcking I. cap. I. IX. und S. 232—234; doch vgl. Cod. Theod. VI. 8, 1.
[4] Walter Gesch. des röm. Rechts I. § 340.
[5] Sozom. VI. 28. VII. 22. Rufin II. 19 und 32. Theodor. V. 24. August. de civ. Dei V. 26. Vgl. Acta Sanct. III. p. 602 seq. Prosp. Aquit. Tiro Pr. Claudian in Eutrop. I. 312—318. praefat. in Eutrop. II. 37—40. J. H. Stuffken dissertatio de Theod. M. in rem christianam meritis. Lugd.-Batav. 1828 p. 15.
[6] Zosim. V. 8. Εὐτρόπιος δὲ πρὸς πάντα Στελίχωνα συνεργήσας τὰ κατὰ τούτου βεβουλευμένα τῶν ἐν τῇ αὐλῇ πραττομένων κύριος ἦν.

gestürzt und vernichtet haben. Doch das Glück war noch ferner dem Eunuchen hold, denn nachdem die zurückkehrenden Krieger auf Gainas Zeichen jenen ermordet hatten, da war kein Mann im ganzen Ostreich, der ihm an die Seite gestellt werden konnte: und er beeilte sich Rufins Erbe in jeder Beziehung voll und ganz anzutreten.

Zunächst nahm er die Hinterlassenschaft desselben zum grofsen Teile selbst in Besitz[7]), sodann wufste er trotz der Praefecti praetorio Caesarius, Eutychian und Anatolius, welche in den Jahren 397 und 398 genannt werden[8]), so die Leitung auch der politischen Angelegenheiten in seine Hand zu bringen, dafs der Zeitgenosse Claudian immer nur von ihm und seinem Anteil daran redet: Überall hat Eutrop seinen Einflufs im Spiele, den Kaiser verläfst er nie, und dieser hat auch gar keine Lust einmal etwas anderes zu sehen als seine Palastmauern und immer dieselben Gesichter; nur dafs er auf Eutrops Rat, dem eine Kräftigung der schwächlichen Gesundheit des Kaisers aus eigenem Interesse geboten war, und in dessen Begleitung im Hochsommer bisweilen das staubige, überheifse Constantinopel verläfst und sich mehrere Wochen auf dem Nordrande des Taurus auf der luftigeren Hochebene Kleinasiens bei Ancyra[9]) in Sommerfrische ergeht. Dafs Arcadius dabei die Gelegenheit wahrnahm, von der Lage der Bewohner oder dem Zustande der Städte und Festungen Kenntnis zu gewinnen, ist nirgends gesagt und kaum anzunehmen, und so erhielt der Kaiser eben nur das zu wissen, was Eutrop für gut befand ihm mitzuteilen.

Daher erklärt sich auch zum Teil das wenig herzliche Verhältnis, welches zwischen den kaiserlichen Brüdern obwaltete, indem Eutrop die aus dem Occident kommenden Nachrichten dem Arcadius so übermittelte, wie es ihm beliebte. Dazu war eine officielle Verbindung zwischen den beiden Reichshälften überhaupt nicht vorhanden, obwohl sich das Bedürfnis ständiger Gesandtschaften doch hätte fühlbar machen sollen; nur bei besonderen Veranlassungen wurden Specialgeschäftsträger ernannt, deren Dienst nach Erledigung der Angelegen-

---

[7]) ibid.

[8]) Series chron. constit. bei Haenel. Tillem. note 11. sur Arcade sucht vergeblich in die unsichere Überlieferung der Praefecti pr. Klarheit zu bringen. Vgl. note 13.

[9]) Etwa 45 Meil. graden Weges von Constantinopel, Hauptstadt Galatiens, jetzt Angora, türk. Engiiri. Kiepert S. 89 und 102. Arcadius war dort 1) 397 Cod. Theod. VI. 3. IX. 14, 3. 2) 398, denn am 27. Juli war er in Mnyzum. XI. 40, 16. u. a., welches 5 Meil. westlich davon liegt. 3) 399 war er im Begriff dorthin zu gehen, als der Aufstand des Gainas ausbrach. Claud. in Eutrop. II. 97 ff. 4) 405 zum letzten Male. VII. 10, 1. VI. 30, 18.

heit alsbald aufhörte, so dafs die Höfe gegenseitig vielfach nur auf Privatbriefe und auf Gerüchte angewiesen waren,[10] gewifs eine Art des Verkehrs, bei der die aufrichtige Gesinnung der Herrscher gegen einander immer zu kurz kommen mufste. Infolge dessen nistete sich von vornherein ein Mifstrauen zwischen Arcadius und Honorius ein, das, wenn sie öfter direct in persönlichen Verkehr getreten wären, sicherlich leicht hätte beseitigt werden können.

Von Arcadius wurde dem Honorius wahrscheinlich mitgeteilt, er sei nicht zufrieden, dafs die ganze Regierung in eines Mannes Hand liege, während umgekehrt dem Arcadius hinterbracht wurde, was ihn schwer beleidigen mufste: man rede dem Honorius ein, er sei königlicher als sein Bruder, der noch im Privathause und nicht in dem officiellen Raume des Porphyrgemaches am Bosporus geboren sei[11]); auch die Art, wie Arcadius zur Eudoxia gekommen sei,[12] war der Gegenstand spöttelnder Bemerkungen am weströmischen Hofe und dafs Eudoxia nicht aus fürstlichem Geschlechte war. Dagegen wurde Honorius von den Höflingen gepriesen, dafs er Maria, den Sprofs der Serena heimführen werde, was 397 allerdings noch in Aussicht stand.[13]

Schoben sich in solcher Weise die Schatten des Mifstrauens und kleinlicher Überhebung zwischen die beiden Brüder, so dauerten andererseits auch zwischen Stilicho und Eutrop die guten Beziehungen nicht lange, weil immer von neuem das Gerücht auftauchte, Stilicho wolle nach Constantinopel kommen,[14] um dort im Auftrage des sterbenden Vaters die Regierung zu ordnen und seinen Einflufs zu befestigen. Denn wie eng auch bis nach Rufins Tod die Interessen beider mit einander verknüpft waren, hier, wo Stilicho dem Eutrop die Herrschaft beschränken wollte, hörte die Freundschaft bald auf und schlug in das gerade Gegenteil um. Es bedurfte nur eines geringen Anlasses, um den Rifs zwischen den beiden Reichen recht deutlich zu tage treten zu lassen, und diese Gelegenheit trat bald ein in der zweiten Hälfte des Jahres 397 durch den Versuch des Statthalters von Africa Gildo die Provinz von Westrom loszureifsen.

---

[10] Eunap. frgm. 74 sagt, es sei zu Eutrops Zeiten schwer gewesen verbürgtes über die Ereignisse im Occident zu schreiben teils wegen der weiten Entfernung zu Wasser und zu Lande, teils, weil jeder Reisende berichtete, was ihm gut dünkte und endlich, weil die Kaufleute desto mehr logen, je mehr sie verdienen wollten. Vgl. übrigens den Brief des Honorius an Arcadius bei Mansi Acta concil. p. 11 22.
[11] Claudian III. consul. Honor. v. 10—15. IV. consul. Honor. 121 ff.
[12] De nupt. Honor. et Mar. 24.
[13] v. 30 ff.
[14] Zosim. V. 11.

Africa zerfiel seiner administrativen Einteilung[15]) nach in das eigentliche Africa, welches ein Proconsul grade so wie im Ostreich Asia im Namen des Kaisers verwaltete, mit der Hauptstadt Carthago und in Africa im weiteren Sinne unter einem Vicarius, welchem in den Provinzen Byzacium und Numidia je ein Consular, in Tripolis, Mauretania Sitifensis und Caesariensis je ein praeses unterstand, Tingitana, das heutige Fes und Marokko, dagegen gehörte zu dem Amtsbezirk des Vicarius Hispaniae.[16]) Die militärische Besatzung wurde von einem comes rei militaris befehligt und umfafste zur Zeit der Notitia Dignitatum an Infanterie 3 legiones Palatinae, 1 Abteilung auxilia palatina, 7 legiones comitatenses und 1 Abteilung pseudocomitatenses, an Cavallerie 19 vexillationes, unter denen 6 sagittarii waren;[17]) aufserdem empfingen noch 16 Grenzcommandeure (praepositi limitis) von ihm ihre Befehle.[18]) Diese starke Besatzung aber war durchaus notwendig, weil der Besitz Africas von jeher für die Römer kein ungestörter war[19]); denn unter den zahreichen numidischen Stämmen, den Nachkommen der alten Numider, hatte städtisches Leben im Gegensatz zu allen übrigen römischen Provinzen niemals Wurzel geschlagen, sondern sie blieben bis zu Justinians Zeit unter ihren eigenen Häuptlingen (principes) und, obwohl dem Namen nach dem römischen Reiche unterthänig, verhielten sie sich doch meistens feindselig gegen dasselbe ähnlich wie die Isaurier im Orient, von denen wir noch zu reden haben werden.

Nun war aber Africa auch zur Zeit des Arcadius ein überaus fruchtbares und reich gesegnetes Land,[20]) dessen Volksdichtigkeit am besten aus den Conciiacten erhellt, welche in Africa proconsularis 54 Bischofssitze, in Numidien 125, in Byzacium 116, in Mauretania Caesariensis 116, M. Sitifensis 49 und nur in dem fast ganz von Barbaren bewohnten Tripolis 5 Sitze aufzählen[22]), und das für die Römer aufser durch seinen Umfang, seine Lage und Steuern noch besondere Wichtigkeit durch seine Kornlieferungen nach der Hauptstadt hatte. Diese flossen aus den riesigen Latifundien, welche

---

[15]) Notit. Dign. ed. Boecking II. cap. I. XVII. XIX.; ferner S. 418—426. 447—458. Bekker-Marquardt III. S. 225—232.
[16]) Bekker-Marquardt S. 86. Not. Dign. II. S. 458 ff.
[17]) Not. Dign. cap. VII. S. 38—40. S. 217 ff. S. 500 ff.
[18]) cap. XXIII. S. 514 ff.
[19]) Kuhn die städt. und bürg. Verfassung des röm. Reichs II. S. 451—459.
[20]) Kiepert S. 215 ff.
[21]) Not. Dign. II. S. 635 ff. ist die notitia omnium episcopatuum ecclesiae Africanae abgedruckt; ebenso bei Harduin collect. concil. II. 869 ff. Vgl. ebend. III. S. 739 ff. — Kuhn S. 436. Kiepert S. 218 und 219.

schon unter der Karthagischen Herrschaft bestanden und sich unter der römischen erhalten hatten.[21a])

Schon oft hatten hier Aufstände und Einfälle stattgefunden, von denen der letzte im Jahre 379 der Versuch des Maurenfürsten Firmus gewesen war sich zum unumschränkten Herrscher des reichen Landes aufzuwerfen, aber die Feldherrnkunst und unbestechliche Energie des älteren Theodosius hatte ihn in die Flucht und in den Tod getrieben.[22]) Auch der Verrat war hinzugekommen Theodosius die Aufgabe zu erleichtern, indem der eigne Bruder des Firmus Gildo gegen denselben die Waffen erhob und sich auf die Seite der Römer schlug, eine Thatsache, welche sich an ihm selbst wiederholen sollte. Für seine eifrigen Dienste war Gildo durch ein Kommando in der africanischen Armee belohnt worden und im Laufe der Zeit seit 385 oder 386[23]) bis zum comes Africae und der aufsergewöhnlichen Charge[24]) eines magister utriusque militiae aufgerückt, während Theodosius I., um ihn an sein Haus zu fesseln, seine Tochter Salvina mit Nebridius, dem Neffen der Aelia Flaccilla, vermählt hatte.[25])

Trotzdem wagte es Gildo, als Theodosius gegen Eugen 394 zu Felde zog, ihm unter nichtigen Vorwänden die Heeresfolge zu versagen[26]), obwohl er sich dem Tyrannen nicht angeschlossen hatte. Ohne Zweifel würde der energische Theodosius den unbotmäfsigen General streng zur Rechenschaft gezogen haben, wenn ihn nicht ein frühzeitiger Tod dem Erdenleben entrissen hätte; man darf aber

---

[21a]) Kuhn S. 442.

[22]) Ammian Marc. lib. XXVII. — XXIX. Pacatus Drepanius paneg. in den XII. paneg. Lat. ed. Em. Baehrens Lpz. 1874. c. 5. Claud. III. consul. Honor. v. 52 ff. IV. consul. Honor. v. 24 ff. Orosius hist. libr. VII. 33. Eine ausführliche Darstellung bei H. Richter das Weström. Reich besonders unter den Kaisern Gratian, Valentinian II. und Maximus S. 389 ff.

[23]) Claudian Bell. Gild. v. 164
 .... Jam solis habenae
 Bis senas torquent hiemes cervicibus ex quo
 Haeret triste iugum.

[24]) Cod. Theod. 393 IX. 7, 9 heifst er comes et magister utriusque militiae per Africam. Diese Verfügung, nach der Ermordung Valentinians II. erlassen, ist aus Constantinopel datiert und beweist somit, dafs Gildo sich an Eugen nicht angeschlossen hatte.

[25]) Hieronym. ep. 79 ad Salvinam 2. über Nebridius: ... invictissimo principi ita carus fuit, ut ei coniugem nobilissimam quaereret et bellis civilibus Africam dissidentem hac velut obside sibi fidam redderet und ep. 123. ad Ageruchiam 18. legito ... librum .... ad Furiam atque Salvinam, quarum altera Gildonis, qui Africam tenuit, filia est.

[26]) Claud. Bell. Gild. 240 ff. VI. consul. Honor. 105 ff. Vgl. Marc. Com. zu 398.

annehmen, dafs, als er mit Stilicho über die Lage des Westreichs sprach, er gewifs den Auftrag hinterlassen hat, den abtrünnigen Vasallen in Africa um jeden Preis zu züchtigen. Etwas derartiges aber hatte der verwegene Maure auch selbst gefürchtet und bei der scheinbaren Schwäche des Reichs, welches so jugendlichen Herrschern überkommen war, den Plan entworfen, ebenso wie einst sein Bruder Firmus die Hoheit Roms abzustreifen und die fruchtbare und volkreiche Nordküste der africanischen Provinz unter sein eignes Scepter zu bringen.[27]) Die Unsicherheit, welche während der Wirren des westgothischen Aufstandes auch den Thron des Honorius beherrschte, gab ihm hinreichend Zeit seine Absicht ins Werk zu setzen.

Er knüpfte vor allem mit den Häuptlingen der numidischen und anderen nomadisierenden Wüstenvölker Verbindungen an, welche natürlich gern bereit waren, wo es Beute zu machen galt, dabei zu sein und auf seine Seite zu treten, während er das ihm unterstellte Heer durch die Bestechung der Führer zu gewinnen trachtete. So ging das Jahr 395 und 396 ohne Entscheidung dahin, denn es läfst sich nachweisen, dafs die Civilbeamten nach wie vor von Rom aus ihre Befehle empfingen,[28]) wenn auch Gildo die Getreidezufuhr nach Italien zeitweise zu hindern wufste.[29]) Erst im Sommer 397 fafste er einen festen Entschlufs und suchte seinem Unternehmen durch einen äufserst feinen Schachzug das Gelingen im Voraus zu sichern. Er benutzte nämlich die zwischen dem West- und Ostreich grade damals eingetretene kühlere Stimmung, um Africa dem Arcadius als Lehensprovinz anzutragen,[30]) und glaubte nicht anders, als dafs er in dem

---

[27]) Über den Gildonischen Krieg handeln Gibbon VII. S. 200 ff. Sievers S. 351—356. Vgl. Orosius VII. 36 über Gildo's Absichten.
[28]) 395 war Hierius vicarius Africae Cod. Theod. XVI. 2, 29., Ennoius proconsul XI. 30, 53. XII. 141—145. An die provinciales Africae ist gerichtet XIII. 5, 24 vom 26. Mai 395. Aus dem Jahre 396 fehlt ein Anhalt, dagegen wird noch am 17. März 397, also kurze Zeit vor dem Aufstand, der proconsul Probinus XII. 5, 3 erwähnt. Dann erscheint ein solcher erst wieder 13. März 398. Victorius. IX. 39, 3. Zur Chronologie der Ereignisse vgl. Clinton fasti Rom. zu 397 und 398.
[29]) Claudian Bell. Gild. 70 ff.
[30]) Über das Verhältnis zwischen den beiden Höfen in dieser Zeit ist die reichste Quelle Claudian in Bell. Gild. vgl. besonders v. 236 ff. 256 ff. 277.
..... Quem respuit alter in hostem,
Suscipis in fratrem? longi proh dedecus aevi!
Cui placet australes Gildo condonat habenas.
ferner v. 206. 309. 314 (Hon.):
Sed tantum permitte cadat. Nil poscimus ultra.

zwischen beiden Reichshälften darob entbrennenden Kriege den gröfsten Vorteil ziehen und höchstens unter nomineller Aufsicht, in Wahrheit aber als souveraener König über Africa herrschen werde. Am liebsten wäre es ihm allerdings gewesen, Honorius hätte aus Furcht vor einem Bruderkriege nachgegeben und er wäre unter die Botmäfsigkeit Constantinopels gekommen, das gewifs noch einmal so weit von Carthago entfernt liegt als Rom.

Indessen die Energie und Klugheit des Leiters des Occidents machte alle seine Entwürfe zu Schanden und wufste so geschickt zu operieren, dafs das Ostreich der Niederwerfung des Gildo ruhig zusah.[31]) Es war das kein geringes Verdienst Stilichos, denn die Kriegspartei am Hofe zu Constantinopel hatte nicht übel Lust die Gelegenheit zur Schwächung des Westreiches zu ergreifen, und besonders Eutrop wird uns als die Seele derselben bezeichnet.[31a]) Schon drohte der Krieg ganz nahe, denn Eutrop liefs den Stilicho bereits von dem gefügigen Senat der Hauptstadt öffentlich für einen Feind des Vaterlandes erklären[32]), wogegen es nicht erwiesen ist, dafs er feige Schergen mietete, um seinem verhafsten Gegner den Garaus zu machen.[33]) Manche Briefe und Gesandtschaften gingen in dieser Zeit hin und her, an denen auch der berühmte, ehemalige Stadtpraefect von Rom Symmachus teilgenommen zu haben scheint.[34]) Endlich siegte die Festigkeit der Sprache Stilichos,[35]) der sich selbst durch den Gedanken an den etwaigen Verlust seiner im Osten gelegenen zahlreichen Liegenschaften nicht einschüchtern liefs, über die Hohlheit und Schwäche des Orients, während das Band der Blutsverwandtschaft wohl erst in zweiter Linie den Ausschlag gab.

---

und Arcadius Antwort 323:
. . . . commissa profanus
Ille luat; redeat iam tutior Africa fratri.
In Eutrop. I. 306 ff. De laudibus Stilichonis I. 269 ff. II. 79 ff. De consulatu Stil. 81 ff.
[31]) Bell. Gild. 4. und 218.
[31a]) In Eutrop. I. 281 ff.
[32]) Zosim. V. 11. Elissen Der Senat im ostrüm. Reiche. Götting. 1881. S. 44 ff. geht über dieses merkwürdige, mit dem Vorgehen Stilichos im Occident gleichzeitige Hervortreten des Senats in Bezug auf äufsere Politik S. 47 kurz hinweg, und doch wird gerade von Claudian besonders dieses Aufleben früherer Zustände mehrfach betont.
[33]) De laudib. Stil. I. 293. II. 84 ff.
[34]) ep. IV. 5. sagt Sym. in Bezug auf die Kriegserklärung gegen Gildo: reperies et facti huius me adseruisse iustitiam et apud d. n. Arcadium causam publicae egisse concordiae.
[35]) De laud. Stil. I. 295 ff.

Gildo aber war inzwischen zu Handlungen offener Feindseligkeit
übergegangen und konnte nicht mehr zurück. Zunächst hatte er Rom
die Zufuhr entzogen,[36]) seine Hülfsvölker herbeigerufen und mit denselben das ganze fast völlig dem katholischen Christentum bereits
gewonnene Land überschwemmt, beraubt, geplündert, die alten Colonisten
vertrieben[37]) oder gemordet und nicht einmal des eignen Blutes
geschont, indem er die beiden Söhne seines römisch gesinnten und
christlichen Bruders Mascezel im blühendsten Alter töten liefs.[38])
Alles Land mit Ausschlufs der Hauptstadt Carthago[38a]) und der übrigen
festen Städte wurde eine Beute der wilden heidnischen Wüstensöhne,
welche noch weniger als die arianischen Gothen zur Menschlichkeit
gegen den Gegner erzogen waren. Gildo selbst,[39]) der eine so genaue
Personenkenntnis dieser Gegenden besafs, wufste mit leichter Mühe
die reichen Römer herauszufinden, welche entweder gutwillig ihre Habe
hergaben oder unter der Wucht falscher Anklagen erlagen. So wütete
er mit dem Henkerbeil, mit Gift und Schwert gegen alles, was ihm
mifsliebig war, ja so wenig vermochte er seiner natürlichen Roheit die
Zügel anzulegen, dafs er jeden, der, etwa von ihm zu Gaste geladen,
nicht trotz der mifslichen Lage ein heiteres Gesicht zeigte, mitten
während der Mahlzeit von seinen Dienern niedermachen liefs. War
ihm der Wein dann zu Kopfe gestiegen, da begann er erst recht
Orgieen zu feiern und nicht selten mufsten dann die edlen Frauen
der eben Hingemordeten, den Schmerz im Herzen, ihm und seinen
Genossen zum Spiel und zur Befriedigung der Lüste dienen. Aufser
dem Gute der Privatleute rifs Gildo auch den Kirchenbesitz, die
Krongüter und die Kaiserlichen Domänen an sich, Ländereien, welche so
umfangreich waren, dafs sie später durch einen besonderen comes
Gildoniaci patrimonii verwaltet wurden.[40]) Er benutzte dieselben, um
sich durch Freigebigkeit der Treue seiner Anhänger zu versichern, die
er aufserdem mit schönen Africanerinnen, deren er sebst überdrüssig
geworden war, beschenkte.[41]) Auf solche Genossen sich stützend

---

[36]) Bell. Gild. 66.
    Hanc quoque nunc Gildo rapuit sub fine cadentis
    Autumni; pavido metimur caerula voto etc.
[37]) v. 155 ff.
[38]) Orosius VII. 33, 4. Mascezel; ebenso Claudian. Zosim. V. 11. $Μασκέλ$-
$δηλος$. — Zur Sache Bell. Gild. 395.
[38a]) Zosim. V. 11. $Γίλδωνα\ πάσης\ ἔχοντα\ τῆς\ ὑπὸ\ Καρχηδόνα\ Διβύης$
$τὴν\ ἡγεμονίαν.$
[39]) Die Schreckensherrschaft Gildo's schildert Claudian Bell. Gild. 154—186.
[40]) Cod. Theod. VII. 8, 7.
[41]) Bell. Gild. 191 ff.

wähnte er sich sicherer denn je, schritt stolzer einher als der Kaiser selbst und war stets, wenn er an die Öffentlichkeit trat, von Reitern umgeben, während die Fußtruppen und die Clientelkönige ihm voranschritten.[42]

Inzwischen war zu Rom die Not[43] immer größer geworden, da die wenigen Schiffe, welchen es gelang von Africa mit Ladung zu entkommen oder von Carthago geschickt waren, bei weitem nicht den Bedarf zu decken vermochten, und wäre nicht Stilicho gewesen, der die Kräfte des Reiches durch energisches Auftreten und umsichtige Befehle stets auszunutzen verstand, es hätte in Rom zu gefährlichen Aufständen kommen können. Aber Stilicho allein wußte noch im letzten und rechten Augenblicke Rat zu schaffen, schnell hatte er seine Anordnungen nach Gallien und Spanien entsandt, und so langte denn zum Erstaunen der Römer eine Getreideflotte in Ostia an, welche nicht von Süden, sondern von den Gefilden an der Sequana (Seine), Matrona (Marne), Mosa (Maas), Arar (Saône) und vom Ebro und Baetis (Guadalquivir) das Brotkorn landete.[44] Mit Recht rühmt diesmal Claudian seinen Helden, der auf diesem Wege eine neue Hülfsquelle für die Hauptstadt gewonnen hatte und sie von der Zufuhr Africas entband.

Außerdem waren auch die nötigen Maßregeln gegen Gildo nicht verabsäumt worden. Jedenfalls auf Stilichos Wunsch, von dem man nicht weiß, hat er dem Eutrop in Ostrom nachgeahmt oder dieser ihm, wurde auch hier die Autorität des Senats gegen den Reichsfeind angerufen, indem Stilicho eine Botschaft des Honorius verlas, in welcher alle Gewaltthaten Gildos aufgeführt waren.[45] Die Mitteilung dieses Schriftstückes brachte in den Versammelten eine tiefe Erregung hervor, welche mit dem gemeinsamen Beschluß endigte, gegen Gildo als Feind des Vaterlandes eine Flotte und ein Heer auszurüsten. Für diese Rüstungen hatte Stilicho schon seit längerer Zeit Sorge getragen,

---

[41]) v. 195 ff.
[42]) Vorübergehende Befürchtungen wegen einer Hungersnot waren dort nichts Ungewöhnliches, vgl. Symmach. ep. II. 52. 56. 57. und IV. 4 in Bezug auf 397; vgl. Claudian in Eutrop. I. 401: quantum discriminis urbi.
[44]) In Eutrop. I. 402 ff. De laud. Stilich. I. 277 ff. De consul. Stilich. 91 ff.
[45]) Symmach. ep. VI. 4. Claudian de laud. Stil. 325 ff.
    Hoc quoque non parva fas est cum laude relinqui,
    Quod non ante fretis exercitus adstitit ultor
    Ordine quam prisco censeret bella senatus etc.
De consul. Stilich. 86.
    .... bellaturoque togatus
    Imperat, exspectant aquilae decreta senatus.
Cod. Theod. VII. 8,7: Gildo hostis publicus.

bereits im Sommer hatte Honorius eine Verfügung[46]) erlassen, durch welche die Aushebung der Rekruten, sogar auch von den Kaiserlichen Privatgütern, angeordnet worden war; aufserdem hatte Stilicho Anfang des Winters allmählich die zur Überfahrt der Truppen bestimmten Schiffe angesammelt, während er zugleich die Bildung einer Reserveflotte für den Fall eines Unfalls der Expedition in Aussicht nahm.[47]) Erwägt man dazu, dafs die Bedrängnis Roms durch Hungersnot eine Transportflotte für das Getreide notwendig machte, so mufs man ohne Hinterhalt zugestehen, dafs Stilicho[48]) in diesen Verhältnissen eine wunderbare Spannkraft, Erfindungsgabe und Umsicht in höchstem Mafse bewiesen hat.

Das zur Überfahrt nach Africa bestimmte Heer war nur gering an Zahl;[49]) es wurden marschbereit gemacht die in Germanien garnisonierende legio Augusta,[50]) die Sagittarii Nervii Gallicani,[51]) die Honoriani Felices Gallicani,[52]) eine legio comitatensis, die Invicti Seniores[53]) (oder Juniores) und Leones iuniores (oder seniores)[54]), welche zu den auxilia palatina gehörten, ferner die cohors prima Herculea Tingitaniae[55]) und cohors prima Jovia. Es waren meist Gallier,[56]) welche im ganzen wenig mehr als 10 000 Krieger ausmachen mochten.[57]) An die Spitze derselben stellte sich gegen die Erwartung

---

[46]) Cod. Theod. VII. 13, 12. 17 Juni 397 Mailand.
[47]) De laudib. Stilich. I. 364—368. Vgl. Bell. Gildon. 6.
Necdum Cinyphias exercitus attigit oras,
Jam domitus Gildo.
[48]) Mit vollem Rechte preist ihn Claudian De laud. Stil. I. 300 ff.
Dividis ingentes curas teque omnibus unum
Obicis inveniens animo quae mente gerenda,
Efficiens patranda manu u. s. w.
[49]) Claud. De laudib. Stil. I. 330 ff. 336. supecto Martis graviore paratu. Bell. Gild. 415 ff. Über die Truppenteile hat kürzlich O. Seeck eine eingehende Untersuchung angestellt im 1. Heft 1884 der Forschungen zur deutschen Geschichte unter dem Titel: Über die Glaubwürdigkeit des Claudian in seiner Schilderung des Gild. Krieges. Vgl. auch Edm. Voigt Festschrift u. s. w. Bonn 1879. und Gibbon VII. S. 207.
[50]) Notit. Dign. ed. Boecking II. S. 81 und 27 ff.
[51]) S. 18, 19, 24, 26, 35, 37.
[52]) S. 27 und 36.
[53]) S. 25 und 37.
[54]) S. 18, 24, 33. Vgl. O. Seeck. Hermes IX. 232.
[55]) S. 79.
[56]) Bell. Gildon. 429 ff.
[57]) O. Seeck a. a. O. berechnet die Truppen auf 8000 Mann, indem er die Legion zu 2000 und die Cohorte zu 500 annimmt. Doch ist schon cap. 1. Anm. 70 auf die Unsicherheit dieser Berechnung hingewiesen worden.

aller weder Honorius noch Stilicho selbst. Den ersteren bewog wahrscheinlich mehr seine Jugend zurückzubleiben, als die Furcht, dafs, wie Claudian bezeichnend sagt, seine Anwesenheit den Nimbus, welcher die Kaiserliche Majestät umgebe, zerstören könnte,[58]) Stilicho dagegen wollte gewifs für alle Fälle in Italien gegenwärtig bleiben, um jeder etwa von anderen Reichsgegenden her drohenden Gefahr persönlich die Spitze zu bieten. Auch wufste der tapfere und kluge Germane sicherlich, wie die Angelegenheiten standen, dafs die römischen Soldaten längst ihre Sache aufgegeben hatten, nachdem Ostrom seine Hand von Gildo zurückgezogen, und hatte gewifs selber durch Mascezels Vermittelung, der an den Hof in Mailand sich begeben hatte, bereits die geheimen Wege gefunden, um in Gildos Reihen Verrat und Zwietracht zu säen. Deshalb ernannte er den mit diesen Verhältnissen vertrautesten, den Bruder Gildos selbst, zum Befehlshaber der römischen Truppen, welche sich in Etrurien sammelten und in Pisa[59]) am Ende des Winters[60]) 397 einschifften.

Die Flotte vermied Corsica, nahm auf der Insel Capraria (Capraja) eine Anzahl mönchischer Einsiedler an Bord, mit denen Mascezel nach der Behauptung eines geistlichen Zeitgenossen Tag und Nacht dem Beten und Psalmodieren oblag[61]), um auf diese Weise den Himmelsherrn für sich zu gewinnen und gewissen Sieg an seine Fahnen zu heften; sie hatte von widrigen Südwinden viel zu leiden, so dafs sie in zwei Abteilungen getrennt in den Häfen von Sulci (S. Antioco) und Olbia (n. o. von Terranova)[62]) auf Sardinien Schutz suchen mufste. Darauf vereinigten sich die Schiffe wieder im Hafen von Caralis (Cagliari) und warteten auf günstigen Westwind, der sich auch bald einstellte und sie schnell Africa, wahrscheinlich bei Carthago, erreichen liefs.

Gildo, dessen Hauptstütze neben den geringeren römischen Truppen die barbarischen Hülfsvölker der Nasamonen, Garamanten und Mazaken waren, zog sich unterdessen in die Nordafrika von West nach Ost durchziehenden schluchtenreichen Hochflächen des Atlas hart an den Rand des zur numidischen Wüste abfallenden Gebirges

---

[58]) Bell. Gild. 385: minuit praesentia famam.
[59]) Sievers S. 354 nimmt Genua als Hafen an, aber da Bell. Gild. 483 Pisa genannt wird und erst v. 504 die Flotte auf die hohe See fährt, ferner auch bei dieser Auffassung Ligurien rechts, Etrurien links liegen bleibt, so wird es richtiger sein Pisa anzunehmen.
[60]) Bell. Gild. 490. De laud. Stilich. I. 282.
[61]) Orosius VII. 36, 5. Der Curs der Flotte wird von Claud. Bell. Gild. v. 505 bis zu Ende beschrieben.
[62]) Kiepert S. 476.

zurück mit einem Heere von ungefähr 70000 Mann, eine gewaltige Macht gegenüber der siebenmal schwächeren römischen, wenn sie in sich einig war und von einem höheren Gedanken beseelt gewesen wäre.[63]) So aber drohte allen für den Fall der Niederlage, sofern nicht die Flucht den Schuldigen dem Arme der Gerechtigkeit entzog, die gleiche Strafe für Landesverrat und Aufruhr, und diese Überzeugung gewann immer mehr die Oberhand, je näher Mascezel mit seinen kampfesmutigen Galliern dem Lagerorte Gildos zwischen Thebeste (Tebessa) und Ammedera am Flusse Ardalio rückte.

Mindestens ebenso sicher nun als die Erzählung, dafs, als Mascezel sich auf den Weg machte den Pafs eines vor ihm liegenden Thales zu überschreiten, ihm der heilige Ambrosius in Trauer erschienen sei und mit seinem Stab auf diese Stelle weisend dreimal: Hier! gerufen habe, ist die Annahme, Mascezel habe die hierdurch ihm empfohlenen Ruhetage damit ausgefüllt, dafs er durch seine früheren Beziehungen mit den numidischen Häuptlingen und mit den römischen Soldaten im geheimen Unterhandlungen anknüpfte und durch Versprechungen, Geld und Drohungen eine ganze Anzahl ehemaliger Anhänger des Maurenfürsten auf seine Seite brachte.

Jedenfalls fand, als Mascezel nach zweitägigen geistlichen Vorbereitungen das Heer gegen die Scharen Gildos führte, eine eigentliche Schlacht kaum statt,[64]) denn sobald Mascezel den Fahnenträger der ersten Cohorte vergeblich zur Ergebung aufgefordert und am Arm verwundet hatte, so dafs das Feldzeichen zu Boden sank, da glaubten die übrigen Cohorten, die ersten hätten sich ergeben, und streckten ebenfalls die Waffen. Dieses Ereignis raubte den Numidern die letzte Lust zum Kampfe, schnell wandten sie ihre nur mit einer Rute als Zaum gelenkten Rosse zur Flucht, und in kurzer Zeit war die stolze Heeresmacht des verwegenen Usurpators auseinandergesprengt oder gefangen. Die schroffen Felsen des Atlas schützten die barbarischen Hülfsvölker vor einer Verfolgung der Römer, welche nur aus Fufsvolk bestanden[65]) und den wenigen in Africa zu ihnen gestofsenen Reitern. Aber

---

[63]) Die Hauptquelle für die Entscheidungsschlacht ist Orosius VII. 36. Über die Hülfstruppen des Gildo vgl. De laudib. Stilich. I. 250—264.

[64]) Die Tendenz des Werkes des Orosius würde seinen Schlachtbericht unglaubwürdig machen, wenn nicht auch Claud. De laudib. Stilich. 351—357 damit übereinstimmte. Vgl. Pauli vita Ambros. c. 51. Dagegen sagt Zosim. V. 11. μάχης καρτεράς γενομένης.

[65]) Die gallischen Truppen waren samt und sonders Fufssoldaten, aber es ist undenkbar, dafs Mascezel gegen den fast nur aus Reiterei bestehenden Feind nicht ebenfalls Cavallerie ins Feld geführt habe.

Gildo, vielleicht in der Überzeugung, dafs er auch bei seinen Stammesgenossen nicht sicher sein, und dafs selbst in die Wüste das römische Gold seinen Weg finden werde, nahm die Meeresküste zum Ziel,[66]) die er auch glücklich erreichte. Zwar gelang es ihm auf einem kleinen Fahrzeuge aufs Meer zu entkommen, doch von widrigen Winden und Verzweiflung ergriffen kehrte er aus freiem Antriebe ans Land zurück, wo ihn in Tabraca die Hand der Gerechtigkeit ereilte,[67]) doch nicht auf Befehl seines Bruders, wie der Zeitgenosse Orosius ausdrücklich hinzufügt.

Die Nachricht vom Siege kam bald nach Rom,[68]) wo inzwischen der vierzehnjährige Honorius die noch jüngere älteste Tochter des Stilicho und der Serena, Maria, unter grofsen Festlichkeiten eben heimgeführt hatte, und machte die Aussendung der Reserveflotte überflüssig. Die aufsergewöhnlichen Zustände, welche Gildos Schreckensherrschaft geschaffen hatte, wurden allmählich beseitigt, die Liegenschaften gingen wieder in die Hand der rechtmäfsigen Besitzer über, die von Gildos Pächtern[69]) verweigerten Steuern wurden nachträglich eingefordert und der ganze Gildonische Besitzstand für die Zukunft einem besonderen hohen Verwaltungsbeamten unterstellt.[70]) Auch die von dem heidnischen Usurpator arg mitgenommnen Kirchengüter wurden den Gemeinden wieder zurückgegeben und die gegen die katholische Kirche erlassenen Verordnungen aufgehoben.[71]) Andererseits traf die Anhänger und Parteigänger Gildos die Strafe der Hinrichtung und der Proscription, und zahlreiche Processe[72]) wurden gegen sie geführt, die sich bei den fortgesetzten Denunciationen bis ins Jahr 408 hinzogen, in vielen Fällen aber auch auf Grund eines besonderen Kaiserlichen Befehls[73]) gegen die falschen Ankläger niedergeschlagen wurden. Aber selbst Mascezel zog aus seinem Siege nicht die Vorteile, welche er erhoffen

---

[66]) Orosius VII. 36, 11. Claud. De laud. Stilich. 357 ff.

[67]) Dafs er in Tabraca gerichtet wurde, berichtet Claud. a. a. O. v. 357 ff. in Eutrop. I. 410. Praefat. in Eutrop. II. 70 ff. Orosius: post aliquot dies strangulatus interiit. Ähnlich Idat. fast. Chron. von Rav. Marcell. com.: manu propria, obwohl er sonst dem Oros. gefolgt ist. Vgl. Zosim. V. 11, De laudib. Stilich. 362 deutet mehr auf eine Hinrichtung; de consul. Stilich. 99 ff. und 107 ff. auf eine Mitwirkung des Volks bei der Hinrichtung.

[68]) Bell. Gild. 11—12. De laudib. Stilich. I. 3 ff.

[69]) Cod. Theod. IX. 42, 16.

[70]) VII. 8, 7.

[71]) XVI. 2, 34. 399.

[72]) De consul. Stilich. 105. Cod. Theod. IX. 40, 19. 408. IX. 42, 18.

[73]) 13. März 398 an Victorius proc. Africae IX. 39, 3. Man kann mit Sievers S. 356 dies Gesetz auf den Gild. Aufstand beziehen, ohne mit der Chronologie des Krieges in Conflict zu geraten.

durfte, nachdem er mit so geringem Kostenaufwand und Blutvergiefsen dem Westreich eine reiche Provinz wiedergewonnen hatte. War es die Eifersucht Stilichos[74]) oder, wie andere wollen, die Strafe für eine Verletzung des Asylrechtes der Kirche[75]), genug, er scheint bald in Ungnade gefallen und sein Leben verloren zu haben.

Für das Verhältnis der beiden Reichshälften aber zu einander war der Aufstand des Gildo und seine unblutige Niederwerfung notwendig von bleibenden Folgen, denn wenn es auch schliefslich Stilichos Klugheit gelungen war, eine Einmischung des Orients in diese rein occidentalische Angelegenheit zurückzuhalten, so blieb doch das Schwanken des orientalischen Cabinets bei der Frage, welche Antwort dem Empörer zu erteilen sei, im Westen nicht unbemerkt und in stetiger Erinnerung. Andererseits wurde der schnelle Sieg für Honorius von neuem eine Veranlassung, eine wenig entgegenkommende Haltung gegen den Bruder einzunehmen, der die Bande des Blutes so wenig geachtet zu haben schien.[76]) Auch Stilicho, der im geheimen mit den orientalischen Germanenführern, vor allem mit Gainas in Verbindung blieb, wird keine Veranlassung gehabt haben, der im Entstehen begriffenen Gährung gegen die oströmische Regierung und besonders gegen Eutrop, mit dem er nun völlig zerfallen war, entgegenzuarbeiten. Die Aufstände des Alarich und Gildo haben somit die Interessen beider Reiche, so lange Arcadius lebte, getrennt, und erst Theodosius II. war es vorbehalten, für eine Reihe von Jahren die Gemeinsamkeit derselben wiederherzustellen.

---

[74]) Zosim. V. 11. läfst ihn auf Befehl Stilicho's aus Neid in den Po (?) gestofsen werden, so dafs er ertrinkt.

[75]) Orosius VII. 36. fin.

[76]) Für diese Bemerkung liefert der Hofdichter Claudian einen unbeabsichtigten Beweis, indem er im Bell. Gildon. über den Streit mit dem Orient sich recht zart ausdrückt und ganz besonders die Blutsverwandtschaft betont, vgl. v. 236 ff. 257 ff. 276 ff. 309. 314:

Sed tantum permitte cadat. Nil poscimus ultra.

Dagegen 399, als Eutrop nahe seinem Fall war, tritt die Feindschaft und das wahre Gefühl über das Verhalten des Arcadius schon deutlicher hervor. Vgl. in Eutrop. II. 396 ff. De laud. Stilich. I. 269 ff. und De consul. Stilich. 81 ff.:

Jam non praetumidi supplex orientis ademptam
Legatis poscit Libyam famulosve precatur,
Dictu turpe, suos.

Fünftes Kapitel.

Die Amtsverwaltung des Eutrop. — Seine Habgier und Überhebung. — Ämterverkauf, Spione, falsche Ankläger. — Gesetz gegen das Asylrecht der Kirche und gegen Verschwörungen. — Beseitigung des Abundantius und Timasius. — Seine Gesellschaft. — Osius, Leo, Suburmachius. — Eutrop auf der Höhe seiner Macht als Consul und Patricius. — Johannes Chrysostomus wird Erzbischof von Constantinopel. — Seine Vorgeschichte; gesellschaftliche Stellung, Verhalten gegen den Clerus, die Heiden und Haeretiker. — Synesius v. Kyrene als Gesandter in Constantinopel.

Man wird dem zeitgenössischen, wenn auch parteiischen Dichter, welcher in zwei Büchern[1]) uns das schätzbarste Material für die Characteristik und Herrschaft des Eutrop geliefert hat, gewifs ohne Bedenken das Eine glauben, dafs das allgemeine Gefühl des Abscheus vor diesem Manne besonders stark war, weil er, nicht Mann, nicht Weib[2]), zur Allgewalt sich emporgeschwungen hatte. Diese übermächtige, leitende Stellung aber konnte er sicherlich nur im Einverständnis mit der Kaiserin bekleiden, die ebenfalls im Gegensatz zu dem germanenfeindlichen Rufin zu ihrem Range gelangt war; doch verachtete die kühne Eudoxia, welche mehr als Arcadius selbst zum Herrscher geboren war, im Innersten ihres Herzens den unwürdigen Emporkömmling, wenn sie auch zunächst ihm gewogen zu scheinen für gut hielt. Nur so ist es erklärlich, wie es möglich war, dafs ein Mensch, der seiner ganzen Vergangenheit nach auf der niedrigsten gesellschaftlichen Stufe stand, der Lenker eines ganzen Reichs werden konnte.

Auch gegen seine Amtsverwaltung werden die schwerwiegendsten Vorwürfe erhoben, doch wer sie näher betrachtet, wird finden, dafs sie denen, die einst Rufin gemacht wurden, fast aufs Haar gleichen, und wird nicht übersehen, dafs ein gleichzeitiger Schriftsteller[3]) grundsätzlich, wie früher Stilicho und Rufin, so nun auch Stilicho und den Eutrop als gleich geartete Wesen zusammenstellt, und dafs derselbe ausdrücklich hervorhebt,[4]) Eutrop habe so lange in gutem Rufe gestanden, als sein Stern im Steigen begriffen war. Man wird daher gut thun auch in Bezug auf die dem Eunuchen vorgeworfenen Vergehen vorsichtig zu sein und nie aus den Augen verlieren dürfen, dafs alles,

---

[1]) Claudian in Eutrop. I. und II.
[2]) z. B. I. v. 8 ff. 105 ff. 170 ff. II. 49 und a. a. O. I. 297:
 ..... quodcunque virorum
 Est decus, eunuchis scelus est.
[3]) Eunap-Zosimus V. 12. Vgl. c. 1.
[4]) Eunap frgm. 75.

was an einem anderen Manne unangenehm berührte, bei ihm wegen seiner Entmannung noch ganz besonders auffiel.

Wer wie Eutrop mit dem Schicksal hatte ringen müssen, der hatte vor allem die Macht des Geldes in dieser verworfenen Römerwelt schätzen gelernt, und daher kann es nicht wunderbar erscheinen, wenn der Eunuch eine ungemeine Freude daran empfand Schätze in seinem Palaste anzusammeln,⁵) obwohl ihm nach seiner körperlichen Beschaffenheit Nachkommenschaft versagt war. Es ist eben diese Goldgier ein characteristisches Laster der sinkenden Römerwelt, welche sich im byzantinischen Reiche forterbte, und scheint in der Luft dieser letzten Jahrhunderte gelegen zu haben, da die Zeitgenossen von einem hochgestellten Mann nichts Rühmlicheres hervorzuheben wissen, als wenn sie ihn von jener Sucht freisprechen.⁶) So war es das erste nach Rufins Fall gewesen, der ebenfalls unermefsliche Reichtümer erworben hatte, dafs sich Eutrop in den Besitz des gröfsten Teiles derselben setzte;⁷) aber aufserdem gab es im Ostreich gewöhnliche und ungewöhnliche Quellen genug, aus denen dem Eunuchen noch mehr zufliefsen mufste.

Einmal zwang seine vertraute Stellung beim Kaiser, der doch schliefslich die Entscheidung zu geben hatte, alle diejenigen, welche etwas am Hofe für sich oder ihre Gemeinden durchsetzen wollten, mit freigebiger Hand sich die Gunst des Oberkämmerers zu erwerben; eine besonders reichlich fliefsende Quelle sodann bot der Ämterverkauf⁸) dar, der leider eine bleibende Pestbeule des Reiches war, so dafs die Vorwürfe in dieser Beziehung gar nicht aufhören, und der nicht am wenigsten mit zur Aussaugung der Provinzen und den Leiden der unglücklichen Dekurionen beigetragen hat: „Da lenkte der eine Asien, das er für sein Landhaus erstanden, der andere gab die Ehre seiner Gattin für die Statthalterschaft Syriens dahin, dieser erkaufte Bithynien für sein väterliches Haus, und an der Thür des Vorzimmers des Eunuchen waren die erledigten Provinzen mit Preisangabe verzeichnet des Inhalts, dafs Galatien für soviel, der Pontus für so viel feil sei, dafs Lycien und Lydien für soviel Tausende zu haben seien, und wollte einer Phrygien haben, er noch ein wenig zulegen müfste." So schildert

---

⁵) Zosim. V. 12. Claudian I. 190 ff.
⁶) So Zosim. die Heiden Modar, Bauto, Arbogast IV. 33, 53, 54, 55; den Fravitta V. 20; den Generidus V. 46. Vgl. G. S. 9 und 11 dazu.
⁷) Zosim. V. 8.
⁸) Eunap frgm. 66 und Suidas v. Εὐτρόπιος. Joh. Ant. frgm. 189. Claudian I. 198 ff.

der Dichter⁹) das schamlose Treiben, und wenn es auch übertrieben sein mag, so ist es desto anschaulicher.

Aber der gemeine Sinn des aus der Hefe des Volks hervorgegangenen Günstlings schreckte auch vor unehrenhafteren Mitteln des Gelderwerbs nicht zurück, denn überall hatte er seine Spione,¹⁰) welche ihm berichteten, was in jeder Provinz vorging und in welcher Lage sich der Einzelne befand, und unbekümmert um die Bande des Blutes brachte er durch falsche Ankläger Hafs und Zwietracht in die glücklichsten Familien,¹¹) um nur seiner Habsucht zu fröhnen. Dafs er sich dadurch im geheimen zahlreiche Feinde machte, wufste er selbst genau und um diesen auch die letzte Rettung vor seiner allgewaltigen Hand zu nehmen, hob er auf oder beschränkte er das Asylrecht der Kirche,¹²) doch, wie sein Ende lehrt, nur zu seinem eigenen Verderben.

Nicht minder grausam ferner ist das gegen Verschwörer und Verschwörungen in Ancyra 397 auf seine Veranlassung von Arcadius erlassene Gesetz¹³), welches von der Furcht des Eunuchen vor einer etwaigen Rache und von der Bosheit und Niedrigkeit seiner Seele den deutlichsten Beweis ablegt: „Wer, heifst es darin, mit Soldaten oder Privaten, auch Barbaren eine Verschwörung angestiftet hat oder Teilnehmer gewesen ist, den Mord von Räten oder Senatoren¹⁴), endlich überhaupt eines kaiserlichen Dieners geplant hat,¹⁵) soll selbst, der Majestätsverletzung schuldig, mit dem Schwerte hingerichtet werden und seine Güter dem Fiscus zufallen. Den Söhnen läfst eine besondere Milde zwar das Leben, aber sie sollen weder von der Mutter, Grofsmutter noch sonstigen Verwandten und Bekannten erben, sondern elend und mit Infamie behaftet durchs Leben gehen und zu keinen Ehren und Ämtern gelangen, so dafs ihnen der Tod

---

⁹) v. 199—205.
¹⁰) Zosim. V. 10.
¹¹) V. 12. Eunap a. a. O. und frgm. 67. Claudian I. 188. Vgl. Eunap frgm. 69 und 75.
¹²) Socr. VI. 5. Sozom. VIII. 7. Neander Joh. Chrys. II. S. 58. Joh. Chrysost. opera ed. Montfaucon. Editio altera 1835. III. S. 381 ff. ὁμιλία εἰς Εὐτρόπιον c. 3: ἀπετείχισέ φησι τὴν ἐνταῦθα καταφυγὴν γράμμασι καὶ νόμοις διαφόροις. Zu ihnen mag das Cod. Theod. IX. 45, 3 erhaltene Gesetz auch gehört haben, doch mufs Eutrop aufser diesem, welches durchaus keine harte Bestimmung enthält, noch andere gegeben haben, auf Grund deren er z. B. die Pentadia, des Timasius Gattin, dem Asyl entrifs. Vgl. Tillem. note 8 sur Arcade.
¹³) Cod. Theod. IX. 14, 3. Vgl. Gibbon VIII. S. 20 ff.
¹⁴) . . . nam et ipsi pars corporis nostri sunt.
¹⁵) . . . eadem enim severitate voluntatem sceleris qua effectum puniri iure voluerunt.

eine Erlösung, das Leben eine Strafe sei. Die Töchter allerdings werden wegen der Schwäche ihres Geschlechts weniger hart bedroht, ihnen soll vom mütterlichen Vermögen die Falcidia (d. h. ¹/₄ als Pflichtteil) zufallen, aber mehr zum dürftigen Unterhalt denn als Erbschaft; und damit nicht die Strenge des Gesetzes umgangen werde, sollen die Scheinabtretungen der Väter an die Kinder keine Gültigkeit haben und ebenso wenig eine Mitgift und Schenkung der Männer an die Frauen von dem Augenblick an, wo sie Teilnehmer der Verschwörung geworden sind. Und was von den Söhnen, das gilt auch von den Dienern und Helfershelfern und deren Kindern. Wer aber im Beginn der Verschwörung von rühmlichem Eifer getrieben zum Verräter wird, der soll eine Belohnung und Auszeichnung erhalten und auch der, welcher erst später die Geheimnisse der Verbindung verrät, soll wenigstens der Verzeihung teilhaftig werden."

An dieser berüchtigten Verfügung ist einmal die Strenge auffällig, mit welcher nicht nur der Verschwörer selbst, sondern auch seine Frau, Kinder und Angehörige gestraft werden, sodann das verfängliche Princip, dafs die That und die böse Absicht auf gleichem Fufse behandelt und geahndet werden, und endlich die Verheifsung hohen Lohnes für die Verräterei; ein Symptom, welches, wenn wir an die heutigen irischen Verhältnisse denken, ein weitverzweigtes Netz von Verschwörungen gegen die Staatsverfassung, das Oberhaupt desselben und alle Besitzenden zur Voraussetzung hat; aber von einer so verzweifelten socialen Lage ist uns nichts weiter bekannt, sondern das Gesetz kann nur aus der unbestimmten Furcht des Eunuchen hervorgegangen sein, man möchte ihm nach dem Leben trachten. Auch rief dasselbe eine solche Menge falscher Denunciationen von Sclaven gegen ihre Herren hervor,[16]) dafs Arcadius wenige Wochen später diesem Unfug einen Damm entgegensetzen mufste und bestimmte, wer von den Hausgenossen den Hausherrn anklage, um seinen Ruf, Kopf oder sein Vermögen zu treffen, der solle, während er seine Denunciationen noch zu Protokoll gebe, vom rächenden Schwerte ereilt werden.

Je sicherer sich der Eunuch im Sattel fühlte, desto weniger bescheiden trat er gegen die Männer auf, welche durch ihre Verdienste im Heer und in der Verwaltung zu den höchsten Ehrenstellen gelangt waren und denen es schwer wurde, einen so unwürdigen Günstling der Fürstenlaune durch Schmeichelei zu gewinnen; und grade derjenige, welcher ihn an den Hof gebracht hatte, der magister militum Abundantius,

---

[16]) 8. Nov. 397. IX. 6, 3.

mufste die Tücke seines nun zu höchster Macht emporgestiegenen Werkzeuges zuerst fühlen. Denn Eutrop, den der schon seit Gratians Zeiten ruhmgekrönte Feldherr und Consular [17]) vielleicht immer noch mehr mit den Augen des ehemaligen Gebieters ansah, von Hafs und Habsucht getrieben bewog den willenlosen Kaiser, da schwere Vergehen dem Abundantius nicht vorzuwerfen waren, ihn vom Hofe nach Sidon [18]) zu verbannen, wo der hochverdiente Mann unrühmlich sein Leben beschlofs.

Hielt in diesem Falle vielleicht noch ein Rest von Scham den Eutrop zurück eine verschärfte Verbannung eintreten zu lassen, so sehen wir ihn gegen einen anderen nicht minder bekannten und hochgestellten Mann, den Timasius, mit aller List seines verschlagenen Sinnes vorgehen. Timasius, vielleicht mit der Familie der Aelia Flaccilla noch verwandt,[19]) war ein Römer und schon seit des Valens Zeiten mit hohen Armeeämtern betraut gewesen,[20]) auf dem Zuge gegen den Tyrannen Maximus befehligte er die Infanterie, bekleidete 389 mit Promot zusammen das Consulat, erscheint 394 als erster Feldherr des römischen Heeres neben Theodosius und war nach Beendigung des Krieges magister militum per orientem geworden. Er war ein stolzer, hochgemuter und kriegserfahrener Mann, dem als höchstes Ziel Ehre, Ruhm und Reichtum vorschwebten und der gern weniger nach Befehl anderer als nach seinem eigenen Bedünken handelte. Damals war er nun mit einem Syrier Bargos[21]) aus Laodicaea, welcher früher Knackwürste auf dem Markte feilgehalten hatte und wegen einiger Vergehen nach Sardes geflohen war, bekannt geworden und hatte sich durch das einschmeichelnde Wesen des Flüchtlings so einnehmen lassen, dafs er ihm nicht nur die Stelle eines Cohortenführers anvertraute, sondern ihn auch, als er durch Eutrop an den kaiserlichen Hof befohlen wurde, mit nach Constantinopel nahm. Hier aber erfuhr Eutrop bald durch die Behörden, dafs dem Bargos schon von früher her der Aufenthalt in der Hauptstadt wegen verschiedener Vorkommnisse untersagt war, und so fand er leicht in diesem

---

[17]) Zosim. V. 9. Claudian I. 167. Consul 393; mag. utr. milit. Cod. Th. VII. 4, 18; VII. 9, 3. V. 13, 33.

[18]) So berichtet Zosim. a. a. O. Hieronymus dagegen ep. 60, 16 ad Heliodorum und Asterius in fast. Kal. p. 60. nennen Pithyus, weshalb Tillem. eine doppelte Verbannung annimmt.

[19]) O. Seeck. Q. Aurelii Symmachi quae supersunt 1883. p. CXXXVII.

[20]) Suidas v. Τιμάσιος. Zosim. IV. 45, 49, 51, 57. Eunap frgm. 70. 71. 72. Joh. Ant. frgm. 187. Sozom. VIII. 7. Philost. IX. 8. Ambrosius ep. 41. Symmach. ep. III. 70—73. Prosp. Aquit. 389. Vgl. G. S. 198 ff.

[21]) Zosim. V. 9. Eunap frgm. 70.

treulosen und undankbaren Menschen ein treffliches Werkzeug für
seine verleumderischen Absichten gegen Timasius, welcher von Bargus
bald darauf auf Grund gefälschter Schriftstücke des Strebens nach
der Tyrannis beschuldigt wurde.

Wegen des aufserordentlichen Falles wurde ein aufsergewöhnlicher Gerichtshof von Arcadius eingesetzt, dessen Urteil, da
der Kaiser selbst präsidierte, Eutrop in der Hand hatte; doch bewog
der allgemeine Unwille darüber, dafs ein ehemaliger Wursthändler
einen so hochgestellten Mann anklage, den Kaiser die Sitzung zu
verlassen und den Vorsitz an Saturninus und Procopius zu übertragen,
von denen der erstere ein alter Diener des kaiserlichen Hauses — er hatte
382 die letzten Gothenhaufen nach Athanarichs Übertritt besiegt und
deswegen 383 die Consulwürde bekleidet [22]) — und gewohnt war,
in seinen Urteilen auf die Meinung der dem Kaiser zunächststehenden zu hören; Procopius dagegen war ein Verwandter des Valens [23])
und schien, von heftigem und nicht leicht zu leitendem Character, in
manchen Dingen mit Freimut die Wahrheit zu bekennen, diesmal aber
schlofs er sich dem Saturninus an, welcher auf die Verbannung des
Timasius nach der grofsen Oase drang.

In der That wurde dieses Urteil über einen der höchsten
militärischen Würdenträger des Ostreichs ausgesprochen, welches einer
Hinrichtung gleich kam, denn einmal war der Weg zur Oase durch
die libysche Wüste von Natur und durch Räuber äufserst gefährdet,
andererseits mufste ein Leben auf diesem kleinen Stückchen Erde
zusammen mit vielen anderen Verbannten und bewacht von der hierher
gelegten römischen Garnison [24]) für Männer, die hoch oben nahe dem
Thron gestanden hatten, mehr ein langsames und qualvolles Absterben
bedeuten. Ist nun Timasius wirklich hierher gebracht worden oder
ist er dem Durst unterwegs erlegen oder hat ihn sein Sohn Syagrius
durch einen Überfall befreit, jedenfalls erscholl niemals wieder eine
Kunde von ihm.[25]) Selbst seine Gattin war vor den Nachstellungen
des Eunuchen nicht sicher geblieben, sondern wurde von ihm auf
Grund des erwähnten Gesetzes aus dem Asyl, in das sie geflüchtet
war, herausgerissen, doch liefs er sie, durch die Fürsprache des Erzbischofs bewogen, ihr weiteres Leben unbehelligt als Diaconissin verbringen.

---

[22]) Vgl. Themistii oratio XVI., welche zu Ehren seines Consulates gehalten worden ist. G. S. 80. Richter das weström. Reich u. s. w. S. 515.
[23]) Zosim. V. 9. Οὐάλεντος κηδεστής. Vgl. dazu Sievers S. 351.
[24]) Not. Dign. cap. XXVIII. S. 326 ff. Olymp. frgm. 33. Kiepert S. 204.
[25]) Hieronym. ep. 60, 16. Aster. p. 59. Sozom. VIII. 7. Zosim. a. a. O.

Aber auch sein unwürdiger Ankläger erntete bald die Strafe für seine Treulosigkeit, denn Eutrop, der wohl eine ähnliche Undankbarkeit des nichts scheuenden Mannes gegen sich befürchtete, belohnte ihn zwar mit einem höheren Kommando, welches ihn nötigte Constantinopel zu verlassen, überredete aber zugleich seine ihm abgeneigte Frau, beim Kaiser eine Schrift voll der schwersten Beschuldigungen gegen ihren Mann einzureichen, auf Grund deren Eutrop den Bargos alsbald verhaften[26]) und nach seiner Überführung hinrichten liefs. — Fielen aber so die mächtigsten und berühmtesten Männer des Reichs der Herrschsucht und Habsucht des Eunuchen zum Opfer, wie viele weniger bedeutende Beamten und Officiere erst mögen in die Verbannung oder den Tod geschickt worden sein![27])

Auf solchem vielfach blutigen Wege erreichte der Oberkämmerer Eutrop eine Ehrenstelle nach der anderen, und sein Beispiel hatte eine so verhängnisvolle Wirkung, dafs die Zahl der Verschnittenen unverhältnismäfsig zunahm und „viele, die bereits einen Bart trugen, mit ihrer Männlichkeit auch das Leben einbüfsten."[28]) Zwar reihte die Würde des Praepositus sacri palatii den Eunuchen an sich schon unter die Zahl der höchsten Würdenträger, aber das genügte ihm nicht; er konnte es nicht ertragen, dafs über ihm noch die Praefecti praetorio und magistri militum standen, deshalb setzte er, da er die einflusreiche Stelle des Oberkämmerers um keinen Preis aufgeben mochte, es beim Kaiser durch, dafs er im Range wenigstens jenen gleichgestellt wurde.[29]) Daher erklärt es sich, dafs uns von seiner Richterthätigkeit berichtet[30]) wird, indem er nämlich von Arcadius wahrscheinlich zum Beisitzer und später als Consul zum Vorsitzenden einer aufserordentlichen Commission eingesetzt wurde, welcher alle Rechtssachen, die an den Kaiser gebracht wurden, und die Cognition über Majestätsverbrechen hochgestellter Personen zugewiesen zu werden pflegten. Aber wirklicher praefectus praetorio ist Eutrop nie gewesen, denn dagegen spricht, dafs als solcher 396 Caesarius und Eutychian, 397 dieselben und aufserdem Anatolius als Prf. pr. per Illyricum, 398 ganz eben dieselben und 399 Aurelian, Eutychian und Anatolius

---

[26]) Zosim. V. 10. Eunap frgm. 71.
[27]) Claudian I. 177—186.
[28]) Suidas v. Εὐτρόπιος.
[29]) Denn bis 422 stand der praepositus s. c. den Praefecten im Range nach. Cod. Theod. VI. 8, 1.
[30]) Gibbon VIII. S. 8 und 9 geht um die Erklärung herum. Claudian nennt den Eutrop iudex. I. 230 ff. 286 und 297. Vgl. Walter I. S. 441.

officiell überliefert sind;³¹) mithin ist für eine Praefectur des Eutrop in diesen Jahren kein Raum vorhanden und ebenso wenig wird er ein bestimmtes militärisches Kommando gehabt haben. Zwar deutet Claudian³²) an, dafs er zum Hohn des ganzen Soldatenstandes Waffen getragen habe, aus Gefechten mit zweifelhaftem Ausgang prunkvoll als Sieger heimgekehrt sei umgeben von Fufsvolk und Reiterei, während die Clienten ihm glückwünschend aus den Thoren entgegenkamen, aber diese Nachricht bezieht sich entweder auf die Zeit, wo Eutrop mehrfach als Gesandter mit den Gothen nach Rufins Fall zu verhandeln hatte, oder man erklärt sie aus analogen Verhältnissen der Jetztzeit dahin, dafs Eutrop, um nicht in äufserem Glanze hinter den Generalen zurückzustehen, sich vom Kaiser die Würde eines dux und magister militum verleihen liefs.

Jedenfalls hat Eutrop das Amt des praepositus sacri cubiculi nie aufgegeben, da seine ganze Macht einzig und allein auf den ihm durch dieses Amt gebotenen nahen Beziehungen zum Kaiser beruhte; auch würde sein Absetzungsdekret³³) von jenen Stellungen, wenn sie wirklich amtliche gewesen wären, Notiz genommen haben; es sagt vielmehr nur von ihm: „der einst Oberkämmerer gewesen ist" (qui quondam praepositus sacri cubiculi fuit), wogegen diese Würden sehr wohl in dem Passus: Patriciatus enim dignitate atque omnibus inferioribus spoliatum se esse cognoscat, eben weil die Patricierwürde auch kein Amt war, eingeschlossen sein können. Am meisten erregte aber die Bürger des ganzen Reichs, nicht nur des oströmischen, sondern auch des westlichen die schmachvolle Ernennung des Eutrop zum Consul des Jahres 399, welche man vielfach nicht glauben wollte, weil man meinte „eher könne eine Schildkröte fliegen und trage der Geier Hörner", als dafs ein Eunuch dem Jahre den Namen geben könne.

Denn obwohl die Consulwürde blofs äufsere Ehre und Lasten brachte und nur ein Schatten ihrer einstigen Bedeutung war, so galt sie doch als die erstrebenswerteste Auszeichnung,³⁴) welche einem Unterthan zu teil werden konnte, und wir hören den Claudian nicht sowohl über die Verleihung der noch höheren Würde eines Patricius an Eutrop klagen als über die des Consulats,³⁵) zumal dieses die einzige Bezeichnung war, welche die Kaiser neben ihrem Imperatorentitel gemeinsam mit den übrigen Sterblichen anzunehmen geruhten;

---

³¹) Series chron. const. cod. Theod. Vgl. Tillem. note 11 und 13.
³²) In Eutrop. I. 236 ff.—286. 297.
³³) Cod. Theod. IX. 40, 17.
³⁴) Themist. oratio XVI. μεγίστη δὲ τῶν ἀνθρώπων τιμῶν ὑπατεία.
³⁵) In Eutrop. I. 296. Nusquam spado consul in urbe.

und nicht nur der andere Consul im Westen, Theodorus, desselben Jahres, nein alle vorangehenden schienen durch diesen unwürdigen Collegen geschändet zu sein.

In Constantinopel freilich wagte niemand aus Furcht vor dem Allgewaltigen von dieser Schmach des römischen Namens zu reden, vielmehr beeiferten sich alle[36]) Senatoren, Offiziere, Beamten und das Volk dem mit den Abzeichen seiner neuen Würde bekleideten Verschnittenen ihre Glückwünsche und Huldigungen darzubringen; sie alle machten ihm den Hof, neigten sich tief vor ihm oder fielen nach orientalischer Sitte ihm zu Füfsen, haschten nach seinem Händedruck, küfsten die häfslichen Runzeln und hiefsen ihn schmeichelnd „Beschützer der Gesetze" und „Vater des Fürsten". Ja, viele Denkmäler wurden ihm in Dorf und Stadt, von Gemeinden und Privatleuten[37]) gesetzt, von denen die einen ihn als Richter, die anderen als Bürger, oder gar in Uniform darstellten[38]), und auch der gefügige Senat stellte sein Bildnis in der Curie auf. Selbst Wege wurden mit seinen Bildsäulen geschmückt und diese mit Inschriften versehen des Inhalts wie z. B. „Edlen Geschlechts" oder „Zahlreiche Schlachten hat er allein geschlagen" oder „Der dritte Gründer der Stadt".[39]) Selten sah Constantinopel solche Festlichkeiten, wie sie der Eunuch aus seinen unermefslichen Reichtümern bei dieser Gelegenheit dem Volke gab; er feierte Gelage, streute Geld unter die Menge, um den Beifall sich zu erkaufen und viele Tage veranstaltete er verschwenderische Spiele im Hippodrom.

Bei einer solchen Machtstellung, wie sie Eutrop einnahm, ist es natürlich, dafs er um sich einen entsprechenden Anhang geschart hatte, welcher von dem Höchsten bis zum Niedrigsten sich in den demütigsten Schmeicheleien gegen ihn erschöpfte; überall hatte er seine bezahlten Freunde an der Hand, welche sein Lob auf allen Gassen sangen und jeden nicht zu ihrer Sippe gehörenden übermütig behandelten[40]), die aber, sobald sie merkten, dafs die Sonne der Gunst ihren Zenithstand über dem Eunuchen verlassen habe, wie die Spreu vor dem Winde zerstoben und nichts mehr von ihm wissen wollten. Wie sollten sie auch anders diese sogenannten Freunde! knüpfte sie doch an den Günstling nicht etwa der Adel seiner Seele und die

---

[36]) In Eutrop. II. 63—70.
[37]) Cod. Theod. IX. 40, 17: Omnes statuas, omnia simulacra ... ab omnibus civitatibus oppidis locisque privatis ac publicis praecipimus aboleri.
[38]) In Eutrop. II. 70—75.
[39]) v. 76—87.
[40]) Joh. Chrysost. Homilia εἰς Εὐτρ. p. 381. οἱ κολακεύοντες ἐπὶ τῆς ἀγορᾶς.

Achtung und Ehrfurcht vor seinen Talenten, sondern nur der krasseste
Eigennutz und die gemeinste Gewinnsucht, die sogar auf Befehl des
Eunuchen vor dem Verbrechen nicht zurückschreckten. „Es sind das,
sagt ein Zeitgenosse [41]), schamlose Jünglinge und schlüpfrige Greise,
die sich im Essen und in der verschiedenartigen Herrichtung fein-
schmeckender Speisen einen ausgezeichneten Ruhm erwerben, die den
Bauch einladen durch den Preis und dem Gaumen die besternten
Vögel der Juno und den sprachkundigen Papagei aus dem farben-
reichen Indien übergeben; deren tiefen Schlund nicht das aegaeische
Meer, nicht die Propontis, nicht der Maeotische See mit weitherge-
holten Fischen ausfüllen können. Ihr Eifer geht auf schmuckvolle
Gewandung, das höchste Lob erringt, wer durch faden Witz ihr
Lachen erregt; ihre Eleganz ist nicht mehr männlich, die Haare sind
zierlich geschniegelt und die schweren Seidengewänder müssen ihnen
lästig sein. Klopft der Hunne, der Sarmate an die Pforten — was
thuts? sie denken nur an die Rennbahn, gewohnt Rom zu verachten
und ihre Häuser zu bewundern, die der Bosporus bespült, sie, die
Meister im Tanz und kundigen Wagenlenker; sie vergessen der Sorgen
und lassen Krieg Krieg sein, fangen an ihre gewöhnlichen Späfse zu
treiben und um den Cirkus sich zu streiten. Ein grofser Wortkampf
entsteht ganz zwecklos über die Frage, welcher Knabe besser die
Glieder mit sanfter Wendung überschlagen läfst, wer den Marmor-
boden beim Kopfgehen mit den Haaren streift, wer am geschmeidigsten
die Gliedmafsen drehen kann, wer der Stimme die Finger, den Bewegungen die Augen anpassen kann.

Ein Teil der Führer ist aus dem niedrigen Volke, ein anderer
zeigt an den Knöcheln die Spuren der Fufsfessel, und die Schien-
beine sind bläulich vom schwarzen Eisen; diese sprechen das Recht,
obwohl sich die gezeichnete Stirn durch ihren Titel verrät. Aber
den höchsten Rang nimmt Eutrop ein, während Osius den zweiten.
Süfser ist dieser fürwahr als alle und schlau das Recht [42]) zu verdrehen und glühend schmort er alles im Dampf, doch den entzündeten
Zorn versteht er gut zu schüren. Da sitzen sie, die beiden Spitzen
des Ostreichs, dieser ein Koch, jener einer Kuppler voll Striemen,

---

[41]) Dieses Citat ist entnommen aus Claudian in Eutrop. II. 325—365 mit
einer leichten Umstellung der Verse 357—365. Vgl. Synesius περὶ προνοίας
ed. Krabinger. I. cap. 3, 13 und 14.

[42]) Diese Stelle bezieht sich wahrscheinlich auf die Verfügung Cod. Theod.
X. 22, 4, welche an Osius gerichtet ist und anordnet, dafs die Arbeiter in den
Staatsfabriken (fabricenses) ähnlich den tirones durch eine nota kenntlich gemacht
werden sollen. Vgl. dazu Gothofr. Comment.

durch den Knechtesdienst, nicht an Klugheit sich gleichend; dieser oft verkauft, der andere als Sclave aufgewachsen im heimatlichen Spanien." So weit Claudian.

Sonstige zuverlässige Quellen belehren uns, dafs Osius zuerst 395 Comes Sacrarum Largitionum (Finanzminister) war, in demselben Jahre zum Magister officiorum (Reichskanzler) befördert wurde und diese Würde noch im Jahre 398 bekleidete[43]); der Dichter hat also durchaus recht ihn in zweiter Stelle neben Eutrop zu nennen. Aufserdem gehörte noch zu den Spitzen der Eutropischen Partei der ehemalige Wollarbeiter Leo[44]), jetzt der Ajax und Vorkämpfer des Eunuchen, ein kleiner, corpulenter, trunkliebender Prahlhans, sonst aber gutmütig und ein ganz besonderer Verehrer von Damen, deren er in seinem Feldlager, wie Eunap mit Übertreibung sagt, mehr als Soldaten hatte, und der Befehlshaber der kaiserlichen Leibwache Suburmachius[45]), ein Kolchier aus königlichem Geschlecht, dem Eutrop sehr ergeben, aber ebenso wie Leo unmäfsig im Trinken.

Diese Gesellschaft, in welcher Eutrop die Hauptrolle spielte, war damals in Constantinopel die tonangebende und würde, hätte sie noch lange am Staatsruder gestanden, den ohnehin schon verderbten und durch die freiwilligen Getreidespenden und die öffentlichen Circusspiele angekränkelten Sinn der Bevölkerung der Hauptstadt noch mehr entnervt haben; denn qualis rex, talis grex gilt nicht nur vom Herrscher selbst, sondern auch von allen denen, auf die die grofse Menge als auf ihre Vorbilder zu blicken gewohnt ist. Da war es nun gewifs eine nicht zufällige Schickung des Himmels, dafs gerade damals ein Mann reinsten, edelsten Charakters und der innigsten Hingabe an seinen Beruf zur Leitung des Patriarchats von Constantinopel gerufen worden war, Johannes Chrysostomus (Goldmund)[46]), der, wie sein Name andeutet, durch den Adel des aus seinem Herzen und Munde quellenden Worts die verirrten Gemüter von dem eitlen Schein des irdischen Getriebes zu dem Baume des wahren Lebens zurückzuführen fort und fort bemüht war.

---

[43]) Vgl. Haenel Series chronol. constit. Cod. Theod.
[44]) Claudian in Eutrop. II. 376 ff. 386 und 559. Zosim. V. 14. Eunap frgm. 76.
[45]) Eunap. frgm. 77.
[46]) Diese Darstellung stützt sich neben der Benutzung der Quellen selbst auf Neander Der heil. Johannes Chrysostomus und die Kirche, besonders des Orients, in dessen Zeitalter. Berlin 1821. und auf seine späteren Bemerkungen in den entsprechenden Abschnitten der Allgemeinen Geschichte der christlichen Religion und Kirche. Vgl. dazu Böhringer die Kirche Christi und ihre Zeugen I. S. 1—160. — Palladii dialogus de vita S. Johannis Chrysostomi XIII. B. der opera ed. Montfaucon.

Geboren zu Antiochia wahrscheinlich 347 von vornehmen Eltern — sein Vater Secundus hatte ein hohes Amt im Officium des magister militum per Orientem bekleidet, und seine Mutter Anthusa war aus angesehenem und begütertem Geschlecht[47]) — schien ihm eine nicht gewöhnliche weltliche Laufbahn sicher, zu der ihn die früh verwitwete Mutter, obwohl eine eifrige und bibelkundige Christin, durch einen Lehrcursus bei dem berühmten heidnischen Sophisten Libanius und dem Philosophen Andragathius fähig zu machen trachtete.[48]) Deshalb trat Johannes auch nach Vollendung seiner Ausbildung zunächst in die Kammer der Anwälte seiner Vaterstadt ein, doch ohne in diesem Berufe rechte Befriedigung zu empfinden, er wandte sich vielmehr bald auf Anregung seines Freundes Basilius dem Studium der heiligen Schrift zu unter der Leitung des damaligen Bischofs Meletius, welcher ihn drei Jahre später taufte und zum Vorleser (anagnost) weihte, um ihn dem practischen Kirchendienst zu erhalten. Indes ergriff ihn, nachdem er mehrere Jahre[49]) sich diesem Amte mit aller Treue gewidmet hatte, wahrscheinlich nach dem Tode der Mutter die Sehnsucht nach der Einsamkeit und frommen Betrachtungen, und er trat in das Kloster der Äbte Diodor und Carterius ein, hochgebildeter Geistlichen, denen Johannes bei seinen fortgesetzten biblischen Studien wesentliche Förderung verdankte und von denen er zusammen mit Theodor, dem späteren Bischof von Mopsuesta in Cilicien, die Abneigung gegen spielendes Allegorisieren und Verdrehen des einfachen, biblischen Sinnes sich aneignete.

Im Jahre 380 kehrte er, weil seine Gesundheit durch die fortgesetzten ascetischen Übungen gelitten hatte[50]), aus den einsamen Mauern seines Klosters nach Antiochien zurück und wurde von Meletius sogleich zum Diacon ernannt; diese Stellung bekleidete er fünf Jahre und wurde dann von Flavian, dem Nachfolger des Meletius, mit dem wirksameren Amte eines Presbyters betraut, in dem er als Gebülfe des Bischofs für die öffentliche Predigt zu sorgen und die Verwaltung der Sakramente unter sich hatte. Damals nun begann der Ruf seiner bewunderungswürdigen Beredtsamkeit sich immer weiter zu verbreiten und besonders gab ihm der antiochenische Aufstand 387 Gelegenheit, dieses Talent zur Beruhigung der geängstigten Bevölkerung und zum Hinweis auf ihr gottloses, üppiges Treiben zu verwerten.[51]) Aber

---

[47]) Socr. VI. 3. — Sozom. VIII, 2. nennt die Eltern nicht.
[48]) Ebend.
[49]) Cedren p. 329.
[50]) Cedren a. a. O. νεκροῦται τὰ ὑπογάστρια.
[51]) Vgl. G. S. 37 und 147.

auch später hob er immer gern seinen Lieblingsgedanken hervor, dafs nichts Äufseres an und für sich dem Menschen schaden oder nützen könne, sondern dafs alles auf seine Willensrichtung ankomme. Den tiefen Spalt, der durch die Erhebung des Meletius von seiten der Arianer in die antiochenische Gemeinde gerissen war, suchte er nach Kräften mit dem Mantel der christlichen Liebe zu überdecken; andererseits liefs er es sich angelegen sein, seine Gemeinde über die Irrlehren des Eunomius, welche in Antiochia einen starken Anhang hatten, aufzuklären und ermahnte sie zu sanftem, liebevollem Vorgehen gegen die Heiden (Homilie 4. in Corinth.); dagegen trat er energisch gegen die vielfach noch heidnischen Sitten der Christen wie gegen die ausgelassene Feier von Hochzeiten, Leichenbegängnissen, insbesondere des Jahreswechsels und die Unsitte der Amulette und für die Feier des schon längst im Occident eingebürgerten Weihnachtsfestes am 25. December[52]) ein.

Da starb Nectarius am 27. September 397[53]), ein Mann ohne hervorragende geistliche Bildung, da er aus seinem Senatorenamte erst in hohem Alter zum Bischof erhoben worden war. Sein Tod erregte die ohnehin für theologische Angelegenheiten sehr empfindlichen Constantinopolitaner in sofern auf höchste, als es galt, nun einen tüchtigen Nachfolger für ihn zu finden; es entstand ein heftiger Streit[54]) um die Nachfolge, da die Auswahl unter den dazu Befähigten infolge der Veraltung und Vernachlässigung des 15. Canons des Concils von Nicaea, welcher die Versetzung von Bischöfen, Presbytern und Diakonen von einer Kirche zur anderen verbot, im Orient wieder gröfser geworden war.[55]) Die Zahl der Parteien war somit nicht gering, doch war der Hof von Constantinopel schon seit Constantin gewohnt, wenn es ihm gut dünkte, auf Volk und Clerus zu Gunsten seines Candidaten einzuwirken. So machte auch diesmal Arcadius oder vielmehr Eutropius, welcher den grofsen Redner bereits auf einer Reise in Antiochien kennen gelernt hatte[56]), von seinen Machtmitteln den ausgiebigsten Gebrauch, und in Übereinstimmung von Geistlichkeit und Bevölkerung ging Johannes als Sieger aus dem Wahlkampfe hervor. Damit nun aber das leicht erregbare Volk von Antiochia nicht gegen die Entführung seines trefflichen Geistlichen Verwahrung einlege, wurde nur der Comes orientis Asterius von dem Ausfall der Wahl in Kenntnis

---

[52]) Neander Allgem. Gesch. der christl. Relig. und Kirche V. 3. S. 431.
[53]) Socr. VI. 2.
[54]) Sozom. VIII. 2. Socr. VI. 2.
[55]) Vgl. Neander V. 3. S. 232 ff.
[56]) Neander Joh. Chrys. I. S. 299. Palladius p. 43.

gesetzt, dieser liefs den Johannes rufen, teilte ihm den Willen des Kaisers mit, setzte sich mit dem Widerstrebenden in einen Wagen, brachte ihn bis zur Station Pagrae und übergab ihn hier erst den Abgesandten aus Constantinopel.[57])

Um seiner Ordination die rechte Weihe zu geben, wurden sowohl andere Bischöfe eingeladen als auch Theophilus von Alexandrien. Dieser erschien in der Hauptstadt, aber weniger in der Absicht, die Ordination vorzunehmen als sie zu hintertreiben und an Stelle des Johannes seinen eigenen Presbyter Isidor zum Patriarchen wählen zu lassen, ein Vorhaben, welches den Machthabern in der Hauptstadt nicht gefallen konnte, weil es zu deutlich das Streben zeigte, den Bischof von Constantinopel dem von Alexandrien unterzuordnen. Der alexandrinische Patriarch hatte daher in der Synode, obwohl er den Vorsitz führte, mit seinem Wahlprotest keinen Erfolg, vielmehr erhoben sich gegen ihn von manchen Seiten Klagen, welche in bissigen Pamphleten den Bischöfen zur Kenntnis gebracht wurden, und Eutrop stellte ihn mit kluger Benutzung dieser Sachlage vor die Entscheidung, Johannes zu ordinieren oder sich gegen jene Anschuldigungen zu verteidigen. Theophilus war verständig genug diesen Wink zu verstehen und ordinierte daher den Johannes am 26. März 398 zum Bischof von Constantinopel.[58])

Als solcher konnte er einmal durch sein hohes geistliches Amt auf die grofse Menge der Bewohner den heilsamsten Einflufs ausüben, andererseits aber nahm er auch in der vornehmen Hofgesellschaft der Hauptstadt einen hervorragenden Platz ein, wie er denn selbst sagt:[59]) „Die Häupter der Regierung geniefsen keine solche Ehre wie der Vorsteher der Kirchen. Wer ist der erste am Hofe, wer, wenn er in die Gesellschaft der Frauen, wer, wenn er in die Häuser der Grofsen kommt? Keiner hat den Rang vor ihm." Aber da er durch seine ganze Vergangenheit mehr einem enthaltsamen, einfachen Leben zuneigte, so zog er sich von vornherein aus den Zerstreuungen der feinen Gesellschaft zurück, lebte sehr sparsam und baute aus den Ersparnissen wohlthätige, gemeinnützige Anstalten. Galt er schon vor seiner Erhebung wegen seines zu grofsen Eifers in der Mäfsigkeit für etwas herb[60]) und war er, wie ein Jugendgenosse von ihm sagt, mehr zum Zorn geneigt als zu bescheidener Zurückhaltung, so mufsten grade diese

---

[57]) Diese Bemerkung hat nur Sozom. VIII. 2. und daraus entlehnt Nicephor. Callist. XIII. 2. Aufserdem Palladius a. a. O.
[58]) Socrat. Sozom. a. a. O., doch der letztere kürzer.
[59]) Homilia 3. act. apost.
[60]) Socrat. VI. 3.

Eigenschaften bei ihm, der nunmehr „die grofse Leuchte des Erdkreises" geworden war, desto mehr zur Geltung kommen und auffallen, je umfangreicher und verantwortlicher sein Wirkungskreis geworden war. So beeinträchtigte denn seine herzliche Offenheit und Leutseligkeit der Umstand, dafs er die Zunge ohne Mafs gegen alle ohne Unterschied gebrauchte, um die verderbten Sitten seiner Gemeinde zu bessern.

Zunächst mufste er, der gewohnt war rücksichtslos durchzugreifen und seiner Meinung Nachdruck zu verschaffen, bei seinem eignen Clerus anstofsen[61]) und nicht minder bei einem Teile der Mönche.[62]) Johannes war ja selbst Mönch gewesen und hatte das einsame Leben derselben in ungestörter Anbetung Gottes lieb gewonnen und schätzen gelernt, auch war er ein eifriger Förderer eines ruhigen und sorgenlosen Lebens im Kloster, aber ebenso wenig liebte er das nutzlose Umherlaufen der Mönche auf den Gassen, und das war grade unter Nectarius in Constantinopel etwas Gewöhnliches gewesen. Indes, mochte er auch gleich im Anfang durch die unbeirrte Gewalt seiner Beredtsamkeit hie und da und besonders bei den Reichen und Wohlhabenden anstofsen, so gewann ihn doch seine Gemeinde eben um dieses Talentes und seines reinen, seinem Character entsprechenden Wandels willen von Herzen lieb, und der Ruf seiner gottbegnadigten Redegabe[63]) zog nicht nur die Anhänger des katholischen Bekenntnisses zu Tausenden in seine Predigten, sondern auch Heiden und Haeretiker[64]) strömten in seine Kirche.

Gegen die letzteren ging er gleichwohl von Anfang an mit aller Schärfe seines Geistes und allen Waffen seines Amtes vor, indem er seine Gemeinde gleich in seiner ersten Predigt vor den Eunomianern warnte und bald nach seinem Amtsantritt auch mit den Arianern in einen ernsten Konflikt geriet. In Konstantinopel nämlich, einst der Burg des Arianismus unter Valens, war zwar durch Theodosius die Macht dieser Sekte selbst mit Anwendung der Waffengewalt und besonders unter dem, wenn auch kurzem, Einflufs des Bischofs Gregor für immer gebrochen, doch nicht völlig beseitigt worden[65]); sondern noch immer gab es unter der Bevölkerung eine starke arianische

---

[61]) Socrates VI. 4. Sozom. VIII. 3.
[62]) Sozom. c. 9.
[63]) Vgl. das Wort des sterbenden Libanius. Sozom. VIII. 2. Theophan. chronogr. zu 392.
[64]) Sozom. VIII. 5.
[65]) Vgl. G. Kaufmann Deutsche Geschichte bis auf Karl den Grossen I. S. 293 ff. G. S. 94—101.

Partei, welche in der Masse der germanischen Söldner einen nicht geringen Nachhalt hatte, wie der kurz vor Theodosius Zug gegen Eugen ausbrechende Streit zwischen Eriulph und Fravitta, zwei gothischen Offizieren, deutlich bewiesen hatte; dazu war der Nachfolger des Gregor, Nectarius, nicht die Persönlichkeit gewesen, dem Arianismus Anhänger zu entziehen. So durften die Arianer zwar nicht innerhalb der Stadt selbst ihren Gottesdienst abhalten, aber des Sonnabends und Sonntags versammelten sie sich doch unter den Säulenhallen der verschiedenen Foren, thaten sich dann zusammen und sangen respondierende Hymnen.[66]) Nachdem sie damit den gröfsten Teil der Nacht hingebracht hatten, durchzogen sie singend die Stadt und aus den Thoren hinaus zu den ihnen erlaubten Versammlungsplätzen, indem sie zugleich die Homoousianer in ihren Worten nicht schonten und sie spöttisch wohl fragten: „Wo sind, die da sagen, die Dreiheit sei ein Wesen?"[67])

Dieser Herausforderung konnte Johannes unmöglich stillschweigend zusehen, auch er hiefs seine Katholiken nachts Hymnen singen, und um es den Arianern zuvorzuthun, silberne Kreuze und auf diesen Wachskerzen zu tragen, wozu die Kaiserin Eudoxia bereitwilligst die Mittel zur Verfügung stellte. Darüber waren die Arianer, von früher her an die Herrschaft auf der Strafse gewöhnt, gewaltig erzürnt und liefsen ihrer Erregung in der Weise die Zügel schiefsen, dafs bald darauf ein mächtiger Kampf zwischen den beiden Religionsparteien ausbrach, in welchem der Kammerherr der Kaiserin, der Verschnittene Brison, welcher die Hymnensänger unterrichtet hatte, von einem Stein an der Stirne getroffen wurde, und es auf beiden Seiten Tote und Verwundete in Menge gab. Nun trat natürlich der Stadtpräfekt mit seinen Trabanten dazwischen, und so endete dieser äufsere Kampf zwischen Arianern und Athanasianern in der Hauptstadt, während der innere im geheimen unter der Decke stetig weiterglühte.

Aber trotz der mannigfachen Ereignisse in Konstantinopel selbst, welche die Kraft eines gewissenhaften Bischofs wohl in Anspruch nehmen konnten, verlor der umsichtige Patriarch auch nicht die ferner liegenden Aufgaben aus dem Auge: Nach dem schwer zugänglichen und deshalb noch sehr dem heidnischen Aberglauben anhängenden Phönicien[68]) sandte er ascetisch lebende Mönche als Glaubensboten und ganz besonders liefs er sich die Mission unter den Gothen und

---

[66]) Über diese Episode Socr. VI. 8. Sozom. VIII. 8; sie stimmen mit Ausnahme unwesentlicher Punkte fast wörtlich überein.
[67]) Ποῦ εἰσὶν οἱ λέγοντες τὰ τρία μίαν δύναμιν;
[68]) Theodor. V. 29 und 30.

scythischen Völkern[69]) an und jenseits der Donau am Herzen liegen. Um seinem Unternehmen mehr Aussicht auf Erfolg zu geben, beauftragte er nur solche Missionare zu den Gothen, welche selbst gothisch sprechen konnten, und es schien ihm ein herrlicher Triumpf zu sein, als er in einer Kirche zu Konstantinopel einen regelmäfsigen Gottesdienst in gothischer Sprache ins Leben rufen konnte; auch an den Bischof Leontius v. Ancyra[70]) wandte er sich mit der Bitte, ihm passende Männer als Prediger für die nomadischen Scythen an der Donau zusenden, welche gern getauft sein wollten, und so hat Johannes gewifs nicht wenig zur Herstellung der erfreulichen Thatsache beigetragen, welche den heiligen Hieronymus[71]) 403 in einem Briefe an Laeta zu dem stolzen Ausruf veranlafste: „Die Hunnen lernen den Psalter, die Scythen mit ihrer Kälte erglühen im Feuer des Glaubens, der Geten rötlich- und blondgelocktes Heer trägt seine Kirche im Zelte mit sich umher und kämpft vielleicht deshalb gegen uns einen gleichen Kampf, weil es auf die gleiche Religion vertraut!" und in seiner Antwort an die Gothen Sunnias und Fretelas: „Fürwahr, es ist an uns das apostolische und prophetische Wort wahr geworden: In alle Welt ist ein Ton von ihnen ausgegangen und an die Grenzen des Erdkreises ihre Worte! Wer hätte geglaubt, dafs die barbarische Zunge der Geten die hebräische Wahrheit suchen, und während die Griechen schlafen oder — was sage ich? — mit einander hadern, Germanien selbst die Aussprüche des heiligen Geistes erforschen würde?"[72])

Ein solcher Feuergeist, durchglüht von der Begeisterung für die reine Lehre und ihre Verbreitung, pafste notgedrungen nicht in jene üppige, herzlose Gesellschaft des Eutrop und seiner Genossen, die im Grunde ihres Herzens sicherlich das Ende ihrer Herrschaft ahnten und nach dem Prinzipe eines antiquen après nous le déluge schnell noch die kurze Spanne Zeit bis zur Neige auszukosten trachteten. Doch trat vor der Hand der Gegensatz zwischen der edlen Natur des Bischofs und der niederen Seele des Verschnittenen deshalb nicht schroff hervor, weil Johannes keine Veranlassung haben wollte, sich mit dem ganzen Hofe, der hinter jener Partei stand, zu überwerfen, vielmehr bahnte sich äufserlich ein freundliches Verhältnis zwischen ihnen an, das Johannes benutzte, um durch geistlichen Zu-

---

[69]) Theodoret a. a. O. und Nicephor. Call. XIII. 3.
[70]) Theodoret c. 31.
[71]) epist. 107.
[72]) epist. 106. Er fährt fort: Dudum callosa tenendo capulum manus et digiti tractandis sagittis aptiores ad stilum calamumque mollescunt et bellicosa pectora vertuntur in mansuetudinem Christianam.

spruch öfters den Eunuchen auf die Hinfälligkeit alles irdischen Besitzes und Glückes aufmerksam zu machen[73]), doch hat gewifs das grausame Vorgehen Eutrops gegen die das Asylrecht der Kirche in Anspruch nehmenden und besonders gegen Pentadia [74]), des Timasius Gattin, nicht verfehlt einen Schatten zwischen sie zu werfen, obwohl Eutrop sich aufrichtig nnd aus Klugheit um das Wohlwollen des Bischofs eifrig bemühte.

Aber das Bild des gesellschaftlichen Zustandes des damaligen Constantinopels würde nicht vollständig sein, würde nicht noch mit einem Worte des Heiden Synesius[75]) Erwähnung gethan, der zu ebenderselben Zeit in der Hauptstadt weilte. Denn Synesius, von der heidnischen Welt als bedeutender Sophist und Stilist verehrt, ist auch durch seinen späteren Übertritt zum Christentum der christlichen Kirche bekannt geblieben als Hymnendichter. Er war um 370 im Schofse einer reichen und vornehmen Familie in Kyrene geboren, einer Stadt, welche durch die Philosophen Aristipp und Karneades in der alten Welt einen rühmlichen Klang hatte, und wuchs mit seinem älteren Bruder zusammen auf, mit welchem er auch zugleich Schüler derselben Lehrerin Hypatia in Alexandria wurde. Hier vertiefte er sich unter ihrer Leitung in philosophische, geometrische und mechanische Studien und behielt sie auch in der Folgezeit in so gutem Andenken und hoher Verehrung, dafs er mit ihr bis in die Zeit seiner bischöflichen Thätigkeit in einem lebhaften Briefwechsel verblieb, der überall die innigste Dankbarkeit und Anhänglichkeit atmet.[76]) Ob Synesius nach dem Aufenthalt in Alexandria auch die athenische Hochschule besuchte, ist noch immer streitig[77]), jedenfalls hielt er sich in seine Vaterstadt zurückgekehrt vom öffentlichen Leben fern und lebte der Musse und. körperlichen Übungen wie Jagd und Gartenbau.

---

[73]) Vgl. ὁμιλία εἰς Εὐτρ. im Anfang.
[74]) Sozomen. VIII. 7.
[75]) Tillemont mémoir. pour servir à l'histoire ecclésiastique XII. p. 499—554. Claussen de Synesio philosopho. Kopenh. 1831. Sievers Studien Cap. VIII. Volkmann Synesius v. Kyrene. Berlin 1869. Synesii Cyrenaici orat. et homil. frgm. ed. Krabinger. Landshut 1850. Synesii epist. ed. D. Petavius Paris 1605. Migne Patrol. Graec. Bd. 22. Photius Biblioth. ed. Bekker c. 26.
[76]) Vgl. epist. 10. 15. 16: μήτηρ καὶ ἀδελφὴ καὶ διδάσκαλε καὶ διὰ πάντων τούτων εὐεργετικὴ καὶ ἅπαν ὅτι τίμιον καὶ πρᾶγμα καὶ ὄνομα. epist. 33. 80. 124. 150: Er übersendet ihr den Dio, de insomniis und τὸν περὶ τοῦ δώρου πάλαι γενόμενον ἐν τῷ καιρῷ τῆς πρεσβείας· πρὸς ἄνδρα παρὰ βασιλεῖ παραδυναστεύοντα (Paeonius).
[77]) Vgl. Volkmann S. 375.

Doch gehörte er als reicher Mann gewifs der Curie an und so wurde er trotz seines Sträubens, um seiner Vaterstadt bei Überreichung eines goldenen Kranzes an den Kaiser pekuniäre Erleichterung vom Steuerdruck zu erbitten, Ende 397 oder Anfang 398 als Gesandter nach Constantinopel geschickt.[78]) Da sich die Erledigung seiner Angelegenheiten länger hinzog, als er erwartet hatte, und unvorhergesehene politische Ereignisse ihn länger, als er wünschte, an die Hauptstadt fesselten, so ist er im ganzen drei Jahre dort geblieben [79]), hat alte Verbindungen erneuert, neue angeknüpft und giebt uns durch den Briefwechsel, welchen er in der Folge mit seinen Bekannten und Freunden unterhielt, und die Schriften, zu welchen ihn seit Aufenthalt veranlafste, eine wesentliche Ergänzung des Bildes der hauptstädtischen Gesellschaft um die Wende des vierten Jahrhunderts. Das gröfste Interesse unter den Männern, welche Synesius dort kennen lernte und mit denen er verkehrte, nimmt ohne Zweifel Aurelianus ein, der später noch zweimal zum höchsten Civilamt der Praefectur des Praeteriums 399 und 415 gelangte, dessen achtungsgebietender Character und rege Fürsorge für die Wissenschaften Synesius in den begeistertsten Ausdrücken gefeiert hat, und in dem er auch in den folgenden Jahren stets einen bereiten Helfer für seine Feunde fand[80]); aber an keinen hat er mehr Briefe gerichtet als an Polyaemon[81]), einen Sachwalter und Rhetor, doch nicht Lehrer der Beredtsamkeit, von dem wir leider nicht mehr wissen, als dafs er grofsen Einflufs und Aussicht auf höhere Würden hatte. Ganz natürlich aber brachte die gleiche Geistesrichtung und Ausbildung den Synesius mit den Spitzen der hauptstädtischen Gelehrten- und Dichterwelt zusammen; so vor allen mit dem Sophisten Troilus aus Sidon[82]), dem späteren Ratgeber des Staatsmannes Anthemius,

---

[78]) Sievers S. 377. — Volkmann S. 13 wundert sich, dafs Synesius immer nur von sich als Gesandtschaft spricht, da doch nach Cod. Theod. XII. 12, 7. 380. die Gesandtschaften der Städte aus drei Mitgliedern bestehen mufsten. Doch schon Gothofred. im Comment. bemerkt dazu, dafs dieses Gesetz nur gegen die Unsitte gerichtet war, dafs einzelne Gemeinden je einen Spezialgesandten abschickten, statt sich zusammenzuthun und ihre Wünsche gemeinsam vorzubringen. Theodosius läfst also durch diese Verfügung den Gemeinden die Möglichkeit einen Gesandten zu schicken, was übrigens eod. tit. l. 9. von Valentinian II. ebenfalls gewährleistet wird. Das arme Kyrene schickte daher nur einen Gesandten. Vgl. Gothofr. im Comment. zu l. 3 über die Zahl der Gesandten.

[79]) De insomniis p. 148 C.   [80]) Vgl. epist. 31. 34. 38. 61.

[81]) epist. 48. 61. 71. 74. 87. 99. 100. 102. 103. 129. 130. 133. 149—152. Ebenso wenig wissen wir von Paeonius (Sievers 385. Volkmann S. 40). An ihn: πρὸς Παιόνιον ὑπὲρ τοῦ δώρου ἀστρολαβίου λόγος ed. Petavius 1633. S. 307 ff.

[82]) Socrat. VII. 1. 12. 27. Suidas v. Τρωίλος. epist. 73. 118. 90. 111. 112. 118. 119. 123.

und dessen Freunde, dem Sänger der Thaten des Anthemius, Theotimus[63]), dem Nicander[64]), welcher demselben Kreise angehörte und dessen Urteil er sein „Lob der Kahlheit" unterbreitete, und endlich mit dem Philosophen Marcianus[65]), einem Bekannten des Troilus — sie alle bildeten eine Welt für sich, in welcher der sich leicht anschliefsende Sophist schöne und für seine ganze fernere Geistesdurchbildung folgenreiche Stunden verlebt hat.

Sechstes Kapitel.

Die Germanen im Orient. — Wer ist der Typhos der Allegorie des Synesius? — Die römische Partei und Aurelian (Osiris). — Beginn der Erhebung des Tribigild. — Sorglosigkeit des Eutrop. — Die Rede des Synesius περὶ βασιλείας an Arcadius und ihre Bedeutung für die Zeitgeschichte. — Gainas wird als Feldherr gegen Tribigild gesandt. — Seine Vergangenheit und Zukunftspläne. — Aufreizung durch Typhos und seine Frau. — Leos unglücklicher Feldzug gegen Tribigild infolge der zweideutigen Haltung des Gainas. — Die Forderung des Gainas führt zum Sturz des Eunuchen. — Eutrop flieht in die Sophienkirche. — Homilie des Johannes Chrysostomus auf den gefallenen Günstling. — Verbannung des Eutrop nach Cypern und das Absetzungsdekret. — Eutrop wird auf Gainas Drängen gegen das Versprechen bei Chalcedon hingerichtet.

Indem Theodosius I. die Westgothen auf friedlichem Wege beruhigte und sie auf römischem Gebiete als Foederaten in Thracien und Moesien ansiedelte, gab er zugleich einen Hinweis auf die Politik welche er ihnen und allen germanischen Völkern gegenüber zu treiben beabsichtigte, nämlich in diesen naturwüchsigen Kriegern, gegen die mit den entnervten Römern zu kämpfen er auf die Dauer für erfolglos hielt, sich eine sichere Hilfe gegen ihre eignen Stammesgenossen zu schaffen, zugleich aber auch durch die Verbinduug mit römischem Blut diesem selbst einen kräftigeren und reineren Gehalt zu geben.[1]) Wir sahen deshalb seinen Thron von trefflichen Männern der verschiedensten Nationalität und religiösen Richtung umgeben[2]), und auch auf die westlichen Regenten Gratian und

---

[63]) epist. 47. 98: ποιητὴς ἀνὴρ τῶν νῦν ἐνθεωτάτος.
[64]) Syn. sandte an diesen sein Encomium Calvitiae. ep. 1. zur Beurteilung. Volkmann nennt ihn einen Dichter S. 113 wohl auf Grund von epist. 75, der beginnt Τοὐπίγραμμά σου τὸ κλεινόν.
[65]) epist. 100 und 119.
[1]) Vgl. v. Wietersheim II², p. 100. G. Kaufmann Deutsche Geschichte bis auf Karl den Grofsen I. S. 289 ff.
[2]) Vgl. G. cap. 3. S. 197—206.

Valentinian II. wirkte sein gewichtiges Beispiel in demselben Sinne ein: Unter den tapfersten und berühmtesten Heerführern dieser Zeit glänzen die Namen Richomer, Saul, Stilicho im Osten, Arbogast und Bauto im Westen am meisten. Die hohen Stellungen, welche diese Germanen im römischen Heer bekleideten, und der Ruf ihres Namens lockten immer mehr blondhaarige, kühnblickende Gestalten des Nordens über den Ister und in die Reihen der römischen Hülfsvölker, während die Zahl der wirklich römischen Truppen immer mehr abnahm, teils wegen eigner Unlust, teils wegen der Bevorzugung des fremden Elements, und endlich war es der Regierung um so angenehmer, je mehr von der plebs misera contribuens ihre Kopfsteuer entrichteten und so dem Waffendienst fern blieben.[3] Aber nicht nur zum Kriegshandwerk boten die Germanen den Römern ihre Dienste an, sondern durch Kauf und Sieg als Beute, seltener wohl aus eigenem Antriebe war eine nicht minder grofse Zahl dieser Fremdlinge in die Hauptstadt und die grofsen Gemeinwesen eingezogen, so dafs ein jedes begüterte Haus nach der Aussage eines Zeitgenossen seinen germanischen Sklaven als Tafeldecker, Bäcker, Wasserträger oder Bedienten beherbergte.[4]

Dazu war in den ersten Jahren nach des grofsen Kaisers Tode sein eigner Sohn in der schmählichsten Weise gegen den aufständischen Alarich unterlegen, hatte in die härtesten Bedingungen widerstandslos eingewilligt, und noch gebot dieser kühne Westgothe nicht nur über sein eignes Volk, das sich auf römischem Boden nährte, sondern verfügte auch über die römischen Streitkräfte der Provinz Illyricum und ihre Hülfsquellen, ritt auch wohl stolz hinein in die Städte mit den zerfallenen Mauern, die er selbst geschaffen, um zwischen Gothen und römischen Bürgern Recht zu sprechen; Gainas endlich und sein Anhang hatten ungestraft vor den Augen des Kaisers seinen ersten Minister niedermetzeln dürfen. Welche moralische Wirkung mufsten diese unleugbaren Thatsachen auf die in denselben Grenzen wohnenden Fremdlinge und Römer haben? War es daher zu verwundern, dafs selbst der germanische Sklave seinen Kopf höher trug? sah und hörte er doch, wie seine hochgestellten Stammesgenossen das römische Wesen, dessen Vorteile sie ungestört genossen, mit Hohn und Spott täglich schmähten[5]; wie sie die Toga verachteten, ihren Pelz erst kurz vor der Senatssitzung auszogen, wohl neben den Consuln den Vorsitz führten und sich dann sehr beeilten, das ungewohnte Gewand

---

[3] Finlay I. S. 88. Es kam noch hinzu die Furcht, den eignen Unterthanen die Waffen in die Hand zu geben. Vgl. G. S. 195.
[4] Synesius περί βασιλείας c. 22.
[5] Ebendas.

abzulegen mit der spöttischen Bemerkung, die Toga hemme die Behendigkeit des Schwertzuges. So schritten sie stolz und sporenklirrend durch die Strafsen der Städte, stets schnell bereit, mit dem Schwert übermütigen und ungesetzlichen Forderungen Nachdruck zu verschaffen. Ein Umstand nur konnte sie in etwas schwächen, die Verschiedenheit des Glaubensbekenntnisses in ihren Reihen; denn schon einmal war es in Theodosius I. Gegenwart zwischen den Anhängern des arianischen Bekenntnisses, welche es auf einen Sturz des Kaisers und die Einsetzung eines weniger energisch gegen die Arianer auftretenden Nachfolgers abgesehen hatten, und den weit geringeren Vertretern des Heidentums, welche Theodosius treu geblieben waren, zu einem blutigen Zusammenstofs gekommen[a]), in welchem der arianische Eriulph von dem Heiden Fravitta getötet wurde. Dieser Gegensatz war durch des Kaisers festes Durchgreifen für den Augenblick wohl verwischt und der arianische Einfluss zurückgedrängt worden, aber unter der Regierung des schwachen Arcadius tauchte er von neuem auf, wenn auch die Folge lehrt, dafs die heidnischen Gothen entweder ganz verschwunden waren oder sich bis auf eine winzige Minderheit den Stammesgenossen im Kampfe gegen das römische Element anschlossen.

Wer aber sollte ihnen Zügel anlegen und Gesetze vorschreiben? Das war ja eben das Unglück dieser Zeiten, dafs der Kaiser charakterlos und ohne festes Auftreten ein willenloses Werkzeug der jedesmal am Hofe mächtigsten Partei und besonders seiner eigenen Gemahlin war, die selbst germanischem Blute entsprossen gewifs eine der mächtigsten Stützen des Übergewichts der Fremdlinge im Reiche war. Mit ihr war Eutrop im Gegensatz zu Rufin emporgekommen, hatte jenen Frieden mit Alarich geschlossen und war somit Träger der erneuerten Staatsidee des Theodosius geworden, und ebenso gehörte auch sein Anhang zu den Freunden des Germanentums — so lange es am Hofe beliebt war; denn diese lebenslustigen Gesellen liefsen sich weniger von ihrer Überzeugung als von ihrem Vorteil leiten. Trotzdem aber traf den Eutrop von seiten der Germanen die gerechte Strafe, weil sie ihn, seitdem er mit Stilicho zerfallen war, nicht mehr für einen aufrichtigen Gönner ihres Volkes ansahen, so sehr er sich ihnen gegenüber auch als solcher geberden mochte.

---

[a]) Eunap frgm. 60. Zosim. IV. 56. Richter das weström. Reich S. 656 setzt das Ereignis ohne Grund kurz vor Beginn des Krieges mit Maximus. vgl. Aschbach a. a. O. S. 61. Köpke Anfänge des Königtums bei den Gothen S. 118. v. Wietersheim I. S. 124. Martin de fontibus Zosim. Dissert. Berlin 1866. G. S. 218.

Als den entschiedensten Anhänger aber des Übergewichts der Germanen und als deren Haupt und Führer wird uns von dem Zeitgenossen Synesius ein Mann genannt, den er in seiner allegorischen Darstellung [7]) dieser Zeit mit dem dem ägyptischen Mythos entlehnten Namen Typhos benennt, ohne dafs es uns bis auf den heutigen Tag gelungen wäre, trotz der eifrigsten Nachforschungen den wahren Namen zu erfahren. Man hat in ihm einmal den Gainas erkennen wollen [8]), eine Annahme, die sich schon dadurch widerlegt, dafs auch Typhos ein Ägypter d. h. in der Auflösung der allegorischen Sprache ein Römer war, wenngleich er sich hauptsächlich auf die fremden Söldner stützte. Ebenso wenig läfst sich der Beweis durchführen, dafs mit Aufgabe der leiblichen Verwandtschaft des Typhos und Osiris (Aurelian) Eutrop das Gegenspiel gegen die römische Partei in den Händen gehabt habe. Zwar pafst auf ihn die Charakterisierung des Typhos völlig, wenn wir damit des Eunap-Zosimus Bemerkungen und Claudians Mitteilungen vergleichen, auch wird bei dem letzteren Autor die zweifelhafte Frau des Eunuchen in ähnlicher Weise wie in der Allegorie geschildert [9]); aber dieser Nachweis, wie erwünscht auch immer, scheitert an dem unwiderleglichen Faktum, dafs Eutrops Sturz und Ende vor der Entfernung des Osiris aus der leitenden Stellung stattfand, dafs er also der nach diesem Ereignisse das Reich beherrschende Typhos unter keinen Umständen sein kann.

Eine neue Möglichkeit der Erklärung endlich schien sich in der Person des Osius zu bieten, der von Claudian [10]) nächst Eutrop als der mächtigste seiner Partei hingestellt wird; es trifft auf ihn zu die Erzählung des Synesius von dem Lebenslauf des Typhos, der, ein Verächter der Wissenschaften, zum Verwalter öffentlicher Ämter ernannt, dann der Unterschlagung anvertrauter Gelder, der Bestechlichkeit und verkehrter Mafsregeln überführt und trotzdem zu anderen Zweigen des Staatsdienstes versetzt nicht besser erfunden wurde.[11]) Denn Osius wird uns zuerst 395 in der geringeren Stellung des Comes Sacrarum

---

[7]) Αἰγύπτιοι ἢ περὶ προνοίας. Vgl. Volkmann S. 53 ff. Krabinger in seiner Ausgabe der Schrift. Sievers Studien S. 387. Neander Joh. Chrysost. II. S. 138 ff. Anmerkung 33.
[8]) Fabricius Bibl. Graec. VIII. p. 224.
[9]) Prolog. in Eutrop. II. 27. — II. 88—95. περὶ προνοίας I. c. 13.
[10]) Eutrop. II. 345 ff. und 445.
[11]) περὶ προνοίας I. c. 3. ὁ δὲ ταμίας τε χρημάτων ἀποδειχθεὶς ... ᾔσχυνεν ἑαυτόν τε καὶ τὸν ἑλόμενον κλοπῆς τε δημοσίων ἁλοὺς καὶ δωροδοκίας καὶ ἐμπληξίας εἰς τὴν διοίκησιν. Μετατεθεὶς δὲ καὶ εἰς ἕτερον εἶδος ἀρχῆς μήποτε ἄρα καὶ ἐναρμόσειεν, ὁ δὲ αἴσχιον ἔπραξεν κτἑ.

Largitionum beglaubigt [12]), in welcher er die Aufsicht über den Staatsschatz und über die rechtzeitige Einlieferung der Abgaben, die Bergwerke und Münzen unter sich und somit Gelegenheit genug zu eigener Bereicherung hatte, sodann erscheint er noch am Ende des Jahres 396 bis 398 [13]) in zahlreichen Verfügungen als magister officiorum, ein Amt, welches dem des praefectus praetorio zunächst steht. War nun Osiris (Aurelian) 393 [14]) und vielleicht noch 394 Stadtpraefect von Constantinopel, und nicht 396 praefectus praetorio [15]), so konnte am Ende dieses Jahres sehr wohl ein Wettstreit zwischen beiden um das höchste Civilamt entstehen, aus welchem Osiris als Sieger hervorging. Auch dies würde sich mit der Person und den Nachrichten über Osius noch vereinigen lassen, er könnte selbst als Typhos in der Eigenschaft des praefectus praetorio jene Schreckensherrschaft ausgeübt haben, da die offizielle Überlieferung der Jahre 400—403 wegen der stürmischen politischen Verhältnisse so gut wie nichts weder für noch gegen diese Annahme bietet — wenn nicht trotz allen Deutens und Deutelns die Thatsache bestehen bliebe, dafs „die Ägypter" des Synesius „auf die Söhne des Taurus" [16]) geschrieben ist, und Osiris und Typhos notgedrungen leibliche Brüder sein müssen. Wie kann aber ein Osius, ein Sclave und Koch aus Spanien, der Sohn jenes Praefecten des Praetoriums Italiens 353—361, wie kann er ein Bruder des Aurelian sein? Hieran scheitert auch des Verfassers Kunst, nur das eine will ihm nun und nimmer in den Sinn, dafs, während uns die Namen so mancher anderer unbedeutender Personen dieser Periode überliefert worden sind, gerade der Name einer der wichtigsten Persönlichkeiten völlig verschwiegen und verloren sein sollte!

---

[12]) Cod. Theod. VI. 30, 13. 28. Novemb. 395. VI. 27, 7 ist VI. Kal. Jun., nicht Jan. zu datieren, wie es bereits Gothofred. in der Chronologie p. 132 und Tillem. hist. des emp. Rom. V. note 4 sur Arcade gethan hat, so dafs Osius erst am 27. Dezemb. 395 als mag. offic. erscheint.

[13]) 396: VI. 26, 6; VI. 27, 8 und 9. 398: VII. 8, 5 und X. 22, 4.

[14]) Als praef. Urbi erwähnt Cod. Theod. I. 1, 3. VI. 3, 1. VI. 4, 26. XII. 1, 130 und 131. XV. 1, 29 und 30. XIV. 17, 11. VI. 2, 10. XIV. 17, 12. Wenn er zugleich XII. 1, 132 und 138 als Prf. praet. bezeichnet wird, so ist das entschieden ein Versehen.

[15]) IV. 2, 1 und V. 1, 5. 396. — Vgl. Tillem. note 23 sur Arcade. Sievers S. 387.

[16]) In der Προθεωρία heifst es: Γέγραπται μὲν ἐπὶ τοῖς Ταύρου παισὶν καὶ τό γε πρῶτον μέρος τοῦ κατὰ λύκον αἰνίγματος (1. Teil) ἀνεγνώσθη, καθ' ὃν μάλιστα καιρὸν ὁ χείρων ἐκράτει τῇ στάσει περιγενόμενος, προσυφάνθη δὲ τὸ ἑπόμενον (2. Teil) μετὰ τὴν κάθοδον τῶν ἀρίστων ἀνδρῶν αἰτησάντων μὴ κολοβὸν ἐπὶ τῶν ἀτυχημάτων μεῖναι τὸ σύγγραμμα.

Jedenfalls aber geht man nicht fehl, den Typhos im Kreise der Gesellschaft Eutrops oder wenigstens in einem nah verwandten zu suchen; denn sinnliche Genüsse und Ausschweifungen füllen sein Leben aus, vor keiner Gesellschaft schreckt er zurück, sein Haus ist der Sammelplatz aller Schamlosigkeit und Roheit, seine Frau ist eine putzsüchtige, kokette Intriguantin, die ihn vollständig beherrscht und der er seine dereinstige Herrschaft prahlerisch voraussagt [17]; fast alles Züge, die wir bis aufs Haar in der vorausgesandten Schilderung des Eutrop und seiner Genossen bei Claudian kennen gelernt haben.

Gegen die Begünstigung des Germanentums aber im Heer und Civildienst, ihr Vordrängen in die leitenden Stellungen, ihr zähes Festhalten an der Nationalität, die sich auch im Äufseren bewahrte, und an der Religion, ihr übermütiges, bürgerfeindliches Benehmen, hatte sich allmählich, wie einst schon unter Valentinian II. im Occident [18]), eine gewaltige Reaktion vorbereitet, welche in der Gemeinsamkeit der römischen Volksgenossenschaft und Sprache ihre Stärke und ohne Rücksicht auf den religiösen Standpunkt die Gemüter der Bürger fast des ganzen Reiches erfafst hatte. Noch lebte hier im Orient ein echter Römersinn, der, wenn ihm auch die reale Grundlage der Wirklichkeit fehlte, doch in seiner Phantasie an die einstigen Grofsthaten der Väter [19]), die Siege der Heere wiederanknüpfte und es nimmer verwinden konnte, dafs er denen dienen sollte, denen einst ein Caesar, Drusus und Tiberius den Fufs auf den Nacken gesetzt hatte. Freilich waren die Führer dieser Bewegung keine Symmachus und Claudian, welche in ihren glatten Höflingsformen den natürlichen Römerstolz eingebüfst hatten, deren Schriften nur zu loben wissen, was auf den Wink des Gebieters oder unter dem Drang der Verhältnisse gefeiert werden sollte, und deren Feder streng gebunden ist an die Thatsache, dafs ein Germane selbst den Westen lenkte. Im Orient dagegen finden wir noch hie und da Männer, wirkliche Römer, die ohne Rücksicht auf eigenen Vorteil nur das Heil ihres Vaterlandes erstreben, das nach der treuesten Überzeugung der Kühnsten und Phantastischen in einer sofortigen und völligen Ausmerzung des germanischen Volksstammes [20]), bei den Verständigeren und mit den Verhältnissen Rechnenden in einer langsamen Zurückdrängung durch Rückführung des römischen Elementes in Heer und Verwaltung beruhte.

---

[17]) περὶ προνοίας I. cap. 3, 13 und 14.
[18]) G. S. 207—212.
[19]) Synesius περὶ βασιλείας cap. 21. 23.
[20]) Ebendas. 22 u. f.

Es war natürlich, dafs dieser Gegensatz sich zu allererst am Hofe geltend machte, wo sich der dem Germanen freundlichen Partei des Eutrop und der Eudoxia eine andere allmählich immer mehr an innerer Stärke gewinnende römische gegenüberstellte; von hier aus fand sie ihre Gesinnungsgenossen in dem geringen Reste des römischen Heeres, vor allem aber in den zahlreichen Bürgern der grofsen Städte, welche die höhere Bildung über die träge Masse erhob und aufser an das tägliche Brod auch an die traurige Lage des Vaterlandes denken liefs. Der Vertreter der ersteren und somit das Haupt der gegen die Germanen gerichteten Bewegung überhaupt war neben dem Consularen Saturnin und Johannes, einem Günstling Eudoxia's, Aurelianus, eben jener Osiris im Mythos des Synesius, der Sohn des Praefectus praetorio Taurus, ein mäfsiger, characterstarker und daher selbst seinen Feinden achtunggebietender Mann, der trotz seines hohen Ranges mit seiner sittsamen, bescheidenen, allem Auffallenden abholden Gemahlin und seinem Sohne Taurus (Oros) ein stilles, eingezogenes, neben ernster Arbeit auch den Wissenschaften und der Dichtkunst gewidmetes Leben führte [21]), so recht das Vorbild eines echten Römers der alten Zeit. Seine vornehme Geburt berechtigte ihn nicht minder als seine gewissenhafte Ausbildung zu hervorragenden Stellungen, und so erklomm er bald die einzelnen Stufen, welche zum höchsten Ziele führten: Nach der Würde eines comes domesticorum, die ihn in engen Zusammenhang mit dem Hofe brachte, schmückte ihn das vielgeschäftige und viel bedeutende Amt des Quästors, als welcher er alle Erlasse des Monarchen mit seiner Unterschrift gegenzuzeichnen hatte, und darauf das wichtige Amt des Praefectus Urbi [22]), welches er 393 und vielleicht noch im Jahre 394 bekleidete; dann scheint er aber vorläufig aus dem Staatsdienst sich zurückgezogen zu haben, vielleicht aus Abneigung gegen den allgebietenden Eunuchen, und ein Förderer und Gönner literarischer Bestrebungen geworden zu sein. Jedenfalls entbrannte am Ende des Jahres 398, als die Gegensätze zwischen „germanisch" und „römisch" immer mehr zu Tage traten, zwischen ihm und seinem so ungleichen

---

[21]) περὶ προνοίας cap. 2. 12. 13. Taurus wird von Synesius epist. 31 erwähnt: ἀσπάζομαι τὸν νέον Ταῦρον, τὰς ἀγαθὰς Ῥωμαίων ἐλπίδας. Er war 416 comes R. P. Cod. Theod. VI. 30, 21 und 428 consul. Vgl. Series chron. constitut. Cod. Theod., 433—434 praefectus praetorio und starb als patricius 449. Marcell. Com,

[22]) περὶ προνοίας cap. 2. ἐπιστάτης δορυφόρων γενόμενος καὶ τὰς ἀκοὰς πιστευθεὶς καὶ πολιαρχήσας καὶ βουλῆς ἄρξας; gerade das letztere deutet auf die Thätigkeit des praef. Urb. vgl. Cod. Theod. VI. 2, 10 de senatoribus an ihn.

Bruder Typhos ein heftiger, allerdings nur dem eingeweihten bemerkbarer Kampf am Hofe um die erledigte Würde des Praefectus praetorio des Orients, welcher den Aurelian trotz der Unterstützung, welche dem Osiris durch das fremde Element zu teil wurde, endlich zum Siege führte, so dafs wir ihn vom Beginn des Jahres 399 bis zum October in jenem Amte officiell beglaubigt finden.[23])

Über seine Amtsführung weifs Synesius nur Rühmliches zu berichten, dafs Aurelian rastlos für das Gemeinwohl besorgt war, und wo es ging, armen Gemeinden Steuern erliefs, während er zugleich die Gelehrten unterstützte und durch sein leuchtendes Beispiel die Liebe zur Bildung überall zunahm.[24]) Grade damals war es, wo Synesius in Constantinopel weilte, und bei der Gleichartigkeit der Bestrebungen ist es nicht wunderbar, dafs er bald in Aurelians Hause eine gastliche Stätte fand und einen tiefen Einblick in diese Verhältnisse gewann, die er uns in seiner „Vorsehung" so eingehend und verständnisvoll übermittelt hat. Die Rede, mit welcher er den Arcadius bei Überreichung des goldenen Kranzes überraschen wollte, ist gewifs in jenem oben geschilderten Kreise lange vorher besprochen und somit als der beredteste Beweis für die Ziele der Aurelianischen Partei anzusehen. Andererseits war die Erhebung Aurelians zum Praefectus praetorio für die Germanen ein deutlicher Fingerzeig, dafs sich am Hofe eine andere, ihnen feindliche Strömung geltend mache, und es kam nun darauf an, ob es Aurelian gelingen werde, das germanische Übergewicht ohne Kampf zurückzudrängen und ob sich die Fremdlinge so ohne Widerstand würden bei Seite schieben lassen. Alles war dazu angethan und durch eine lange Gährung so vorbereitet, dafs jede geringe Reibung der feindlichen Elemente, wo es auch immer war, zu einem entscheidenden Zusammenstofs führen mufste.

Da war es nun von der höchsten Wichtigkeit, dafs unter den vielen, welche zum Antritt des Consulats des Eutrop nach der Hauptstadt eilten, um bei der Übermittelung der Glückwünsche auch für sich einen Vorteil davonzutragen, einer von dem Eunuchen nach seiner Meinung nicht gebührend genug belohnt worden[25]) war und unzufrieden

---

[23]) Cod. Theod. II. 8, 23. XV. 6, 2. Dazu IX. 40, 17 mit falscher Datierung.

[24]) Synesius περὶ προνοίας cap. 12.

[25]) Claudian in Eutrop. II. 177 ff. Ebenderselbe nennt ihn 176. Geticae dux improbus alae; Philost. XII. 8. dagegen comes. Socr. VI. 6. χιλιαρχῶν; Sozom. VIII. 8. πολυανθρώπου τάγματος ἡγεῖτο. Sein Name lautet bei Claudian Targibilus, bei Zosimus und Socrates Τριβίγιλδος, bei Philostorg Τριγίβιλδος, bei Sozomenos Τιρβίγγιλος.

in seine Heimat zurückkehrte, der comes Tribigildus.²⁶) Er befehligte
die in Phrygien stehenden Truppen und hatte in Nacolia ²⁷) seinen Stand-

---

²⁶) Zur Chronologie der Ereignisse: I. 1. Dafs der Aufstand des Tribigild
im Jahre 399 stattfand, beweist sein Zusammenhang mit dem Consulate des
Eutrop, in welches er von Claudian in Eutrop. II. 95 ff. gesetzt wird. Dieses
Consulat war aber das von 399 (vgl. Series Chron. constit. Cod. Theod.). Es
ist demnach eins der vielen Versehen, von denen die Herausgabe des Sieversschen
Nachlasses wimmelt, wenn hier S. 358 vom Frühjahr 398 gesprochen wird (vgl.
Clinton Fasti Rom.). 2. Die Bemerkung von Sievers ist ganz richtig, dafs Claudian es zu erwähnen nicht vergessen haben würde, wenn das Consulat Eutrops
wirklich nur sechzehn Tage gedauert hätte, wie es nach Cod. Theod. IX. 70, 17
scheinen möchte. 3. Es spricht gegen das Datum dieser Verfügung — 17. Jan.
399 — ferner der Umstand, dafs Eudoxia, welche den Eutrop stürzen hilft, an
jeder Hand ein Kind hatte, als sie sich bei Arcadius über den Eunuchen beschwerte (Philost. XI. 6). Dies kann nur die 397 geborene Flaccilla und die
399 19. Jan. geborene Pulcheria sein (Marc. Com. chron. Pasch.). Sollte aber
die letztere schon an der Hand der Mutter haben stehen können, so müfste sie
mindestens ein halbes Jahr alt gewesen sein. 4. Da die Abreise des Hofes nach
Ancyra gewöhnlich erst Anfang oder Mitte Juli vor sich ging, so werden die
Vorbereitungen schwerlich vor Mai begonnen sein, von denen Claudian a. a. O.
spricht. 5. Begann also erst damals Tribigild seinen Aufstand, so nehmen die
Rüstungen, das Übersetzen, das Zögern der römischen Truppen, endlich ihre
Niederlage und Tribigilds Plünderungen gewifs 3—5 Monate in Anspruch. —
Aus allen diesen Gründen thut man sicherlich nicht unrecht, den Fall des Eutrop
erst in den Hochsommer bis Herbst 399 zu setzen (vgl. Joh. Chrysost Homilie in
Eutrop. I. p. 381 B. ἄνθη ἦν ἐαρινά κτὲ.).
II. Damit hängt eng die Frage zusammen, wann Aurelian, Saturnin und
Johannes dem Gainas ausgeliefert worden sind? Der Zeitgenosse und Augen-
zeuge Synesius erwähnt vor der Verbannung nichts von dem Consulate des
Aurelian, sondern spricht nur von seiner Praefectur, dagegen hat er περὶ προ-
νοίας II. 4 die Bemerkung, dafs das Jahr nach Aurelian benannt wurde, die
Sievers durch die Annahme zu erklären sucht, dafs sein Name bei der Verbannung
aus den Fasten gestrichen wurde. Zosim. V. 18. allein nennt ihn Consul, als er
von seiner Verbannung spricht; während Socrates beide, Aurelian und Saturnin,
ἀπὸ ὑπάτων nennt, was gewifs nur von Saturnin galt; ebenso verallgemeinert
Sozom. VIII. 4 ὑπατικοὶ ἄνδρες. Es ist daher sehr wohl möglich, dafs jene
Männer noch Ende 399, als Aurelian bereits zum Consul designiert war, dem
Gainas ausgeliefert wurden, was jenen Zusatz des Synesius leicht erklären würde.
Tribigild und Gainas sind darauf anfangs 400 nach Europa übergesetzt, während
die Besatzung Constantinopels und des Typhos Schreckensherrschaft etwa sechs
Monate dauerte und Aurelian im letzten Drittel des Jahres 400 zurückkehrte.
Dabei kann das Gerücht über Johannes bei Zosim. V. 18 recht wohl
Bestand haben, ohne absurd zu sein, denn die Verbannten mochten, da am
12. Juli die Metzelei in Constantinopel stattfand, im August bereits dort angekommen sein.
²⁷) Philost. a. a. O.

ort, während ringsherum Ostgothen und besonders Gruthungen[28]) als Laeten[29]) angesiedelt waren. Es sind das dieselben Gothen, welche ebenfalls von den Hunnen westwärts getrieben im Jahre 386 vergeblich versuchten den Ister zu überschreiten und durch die List des umsichtigen Generals Promot in nächtlicher Schlacht auf dem Flusse meist vernichtet[30]), in ihren Überbleibseln sodann vom germanenfreundlichen Theodosius, ähnlich den Westgothen, in Phrygien und den angrenzenden Landschaften angesiedelt worden waren. Hier in einem Gebiet, das, wie selten in Klein-Asien, zwischen Maeander und Marsyas reichen Getreideboden, herrliche Weingelände, prächtige Ölbaumpflanzungen, treffliche Weiden für Rinder und Pferde und bunten Marmor in Fülle bot[31]), war ihnen Land zum Bebauen angewiesen worden, auf dem sie nach heimischer Sitte und vaterländischen Gesetzen leben durften und nur eine bestimmte Anzahl kriegstüchtiger Rekruten zu stellen hatten. Es war dies, wie in Thracien und Moesien eine westgothische Colonie, so dort eine ostgothische, und gleichwie die Westgothen nach Theodosius Tode mit ihrer Lage unzufrieden gewesen waren, so hatte hier der ungeahnte Erfolg Alarichs auf der einen Seite und die immer merklicher hervortretende feindliche Gesinnung gegen die Fremdlinge auf der andern einen besonders günstigen Boden für eine Erhebung geschaffen. Es kam noch hinzu eine solche zu begünstigen, dafs grade zu dieser Zeit die Hunnen nicht nur über den eisigen Ister gesetzt, sondern auch durch die kaukasische Pforte in Armenien eingefallen waren, während die Perser über den Tigris vordrangen und Klein-Asien bedrohten.[32]) Aufserdem war den Bewohnern dieser Gegend hinreichend bekannt, wie verfallen die Mauern der meisten Städte waren und wie ungenügend die Besatzungen[33]); vor allem aber stärkte den Tribigild die Überzeugung, dafs er in einem Kampfe gegen die Römer mit seinen Stammesgenossen nicht allein sein, sondern dafs alle, soweit sie die germanische Zunge redeten, bis auf geringe Ausnahmen sich seiner Fahne anschliefsen würden.

Hatte er schon vorher mit Gainas, damals dem ersten unter

---

[28]) Claudian v. 153: Ostrogothis colitur mistisque Gruthungis
Phryx ager.
[29]) Das läfst sich daraus folgern, dafs nur gesagt wird, sie bebauten das Land, nicht aber, dafs sie wie die Colonen Steuer und Pacht zahlten. Vgl. Finlay I. S. 141, G. Kaufmann a. a. O. S. 249 ff. über diese Verhältnisse.
[30]) Zosim. IV. 38 und 39. Er nennt sie $\Pi\rho\delta\vartheta\nu\gamma\gamma o\iota$. Vgl. G. S. 134—136.
[31]) Claudian v. 269—274.
[32]) v. 104 ff. 475 ff. Vgl. unten Cap. 10 der Darstellung. Philostorg. XI. 8.
[33]) Claudian v. 275 ff.

den germanischen Heerführern, eine Verabredung getroffen oder hoffte er nur auf dessen geheime Unterstützung[34]) — genug im Frühling des Jahres 399, als der kaiserliche Hof sich eben anschickte, seine Vorbereitungen für die Übersiedelung nach Ancyra zu treffen und Eutrop noch im Wonnegefühl einer unbeschränkten Allgewalt schwelgte, erhob er die Fahne des Aufruhrs in Phrygien.[35]) Aber von hier aus dehnte sich die Erhebung nach allen Seiten von Tag zu Tag weiter aus, da aufser den eigenen Stammesgenossen Tribigilds alle germanischen Sklaven die Gelegenheit wahrnahmen, ihren Herren zu entwischen, und alles sonstige arbeitsscheue Gesindel sich zahlreich den Empörern anschlofs: Bithynien, Jonien, Galatien und Pisidien, in langem Frieden reich gesegnet, wurden eine leichte Beute Tribigilds, dessen räuberische Scharen die offenen Städte und Dörfer plünderten und die Bewohner ohne Rücksicht auf das Geschlecht niedermetzelten, so dafs der sich vor ihnen ausbreitende Schrecken die Bewohner des Binnenlandes eiligst ans Meer und mit der beweglichen Habe zu den rettenden Inseln flüchten hiefs. Die Nachricht von diesen Vorgängen beunruhigte den allmächtigen Eunuchen anfangs keineswegs, er hielt die Bewegung nur für den verwegenen Streich eines Abenteurers, der seine Erledigung weniger durch die Waffe des Kriegers als durch das Schwert des Henkers bald finden werde; doch als immer beängstigendere Botschaften kamen und der Aufruhr immer gröfsere Ausdehnung annahm, ja ganz Klein-Asien zu fürchten begann, da schickte er geheime Unterhändler, welche die Habsucht des Führers, die er wohl kannte, durch sich steigernde Geschenke befriedigen und damit dem drohenden Unheil ein Ende machen sollten.[36])

---

[34]) Über diese wichtige Frage geben die Quellen begreiflicherweise weit auseinander: Zosimus, Socrates, Sozomenos, Theodoret stellen den Gainas von vornherein als den eigentlichen Urheber hin, während gerade die nächsten Zeitgenossen Claudian und Synesius nichts davon wissen. Aber die geringe Einsicht der Kirchenhistoriker wird schon dadurch bewiesen, dafs sie Eutrops Sturz ganz aufser Zusammenhang mit diesem Aufstand erzählen.

[35]) Über die Erhebung berichten Zosimus V. 13ff., Claudian in Eutrop. II. 95 ff. Socrates VI. 6. Sozomen. VIII. 4. Theodoret V. 32. Philost. XII. 8. Synesius Αἰγύπτιοι ἢ περὶ προνοίας ed. Krabinger. Von den späteren Quellen berichtet Theophanes zu 394 über den Aufstand ungenau und zum teil unrichtige Thatsachen. Ähnlich Cedren p. 328. Nicephor. XIII. 5 und 6 stützt sich vornehmlich auf Sozomenos.

[36]) Claudian v. 304—320. — Darstellungen dieser Episode finden sich bei Gibbon VIII. Anf. v. Wietersheim S. 120—123. Sievers S. 356 ff. Volkmann (für den 2. Teil eingehend) S. 42—76; endlich bei F. Ludwig Der Hl. Johannes Chrysostomus in seinem Verhältnis zum byzantinischen Hof. Braunsberg 1883. S. 27—42.

Damals nun war es gerade, dafs der Sophist Synesius als Gesandter seiner Vaterstadt Kyrene die längst erbetene Audienz beim Kaiser Arcadius bewilligt und somit die Erlaubnis erhielt, bei Überreichung eines goldenen Kranzes, seine seit langem vorbereitete Rede demselben vorzutragen.[37]) Es geschah dies jedenfalls vor dem auf dem Throne sitzenden Kaiser, der umgeben von seinem Hofstaate und an dessen Spitze dem magister officiorum als Oberceremonienmeister der Betrachtung des Sophisten „Über das Königtum" zuhörte. Diese Rede hat sowohl vor vielen anderen des Altertums als auch vor den übrigen Geisteserzeugnissen des Synesius eine überwiegende Berühmtheit erlangt, weil sie, vor dem allgebietenden Kaiser des Ostreichs gehalten, ungescheut [38]) in kühner und begeisterter Sprache ein Bild des wahren Königs vor ihm, der nicht ein Schatten desselben war, entrollte, wie ihn sich die Phantasie des Redners in patriotischer Gesinnung und idealer Gestalt ausgemalt hatte.

Synesius beginnt mit dem Zweifel, ob man die lange nicht gesehene Philosophie hier noch kennen und gastlich aufnehmen werde, denn nicht heitere Reden und schmeichlerische Worte werde sie bringen, sondern manches tadeln, was Königtum und König berühre. Gleichwohl sei eine freimütige Rede vor allem der Aufmerksamkeit eines Herrschers wert, weil sie der Gymnastik und Heilkunde gleiche, welche dem Körper zwar augenblicklichen Schmerz verursachen, aber ihn erretten. Die Veranlassung zu seiner Sendung sei die, dafs Kyrene ihn abgeschickt habe einen goldenen Kranz zu überreichen, eine schwer getroffene Stadt, die aber hoffentlich durch Arcadius Fürsorge sich bald wieder erheben werde. Doch vermag nicht die Stadt eine Rede zu adeln, denn ihr Adel ist die Wahrheit. Sie beschäftige sich einmal mit dem, was dem König ziemt, sodann; was nicht, Arcadius aber möge dabei seine Gefühle nicht zurückhalten und seiner Reue sich nicht schämen. Zwar die Gröfse seiner Macht und Herrlichkeit erkennt auch Synesius an, doch, weil die Glücksgüter leicht beweglich sind, so lobt er den Kaiser deshalb nicht, sondern

---

[37]) Volkmann nimmt S. 25 an, dafs die Rede erst nach dem Tode des Eutrop gehalten wurde, während Sievers S. 384 sie vor seinem Sturz ansetzt. Ihm schliefse ich mich deshalb an, weil nach dem Sturze des Eutrop zunächst Friede geschlossen wurde, also nicht mehr, wie Synesius cap. 21 sagt, einzelne Teile des Reichs entzündet waren.

[38]) Synesius sagt De insomniis p. 148 D. selbst von seiner Gesandtschaft: καὶ ἐς τὴν βασιλείας ὁμιλίαν τῶν πώποτε Ἑλλήνων θαῤῥαλεώτερον παρεστήσατο (sc. με).

fordert ihn auf denen nachzuahmen, die gleich seinem Vater Theodosius ihr Glück durch die Tugend errungen haben. Während dieser durch seine Tüchtigkeit die Herrschaft gewann, verdanke er sie dem Glücke und müsse daher bei seiner grofsen Jugend versuchen, sie durch Anstrengungen und Mühen sich zu verdienen und zu erhalten, um so mehr, als auch des Theodosius Glück durch Neid und Kürze getrübt war. Denn dadurch unterscheide sich eben der König vom Tyrannen, das jener nur für die Unterthanen lebt und sorgt, dieser nur für sich und auf Kosten derselben. Darum möge Arcadius bei seiner Jugend, die, wie ein Strom, wo Auswege sich bieten, nach beiden Seiten neigt, die Philosophie sich als Leiterin nehmen und das Gesetz seine Sitte, nicht seine Sitte das Gesetz sein lassen. Da Stärke ohne Weisheit nichts vermag, wohl aber beide vereint, so möge Arcadius seine Herrschaft der Weisheit in die Hand geben, dann werden die übrigen Tugenden von selbst folgen; denn die äufseren Güter können zum guten wie zum bösen ausschlagen, je nachdem sie in eines Guten oder Bösen Hand kommen. Arcadius nun gebrauche sie zum Wohle seiner Unterthanen und folge darin dem Beispiel des „Himmlischen Königs". Das ist einer der Namen, mit denen man Gott nicht nach seinem Wesen, sondern seinen Werken benennt; man heifst ihn überall auf Erden „gut", weil von ihm alle Segnungen ausgehen. So möge Arcadius der gleichen Benennung eingedenk ihm darin nachzutrachten suchen, und während der Redner ihm das Bild des Königs, wie er sein soll, schildern will, mache er ihm in sich selbst dieses Bild belebt und beseelt!

Die Grundlage, auf der es ruht, ist ohne Zweifel die Gottesfurcht, auf welcher es nie durch Stürme umgeworfen werden kann. Sie wird dem Könige die Kraft verleihen, vor allem über seine eigenen widerstrebenden Neigungen Herr zu sein und so ein Vorbild für alle. Er soll zuerst stets mit sich selbst zu rate gehen, dann aber mit seinen Freunden, einem Besitze, wie es keinen anderen königlicheren giebt, insofern er den Mangel der Natur ergänzt und die Kraft des einzelnen vervielfältigt. Doch mufs der König sich hüten, dafs unter der Maske der Freundschaft die Schmeichelei sein Herz verderbe und in die tiefsten Gemächer eindringe. Seine nächsten Freunde müssen die Krieger sein, mit denen er die gleichen Anstrengungen ertragen möge, damit sie in Wahrheit seine Streitgenossen sind. Denn nur so wird er ihre Treue und Zuneigung gewinnen, aber nicht ein König, der den Truppen erst durch den Maler bekannt wird. Will er nun die Krieger als seine Werkzeuge gebrauchen, so mufs er sie auch kennen und zeigen, dafs er sie kennt, indem er nicht nur die Führer, sondern auch die Gemeinen mit Namen ruft, lobt und anspornt, wie es schon die Könige bei Homer thun.

Nichts aber hat den römischen Staat mehr verdorben als die geheime Feier der Kaiser als Götter und die öffentliche barbarische Ausstellung dessen, was sie betrifft. Sie fürchten den Menschen ein gewohnter Anblick zu werden und wissen nicht, dafs sie dadurch die Gelegenheit verlieren, praktische Einsicht zu gewinnen und die menschliche Vollendung zu erreichen. Sie schliefsen sich vielmehr im Palaste ein und führen, nur den Geschmacks- und Tastsinn reizenden Vergnügungen huldigend, das Leben eines Meerpolypen. Auch finden sie nicht Gefallen an verständigen Gedanken in deutlicher Sprache, sondern sie umgeben sich mit Possenreifsern und Narren, während sie gegen die Verständigen Verdacht hegen und vornehm thun. Sie vergessen dabei, dafs eine Herrschaft durch das Gegenteil von dem, wodurch sie gestiftet ist, zu Grunde geht. Ist nun aber der römische Staat besser daran, seitdem die Könige sich in Purpur und Gold hüllen, mit kostbaren Steinen Diadem, Schuhe, Gewand, Spangen und Thron zieren, ein allfarbiger Anblick wie der des Pfauen? „Da staunen euch die Menschen an, wenn ihr in solchem Prunkmantel in den Senat geht als Consul, als die Lasttragenden, die allein seligen der Senatoren. Gewöhnliche Fufsbänke genügen euch nicht, Lasten von Goldsand werden herangeschleppt und selbst mit dem Leder der Schuhe prunkt ihr. So lebt ihr wie Eidechsen, die die Sonne scheuen, und seid schlechter daran als damals, da Männer die Heere befehligten, öffentlich lebend, gebräunt von der Sonne, einfach und natürlich sich haltend, aber heute im Bilde von den Knaben verspottet. Sie hemmten nicht die Barbaren durch Befestigung der Heimat, sondern durch Siege über Parther, Geten, Massageten, indem sie häufig Euphrat und Ister überschritten. Heute erfüllen diese euch mit Schrecken, setzen über den Strom und heischen Friedenslohn!" Diese Vergleichung aber soll nicht zur Schmähung dienen, sondern nur, den Prunk der Jetztzeit und die · Schlichtheit der alten in ihrer Nacktheit einander gegenüber zu stellen. Carinus wurde von den Gesandten der Parther in der Kleidung des gemeinen Soldaten bei Erbsenbrei mit ranzigem Schweinefleisch getroffen, und dieser Anblick sowie sein kahles Haupt, dessen er sich nicht schämte, bestimmten sie, den König um Frieden zu bitten, während heute eine Leibwache, auserlesen aus dem Heer, stattlich, schlank, blondhaarig, duftend von Salbe das Haupt und Antlitz, goldbeschildet und belanzt den Herrscher umgiebt.

Hochmut und Prunk müssen also vom Königtum verbannt werden und Arcadius möge den Anfang zur Rückkehr zum Guten machen. Denn „in unserer Lage stehen alle auf der Schärfe des Messers", und es bedarf Gottes und des Königs, das schon lange schwanger gehende Geschwür des Römerreichs vor der Zeit wegzuschneiden. Dazu aber ist vor allem nötig, dafs die Krieger einheimische, nicht Barbaren sind, die, wenn sie die Schwäche des Reichs sehen, leicht auf den Gedanken kommen könnten es zu unterjochen. Hiervon giebt es bereits Beispiele, und noch sind einzelne Teile des Reichs entzündet, weil das Fremdartige mit dem Heimischen nicht harmonieren kann. „Man mufs sie ausstofsen!" aber nicht so, dafs man gegen sie keine Gegenmacht rüstet, vielen Dienstfreiheit gewährt und den Heimkehrenden gestattet, sich mit anderen Dingen zu beschäftigen. Nein! vom Pflug, aus der Schule des Philosophen, aus der Werkstatt und der Krämerbude mufs die Jugend hervorgeholt werden, statt im Theater zu leben. Denn die Verteidigung des Landes ist eine männliche, die Verwaltung des Innern eine weibliche Tugend. Bevor es aber dahin kommt, dafs die Bewaffneten über die Städter gebieten, möge lieber der Römergeist erweckt, mögen lieber Siege erfochten und keine Gemeinschaft mit den Barbaren geduldet werden. Deshalb müssen sie zuerst aus den obrigkeitlichen Ämtern und dem Senat entfernt werden, gilt ihnen doch die Toga für schimpflich, so dafs sie sie erst kurz vor der Senatssitzung an- und· gleich nach derselben wieder auszuziehen, weil sie die Schnelligkeit des Schwertzuges hindere. Jedes begüterte Haus hat einen scythischen Sclaven, und haben Crixus und Spartacus schon einen so gewaltigen Krieg erregt, um wie viel mehr werden diese, die zahlreich im Hause als Sclaven, im Heere und in der Obrigkeit sind, über die Einheimischen herfallen! Darum möge Arcadius das Heer wie einen Weizenhaufen reinigen und nicht vor der Schwere des Amtes verzagen, sondern bedenken, welcher Männer König er sei. Denn die Scythen sind von jeher nur für einige Zeit furchtbar gewesen, sie kamen hülfeflehend zu den Römern und wurden aufgenommen; da empörten sie sich, wurden von Theodosius gezüchtigt, aber leider, milde behandelt, wurden sie seine Streitgenossen, erhielten obrigkeitliche Ämter und ein Stück Land angewiesen. Seit dieser glimpflichen Behandlung verlachten sie die Römer und zogen durch ihren Ruf gar noch ihre Nachbarn herbei.

Hat Synesius soweit den kriegerischen König geschildert, so soll jetzt der friedliche im Bilde gezeigt werden: der kriegerische König wird nämlich, da der Krieg nur Mittel zum Frieden sein darf, stets friedlich sein und seinen Völkern auch die Segnungen des Friedens zukommen lassen sowie sich persönlich durch Reisen von ihrer Lage überzeugen. Darum nehme er auch die Gesandtschaften, durch die er alles beschauen und vernehmen kann, freundlich wie ein Vater auf! Die Krieger selbst aber müssen schonend mit den Bürgern, die für sie die Lasten tragen, umgehen und nicht mehr nehmen, als ihnen zukömmt. Auch ist es nicht königlich die Gemeinde durch Abgaben zu drücken, da der gute König nicht kostspielige Werke errichtet und den Schweifs der Edlen im Theaterspiele vergeudet; das Nötige aber kann ohne Beschwerden eingetrieben werden. Ein habsüchtiger König ist schändlicher als ein Krämer, der doch schon überall niedrig, schlecht geartet und ohne alle edle Bildung ist und nur in einem kranken Staate eine nicht ganz ehrlose Stellung findet.[39]) — Zum Schlufs fafst der Redner noch einmal seine Gedanken zusammen, betont vor allem, dafs der König seine Würden gerecht, nach Verdienst und nicht nach Reichtum verteile an die, welche er genau kennt, dafs er die Weisen und Gerechten, trotz ihres unscheinbaren Gewandes hervorziehe, die Philosophie und wahre Bildung liebgewinne — mit einem Wort! dafs er das vom Redner entworfene Bild beseele, damit Synesius selbst noch die erste Frucht seines Samens geniefse, wenn er komme, um über das, was Kyrene erfleht, sich günstigen Bescheid zu holen.[40])

Diese Rede ist deshalb von so hoher Bedeutung, weil sie in allen ihren Teilen das Bild eines Staatswesens entrollt, welches dem oströmischen der damaligen Zeit gerade entgegengesetzt war: denn Arcadius suchte nicht durch eigene Tüchtigkeit sich des Thrones wert zu machen, er musterte nicht die Truppen persönlich und war ihr Genosse im Kampf, er schlofs sich vielmehr völlig vom öffentlichen Leben ab und zog nicht die edelsten seiner Unterthanen in seine nächste Umgebung, sondern elende Schmeichler und niedrige Seelen, er gab nicht die Ehrenstellen in Heer und Verwaltung an die ihm als die geeignetsten bekannten Männer, sondern liefs seine Kreaturen einen himmelschreienden Ämterhandel treiben — und diesen Fürsten, der in allem das gerade Gegenteil des idealen Königs des Redners war, fordert Synesius mit kühner Stirn auf, den Krebsschaden des Reiches, das Übergewicht der Barbaren, durch rücksichtsloses Durchgreifen zu beseitigen, und das zu einer Zeit, da das Heer noch ganz in den Händen germanischer Feldherrn und Offiziere war und vielleicht manche von diesen bei der Audienz zugegen sein mochten.

---

[39]) Eine für uns unverständliche, verächtliche Meinung vom Handelsstande!
[40]) Synesius erhielt für sich Freiheit vom Dekurionat und seine Vaterstadt Herabsetzung der Steuern. Αἰγύπτιοι I. cap. 18.

Welch' peinliches Gefühl mufsten seine Worte in dem entarteten Sohne des grofsen Theodosius hervorrufen, wenn anders seine schläfrige Seele die erhabenen Gedanken des Redners überhaupt verstand und erfafste! Doch zürnte er dem kühnen Sophisten nicht, weil er auf dessen guten Willen sah und augenblicklich von Aurelian beeinflufst dem fremden Elemente abhold war; und auch der Eunuch mufste zu den verschiedenen auf ihn gehenden Hieben schweigen, da die Lage des Reiches immer beängstigender wurde. Aber für die Germanen selbst war diese Rede gewissermafsen die Kriegserklärung der römischen Partei, und wer von ihnen Augen hatte zu sehen und Ohren zu hören, der mufste sich sagen, dafs die Entscheidung nahe.

Es war daher ein grofser Fehler des Arcadius oder des Eutrop, dafs nicht ein energischer römischer Feldherr als Oberbefehlshaber gegen Tribigild abgesandt wurde, sondern der schon oft genannte Magister militum Gainas.[41]) Bei der Gährung, welche schon lange im Ostreiche gegen die Germanen sich fühlbar machte, ist es nicht nötig anzunehmen, dafs er überhaupt der Anstifter der ganzen phrygischen Erhebung war, obwohl Zosimus und die Kirchenhistoriker ihn als solchen hinstellen[42]); ausschlaggebend wird nicht sowohl Claudian sein können, welcher, wie das erhaltene Stück seines zweiten Buches gegen Eutrop beweist, den alten Waffengefährten des Stilicho nicht blofsstellen durfte, sondern einzig und allein Synesius, der den Aufstand mit am Hofe erlebte, mit den leitenden Männern sehr vertraut war und keine Veranlassung hatte, den Gainas zu schonen. Man darf deshalb wohl annehmen, dafs Stilicho das Wagnis des Freundes mit Wohlwollen begleitet, aber keineswegs, dafs er es angestiftet hat. Die Gründe, welche diesen bestimmten, eine anfangs zweideutige und später offen feindselige Haltung gegen die Regierung anzunehmen, kamen vielmehr aus dem unerquicklichen Verhältnis, welches allmählich zwischen Germanen und Römern entstanden war, und vielleicht trug gerade die Rede des Synesius dazu bei den schwankenden General

---

[41]) Er hatte sich vom Überläufer und gemeinen Soldaten zum Feldherrn emporgeschwungen, befehligte barbarische Hilfstruppen im Kriege gegen Eugen und hatte bekanntlich die von Stilicho entlassenen Soldaten des Orients nach Constantinopel zurückgeführt, vgl. G. S. 223. Er wird genannt στρατοπεδάρχης τῶν ἀλλοφύλων von Synesius Αἰγύπτιοι I. 15; στρατηλάτης ῥωμαικῶν ἱππικῆς τε καὶ πεζικῆς von Socrat. VI. 6; στρατηγός von Sozom. VIII. 4. Philost. XI. 8. Jordanis cap. 34 und Marcell. Com. nennen ihn comes; doch war er gewifs bei seiner langen Dienstzeit und Auszeichnung magister militum. Vgl. Tillem. note 27 sur Arcade.

[42]) Vgl. Anmerk. 34.

zum Rebellen zu machen. Frägt man sich, welchen Plan er bei seinem Ahfall verfolgte [42a]), so zeigt der Verlauf des Krieges, dafs er ein bestimmtes, fest formuliertes Ziel nicht besafs, jedenfalls dachte er nicht daran den Kaiser zu stürzen, denn, obwohl er ihn und den ganzen Hof später in der Hand hatte, hat er es nie versucht sich selbst oder einem anderen die Krone aufzusetzen. Ihn unterschied von Alarich, dafs er nicht von einem zahlreichen, eng geschlossenen Volke zum König erhoben, sondern nur der rebellische Gebieter von allen möglichen Stämmen angehörenden Söldnern war, von denen die Ostgothen blofs einen geringen Bruchteil bildeten.

So fühlte er sich am Ende, als er äufserlich im Besitz der Hauptstadt und damit des Reiches zu sein schien, doch seiner Kräfte nicht sicher und dem nationalen Hafs der Römer, der ihm überall begegnete, nicht gewachsen, obwohl fast alle germanischen Truppen sich ihm anschlossen, nicht nur die arianischen, sondern auch die heidnischen. Trotzdem scheiterte seine Erhebung, welche im Anfang von so ungewöhnlichem Glück begleitet war, und bei der ihn eben jener Typhos des Mythos, der Bruder Aurelians, ein Bundesgenosse gewesen ist. Dieser nämlich, so erzählt Synesius [43]), unzufrieden damit, dafs Aurelian an die Spitze der Verwaltung gestellt war, und von seiner intriguanten Gattin gequält, fafste mit ihr den Gedanken, sich auf gewaltsame Weise der Herrschaft zu bemächtigen. Sie machte sich daher an die Frau des Heerführers der fremden Truppen, die damals in der Hauptstadt weilte, während ihr Mann (Gainas) einen unglücklichen Feldzug gegen einen abgefallenen Teil des Landes führte, und redete ihr ein, Aurelian habe gegen ihren Mann den Verdacht der Verräterei gefafst und gedenke ihn seiner Würde zu entsetzen, sobald er aus dem Kriege zurückgekehrt sei und die Waffen niedergelegt habe; das ganze Scythenvolk solle aus dem Lande gejagt und die Landesverteidigung nur Einheimischen anvertraut werden. Dann trat sie offen mit dem Vorschlag eines Abfalls und einer Empörung hervor, indem sie versicherte, der Widerstand werde nur gering sein und Typhos müsse die Leitung des Staates übergeben werden. Doch, welche Wirkung sie mit diesem Vorschlage ausübte, müssen wir vorläufig beiseite lassen und uns erst zu Gainas Feldzug gegen Tribigild zurückwenden.

Neben Gainas hatte den Oberbefehl über die Truppen der Freund und Günstling des Eutrop Leo [44]), ein unfähiger Militär,

---

[42a]) Vgl. Hertzberg III. S. 412.
[43]) Αἰγύπτιοι I. cap. 15: τυρεύεται δὴ τὸ κακὸν ἐν δύο γυναικωνίτεσι.
[44]) Zosim. V 14. Claudian in Eutrop. II. 376 ff. Eunap. frgm. 76.

erhalten und wandte sich mit seinem Corps nach Asien übergesetzt an den Hellespont, während Gainas aus Thracien in den Chersonnes zog und die europäische Küste dieser Meerenge gegen eine feindliche Landung zu decken beauftragt war.[45]) Doch müssen wir annehmen, dafs er schon damals entschlossen war, weniger die Erhebung Tribigilds zu dämpfen als ihr Vorschub zu leisten, und dafs sie schon früher gemeinschaftliche Sache gemacht hätten, wenn der letztere sich dem Hellespont genähert hätte. Tribigild aber, welcher mit den römischen Streitkräften unter Leo zusammenzustofsen fürchtete, warf sich von dem ausgeplünderten Phrygien nach Pisidien und bereitete diesem dasselbe Schicksal; jede Stadt wurde erobert, die Bewohner mitsamt den römischen Besatzungen getötet, indes die barbarischen sich in den Scharmützeln überall ihren Stammesgenossen anschlossen. Nun endlich setzte auch Gainas nach Asien über, da Leo nicht wagte, seinen Standort zu verlassen[46]), aus Furcht vom Meere abgeschnitten zu werden, doch ohne thätig einzugreifen und der Verwüstung Einhalt zu thun, weil Tribigild, wie er nach Constantinopel berichtete, ihm zu übermächtig und gefährlich erschien. Im geheimen jedoch knüpfte er nun Unterhandlungen mit ihm an und stellte Unterstützung in Aussicht; aber Tribigild hatte immer noch nicht den Mut sich mit ihm zu vereinigen, so lange Leo mit den Römern ihm im Wege stand.

Statt vom Plateau Klein-Asiens nach der Küste Lydiens herabzusteigen, gedachte er noch Pamphylien zu verwüsten und geriet dabei in schwer zugängliche Wege, welche für seine Reiterei nicht gangbar waren, und fand in dieser von Bergen ganz durchzogenen Landschaft einen ungeahnten, tapferen Widerstand. Ein kühner Bürger der kleinen Stadt Selge[47]), Valentinus mit Namen, sammelte eine Menge Sklaven und Bauern, welche durch ihre fortwährenden Kämpfe mit den Isaurischen Räubern im kleinen Kriege geübt waren, und stellte sich auf den Höhen auf, welche den von Pisidien nach Pamphylien führenden Pafs beherrschten. Nachdem Tribigild auf ebenerem Wege mit seinen Barbaren zu den niedrigeren Teilen Pamphyliens geritten war, kam er noch in der Nacht zu den unterhalb Selges gelegenen Gegenden.[48]) Hier nun

---

[45]) Zosim. a. a. O. vgl. Philost. XI. 8.
[46]) Zosim. V. 15., vgl. Claudian II. 405 ff. über die Haltung des römischen Heeres.
[47]) Was den Tribigild hierher lockte, verrät Strabo ed. Kramer XII. 7, 3: θαυμαστὴ δ' ἐστὶν ἡ φύσις τῶν τόπων· ἐν γὰρ ταῖς ἀκρωρείαις τοῦ Ταύρου χώρα μυριάδας τρέφειν δυναμένη σφόδρα εὔκαρπός ἐστιν, ὥστε καὶ ἐλαιόφυτα εἶναι πολλὰ χωρία καὶ εὐάμπελα, νομάς τε ἀφθόνους ἀνεῖσθαι παντοδαποῖς βοσκήμασι κτἑ.
[48]) Ebend. (ἡ Σελγικὴ) ἔχει δ' ὀλίγας προσβάσεις περὶ τὴν πόλιν καὶ

empfing sie ein heftiger Regen gröfserer und kleinerer Felsblöcke und Steine aus den Schleudern der im Hinterhalt liegenden Römer, und ein Entrinnen war nicht möglich, da sich auf der einen Seite des Weges ein tiefes Moor und Sumpf ausdehnte, auf der anderen dagegen ein enger, nur für zwei Mann Raum gewährender Zugang, welcher von einem gewissen Florentius mit ausreichenden Streitkräften besetzt gehalten wurde. Während aber die meisten Barbaren sich seitwärts einen Weg suchten und in den Sümpfen ihren Tod fanden, erklomm Tribigild mit dreihundert Mann den Ausweg, bestach den Florentius mit einem Haufen Goldes und entkam glücklich. Doch wenn er gemeint hatte, nunmehr allen Gefahren entronnen zu sein, so geriet er jetzt in noch gröfsere Verlegenheiten, denn in diesem entlegensten Teile des Ostreichs regte sich wunderbarerweise neben dem angeborenen kriegerischen Sinne ein lebhaftes Nationalgefühl, welches die Bewohner der Städte die Waffen ergreifen und den Tribigild zwischen den Flüssen Melas und Eurymedon [49]) einschliefsen liefs.

Da blieb für den so umhergehetzten Aufrührer und seine arg zusammengeschmolzene Schar nur noch eine Hülfe: Gainas, welcher auf die Bitten Tribigilds, da er noch nicht offen seine geheimen Pläne gezeigt hatte, zum Schein den Leo nach Pamphylien entsandte mit dem Auftrage Tribigild abzufangen. Er selbst aber rückte ihm eiligst nach und liefs immer eine Abteilung seiner Truppen nach der anderen heimlich zu Tribigild übergehen, so dafs, als Leo zum Kampfe schritt, er nicht eine dem Hungertode nahe winzige Mannschaft, sondern ein starkes, wohlgerüstetes Heer sich gegenüber fand. Dazu machten seine eignen germanischen Hülfstruppen mit den Feinden gemeinschaftliche Sache, wandten sich gegen den geringen Rest der treuen, römischen Truppen und rieben sie völlig auf. Leo selbst, welcher dem drohenden Verhängnis sich durch die Flucht zu entziehen suchte, fiel mit seinem Pferde in einen Sumpf und kam elend um.[50]) Wie leicht wäre es dagegen Gainas gewesen, diesen Ausfall zu verhindern und dem ganzen Aufstand ein Ende zu machen durch die Vernichtung des Tribigild! Aber davon wufste man in der Hauptstadt so gut wie

---

τὴν πόλιν καὶ τὴν χώραν τὴν Σελγέων, ὀρεινὴν κρημνῶν καὶ χαραδρῶν οὖσαν πλήρη ... διά τε τὴν ἐρυμνότητα οὔτι πρότερον οὐδ᾽ ὕστερον οὐδ᾽ ἅπαξ οἱ Σελγεῖς ἐπ᾽ ἄλλοις ἐγένοντο κτἑ. — Zosim. cap. 16.

[49]) Zosim. a. a. O. ἐν μέσῳ τοῦ Μέλανος ποταμοῦ καὶ τοῦ Εὐρυμέδοντος, ὧν ὁ μὲν ἐπέκεινα διαβαίνει τῆς Σίδης, ὁ δὲ παραρεῖ τῇ Ἀσπένδῳ.

[50]) Über diese Katastrophe berichten Zosim. V. 17 und Claudian v. 430 bis 455. Doch läfst der letztere den Leo, während er mit seinen Genossen tafelt, überfallen werden; die Art des Todes kennt Zosim. nicht.

nichts, denn Gainas pries⁵¹) das Feldherrntalent und die Heeresmacht desjenigen, der nur durch seinen Verrat dem Untergang entronnen war, in so übertriebenen Ausdrücken, dafs ganz Constantinopel zitterte und ihn im Geiste bereits vor seinen Thoren sah.

Diese gedrückte Stimmung am Hofe, von der er sicherlich unterrichtet war, benutzte Gainas, um seinem lange gegen den Eutrop gehegten⁵²) Neide und Hasse Luft zu machen. Denn man kann sich denken, dafs der so vom Glück begünstigte Eunuch aufser jenen Scheinfreunden, die oben geschildert worden sind, nur Feinde hatte, und dafs auch Gainas auf die höhere Würde des Consuls und Patricius desselben scheel sah. Er sandte daher einen Boten an den Kaiser mit der Erklärung, er sei nicht im stande dem andrängenden Empörer Widerstand zu leisten und gebe es auf Asien zu schützen, die einzige Rettung beruhe darauf, dafs Arcadius der Forderung des Tribigild nachgebe, welche in der Auslieferung des Eutrop bestehe.⁵³) Wäre der Kaiser von persönlichem Stolze erfüllt gewesen, würde er einen so treuen Diener, für den er doch den Eunuchen halten mufste, nicht ohne weiteres preisgegeben haben, aber einmal fehlte ihm wirklich der Mannesmut, mit dem er dem drohenden Empörer allein hätte trotzen können, andererseits hatte Eutrop auch seine letzte mächtige Stütze am Hofe, die Gunst der Kaiserin Eudoxia, seit einiger Zeit verscherzt.⁵⁴) Was eigentlich zwischen ihnen vorgefallen, ist nicht ganz klar, es scheint, als ob der Eunuch auf seine Macht über Arcadius pochend, ihr ihre Vergangenheit und seine Hülfe zur Vermählung vorgehalten hat, jedenfalls beklagte sich Eudoxia eines Tages unter Thränen, an der einen Hand die zweijährige Flaccilla, an der anderen die kleine Pulcheria⁵⁵), bei ihrem kaiserlichen Gemahl über das Betragen

---

⁵¹) Claudian v. 462 ff.:
   Jam vaga pallentem densis terroribus aulam
   Fama quatit: stratas acies, deleta canebat
   Agmina, Maeonios foedari caedibus agros,
   Pamphylos Pisidasque rapi.
Vgl. Zosim. V. 17.

⁵²) Zosim. V. 13 Anf. und 17: ἀπέκναιε γὰρ αὐτὸν οὐ τὸ παραορᾶσθαι τοσοῦτον ὅσον Εὐρόπιος εἰς ἀκρότατον ἥκων ἤδη δυνάμεως ὥστε καὶ εἰς ὑπάτους ἀναῤῥηθῆναι καὶ τῷ χρόνῳ φέρεσθαι τὴν τούτου προσηγορίαν καὶ τιμηθῆναι τῇ τῶν πατρικίων ἀξίᾳ.

⁵³) Cap. 17 Ende.

⁵⁴) Philost. XI. 6. ausführlich. Socrat. VI. 5. προσκρούσας τῷ βασιλεῖ. Sozomen. VIII. 7. ὡς εἰς τὴν βασιλέως γαμετὴν ὑβρίσας ἐπιβουλευθείς.

⁵⁵) Philost. a. a. O. nennt sie nicht, sondern spricht nur von den beiden ältesten Kindern. Daher waren es 1. Flaccilla geb. 397 Marc. Com. Chron. Pasch. 2. Pulcheria ebendas. vgl. Tillem. note 18 und 19 sur Arcade.

seines Oberkämmerers, und das mag die Stellung desselben am Hofe sehr erschüttert haben.

Als nun Eutrop erfahren, welches Ansinnen Gainas an den Kaiser stellte, und dafs es auf ihn abgesehen sei, da ergriff ihn, der mit seinen Genossen die Erhebung der Gothen so geringschätzig behandelt hatte, weibische Schwäche; nicht sah er dem nahenden Unheil mit dem Mute eines Mannes entgegen, der erkannte, dafs er sein Spiel verloren habe und mit dem Tode büfsen müsse, oder bot sich selbst wie später Aurelian als Opfer für das Vaterland dar, sondern in feiger Flucht suchte er den Ort auf, dem er selbst einst vergeblich die Heiligkeit zu rauben versucht hatte, den Altar der Kirche[66]! Kein Mensch war ihm in dieser schweren Zeit ein treuer Helfer und Tröster, von allen seinen Genossen meldete sich keiner, das Unglück mit ihm zu tragen, wie Spreu vor dem Winde wichen sie vor dem gefallenen zurück, leugneten jede Verbindung mit ihm oder suchten wohl gar in seinem Verderben das eigne Heil.[67])

Aber auch an jener unverletzlichen Stätte in der Sophienkirche war er nur für den Augenblick gerettet, denn als das Heer in Constantinopel erfahren, dafs der Eunuch dort Schutz suche, strömte es vor dem kaiserlichen Palaste zusammen und forderte seine Hinrichtung. Der Kaiser hielt eine längere Ansprache an die Truppen, ihren Unwillen zu besänftigen, und erinnerte an die Gutthaten des gestürzten Mannes. Als aber jene immer von neuem zur Rache des verletzten Kaisers drängten, schrieen und ihre Lanzen schwangen, da wies sie Arcadius unter Thränen auf die Heiligkeit des Altars hin, und es gelang ihm sie für kurze Zeit zu beruhigen.[68]) Trotzdem kamen tags darauf Schergen mit der Absicht ihn seinem Asyl zu entreifsen, doch Johannes

---

[66]) Socrat. VI. 5. Sozomen. VIII. 7. Zosim. V. 18 mit dem merkwürdigen Zusatz in Bezug auf die christliche Kirche; ἔχουσαν ἐξ ἐκείνου τὸ ἄσυλον. Claudian praef. in Eutrop. II. 27:
Suppliciterque pias humilis prostratus ad aras
Mitigat iratas voce tremente nurus.

[67]) Claudian v. 15:
Dissimulant socii coniuratique recedunt
Procumbunt pariter cum duce tota cohors.
(Hierauf bezieht Sievers S. 360, dafs an Stelle des Osius Cod. Theod. VI. 27, 11 am 16. März Hadrian als magister officiorum erscheint, doch hat hier der sonst so aufmerksame Forscher übersehen, dafs dies Gesetz aus Mailand datiert ist. Aufserdem war Eutrop damals schwerlich schon gestürzt.) — Homilie des Johannes Chrysostomus auf Eutrop Anfang.

[68]) Ὁμιλία εἰς Εὐτρόπιον εὐνοῦχον πατρίκιον καὶ ὕπατον, III. Bd. der opera omnia Johannis Chrysost. ed. Montfaucon. cap. 9 und 11. Vgl. Ludwig a. a. O. S. 28 ff.

Chrysostomus hielt die wütenden von dem vor Angst und Zittern fast vergehenden Eunuchen zurück. Als nun der Sonntag erschien und die Bewohner Constantinopels sich zu tausenden in die Kirche drängten, weil sie wufsten, dafs der Oberhirte sich diese seltene Gelegenheit, an praktischem Beispiel die Nichtigkeit alles Irdischen zu erläutern, nicht entgehen lassen würde, da hielt Johannes seine berühmte Predigt auf den gefallenen Eunuchen[59]), der in Scham, Jammer und allen Seelenqualen unter dem Altartische zusammengekauert lag.

„Immer zwar, begann er, jetzt aber am meisten ist es angebracht zu sagen: Eitelkeit der Eitelkeiten und alles ist eitel! Wo ist der helle Glanz des Consulats? wo die strahlenden Fackeln? wo das Beifallsgeschrei, die Chorgesänge, die Gastmähler und Feste? wo die Kränze und Teppiche? wo der Lärm der Stadt und die Zurufe des Circus und die Schmeicheleien der Zuschauer? Dies alles ist dahin, ein heftiger Wind hat die Blätter abgeschüttelt und uns den entlaubten Stamm gezeigt, der schon in der Wurzel wankt. — Wo sind jetzt die heuchlerischen Freunde? wo die Trinkgelage und Festessen? wo der Schwarm der Schmarotzer, wo der den ganzen Tag in Strömen fliefsende Wein und die mannigfaltigen Künste der Köche und die, der Macht huldigend, alles nach seinem Wunsche thun und sagen? Das alles war ein Traum in der Nacht, und als es Tag geworden, war es verschwunden. Frühlingsblumen waren es, und als der Frühling vergangen, war alles verwelkt . . . . . Habe ich dir nicht, so wandte er sich dann an den Eunuchen selbst, beständig gesagt, dafs der Reichtum flüchtig ist? du aber wolltest es nicht hören. Sagte ich dir nicht, er sei ein undankbarer Sklave? du aber wolltest es nicht glauben. Siehe, nun hat die Erfahrung gelehrt, dafs er nicht nur flüchtig und undankbar, sondern auch mörderisch ist, da er dich in Zittern und Zagen versetzt hat. Sagte ich dir nicht, als du mich, den die Wahrheit redenden, unaufhörlich schmähtest, dafs ich dir mehr wert sei als die Schmeichler? .. Wo sind jetzt deine Zecher, wo die, welche auf dem Markte umherstolzierten und dein Lob auf allen Gassen sangen? Weggelaufen sind sie, leugnen deine Freundschaft ab und suchen ihr eignes Heil in deiner Verfolgung. Wir aber sind nicht also und haben dich, den Unwilligen, nicht aufgegeben, sondern schützen und sorgen um dich, den Gefallenen. Die von dir feindlich behandelte Kirche hat dich hegend in ihren Schofs aufgenommen, das aber von dir so geehrte

---

[59]) Mit Recht widerspricht Sievers S. 359 der Meinung des Socrates VII. 5 und Sozom. VIII. 7, dafs diese Predigt geeignet war das Zartgefühl der Anwesenden zu verletzen. Vgl. Neander Johannes Chrys. II. S. 61.

Theater, um dessen willen du uns oft zürntest, hat dich verraten und zu Grunde gerichtet!"

Doch versäumte Johannes nicht mehrfach darauf hinzuweisen, dafs er dies nicht sage, um den Gestürzten zu schmähen[60]), sondern um die noch Stehenden zu warnen und zum Mitleid zu bewegen, und forderte wiederholt die Anwesenden auf, für ihn zu beten und beim Kaiser Fürbitte einzulegen. Aber der Schutz, welchen die Kirche dem Eutrop gewährte, sollte ihm, der selbst versucht hatte ihn anderen zu entziehen[61]), nicht auf die Dauer zu teil werden: Von neuem wurde die Kirche belagert[62]), eine grofse Schar Soldaten mit wütenden Blicken und entblöfsten Schwertern zog wiederum herbei und erfüllte die Luft mit solchem Geschrei, dafs der Unglückliche es hörend glauben mufste, seine letzte Stunde sei gekommen. Aber Johannes deckte mit seinem Leib den Zugang zu ihm, und obwohl deswegen zum kaiserlichen Palaste geschleppt, gab er nicht früher nach, als bis der Eunuch, welchem durch Zwischenträger das Leben gewährleistet worden war, selbst einwilligte und von einer Begleitungsmannschaft aus seinem Asyl abgeführt wurde. Wir erfahren dies aus der zweiten Predigt[63]), welche Johannes am nächsten Sonntag an die Gläubigen richtete und in welcher er als Grundgedanken den Satz behandelte, dafs die Kirche unüberwindlich und ewig sei. „Vor einigen Tagen, sagte er, war die Kirche belagert; im Palaste des Kaisers war Schrecken, doch die Kirche lag in Sicherheit. Sie suchten den Flüchtling. Nun sage niemand, die Kirche habe ihn verlassen, er wäre sicher nicht verraten worden, wäre er in der Kirche geblieben. Die Kirche hat ihn nicht verlassen, sondern er die Kirche . . . Nichts ist der Kirche gleich; nenne mir nicht Mauern und Waffen; die Mauern altern mit der Zeit, die Kirche altert nie; die Mauern werden von den Barbaren niedergerissen, aber die Kirche kann selbst von den Daemonen nicht besiegt werden!"

Hatte der Eunuch in den Tagen seines Glückes eine ungeahnte Höhe vor allen Unterthanen des Orients erreicht, so war sein Sturz um so tiefer und jäher. Denn er, welcher bis dahin dem Jahre den

---

[60]) Cap. 2 und 3 zu Anfang.
[61]) Cap. 3: ἀλλ᾽ ἰδοὺ διὰ τῶν ἔργων ἔμαθεν ὑπὲρ ἐποίησε καὶ τὸν νόμον ἔλυσε πρῶτος αὐτὸς δι᾽ ὧν ἐποίησε καὶ γέγονε τῆς οἰκουμένης θέατρον.
[62]) ὅτε τῆς ἐκκλησίας ἔξω εὑρεθεὶς Εὐτρόπιος ἀπεσπάσθη cap. 1 in demselben Bande.
[63]) Zosimus V. 18 scheint mehr an gewaltsame Entführung aus der Kirche zu denken.

Namen gegeben hatte, den Titel des Patricius trug und unermefsliche Reichtümer in seinem Hause aufgehäuft hatte, wurde nunmehr durch ein kaiserliches Edict aller seiner Ämter und Würden[64]) entkleidet, sein Name in den Consularfasten gestrichen, sein Vermögen confisciert und endlich er selbst als Staatsgefangener nach der Insel Cypern verbannt. „Alles Eigentum, heifst es in diesem berühmten an Aurelian gerichteten Schriftstück[65]), des Eutropius, welcher einst Oberkämmerer war, haben wir der Kasse unseres Schatzes zugewiesen, nachdem der Glanz von ihm genommen und das Consulat von dem scheufslichen Unflat, von der Erwähnung des Namens und dem unreinlichen Schmutze befreit ist, damit nach Aufhebung aller seiner Anordnungen alle Zeiten verstummen und nicht durch die Erwähnung desselben die Seuche unseres Jahrhunderts zu Tage tritt und nicht seufzen diejenigen, welche durch ihre Tüchtigkeit und Wunden die Grenzen des römischen Reichs erweitern oder sie durch billige Rechtspflege bewahren, weil die göttliche Belohnung des Consulats ein schmutziges Ungeheuer durch seine Berührung verunreinigt hat. Er wisse, dafs er auch der Würde des Patriciats und aller geringeren beraubt sei, welche er durch die Verkehrtheit seines Charakters besudelt hat. Alle Statuen, alle Bilder sowohl von Erz als Marmor oder gemalt, aus welchem Stoff auch immer hergestellt, der sich zu Bildwerken eignet, befehlen wir, sollen aus allen Städten, Flecken und Orten, privaten wie öffentlichen, entfernt werden', damit nicht gleichsam der Schandfleck unseres Jahrhunderts die Blicke der Anschauenden beleidige. Von treuen Wächtern daher soll er nach der Insel Cypern abgeführt werden, wohin deine Hoheit wissen möge, dafs er verbannt ist, damit er dort von wachsamer Sorge umwallt nicht durch die Wildheit seiner Gedanken alles in Unordnung bringen kann."

Sprach selbst der frühere Gebieter und Kaiser des Gestürzten in solchen Ausdrücken von ihm, so mufs man annehmen, dafs ihm die Worte von der gegnerischen Partei in den Mund gelegt sind, und

---

[64]) Sein Consulat und Patriciat ist aufser von Claudian auch bei Zosim. V. 17. Socrat. VI. 5. Joh. Antioch. frg. 189 und Sozom. VIII. 7 bezeugt.

[65]) Cod. Theod. IX. 40, 17. Es ist in den Handschriften vom 17. Januar 399 datiert. Dies erscheint aber unmöglich; denn wenn Eutrop am 1. Januar sein Consulat antrat, so müfste sich des Tribigild Aufstand, Leos Niederlage u. s. w. innerhalb vierzehn Tage abgespielt haben. Dazu hatte Eudoxia bereits zwei Kinder, von denen Anm. 55 gezeigt ist, dafs das letzte erst am 19. Januar geboren wurde. Endlich spricht dagegen Claudian in Eutrop. II. 95 ff., worauf Sievers merkwürdigerweise gar kein Gewicht legt. Vgl. Gibbon VIII. S. 32. Tillem. note 22 sur Arcade und Anm. 26. — Zum Inhalt vgl. praef. in Eutrop. II. 19. Philost. XI. 6.

darf sich nicht wundern, wenn im Occident Claudian, als er den Fall des Vielgehafsten vernommen, aus Freude über die Nachricht sein zweites Gedicht auf Eutrop verfafste [66]), welches noch weniger als das erste der schmähenden Zunge einen Zügel anlegte und — merkwürdig genug — die Strafe für seinen Übermut noch viel zu niedrig fand [67]) und erst in seinem Tode die notwendige Sühne des verletzten Consulats erblickte. Merkwürdig! denn auch im Orient waren seine Gegner durch seinen Sturz noch nicht hinreichend befriedigt, und Gainas forderte immer dringender [68]), dafs Eutrop hingerichtet würde. Wiederum war die Verlegenheit am Hofe grofs, da man Eutrop eidlich versichert hatte, ihn nicht töten zu wollen, aber Gainas liefs nicht nach, und endlich entschlofs man sich zu der eidbrüchigen Ausflucht, es sei dem Eutrop nur zu Constantinopel das Leben gewährleistet, also könne man es ihm überall sonst unbedenklich nehmen. So wurde Arcadius denn überredet, zu diesem sophistischen Gewaltact seine Einwilligung zu geben, und Eutrop wurde wirklich, kaum dafs er in Cypern angekommen war, wieder zurückgeschleppt und zwar nach Chalcedon.[69]) Da einige falsche Ankläger gegen ihn aussagten, er habe als Consul Pferde benutzt, welche nur dem Kaiser zustanden, so wurde er wegen Majestätsbeleidigung vor ein aufserordentliches Gericht gestellt, welches auf dem sogenannten Pantychion tagte und dessen Vorsitz Aurelianus führte [70]), und zur Todesstrafe verurteilt, welche auch sogleich an ihm vollzogen wurde.

---

[66]) Die Praefatio beginnt:
    Qui modo sublimes rerum flectebat habenas
    Patricius, rursus verbera nota timet,
    Et solitos tardae passurus compedis orbes
    In dominos vanas luget abisse minas etc.
[67]) In Eutrop. II. 20 ff.:
    At vos egregie purgatam creditis aulam,
    Eutropium si Cyprus habet vindictaque mundi
    Semivir exsul erit. Quis vos lustrare valebit
    Oceanus? tantum facinus quae diluet aetas?
[68]) Zosim. c. 18.
[69]) Ebend.
[70]) Philost. XI. 6. Nicephorus XIII. 4 nennt statt der Rosse $κόσμοι$. Auf seinen Tod sprach Asterius in fast. Kal. p. 60.

Siebentes Kapitel.

Zusammenkunft des Gainas und Arcadius bei Chalcedon. — Auslieferung des Aurelian, Saturnin und Johannes. — Sie werden begnadigt und in die Verbannung geschickt. — Gainas in Constantinopel. — Die Schreckensherrschaft des Typhos. — Gainas Versuch, den Arianern eine Kirche innerhalb der Stadt zu gewinnen, scheitert an der Standhaftigkeit des Johannes Chrysostomus. — Schwanken des Gainas und Auszug aus Constantinopel. — Überwältigung der Gothen im Strafsenkampf. — Vernichtung der sieben Tausend in der Kirche. — Sturz des Typhos. — Gainas versucht nach Asien überzusetzen. — Der Heide Fravitta wird zum Feldherrn gegen ihn ernannt. — Seeschlacht im Hellespont. — Gainas Flucht und Tod durch die Hunnen jenseits der Donau. — Rückkehr Aurelians. — Poetische Darstellungen des Gothenaufstandes.

Die Nachgiebigkeit des Kaisers hatte das Gefühl des Siegesbewufstseins, des Stolzes und Übermutes in Gainas nur gesteigert, denn, obwohl immer im Namen des Tribigild, so hatte er doch in Wirklichkeit die Unterhandlungen geführt, und wäre es bis dahin dem Kaiser und seiner Umgebung nicht zur Gewifsheit geworden, wer der eigentliche Feind war und das Gegenspiel in den Händen hatte, so mufste es ihnen jetzt allmählich klar werden, als die Forderungen nach weiter gingen. Damals war es nun, dafs, was die Gattin des Typhos der Frau des Gainas ins Ohr geflüstert hatte, seine Wirkung auf diesen ausübte, nachdem er durch Phrygien und Lydien zurückgekehrt sich mit Tribigild bei Thyatira vereinigt hatte und plündernd, jener bis Chalcedon, dieser bis Lampsacus vorgerückt war.[1]) Typhos begab sich selbst mit den beiden Frauen heimlich in Gainas Lager und besprach mit ihm den ganzen Plan der Verschwörung; doch ging Gainas auf den Vorschlag, Constantinopel auszurauben, nicht ein und eben so wenig auf die Forderung des unnatürlichen Bruders, sich den Aurelian zur Hinrichtung ausliefern zu lassen.[2]) Jedenfalls aber verlor des Gainas Vorgehen von jetzt ab den Schein der bisher noch äufserlich bewahrten Ergebenheit gegen den Kaiser und ging nunmehr zu offener Empörung über.

Hatte er bis dahin mit dem Kaiser durch Gesandte unterhandelt, so forderte er jetzt, dafs Arcadius persönlich sich zu ihm begeben solle, um seine weiteren Friedensbedingungen zu vernehmen. Da das Heer fast vollständig dem Germanen anhing und der Kaiser sich kaum in seiner eigenen Hauptstadt sicher fühlte, so mufste er dem Drange der Not gehorchen und ihm eine Unterredung bei Chalcedon

---

1) Zosim. V. 18. Eunap frgm. 75, 6.
2) Synesius Αἰγύπτιοι cap. 15.

bewilligen.³) Sie fand zwei Stadien vom Bosporus entfernt statt, wo auf sanft ansteigendem Hügel die Kapelle der heiligen Euphemia lag, berühmt durch die Wunder, die in ihr geschahen und von denen die Gläubigen viel zu erzählen wufsten.⁴) Die Forderungen des Gainas aber, die ihm natürlich nachgegeben wurden, liefen auf diese Punkte⁵) hinaus: Gainas und Tribigild dürfen nach Europa kommen, und der erstere bleibt in seinem Kommando als oberster militärischer Befehlshaber des Ostreichs. Zur Gewährleistung ihrer Sicherheit werden ihnen drei Geiseln übergeben, die ihnen auf Tod und Leben ausgeliefert werden, nämlich der Praefectus praetorio und designierte Consul Aurelian, der Consular Saturninus⁶) und der Vertraute der Kaiserin Johannes, ein Praefect⁷) (?), von dem ein unbezeugtes Gerücht behauptete, er sei der Vater Theodosius II. Dafür versprach Gainas, weder Leben noch Herrschaft des Kaisers anzutasten.

Diese harten Bedingungen wurden von seiten des Arcadius ohne Weigern erfüllt, denn jene drei, die Häupter der römischen Partei, suchten nicht wie vorher Eutrop, keines unlauteren Wandels und keines Übergriffes sich bewufst, ihr Heil in der Flucht, sondern das Wohl des Vaterlandes stets dem eignen voranstellend, gingen sie über den Bosporus dem Gainas bis in die Nähe von Chalcedon entgegen und übergaben sich in seine Hände.⁸) Jeder nahm mit Recht an, dafs nun ihre letzte Stunde geschlagen habe, denn es konnte wohl keine gröfseren und unversöhnlicheren politischen Gegensätze geben als die, welche sich in Gainas und diesen Männern verkörperten; daher hielt es auch Johannes Chrysostomus für seine Pflicht, mit der Würde seiner Persönlichkeit und der Gewalt seiner Beredtsamkeit für die ihm eng befreundeten Männer einzutreten.⁹) Haben nun wirklich

---
³) Zosim. a. a. O.
⁴) Ebend. und Euagrius II. 3. φοιτῶσι κατὰ τὸν νεὼν οἵτε τὰ σκῆπτρα οἵτε τὰ ἱερὰ καὶ τὰς ἀρχὰς διέποντες ἅπας τε ὁ λοιπὸς ὅμιλος μετασχεῖν τῶν τελουμένων βουλόμενοι. Hier fand das Concil von Chalcedon unter Marcian statt.
⁵) Zosim. a. a. O. Socrat. und Sozom. a. a. O. kennen nur Aurelian und Saturninus. Nach Socr. findet die Unterredung erst nach der Auslieferung der Geiseln statt. Nach Theodoret V. 32 wurde Gainas auch zum Consul ernannt; doch da dies uns von anderer Seite nicht bestätigt wird, nehmen wir es nicht als sicher an.
⁶) Vgl. Cap. 5. Anmerk. 22.
⁷) Zosim. cap. 18. Ἰωάννης ... τὰ ἀπόρρητα πάντα παρὰ βασιλέως τεθαρρημένος, ὃν ἔλεγον οἱ πολλοὶ καὶ τοῦ Ἀρκαδίου παιδὸς εἶναι πατέρα. Vgl. Paulinus vita Ambrosii c. 31 und Anm. 26 des vorangehenden Capitels.
⁸) Synesius Αἰγύπτιοι I. 16.
⁹) Dieser Annahme Neanders u. a. widerspricht Ludwig S. 37, indem er

seine Vorstellungen allein eine Änderung in Gainas Absichten gegen die Geiseln herbeigeführt, wie Johannes selbst in seiner nach der Rückkehr nach Constantinopel über diesen Vorgang gehaltenen Predigt [10]) anzudeuten scheint, oder wirkte der edle Sinn derselben auf Gainas zurück, jedenfalls liefs er ihnen nur die sinnbildliche Hinrichtung zu teil werden, indem ihre Nacken mit dem Schwerte berührt wurden, und die Strafe der Verbannung [11]), doch vielleicht noch ohne die Beschlagnahmung der Güter; denn nach der Allegorie des Synesius [12]) wollten die Barbaren trotz des Drängens des Typhos es nur als eine Entfernung angesehen wissen und nicht als Deportation.

Darauf setzten Gainas und Tribigild nach Europa über, und das schwer mitgenommene Asien atmete wieder auf [13]); doch hatte der letztere seine Rolle ausgespielt, er trat nirgends mehr hervor und kam auf nicht aufgeklärte Weise bald darauf um. [14]) Gainas aber wandte sich mit dem gröfsten Teil seines Heeres, welcher noch 30000 Mann umfassen mochte [15]), nach Constantinopel und besetzte diese von Truppen fast ganz entblöfste Stadt. Allerdings war die Person des Kaisers durch seine Leibwache gesichert. Doch konnte ein Gefühl der Ruhe die Bewohner deshalb nicht überkommen, weil Gainas gleich nach seiner Ankunft sie aus der Stadt fortzubringen sich bemühte. [16]) Von dem Zustande der Hauptstadt zu dieser Zeit entwirft Chrysostomus

---

geltend macht, dafs, wenn Johannes Chrys. in seiner Predigt sage, er sei lange fortgewesen, dies deshalb nicht auf eine Gesandtschaft zu dieser Zeit passe, weil Chalcedon in kurzer Zeit von Constantinopel zu erreichen war. Aber die Gegenbeweis ist nicht stichhaltig, weil sich die Entscheidung über das Schicksal der Geiseln kann lange hingezogen haben. Aufserdem darf man einem so verwirrten Berichterstatter, als es Theodoret V. 33 ist, wohl ohne Gewissensbisse einen Irrtum der Chronologie zumuten. Endlich beweist die Überschrift der Predigt durchaus noch nicht, dafs Gainas bereits aus Constantinopel abgezogen war, vielmehr spricht das Praesens des Redners und seine lebhafte Darstellung dafür, dafs die Predigt mitten aus dem Elend der Schreckensherrschaft des Typhos heraus gehalten worden ist. Schliefslich mufs noch auf die Verkehrtheit der Überschrift hingewiesen werden, welche zwei mindestens ein halbes Jahr auseinanderliegende Ereignisse zusammenwirft.

[10]) Ὅτε Σατουρνῖνος καὶ Αὐρηλιανὸς ἐξωρίσθησαν καὶ Γαινᾶς ἐξῆλθε τῆς πόλεως καὶ περὶ φιλαργυρίας.

[11]) Zosim. a. a. O. Socr. und Sozom. a. a. O.

[12]) Αἰγύπτιοι I. 16.

[13]) Zosim. c. 18 u. f.

[14]) Philost. XI. 8.

[15]) Dies kann man daraus folgern, dafs Synesius Αἰγύπτιοι II. 4 die zurückgebliebenen in der Hauptstadt „mehr als ein Fünftel" des ganzen Heeres nennt, während nach Zosim. c. 19 7000 gefangen wurden.

[16]) Zosim. a. a. O. Vgl. dazu aber c. 19 Anf.

in seiner Predigt nach der Heimkehr von Chalcedon ein lebhaftes, doch düsteres Bild: „Alles ist voll Furcht, Gefahren, Mifstrauen, Zittern und Zagen; keiner glaubt dem anderen, jeder fürchtet den ihm Nahestehenden; kein Freund scheint sicher, kein Bruder vertrauenswürdig; der Bürgerkrieg ergriff alles, nicht der offene, sondern der versteckte. Überall unzählige Masken und verstellte Züge; viele Schafspelze, unter denen ebenso viele Wölfe verborgen sind, so dafs man schon unter den Feinden sicherer lebt, denn unter denen, die Freunde scheinen. Die gestern ehrfurchtsvoll grüfsten und die Hand küfsten, sind heute plötzlich als Feinde erfunden und mit Wegwerfung der Masken sind sie heftiger als alle Ankläger geworden." [16a])

Versetzen wir uns in die Verhältnisse hinein, wie sie lagen: der Kaiser ohnmächtig [16b]), ein Gefangener seiner Söldlinge im eignen Palaste, alle Kasernen und Mauertürme, alle Thore von ihnen besetzt und auf Rettung keine Aussicht, so wird man dem Bischof wohl Glauben beimessen dürfen, dafs in diesen Tagen der Angst und Aufregung alle Bande der Familie und Freundschaft, und Treue und Glauben für immer aufgelöst erschienen. Und wie in der Hauptstadt, so wird es auch meist in den zum teil noch wüste liegenden Provinzen gewesen sein: Der Westen in den Händen Alarichs, Asien bis zum Tigris verwüstet oder von Feinden überschwemmt, auch Africa von den Maziken und Auxorianern beunruhigt.[17])

Wenn nun wenigstens die Civilverwaltung des Reichs in den treuen, energischen Händen eines aufrichtigen Patrioten gelegen hätte, welcher seinen Unterbeamten einen Teil seines guten Geistes einhauchte! Aber gerade damals war unter dem Druck des Willens des Gainas die arianische Gegenpartei in Constantinopel mit Typhos an der Spitze ans Ruder gekommen und nutzte die ihr gewährte Frist zur Bereicherung nach Kräften aus.[18]) So wurden die Steuern von dem neuen Praefectus praetorio eiligst erhöht, die Provinzen in derselben Weise wie zu Eutrops Zeiten an den Meistbietenden verkauft, doch mit der heiklen Neuerung, dafs die Amtsdauer gleich von vornherein begrenzt wurde, um auch andere bald geniefsen zu lassen, längst entschiedene Prozesse[19]) wurden wieder aus den Acten hervor-

---

[16a]) Vgl. Synesius Αἰγύπτιοι II. 1 und Socrates VI. 6.

[16b]) Die Erhebung der Eudoxia zur Augusta, welche gerade in diesen Tagen (am 13. Januar 400. Chron. Pasch.) stattfand, deutet vielleicht auf ein energischeres Eingreifen ihrerseits in die Politik.

[17]) Philost. XI. 8.

[18]) Synesius Αἰγύπτιοι I. c. 16 Ende.

[19]) Ebend. c. 17.

geholt und nach Gunst abgeurteilt, um so mehr, da man durch die der Schmeichelei und dem Gelde zugängliche Frau des Typhos alles erreichen konnte. Auch sammelte er ähnlich wie einst Eutrop einen grofsen Schwarm von Schmarotzern und Scheinfreunden um sich, und es war damals schwer für einen gesinnungstreuen Römer bei seiner Überzeugung und Parteistellung auszuharren.

Um so gröfsere Anerkennung verdient daher des Synesius Verhalten, der von dem Aufstand in Constantinopel überrascht noch immer dort weilte und unerschütterlich in seiner Anhänglichkeit an Aurelian überall, wo er nur konnte, in der Öffentlichkeit und in Privatkreisen Stimmung für ihn machte und an ihn gerichtete Oden zum Vortrag brachte.[20] Einmal wagte er es sogar in einer Versammlung auserlesener Männer, unter denen sich Typhos selbst befand, und büfste seinen Freimut mit der Entziehung der Erlaubnis, nach seiner Vaterstadt zurückkehren zu dürfen. Die Schreckensherrschaft des Typhos erreichte aber ihren Höhepunkt, als dieser den Gainas [20a]) bewog, nunmehr ihrem seit Theodosius so bedrängten Glauben, dem arianischen Bekenntnis, wenn nicht zur Herrschaft in Constantinopel, so doch zur Gleichberechtigung mit dem katholischen zu verhelfen. Gainas, dem neben seinen politischen Zielen auch seine Religion von jeher am Herzen gelegen zu haben scheint, da er in früherer Zeit mit dem heiligen Nilus über religiöse Fragen einen lebhaften Briefwechsel geführt hatte[21]), ging auf diese Anregung alsbald ein, begab sich zum Kaiser und stellte an ihn das Ansinnen, den Arianern innerhalb der Stadt eine Kirche anzuweisen[22]), denn es sei höchst unwürdig für ihn als magister militum, dafs er aus der Stadt ziehen müsse, um seine Andacht zu verrichten. Der Kaiser geriet über diese Forderung von neuem in nicht geringe Verlegenheit, da er der Nötigung seines Feldherrn aufser seinem Veto nichts entgegenzusetzen hatte, und wer weifs? was geschehen wäre, wenn ihm hier nicht der Bischof Johannes mit seiner überzeugenden, vor nichts zurückschreckenden Beredtsamkeit zu Hülfe gekommen wäre.

---

[20]) C. 18. Damals verkündigte ihm der Gott, dafs die Hülfe nahe sei: „Wenn die jetzigen Machthaber auch in unserer gottesdienstlichen Feier Neuerungen zu machen versuchen, dann erwarte bald, dafs jene Erdensöhne durch sich selbst verfolgt werden". Doch wer ist der Gott?

[20a]) Gainas war Arianer. Theodoret V. 32. Sozom. VIII. 4.

[21]) Neander Joh. Chrysost. II. S. 153. n. 34. Vgl. Nili ep. 70, 79, 114, 116, 205, 206, 286 und Mascov Gesch. der Teutschen S. 336 ff.

[22]) Theodor. V. 32. Sozom. VIII. 3. Ihm nach erzählt Nicephor. XIII. 5, Αἰγύπτιοι I. 18. Ende. — Socrates schweigt. Vgl. Böhringer a. a. O. S. 54. Ludwig S. 38 und 39.

Denn als er mit Gainas auf die Bitte des Arcadius im Palaste
eine Zusammenkunft hatte, wandte er sich mit den eindringlichsten
Worten an denselben, erinnerte ihn an sein Vaterland, wie er als Flüchtling um Aufnahme in die Grenzen des römischen Reichs gebeten
und aufgenommen dem Theodosius geschworen habe, er wolle den
Römern stets Freund und ihm, seinen Kindern und den Gesetzen
unverbrüchlich treu sein. Dabei zog er die Verfügung des Theodosius hervor, durch welche den Arianern innerhalb der Stadt Zusammenkünfte abzuhalten untersagt war, und überredete den Kaiser
nicht nur dieses, sondern auch die Gesetze gegen die übrigen Häretiker zu bestätigen, hinzufügend, es sei besser, von dem Throne zu
weichen als das Gotteshaus zu verraten. Gegen diese hinreifsende
Beredsamkeit wufste Gainas nichts Stichhaltiges vorzubringen, und da
er sich fürchtete, dem ihm von früher her bekannten Bischof, von dem
er wufste, dafs er die ganze rechtgläubige Einwohnerschaft der Hauptstadt nicht nur, sondern auch des ganzen Reiches auf seiner Seite
hatte, offen entgegenzutreten, so stand er, wenn auch unwillig, von
seinem Vorhaben ab.

Er hatte offenbar seine eignen Kräfte sowie die der arianischen
Partei überschätzt, und fing an, da es ihm an einem festen Ziele
fehlte, in seinen Mafsnahmen hin und her zu schwanken.[23]) Denn obwohl es ihm freistand, den Staatsschatz nach Belieben zu benutzen
und den Kaiser zu beseitigen, suchte er nachts einmal sich des Vermögens der Geldwechsler in den Wechselbuden zn bemächtigen und
ein andermal[24]) den Palast des Kaisers anzuzünden. Aber das erstere
Unternehmen mifsglückte, weil er seine Absicht nicht geheim gehalten
hatte, während ihn von der anderen im letzten Augenblick eine abergläubische Scheu zurückhielt, so dafs die dazu designierten Truppen
unverrichteter Sache wieder in ihre Quartiere abrücken mufsten. Das
brachte natürlich auf die Gothen einen entmutigenden Eindruck hervor
und teilte ihnen von der ungewissen Furcht etwas mit, von welcher
ihr Führer ergriffen war; ihr Stolz und ihr Übermut war gebrochen
und ging zeitweise in Angst und Kleinmütigkeit über.[25]) Sorgte
Gainas vielleicht, die orthodoxen Bewohner der Hauptstadt würden
sich auf ein verabredetes Zeichen erheben und allen Fremdlingen in
einer Nacht den Garaus machen oder hörte er, dafs seine Bundesgenossen aufserhalb der Stadt zu der römischen Partei übergegangen

---

[23]) *Αἰγύπτιοι* II. 1.
[24]) Socrat. VI. 6. Sozom. VIII. 4.
[25]) *Αἰγύπτιοι* II. 1.

seien und eine starke Heeresmacht zur Befreiung Constantinopels heranrücke [25]) — genug, er fühlte sich in dessen Mauern nicht mehr sicher und ging damit um, sich ohne Aufsehen aus der Stadt zu ziehen und in Thracien vom Plündern zu leben.

Doch sind diese Triebfedern der Mitwelt nicht bekannt geworden, so dafs auch wir von ihren Berichten mehr oder weniger im Stich gelassen werden.[27]) Darum ist es am sichersten, wenn wir dem Synesius, welcher alles selbst mit erlebte, vor allen andern Glauben schenken: Gainas entfernte sich aus der Stadt, vorgeblich aus Gesundheitsrücksichten oder um in der Kapelle des heiligen Johannes 7 Millien vor Constantinopel seine Andacht zu verrichten, und liefs nach und nach ungefähr drei Viertel seines ganzen Heeres nachfolgen, so dafs in der Stadt noch etwa gegen zehn Tausend zurückblieben, welche ebenfalls den Befehl erhielten, an einem bestimmten Tage den übrigen nachzurücken. Als die geängstigten Bewohner der Hauptstadt ihre Zurüstungen sahen, und dafs sie mit Weibern, Kindern und allen Kostbarkeiten abzuziehen beabsichtigten, da begriffen sie es noch nicht, und verzweifelnd rüsteten sie sich zur Feuerlöschung oder zum Selbstmord, während andere an Flucht zu Schiffe dachten.[26]) Die ganze

---

[26]) Nach Socrates VI. 6 war der gröfste Teil des römischen Heeres κατὰ πόλεις zerstreut, und nur die Leibwache des Kaisers befand sich noch in der Stadt (nach Zosim. c. 19), vielleicht aber waren jene inzwischen zu einem Heere zusammengezogen worden.

[27]) Nach Zosim. c. 18. Ende, der von der Schreckensherrschaft des Typhos nichts weifs, und nach dem es so scheinen würde, als ob Einzug und Auszug sich bald gefolgt wären, hatte Gainas einem Teile seiner Soldaten den heimlichen Befehl gegeben, dafs, wenn sie die übrigen Truppen ausrücken sähen, sie sich sogleich der Stadt bemächtigen sollten. Darauf c. 19. Anf. verliefs er die Stadt, angeblich aus Gesundheitsrücksichten und machte in der Umgegend von Constantinopel 40 Stadien davon entfernt halt, um auf das verabredete Zeichen zurückzukehren. Philost. XI. 8 sagt: Eine göttliche bewaffnete Macht schreckte ihn von seinem Vorhaben die Stadt einzunehmen ab, befreite diese von der Feuersbrunst, übergab die Schuldigen dem Gericht und liefs viele getötet werden. Da durchbrach Gainas erschreckt die Thorwächter und floh aus der Stadt. — Socrates VI. 6: ὑποκρινόμενος γὰρ δαιμονᾶν ὡς εὐξόμενος τὸ μαρτύριον τοῦ ἀποστόλου Ἰωάννου, ἑπτὰ δὲ σημείοις ἀπέσχετο τοῦτο τῆς πόλεως, καταλαμβάνει. — Sozomen. VIII. 4: σκήπτεται δαιμονᾶν· ὡς εὐξόμενος καταλαμβάνει τὴν ἐκκλησίαν, ἣν ἐπὶ τιμῇ Ἰωάννου τοῦ βαπτιστοῦ ὁ τοῦ βασιλέως πατὴρ ᾠκοδόμησε πρὸς τῷ ἑβδόμῳ. Τῶν δὲ βαρβάρων οἱ μὲν ἔμενον, οἱ δὲ Γαινῇ συνεξῄεσαν. — Vgl. Gibbon VIII. S. 35, der hier sehr kurz und ungenau ist. Volkmann a. a. O. Ludwig S. 39 und 40.

[28]) Wir folgen in der Erzählung dieses Strafsenkampfes vorzüglich Synesius Αἰγύπτιοι II. c. 1—3.

Bevölkerung war daher in fieberhafter Erregung und wartete der Dinge, die da kommen sollten. Schon ganz in aller Frühe hatte ein armes Bettelweib am Blachernenthor[29]) ihren altgewohnten Sitz eingenommen und sah von ferne, da es bereits Tag geworden war, wie die Gothen nicht aufhörten, aus der Stadt zu ziehen, und dachte, Constantinopel erblicke zum letztenmal des Sonnenlicht. Sie warf ihren Becher zur Erde, klagte, flehte händeringend zu den Göttern und fiel zu Boden. Da eilte ein Gothe, in der Meinung, sie schmähe die Abziehenden, herbei ihr den Kopf zu spalten, aber ein inzwischen hinzugetretener Römer hieb ihn nieder. Darauf erhob sich ein gewaltiges Geschrei der Gothen, und von allen Seiten stürzten Neugierige herbei. Die Barbaren wollten die Ihrigen nicht im Stich lassen und liefen, zum teil bereits aus dem Thore, wieder zurück, während innerhalb der Mauern ein grofser Volksauflauf sich entwickelte. Alsbald entstand ein heftiger Kampf, in dem all' der verbissene Groll der unterdrückten Römer zum Ausbruch gelangte und der fort und fort an Ausdehnung zunahm; alles, was ihm zur Hand war, und die Schwerter der Getöteten ergriff das Volk und schlug damit auf die Gothen los, welche weniger zu den regulären Truppen als zum Train gehörten und an Zahl hinter den Angreifern weit zurückblieben. Und je gröfser das Geschrei wurde und im Morgennebel durch die Strafsen und Gassen der Stadt drang, desto lebendiger wurde es in den Häusern, und ganz Constantinopel, sofern es nicht am Gehen gehindert war, eilte von überall her auf den Kampfplatz; indes die Barbaren, welche bereits die Landstrafse gewonnen hatten, sich um ihre bedrängten Landsleute nicht kümmerten, sondern ohne Aufenthalt ihren Marsch fortsetzten und erst in weiterer Entfernung ein Lager aufschlugen. Als die Gothen nun so ins Gedränge kamen und die Gefahr nahe war, dafs sie innerhalb der Stadt abgeschnitten würden, da beschlossen sie sich der Thore zu bemächtigen, und die, welche draufsen lagerten, herbeizurufen. Aber das Volk behielt die Oberhand und stimmte den Siegesgesang an, was die

---

[29]) Das folgere ich daraus, dafs nach Sozom. die Kapelle des Johannes Bapt. am Hebdomon lag. — Wenn übrigens Socrat. und Sozom. a. a. O. von verborgenen Waffen reden, welche die Gothen mit sich hinausnahmen, so ist nicht verständlich, warum sie, die Herren der Stadt, sich so ängstlich erwiesen. Zosim. c. 19 läfst den Gainas in barbarischer Hitze das verabredete Zeichen nicht abwarten und durch seinen verfrühten Angriff auf die Stadt die Bewohner erwecken, welche nicht nur die Barbaren innerhalb überwältigen, sondern auch seinen Sturm auf die Mauern abschlagen. Vgl. Eunap frgm. 79. Joh. Antioch. frgm. 190.

Gothen aufserhalb der Stadt glauben machte, die Ihrigen seien im Vorteil. Einer jedoch von den Eingeschlossenen entwischte aus dem Thore und klärte die Stammesgenossen draufsen über den wahren Sachverhalt auf, da wollten diese die Mauer durchbrechen und die Stadt erstürmen, aber ihre Angriffe waren ohne Erfolg, und so wurden die Gothen in der Stadt immer mehr in die Enge getrieben; denn das wütende Volk, das inzwischen Waffen erhalten hatte, schofs, hieb und stach sie einzeln oder zu mehreren nieder.

So blieben noch ungefähr sieben Tausend [30]) übrig, welche, da die Thore geschlossen waren, keinen anderen Ausweg sahen, als in die Stadt zurückzukehren und sich bis zu ihrer Kirche [31]) durchzuschlagen, um in derselben das Asylrecht in Anspruch zu nehmen. Es gelang ihnen auch wirklich bis in die Nähe des kaiserlichen Palastes vorzudringen und das schützende Gotteshaus zu erreichen. Aber nun eilte die Menge stürmisch zu Arcadius und erzwang sich den Befehl, da es anders nicht möglich war, sich der gefangenen Barbaren an geweihter Stätte zu entledigen. Da aber ein jeder vor einem offenen Kampfe mit den verzweifelten Kriegern zurückschreckte, so wurde ein Teil des Kirchendaches abgedeckt und brennende Scheite [32]) und Steine auf die Fremdlinge herabgeworfen, bis sie allesamt umgekommen waren.

Vergeblich hatte Typhos dies Schicksal von seinen Glaubensgenossen abzuwenden versucht; vergeblich hatte er den Arcadius gebeten, Friedensunterhandlungen mit den Gothen draufsen anzuknüpfen, um sie wieder in die Stadt einzulassen, aber das Volk übergab ihm die Thore nicht [33]), und so ging seine Schreckensherrschaft nach kurzem Bestand zu Ende. Es war der 12. Juli 399 [34])! Heifse Dankgebete für die ungeahnte Rettung und die Befreiung der Hauptstadt stiegen aus den Herzen der homoousianischen Bewohner an diesem Tage zu Gott empor, welche der Bischof Johannes in seiner Sophienkirche

---

[30]) Zosim. c. 19. πλέον ἢ ἑπτακισχίλιοι.

[31]) Zosim. ebend. ἢ πλησίον ἐστὶ τῶν βασιλείων. Sozom. a. a. O. τὴν καλουμένην τῶν Γότθων ἐκκλησίαν ἐμπιπρῶσιν. Socrat. a. a. O. περὶ τὴν ἐκκλησίαν τῶν Γότθων· ἐνταῦθα γὰρ πάντες οἱ ὑπολειφθέντες συνηθροίσθησαν. Marcell. Com. coepto adversus Byzantios proelio plurimi hostium cadunt, caeteri fugientes ecclesiae nostrae succedunt.

[32]) Zosim. a. a. O. Marcell. Com. fährt fort: ibique retecto ecclesiae culmine iactisque desuper lapidibus obruuntur.

[33]) Synesius a. a. O.

[34]) Chron. Pasch. 400: In demselben Jahre wurden viele Gothen getötet ἐν τῷ Ἰαιμομακελλίῳ. Es verbrannte die Kirche der Gothen mit einer grofsen Menge Christen am 12. Juli. Vgl. zu diesem Datum Cap. VI. Anm. 26. II.

versammelte und in begeisterter Predigt zum Preis dessen, der die Geschicke der Menschen lenkt, aufforderte.[35]) Er gedachte dabei auch jener drei Männer, die, ein Opfer ihrer Überzeugung und ihres Patriotismus geworden, fern der Heimat von dem Umschwung nichts wufsten, und sprach die gewisse Hoffnung aus, dafs sie bald wieder in Constantinopel weilen würden.

Aber noch waren die Verhältnisse nicht geklärt, noch stand Gainas mit ziemlicher Heeresmacht nicht weit von den Mauern entfernt, darum liefs Arcadius vorläufig noch den Typhos im Amte, das derselbe nun um so schamloser zur Ansammlung von Geld ausnutzte. Auch Johannes suchte er durch Schmeichelei und Geschenke auf seine Seite zu ziehen, während seine geheimen Boten den Gainas zur Rückkehr zu bestimmen trachteten. Aber zwischen diesem und dem Kaiser war nunmehr die letzte Brücke abgebrochen[36]), seine Absicht war vielleicht bis dahin auf eine Änderung der Verfassung zu gunsten der Germanen und der Gesetze zu gunsten der Arianer ausgegangen, jetzt aber, nachdem er Constantinopel verlassen, erschien er allen als offener Reichsfeind, und so ward auch Typhos wegen seiner verräterischen Verbindung mit ihm selbst dem schlechtesten Römer verabscheuungswürdig. Endlich konnte der Kaiser es wagen, eine aufserordentliche Commission zur Untersuchung seiner Vergehen einzusetzen. Da traten nun alle seine Unthaten zu tage; das vertraute Verhältnis zwischen seiner und Gainas Frau, sein Verkehr mit den Verschnittenen und Angebern, welche vor kurzem noch auf seinen Befehl das Ärgste gegen Aurelian und dessen Gattin ausgesagt hatten; die Besetzung der geeignetsten strategischen Punkte auf Typhos Rat durch die Barbaren und endlich sein Plan, die Gothen wieder nach Asien hinüber zu bringen. Daher wurde er zunächst zu Gefängnis verurteilt, während die endgiltige Strafe erst später durch ein zweites Gericht festgesetzt werden sollte.

Inzwischen versuchte Gainas vergeblich mit seinen Scharen Thracien durch einen Plünderungszug zu verheeren, nachdem er vom Kaiser für einen Feind des Vaterlandes erklärt worden war[37]); denn er fand die Städte überall befestigt und die Beamten wie Bewohner zu tapferer Verteidigung bereit. Wachsam geworden durch die früheren Angriffe der Barbaren und angefeuert durch den Erfolg in Constantinopel nahmen sie den Kampf mit einer Begeisterung auf, wie sie lange nicht

---

[35]) *Αἰγύπτιοι* II. 3.
[36]) Zosim. c. 19: Γαΐνης μὲν οὖν τῆς οὕτω μεγίστης ἐγχειρήσεως ἀποσφαλεὶς ἤδη προφανῶς τὸν κατὰ τῆς πολιτείας ἀνεῤῥίπιξε πόλεμον.
[37]) Socrat. IV. 6. φανερὸν πολέμιον κηρύξας εἶναι τὸν Γαϊνᾶν, vgl. Sozom.

mehr bei diesen den Waffen entwöhnten Bürgern zu tage getreten
war; dazu hatten sie Zeit gehabt ihre Früchte, Tiere und Gerätschaften
vorweg in Sicherheit zu bringen, so dafs Gainas nichts weiter fand
als das kahle, nur mit Stoppeln bedeckte Feld [38]), und daher beschlofs
über den Hellespont nach Asien zurückzukehren. Aber schon vorher
hatte sich Arcadius und der Senat von Neu-Rom ermannt und zum Oberbefehlshaber der römischen Streitkräfte eben jenen Heiden Fravitta[39])
ernannt, der bereits Theodosius I. die Treue sogar gegen seine
Landsleute bewiesen hatte. Er war ein Gothe, doch mit einer Römerin
verheiratet, besafs einen biederen, offenen Charakter und hatte sich
in seiner langer Dienstzeit eine tüchtige Kriegskenntnis und Erfahrung
angeeignet, welche er bereits in einem Kriege gegen aufständische
Räuberhorden in Cilicien bis Palästina glänzend bewährt hatte. Leider
gingen seine Körperkräfte bereits zu Ende, doch bewahrte er in diesem
Kriege[40]) nach wie vor seine alte Schneidigkeit.

Seine Aufgabe war, dem Gainas den Übergang nach Asien zu
verlegen, er nahm deshalb auf asiatischem Boden am Hellespont diesem
gegenüber eine abwartende Stellung ein und übte seine Truppen
durch fortwährende Scharmützel in so anregender Weise, dafs sie
allmählich über des Gainas Zögern unwillig wurden und sich nach
einer Feldschlacht sehnten. Aber Fravitta erlahmte nicht, Tag und
Nacht war er auf dem Posten, sein eigenes Lager inspicierend und
die feindlichen Bewegungen beobachtend, ja selbst für eine ausreichende
Flotte von sogenannten Liburniern sorgte er. Mit Hülfe derselben
recognoscierte er die Stellung des Feindes, der seine Scharen an der
ganzen Küste des Chersonnes von Parium bis gegenüber von Abydos
ausgedehnt hatte, zu jeder Zeit.

Da Gainas allmählich durch den Mangel an Lebensmitteln in
grofse Not geriet, wurde er gezwungen wohl oder übel den Versuch
einer Landung in Asien zu machen. Er liefs zu dem Zwecke in den
Wäldern der Halbinsel passende Bäume fällen und aus denselben
grofse Flöfse zimmern[41]), denn die Kunst des Schiffbaues war nur
den Römern eigentümlich, und aufserdem hätte es ihm bei seiner
Lage an Zeit gefehlt. Auf diese brachte er darauf Soldaten und Pferde

---

[38]) Zosim. V. 19 Ende. Philost. XI. 8.
[39]) Zosim. V. 20. Eunap frgm. 80. Philost. ebend. Socr. und Sozom. a. a. O.
Vgl. cap. V. Anm. 6.
[40]) Allein genau überliefert durch Zosim. c. 20 und 21. Daneben Socrat.
und Sozom. a. a. O.
[41]) Vgl. Socrat. σχεδίας συμπήξαντες. Sozom. ἐπὶ σχεδίων ἐπειρῶντο
διεκπλεῖν τον ἑλλήσποντον.

und überliefs sie, ohne Steuer und ohne Ruder wie sie waren, der Führung der Strömung in der Meerenge. Er selbst blieb am Ufer zurück, fest auf den Sieg vertrauend, da er die Römer seinen Truppen nicht für gewachsen hielt. Fravitta aber, dem dieser Angriff nicht unerwartet kam, hatte seine Vorbereitungen bereits getroffen und liefs seine mit eisernen Widdern versehenen Schiffe etwas von der Küste sich entfernen, um mehr Raum zum Manövrieren zu gewinnen.[42]) Als er aber bemerkte, dafs seine Gegner in der Gewalt der Strömung sich befanden, da rannte er mit seinem Admiralschiff zunächst das erste Flofs in den Grund und versenkte es mitsammt den Insassen. Seine anderen Schiffe ahmten diese Kampfesweise nach und vernichteten teils durch Stofs teils durch Speerschiefsen die übrigen Feinde.

Da sah Gainas ein, dafs er sich auf einen Kampf nicht einlassen dürfe, und zog sich in das innere Thracien zurück, nicht verfolgt von Fravitta, der mit seinem entscheidenden Erfolg vollständig zufrieden gestellt war. Gleichwohl gelang es dem geschlagenen Gainas nicht, ein neues Heer um sich zu scharen, seine Truppen wurden durch Desertion von Tag zu Tag schwächer, und so floh er denn durch das ausgeraubte Thracien zum Ister, und nachdem er die Römer, welche ihm bis dahin gefolgt waren, aus Argwohn getötet hatte, überschritt er den Flufs[43]), um in seiner Heimat den Rest seines Lebens zu verbringen. Aber auf diesem Wege geriet er in das Gebiet des Hunnenkönigs Uldes, dem sein Vorhaben eine Gefahr für die Zukunft in sich zu schliefsen schien. Daher verlegte er, auch um sich dem Kaiser gefällig zu erweisen, dem verwegenen Abenteurer den Weg und lieferte ihm mehrere Gefechte, in deren letztem Gainas endlich tapfer kämpfend sein Leben verlor. Zum Beweise dieser Thatsache sandte Uldes das abgeschlagene Haupt auf einer Lanze nach Constantinopel, wo es zu allgemeiner Freude im Monat Februar 401 anlangte.[44])

[41]) Nach den Kirchenhistorikern kam noch ein plötzlich eintretender ζέφυρος den Römern zu Hülfe.

[43]) So Zosim. c. 21 Ende. Nach Philost. a. a. O. wurde G. schon in den höheren Teilen Traciens getötet.

[44]) Zosim. c. 22 bringt die Thatsache. — Die Chronologie der beiden Ereignisse liegt dagegen im argen: Marc. Com. berichtet die Seeschlacht zu dem Jahre 400 und fügt hinzu, dafs Gainas noch desselben Jahres im Februar getötet wurde. Er fährt dann zu 401 fort: Sein Haupt wurde nach Constantinopel gebracht. Chron. Pasch. läfst den Kampf im Hellespont am 23. Dez. 400 stattfinden und den Kopf des Gainas bereits am 3. Jan. 401 in Constant. sein. Unmöglich! Tillem. note 28 sur Arcade erklärt das erste Datum für falsch, weil Fravitta erst nach der Schlacht zum Consul designiert wurde. Clinton fast. Rom. zu 400:

Dort hatte inzwischen Fravitta unbekümmert um die Vorwürfe, die man ihm machte: Dafs er wohl zu siegen verstehe, aber nicht den Sieg zu benutzen; dafs er als Barbar dem Barbaren Flucht und Rettung ermöglicht habe, zum Ärger seiner Neider und Feinde seinen feierlichen Einzug in Constantinopel gehalten und strahlend vor Freude dem Kaiser persönlich vom Siege Mitteilung gemacht. Er sprach bei dieser Gelegenheit Worte, welche von seinem Freimut ein deutliches Zeugnis ablegen: „Was ein Gott einem Gotte, wenn er will, zu geben vermag, so viel hat er dir, o Kaiser, gegeben! und dieses Ereignis ist nicht unwürdig des römischen Namens." Arcadius aber neigte sich gnädig dazu, von der Einfachheit der Worte angenehm berührt, und forderte ihn deshalb auf, eine Bitte auszusprechen. Da bat Fravitta um die Erlaubnis, es möge ihm gestattet sein, Gott nach väterlicher Weise zu verehren, und Arcadius gewährte es ihm, doch ernannte er ihn, um ihn noch mehr zu belohnen, zum Consul des Jahres 401, eine Nachricht, die wir deshalb als wahr hinnehmen können, weil die Verwirrung der letzten Monde eine frühere Ernennung nicht zugelassen hatte.⁴⁴) Doch scheint der hochverdiente Mann, der auch den durch flüchtige Sklaven und Gainas Deserteure hervorgerufenen Aufstand in Thracien noch überwältigte⁴⁵), bald ein nicht ganz natürliches Ende genommen zu haben⁴⁶), über das uns die dürftigen Quellen etwas im Dunkeln lassen, jedenfalls ist er in der ferneren Geschichte des Orients nicht mehr hervorgetreten.

Aber sicherlich noch vor Gainas Tod waren auch die drei verbannten Patrioten Aurelian, Saturnin und Johannes wieder nach Constantinopel zurückgekehrt⁴⁷); und besonders Aurelian wurde von der freudigen Bevölkerung auf das ehrenvollste eingeholt. Mit

we may read $\pi\varrho\grave{o}$ $\iota\vartheta'$ $\varkappa\alpha\lambda\alpha\nu\tilde{\omega}$. $\mathrm{'}\mathit{I}\alpha\nu$. = 14. Dez. Derselbe verändert auch zu 401 die Überlieferung im Chron. Pasch. in γ $\mathit{l}\delta\tilde{\omega}\nu$ = 11. Januar, um mehr Zeit zu gewinnen. Aber da Marc. Com. und Chron. Pasch. zu 401 berichten, dafs das Meer 20 resp. 30 Tage gefroren war, was in diesen Gegenden nur im Januar möglich ist, so kann das Datum der Seeschlacht nicht über den 23. Dec. hinausgelegt werden, sondern mufs bestehen bleiben. Dagegen nehme ich mit Marcell. Com. (der es allerdings beim falschen Jahre bringt) an, dafs Gainas Anf. Febr. getötet wurde und dafs sein Kopf Ende Februar in der Hauptstadt anlangte. — Nach Socr. und Sozom. übrigens fiel Gainas durch andere römische Scharen in Thracien.

⁴⁴ᵃ) Zosim. c. 21. Joh. Antioch. frgm. 190. Am ausführlichsten Eunap frgm. 80. Sozom. c. 4 am Ende.

⁴⁵) Zosim. c. 22.

⁴⁶) Das ist das Einzige, was man dem sonst nicht ganz verständlichen Fragmente 85. des Eunap entnehmen kann.

⁴⁷) Zosim. c. 23. Synesius $A\mathit{l}\gamma\acute{\upsilon}\pi\tau\iota\omicron\iota$ II. 4.

9

Kränzen geschmückt, so führten sie ihn in die Stadt hinein, und
Fackelzüge und Nachtfeste wurden ihm zu Ehren unter allgemeiner
Teilnahme veranstaltet, ja das Jahr wurde nach seinem Namen
benannt (400).[48] Er entzog auch den gefangenen und vom Elend
gebrochenen Bruder Typhos der Wut des gereizten Volkes, doch, wo
dieser dann geblieben, das ist von Synesius nicht mehr überliefert
worden. Er deutet in seinem Mythos nur noch an, dafs Aurelian
nicht sofort wieder zur Leitung der Geschäfte (d. h. als Praefectus
praetorio) berufen wurde[49], sondern für einige Zeit zurückgezogen
lebte, bis die verbitterte Stimmung zwischen Germanen und Römern
allmählich einer freundlicheren Platz gemacht hätte — Nachrichten,
welche sich durchaus im weiteren Verlaufe der Erzählung bestätigen
werden, — und dafs inzwischen andere Staatsmänner von weniger
hervortretender Abneigung gegen die Fremdlinge fürerst die Regierung
übernahmen.

Überblicken wir aber den Verlauf dieser Episode, den unbedeutend
scheinenden Anfang der Bewegung, die dann immer gewaltigere
Ausdehnung, die sie annahm, wie nach und nach das ganze Germanentum in Mitleidenschaft und in den Kampf gegen das Römertum
gezogen wurde, so müssen wir vor allem die höhere Fügung darin
erkennen. Denn die Macht, eine gänzliche Umwälzung im Staate
hervorzurufen oder wenigstens sich eine den Westgothen ähnliche,
unabhängige Stellung zu erobern, hat Gainas sicherlich gehabt, und
wenn er in seinem Vorhaben scheiterte, so lag das an seinem eignen
unentschlossenen Wesen, der Ungleichheit und Stammesverschieden-
heit der ihm unterstellten Truppen, sodann aber an dem passiven
Widerstand, welchen das orientalische Reich mit seinen weitgespannten
Grenzen, seinen beschwerlichen Bodenverhältnissen und den vielen festen
Städten[50], und endlich der teils im politischen, teils im religiösen Gegensatz wurzelnde schliefsliche Aufschwung der gesamten Bevölkerung den
Feinden entgegenstellte. Mit Recht ist dieser Kampf, von dem sich ein
langsames Zurückgehen des germanischen Elementes mit Sicherheit verfolgen läfst, wie die meist echt römischen Namen der Heerführer der
Folgezeit beweisen, als ein Wendepunkt in der Geschichte des Ostreichs aufgefafst worden, denn die verhältnismäfsig leichte Art,
mit welcher es sich seines mächtigen Gegners entledigte, hat gewifs

---

[48] Vgl. cap. V. Anm. 26. II.
[49] II, 5.
[50] Vgl. Finlay I. S. 149. Hertzberg Geschichte Griechenlands seit dem
Absterben des antiken Lebens bis zur Gegenwart I. S. 58. Kaufmann a. a. O.
I. S. 312 und 313.

Alarich und andere Germanen abgeschreckt, von neuem gegen dasselbe vorzugehen. Die Begeisterung und der Stolz, welche damals die römische Welt nach langer Zeit wieder erfüllten, haben aber auch in der Poesie ihren Widerhall gefunden: Ein Schüler des Troilus, der Scholasticus Eusebius, hat als Augenzeuge den Krieg in seiner vier Bücher umfassenden Gainea in Hexametern besungen, und siebenunddreifsig Jahre später trug Ammonius unter grofsem Beifall Theodosius II. denselben Gegenstand in neuer Bearbeitung vor.[51]) Vor allem aber hat uns Synesius in seiner Schrift „die Ägypter oder über die Vorsehung", einer Art allegorisch-philosophischen Romans mit historischem Hintergrunde, ein Zeitgemälde von höchster Wahrheitsliebe und Treue hinterlassen, bei dem wir nur das eine zu bedauern haben, dafs wegen der mystischen Form, in der es verfafst ist, uns manches unverständlich bleibt und nur geahnt werden kann. Er schrieb den ersten Teil zugleich mit den Ereignissen selbst, während er den zweiten auf Wunsch seiner Freunde, denen der erste sehr gefiel, später erst hinzugefügt hat.[52])

Achtes Kapitel.

Alarich und Westrom in den Jahren 401—403. — Arcadius und seine Familie. — Geburt und Taufe Theodosius II. — Johannes Chrysostomus' Verhältnis zur Gemeinde und dem Clerus. — Reise nach Ephesus. — Streit mit Severian von Gabala. — Eifersucht der alexandrinischen Patriarchen auf den Bischof von Constantinopel. — Charakteristik des Theophilus. — Richtung der alexandrinischen Kirche. — Theophilus und die Mönche von Nitria. — „Die langen Brüder" in Constantinopel. — Eudoxia nimmt sich ihrer an. — Johannes und Epiphanius von Constantia. — Johannes Predigt gegen die Frauen. — Theophilus kommt nach Constantinopel. — Synode ἐπὶ δρῦν bei Chalcedon. — Absetzung und Abführung des Johannes.

Die Frage liegt nahe, warum Alarich sowohl während der Spannung zwischen den beiden Reichen zur Zeit des Gildonischen Krieges als auch besonders während der Erhebung des Tribigild und Gainas sich ruhig in seinen Grenzen verhielt und die Gelegenheit im trüben zu fischen an sich unbenutzt vorübergehen liefs. Für die Zeit der Unruhen des Gildo ist sie leichter zu beantworten, denn erst wenige Monate

---

[51]) Socrates VI. 6.
[52]) Vgl. die προθεωρία. Synesius war noch Ende 400 in Constantinopel; denn er sagt ep. 61, er habe sich einen Teppich geliehen, ὁπηνίκα με πρὸ τῶν μεγάλων ἀρχείων ἔδει καθεύδειν — Αὐρηλιανὸν φιλάνδρα καὶ ὕπατον ἀφεὶς ἀπροσπαίδητον. Vgl. De insomn. p. 148 C. Clinton fast. Rom. zu 400.

vorher war der Vertrag zwischen ihm und Ostrom abgeschlossen worden und der Reiz der hohen Stellung, welche ihm bewilligt war, noch zu grofs, als dafs er an einen erneuten Aufstand denken mochte. Dazu mufste er sich billig fragen, — und dies Moment beantwortet auch das zweite — welche erstrebenswerten Vorteile ihm ein solcher im oströmischen Reich bieten konnte? Mit dem Range eines magister militum, der ihm verliehen worden war, durfte er wohl zufrieden sein, und auch das Landgebiet, welches seinen Gothen abgetreten wurde, war seiner räumlichen Ausdehnung nach vollständig für sie ausreichend, ergiebigere Gegenden aber konnte er in Europa auf der Balkanhalbinsel nur vergeblich suchen, da er selbst die ganze Illyrische Praefectur gänzlich verwüstet hatte, und die Verheerung des östlichen Thraciens bis Constantinopel seit 379 nur selten jahrelang aufgehört hatte; an Asien endlich hatte er gewifs nie gedacht, und dies wurde gerade im Aufstand des Tribigild auf das entsetzlichste mitgenommen. Es hielt ihn, die Ostgothen und ihr Vorhaben zu unterstützen, ferner eine gewisse Eifersucht gegen Gainas ab, dessen Verhältnis von dem seinigen zum Reich ebenso grundverschieden war wie das der unter Alarich lebenden freien Westgothen von dem der dem Gainas unterstellten fremdländischen, römischen Söldner. Und was würde eine solche Unterstützung zur Folge gehabt haben[1]? Schliefslich doch nur eine erneute Auseinandersetzung zwischen ihm und Gainas, bei der am Ende das Ostreich bei kluger Benutzung der Umstände wieder gewann, um so mehr, als es in diesem Kampfe seine wirksamste Macht im römischen Nationalgefühl hatte.

Grade nun das Hervorbrechen dieser bis dahin nie so stark hervortretenden Erscheinung wird aber auf Alarich[1a]), nachdem er einmal darauf verzichtet hatte, in die Ereignisse mit einzugreifen, seinen Eindruck nicht verfehlt haben. Denn er mufste sich selbst sagen, dafs auch seine ganze Stellung im Ostreich und besonders seine richterliche Thätigkeit und Ausnutzung der Hülfsquellen Illyricums nicht minder als das übermütige Auftreten der germanischen Soldateska allen wirklich römisch Gesinnten von ganzem Herzen zuwider und ein Dorn im Auge sei, und dafs, nachdem das Ostreich der ostgothischen Erhebung nach so kurzer Zeit in der glänzendsten Weise Herr geworden, auch das Verhältnis desselben zu ihm nicht mehr das gleiche, entgegen-

---

[1]) Vgl. zu dieser Auffassung Köpke Anf. des Königt. bei den Gothen S. 128 und 129, und Hertzberg Gesch. Griech. III. S. 412 ff.

[1a]) Doch hat schwerlich, wie Dahn Urgeschichte I. S. 337 will, das Mifsverhältnis zwischen Römern und Germanen schon Alarichs erste Erhebung mit hervorgerufen.

kommende bleiben werde. Aus allen diesen Gründen war es natürlich, dafs der Gothenkönig sich hier an der Grenzscheide der beiden Reiche nicht mehr wohl fühlte und jeden Ausweg, aus seiner drückenden Lage herauszukommen, mit Freuden einschlug.

Es gab aber eigentlich für ihn nur einen einzigen, nämlich den nach Westen, und der ging durch Italien, wo Stilicho gebot. Doch das schreckte ihn nicht, wenngleich er bereits zweimal im Felde vor ihm gewichen war, und im schlimmsten Falle brachte ein schneller Beutezug immerhin pekuniären Vorteil. Dazu wufste er sehr wohl, dafs die gewaltige Heeresmacht des Westreichs über eben so gewaltige Gebiete zerstreut war und eine weit längere Grenzlinie zu beschirmen hatte als das oströmische Kriegsvolk, welche oft genug Stilichos Anwesenheit wegen aufständischer Bewegungen der unterworfenen und bundesgenössischen Volksstämme erforderte, besonders in Gallien und Raetien. Endlich mag auch Eutrop selbst noch seine Augen auf den reicheren Occident gelenkt haben, obwohl es an einem ausdrücklichen Zeugnis dafür mangelt; jedenfalls aber hatte er bei der fortgesetzt mifstrauischen Haltung der beiden Brüder vom Ostreich keine Abhaltung zu fürchten.[2])

So suchte Alarich denn noch in demselben Jahre 401[3]), in welchem das Haupt des Gainas von Hunnenhand gefällt in Constantinopel anlangte, zum erstenmale das Westreich mit seinen beutelüsternen Scharen heim, indem er am 18. Novemb. die Grenze Italiens überschritt; er zog die aus Theodosius Zügen ihm wohlbekannte Strafse durch Bosnien zum Istrischen Einschnitt des adriatischen Meeres und erzwang den Durchgang durch den, wie es scheint, nur schwach besetzten Pafs ad Pyrum bei Hrudschizza.[4]) Er hatte insofern die Zeit günstig gewählt, als Stilicho zur Beruhigung eines in Raetien

---

[2]) Vgl. Claudian Bell. Get. v. 566 ff.
[3]) Über Alarichs 1. Zug nach Italien vgl. Gibbon VII. Aschbach S. 72 ff. Köpke S. 125. Dahn Könige V. S. 36 ff. Kaufmann S. 313—315. v. Wietersheim S. 124 ff. Hertzberg S. 414. Sievers S. 368 ff. — Das Datum — 18. Nov. 401 — nehme ich mit dem Chronographen von Ravenna gegen Prosper Aquit. und Jordan. c. 29 an, welche den Einfall Stiliconc et Aureliano coss. (400) stattfinden lassen. Dasselbe hat auch Köpke, v. Wietersheim und Kaufmann a. a. O. gethan, während Aschbach und Dahn den Zug noch 400 ansetzen. Endlich hat auch O. Seeck im 1. Heft der Forsch. zur deutsch. Geschichte 1884: „Die Zeit der Schlachten bei Pollentia und Verona" die Wahrscheinlichkeit der ersten Ansicht erwiesen. Vgl. Volz: Über das Jahr der Schlacht bei Pollentia. Progr. Cöslin 1864.
[4]) Vgl. v. Czoernig Das Land Görz und Gradisca S. 162. Die Station ad Pyrum ist der niedrigste Pafs des Birnbaumerwaldes in den Julischen Alpen.

ausgebrochenen Aufstandes von Italien abwesend war[5]), und daher erklären sich auch seine ersten Erfolge. An den Ufern des sagenberühmten Timavus[6]) mit verschwindendem Laufe in der Nähe des Frigidus, wo er selbst vor wenig Jahren unter Theodosius seine ersten Waffenthaten vollführt hatte, schlug er das ihm hier erst entgegentretende römische Heer in die Flucht und schlofs darauf das vor seiner Übermacht zitternde, aber durch seine strategische Lage und Waffenfabriken aufserordentlich wichtige Aquileia ein.[7]) Die geschlagenen römischen Truppen, verstärkt durch neuen Zuzug, suchten vergeblich ihm den Übergang über die Etsch und die Strafse nach Mailand zu verlegen, wohin sich der junge, unkriegerische Kaiser Honorius schon vor Alarichs Ankunft in Italien aus seiner vielgeliebten, durch Sumpf und Mauern geschirmten Residenz Ravenna begeben hatte.[8])

Ganz Italien ergriff der Schrecken, welches seit vielen Jahrhunderten feindliche Germanen auf seinem Boden nicht erblickt hatte, schalt auf den regenlosen Winter, der die gewohnte Überschwemmung des Po und seiner Nebenflüsse zu unrechter Zeit einstellte[9]), und Rom fing an, seine verfallenen Mauern auszubessern.[10]) Da konnte allein nur Stilicho, wie schon oft, die Hülfe bringen, und er brachte sie. Schon lagen die siegreichen Westgothen ganz nahe der uralten Kulturstätte der Kelten, Mediolanum, und der wachsame Posten auf ihren Mauern konnte am Abend die zahllosen Wachtfeuer wie einen feurigen Ring ringsherum erblicken[11]); aber der Kühnheit und Umsicht eines Stilicho war kein Feind zu stark, kein Flufs zu tief. Schnell hatte er im Winter 401/402 den Aufstand gedämpft, und die bundesgenössischen Hülfsvölker zu sofortiger Heeresfolge bewogen, während

---

[5]) Claud. Bell. Get. 278:
    Non si perfidia nacti penetrabile tempus
    Irrupere Getae, nostras dum Rhaetia vires
    Occupat atque alio desudant Marte cohortes,
    Idcirco spes omnis abit.

[6]) v. 575 ff. Vgl. Kiepert a. a. O. S. 386.

[7]) Weiter darf man mit Kaufmann wohl nicht gehen, da an eine schnelle Eroberung des festen Platzes ohne Verrat, wie Wietersh. will, nicht zu denken ist.

[8]) Man kann seine Anwesenheit in Mailand auf Grund des Cod. Theod. vom 27. November 400 (I. 5, 13) nachweisen. Er ist erst wieder in Ravenna 6. Dez. 402. Cod. Theod. VII. 13, 15. Aschbachs Behauptung S. 72. Anm. 62, Gibbon habe die Anwesenheit des Honorius in Ligurien nur erdichtet, ist daher ungerecht und durch seine falsche Chronologie hervorgerufen.

[9]) Bell. Get. 47 ff.

[10]) v. 521 ff.

[11]) v. 44 ff.

seine Eilboten die Legionen aus Gallien, ja aus Britannien herbeiriefen [12]), um nur Italien zu retten. Mit dem Vortrapp kam er eilends und noch zu rechter Zeit zurück, durchbrach die Vorpostenkette, durchschwamm den Strom und hauchte der entmutigten Besatzung von Mailand neuen Kampfesmut und neue Siegeszuversicht ein.[13])

Doch mufste der Kaiser vorläufig die Stadt verlassen und sich weiter westwärts nach Asti, in der Nähe des Tanarus [14]), begeben, um den über die Seealpen führenden Pässen nahe zu sein, über welche die gallischen Legionen herbeiziehen sollten. Aber auch Alarich folgte mit seinen Scharen, berannte vergeblich Asti und lagerte sich an dem genannten Flusse bei Pollentia, wo er am Ostertage -6. April- 402 [15]) einen friedlichen, gottgeweihten Tag verleben zu können meinte. Trotz der Heiligkeit des Tages und vielleicht, um die Gothen zu überrumpeln, griff Stilicho gerade an diesem an. Die von dem aus Theodosius Zug gegen Eugen rühmlichst bekannten Saul geführte alanische Reiterei begann als Avantgarde voreilig den Kampf, erlitt aber trotz der alle übertreffenden Tapferkeit des Saul nach dessen ruhmvollem Tode eine Schlappe und geriet in Verwirrung. Da führte Stilicho, ohne einen Augenblick seine Besonnenheit zu verlieren, seine Legionen ins Treffen, stellte es wieder her und zwang die Gothen zum Weichen. Selbst das gothische Lager mit den Gefangenen und der bisher gemachten Kriegsbeute fiel in seine Hände. Gleichwohl fühlte er sich nicht stark genug den Feind zu verfolgen und aus Italien zu treiben; er suchte dies vielmehr auf diplomatischem Wege zu erreichen und schlofs mit Alarich Waffenstillstand oder Frieden, der allerdings von den Gothen durch einen hinterlistigen Angriff auf Verona [16]) wieder gebrochen wurde. Noch einmal mufste daher Stilicho über den Po und an der Etsch mit Alarich einen entscheidenden Kampf bestehen, in dem der letztere ähnlich wie in Thessalien und Arcadien von Stilicho völlig eingeschlossen wurde, aber — merkwürdigerweise wieder wie dort, schliefslich, auf Grund eines neuen Vertrages, über die Alpen, in die Heimat entkam.[17])

---

[12]) v. 414 und 430.
[13]) VI. cons. Hon. 453 ff.
[14]) Aurel. Prudentius contra Symmach. lib. II. v. 707 ff. Claud. VI. cons. Hon. 204.
[15]) Die Berichte über den Ausgang der Schlacht widersprechen sich sehr. Vgl. Orosius VII. 37, 2. Prosp. Aquit. Chron. Rav. Jordan. c. 30. Claud. Bell. Getic. 579 bis zu Ende und 76 ff. VI. cons. Hon. 201 ff. Aurel. Prud. II, a, a. O. Vgl. Clinton fast. Rom. Ich folge in meiner Darstellung Kaufmann a. a. O.
[16]) Claud. VI. cons. Hon. 202.
[17]) V. 202—320.

Doch war sein Verweilen hier nach diesem verhältnismäfsig ungünstigen Ausfall seines ersten Zuges gegen das Westreich nun erst recht nicht von Dauer, denn ebenso wie die anfänglichen Erfolge Alarich von neuem nach dem Occident lockten, ebenso mufste es ihn drängen die Schlappen, die er zuletzt erlitten hatte, wieder auszuwetzen. Aber auch seine Beziehungen zum Ostreich mufsten sich nun noch mehr verschlechtern, denn für den Fall, dafs er nicht von diesem selbst zum Kriege angetrieben war, was nirgends und nicht einmal von Claudian behauptet wird, so war sein Zug nach Italien ein höchst eigenmächtiges Vorgehen, das durch den mit Eutrop 396 geschlossenen Vertrag in keiner Weise gutgeheifsen wurde. Er war durch diesen sowohl römischer General geworden und befehligte aufser seinen Gothen auch römische Truppen als auch durch die ihm übertragene Aufsicht über die militärischen Hülfsquellen Illyricums in gewissem Sinne römischer Beamter und hatte als solcher gewifs keine Ermächtigung, auf eigne Hand Krieg zu führen, weil, beauftragt oder nicht, das Odium jedes Krieges auf seinen kaiserlichen Herrn zurückfallen mufste. Er kehrte demnach in sein ihm zugewiesenes Gebiet als ein geschlagener, übermütiger General zurück, den für seine Eigenmächtigkeit zu züchtigen Ostrom nur die Kraft fehlte.

Diesem war nach den fortgesetzten Wirren seit Theodosius' Tod vor allem Ruhe nötig, und sie wurde ihm denn auch für eine ganze Reihe von Jahren zu teil, wenn man von den unbedeutenden Unruhen an der Donau, in Asien und an den Grenzen Afrikas absieht. Bald nach Gainas Tode wurde der Orient und der Kaiser an seiner Spitze durch ein überaus erfreuliches Ereignis in Jubel und Freude versetzt, denn am 10. April 401 [18]) wurde Arcadius endlich der ersehnte Thronfolger im Porphyrsaal geboren. Dieses Ereignis war um so bedeutsamer, als Eudoxia ihrem Gemahl bereits drei Kinder, aber nur Töchter, geschenkt hatte. Es waren das Flaccilla, geboren am 17. Juni 397 [19]), das älteste Kind ihrer Ehe, welche aber noch sehr jung gestorben zu sein scheint, Pulcheria, geboren am 19. Januar 399 [20]), und Arcadia, geboren am 3. April 400.[21]) Auch blieb Theodosius der einzige männliche Sprofs, da das am 11. Februar 403 [22]) geborene Kind, Marina,

---

[18]) So übereinstimmend Marcell. Comes. Chron. Pasch. Socrat. VI. 6. Ohne Datum Sozom. VIII. 4. Vgl. Idac. Chron.
[19]) Chron. Pasch., ohne Datum Marc. Com. Prosp. Aquit.
[20]) Chron. Pasch., ohne Datum Marcell. Com. Vgl. die ungenaue Notiz bei Sozom. IX. 1.
[21]) Chron. Pasch.
[22]) Chron. Pasch. 10. Febr. Marc. Com. 11. Febr.

wiederum weiblichen Geschlechts war. Wie sehr und berechtigt daher der Wunsch des Arcadius und der Eudoxia war, endlich einen Sohn zu besitzen, können wir aus den Worten eines Zeitgenossen und Augenzeugen abnehmen, welcher gerade in jenen Tagen in Constantinopel sich nicht nur aufhielt, sondern auch persönlich mit der Kaiserin verkehrt hat. Wir sind nämlich so glücklich, den Reisebericht des Bischofs Porphyrius von Gaza in Phoenicien zu besitzen, mitgeteilt von seinem Diacon Marcus [23]), in welchem er seine Erlebnisse und Begegnungen mit den leitenden Persönlichkeiten der Hauptstadt und des Reichs, und so auch mit der Kaiserin wort- und wahrheitsgetreu niedergelegt hat.

Die Veranlassung, welche ihn dorthin führte, war ein Bittgesuch an den Kaiser, dem noch übermächtigen Heidentum in Phoenicien ein Ende zu machen, und er wurde deshalb von Johannes Chrysostomus an den Oberkammerherrn der Kaiserin, den frommen Verschnittenen Amantius, gewiesen, welcher die beiden Gesandten in der That bei der Kaiserin einführte. Sie safs bei ihrem Eintritt auf einem goldenen Sessel und begrüfste sie von demselben aus zuerst mit den Worten: „Euren Segen, ehrwürdige Väter!" und fügte dann, als sie näher getreten waren, hinzu: „Verzeiht mir, Priester Christi, wegen meines Zustandes, dafs ich nicht, wie's sich gebühret, eurer Heiligkeit bis zur Schwelle entgegentrat und bittet Gott für mich, dafs ich, was in meinem Leibe ist, mit seiner Hülfe zur Welt bringe!" Die Bischöfe aber, ihre ungewöhnliche Herablassung bewundernd, antworteten: „Er, der gesegnet hat den Leib der Sara, der Rebekka und Elisabeth, Er segne auch das Kind in deinem Leibe und lasse es zum Leben gelangen!" Darauf liefs sie sich über die Not der Christen in Phoenicien berichten und versprach beim Kaiser auf Abstellung der Leiden hinzuwirken, beschenkte sie noch mit Goldstücken und entliefs sie dann gnädig.

Am folgenden Tage, als die Bischöfe von neuem zur Audienz befohlen waren, hiefs sie sie guten Mutes sein, und als Porphyrius ihr einen Sohn wünschte, da geriet sie in solche Freude, dafs sie ihm dafür die Erfüllung seiner Bitte und eine Kirche in Gaza zu bauen gelobte. Und wenige Tage darauf genafs Eudoxia wirklich eines Sohnes [24]), und Eilboten wurden in alle Städte geschickt, die frohe Nachricht überall zu verkünden. Sieben Tage darauf schon

---

[23]) Marci Diaconi vita Porphyrii Gazensis ed. Haupt. Abhandlungen der Königl. Acad. d. Wissensch. 1874. c. 36 ff.

[24]) c. 41. ἐν τῇ πορφύρᾳ ἐτέχθη ὅθεν καὶ ἀπὸ λοχείας βασιλεὺς ἀνηγορεύθη.

liefs Eudoxia die Bischöfe wiederum rufen, trat ihnen bis zur Thür des Schlafgemaches entgegen und bat um ihren Segen für das Kind und sich, den ihnen die Bischöfe gerührt spendeten.

Bald darauf fand die feierliche Taufe statt und gestaltete sich zu einem Feste der ganzen Stadt, welche sich zu diesem Tage überall mit Kränzen, seidenen und golddurchwirkten Teppichen und anderen Kostbarkeiten geschmückt hatte. In feierlicher Procession bewegte sich der Zug vom Palaste zu der Sophienkirche: alle trugen weifse Gewänder, so dafs man meinen konnte, die ganze Menge sei von einer Schneedecke umhüllt; voran die Patricii, die Illustres und die übrigen Würdenträger, während eine militärische Begleitmannschaft den Zug eröffnete und schlofs; aber alle hatten Kerzen in der Hand. Neben dem Täufling, welcher von einer der höchsten Hofchargen in prächtiger Gewandung gehalten wurde, schritt der kaiserliche Vater einher fröhlich und mit leuchtendem Antlitz. An der Thür der Kirche empfing den Zug Johannes Chrysostomus an der Spitze seiner zahlreichen Geistlichkeit und vollzog darauf unterstützt von ihr die heilige Taufhandlung, indem er dem Kinde nach dem Wunsche der Eltern zur Erinnerung an den Grofsvater den Namen Theodosius beilegte und gewifs ihm dabei von Herzen wünschte, dafs sich in dem neuen Sprofs das Bild des seligen Ahnherrn im Glanze aller seiner Tugenden ohne seine Fehler verjüngen möge.

Die Gesandten aus Gaza standen an der Kirchenthür mit einer Bittschrift und erwarteten die Rückkehr des Zuges. Als nun Arcadius mit dem Kinde heraustrat, da riefen sie: „Wir bitten um einen Beweis deiner Gottesfurcht, o Kaiser!" Der vorher von Eudoxia eingeweihte Träger des Täuflings aber blieb stehen, liefs sich die Schrift reichen, las einen Teil derselben und rief in die still gewordene Menge, indem er seine Hand unter den Kopf des Kindes legte: „Im Namen dieses Kindes hier! Es geschehe, was in der Bittschrift erbeten wird!" Da wunderten sich alle und priesen den Kaiser glücklich, dafs er noch seinen Sohn als Thronfolger erblickt habe. Eudoxia aber, von dem Geschehenen in Kenntnis gesetzt, nahm das Kind in Empfang und sprach zu Arcadius: „Selig bist du, dafs deine Augen bei deinen Lebzeiten solches gesehen haben!" — Soweit der Augenzeuge Porphyrius, dem wir nicht genug danken können, dafs uns aus dieser quellenarmen Zeit einmal ein so recht aus dem Leben gegriffenes, farbenreiches Bild bis auf heute bewahrt worden ist.

Aber blieb auch das Reich von schweren Schicksalsschlägen, die von aufsen kamen, frei, so riefen doch die kirchlichen Angelegenheiten mehrfach Unruhen in der Hauptstadt und von da aus in anderen

Gegenden des Orients hervor. Denn das war gerade die Eigentümlichkeit des orientalischen Volkes, dafs es seine geistige Kraft nicht wie ehedem die alten Griechen dem politischen Leben, der Kunst und Wissenschaft zuwandte, sondern den spitzfindigsten, dogmatischen Fragen, welche je ein Mensch aufgeworfen hat, und dafs mit derselben Leidenschaft, mit welcher die Bevölkerung über den Sieg dieser oder jener Partei im Circus und Theater stritt, die feine und geringere Gesellschaft über die Vorzüge der Nicaenischen und Arianischen oder Eunomianischen Lehre ihre verschiedenen Meinungen austauschte.[25]) Das kirchliche Leben war daher ein aufserordentlich reges im Orient, und die Bischöfe fanden, sofern nicht gerade ihre Predigt mit einem Pferderennen oder sonstigen Schauspiel zusammenfiel, die andächtigsten Zuhörer — für den Augenblick.

So angenehm aber auch diese Teilnahme an allem, was die Kirche berührte, auf der einen Seite war, so verhängnisvoll konnte sie auf der anderen für die Ruhe der grofsen Städte und des Landes werden, wenn ein feuriger, begeisternder Bischof das unwissende Volk in seine eigenen, persönlichen Streitigkeiten um dogmatische Fragen hineinzog, weil die orientalische Bevölkerung nicht nur schnell mit der Zunge, sondern auch ebenso schnell mit der Hand und dem Schwerte war. So sehen wir denn, während im Occident die wichtigsten Punkte unseres christlichen Glaubens: das Verhältnis des Menschen zu Gott und der Gegensatz zwischen Natur und Gnade zum zum Austrag gebracht werden, den Orient sich in spekulativen, sophistischen Streitigkeiten erschöpfen, welche mehr als einmal zu neuer Sectenbildung und blutigem Streit geführt haben. Diese vorausgesandte Bemerkung wird die folgende Darstellung der Absetzung und Verbannung des Johannes Chrysostomus erklärlicher machen, wenn auch zur völligen Begründung das eifersüchtige Verhalten der Alexandrinischen Patriarchen zu den Bischöfen von Constantinopel später mit einem Worte noch berührt werden mufs.

Schon oben ist darauf hingewiesen worden, wie Johannes trotz der Reinheit seiner Absichten und der Lauterkeit seines Wandels wegen des Freimutes und der Energie, mit der er gegen die Schäden

---

[25]) Neander Johannes Chrys. II. S. 19. Kirchengesch. VI. 4. S. 5 ff.
[26]) Aufser Neander in seinem grundlegendem Werke und Böhringer S. 57 ff. u. a. hat sich in neuster Zeit von katholischer Seite F. Ludwig, Priester der Diöcese Ermland, in: Der Hl. Johannes Chrysostomus in seinem Verhältnis zum byzantinischen Hofe. Braunsberg 1883. Ausführlich mit diesem Gegenstande beschäftigt und ihn im ganzen, streng auf die Quellen sich stützend, objektiv behandelt (aber ungenau im Citieren).

in Kirche und Gemeinde, wo er sie fand, vorging, sich zunächst die Herzen seines Clerus und der Mönche in Constantinopel entfremdete.[27] Aber auch die Glieder seiner Gemeinde verstand er nicht ohne Unterschied an sich zu fesseln und ihnen eine gute Meinung von sich beizubringen, wenn es auch nur ein geringer Bruchteil war, der an seinen Predigten und Handlungen Anstofs nahm. Es waren dies jedoch zu seinem Verhängnis gerade die Vornehmen und Reichen, von denen ihm die einen grollten, weil er stets und ständig den Reichtum schmähte, gewissermafsen die Vermögenden als die besonders Sündigen hinstellte und vorzüglich wegen seiner nach ihrer Meinung allzuscharfen, takt- und herzlosen Predigt gegen den gefallenen Eutropius[28]), die anderen, wie Marsa, Promotus Witwe, in deren Hause Eudoxia erzogen war, Castritia, die Witwe des Saturninus, und Eugraphia[29]), weil er schonungslos gegen die Putzsucht und schamlose Kleidung der vornehmen Damenwelt unausgesetzt eiferte[30]) und ihnen auch wohl persönlich ernstliche Vorhaltungen deswegen machte. Endlich trug auch sein Verkehr und Einflufs auf die junge und reiche Witwe Olympias[31]), welche Nectarius noch zur Diakonissin geweiht hatte und Johannes Chrysostomus bewog, in ihrem wohlthätigen Wirken Mafs zu halten und nur wirklich Bedürftigen von ihrem Überflufs zu spenden, dazu bei, ihm diejenigen zu verfeinden, welche aus ihrer Verschwendung Vorteil gehabt hatten oder erhofften.

Aber nicht nur in Constantinopel selbst erwuchsen dem Bischof aus diesen Gründen in den verschiedensten Kreisen lebhafte Feinde, sondern seine durchgreifende Amtsthätigkeit führte diesen noch in einer Anzahl Suffraganbischöfe eine nicht zu unterschätzende Unterstützung zu. Es war Johannes nämlich berichtet worden, dafs die Kirchen der Provinz Asia von unwürdigen Geistlichen geleitet würden,

---

[27]) Vgl. Ludwig S. 18—24.

[28]) Socr. VI. 5. Sozom. VIII. 6 und 8. Ende. Gegen die Anschuldigung, dafs er den Reichtum schmähe, verteidigt sich Chrysostomus in der 2. Homilie auf Eutrop. c. 3: καίτοι πολλοὶ ἐγκαλοῦσί μοι ἀεὶ λέγοντες κεκύλησαι τοῖς πλουσίοις. ἐγὼ δὲ κεκόλημαι τοῖς πλουσίοις· οὐ τοῖς πλουσίοις δέ, ἀλλὰ τοῖς κακῶς τῷ πλούτῳ κεχρημένοις·

[29]) Palladius de vita S. Joh. Chrys. Dial. p. 35. Eugraphia war die wütendste dieser gegnerischen Damen.

[30]) Palladius p. 66: ὅτι γραΐδες οὖσαι διὰ τὸν χρόνον τί ἀνηβῆν παραβιάζεσθε τὸ σῶμα, βοστρύχοις (künstliche Locken) ἐπὶ μετώπου φέρουσαι καθάπερ ἑταιρίδες, ὑβρίζουσαι καὶ τὰς λοιπὰς ἐλευθέρας, ἐπὶ ἀπάτῃ τῶν συντυγχανόντων καὶ τοῦτο χήραι;

[31]) Sozom. VIII. 9. Palladius p. 152. Vgl. Opera Joh. Chrys. III. S. 631. Böhringer a. a. O. S. 160—169. Neander Kirchengesch. V. 3. S. 283.

welche ursprünglich Laien, um sich dem lästigen Curialzwange zu entziehen, um Geld und Gunst ein Bistum zu erlangen gewufst hatten. Er begab[32]) sich daher nach Ephesus, forderte die Schuldigen vor seinen Richterstuhl, setzte eine Anzahl derselben ab und andere ein, so an die Stelle des bereits von Ambrosius entlassenen, als Arzt berühmten Gerontius, Bischofs von Nicomedien, den Lehrer der Kaiserin Eudoxia, Pansophus. Dieses energische Vorgehen des Johannes gegen die Simonie schuf ihm in der Person der gemafsregelten Bischöfe neue, unerbittliche Gegner, welche sich um jeden Preis an dem ihnen verhafsten Oberhirten zu rächen trachteten. Über ein viertel Jahr war Johannes in diesen unerquicklichen Angelegenheiten abwesend gewesen, und seine Hoffnung, mit seiner geliebten Gemeinde das heilige Osterfest feiern (400) zu dürfen, war nicht erfüllt worden; um so gröfser war jetzt seine und ihre Freude, als er endlich heimkehrte, wie die von ihm damals gehaltene und noch erhaltene Predigt deutlich bezeugt.[33])

Aber auch in Constantinopel selbst fand Johannes nur unerfreuliche Zustände vor: Schon vor seiner Abreise nach Ephesus hielt sich dort das Beispiel des Antiochus von Ptolemais nachahmend der syrische Bischof Severianus von Gabala[34]) (in Phoenicien) auf, um fern seines einsamen Bischofssitzes in der glänzenden Hauptstadt durch seine gewandte und glühende Beredtsamkeit Ehre, Bewunderer, Reichtum und Gönner zu gewinnen. Johannes hatte ihm in der freundlichsten Weise gestattet in seiner Kirche zu predigen, und so war es ihm denn gelungen, wie er es wünschte, in vornehmen Kreisen Eingang zu finden und besonders bei der Kaiserin. Ihm hatte nun Johannes, während der Zeit seiner Abwesenheit die Leitung seines verwaisten Bistums anvertraut[35]), doch nicht zum eigenen Besten, denn Severian benutzte hinterlistig die Gelegenheit, mit Aufbietung seines ganzes Einflusses die Herzen der Gemeindeglieder ihrem Bischof abwendig zu machen. Schon über diese Mitteilung, welche ihm der Diacon Serapio machte, entrüstet, wurde Johannes durch eine ungebührliche Äufserung des Severian noch mehr gegen ihn in Harnisch gebracht; denn Severian rief einstmals, als Serapio, mit dem er offenbar Zwist gehabt hatte, ihm, dem Bischof, nicht die nötige Ehrerbietung erwies, in der Erregung aus: „Wenn Serapio noch einmal als

---
[32]) Sozom. VIII. 6 ausführlich; kürzer Socrat. VI. 11. Palladius p. 125 ff. Böhringer S. 54 ff. Ludwig S. 46.
[33]) Nur lateinisch erhalten. Tom. III. De regressu S. Joannis de Asia CPm.
[34]) Socr. VI. 11 und 23 Anh. Sozom. VIII. 10.
[35]) Sozom. a. a. O. Ihm nach Nicephorus Call. XIII. 3.

Christ sterben sollte, dann ist Christus nicht Mensch geworden!" Infolge dieser Gotteslästerung glaubte ihm Johannes das Predigen in den Kirchen der Hauptstadt untersagen zu müssen, ein gerechtes Urteil, welches Severian veranlafste, Constantinopel zu verlassen und sich nach Chalcedon zu begeben. Aber seine Verbindung mit den Angesehensten des Hofes verschafften ihm bald Genugthuung, denn die Kaiserin bewog den Arcadius, sein gewichtiges Wort für ihn bei Johannes einzulegen, während sie selbst persönlich für ihn bat.[36]) Da endlich nahm Johannes sein Verweisungsurteil, wenn auch nur gezwungen, zurück und forderte in einer Predigt[37]) seine Gemeinde auf, Zorn und Rachsucht zu vergessen und den Wiedergekommenen mit offenen Armen der Liebe aufzunehmen.

Dieses Eintreten der Eudoxia für den Bischof Severian ist das erste beglaubigte Ereignis, welches daraufhinweist, dafs es Johannes durch sein freimütiges Auftreten gegen die Vergnügungen und den Modeteufel der Frauen auch mit der Kaiserin selbst verdorben hatte. Eine Bestätigung aber dafür, dafs das unliebsame Verhältnis nicht erst damals entstand, sondern bereits seit einiger Zeit Wurzeln geschlagen hatte, giebt uns derselbe Porphyrius von Gafa, wenn er zur Zeit der Geburt Theodosius II. berichtet, dafs Johannes ihm auf seine Bitte, bei dem Kaiser für ihre Sache zu sprechen, antwortete[38]): „Ich vermag nicht mit dem Kaiser zu reden; denn ihn hat die Kaiserin gegen mich aufgebracht, weil ich ihr wegen der Wegnahme eines Besitzes, nach dem sie lüstern war, Vorwürfe gemacht habe!" Auf diese Andeutung nun hat sich bei späteren Schriftstellern die Legende[39]) gegründet, Eudoxia habe der Witwe des Theognost, Callitropa, ihren einzigen Weinberg genommen und sei deshalb von Johannes in Erinnerung an jene alttestamentliche Erzählung „Isebel" genannt worden. Doch trägt

---

[36]) Socrat. VI. 11. Vgl. Ludwig S. 50 ff.
[37]) Tom. III. De recipiendo Severiano. Er sagt in derselben: Sed omittamus iam haec; desinite, conquiescite, cohibete animos, refrenate iracundiam; sufficit iam, quod laboravit ecclesia, finis sit, desinat turbatio: hoc enim et deo placitum et piissimo principi acceptum est. — Severianus antwortete ibid. Sermo ipsius Severiani de pace cum susceptus esset a beato Joanne.
[38]) c. 36: λαλῆσαι γὰρ οὐ δύναται ἐν τῷ παλατίῳ, ἐπειδὴ ἡ βασίλισσα Εὐδοξία λυπεῖται κατ' αὐτοῦ. c. 37: ἐγὼ μὲν οὐκ ἰσχύω τῷ βασιλεῖ λαλῆσαι· παρώργισεν γὰρ αὐτὸν κατ' ἐμοῦ ἡ βασίλισσα διότι ἐγκάλεσα αὐτῇ χάριν κτήματος οὗ ἐπιθυμήσασα ἀφῄρπασεν κτὲ.
[39]) Bei Georgios Alexandrinus. Photii Bibl. c. 96. Nicephor. Call. XIII. 14 und XIV. 48. Vgl. Palladius p. 75. Böhringer S. 67. Ludwig S. 56 ff., der den Bericht des Georg. Alex. „im grofsen und ganzen" für wahr hält, und Neander Joh. Chrys. II. S. 116.

diese Interpretation ·der Worte des Porphyrius zu sehr den Stempel der Nachbildung von „Nabots Weinberg" (1. Könige c. 21.) an sich, als dafs sie den Glauben noch verdient, der ihr so vielfach entgegengebracht worden ist. Jedenfalls aber leuchtet das eine ein, dafs sich zum Sturze des Bischofs alle Factoren vereinigen konnten, welche nur möglich waren: der eigne Clerus, die Mönche, Suffraganbischöfe von seiten der geistlichen Widersacher, die vornehme Welt, insbesondere die Frauen, der Hauptstadt und im Hintergrunde derselben die allmächtige Kaiserin selbst von seiten der weltlichen. Es fehlte nur ein geeigneter Anlafs, um alle längst besprochenen Vorwürfe in der Hand eines gewandten Ränkeschmieds zu einem Netze zu verweben, aus dessen dichten Maschen zu entkommen dem Bischoff unmöglich war. Den Anlafs gaben die origenistischen Streitigkeiten in Ägypten, und die Hand fand sich in der des Patriarchen von Alexandrien, Theophilus.

Zu den drei ursprünglichen Patriarchaten Rom, Alexandrien, Antiochia, Orten, an welchen eine christliche Gemeinde seit der Zeit der apostolischen Missionare bestanden hatte und von denen Rom bis in die letzte Zeit dieser Periode zugleich der Hauptsitz der weltlichen Herrschaft des römischen Reichs gewesen war, hatte sich erst vor wenig Jahren die bis dahin unbedeutende Kirche des alten Byzanz hinzugesellt.[40]) Hier hatte kein Apostel gelehrt, hier war kein Apostelblut geflossen noch hatte sie berühmte Märtyrer wie jene drei zu verzeichnen, sie hatte vielmehr bis zu Constantins Regierung unter dem Metropoliten von Heraclea in Thracien gestanden. Erst das Ansehen, welches ihr die Erhebung von Byzanz zur Kaiserresidenz Constantinopel verlieh, verschaffte ihr im Jahre 381 auf dem zweiten öcumenischen Concil[41]) denselben Rang, welchen die Hauptstadt selbst nach Rom bereits genofs. Aber dadurch konnte eine gewisse Eifersucht[42]) von seiten der beiden anderen Patriarchate im Orient nicht vermieden werden, welche auf ihr hohes Alter und ihre Erinnerungen fufsend nur ungern dem Bischofe von Constantinopel eine höhere Stellung eingeräumt hatten.

Insbesondere war es der Patriarch von Alexandrien Theophilus gewesen, der sich von seiner Meinung nicht trennen mochte, Constantinopel als eine Art Tochterkirche der alexandrinischen Kirche anzusehen.[43])

---

[40]) Neander Kirchengesch. V. 3. S. 245 ff.
[41]) G. §. 108.
[42]) Nestorius schrieb später an Johannes v. Antioch. (Harduin Conciliorum collectio I. S. 1333): De consueta vero Aegyptii praesumptione maxima tua religiositas non debet admirari, dum habes antiqua huius exempli perplurima.
[43]) Vgl. Ludwig S. 14. Böhringer S. 62 ff.

Schon bei der Ordination des Johannes sahen wir, wie schwer es ihm wurde, den Plan, seinen eigenen Presbyter Isidor auf den Bischofsstuhl zu erheben, aufzugeben. Wenn nun irgend etwas zum Ruhme des Theophilus gesagt werden kann, so ist es der Eifer, mit welchem er gegen das Heidentum in Alexandrien und ganz Ägypten im Jahre 391 vorging[44]), und dafs er sich der Nachwelt durch die Abfassung einer Ostertafel bekannt gemacht hat; aber im übrigen war er ein echter Ägypter[45]) von Gemütsart, leidenschaftlich in seinen Gefühlsäufserungen, leicht geneigt zum Hafs und mafslos im Zorn, mit dem sich eine Gabe der Anzettelung und schlauen Berechnung innig verband. Doch schwerer als dies wiegt der Vorwurf der Habsucht, welche ihm selbst von seinen Freunden nachgesagt wurde. Von seiner Klugheit und Gewissenlosigkeit hatte er bereits 388 einen Beweis gegeben, als die Wage der Entscheidung zwischen dem Usurpator Maximus und Theodosius noch schwankte, indem er eben jenen vertrauten Presbyter Isidor mit doppelten Briefen und Geschenken nach Italien entsandte mit der Weisung, je nach dem Ausfall sie dem zu übergeben, welcher den Sieg davon tragen werden; ohne dafs Theodosius diese Zweizüngigkeit später bestrafte.[46])

So mufste sein Geist immer etwas Erstrebenswertes haben, mit dem er sich beschäftigen konnte, und das war jetzt nach Johannes Ordination der Gedanke, wie er auf den Bischofsstuhl von Constantinopel einen ihm genehmen Geistlichen setzen könne. Die Gelegenheit dazu gab ihm eine dogmatische Streitigkeit, der man es im Anfang aber gewifs nicht angesehen hätte, zu welchen wunderbaren Folgen sie sich entwickeln werde.

Alexandrien war nämlich, seit Origenes dort gelehrt und seine Schule gestiftet hatte, der Sitz einer Richtung des Christentums, welche derjenigen durch eine mehr geistige Auffassung der christlichen Lehren entgegentreten wollte, welche dieselbe zu sehr ins Fleisch herabzuziehen trachtete und bei der Erklärung der heiligen Schrift zu sehr am Buchstaben festhing.[47]) Aber die Neigung, dadurch in ein irreales

---

[44]) Ausführlich bei G. S. 190—193. Neues Archiv für ält. deutsche Gesch. 1877. II. S. 71.

[45]) Opera S. Joh. Chrys. tom. III. p. 569 E. ep. ad Olymp.: ἴστε γὰρ τῶν Αἰγυπτίων τὸ γένος, ὁ θυμώδης καὶ ὀργίλος (καὶ γὰρ τοῦτο μεθ' ὑπερβολῆς αὐτοῖς πρόσεστι τὸ πάθος.) Zur Charakterisierung der Ägypter vgl. Burkhardt das Zeitalter Constantins des Grofsen S. 140 ff. Vgl. seine Charakteristik bei A. F. Grörer Allgem. Kirchengesch. S. 362 und Palladius p. 77.

[46]) Socrat. IV. 2.

[47]) Neander Kirchengesch. V. 3. S. 9 ff.

Schwärmen zu verfallen, brachte diese Richtung mit der practisch-
kirchlichen des Abendlandes in einen Streit, welcher bis in die Zeit
des Johannes Chrysostomus und darüber hinaus die Kirchen verwirrte.
Die Frage nun, welche gerade damals Clerus und Mönche beschäftigte
und entzweite, war, ob Gott körperlich oder unkörperlich sei.[45]) Die
ungebildeteren, einfacheren Mönche huldigten der Anschauung von
einem körperlichen Gott, während die Minderzahl für ein unkörperliches
Wesen Gottes eintrat. Hierin wurden sie von Theophilus lebhaft
unterstützt, welcher in einer öffentlichen Predigt sich energisch gegen
die andere Auffassung erklärte. Infolge dessen strömten jene rohen
Mönche aus ihren Klöstern in der Einöde von Nitria zusammen und
begaben sich nach Alexandrien, um an dem Patriarchen blutige Rache
zu nehmen; Theophilus aber, der den Sinn der Ägypter genau kannte,
sah keinen anderen Ausweg als eine grobe List, welche ihm freilich
den Vorwurf der Lüge und des Redens gegen die eigene Überzeugung
nicht ersparen kann. Er eilte ihnen nämlich entgegen und suchte
sie dadurch zu besänftigen, daſs er sagte: „Ich sehe in Euch das
Antlitz Gottes!" Aber sie lieſsen ihn nicht früher los, als bis er ihnen
feierlich versichert hatte, auch er sei kein Anhänger origenistischer
Ideeen, sondern verdamme gleich ihnen die Schriften des Origenes.
Damit beschwichtigte er den Sturm in seinem Entstehen, und der
Streit wäre beendigt gewesen, wenn Theophilus nicht in anderer
Weise von neuem mit den Mönchen in Zwist geraten wäre.

An der Spitze der ägyptischen Klöster standen vier Brüder:
Dioscurus, Ammonius, Eusebius und Euthymius, welche wegen ihres
hohen Wuchses „die langen Brüder" genannt wurden.[45a]) Diese hatte
auch Theophilus wegen ihrer Frömmigkeit und Gelehrsamkeit gern,
zumal sie, wie er selbst damals, Anhänger einer geistigen Vorstellung
von Gott waren. Er entriſs sie deshalb, wie sehr sie auch ein Leben
in ihrer Zelle vorgezogen hätten, ihrer Einsamkeit, ordinierte den
Dioscurus zum Bischof von Hermupolis und übertrug zwei anderen
die Verwaltung des Kirchenvermögens in Alexandria. Aber nicht nur
um der vielfachen Geschäfte willen, welche das neue Amt ihnen auferlegte, sehnten sie sich in ihre stille Klause zurück, sondern mehr
noch stieſs sie die vielfach ihnen gegenüber hervortretende Geldgier
des Bischofs ab. Vergeblich suchte sie daher Theophilus in Alexandria

---

[45]) πότερον ὁ θεὸς σῶμά ἐστι καὶ ἀνθρώπου ἔχει σχῆμα ἢ ἀσώματός
ἐστι. Über den Streit berichten ausführlich Socrat. VI. 7. Sozom. VIII. 11 und
12. Vgl. Ludwig S. 60ff.

[45a]) Socrat. VI. 9 und Sozom. VIII. 12.

zu fesseln, er konnte sie nicht halten und mufste sie nach Nitria zurückziehen lassen.

Aber als er dann erfuhr, welches der eigentliche Beweggrund ihrer Handlungsweise war, sann er erbittert auf Rache, in welche er auch den Dioscurus einzuschliefsen gedachte, dessen mächtiger Einflufs unter den Mönchen ihm längst ein Dorn im Auge war. Dazu kam, dafs auch Isidor, welcher, weil er ihm die zu Zwecken der Wohlthätigkeit gespendeten Geldsummen nicht zu eignem Nutzen herausgeben wollte, von ihm aus der Alexandrinischen Kirche ausgewiesen war[48 b]), sich ebenfalls zu den Mönchen in Nitria begeben hatte. Theophilus warf daher von neuem den Apfel der Zwietracht unter die Mönche, indem er den unwissenden und leichtgläubigen derselben, welche die gröfsere Zahl ausmachten, mitteilte, dafs die langen Brüder der geistigen Auffassung Gottes huldigten, und liefs in der That auf einer Versammlung der ägyptischen Bischöfe 399 die Schriften des Origenes verdammen.[49])

Da sich die Anhänger der langen Brüder dieser Verurteilung nicht ohne weiteres anschliefsen wollten, so trieb sie Theophilus persönlich mit Zuhilfenahme der staatlichen Gewalt des Provinzial-Statthalters, ihrer achtzig an der Zahl, aus ihren ruhigen Wohnsitzen.[50]) Sie begaben sich zunächst nach Jerusalem und von da nach Scythopolis, wo sie wegen der dort zahlreich wachsenden Palmenbäume, die sie zu ihren Arbeiten nötig hatten, zu bleiben gedachten; aber auch hier wurde ihnen durch die Briefe des Theophilus an die Bischöfe Palästinas, der Aufenthalt verleidet und so zogen sie, noch ihrer fünfzig, unter Führung des Dioscurus nach Constantinopel[51]), um bei Johannes Chrysostomus Hülfe zu finden.

Johannes aber, um nicht ihretwegen mit Theophilus in Streit zu geraten, mied zunächst ihre Gesellschaft, liefs sie in der Kirche zur Communion nicht zu und sorgte nicht für ihren Unterhalt, welchen aufser anderen frommen Frauen auch die Diaconissin Olympias übernahm.[52]) Er schrieb vielmehr an Theophilus zu dem Zwecke, die Mönche mit ihm wieder auszusöhnen[53]); dieser aber über das Vorgehen der Mönche höchlichst erzürnt antwortete darauf gar nicht, sondern schickte seinerseits Vertraute nach Constantinopel, welche Anklage-

---

[48 b]) Vgl. aufser Sozom. a. a. O. Palladius p. 50 und 51.
[49]) Palladius p. 55.
[50]) p. 56.
[51]) Sozom. VIII. 13. Palladius p. 57 und 58. Socrat. VI. 9.
[52]) Palladius p. 59 und 60.
[53]) p. 61.

schriften gegen jene mit sich führten.⁵⁴) Dies bewog nun wiederum die schutzsuchenden Mönche auch ihrerseits eine Klage abzufassen⁵⁵), welche in siebzig Kapitel geteilt war. Auf ein erneutes Schreiben erhielt Johannes endlich eine Antwort von Theophilus, doch war dieselbe in hohem Grade zurückweisend und unhöflich, denn Theophilus wies in ihr den Johannes anf diejenige Bestimmung des Nicaenischen Concils hin, in welcher es einem Bischof verboten wird, sich in Streitigkeiten aufserhalb seines eignen Sprengels einzumischen.⁵⁶) Diese unfreundliche Schreibweise bewog den Johannes, sich vorläufig von der ganzen Angelegenheit zurückzuziehen und sie ihren Lauf gehen zu lassen. Doch erhielt sie trotzdem eine nicht geahnte Bedeutung dadurch, dafs die Kaiserin in das Interesse der Mönche hineingezogen wurde. Ammonius nämlich und seine Begleiter benutzten die Gelegenheit einer Ausfahrt der Kaiserin und traten an ihren Wagen heran, um sich über die Nachstellungen von seiten des Theophilus zu beklagen; sie liefs darauf, um die Unglücklichen zu ehren, halten und antwortete auf ihre Worte sich aus dem Wagen hervorbeugend: „Flehet und betet für den Kaiser, für mich, meine Kinder und das Reich! Ich will dafür sorgen, dafs eine Synode zu Stande kommt und Theophilus auf derselben erscheint."⁵⁷)

Die freundliche Antwort, welche die Mönche mit froher Zuversicht erfüllte, verhiefs also eine gröfsere Versammlung der Bischöfe des Reichs in Constantinopel zu veranlassen, doch enthält sie keine Spitze irgend welcher Art gegen Johannes, Eudoxia wurde offenbar damals nur von der mitleidigen Absicht geleitet, den berechtigten Beschwerden der ägyptischen Einsiedler gegen Theophilus abzuhelfen. In dieser Weise wurde sie auch dem Theophilus nach Alexandria gemeldet, der sogleich Anstalten traf, dem drohenden Unheil zu begegnen und sich sowohl unter den anderen Bischöfen des Orients als auch in Constantinopel selbst eine Partei zu gründen. Aber nicht nur an Abwehr dachte er, sondern, weil ihm fälschlich mitgeteilt war, Chrysostomus lasse den Mönchen allerlei Unterstützung zukommen, so richtete sich sein ganzer Hafs auf diesen, und er arbeitete seitdem zugleich daran, wie er ihn von seinem Bischofssitze entfernen könne.⁵⁸)

Aus dem Grunde versöhnte er sich mit dem Bischofe Epiphanius von Constantia auf Cypern, mit dem früher über die Natur Gottes

⁵⁴) Sozom. VIII. 13.
⁵⁵) Palladius p. 62.
⁵⁶) p. 62 und 63 Anf.
⁵⁷) Sozom. VIII. 13.
⁵⁸) Socrat. VI. 9. Sozom. VIII. 13.

verschiedener Ansicht gewesen war, und bewog ihn, eine Synode auf Cypern zu veranstalten und die Bücher des Origenes zu verdammen.[59]) Es war das ein frommer, von heiligem Eifer für seinen Glauben erfüllter, aber leicht zu leitender, einfältiger Mann, an dem Theophilus mit Recht deshalb einen Helfer gegen Johannes zu finden meinte, weil er ihm aus dem freundlichen Benehmen desselben gegen die origenistischen Mönche eine Vorliebe für die Lehren des Origenes unschwer erweisen konnte. In diesem falschen Glauben wurde Epiphanius noch dadurch bestärkt, dafs Chrysostomus sein Schreiben, worin das Verdammungsurteil des Origenes enthalten war, unbeantwortet liefs. Die Erbitterung des Theophilus aber und seine Mafsnahmen gaben den Feinden des Johannes endlich den Mut, aus dem Dunkel hervorzutreten und offen gemeinsam gegen ihn vorzugehen. Viele vom Clerus und den Vornehmen am Hofe bereiteten infolge dessen eine grofse Synode zu Constantinopel vor, zu der sie die Bischöfe teils durch Briefe teils durch Boten einluden, während Theophilus vom Kaiser bereits gleich nach der Unterredung Eudoxias mit den Mönchen ebenfalls nach der Hauptstadt beordert worden war.[60])

Früher aber als dieser erschien, von Theophilus dazu angetrieben, der hochbetagte Epiphanius[61]) dort und zeigte sogleich durch sein Verhalten, dafs er sich von Theophilus hatte überreden lassen, in Chrysostomus einen dogmatischen Gegner und Anhänger des Origenes zu sehen. Er mied deshalb, obwohl von Johannes freundlich eingeladen bei ihm Wohnung zu nehmen, eine Begegnung, stieg in einem Privathause ab und forderte in einer Versammlung die in Constantinopel anwesenden Bischöfe auf, das Verdammungsurteil des Origenes zu unterschreiben. Aber nur ein Teil folgte seinem Ansinnen, viele dagegen weigerten sich, deren Wortführer der Bischof Theotimus von Scythien war.[62]) Gleichwohl erneute Johannes seine Einladung an Epiphanius, der aber schlug sie nicht nur aus, sondern liefs Johannes auch wissen, er werde nicht früher mit ihm in Gemeinschaft treten, als bis er den Dioscurus und seine Brüder aus der Stadt verwiesen habe. Ja, die Gegner des Chrysostomus trieben den Epiphanius noch zu unbesonneneren Schritten an. Er hatte die Absicht, in der Apostelkirche vor allem Volk die Schriften des Origenes zu verdammen, die ägyptischen Mönche zu excommunicieren und dabei auch den Johannes strenge zu tadeln, aber zum Glück

---

[59]) Socrat. VI. 10. Sozom. VIII. 14.
[60]) Palladius p. 64. Elaphius war abgesandt worden ihn herbeizuholen.
[61]) Socrat. VI. 12. Sozom. VIII. 14. Wahrscheinlich nach dem Osterfeste 403. Vgl. Ludwig S. 74.
[62]) Socrat. und Sozom. a. a. O.

erhielt der Bischoff noch vorher davon Kenntnis und liefs ihn durch seinen Diaconen Serapion zurückhalten.[63]) Die Vorhaltungen desselben machten doch Eindruck auf den alten Eiferer um so mehr, als auch die ägyptischen Mönche selbst durch Vermittelung der Kaiserin[64]) persönlich mit ihm in Verbindung traten und sich aussprachen. Hier erkannte er nun, wenn auch spät, dafs er in seinem Eifer viel zu weit gegangen sei und sich von Theophilus in einen ganz unbegründeten Hafs gegen die Mönche von Nitria und Johannes habe treiben lassen. Er beeilte sich daher den Schauplatz seiner unersprieſslichen Thätigkeit zu verlassen und sagte zum Abschied, als er das Schiff bestieg, noch die bezeichnenden Worte: „Ich lasse Euch die Hauptstadt, den Palast und die Verstellung!"[65])

Es ist nun doch nicht so als ungewifs zu bezeichnen, dafs dem Chrysostomus hinterbracht wurde, die Kaiserin habe den Epiphanius zu einem Vorgehen gegen ihn vergeblich zu bewegen gesucht[66]); denn selbst von denen, die Johannes wohlwollen, wird stets auf sein leidenschaftliches, bisweilen maſsloses Wesen hingewiesen, und die geringe Gunst, in der er seit einiger Zeit bei der Eudoxia stand, wird ihn ebenfalls schwerlich kalt gelassen haben. Man kann deshalb immer annehmen, dafs er in jenen Tagen auf diese Einflüsterung hin eine Predigt hielt, welche zwar nur im allgemeinen die Fehler der Frauen geiselte, doch aber so geartet war, dafs auch Eudoxia in ihr einen Hieb auf sich sehen konnte.[67]) Boshafte Zungen werden das Ihrige dazu beigetragen haben, den Hafs der Augusta gegen den Bischof zu verschärfen, und so begab sich diese aufgeregt zum Kaiser und suchte ihm die ihr zugefügte Beleidigung als eine gemeinsame darzustellen. Dadurch aber erhielt die ganze Angelegenheit in Bezug auf die ägyptischen Mönche eine ganz andere Wendung, denn der Kaiserin mufste, wenn sie sich an Johannes rächen wollte, daran liegen einen Bischof zu gewinnen, dessen ganze Stellung und Persönlichkeit dazu angethan war, in der Partei, die sich gegen Johannes gebildet hatte, die Führung zu übernehmen. Dieser Mann konnte aber nach Abwägung aller Gründe und Gegengründe kein anderer sein als eben jener Theophilus, der noch vor kurzem zu ganz anderem Zwecke vom Kaiser nach Constantinopel befohlen war. So vollzog sich denn

---

[63]) Socrat. VI. 14. Sozom. VIII. 14.
[64]) Sozom. VIII. 15.
[65]) Ibid.: ἀφίημι ὑμῖν τὴν πόλιν καὶ τὰ βασίλεια καὶ τὴν ὑπόκρισιν.
[66]) Socrat. VI. 15. Sozom. VIII. 16. Vgl. Ludwig S. 80.
[67]) Socr. und Sozom. a. a. O. Selbst der Heide Zosimus sagt: χαλεπαινούσης (Eudoxia) πρότερον μὲν αὐτῷ κωμῳδεῖν εἰωθότι κατὰ τὰς συνόδους αὐτὴν ἐν ταῖς πρὸς τὸ πλῆθος ὁμιλίαις. Vgl. Ludwig S. 80—82.

ein merkwürdiger Wechsel der Verhältnisse, indem Eudoxia mit kühnem Federstriche den Patriarchen nun selbst[68]) aufforderte, seine Ankunft in der Hauptstadt zu beschleunigen. Und Theophilus war in der That ganz die Persönlichkeit dazu, von den zahlreichen Gegnern des Johannes dasjenige Anklagematerial zu sammeln, welches einer grofsen Synode als Grundlage für eine Absetzung dienen konnte.

Er war inzwischen von Alexandria aufgebrochen und hatte den Weg zu Lande vorgezogen, um unterwegs durch sein persönliches Erscheinen noch mehr Anhänger unter den Bischöfen zu werben.[69]) Die übrigen ägyptischen Bischöfe und diejenigen, welche Johannes auf seiner Reise nach Ephesus abgesetzt hatte, waren bereits angelangt; alle kamen aber nach Verabredung in Chalcedon, nicht in Constantinopel zusammen, wo Cyrinus, ein Landsmann des Theophilus und scharfer Gegner des Johannes, Bischof war. Nachdem nun auch Theophilus endlich angekommen war, setzten sie alle zusammen über den Bosporus nach Constantinopel über[70]), aber, da ihre Absicht hinreichend bekannt war, so war die Aufnahme, welche sie fanden, eine recht kühle, nur die Bemannung der zufällig im goldenen Horn vor Anker liegenden ägyptischen Getreideflotte zog ihrem Oberhirten feierlich entgegen. Theophilus ausgestiegen[71]) machte nicht von der ihm von Chrysostomus angebotenen Wohnung Gebrauch, sondern ging an der grofsen Kirche vorüber und nahm in einer Vorstadt Quartier. Gleichwohl forderte ihn Johannes auf mit ihm zusammenzukommen und ihm zu erklären, warum er zum Anstofs für die ganze Stadt eine so ausgesprochene Abneigung gegen ihn kundgebe. Doch ging Theophilus darauf in in keiner Weise ein, und deshalb bewogen seine Ankläger den Kaiser, dem Johannes aufzutragen, dafs er seinerseits sich zu Theophilus begebe und die gegen denselben vorgebrachten Verbrechen, die auf Einbruch und Mord lauteten, einer strengen Untersuchung unterziehe. Johannes, um nicht gegen die kirchlichen Satzungen zu verstofsen, welche verboten, dafs die Angelegenheiten eines Sprengels in einem andern abgethan würden, ging darauf nicht ein. Diese Ablehnung des vielgehafsten Patriarchen kam dem Theophilus sehr gelegen, und er nutzte die nächsten drei Wochen mit Hülfe seiner aus Ägypten mitgebrachten Geldmittel und reichen Geschenke[72]), welche er am Hofe an die einflufsreichsten Persönlichkeiten verteilte, in so geschickter

---

[68]) Socrat. und Sozom. a. a. O.
[69]) Vgl. Palladius p. 73.
[70]) Sozom. VIII. 16.
[71]) Vgl. Johannes Brief an Innocenz bei Palladius p. 12.
[72]) p. 65.

Weise aus, dafs er nach Ablauf dieser Frist nicht mehr als der Angeklagte erschien, sondern sich auf Grund der weltlichen Unterstützung als Richter über Johannes geberden konnte; ja, selbst einen grofsen Teil des, wie wir wissen, ohnehin auf Johannes erzürnten Clerus hatte er auf seine Seite zu bringen gewufst.[73])

Nachdem nun so alle Vorbereitungen getroffen waren, wurde beschlossen, die Synode nicht in Constantinopel abzuhalten, wegen der Liebe, welche Johannes von seiten der Bevölkerung genofs, sondern in einer damas δρῦς [74]), später Rufinianae beibenannten Vorstadt von Chalcedon, wo Rufinus zu Ehren der Apostel Petrus und Paulus eine Kirche erbaut hatte. Hier vereinigten sich die sechsunddreifsig Bischöfe [75]) der gegnerischen Partei um den Theophilus zu der σύνοδος ἐπὶ δρῦν (synodus ad quercum [76])). Der origenistischen Streitfragen wurde mit keinem Worte Erwähnung gethan, sondern Teophilus hatte hierher nur die flüchtigen Mönche geladen, um sich mit ihnen zu versöhnen, worauf die unglücklichen und vielgeprüften Männer, zumal unter dem Druck so zahlreich versammelter ehrwürdiger Bischöfe, ohne Sträuben eingingen.[77]) Darauf wandte sich die Synode unter dem Vorsitze des Theophilus [78]) den eigentlichen Beratungsgegenständen zu und beschäftigte sich in zwölf Sitzungen mit der Angelegenheit des Johannes Chrysostomus, in der dreizehnten aber mit der des von ihm in Ephesus eingesetzten Bischofs Heraclides.[79])

Als Ankläger gegen Johannes trat sein eigener Diacon desselben Namens auf. Er hatte seine Anklage zusammengefafst in neunundzwanzig Punkten, von denen sich vier auf Johannes' von der gewöhnlichen abweichende Lebensweise bezogen, dafs er weder beim Eintritt in die Kirche noch beim Heraustreten bete, Frauen ohne Zeugen empfange, allein bade, allein und unmäfsig wie ein Cyclop esse, sich auf dem bischöflichen Thron auskleide und eine Pastille zu sich nehme [80]); während die übrigen Punkte die Behandlung der Cleriker betrafen, die er im ganzen und im einzelnen geschmäht habe, Ver-

---

[73]) p. 66.
[74]) Socrat. VI. 15. Sozom. VIII. 17.
[75]) Nach Palladius p. 72 waren es 36; während Photius Bibl. c. 59 die Zahl 45 angiebt. Vgl. Ludwig S. 86.
[76]) Die Akten des Concils sind nur im Auszuge des Photius a. a. O. erhalten. Auch abgedruckt bei Mansi Conciliorum omnium amplissima collectio III, S. 1142 ff. Vgl. v. Hefele Conciliengeschichte II. S. 89 ff.
[77]) Sozom. VIII. 17.
[78]) Vgl. Ludwig S. 87.
[79]) Photius Bibl. c. 59.
[80]) Vgl. Ludwig S. 91.

stöfse gegen die Vorschriften über die Ordination von Geistlichen und Bischöfen und Habsucht und Unterschlagung in vier Fällen. Darauf trat der Archimandrit Isaac auf und fügte achtzehn neue Punkte hinzu, in denen Johannes aufser dem Bekannten auch das vorgeworfen wurde, dafs er zu den Origenisten gehöre, diese begünstige und anders Denkende schlecht behandelt habe; er gebe die Erlaubnis zu sündigen, indem er sage: Wenn du wieder gesündigt hast, so bereue wieder! und habe einige Heiden, heftige Feinde der Christen, in die Kirche aufgenommen und beschützt.

Während die Synode nun in die Beratung der einzelnen Anklagen eintrat, hatten sich die Johannes treuen Bischöfe, vierzig an der Zahl, um denselben in seinem Palaste versammelt, um ihm in den nächsten, voraussichtlich trüben, Stunden tröstend und helfend zur Seite zu stehen.[81]) Zuerst erschienen die beiden libyschen Bischöfe Dioscurus und Paulus und überbrachten im Namen der anderen Synode das folgende Einladungsschreiben: „Die heilige Synode bei der Eiche dem Johannes! Wir haben Schriften gegen dich empfangen, welche vielerlei Anklagen enthalten. Erscheine also und bringe die Presbyter Serapion und Tigris mit, denn ihre Gegenwart hier ist notwendig." Darauf entsandte die um Johannes vereinigte Synode die Bischöfe Lupicinus, Demetrius und Eulysius in Begleitung zweier Presbyter an die Synode zur Eiche ab mit einem Erwiderungsschreiben an Teophilus. Er wurde in demselben aufgefordert, nicht durch seinen Eingriff in einen fremden Sprengel den Frieden der Kirche zu stören; in ihren Händen befinde sich eine Anklageschrift gegen ihn in siebzig Kapiteln, und sie seien mehr als seine Bischöfe, nämlich vierzig und darunter sieben Metropoliten. Übrigens möge er nur nach dem Inhalte seines Briefes an Johannes handeln, in dem er mahne, eine Anklage aufserhalb des eigenen Sprengels nicht anzunehmen.[82]) Diesem Schreiben fügte Johannes für seine Person noch eine besondere Antwort hinzu, in der er ausführte: Obwohl er nicht wisse, wer ihn überhaupt anklage, und es sich gezieme, dafs die Verhandlungen in der Stadt statt fänden, so wolle er sich doch stellen; doch weise er seine offenbaren Feinde als Richter zurück, den Theophilus, der in Alexandrien und Lybien gesagt habe: „Ich gehe an den Hof, um den Johannes zu stürzen!", den Acacius von Beroea, der sich geäufsert habe: „Ich werde ihm schon eine Suppe einrühren!", den Severian und Antiochus. Wenn

---

[81]) Palladius p. 67 und 68.
[82]) Palladius p. 71.
[83]) p. 71 und 72.

sie also wollten, dafs er komme, so sollten sie diese aus ihrer Mitte entfernen.[84])

Man mufs gestehen, dafs es von Johannes gutem Gewissen zeugt, wenn er sich, obwohl sich vollkommen unschuldig fühlend und ungesetzlich berufen, dennoch stellen wollte, und in der That, wenn man die Anklagepunkte überblickt, so wäre es ihm gewifs vor gerechten, unparteiischen Richtern ein leichtes gewesen, sie als grobe Erfindungen und Übertreibungen darzuthun. Aber die Synode zur Eiche würde sich selbst den Todesstofs versetzt haben, wenn sie auf diese Forderung eingegangen wäre, sie wandte sich daher nunmehr an den Kaiser mit der Bitte, das Erscheinen des ungehorsamen Bischofs zu veranlassen. Wir sind schon gewohnt den Arcadius das thun zu sehen, was die Kaiserin jedesmal von ihm verlangte, und so entsandte er denn einen Notar[85]) mit einem schriftlichen Befehl an Johannes sich „Zur Eiche" zu begeben. Kaum hatte sich dieser ohne Erfolg entfernt, so erschienen bereits zwei neue Abgesandte und. zwar vom eigenen Clerus des Johannes mit ebenderselben Aufforderung. Wiederum aber lehnte dieser ab und beauftragte jene erstgenannten drei Bischöfe anzufragen, wie man ihn richten wolle, ohne zuvor seine Feinde zurückgewiesen zu haben, und wie man es wagen könne, ihn durch seine eigenen Kleriker zu citieren? Diese Frage erregte seine Gegner in solchem Grade, dafs sie den ersten der drei mit Schlägen empfingen, dem andern das Gewand zerrissen und den dritten in Fessel warfen. Darauf gab die Synode zur Eiche die Verhandlungen, in welche sie zum Schein eingetreten war, auf den Antrag einiger Presbyter aus Johannes eigenem Clerus auf und trat in die Schlufsberatung zur Urteilsfassung ein. Paulus von Heraclea, der späterhin den Vorsitz übernommen zu haben scheint, liefs die Anwesenden über den nicht erschienenen Johannes abstimmen. Alle ohne Ausnahme bis auf Teophilus, der seine Stimme zuletzt abgab, stimmten für Absetzung. Dieses Urteil wurde dem Clerus von Constantinopel bekannt gemacht und auch dem Kaiser in folgendem Schreiben: „Da Johannes, obwohl wegen mehrerer Vergehen angeklagt, nicht erschienen ist, so trifft ihn die Strafe der Absetzung. Aber die Anklage enthält auch eine Majestätsbeleidigung. Deine Frömmigkeit möge daher befehlen, dafs er auch wider seinen Willen hinausgethan und wegen der Majestätsbeleidigung bestraft werde. Denn diesen Punkt zu untersuchen steht uns nicht zu.[86])"

[84]) p. 73.   [85]) p. 74.
[86]) p. 75. Die Verhandlungen und das Urteil, aber nur kurz zusammengefafst, auch bei Socrat. VI. 15 und Sozom. VIII. 17. Vgl. Photius c. 59 Ende.

Worin die Majestätsbeleidigung eigentlich lag, wird weder in den Anklagepunkten noch sonst überzeugend berichtet. Denn, was Johannes Biograph Palladius behauptet, es beziehe sich das darauf, dafs Johannes die Kaiserin Isebel genannt habe, so ist bereits oben darauf hingewiesen, auf wie schwachen Füfsen diese Behauptung ruhte.[87]) Es klärt sich dagegen sowohl Eudoxias Zorn gegen ihn und dieser Anklagepunkt auf, wenn wir annehmen, wie es schon oben geschah, dafs Johannes wirklich in seiner Predigt seiner Zunge keinen Zügel angelegt und dadurch die Kaiserin beleidigt hat. Doch der Kaiser hielt die Absetzung des einst so hochstehenden Mannes, der in den Wirren des Gainäischen Aufstandes so treulich sich des Staatswohles angenommen hatte, schon für eine genügende Strafe und liefs es bei dieser bewenden.

Was für ein gröfseres Leid konnte den eifrigen Oberhirten von Constantinopel auch treffen als eine Verbannung? Das Predigen und Schaffen in der Gemeinde machte sein ganzes Leben aus, mit ihr fühlte er sich eins und aufs engste verbunden. Wie bewunderungswürdig erscheint er daher, wenn er gewifs ins Innerste getroffen, selbst in seiner Abschiedspredigt noch seiner geliebten Gemeinde den Trost einzuflöfsen trachtete, der ihm selbst eigentlich so notwendig war! Als am Abend desselben Tages sich die Nachricht von seiner Entfernung in der Stadt verbreitete, da erregte das Volk einen schweren Aufstand, blieb in der Nacht um die grofse Kirche geschart, und liefs die Trabanten, welche am Morgen erschienen ihn zu holen, nicht ein, indem es stürmisch eine erneute Verhandlung vor einem gröfseren Concil forderte.[88])

In diesen Stunden war es, dafs Johannes vor die aufgeregte Gemeinde trat und jene berühmte Predigt hielt, deren Anfang lautet:[89]) „Zahlreich sind die Wogen und gewaltig die Flut, aber wir fürchten nicht im Meer zu versinken, denn wir stehen auf einem Felsen! Lafst wüten das Meer — den Felsen zu lösen vermag es nicht! Lafst steigen die Wogen — Christi Fahrzeug können sie nicht versenken! Was soll ich fürchten? sprich! den Tod? Christus ist mein Leben, Sterben mein Gewinn. Oder die Verbannung? sage mirs! Die Erde ist des Herrn und was darinnen ist. Oder die Güterconfiscation? Wir haben nichts in die Welt gebracht, darum offenbar ist, wir werden auch nichts hinaus bringen, und die Schrecknisse dieser Welt sind

---

[87]) Vgl. Ludwig S. 95 und 96.
[88]) Socrat. VI. 15. Sozom. VIII. 18.
[89]) Ὁμιλία πρὸ τῆς ἐξορίας tom. III. oper. omn. S. Joh. Chrys. ed. Montfaucon. Vgl. Böhringer S. 71. Ludwig S. 99.

mir verächtlich und ihre Güter belachenswert. Nicht Armut fürchte ich, nicht Reichtümer begehre ich; nicht vor dem Tode bange ich, nicht zu leben wünsche ich, wenn nicht zu eurem Besten. Darum erwähne ich das Gegenwärtige und bitte eure Liebe guten Muts zu sein. Niemand wird imstande sein uns zu trennen, denn was Gott verbunden hat, vermag der Mensch nicht zu scheiden!" Diesen Gedanken der Unzertrennbarkeit des Hauptes und der Glieder einer Gemeinde führte er darauf des weiteren aus, immer sich stützend auf die Trostworte der heiligen Schrift, und suchte so sich und seine Zuhörer fest zu machen gegen das, was unabwendbar war.

Drei Tage blieb Johannes noch in Constantinopel, endlich aber gab er dem Drängen der abgeschickten Trabanten nach, um gröfsere Unruhen zu verhindern, und folgte am Abend des dritten dem Curiosus urbis, der ihn eiligst in ein Fahrzeug brachte und mit ihm absegelte.[90])

Neuntes Kapitel.

Volksauflauf in Constantinopel. — Theophilus flieht nach Alexandrien. — Ein nächtliches Erdbeben erschreckt die Kaiserin. — Der Kammerherr Brison holt den Bischof zurück. — Feierlicher Einzug des Johannes. — Seine Antrittspredigt. — Ausbruch erneuter Streitigkeiten nach zwei Monaten. — Die silberne Statue der Eudoxia wird neben der grofsen Kirche aufgestellt. — Die untergeschobene Predigt des Johannes. — Zweite Synode in Constantinopel, doch ohne Theophilus. — Erste Aufforderung des Kaisers an Johannes seine Kirche zu verlassen gegen Ostern 404. — Tumult in der grofsen Kirche am Ostersabbat. — Die Johanniten. — Zweite Abführung des Johannes in die Verbannung am 20. Juni 404. — Brand der grofsen Kirche, des Senats und anderer Gebäude. — Untersuchung wegen der Feuersbrunst. — Arcacius, des Nectarius Bruder, wird am 26. Juni zum Bischof erhoben. — Standhaftigkeit des Lectors Eutropius, des Presbyters Tigris und der Olympias. — Beruhigungsedicte des Arcadius. — Verhältnis der occidentalischen zur orientalischen Kirche. — Innocenz, Bischof von Rom, wird von beiden Parteien um Unterstützung angerufen. — Sein Briefwechsel mit Theophilus, Johannes und dessen Clerus. — Schreiben des Honorius an Arcadius in dieser Angelegenheit. — Unwürdige Behandlung der occidentalischen Gesandten. — Johannes stirbt in Comana 14. September 407. — Vergleichung des Ambrosius mit Johannes Chrysostomus.

Die Entfernung des Bischofs rief in der Stadt einen Sturm fast allgemeiner Entrüstung hervor, denn selbst viele von denjenigen, die tags zuvor noch seine Gegner waren, wurden nach seiner Abführung plötzlich anderen Sinnes, bemitleideten ihn und schalten auf die

---

[90]) Socrat. VI. 15. περὶ τὸ μεσημβρινόν. Joh. Chrys. in seinem Briefe an Innocenz bei Palladius p. 12. πρὸς ἑσπέραν βαθεῖαν.

Kaiserin und besonders auf Theophilus.¹) Die Erregung wurde noch gröfser, als nun die Anhänger desselben, die Mönche, die Kirchen besetzten, um das Volk an einer Kundgebung zu Gunsten ihres abgeführten Bischofs zu verhindern, und ihnen so auch ihre gewohnten Andachtsübungen unmöglich machten. Da entstand ein grofser Tumult, in welchem sogar sich Soldaten unter die Menge mischten, Partei für Johannes ergriffen und alles niedermachten, Mönche und Nichtmönche, was sich ihnen in schwarzer Kleidung in den Weg stellte.²) Diese aufrührerischen Vorgänge, welche ihre Spitze in erster Linie gegen Theophilus richteten, bewogen diesen, sich schleunigst auf die Heimreise nach Alexandrien zu begeben, welche er im September 403 antrat.³) Ihm war aufserdem nicht entgangen, dafs auch am Hofe der Wind plötzlich anders wehte, sicherlich unter dem Druck der Erregung unter der Bevölkerung; dazu wurde gerade in diesen Tagen die Stadt durch ein nächtliches Erdbeben erschreckt⁴), ein Ereignis, welches am Bosporus damals etwas ganz gewöhnliches war und nur durch eine schamanistische Verbindung mit der Entfernung des Johannes eine ungewöhnliche Bedeutung erhielt. Denn das erschreckte Volk sah darin eine Strafe des erzürnten Himmels und wandte daher seinen Zorn den Urhebern der Absetzung zu; es rottete sich vor dem kaiserlichen Palaste mit Geheul und Wehklagen zusammen und forderte stürmisch die Zurückberufung des Johannes.⁴ᵃ) Es blieb der geängstigten und abergläubischen Kaiserin nichts weiter übrig, als sich an ihren Gemahl mit der Bitte zu wenden, um jeden Preis den Bischof zur Rückkehr zu veranlassen. Vielleicht empfand sie wirklich auch einige Reue und sah die Vergehen des Johannes in weniger dunklen Farben, jedenfalls blickte aus ihren nächsten Handlungen die unverkennbare Neigung hervor, sich mit ihm, für den Augenblick wenigstens, auszusöhnen.

Während sie nun mit dem Volke zusammen in feierlicher Procession⁵) den Himmel wieder zu besänftigen trachtete, suchte ihr Kammer-

---

¹) Socrat. VI. 16. Sozom. VIII. 18.

²) Zosim. V. 23. Gegen Ludwig S. 101 nehme ich an, dafs diese Vorgänge nicht erst nach der Rückkehr des Johannes stattfanden.

³) Nach Palladius p. 16 und 76 wäre allerdings Theophilus erst nach Johannes Rückkehr geflohen, weil ihn das Volk ins Meer werfen wollte. Vgl. Clinton Fast. Rom. S. 100 und 104.

⁴) Theodoret V. 34 (und Nicephorus Callist. IX. c. 16). Vgl. Hammer Constantinopel und der Bosporus I. cap. XII zu den Erdbeben.

⁴ᵃ) Vgl. Chrys. hom. post redit. ex exilio. und Socrates-Sozomen. a. a. O.

⁵) Darauf beziehe ich in seiner Antrittspredigt tom. III. p. 429 B. βασιλίδα συγχορεύουσαν ἐλάβετε· οὐ γὰρ ἀποκρύψομαι τὸ ζῆλον αὐτῆς.

eunuche Briso den Verbannten einzuholen. Er traf ihn in Praenetum auf dem Wege nach Nicomedien und überbrachte ihm, mit der Aufforderung eiligst umzukehren, einen eigenhändigen Brief seiner kaiserlichen Herrin: „Deine Heiligkeit, schrieb Eudoxia, möge nicht glauben, dafs ich von dem Geschehnen Kenntnis hatte. Ich bin unschuldig an deinem Blute. Böse und verworfene Menschen hatten diesen Trug ersonnen. Meiner Thränen Zeuge aber ist Gott, dem ich diene, und ich erinnere mich, dafs durch deine Hände meine Kinder getauft sind".[6]) Dieser Brief enthielt Wahres und Falsches durcheinander gemischt, denn böse und falsche Menschen mochten ihr Verhältnis zu Johannes wohl verbittert haben, aber ebenso unwahr ist, dafs Eudoxia von den Vorgängen auf der Synode nichts gewufst habe. Schon ihr Schreiben an Theophilus widerlegt eine solche Behauptung, die nur aus der grofsen Seelenangst zu erklären ist, in welcher sich die Kaiserin befand.

Johannes aber mochte nicht minder ihre Sinnesänderung für aufrichtig halten, und dankte gewifs dem Herrn von ganzem Herzen, dafs das Leid sich wieder in Freude gewandelt habe. Und auch die Bevölkerung der Hauptstadt schwamm wieder in einem Meere des Entzückens, als es hiefs, Johannes kehre zurück, fuhr ihm in zahlreichen Kähnen entgegen, und das goldene Horn erschien dem Bischof märchenhaft erleuchtet von all' den Wachskerzen [7]) in den Boten, als er sich am Abend dem Ufer näherte. Doch trat Johannes nicht sogleich wieder sein Bischofsamt an und nahm in seinem bischöflichen Palast Wohnung, sondern er blieb auf einem Landgute der Kaiserin [8]) Marianae, fest entschlossen nicht früher in Thätigkeit zu treten, als bis durch eine gröfsere Synode die Absetzung widerrufen wäre. Aber das Volk war mit einem solchen Zögern, das sich seinem Triumphe in den Weg stellte, nicht einverstanden und drängte so lange, bis Johannes von seiner Forderung abstand und in feierlichster Weise in die Stadt zurückgeführt wurde, wo ihm Eudoxia noch am späten Abend durch einen Vertrauten Glück wünschen liefs.[9])

Wie voll damals sein Herz von Dank gegen den Höchsten war, das bezeugte er in der ersten Predigt, die er an seine Gemeinde

---

[6]) Ebend. p. 429 D.
[7]) Theodoret V. 34.
[8]) Socrates VI. 16. Sozomen. VIII. 18 nennt den Namen des προαστείου nicht, sondern sagt, es lag περὶ τὸν ἀνάπλουν. Vgl. Ludwig S. 102 und 103.
[9]) So fasse ich ihre Worte auf, die sie ihm sagen liefs: ἡ εὐχή μου πεπλήρωται· ἀπήτησα τὸ κατόρθωμα. ἐστεφανώθην μᾶλλον τοῦ διαδήματος. Vgl. Hom. post redit.

richtete:[10]) „Wie soll ich Worte finden für meine Gefühle? Gelobt sei Gott! Mit diesem Worte ging ich hinweg, mit ebendemselben trete ich wieder ein, ja vielmehr auch dort habe ich nicht aufgehört es auszusprechen. Ihr erinnert euch, dafs ich den Hiob als Beispiel heranzog und sagte: Der Name des Herrn sei gelobt in Ewigkeit! Dieses Pfand habe ich euch beim Hinweggehen zurückgelassen, dieselbe Danksagung nehme ich wieder auf: Der Name des Herrn sei gelobt in Ewigkeit!" Am folgenden Tage hielt er eine längere Predigt[11]), in der er anknüpfte an die Erzählung, wie Abimelech (1. Mos. 20.) sich Abrahams Weib Sara, die dieser für seine Schwester ausgegeben hatte, holen liefs, sie aber auf des Herrn Geheifs unberührt zurück gab; so hätte auch jetzt der Ägypter (Theophilus) die Kirche eingenommen, aber kaum für einen Tag. Es ist nicht wunderbar, dafs er dabei besonders der Kaiserin öfters Erwähnung that; er rühmte ihre Teilnahme an dem Bittgange infolge des Erdbebens, teilte ihren oben citierten Brief mit und hob preisend am Schlufs hervor, dafs sie alles thue die Kirche in Ruhe weiter wachsen zu lassen.[12]) Denn in der Freude über ein unerwartetes Glück tritt die Erinnerung an frühere Unbilden und Meinungsverschiedenheiten zunächst zurück, um sich später allerdings von neuem geltend zu machen.

So war es auch in diesem Falle. Kaum zwei Monate[13]) war es Johannes vergönnt in Ruhe seines Amtes zu pflegen, als ein unvorhergesehenes Ereignis bewies, dafs die Versöhnung von seiten der Augusta nur äufserlich war, und dafs alle Gedanken der Reue sofort wieder ins Gegenteil umschlugen, sobald nur die abergläubische Furcht vor der Strafe Gottes von ihr gewichen war. Die Veranlassung zu erneuten Mifshelligkeiten gab die Feier der Aufstellung einer silbernen Statue der Kaiserin[14]), welche ihr vom Stadtpraefecten Simplicius geweiht wurde,

---

[10]) ὁμιλία τοῦ αὐτοῦ ὅτε ἦλθεν ἀπὸ τῆς ἐξορίας.
[11]) Denselben Titel führend p. 427 A ff.
[12]) πάμπολλα ποιεῖ ὥστε τὸ φυτευθὲν μεῖναι βέβαιον ὥστε τὴν ἐκκλησίαν ἀκλυδώνιστον μεῖναι. — Die erste Verbannung fand statt im Jahre 403 Ausgang des Sommers. Man kann dies, da Marcell. Com. und Chron. Pasch. nur die zweite kennen, aus Socrat. VI. 18 schliefsen, der berichtet, dafs der Brand der grofsen Kirche 404 20. Juni erfolgte, Ostern und Weihnachten als vorhergehend erscheinen, und dafs Palladius p. 76 zwischen der Rückkehr des Johannes und dem Ausbruch der neuen Streitigkeiten 2 Monate verstrichen sein läfst.
[13]) Vgl. Clinton Fast. Romani.
[14]) Prosp. Aquit. Marcell. Com. Socrat. VI. 18. Sozom. VIII. 20. Palladius, der doch sonst über diese Verhältnisse am besten unterrichtet erscheint, weifs nichts davon und giebt überhaupt keinen Grund für den neuen Streit an. p. 76: Μετὰ δύο μῆνας πάλιν ὑπαναπνεύσαντες τῆς πληγῆς, φρυάττονται ἐκ

auf eine Porphyrsäule [14a]) auf dem Platze an der Südseite der grofsen Kirche, welche, wie alle derartigen Festlichkeiten, unter grofsem Jubel des Volkes und in Verbindung mit orchestrischen und mimischen Darstellungen vor sich ging. Gewöhnlich fanden sie an einem Sonntage [15]) statt und führten alsdann unter Umständen zur Verödung des Gottesdienstes. So wurde auch die Aufrichtung dieser Bildsäule an einem Sonntage und zu einer Zeit vorgenommen, als Johannes gerade einen Gottesdienst abhielt. Der wüste Lärm störte die Andacht der Gläubigen, und so liefs er denn in seiner Predigt seinem Unwillen über die unheiligen Volksfeste volle Freiheit. Er hatte dabei keineswegs mit irgend einem Worte derjenigen Erwähnung gethan, der das Fest galt, gleichwohl beeilten sich seine Feinde, seine Worte als eine erneute Beleidigung der Augusta hinzustellen und verfehlten nicht sie ihr selbst in dieser Weise vorzutragen.

Da entbrannte der alte Groll, welcher nur durch die Not der Umstände zurückgedrängt war, von neuem in dem Herzen der allmächtigen Frau und wiederum schwur sie dem Bischof Rache. Johannes bemerkte jedenfalls sogleich in dem Verhalten des Hofes und seines Clerus, dafs wieder etwas gegen ihn im Werke sei, dennoch hat er gewifs nicht eine darauf bezügliche Predigt gehalten, deren Anfangsworte gelautet hätten: „Wieder wütet Herodias, wieder sinnt sie Böses, wieder tanzt sie, wieder begehrt sie das Haupt des Johannes auf einer Schüssel!" [16]) Es sind das vielmehr Worte, welche von einem

---

δευτέρου κατὰ τοῖ' Ἰωάννου· Dieses Schweigen erscheint auffällig und ist gerade kein Beweis für seine Wahrheitsliebe.

[14a]) Corp. J. L. III. 736. Sie trug auf der einen Seite die Inschrift: D. N. Aeliae Eudoxiae semper Augustae vir clarissimus Simplicius Prf. U. dedicavit; auf der anderen:

[κίο]να πορφυρέην καὶ ἀργυρέην βασίλειαν
δέρκεο, ἔνθα πόλης θεμιστεύουσα ἄνακτες·
οὔνομα, δ' εἰ ποθέεις, Εὐδόξια· τίς δ' ἀνέθηκεν;
Σιμπλίκιος, μεγάλων ὑπάτων γόνος, ἐσθλὸς ὕπαρχος.

Er war jedenfalls der Cod. Theod. 396. I. 12, 5 erwähnte Proconsul Asiae, während es in denselben Jahren, wie die Series Chron. Comt. erweist, auch einen magister militum desgleichen Namens gab. Seine Ahnen, welche Consuln gewesen waren, müssen mütterliche sein, da bis zum Jahre 312 sich kein Simplicius als Consul findet.

[15]) Vgl. Cod. Theod. XV. 4, 1.

[16]) Diese Worte (fast völlig übereinstimmend) finden sich nur bei Socrat. VI. 18 und Sozom. VIII. 20. Ludwig erörtert die Frage der Glaubhaftigkeit S. 115—120 und kommt zu dem Resultat, dafs jene Worte, wie von der Predigt, an deren Spitze sie stehen, längst nachgewiesen ist, eine nachträgliche Fälschung sind, welche wahrscheinlich in Syrien entstanden sei, weil die Hauptfeinde des Chrysostomus, Severian und Acacius, Syrer waren. Vgl. Neander Joh. Chrys. II. S. 220. Böhringer S. 74.

witzigen Fälscher nachträglich ersonnen und untergeschoben sind; denn zu einem solchen Vergleich hätte sich selbst Chrysostomus nicht mit seiner mafslosen Zunge verirrt. Die Nachricht von dem Ausbruch erneuter Mifsstimmung zwischen dem Hofe und Johannes rief[17]) seine alten Widersacher, welche an der Synode zur Eiche teilgenommen hatten, nach der Hauptstadt zurück, wo sie bereits eine grofse Anzahl der inzwischen vom Kaiser berufenen Bischöfe antrafen.

Diese hatten zunächst ganz im Sinne des Hofes die Kirchengemeinschaft mit Johannes wiederaufgenommen[18]), mufsten aber infolge des letzten Ereignisses inne werden, dafs ihre Haltung der Kaiserin nicht genehm war, und fingen an, allmählich durch Überredung und Geschenke bewogen[19]), auf die andere Seite überzugehen. Gleichwohl war Johannes zu ihrem grofsen Schrecken bereit, sich ihnen zur Untersuchung zu stellen, denn das Anklagematerial erschien auch ihnen nicht stichhaltig; da half ihnen Theophilus, der auf alle Mahnungen des Kaisers nach Constantinopel zu kommen mit Ausflüchten geantwortet hatte und nicht von Alexandrien fortzubewegen war, aus der Verlegenheit, indem er ihnen riet den IV. und XII. Canon des antiochenischen Concils vom Jahre 341 gegen ihn in Anwendung zu bringen, nach welchen ein Bischof oder Priester, der abgesetzt wieder in sein Amt zurückkehrte, ohne von einer Synode dazu befugt zu sein, ohne weiteres daraus vertrieben werden sollte.[20])

Um die Anwendung oder Nichtanwendung dieser Vorschriften drehte sich in der Folge längere Zeit der ganze Streit, welcher zum Teil vor dem Kaiser selbst[21]) ausgefochten wurde und zu manchen Aufläufen führte, bis Arcadius, der schon am Weihnachtsfest 403 der Kirche fern geblieben war[22]) und so die Gemeinschaft mit Johannes aufgehoben hatte, gegen Ostern 404 von seinen immer dringender werdenden Feinden sich überzeugen liefs, dafs jene Satzung auf Chrysostomus Anwendung finde, und diesem kund gab, er möge durch zwei Synoden verurteilt, seine Kirche verlassen.[23]) Doch diesem Ansinnen gegenüber wies Johannes darauf hin, dafs er die Leitung der Kirche

---

[17]) Socrates und Sozomenus a. a. O.
[18]) Palladius p. 78.   [19]) p. 79.
[20]) Palladius ibid. vgl. Ludwig S. 122—124.
[21]) Palladius p. 80 und 81. Davon giebt auch Cod. Theod. XVI. 4, 4 vom 29. Jan. 404 Zeugnis, welches den Palastsoldaten bei Verlust ihrer Stellung die Teilnahme an Versammlungen untersagt.
[22]) Socrat. und Sozom. a. a. O.
[23]) Palladius p. 81. Wenn Pall. p. 80 sagt: παρίππασαν μῆνες ἐννέα ἢ δέκα über diese Streitigkeiten, so ist das wohl etwas übertrieben.

von Gott erhalten habe und darum nur der Gewalt weichen werde. Es vergingen daher einige Tage, bis, nachdem der Versuch der zu Johannes haltenden Bischöfe die Kaiserin umzustimmen mißlungen war[24]), Arcadius endlich den Mut faßte und den Befehl zur gewaltsamen Fortführung des Bischofs erteilte.[25])

Es war grade der Sonnabend vor Ostern, und in der Nacht sollten nach alter Sitte die Katechumenen das Bad der heiligen Taufe erhalten, da stürzte ein Haufe Soldaten, zum teil Heiden, in die Kirche, trieb die Priester heraus und umstellte den Altar mit Waffen; selbst die Frauen, welche zur Taufe anwesend waren, wurden nackt hinausgetrieben, gestoßen, ja viele verwundet; sogar ins Heiligste drangen die Soldaten und goßen Christi Blut auf ihre Gewänder. Das aus der Kirche getriebene Volk sammelte sich mit den Priestern in den Bädern des Constantius[26]), um hier die Auferstehung des Herrn zu feiern; aber auch an dieser Zufluchtsstätte war ihres Bleibens nicht, denn das von den Gegnern herbeigeholte Militär säuberte, wiederum nicht ohne Verwundungen, den Ort. Doch ihre Absicht, das Volk dadurch zum Besuch der großen Kirche am Ostersonntage zu zwingen, erreichten sie damit nicht, denn die Chrysostomus treu ergebene Gemeinde zog am Morgen aus der Stadt in die nächste Umgebung und feierte ihr Osterfest unter Bäumen und in Schluchten. Zwar ließ man sie auch hier nicht ungestört und verhaftete sogar eine Anzahl Männer und Frauen[28]), doch hinderte dies die Anhänger des Johannes nicht, auch fernerhin gesondert von den übrigen ihre Gottesdienste abzuhalten. Davon erhielten sie den Namen der Johanniten.[2*])

Inzwischen war der Bischof Johannes selbst ebenfalls nicht seines Lebens sicher, da man sogar mörderischen Absichten gegen ihn auf die Spur kam[29]), und wurde deshalb von den Eifrigsten Tag und Nacht in seinem Palaste bewacht. Dieser unleidliche Zustand dauerte von Ostern bis nach Pfingsten, denn wegen der früheren Tumulte bei der ersten Abführung hatte Arcadius nicht den Mut die zweite anzubefehlen. Endlich begaben sich die Häupter der Gegenpartei fünf Tage nach Pfingsten[30]) in den kaiserlichen Palast und bewogen,

---

[24]) Palladius p. 82f. und 83 Anf.
[25]) Über die folgenden Vorgänge berichten: Sozom. VIII. 21. Joh. Chrys. bei Palladius in seinem Briefe an Innocenz p. 17 ff. und Palladius selbst p. 85 ff. Vgl. Ludwig S. 129 ff.
[26]) Sozom. a. a. O. und Socrat. VI. 18.
[27]) Palladius p. 86.
[28]) Socrates VI. 18.
[29]) Sozom. VIII. 21.
[30]) Palladius p. 88. Pfingsten fiel auf den 5. Juni. Vgl. Ludwig S. 133.

indem sie erklärten, alle Schuld auf sich nehmen zu wollen, den schwachen Kaiser zur Einwilligung. So erhielt denn Chrysostomus einige Tage später die erneute Aufforderung „sich aus seiner Kirche zu entfernen[31])" und überzeugt, dafs man nunmehr ihn nötigenfalls mit Gewalt abführen werde, ergab er sich, um auch das Volk vor übereilten Schritten zu bewahren, in sein Schicksal. Nach rührendem Abschied von den ihm treu gebliebenen Bischöfen und Clerikern und von den Diaconissinnen[32]) enteilte er aus der östlichen Seite seines Palastes, während das Volk an einer anderen vergebens seiner harrte, und wurde sogleich auf ein kleines bereitgehaltenes Schiff gebracht, welches ihn nach Klein-Asien in die Verbannung übersetzen sollte.[33])

Aber dieser 20. Juni 404[34]) sollte für Constantinopel nicht spurlos vorübergehen, sondern noch nach Jahren von sich reden machen. Denn während des Tumultes, der sich, als die Nachricht von Johannes Abreise bekannt geworden war, um den Besitz der grofsen Kirche zwischen Johanniten und Anti-Johanniten entspann, entstand plötzlich um 9 Uhr abends in der Kirche selbst ein Brand[35]), welcher von dem bischöflichen Throne ausgehend alsbald nicht nur die ganze Kirche ergriff, sondern auch von einem heftigen Ostwinde begünstigt die nächstliegenden Gebäude[36]) in Asche legte. Besonders beklagenswert war die Vernichtung des mit seltener Pracht aufgebauten Senatsgebäudes neben dem kaiserlichen Palast mit seinen berühmten Bildwerken[37]) und den Abbildern der Kaiser; von dem ganzen hohen Bau blieben nur die beiden vor dem Eingangsthor stehenden Statuen des Juppiter und der Athene übrig, obwohl sie vom schmelzenden Dachblei und Schutt völlig bedeckt wurden.

Die Frage nach dem Urheber des Brandes vermochten selbst die Zeitgenossen nicht zu entscheiden, da beide Parteien sich gegenseitig mit Vorwürfen überhäuften[38]), doch liegt die Wahrscheinlichkeit

---

[31]) Palladius p. 89.

[32]) p. 90: Es werden genannt Olympias, Pentadia, Procla und Silvina beati Nebridii uxor (der griechische Text dieser Zeile fehlt).

[33]) Socrat. VI. 18. Sozomen. VIII. 22. Palladius p. 90 und 91. Vgl. Theodoret V. 34.

[34]) Das Datum nur bei Socrates VI. 18 und Chron. Paschale (wenn entweder der Brand oder die Erhebung des Arsacius nicht gerade auf einen Montag fiel).

[35]) Die Stunde giebt das Chron. Pasch. Über das Ereignis Socrat. VI. 18. Sozom. VIII. 22. Marcell. Com. zu 404. Palladius p. 91 und 92. Zosim. V. 24.

[36]) Socrat. Marcell. Com. Palladius a. a. O.

[37]) Zosim. a a. O. Es lag an der Südseite der Kirche. Sozom. und Palladius a. a. O. Vgl. Elissen der Senat im ostr. Reich S. 59 ff.

[38]) Sozom. a. a. O. Nur Zosim. sagt ausdrücklich, die Johanniten seien die Urheber des Brandes.

näher, dafs, ohne eine Verabredung anzunehmen, einer aus der Zahl der
fanatischsten Johanniten in dem Augenblicke, wo die Abführung des
Johannes bekannt wurde, den Entschlufs fafste, dem Chrysostomus
eine Fackel anzuzünden, deren Leuchten er zwar schwerlich noch
werde sehen können, die aber doch den triumphierenden Gegnern
den Sieg in etwas verleiden sollte. Die Folgen dieser unüberlegten
Handlung waren in jeder Beziehung traurig sowohl für die orientalische
Kirche überhaupt wie für eine ganze Anzahl der Johanniten. Eine
strenge Untersuchung[39]) wurde sogleich in Constantinopel durch den
Stadtpraefecten Studius eingeleitet, während auch die Bischöfe und
Kleriker, welche Johannes in die Verbannung folgen wollten, wegen des
plötzlichen Brandes angehalten und in Chalcedon festgehalten wurden.[40])
Die Verfolgung erschien den Christen um so schrecklicher, als Studius
noch am Ende des Jahres von Optatus abgelöst wurde[41]), von dem
berichtet wird, dafs er Heide war. Waren schon in den ersten Tagen
viele Verhaftungen unter den gesinnungstreuen Bischöfen und Clerikern
vorgekommen, so nahm die Verfolgung noch zu, als Arsacius, der
achtzigjährige Bruder des Nectarius, welcher selbst als Zeuge gegen
Johannes auf der Synode zur Eiche aufgetreten war, zum Nachfolger
des Vertriebenen am 26. Juni erhoben wurde.[42])

Die Milde nämlich, welche ihm gegen seine Kleriker nachgerühmt wird, bewies er durchaus nicht gegen die Anhänger seines
Vorgängers, denn auf seine Veranlassung wurde ein Militärtribun mit
entsprechender Mannschaft aufserhalb der Hauptstadt beordert und
störte dort den Gottesdienst der Johanniten in der rohesten Weise,
Prügel und Steinwürfe kamen zur Anwendung, viele wurden verwundet
und die Frauen ihres Schmuckes beraubt.[43]) Damals gingen viele
freiwillig ins Exil, auch Frauen und unter ihnen die wegen ihrer
ewigen Jungfräulichkeit und Heiligkeit berühmte edle Bithynierin
Nicarete, den Armen und Kranken eine stets bereite Helferin. Andere
blieben und ertrugen die ihnen auferlegten Leiden mit der Geduld
und Freudigkeit wahrer Märtyrer: So der Lector Eutropius, der obwohl
geschlagen, zerfleischt und mit brennenden Fackeln gebrannt, nichts
über die Feuersbrunst bekannte und im Gefängnis starb, und ebenso
der Presbyter Tigris, der allen Qualen mannhaft Trotz bietend
schliefslich noch nach Mesopotamien verbannt wurde.

[39]) Socrat. VI. 18. Sozom. VIII. 22—24. Palladius p. 95.
[40]) Palladius p. 93.
[41]) So nimmt Ludwig S. 144 an. Vgl. Socrat. VI. 18.
[42]) Socrat. VI. 19. Sozom. VIII. 23. Palladius p. 94.
[43]) Sozom. a. a. O.

Nicht minder standhaft erwies sich die Diaconissin Olympias[44]), jene treue Freundin des Chrysostomus, mit der er später den lebhaftesten Briefwechsel aus dem Exil unterhielt. Gefragt vom Praefecten, warum sie die Kirche angezündet habe, antwortete sie: „Das ist nicht mein Lebensberuf, denn ich habe mein grofses Vermögen auf die Erbauung von Gotteshäusern verwandt!" und als jener meinte, ihm sei ihre Lebensweise hinreichend bekannt, erwiderte sie: „So tritt du an die Stelle des Anklägers und lafs einen anderen über uns richten!" Als er darauf aus Mangel an Beweisen diese Anklage fallen liefs und den gefangenen Frauen ihr Fernbleiben von dem Gottesdienste des Arsacius verwies, nahmen die übrigen das ruhig hin, Olympias aber wies ihm diese Bemerkungen als ganz ungehörig zurück, zahlte die ihr auferlegte hohe Geldsumme und zog sich nach Cyzicus zurück. Endlich aber, da die Untersuchung trotz aller Strenge, wie ein Bericht drastisch sagt, „nur den Schatten eines Esels" ergab, ordnete Arcadius am 29. August 404[45]) die Entlassung der Cleriker an, doch mit der Bestimmung, dafs sie sogleich auf's Schiff gebracht und ihrer Heimat wieder zugeführt werden sollten.

Ferner wurden die Häuser, welche fremde Cleriker oder Bischöfe nach Veröffentlichung dieses Ediktes aufnehmen würden, mit Confiscation bedroht, ingleichen diejenigen, in welchen nachweislich tumultuarische Versammlungen stattfinden würden. Überhaupt wurden alle fremden Cleriker angewiesen die Hauptstadt zu verlassen. Gleichwohl zitterte die Johannitische Bewegung in Constantinopel weiter fort, und wie tief sie hier ging, zeigt eine neue Verordnung[46]) des Kaisers wenige Tage später, welche den Hausbesitzern befiehlt, ihre Sklaven von den aufrührerischen Versammlungen fernzuhalten, und im Weigerungsfalle drei Pfund Gold Strafe androht. Zugleich wurden die Corporationen, insbesondere die der Geldmakler, für das Verhalten ihrer Mitglieder verantwortlich gemacht und im Falle des Zuwiderhandelns mit einer Strafe von fünfzig Pfund Gold bedroht.

Aber wurde den Johanniten die Heimat durch solche Mafsregeln verleidet, so blieben ihnen noch die Provinzen, in denen sie unter den Bischöfen so manchen Freund und Gesinnungsgenossen fanden, und so breitete sich die Johannitische Secte, durch den ganzen Orient aus. Zwar suchte auch hier Arcadius durch gesetzliche Anordnung dem Unwesen zu steuern und Frieden zu stiften, indem er die Statt-

---

[44]) Sozom. c. 24.
[45]) Cod. Theod. XVI. 2, 37.
[46]) XVI. 4, 5.

halter anwies „die Zusammenkünfte derjenigen zu hindern, die auf die Religion der Orthodoxen sich stützend die heiligen Kirchen verachteten und anderswo zusammenkämen, denn die, welche sich von der Gemeinschaft des Arsacius, Theophilus und Porphyrius (Antiochia) fernhielten, müfsten aus der Kirche ausgestofsen werden."⁴⁷) Aber mehr als dreifsig Jahre vergingen, bis der tiefe Rifs, der durch Johannes ungerechte Absetzung zwischen der Kirche und seinen Anhängern aufklaffte, durch die milde und kluge Freundlichkeit eines späteren Nachfolgers überdeckt und wieder ausgeglichen wurde.⁴⁸)

Dies die thatsächlichen Verhältnisse. Aber sehen wir von dem Einzelnen ab und fassen den Verlauf des Ganzen noch einmal ins Auge, so erscheint als besonders verhängnisvoll für die Kirche des Orients, dafs im Gegensatz zum Occident der kaiserlichen Gewalt alle Macht über sie durch die Bischöfe, welche eine Verurteilung des Johannes herbeiführen wollten, selbst ausgeliefert wurde.⁴⁹) Sie sind deshalb in erster Linie anzuklagen, wenn in Zukunft immer mehr noch der weltliche Einflufs auf die Besetzung von Bischofssitzen und die Entscheidung von Synoden an Stärke gewann. Hatte schon bei dieser Gelegenheit die Lüge über die Wahrheit, Gewalt über das Recht, Bestechung über die Überzeugung den Sieg davongetragen, so mufste ihr Ausgang für die Folgezeit in moralischer Beziehung geradezu verderbend wirken, und schon die Geschichte der nächsten fünfzig Jahre wird mehr als einmal die Folgen der Einmischung des weltlichen Elementes aufweisen. Und so ist denn die orientalische Kirche im Laufe der Jahrhunderte immer mehr in die Fesseln der staatlichen Gewalt geschlagen und in ihrer Entwickelung fort und fort gehemmt worden also, dafs sie im grofsen Rufsland wenigstens in ihrer höchsten Spitze vollständig mit dem weltlichen Reichshaupte vereinigt und der Czar zugleich ihr oberster Patriarch ist.

Zu ganz anderem Leben und mächtiger Ausdehnung dagegen entwickelte sich die occidentalische, besonders die römische Kirche! Zu jeder Zeit und vor allem in den nun folgenden Wirren der Völkerwanderung, welche das römische Reich zertrümmerten, blieb sie allein unberührt und unentwegt als ein trotziger Fels in vergeblich brandenden Wogen, wohl bisweilen des Schutzes bedürfend, aber doch sich stets freimachend von vorübergehend weltlichem Einflufs. Ihre macht-

---

⁴⁷) XVI. 4, 6. Hierher gehört wohl auch Cod. Theod. IX. 34, 10. 406., welches den Autoren von Pamphleten und ihren Hehlern die strengste Strafe androht.
⁴⁸) Socrat. VII. 45.
⁴⁹) Vgl. Ludwig S. 134.

volle Stellung aber in der christlichen Kirche überhaupt und die Anerkennung als einer leitenden Vormacht vermochte sie nur zu erlangen und zu behaupten eben wegen der fortgesetzten Reibungen in der orientalischen Kirche, welche naturgemäfs bald die eine, bald die andere Partei veranlafsten, eine Stärkung und Unterstützung in Rom zu suchen, wobei sie, um ihren Zweck zu erreichen, in der Wahl ihrer Roms Macht anerkennenden Worte oft nicht vorsichtig genug waren.

So geschah es auch in betreff der Absetzung des Johannes Chrysostomus, der inzwischen nach mancherlei Gefahren und Leiden an den Ort seiner Verbannung, Cucusus in Armenien, gelangt war, von dessen Öde und ungesundem Klima seine zahlreichen Briefe Kunde geben.[50]) Die erste Nachricht von den Vorgängen in Constantinopel erhielt der damalige römische Bischof Innocenz durch einen Brief des Theophilus, in welchem er kurz mitteilte, dafs Johannes seines Amtes entsetzt sei.[51]) Innocenz war schon nahe daran des Theophilus Unbesonnenheit und Leichtsinn zu tadeln, weil er allein und ungenau geschrieben habe, da erschien aber der gerade in Rom in kirchlichen Angelegenheiten weilende Diacon Eusebius aus Constantinopel und beschwor ihn inständig in einem Bittschreiben noch etwas zu warten, bis zuverlässige Nachricht aus Constantinopel eingetroffen und die ganze Intrigue aufgedeckt sei. In der That kamen drei Tage später vier Bischöfe der Johannitischen Partei in Rom an[52]), welche drei gleichlautende Briefe von Johannes, den vierzig Bischöfen und seinem Klerus an Innocenz übergaben. Johannes[53]) berichtete darin über die Vorgänge bei seiner doppelten Abführung im ganzen obiectiv und im Überblick und sagte am Schlufs, diese Geschehenisse seien um so bedauerlicher als „gleichwie eine Krankheit des Kopfes auch die übrigen Glieder in Mitleidenschaft zöge, also die kirchlichen Unruhen von der Hauptstadt aus überallhin Verwirrung bringen würden." Schliefslich bat er den Innocenz, „es nicht zuzulassen, dafs jemand aus so weiter Entfernung in fremde Sprengel kommen dürfe, um nach Belieben andere zu vertreiben, und besonders das, was in seiner — Johannes — Abwesenheit gegen ihn verhandelt sei, für ungültig zu erklären.[54])

---

[50]) Palladius p. 94. Sozom. VIII. 22. Vgl. Joh. Chrys. ep. 234 ad Brison. ep. 4. 6. 109.
[51]) Palladius p. 9.
[52]) Palladius p. 10.
[53]) Der Brief ist erhalten bei Palladius p. 10—22.
[54]) ἐπιστεῖλαι παρακλήθητι τὰ μὲν οὕτως παρανόμως γεγενημένα ἀπόντων ἡμῶν .... μηδεμίαν ἔχειν ἰσχύν.

Kurze Zeit darauf langte auch eine Gesandtschaft der anderen Partei an, welche die Acten der Synode zur Eiche überbrachte. Aus ihnen ersah Innocenz die Unschuld des Johannes mit solcher Klarheit, dafs er Theophilus antwortete, er könne unmöglich von der Gemeinschaft mit dem Verbannten ablassen, wenn Johannes nicht durch ein rechtmäfsiges Urteil verdammt werde. Theophilus möge daher die Angelegenheit auf einem allgemeinen Concil noch einmal vorbringen.[55]) Zugleich schickte er an die Johannes treugebliebenen Bischöfe Briefe, in denen er sie ermahnte, mutig auszuharren, und auch an Johannes selbst.[56]) Das Schreiben an diesen ist recht vorsichtig abgefafst und verweist ihn auf das Vertrauen zu Gott und auf sein gutes Gewissen; herzlicher und eingehender dagegen ist seine Antwort auf die Beschwerdeschrift des constantinopolitanischen Klerus. Er sagt darin, er sei beim Lesen über die Leidensscenen, die sie berichtet hätten, von ängstlicher Besorgnis ergriffen worden, Geduld aber sei der beste Trost, wie das Beispiel der heiligen Märtyrer beweise. Dann spricht er seinen Unwillen über die Absetzung des Johannes und die unwürdige Versammlung aus, die entgegen der Nicaenischen Regel an Stelle eines Lebenden schon einen anderen Bischof gesetzt habe. Es müsse daher ein allgemeines Concil berufen werden, nur das wie? mache ihm schwere Sorge.

Zunächst gedachte er die Vorgänge im Orient einer Synode abendländischer Bischöfe vorzutragen, zu welcher auf sein Betreiben der Kaiser Honorius die Einladungen ergehen liefs. Ebenderselbe trat gewifs nicht ohne die Einwirkung des Innocenz auch persönlich für Johannes Sache ein, indem er über diese Angelegenheit einen eigenhändigen Brief[57]) an Arcadius richtete, welcher von neuem beweist, wie lose die Verbindung zwischen den beiden Reichen war. Honorius beklagt sich darin, „dafs von so manchem Ereignis, das den Osten betroffen habe, ihm nur durch die Fama Kunde geworden sei; ebenso

---

[55]) Palladius p. 24.
[56]) Palladius p. 31. Sozomen. VIII. 26.
[57]) Mansi III. p. 11 22. Im Anfange dieses Briefes heifst es: Quamvis super imagine muliebri novo exemplo per provincias circumlata et diffusa per universum mundum obtrectantium fama literis aliis commonuerim. Über die Bedeutung dieser Worte spricht sich Ludwig S. 158 nicht aus, obwohl sie der Erklärung bedürfen. Da unter dem gleich darauf erwähnten excidium Illyrici nur die Verwüstung durch Alarich verstanden werden kann, so müssen jene Anfangsworte auf das Herumtragen der Büste Eudoxias gelegentlich ihrer Vermählung mit Arcadius gehen, so dafs danach ein directer Verkehr zwischen den Brüdern seit der Teilung des Reichs nicht stattgefunden zu haben scheint, eine sicherlich höchst wichtige Bemerkung!

sei es auch mit den schrecklichen Vorgängen, die eben jetzt in der Hauptstadt sich abgespielt hätten; mit Trauer habe er von dem verhängnisvollen Brande der Hauptkirche und anderer herrlicher Gebäude vernommen. Die Bande des Blutes verböten ihm zwar zu schweigen, aber ermahnen müsse er den Bruder doch, dies, wenn irgend möglich, wieder gut zu machen und den göttlichen Zorn durch beständiges Flehen zu besänftigen. Es sei dort eine Sache verhandelt worden, die nicht vor ihren, der Fürsten, Richterstuhl gehöre, sondern vor das Forum der Bischöfe[58]); aber obgleich von beiden streitenden Parteien an die Bischöfe von Rom und Italien Gesandte geschickt wären, so habe man deren Antworten nicht abgewartet, sondern in übermäfsiger Eile ohne Untersuchung die Priester in die Verbannung gestofsen. Die Folgen aber könnten nur Spaltungen in der Kirche sein."

Bedenkt man, welche politischen Zerwürfnisse die Brüder bereits gegen einander erzürnt und auf einander eifersüchtig gemacht hatten, ferner dafs Arcadius der ältere war, so kann man leicht zu dem Schlusse gelangen, dafs der Brief des jüngeren Bruders ihm mehr als eine Beleidigung erschien, der ausdrücklich eine Einmischung der weltlichen Macht in geistliche Angelegenheiten in einer Weise zurückweist, wie es Ambrosius Theodosius dem Grofsen gegenüber nicht energischer gethan hatte. Daraus erklärt sich denn später auch die schlechte Behandlung, welche den abendländischen Gesandten im Orient zu teil wurde. Die Stimmung des orientalischen Hofes wurde aber noch gereizter, als die italische Synode wirklich zustande kam, die Absetzung des Johannes nochmals für ungültig erklärte und demgemäfs seine alsbaldige Wiedereinsetzung und den Zusammentritt eines allgemeinen Concils in Thessalonich forderte. Wie hätte nun aber der Hof in Constantinopel und die demselben anhängenden Bischofspartei darauf eingehen können, ein Urteil zu untersuchen, von dessen Gerechtigkeit sie im Innersten ihres Herzens selbst nicht überzeugt waren, und so selbst alle ihre geheimen Künste ans Tageslicht zu ziehen!

Arcadius würdigte infolge dessen die mehrmalige Aufforderung des Bruders, die entsprechenden Einladungen ergehen zu lassen, gar keiner Antwort. Er schreibe, klagt daher Honorius in einem darauf

---

[58]) Ad illos (episcopos) enim divinarum rerum interpretatio, ad nos religionis spectat obsequium. Vgl. Ambrosius Auffasung in betreff des Widerstreits geistlicher und weltlicher Macht. ep. 40. § 11. Quid igitur est amplius disciplinae species an causa religionis? — Cedat oportet censura devotioni!

[59]) Palladius p. 29.

bezüglichen Briefe⁶⁰), nun schon zum dritten Male, dafs die Entscheidung über Johannes Chrysostomus geändert und verbessert werden müsse; er forderte daher den Bruder durch die Überbringer nochmals auf, die orientalischen Bischöfe zur Synode in Thessalonich einzuladen und besonders dafür sorgen, dafs Theophilus sich stelle, welcher der Haupturheber des ganzen Unheils gewesen sei. Die Gesandten aber möge er in Ehren aufnehmen, denn sie seien beauftragt an Ort und Stelle sich über die Vorgänge zu unterrichten, um dann entweder ihn selbst oder den Arcadius eines Besseren zu belehren.

Aber diese Gesandten, die Bischöfe Aemilius von Benevent, Cythegius, Gaudentius, Marianus und die Presbyter Valentinian und Bonifacius, fanden keineswegs die Aufnahme, welche sie auch nach dem antiken Völkerrecht erwarten durften⁶¹), denn in Athen angelangt wurden sie unter militärischer Begleitung nach Constantinopel gebracht; hier am Landen verhindert und in das Kastell von Athyra an der thracischen Küste abgeführt, wurden sie, nachdem man sie aufs schimpflichste behandelt und ihnen sogar mit Gewalt die Briefe abgenommen hatte, auf ihre Bitten wieder nach Italien entlassen, wo sie nach viermonatlicher Abwesenheit, ohne den Kaiser überhaupt gesehen und Constantinopel betreten zu haben, im Laufe des Jahres 406 wieder anlangten. Ob Arcadius selbst diese Verletzung des Völkerrechts angeordnet oder nur zugelassen hat, die Frage ist schwer zu entscheiden, aber nach dem Unrecht, welches er, ebenfalls aus Schwäche, Johannes und vielen anderen Klerikern anthat, erscheint auch die Zurückweisung der Gesandten durch ihn nicht so ungeheuerlich, wenn ihm auch die unwürdige Art derselben stets unbekannt geblieben sein mag. Die Schmach aber, welche den occidentalischen Abgesandten zugefügt wurde, traf auch zugleich seinen kaiserlichen Bruder mit und war

---

⁶⁰) Bei Palladius p. 29 und 30. Abgedruckt auch bei Mansi III. p. 1101.
⁶¹) Palladius beschreibt ihre Leiden ausführlich p. 31—33. Bestätigt werden diese Nachrichten durch Sozom. VIII. 28, der da sagt, die Gegner des Chrysostomus hätten dem Kaiser die Absendung der Gesandtschaft als eine Schmach ($\dot{\epsilon}\pi\dot{\iota}\ \ddot{v}\beta\varrho\epsilon\iota\ \tau\tilde{\eta}\varsigma\ \dot{\epsilon}\nu\tau\alpha\tilde{v}\vartheta\alpha\ \beta\alpha\sigma\iota\lambda\epsilon\dot{\iota}\alpha\varsigma$) für das orientalische Reich hingestellt. Dann fährt er fort: $\varkappa\alpha\dot{\iota}\ \tau\upsilon\dot{\upsilon}\varsigma\ \mu\dot{\eta}\nu\ \dot{\omega}\varsigma\ \dot{\upsilon}\pi\epsilon\varrho\upsilon\varrho\dot{\iota}\alpha\nu\ \dot{\alpha}\varrho\chi\dot{\eta}\nu\ \dot{\epsilon}\nu\upsilon\chi\lambda\dot{\eta}\sigma\alpha\nu\tau\alpha\varsigma\ \dot{\alpha}\tau\dot{\iota}\mu\omega\varsigma\ \dot{\epsilon}\varkappa\pi\epsilon\mu\varphi\vartheta\tilde{\eta}\nu\alpha\iota\ \pi\alpha\varrho\iota\sigma\varkappa\epsilon\dot{\upsilon}\alpha\sigma\alpha\nu$. Bei Mansi III. p. 1123 ist noch ein anderer Brief des Honorius an Arcadius abgedruckt, in welchem er sich über die ganz gesetzlose Behandlung seiner Gesandten beklagt, doch halte ich diesen für untergeschoben, weniger, weil er erst nach Johannes Tod geschrieben ist, als man schwerlich im Occident an Johannes noch dachte, sondern mehr wegen der Übertreibungen, die darin vorkommen: Johannes soll per vim, jene Gesandten fame getötet sein; endlich wegen des Ausdrucks ut mulieri (die bereits gestorbene Eudoxia!) te committeres. — Vgl. zu der Sache Ludwig S. 161—164.

demnach nur eine neue Ursache zu gröfserer Entfremdung. Die Sache des Johannes war damit erledigt, und alle Bemühungen des Occidents ihn wieder einzusetzen waren gescheitert. Auf den rauhen Hochflächen Armeniens, oft durch die Annäherung der Isaurischen Räuber in seiner Ruhe gestört und infolge des wechselvollen Klimas vielfach leidend, wurde er nur getröstet durch die Briefe seiner zahlreichen Anhänger unter dem Klerus und der Diaconissinnen seiner Gemeinde.[61a] Als er im dritten Jahre seiner Verbannung (407) nach einem noch öderen Orte, Pithyus am Pontus, abgeführt werden sollte[62]), weil seine Feinde immer in der Furcht sich befanden, es könne doch noch einmal ein Umschwung zu seinen Gunsten eintreten, ereilte ihn unterwegs am 14. September in Comana der erlösende Tod.

Zehn Jahre waren verflossen, seitdem im Occident der Bischof, welcher dort eine ähnliche Stellung einnahm wie Johannes im Orient, Ambrosius von Mailand, ein thatenreiches Leben geendet hatte, aber nicht im Exil, sondern im Genufs allgemeiner Verehrung und als tonangebender Metropolit der italienischen Kirche und doch hatte er viel verfänglichere und ernstere Streitfragen mit der weltlichen Macht durchzufechten gehabt, ohne dafs nur der Gedanke an eine Strafe auftauchte. Als es sich in der Angelegenheit[63]) von Castrum Callinicum (Nicephorium), wo christliche Mönche ein durchaus verwerfliches Beispiel unchristlicher Unduldsamkeit gegen Andersgläubige gegeben hatten, im weiteren Verlaufe nach der modernen Auffassung nur um die Ahndung eines offenbaren Landfriedensbruches handelte, da war es Ambrosius, welcher durch seine energische Betonung der kirchlichen Autorität im Gegensatze zur weltlichen es bei Theodosius durchsetzte, dafs der bereits ausgefertigte Strafbefehl gegen die fanatischen Priester zurückgenommen wurde. Und wie erst leuchtete der Glanz seiner Persönlichkeit, als er, der einfache Bischof, es gewagt hatte, dem allmächtigen Herrscher nicht nur seinen Frevel gegen die Bewohner von Thessalonich vor Augen zu halten, sondern auch monatelang hartnäckig den Zutritt zur Kirche zu versagen, bis dafs der Herr der römischen

---

[61a]) In den opera omn. ed. Monfaucon III. S. 361 ff. Besonders sind die Briefe des Johannes gerichtet an Olympias, Pentadia, Adalia, Carteria, Chalcidia, an die Bischöfe von Carthago, Brixia, Mailand, Aquileia.

[62]) Socrat. VI. 21. Sozomen VIII. 28. Palladius p. 98. ep. ad Innocent. bei Mansi III. p. 1104. Vgl. Neander Kirchengesch. VI. 4. S. 488. Ludwig S. 169 ff. Kiepert S. 88 und 93.

[63]) Ambrosius ep. 40. und 41. Cedren p. 571 und 572. Vgl. Gibbon VII. S. 59. Böhringer die Kirche Christi I. S. 89. Gfrörer a. a. O. S. 612 ff. und G. S. 167—171.

Welt und Christenheit demütig im Staube dem König aller Könige sein Unrecht bekannt und gebüfst hatte.[64])

So trat Ambrosius überall der weltlichen Macht als der überzeugte, eifrigste Vertheidiger und Vorkämpfer des Gedankens gegenüber, dafs die Kirche über dem Staate stehe, wie er denn in einem seiner Briefe auf die Frage: „Was also steht höher, die Forderung der Zucht oder die Sache der Religion?" offen die Antwort erteilt: „Die Strenge des Staates mufs vor der Ergebenheit gegen die Religion zurücktreten!" Er war daher aufser dem Bischof und Seelsorger zu jeder Zeit auch noch Staatsmann, der neben seiner seelsorgerischen Thätigkeit den äufseren Ausbau der Gesammtkirche nie vergafs.

Hierin aber war Johannes Chrysostomus grade das Gegenteil seines occidentalischen Amtsgenossen, denn ihm war das Leben in und mit der Gemeinde die Hauptsache, in seiner Seelsorge erblickte er die Hauptaufgabe seines bischöflichen Amtes und in der Ausbreitung des wahren Christenglaubens. Wie er diesen innerhalb und aufserhalb der Grenzen des orientalischen Reichs emsig fortzupflanzen trachtete, so wünschte er in seiner Gemeinde selbst den Geist der Mäfsigung und wahren Liebe, den er predigte, zum Durchbruch zu bringen; um das Verhältnis der Kirche zum Staate kümmerte er sich wenig, ihm schien der Einflufs des weltlichen Regiments auf das geistliche so natürlich, dafs er, obwohl sehr wohl wissend, wer hinter der Synode $\dot{\epsilon}\pi\dot{\iota}$ $\delta\varrho\tilde{\upsilon}\nu$ und der zweiten steckte, die Einmischung des Kaisers nicht mit Entrüstung zurückwies und seine ganze Partei, vielleicht auch die Gemeinde für die Freiheit der Kirche begeisterte und zum Kampfe antrieb, wie es ein Ambrosius sicher gethan haben würde, sondern nur, als ihn Arcadius auffordern liefs die Kirche zu verlassen, ihm antwortete, er habe dieselbe von Gott empfangen und werde nur der Gewalt weichen. Doch so wenig er in dieser Beziehung hartnäckig, energisch und überzeugt war, um so mehr Gewicht legte er auf eifrigen Glauben und Reinheit der Sitten bei seinen Gemeindegliedern und indem er hierfür von ganzem Herzen und mit dem hellen Feuer seiner gottbegnadigten Beredsamkeit eintrat, lehrte und predigte, verletzte er durch den Mangel an Mäfsigung, welcher ihm hier eigen war, gerade die Machthaber und besonders die Frauen. Da er nun aber unter seinen Amtsgenossen nicht einen Ambrosius traf,

---

[64]) Rufin. II. 18. Sozom. VII. 25. Theod. V. 18. Paulus vita Ambros. c. 26. Mos. v. Chorene Gesch. Grofs-Armeniens (deutsch v. M. Lauer) III. 37. Tiro Prosp. Theophan. A. C. 384. Cedren p. 554. August. De Civ. Dei V. 26. Ambros. ep. 51. Ausführlich behandelt bei Gfrörer S. 614 ff. und G. S. 183—190.

der für die Selbständigkeit der Kirche und ihrer Diener mit seiner gewichtigen Person und mit eifrigen Parteigenossen eingetreten wäre, sondern im Gegenteil eben den mächtigsten derselben wider sich hatte, so mufste der von Character so edle und von so reiner Liebe und Hingabe an seine Gemeinde erfüllte hochherzige Mann niederen Ränken zum Opfer fallen, um so mehr, da kein Theodosius mit seinem klaren Blick und seiner aufrichtigen Ehrfurcht vor der Kirche und ihren Dienern das Staatsruder lenkte.

Zehntes Kapitel.

Die Isaurer. — Ihr Verwüstungs- und Plünderungszug im Jahre 403/404. Arbacazius' erste Erfolge, seine Bestechung und Freisprechung. — Fernere Streifzüge der Isaurer. — Zustand der Africanischen Grenzlande. — Die Maziken und Auxorianer. — Not der Pentapolis zur Zeit des Arcadius. — Synesius Briefe. — Verhältnis des Ostreichs zu Persien. — Das Weströmische Reich von 403 bis 408. — Der Einfall des Rhadagais wird durch Stilicho zurückgeschlagen. — Überschreitung der Rheingrenze durch Quaden, Alanen, Vandalen und andere germanische Völker. — Stilicho beschliefst mit Hülfe des Alarich Ostrom zu züchtigen. — Alarich rückt in Epirus ein 407. — Der in Britannien erhobene Tyrann Constantinus setzt nach Gallien über. — Alarich in Venetien und seine Forderungen. — Tod des Arcadius. — Seine letzten Lebensjahre. — Äufsere und innere Eigenschaften. — Eudoxias Einflufs. — Seine selbständigen Thaten.

Neben der religiösen Bewegung, welche Constantinopel erregte und in fortgesetzten Schwingungen das ganze Reich durchzitterte, fehlte es nicht an Beunruhigungen anderer Art, doch war man an diese im Orient so gewöhnt, dafs von ihnen meistenteils kein Aufhebens gemacht wurde. Sie gingen zunächst aus von dem rauhen, schluchtenreichen Nordwesten der Landschaft Cilicien[1]), welcher seit Diocletian als wirkliche Provinz Isauria von dem übrigen abgegrenzt worden war und nur in seinen dem Meere benachbarten Teilen reiche Ernten an Wein und Getreide lieferte.[2]) Es lagen in ihm dreiundzwanzig gröfsere und kleinere Ortschaften, deren bedeutendsten Seleucia und Claudiopolis am Calycadnus sind, während die Gebirgsbewohner in zahlreichen Dörfern angesiedelt waren. Schon Strabo[3]) weifs von den Isaurern zu berichten, dafs sie ein vom Raube lebendes Völkchen seien, doch treten sie erst seit der Zeit der dreifsig Tyrannen

---

[1]) Über die Isaurer hat Sievers eine sehr fleifsige Zusammenstellung S. 489 ff.
[2]) Bekker-Marquardt III. S. 164 ff. Kiepert S. 128 ff.
[3]) p. 568: κωμαὶ συχναί, λῃστῶν δ' ἅπασαι κατοικίαι ff.

(260 n. Chr.) mehr und mehr hervor. Es war in der That ein lebensfrischer, kühner und freiheitliebender Volksstamm, der ähnlich den Basken in der Cantabrischen Kette sich nur schwer an gesetzliche Zustände und eine scharfe Grenze zwischen Mein und Dein gewöhnen mochte und dem Dienste im geordneten Heer ein ungebundenes Räuberleben vorzog, welches bei der Unzugänglichkeit ihrer Gebirgsschluchten und steilen Pfade durch einen damit nicht vertrauten Verfolger im ganzen wenig gefährdet wurde. Aus ihren sicheren Schlupfwinkeln unternahmen sie fast alljährlich zur Frühlingszeit[4]) weitere oder nähere Plünderungszüge, schleppten alle bewegliche Habe und Vorräte, welche auf freiem Felde angetroffen wurden und nicht in den Schutz der Stadtmauern geborgen waren, mit sich fort, zündeten die Gehöfte und Dörfer an und brachten die Bewohner entweder um oder machten sie zu Gefangenen.[5]) Die nächstliegenden Landschaften bis nach Armenien hin befanden sich daher alljährlich in der gröfsten Besorgnis vor einem plötzlichen Überfall ihrer Peiniger, die in letzter Zeit sich sogar unter den Augen des Militärgouverneurs soldatisch in Abteilungen gegliedert hatten.[6]) Auf diese freiheitliebenden Söhne des Taurus vermochte weder der Bischof[7]), wenn anders sie überhaupt Christen waren, einen ihre Sitten veredelnden Einflufs auszuüben, noch war der Provinzialstatthalter, hier stets ein Militär (comes)[8]), mit den beiden in Isauria stehenden Legionen, der secunda und tertia Isauria, im stande ihrem Treiben Einhalt zu thun. Zuletzt wird uns ein grofser Raubzug der Isaurer vor unserer Periode unter dem Kaiser Valens (376) berichtet, auf dem sie Lycien und Pamphylien ausplünderten und schwerbeladen in ihre Berge zurückkehrten, wohin ihnen das gegen sie ausgeschickte Heer nicht zu folgen wagte.[8a]) Die darauf folgenden Jahre werden sie schwerlich sich ruhig verhalten haben, obwohl näheres darüber nicht bekannt geworden ist.

Erst 403[9]) erfahren wir wieder von einem Zuge der Isaurer; damals aber begnügten sie sich nicht, die anliegenden und benach-

---

[4]) Das ergiebt sich aus einer Erwägung der klimatischen Verhältnisse und aus Joh. Chrys. opera tom. III. p. 599.
[5]) Vgl. ep. 127. ibid.
[6]) Zosim. V. 25: πλῆθος εἰς τάγματα διανεμηθὲν λῃστρικά.
[7]) ep. 200 des Johannes Chrys. ist an Callistratus episcopus Isauriae gerichtet.
[8]) Notitia Dign. ed. Böcking I. cap. XXVI. und S. 311 ff.
[8a]) Vgl. Sievers a. a. O.
[9]) Dafs dieser Zug im Jahre 403/404 stattfand, beweist einmal die Thatsache, dafs nach Zosim. V. 25 Eudoxia noch am Leben war, welche Octob. 404 starb. Sodann setzt der sonst nicht glaubwürdige Joh. Malal. lib. 14 ausdrück-

barten Landschaften Cilicien, Pamphylien, Lycien, Lycaonien und Pisidien heimzusuchen, sondern sie dehnten ihre Streifereien sogar durch Cappadocien, Pontus und Syrien bis an die Grenzen Persiens und Palästinas aus, und eroberten Seleucia, die Hafenstadt Antiochias, so dafs auch Jerusalem seine Mauern ausbesserte, ja selbst die Inseln wie Cypern blieben von ihnen nicht verschont. Eine solche Ausdehnung des Raubwesens war bis dahin denn doch noch nicht vorgekommen, dafs die Isaurer gleich den äufseren Reichsfeinden in grofsen Schwärmen das römische Vorderasien angegriffen und wie jene mit Feuer und Schwert verwüstet hätten, und diese Thatsache fiel um so schwerer ins Gewicht, als die Wunden, welche der Aufstand des Tribigild und Gainas dem ohnehin nicht allzufruchtbaren und allzubevölkerten Lande geschlagen hatte, noch nicht vernarbt waren. Nur die ummauerten Städte waren der allgemeinen Vernichtung entgangen. Ein so himmelschreiender Bruch des Landfriedens erforderte eben so sehr strenge Bestrafung der Aufrührer, wie die Lage der unglücklichen Bewohner schnelle Hülfe. Diese zu bringen wurde Arbacazius[10]) mit ausreichenden Streitkräften vom Kaiser beauftragt, eine, wie im Anfang schien, durchaus glückliche Wahl. Denn er trieb die verwegenen Räuber nicht nur zu Paaren in ihre öde Heimat zurück, sondern verfolgte sie, selbst in Isauria geboren, bis in die äufsersten Schlupfwinkel, verbrannte ihre Dörfer und liefs viele über die Klinge springen. Ein derartiges mannhaftes Vorgehen von seiten des stehenden Heeres waren die Isaurer bis dahin nicht gewohnt gewesen, und es würde dem klugen und tapferen römischen Feldherrn wohl gelungen sein, mit fortgesetzter Anwendung von Gewalt und friedlicher Unterhandlung den Keim zu ferneren Unruhen zu ersticken und die Räuber zu einem gesetzlichen und geordneten Leben zu zwingen, wenn ihm nicht neben seiner ihn entschieden zierenden Energie das Grundübel, an dem Heer- und Beamtenwesen im Reiche wie an einer unheilbaren Krankheit litt, die Habsucht, eigen gewesen wäre, welche ihm schon, wie ein Zeitgenosse witzig bemerkt, anstatt seines wahren Namens mit leichter Veränderung den einen „Raubvogels" ($Ἅρπα\ ζάκιος$) eingetragen hatte.[11]) Die verschont gebliebenen

---

lich zu der von ihm gemeldeten Einnahme Seleucias durch die Isaurer die Consuln des Jahres 403 hinzu; daher ist die Notiz des Marcell. Comes, welche offenbar sich auf dieselben Ereignisse bezieht, unrichtig zu 405 angegeben. — Ohne Jahresangabe berichten hierüber noch Philost. XI. 8, Hieronym. ep. 114 und Sozomen. VIII. 25.; der erstere ausführlich, der letztere ganz kurz.

[10]) Zosim. V. 25. Marcell. Com: Narbazaicus.

[11]) Eunap. frgm. 84 stattet ihn aufser mit der Habsucht noch mit der Geilheit und Trunkliebe aus. Er hatte, sagt Eun., so viele Sängerinnen und

Isaurer nämlich, noch immer im Besitz eines unermefslichen Reichtums, den sie klüglich in Höhlen und an unzugänglichen Orten versteckt hatten, suchten ihren vermittelnden Friedensanerbietungen durch Begleitung von kostbaren Geschenken mehr Wirkung zu verschaffen, und es gelang ihnen in der That den Arbacazius, der im Begriff war ihrem Unwesen den Garaus zu machen, durch die Zahlung einer riesigen Geldsumme noch im letzten Augenblick zum Abzug zu bewegen.

Da aufser ihm auch der Vicarius Herennius in Pamphylien sich von dem gefangenen Führer der dortigen Isaurer Hierax durch eine Summe von 4000 solidi bestechen liefs [12]), so gelangte das Gerücht von ihrer Handlungsweise sogar diesmal bis zu den Ohren des Arcadius, der eine strenge Untersuchung des Sachverhaltes anordnete; indes die Gunst der Kaiserin rettete die ungetreuen Beamten vor der gerechten Strafe [13]) und hinderte den Kaiser, endlich einmal ein abschreckendes Beispiel zu geben. Bei einem solchen Ausgang aber eines so strafwürdigen Vorgehens gegen die Isaurer war an eine gänzliche Ausrottung des Unwesens in keiner Weise zu denken, und so fand denn Johannes Chrysostomus, als er im Sommer 404 in die Verbannung nach Armenien abgeführt wurde, auf seiner Reise die von ihm berührten Provinzen in grofser Aufregung infolge eines erneuten Einfalls der isaurischen Räuber. Der Kommandant von Caesarea [14]) in Cappadocien war gegen sie ausgezogen und hatte aus Furcht, sie möchten auch die Stadt selbst angreifen, sogar die Greise die Wache auf den Mauern beziehen lassen. Doch ging das Unheil für jetzt noch vorüber, die Isaurer kehrten in ihre Heimat zurück; allein die fortgesetzten Klagen des Bischofs in vielen seiner Briefe [15]) weisen darauf hin, dafs sie nicht aufhörten alljährlich ihre Raubzüge zu unternehmen, wenn auch nicht in dem Umfange wie im Jahre 403/404, und die Zahl der dabei ertappten und gefangenen Übelthäter war noch im

---

Schauspielerinnen bei sich, dafs man sie nicht zählen konnte, und die Rechnungsführer wohl die Zahl der Soldaten, aber nicht die der Buhlerinnen kannten, welche sie deshalb scherzhaft nach Monaden und Myriaden zählten. Doch braucht man nur auf die ähnliche Characterisierung des Lagers des Stilicho (Zos. V. 7) durch ebendenselben Schriftsteller zu verweisen, um seine Übertreibung kenntlich zu machen.

[12]) Eunap frgm. 86.
[13]) Zosim. a. a. O.
[14]) Vgl. Tillemont note 31. sur Arcade. Neander II. S. 232 und opera omn. Joh. Chrys. III. p. 599.
[15]) ep. 5 an Olympias, Frühjahr 405. Vgl. ep. 20, 59, 109, 119, 170, 184. Ludwig S. 167.

Jahre 408 [16]) so grofs, dafs Arcadius gesetzlich verfügte, „die Richter sollten selbst in der Fastenzeit und am Ostertage die Verhandlungen und Untersuchungen nicht aussetzen, damit nicht die Aufdeckung der verräterischen Anschläge verzögert werde, welche durch Anwendung der Folter zu erstreben sei."

Aber bei der Überschau über den Zustand der Bewohner der Provinzen und ihrer Lage in Bezug auf friedliche oder unruhige Zeiten dürfen wir nicht die Africanischen Grenzlande vergessen, welche wie Armenien, Mesopotamien, Osrhoene gegen die Perser und wie Thracien gegen die andrängenden Germanen und Hunnen, so gegen die wilden Nomadenvölker der Wüste stets auf der Wacht waren. Denn auch sie verteidigten die Sache der Civilisation gegen die Barbarei, die Sache des Christentums gegen das rohe Heidentum, und wenn uns von ihren Thaten auch nur wenig berichtet wird, weil sie so fern ab von den Teilen des römischen Reichs wohnten, in denen sich der Übergang von der alten zur neuen Zeit in heifsen Kämpfen vollzog, so waren ihre Leiden hier in der Pentapolis und Unterlibyen bis nach Ägypten hin nicht minder grofs, und die Mannhaftigkeit, mit der sie für ihr Vaterland eingetreten sind, verdient nicht minder Lob als die derer, welche gegen Gothen und Hunnen fochten.[17])

Die Pentapolis, insbesondere die Hauptstadt Kyrene, hatte sich nie von der Verwüstung erholt, welche mit der Eroberung durch die Römer verbunden gewesen war; Kyrene selbst, eine Dorische Kolonie von Thera aus gegründet, war bis zum fünften Jahrhundert ein wichtiger Handelsplatz und vermittelte den Tauschhandel mit den Oasen-Völkern der libyschen Wüste.[18]) Aber einmal durch das Übergewicht Carthagos, sodann durch die Kriege der Diadochen und vor allem durch die Gründung Alexandriens am Ausflufs des Nils und seine zunehmende Bedeutung für den Verkehr sank es immer mehr herab; dazu vernichteten Aufstände, Erdbeben und Heuschreckenschwärme nicht selten dem schon schwer genug von unerschwinglichen Steuern gedrückten Landmann die erhoffte Ernte, also dafs, wie wir bereits sahen, das verarmte Kyrene seinen berühmten Bürger Synesius nach Constantinopel entsendete, um Erleichterung vom Abgabendruck zu erlangen. Aber diese Lage, welche die Provinz mit so manchen anderen des Ostreichs zu teilen hatte, wäre immer noch erträglich gewesen, wenn nicht, was der Schweifs des fleifsigen Bauern und

---

[16]) Cod. Theod. IX. 35, 7. 27. April.

[17]) Gründlich untersucht sind diese Verhältnisse von Sievers S. 407 ff. und Volkmann Synesius von Kyrene S. 90 ff.

[18]) Bekker-Marquardt S. 221—224. Volkmann S. 1—9.

Bürgers gesäet hatte, durch den unvorhergesehenen Einfall barbarischer Räuberhorden fort und fort in Frage gestellt wäre. Die Maziken und Auxorianer[19]), wilde Nomadenhorden zum volkreichen Stamm der Libyer gehörig, im Westen benachbart den Garamanten, Gaetulen, Psyllen und Nasamonen, im Osten den Marmariden[20]), Völkern, deren Blut noch heute in den Adern der Tuareg westlich der grofsen Oasenstrafse von Tripolis über Murzurk zum Tsadsee und der Tibbu östlich derselben rollt, waren es besonders, welche die Pentapolis, Unter-Libyen und die Grenzlande Ägyptens nie zur Ruhe gelangen und zum ungestörten Genufs des Ihrigen kommen liefsen.

Die Militärmacht, welche hier garnisonierte, ist uns nicht erhalten, doch stand sie sowohl in Kyrene wie Libya inferior unter einem dux[21]), während die Civilverwaltung in den Händen eines praeses lag. Hätten beide Teile rechtzeitig ihre Schuldigkeit gethan, und wären die Kriegsleute vollzählig zur Stelle gewesen, so war es nicht nötig, dafs selbst die fremden Kaufleute, welche nur des Handelns wegen sich zufällig dort aufhielten, zum Waffendienst herangezogen wurden, die natürlich kein Interesse daran hatten, die Eindringlinge bis in die Wüste zu verfolgen, sondern froh waren, wenn sie zu ihrer friedlichen Thätigkeit zurückkehren durften. Verständige Männer, wie Synesius[22]), die es wohl meinten mit ihrem Vaterlande, stellten daher im Rat von Kyrene den Antrag, die fremden Handeltreibenden in Zukunft unbehelligt zu lassen, da das Pressen zum Kriegsdienst nur bewirke, dafs sie ihre Verbindung mit der Pentapolis aufgäben und der Handel hier noch mehr stocke als bisher, und rieten zugleich beim Kaiser darum einzukommen, dafs die seit Constantin dem Grofsen von Ägypten losgelöste Provinz von neuem in civiler und militärischer Beziehung mit demselben verbunden werde.[23]) Sie hatten dabei im Auge, dafs dem comes militaris in Ägypten viel mehr und tüchtigere Streitkräfte zu Gebote standen als dem dux von Libyen, und dafs er daher viel eher im stande sein werde, ihnen die lästigen Scharen abzuhalten.

Aber wenn auch den Bürgern dieses unglücklichen Landes mit einem so heilsamen Vorschlag gedient war, so hatten der Statthalter

---

[19]) Μάκιζες καὶ Αὐξωριανοὶ Philost. XI. 8, Palladius p. 194. Μάζικες. Vgl. Syn. Briefe.
[20]) Strabo p. 838 und 839. Kiepert S. 223 und 210—212, doch bespricht er nur die Gaetulen und Garamanten im Westen, die Marmariden im Osten.
[21]) Not. Dign. I. cap. XXVII. Vgl. cap. I.
[22]) ep. 94 an seinen Bruder.
[23]) Ebend. ἐπανελθεῖν εἰς ἀρχαίαν ἡγεμονίαν τὰς πόλεις τουτέστιν ὑπὸ τὸν Αἰγυπτίων ἄρχοντα καὶ τὰς Λιβύων τετάχθαι.

(praefectus Augustalis) von Ägypten[24]) und die Regierung in Constantinopel durchaus nicht Lust, die Zahl der einträglichen Posten in der Verwaltung und im Heer zu verringern. Infolge dessen blieb es beim alten, und wollten die Bewohner der Pentapolis nicht all' ihr Hab' und Gut verlieren, so mufsten sie selbst die Waffen in die Hand nehmen und ihren heimatlichen Herd verteidigen. Und dieser Aufgabe haben sie sich keinen Augenblick entzogen, sondern mannhaft den Pflug mit Schwert und Speer vertauscht und sie nicht unrühmlich geführt, ja selbst die Priester der Auxiditen[25]) griffen einmal im Drange der Not zu den Waffen, sammelten das Landvolk, da die Soldaten in die Berge entflohen waren, zum männermordenden Streit und thaten Wunder der Tapferkeit. Die einzelnen Wendungen dieses kleinen Krieges, der hier nie ganz aufgehört zu haben scheint, lassen sich zwar chronologisch genau nicht verfolgen, doch haben wir an den Briefen des Synesius eine schätzenswerte Fundgrube für die Lage der Pentapolis und ihrer mutigen Bewohner zur Zeit des Arcadius.

Nachdem die Maziken und Auxorianer, als Alarich sich nach Theodosius Tod in Thracien erhob, Libyen im Osten angegriffen und einen grofsen Teil Ägyptens verwüstet hatten[25a]), mufs Synesius bereits zwei bis drei Jahre nach der Heimkehr von seiner Gesandtschaftsreise berichten[26]), dafs ihm seine literarische Mufse durch Kriegslärm gestört wurde, der indes bald vorüberging; doch schon 404 ertönte von neuem der Ruf zu den Waffen, da die Feigheit der militärischen Befehlshaber das Land den Feinden ohne Kampf überliefs.[27]) „Wir allein, schreibt er, sind am Leben, die wir zu den befestigten Plätzen unsere Zuflucht genommen haben, während alle, so viele auf dem Lande ergriffen wurden, getötet worden sind. Wir müssen aber fürchten, dafs bei längerem Aufenthalt in jenen Ortschaften der Durst die meisten Castelle zur Übergabe zwingen wird." Ein andermal standen die Feinde vor den Thoren seines am Rande der Wüste gelegenen kleinen Landgutes, doch waren es nicht eigentliche Feinde, sondern Räuber und elende „Diebe"[28]), die vor einem kühnen Auftreten stets zurückwichen; er hatte zu seinem Schutze einige Balagriten, eingeborene Bogenschützen, bei sich, welche ehemals beritten, nun aber durch den dux Cerealis[29])

---

[24]) ἀντικρὺς ἀπετόλμα λέγειν ὅτι λυσιτελεῖ ταπεινοὺς εἶναι στρατιώτας.
[25]) ep. 122.
[25a]) Philost. XI. 8.
[26]) ep. 61 Pylaemeni. Vgl. ep. 132.
[27]) ep. 131.
[28]) ep. 132. λῃσταὶ ἢ λωποδύται.
[29]) Der Name Cerealis erscheint im Cod. Theod. in einem 408—421 datierten Gesetz V. 14, 8 an einen Comes R. Pr. und im Westreich mehrfach z. B. IX. 38, 2.

zum Vorteil seiner eignen Tasche unberitten gemacht waren. Cerealis, dem damals die Streitkräfte der Pentapolis unterstellt waren, war ein durch und durch käuflicher Mensch, der, selbst ganz unerfahren im Kriegswesen, die einheimischen Truppen gegen Geldzahlung, wohin sie wollten, beurlaubte und von einer Stadt zur anderen zog, damit sie sich von der Besatzung durch freiwillige Contribution losmachten. Als das die Maziken vernommen hatten, unternahmen sie alsbald einen Einfall, raubten die Ernte, töteten viele junge Leute, verbrannten die Felder, das Vieh dagegen, die Kamele und Pferde trieben sie fort.[30]) Auch Synesius flüchtete sich in die Stadt, Cerealis aber, anstatt den Feinden die Spitze zu bieten, brachte sein Geld auf zwei Schiffe und stach in See, indem er für die Bürgerschaft den kurzen Befehl hinterliefs, sie möge sich hinter den Mauern, so gut es gehe, schützen. Nicht anders wurde es, als an seine Stelle ein neuer dux, Johannes, trat. Während der friedliche Philosoph Synesius selbst mit seinen eignen schwachen Kräften rüstete, dreihundert Lanzen und Schwerter herstellen liefs[31]) und fünf Tage mit gegen den die äufsersten Grenzen verwüstenden Feind auszog, entschuldigte sich Johannes, dem nicht einmal die militärischen technischen Ausdrücke ganz geläufig und klar waren, mit nichtigen Vorwänden und nahm, als die Libyer wirklich nahten, eilends zu Pferde reifsaus.[32]) Bei einer solchen Unfähigkeit und Feigheit der leitenden Militärs war vorauszusehen, dafs das unglückliche Land nur vorübergehend von seinen Leiden befreit werden würde, wenn wirklich einmal von Constantinopel ein Befehlshaber geschickt wurde, der es aufrichtig und ernst mit seinem Amte nahm und seinen Aufenthalt in der Provinz nicht blos als eine Gelegenheit zu zeitweiliger Bereicherung ansah.

Dagegen lebte die Bevölkerung der Persien benachbarten Provinzen, soweit sie nicht durch die Einfälle der Hunnen litt, verhältnismäfsig ruhiger; denn das achtungsgebietende Ansehen, zu dem Theodosius der Grofse dem römischen Namen verholfen, und welches den Perserkönig Schapur III. 384 zur Absendung einer aufserordentlichen Gesandtschaft mit reichen Geschenken nach Constantinopel veranlafst hatte[33]), hielt auch, gewifs in Verbindung mit anderen uns nicht bekannten Ursachen, nach Theodosius Tod den Nachfolger des 388 verstorbenen Schapur Vararam IV.[34]) ab, die 384 besiegelte

---

[30]) ep. 129.   [31]) ep. 108.
[32]) ep. 104. Vgl. ep. 107 und 113.
[33]) Pacati Drepan. panegyric. c. 22 in XII. paneg. Lat. ed. Em. Baehrens Leipzig 1874. Themist. Or. XVIII. p. 270. Vgl. Ifland S. 127 ff.
[34]) Vgl. Clinton Fast. Rom. Append. S. 261.

Freundschaft zu brechen. Nur einmal während des Aufstandes des Tribigild schien in Persien eine entgegengesetzte Strömung Platz zu greifen, als Vararam 399 durch eine Palastrevolution Thron und Leben verlor und Yezdegerd I. zur Regierung gelangte.[35]) Doch beweist die spätere Missionsthätigkeit des Bischofs Maruthas von Mesopotamien zur Zeit der Verbannung des Chrysostomus[36]), das ausdrückliche Zeugnis eines Zeitgenossen[37]) und das Testament des Arcadius, dafs diese Störung des Friedens ohne Folgen war und die früheren freundschaftlichen Beziehungen von neuem angebahnt wurden.

Das weströmische Reich war inzwischen seit dem Einbruch Alarichs nicht minder der Schauplatz aufregender Kämpfe gewesen, welche es indessen durch Stilichos kühnes und umsichtiges Handeln zunächst noch bestand, der gleich einem riesigen Fels, auf dem das Reichsgebäude ruhte, dem morschen Bau allein noch Festigkeit und Haltung verlieh. Schon hatte er die Legionen aus Britannien und Gallien rufen müssen, um nur das eine Italien zu retten, in der Folge mufste er es nun selbst erleben, wie beide Provinzen eine Beute, jene aufrührerischer Truppen, diese germanischer Schwärme wurde, ohne es hindern zu können.[38]) Zwar nach Alarichs Vertreibung[38a]) vom italienischen Boden schien das Jahr 404 wie ein lichter Stern am dunklen Himmel der Zukunft zu glänzen, und Rom durfte sich seit langer Zeit rühmen, den Kaiser in seinen Mauern zu haben und ihn das Consulat antreten zu sehen. So sehr begeisterte dieser seltene Augenblick die Mitwelt, dafs der Sänger Claudian noch einmal freudig in die Seiten griff[39]) und zur Feier des denkwürdigen Tages die Gestalt seines Helden Stilicho im Siegesglanze verherrlichte, wenn auch die Huldigung scheinbar dem unmännlichen Sprofs des Theodosius galt, der sich unempfänglich gegen alle Pflichten seines hohen Amtes

---

[35]) Claudian in Eutrop. II. 474.
Hos inter strepitus funestior advolat alter
Nuntius armatam rursus Babylona minari
Rege novo: resides Parthos ignava perosos
Otia Romanae iam finem quaerere paci etc.

[36]) ep. 14 des Joh. Chrys. Vgl. Sozom. IX. 8.

[37]) Orosius VII. 34: ictumque tunc (384) foedus est quo universus Oriens usque ad nunc tranquillissime fruitur. Dagegen vgl. Prosper de Pron. et P. III. 34. und Sievers a. a. O.

[38]) Aufser Gibbon VII. Ende, vgl. Aschbach S. 77. Köpke S. 126. Kaufmann S. 316 ff. v. Wietersheim II.² S. 133 ff.

[38a]) Italien wimmelte von Deserteuren 403, gegen deren Übermut Stilicho sogar den Provincialen das Waffentragen gestattete. Vgl. Cod. Theod. VII. 18, 11—13 vom 24. Febr. 25. Juli und 2. Octob.

[39]) De VI. consul. Honor.

gleich dem Bruder Arcadius von den Sorgen der Regierung fern hielt und im sumpf- und mauerumschirmten Ravenna seine eigentliche Residenz aufgeschlagen hatte.[40]) Aber die freudige Erregung war nur von kurzer Dauer, denn noch nicht hatte sich das Jahr gewandt[41]), als eine neue schreckliche Gefahr dem Reiche nahte.

Vandalen, Alanen, Quaden und besonders Schwärme von Ostgothen, welche durch die immer weiter westwärts steuernden Hunnen aus dem Land zwischen Donau und Theiss verdrängt worden waren, suchten im wilden Ansturm über die Alpen hereinbrausend Italiens fruchtbare Gefilde in der furchtbarsten Weise heim. Ihre Zahl[42]) war zu gewaltig, als dafs Stilicho es hätte versuchen dürfen, ihnen sogleich mit seinem durch Unruhen und Desertionen ohnehin geschwächten Heere die Spitze zu bieten; er wartete vielmehr mit kluger Berechnung ab, bis sich der Zug, um die Städte zu nehmen und zu plündern, in drei grofse Haufen getrennt hatte, deren einer unter dem Kommando des Hauptanführers aller Scharen, des Ostgothen[43]) Rhadagaisus, verblieb. Als dieser mit seinen beutelüsternen Stammesgenossen vergeblich das feste Florenz berannte, wurde er von Stilicho, welchem Gothen unter Sarus und Hunnen unter Uldin zu Hülfe geeilt waren, in den engen Thalkesseln des Apennin bei Faesulae so eingeschlossen, dafs die übermächtigen Feinde sich nicht zu befreien vermochten, sondern durch Hunger geschwächt schliefslich in einem gräfslichen Blutbad unter den Händen der Römer zu Tausenden ihre Seele aushauchten, während der gefangene Rest zum teil von Stilicho ins eigene Heer aufgenommen[44]), zum teil für einen Spottpreis als Sclaven verschleudert wurde. Rhadagaisus selbst wurde samt seinen Söhnen auf der Flucht creilt und bald darauf getötet.

[40]) Eine alte Beschreibung Ravennap bei Jord. c. 29. Vgl. Kiepert S. 392. Der dauernde Aufenthalt des Honorius in Ravenna läfst sich sicher seit 402 nachweisen Cod. Theod. VII· 13, 15; vorher war Mediolanum seine Residenz. Doch fanden zunächst noch Unterbrechungen statt, welche seit 403 Ende November aufhören. Vgl. Series Chronol. Constitut. des Cod. Theod. bei Haenel.

[41]) So nehme ich mit Kaufmann und Wietersheim gegen Aschbach und Köpke auf Grund des Tiro Prosp. und Prosper Aquit. an. Marcell. Com. 406; im übrigen den Oros. ausschreibend. Vgl. besonders die nähere Ausführung bei Wietersheim S. 371 Anmerk.

[42]) Zosim. V. 26. 400000 M. Nach August. De Civ. Dei V. 23, bestand der dritte Haufe des Rhadagaisus aus viel mehr als 100000 M. Nach Orosius VII. 37, 4 waren unter diesen Scharen mehr als 200000 Gothen.

[43]) Das ist eine Annahme. Vgl. Kaufmann a. a. O. Köpke u. s. w. Orosius VII. 37, der den Einbruch ausführlich behandelt, nennt ihn paganus barbarus et vere Scytha.

[44]) Vgl. Tiro Prosper, August. und Orosius a. a. O. Olympiod. frgm. 9.

Aber war auch die Gefahr wiederum von Italien durch Stilicho abgewandt worden, die Schwärme der im Tiefland der Donau und Theiss und westlich davon schweifenden Germanen waren unerschöpflich, so dafs man mit dem Dichter sagen könnte:
Und will sich nimmer erschöpfen und leeren,
Als wollte das Meer noch ein Meer gebären!

So flutete denn, kaum dafs die Spuren des letzten Einbruches im Mutterlande verwischt waren, noch am Ende desselben Jahres 405 eine neue gewaltige Völkerwelle, bestehend aus Quaden, Vandalen, Alanen, Gepiden und Herulern, gegen den Rhein, überschritt mit Beginn des Jahres 406 diese Grenze und verwüstete im Bunde mit den linksrheinischen Germanen nicht nur das platte Land und die kleinen Städte, sondern nahm auch Festungen ersten Ranges wie Mainz, Strassburg, Speier, Worms[45]) u. a. ein. Es zeugt mehr als der sicherste Bericht von der bedrängten Lage des Occidents, dafs es Stilicho unterliefs, diese räuberischen Horden vom römischen Boden zu vertreiben und Gallien dem Reiche wiederzugewinnen; die Zeit war zu ernst, Italien konnte seiner einzig rettenden Hand keinen Augenblick entraten.

Gleichwohl entschlofs sich Stilicho noch im Laufe des Jahres 407 zu einer anderen offensiven Unternehmung, denn zu allem Unheil, das den Honorius betroffen hatte, kam nun, veranlafst durch seine Einmischung in die inneren Wirren der orientalischen Kirche, eine wachsende Entfremdung zwischen den Brüdern, welche, infolge der allem Völkerrecht Hohn sprechenden Behandlung der occidentalischen Gesandten durch die Umgebung des Arcadius gerade um die Mitte des Jahres 406[46]) ihren Höhepunkt erreichte. Hob die abendländische Kirche die Gemeinschaft mit Atticus und seinen Anhängern auf, „bis eine allgemeine Synode zustande gekommen wäre und die faulen Glieder der Kirche geheilt hätte[47])", so hatte damit der römische Bischof alles gethan, was in seiner Macht stand, um den an Johannes

---

[45]) Prosp. Aquit. Vandalen und Alanen am 31. Dec. 406. Vgl. v. Wietersheim S. 373. Kaufmann S. 319 ff. Es war ein Raubzug in grofsartigem Mafsstabe. Ausführlich Hieronym. ep. 123. 16: Quidquid inter Alpes et Pyrenaeum est, quod oceano et Rheno includitur, Quadus, Vandalus, Sarmata, Alani, Gepides, Heruli, Saxones, Burgundiones, Alemanni et o lugenda respublica! hostes Pannonii vastarunt etc. Ebend. zählt die eingenommenen Städte auf.

[46]) Um diese Zeit kehrten die Gesandten zurück wie eine Vergleichung von Palladius p. 33 mit Socrat. VI. 20. Sozom. VIII. 27. ergiebt. Vgl. Ludwig S. 161.

[47]) Theodoret V. 34. und Palladius p. 215.

Chrysostomus begangenen Frevel zu sühnen. Indes der Staatsgewalt standen noch andere Mittel zu Gebote, die beleidigte Majestät des Herrschers zu rächen. Zwar war es ein gefährliches Spiel, wenn auch im Augenblick Italien von Feinden unbehelligt war, einen Krieg gegen das Ostreich zu führen, der durch die Blutsverwandtschaft der beiden Gebieter der Reichshälften noch ein besonders trauriges Gepräge erhielt; es schien ein Schnitt ins eigene Fleisch zu sein. Aber das Mafs dessen, was der orientalische Hof an Mifsgunst, geheimer Unterstützung offener Reichsfeinde und Zurückweisung ehrlicher Hülfeleistung in den wenigen Jahren seit dem Tode des Theodosius dem occidentalischen geboten hatte, war durch den letzten Schritt desselben in den Unterhandlungen wegen des Bischofs von Constantinopel über und über voll geworden.[48]) Eine derbe Züchtigung that not, die in der rechten, mafsvollen Weise angebracht dem Gesamtreiche dadurch Heil bringen konnte, dafs der schwache Kaiser endlich einmal aus seiner dem Honorius und Stilicho abholden Umgebung herausgerissen und Männern anvertraut wurde, welche das Wohl des ganzen Reiches in der Eintracht beider Teile beständig und aufrichtig suchen mochten.

Aber bei allen diesen Erwägungen kam nicht minder noch das Verhältnis Alarichs und seiner Westgothen zu West- und Ost-Rom in Betracht, und dieses schien augenblicklich Stilichos Plänen günstig zu sein. Denn nach der Rückkehr von seinem vergeblichen Zuge nach Italien 403. waren die Beziehungen zum Ostreich, wie schon oben ausgeführt ist, immer lockere und kühlere geworden, nachdem hier das gegen das Übergewicht der Germanen im Reich sich ermannende römische Nationalgefühl über jene einen glänzenden Sieg schliefslich davongetragen hatte. Nun safs Alarich an der Grenzscheide der beiden Reiche, zu jung, um mit dem Leben abgeschlossen zu haben, an der Spitze einer kriegslustigen Jugend, die gleich ihm von Thaten und Beute in einem weniger rauhen Lande träumte, und daher bereit zu jeder nur nicht allzuwaghalsigen Unternehmung, wohin sie auch immer führen mochte. Er ergriff deshalb mit Freuden die ihm von

---

[48]) Es ist wunderbar, dafs diesem Moment, der Gesandtenbeleidigung, zur Erklärung der Absichten Stilichos so wenig oder gar kein Gewicht beigemessen ist. Doch wenn man sich daran erinnert, wie gereizt Claudian sich schon in früheren Jahren gegen den oströmischen Hof ausläfst, so kann man die Entrüstung, welche man im Occident über jenen Vorfall empfand, nicht hoch genug anschlagen. Kaufmann a. a. O. verzichtet auf einen Erklärungsversuch. v. Wietersheim sieht in Stilichos Vorgehen nur die Absicht sich Alarich als Freund zu erhalten. Serena war in diesem Punkte eine Gegnerin ihres Gemahls und suchte den Bruderkrieg zu verhindern. Zosim. V. 29.

Stilicho gebotene Gelegenheit [49], seinem kriegsliebenden Volke neue Waffenthätigkeit zu geben, wenn sie auch gegen den anderen Reichsteil gerichtet war, von dem ihm selbst eine Provinz vom Kaiser Arcadius anvertraut war. Im Laufe des Jahres 407 gediehen die zwischen ihm und dem weströmischen Machthaber gepflogenen Verhandlungen zum Abschlufs, welche darauf ausgingen, dafs Alarich mit Unterstützung Stilichos das ganze übrige oströmische Illyrien, in welchem die Westgothen nicht ihre Sitze hatten, also Epirus, Thessalien, das alte Griechenland, Macedonien und Dacien, mit Waffengewalt dem oströmischen Reich abzwingen und dem westlichen einverleiben sollte [50], wogegen ihm die Würde des magister utriusque militiae auch von Westrom und gröfsere Befugnisse als bisher gewährleistet wurden. Doch sind wir, hier von den Quellen völlig im Stich gelassen, nicht im stande näher anzugeben, worin die Gegenleistungen des Honorius bestehen sollten.[51] Stilichos Plan war soweit wohl überlegt, durch die Eroberung Ost-Illyricums sollte das orientalische Reich gewarnt, gedemütigt und geschwächt, das occidentalische gerächt, gehoben und gestärkt werden, während Alarichs Parteinahme für den Westen ihm den Osten zum unerbittlichen Feinde machen und fort und fort die Rache desselben in Aussicht stellen mufste. Nach der Art, wie die weströmischen Gesandten im Ostreich aufgenommen und zurückgewiesen waren, hatte Stilicho nicht nötig den Krieg officiell von Kabinet zu Kabinet zu erklären, sondern er gab auf eine andere nicht mifszuverstehende Weise den Abbruch der friedlichen Beziehungen von seiten Westroms zu erkennen, indem er durch eine durchgreifende Verfügung plötzlich alle Gestade wie Häfen im Occident den oströmischen Schiffen verschlofs, überall an den Verkehrsstellen und besonders geeigneten Küstenpunkten Commissarien und Truppen aufstellte und so jeglichen Personen- und Warenverkehr mit dem Osten untersagte.[52] Es war das für beide Teile eine tief einschneidende Mafsregel, da das Mittelmeer mit allen seinen Seitengassen damals noch immer fast ausschliefslich das Weltmeer ausmachte und aller Handel mehr oder

---

[49] Bei Zosim. V. 26, ist die Verabredung schon vor dem Einbruch des Rhadagaisus abgeschlossen.

[50] Deutlich ausgesprochen ist dieses Ziel bei Zosim. V. 26. und Sozom. IX. 4. und (VIII. 25.) auf Grund des Olymp. Vgl. Aschbach S. 78. Dahn Könige S. 42. Köpke S. 126. Kaufmann S. 319. v. Wietersh. a. a. O.

[51] Vgl. Sozom. IX. 4. (Stilicho) στρατηγοῦ ῥωμαίων ἀξίαν προξενῆσαι; Ἀλαρίχῳ.

[52] Cod. Theod. VII. 16, 1, 12. Dec. 408: Hostis publicus Stilico novum atque insolitum reppererat, ut litora et portus crebris vallaret excubiis, ne cuiquam ex Oriente ad hanc imperii partem pateret accessus.

weniger einzig und allein auf dem Austausch der gegenseitigen Produkte der Gestade desselben und ihrer Binnenländer beruhte. Gleichwohl wagte Stilicho diesen Schritt und liefs zugleich an Alarich die Aufforderung ergehen, nunmehr mit seinen Westgothen aufzubrechen, Epirus anzugreifen und seine Ankunft zu erwarten. Der neu ernannte Praefectus praetorio Illyrici Jovius wurde vorausgesandt, welchem Stilicho alsbald auf dem Fufse zu folgen versprach.[53])

Aber während dieser in Ravenna seine Rüstungen zum Abschlufs brachte und schnell Alarich zu Hülfe zu eilen gedachte, verbreitete sich das Gerücht, der Westgothenkönig sei gestorben, und zu derselben Zeit lief ein Brief des Honorius ein mit der Meldung, der in Britannien von den aufrührerischen Legionen zum Kaiser ausgerufene Usurpator Constantinus sei in Gallien gelandet.[54]) So wenig beglaubigt die erste Nachricht erschien, so sicher und gewichtig war die zweite; sie zwang Stilicho seine Gedanken vom Osten abzuwenden und auf den Westen zu lenken, da, wenn nicht des Honorius Thron ganz in Frage gestellt werden sollte, die Vertreibung und Vernichtung des Tyrannen unumgänglich notwendig war. So wurde anstatt der beabsichtigten Offensive eine erzwungene Defensive das nächste Ziel, welches Stilicho sich stecken mufste. Er begab sich daher sofort zu Honorius nach Rom, um dort im Verein mit dem unter ihm wieder lebendig gewordenen Senat die Mafsregeln zu beraten, welche bei dieser kritischen Lage zu ergreifen seien.[55])

Die Vermählung seiner zweiten Tochter Thermantia mit Honorius im Beginn des Jahres 408, dem die erste Gemahlin Maria vor einigen Jahren jungfräulich durch den Tod entrissen worden[56]), war daher nur ein vorübergehender Lichtblick für den um das Wohl des Reiches wie seiner Familie ängstlich besorgten Stilicho, denn er mufste sich sagen, dafs die im Orient begonnene Unternehmung gescheitert sei und gewifs zu mancherlei Verwickelungen mit dem im Stich gelassenen Alarich führen werde. In der That war der Westgothenkönig, nachdem er vergeblich längere Zeit auf Stilicho gewartet hatte, und endlich über die Unmöglichkeit, augenblicklich das Unternehmen

---

[53]) Sozom. VIII. 25. und IX. 4. Es ist wohl derselbe Jovius, dessen Sohn Alarich Zosim. V. 36. als Geisel verlangt und der 409 mehrfach in Gesetzen des Cod. Theod. genannt wird. Vgl. Series Chron. Constit.
[54]) So Zosim. V. 27, während Sozom. IX. 4. Alarich durch einen Brief des Honorius zurückgerufen wird.
[55]) Zosim. a. a. O.
[56]) V. 28. Vgl. Jordan c. 30.

fortsetzen zu können, aufgeklärt war, aus Epirus unverrichteter Sache wieder abgezogen, und stand nun drohend an der Save bei Aemona (Laibach), nur wenig Stunden von den Pässen der Julischen Alpen entfernt, um, im Falle seine berechtigten Forderungen nicht bewilligt würden, von neuem in Italien einzubrechen. Es stellte sich also heraus, dafs Stilichos gegen das Ostreich geplante Expedition in jedem Falle nicht mit der Überlegung ins Werk gesetzt war, welche ihm sonst doch eigen zu sein pflegte, und dafs ein blutiger Zwist zwischen den beiden Reichshälften stets ein Vorteil für die gemeinsamen Feinde war.

Alarich aber ging noch einen Schritt weiter: da er durch seine Kundschafter erfahren, dafs der enge, aber bequemste Pafs über die Alpen (die Station ad Pyrum bei Hrudschizza im Birnbaumerwalde)[56 a]) nicht besetzt war, wahrscheinlich, weil er damals im Bunde mit Westrom war, so rückte er ungehindert durch diese Grenzpforte ein und schickte Gesandte nach Ravenna, welche in seinem Namen eine angemessene Entschädigung für die Wartezeit in Epirus und für den Marsch bis hierher fordern sollten.[57]) Über diese ernste Frage trat nun der Senat zu Rom im kaiserlichen Palaste zur Beratung zusammen, eigentlich in seiner Mehrzahl aus neu erwachtem Römerstolz jeglicher Abzahlung an die Barbaren, die wie Tribut aussähe, abgeneigt; aber in seiner Minderheit noch von Stilicho beherrscht, entschied er sich gleich diesem für eine friedliche Lösung, nachdem Stilicho auf die Anfrage jener, warum er einen für die Majestät des römischen Namens schmählichen Frieden dem Kriege vorziehe, des längeren auseinandergesetzt hatte, dafs Alarich nur in römischem Interesse nach Epirus gezogen sei und auch nicht vergeblich auf ihn gewartet haben würde, wenn nicht des Kaisers Brief alle seine Pläne in der Ausführung gehindert hätte. Es wurde Alarich daher eine Entschädigungssumme von 4000 ℔. Gold [58]) (3600000 Mark) bewilligt, doch nur schwer war es Stilicho gelungen den Senat zur Zustimmung zu bewegen, er hatte sogar in der lebhaften Debatte das schnelle Wort [59]): „Das ist kein Friede, sondern ein Pact der Knechtschaft!" hören und ungeahndet lassen müssen, um nicht die Erregung gegen

[56 a]) Annahme des Freiherrn C. v. Czoernig das Land Görz u. Gradisca S. 162.
[57]) Zosim. V. 29.
[58]) Zosim. V. 29. χρυσίου τετρακισχιλίας λίτρας. Olymp. frgm. 5. τεσσαράκοντα κεντηνάρια. Vgl. Ducange zu κεντ.
[59]) Non est ista pax, sed pactio servitutis. Lampadius, der diesen Ausruf that, floh aus Furcht vor Stilichos Rache nach der Senatssitzung zur schützenden Kirche. Zosim. a. a. O.

sich noch zu steigern. Er gedachte nunmehr, nachdem Alarich durch die Bewilligung zufrieden gestellt war, wieder nach dem Norden zu gehen, um von da aus im gegebenen Falle über die Alpen gegen den Usurpator vorzurücken, als plötzlich das dumpfe Gerücht zu dem weströmischen Hofe drang, der Kaiser Arcadius sei gestorben, und an Stärke und Glaubwürdigkeit immer mehr zunahm.[60])

Und im Gegensatz zu der kurz vorher verbreiteten Todesnachricht des Westgothenkönigs wurde diese nur zu bald bestätigt, wirklich war Arcadius gegen menschliche Erwartung und Hoffnung seinem Vater inzwischen ins Grab gefolgt, ein Ereignis von höchster Bedeutung gerade in diesem Augenblicke. Denn wer sagt, wie der Lauf der Zeiten sich geändert hätte, wäre Arcadius am Leben geblieben, der wenige Wochen noch vor seinem Tode den bis dahin vernachlässigten Aufbau der Mauern der Städte Illyriens und die schleunige Überführung von Lebensmitteln dorthin für das Heer befohlen hatte. Würde er nicht versucht gewesen sein, den ihm durch Alarichs Einmarsch in Epirus angedeuteten und zugedachten Hieb zu erwidern? Würde sich nicht vielleicht Alarich, in allen Sätteln gerecht, nunmehr umgekehrt, wenn Arcadius gewollt hätte, mit ihm gegen das Westreich vereinigt haben? Und welche Folgen wiederum hätte dieser gemeinsame Angriff für die Widerstandskraft Westroms gegen Constantinus unter allen Umständen haben müssen! Wir stehen hiermit vor der Lösung eines Rätsels, das der Mensch nicht zu lösen vermag, er kann nur erkennen und konstatieren, dafs hier eine höhere Hand in das Geschick der römischen Welt sichtbarlich eingegriffen hat. Das Eine steht jedenfalls fest, dafs die freundliche Haltung, welche demnächst von seiten des orientalischen Hofes gegen den occidentalischen beobachtet worden ist, und vor allem eine thatkräftige Unterstützung, wie sie in der That bald darauf eingetreten ist, niemals zu Lebzeiten des Arcadius würde statt gehabt haben.

Arcadius war am 1. Mai 408[61]) aus dem Leben geschieden,

---

[60]) Zosim. V. 30 und 31.
[61]) Socrat. VI. 23 ist in Bezug auf chronologische Daten (vgl. G. S. 22.) so glaubwürdig, dafs man dieses Datum immer annehmen kann. Gegen seine Autorität würde nur sprechen Cod. Theod. XIV. 17, 15. Monaxio P. U. Jidem AA vom 16. Febr., da es, wenn Arcadius noch lebte, AAA heifsen müfste. Doch kann der Buchstabe leicht vom Schreiber fortgelassen sein. Desgl. mufs demgemäfs zu IX. 35, 7. der Name des Arcadius restituiert werden, wie Gothofr. im Commentar bereits gesehen hat. Richtig dagegen ist XVI. 8, 18. IV. Kal. Jun. Impp. Honorius et Theodosius gezeichnet. — Das Jahr giebt auch Sozom. IX. 1. Prosp. Aquit. Marc. Com. Vgl. dagegen Theophanes zu 400; Cedren p. 334:

wahrscheinlich infolge einer Krankheit, doch ist darüber nichts überliefert worden. Die letzten Jahre waren für ihn recht einsam gewesen, denn er war seit Anfang Oktober 404 [62]) bereits Witwer. Eudoxia war nach alten Berichten offenbar in einer schweren Entbindung [63]) gestorben, wenn auch gewifs viele abergläubische Zeitgenossen in ihrem frühzeitigen Tode nur eine gerechte Strafe des Himmels für das an Johannes Chrysostomus begangene Unrecht sahen. Sie wird kaum das dreifsigste Jahr erreicht haben, da Arcadius selbst in seinem einunddreifsigsten Lebensjahre starb. Er hatte nach dem Heimgang der Gemahlin aufser dem Zerwürfnis mit Westrom, in welches ihn seine Schwäche gegen die Gegner des Johannes geführt hatte, an bemerkenswerten Ereignissen in Constantinopel 406 den grofsen Brand des Hippodroms [64]) mit erlebt, in welchem die Thore, die umgebenden Säulenhallen desselben, Privatgebäude vernichtet worden und wie es scheint, auch Menschen umgekommen waren. Arcadius hatte selbst noch die nötigen Anordnungen zur Wiederherstellung des Niedergebrannten erlassen: So verfügte er am 22. Oktober 406 [65]), dafs die zu den oberen Säulengängen führenden Treppen, welche bisher eng und von Holz gewesen waren, jetzt breiter und in Stein aufgeführt werden sollten, damit einerseits die Gefahr einer Feuersbrunst geringer, andererseits die Möglichkeit ihr zu entgehen desto gröfser würde. Auch ordnete er an, dafs die Privathäuser, welche bis dahin mit dem Circus zusammengehangen hatten, fernerhin nicht blos in diesem Falle, sondern überhaupt fünfzehn Fufs von den öffentlichen Baulichkeiten entfernt erneuert werden sollten.

Auch im Jahre 407 war Constantinopel von einem schweren Unglücksfall heimgesucht worden [66]), diesmal aber von einem Erdbeben, das auch auf dem Wasser den empfindlichsten Schaden anrichtete. Die ehernen Ziegel des Forum Theodosianum wurden bis in die Vorstädte geschleudert und das Kreuz Christi stürzte vom Kapitol herab;

---

im 14. Jahre der Regierung und im 31. Lebensjahre. Zosim. V. 34: in demselben Jahre mit Stilicho. Philost. XI. 7. Chron. Pasch. hat eine Lücke. Vgl. Clint. Fast. Rom und Sievers: Arcadius.

[62]) Chron. Pasch. Am 4. Tage nach einem mächtigen Hagelschlag Sozom. VIII. 27., der nach Socrat. VI. 19. am 30. Sept. stattgefunden hatte. Das Jahr auch bei Marcell. Com. und Prosp. Aquit.

[63]) Photius Bibl. c. 77. über Eunap: ἡ —Ἀρκαδίου γυνή κατὰ γαστρὸς ἔχουσα καὶ ἀμβλώσασα τὸν βίον ἀπέλιπεν. Erst bei Cedren (11. Jahrh.) p. 334 die sagenhafte Ausschmückung, die sich auch Zonaras (12. Jahrh.) XIII. 20. findet.

[64]) Chron. Pasch.
[65]) Cod. Th. XV. 1, 45 und 46.
[66]) Chron. Pasch.

im Hafen wurden die Schiffe gegen einander oder gegen das Ufer geworfen, und vieler Schiffsleute Leichen trieben in den nächsten Tagen im goldenen Horn umher. Dagegen schien Gott Arcadius noch kurz vor seinem Tode ein deutliches Zeichen seiner Gnade zu geben, als er ihn, der in grofser Lebensgefahr sich befand, in wunderbarer Weise errettete.⁶⁷) Arcadius hatte sich nämlich zur Besichtigung der kleinen Kapelle, welche um den Nufsbaum, an dem der Märtyrer Acacius gehänkt worden war, errichtet war, in die Karia, ein grofses Gebäude der Hauptstadt begeben, und trat, nachdem er gebetet hatte, wieder den Heimweg an. Da eilten alle, welche in der Nachbarschaft wohnten und auch die, welche sich in der Kapelle befanden, herbei, um den kaiserlichen Zug sich anzusehen, in demselben Augenblicke stürzte die Karia zusammen und hätte unfehlbar, wäre der Kaiser einen Augenblick länger geblieben, ihn wie den ganzen Menschenschwarm unter ihren Trümmern begraben. Dieses Ereignis verschaffte Arcadius noch in seinen letzten Tagen den Ruhm eines besonders von „Gott geliebten" Fürsten, während ihm seine Einmischung in die kirchlichen Verhältnisse der Hauptstadt einen grofsen Teil der Bewohner entfremdet hatte.

Aus dem zarten und schwächlichen Knaben, der Arcadius einst gewesen war, hatte sich in der Folge ein Mann entwickelt von kleiner, schmächtiger Gestalt, mit schwarzen Haren und dunkler Hautfarbe⁶⁸), ohne ein äufserliches Zeichen männlicher Energie; vielmehr verrieten die schläfrigen Augen, deren Lider meistens gesenkt waren, den matten Geist, welcher in seinem Körper wohnte. Sieht man von einer unglaublichen Erzählung des Zonaras ab, nach welcher Arcadius an seinem Lehrer Arsenius für eine ihm widerfahrene Züchtigung blutige Rache habe nehmen wollen⁶⁹), so stimmen die Zeitgenossen darin überein, dafs er ein herzensguter und sanfter Mann war.⁷⁰) Aber allzugrofse Güte ist bekanntlich ebenfalls eine Schwäche, welche ein Fürst nicht haben sollte, und um so mehr war sie es bei Arcadius, bei dem sie sich mit einem hohen Mangel an Einsicht und Verstand verband.⁷¹) Diese Eigenschaften erklären es hinreichend, warum der

---

⁶⁷) Socrat. VI. 23. (Theoph. zu 399.)
⁶⁸) Philost. XI. 3. Cedren p. 327. Vgl. die Münzen bei Cohen descript. hist. des monn. VI. S. 480—486 und Eckhel Doctr. num.
⁶⁹) XIII. 19.
⁷⁰) Socrates VI. 23. $\dot{\alpha}\nu\dot{\eta}\rho$ $\pi\rho\tilde{q}o\varsigma$ $\varkappa\alpha\grave{\iota}$ $\dot{\eta}\sigma\dot{v}\chi\iota o\varsigma$ $\varkappa\alpha\grave{\iota}$ $\pi\rho\grave{o}\varsigma$ $\tau\tilde{\wp}$ $\tau\acute{\epsilon}\lambda\epsilon\iota$ $\tau\tilde{\eta}\varsigma$ $\zeta\omega\tilde{\eta}\varsigma$ $\vartheta\epsilon o\varphi\iota\lambda o\tilde{\iota}\varsigma$ $\delta\acute{o}\xi\alpha\nu$ $\varkappa\tau\eta\sigma\acute{\alpha}\mu\epsilon\nu o\varsigma$.
⁷¹) Dies berichten die Quellen in seltener Übereinstimmung. Zosim. V. 1. 12. Eutrop beherrscht den Arcadius $\varkappa\alpha\vartheta\acute{\alpha}\pi\epsilon\rho$ $\beta o\sigma\varkappa\acute{\eta}\mu\alpha\tau o\varsigma$. 14. und 24. Claudian III.

im Palast unter schmeichlerischen Dienern, unaufrichtigen, eigensüchtigen Freunden und unter dem Drucke echt orientalischen überladenen Prunkes und schwerfälliger Ceremonieen aufgewachsene Prinz späterhin ein leicht gefügiger Spielball derer wurde, welche seine Schwächen kannten und ihn zu nehmen wufsten. So war er anfangs, ein des Regierens unkundiger Jüngling, die Puppe des Rufinus, und als dieser getötet war, die des Eutrop, zu jeder Zeit aber, so lange er vermählt war, hatte ihn die kühne, ehrgeizige, und nicht minder kluge Tochter des Bauto, wie ein Bericht drastisch sich ausdrückt [72]), am Zügel, an dem sie nur wie bei einem „Tiere" zu ziehen brauchte, um ihn nach Belieben bald nach rechts bald nach links zu bewegen.

Auf ihr Haupt fällt daher zum gröfsten Teil zurück, was Arcadius an Johannes Chrysostomus sündigte, wenn sie auch selbst wiederum von seinen Gegnern sich zu weit fortreifsen liefs. Denn sie war doch zu sehr Weib, um nicht auch ihre grofsen Schwächen zu haben, und gestattete ebenfalls den Kammereunuchen und Hoffrauen einen unheilvollen Einflufs auf sich, deren Ziel aufser auf mächtige Stellung nicht weniger auf den Erwerb von Reichtümern gerichtet war.[73]) Es wuchs daher unter Arcadius' Regierung die Schar der Delatoren ins ungeheuere, die es sich angelegen sein liefsen, überall in den Provinzen auszuspähen, wo ein vermögender Mann starb, um durch Vorzeigung eines am Hofe erschlichenen kaiserlichen Mandates die berechtigten Erben auszuschliefsen. Man würde diese Nachricht für übertrieben, wenn nicht für erfunden halten können, wenn uns nicht aus den Gesetzen der Zeit der selbstsüchtige Eifer der Denuntianten und der sogenannten Petitoren vielfach entgegenträte.[74])

Frägt man schliefslich nach den selbständigen Thaten, welche mit dem Namen des Arcadius verknüpft sind, so gehen sie über den Rahmen der Einholung aufgefundener Märtyrerreliquien und einiger Bauwerke nicht hinaus. Die Einholung jener war noch die einzige Gelegenheit, wo Fürst und Volk eine Art gemeinsamer Feier begingen; so liefs Arcadius 397 [75]) die Gebeine Johannes des Täufers aus

---

cons. Hon. 488 ff. läfst nur durchblicken, was er von Arc. hält. Philost. XI. 3. Bei Zonaras XIII. 20. ist νωθης sein stehendes Beiwort. Nur der gedankenlose Joh. Mal. lib. 13. erzählt aufser sonstigem ungereimten Zeuge, dafs Arcad. einen durchdringenden Verstand besafs.

[72]) Zonaras XIII. 20.
[73]) Zosim. V. 24. c. 25. bringt die unglaubliche Nachricht, Eudoxia sei von Arbacazius bestochen worden.
[74]) Cod. Theod. IX. 42, 17. X. 10, 24.
[75]) Theophanes. Chron.

Alexandrien überführen; 398 [76]) die Reliquien des Phocas von Sinope und der hl. Sisinnius, Alexander und Martyrius und 406 des hl. Samuel [77]), ferner errichtete er eine Säulenhalle [78]), eine Säule und endlich eine neue Truppe, welche nach ihm Ἀρκαδιανοί genannt wurde.[79]) Beide, Arcadius und Eudoxia, wurden neben einander in der Apostelkirche [80]) beigesetzt.

[76]) Act. Sanct. T. IV. Sept. S. 530. Vgl. Ludwig S. 23.
[77]) Chron. Pasch.
[78]) Theoph. und Cedren.
[79]) Ebend. vgl. Böcking Not. Dign. I. S. 204.
[80]) Chron. Pasch. 404 und Cedren p. 334.

II. Buch.

Erstes Kapitel.

Übergang der Krone auf Theodosius II. — Unmündigkeit der Kinder des Arcadius. — Zustand des Reichs beim Tode desselben. — Verhältnis zu Westrom. — Honorius zuerst, dann Stilicho wollen sich nach Constantinopel zur Ordnung der orientalischen Angelegenheiten begeben. — Stilichos Sturz und Hinrichtung 22. August 408. — Das Ostreich leitet der Praefectus praet. Anthemius. — Seine Vorgeschichte und sein Verkehrskreis. — Troilus, der Sophist, die Dichter Nicander und Theotimus. — Meinung des Synesius und Chrysostomus über Anthemius. — Annäherung an Westrom. — Freundliche Beziehungen zu Persien. — Der persische Handelsvertrag. — Besiegung des Uldes und Gefangennahme der Skiren. — Die Verteilung derselben über die Provinzen. — Sicherung der Donaugrenze durch Vermehrung der Flotte. — Hungersnot in Constantinopel. — Verfügung über den Transport des ägyptischen Getreides. — Versuch Illyrien aufzuhelfen. — Der Bau der Mauern Constantinopels. — Die Ereignisse im Westen in den Jahren 408—414. — Rücktritt des Anthemius.

Wer den Gang der Ereignisse im oströmischen Reich bis hierher aufmerksam verfolgt hat, den feindseligen Gegensatz zwischen den zahlreichen Germanen im Heer, den eigentlich römischen Truppen und der Bevölkerung, die Wirren, die vorausgegangen waren, und die Bedrohung der Grenzen erwägt, der mag in seinem Herzen bei der Thatsache, dafs das grofse Reich einem unmündigen Knaben zufiel, wohl mit Salomo sprechen: „Wehe dem Lande, dessen König ein Kind ist!" und mag fürchten, dafs Jahre vorübergehen würden, bis die Völker wieder zum Genufs des Friedens kämen. Hatten sich selbst gegen Theodosius' starke Hand zwei Usurpatoren zu erheben gewagt, welche den jugendlichen Kaisern Gratian und Valentinian Thron und Leben raubten, war Gallien gerade 408 im Besitz eines Tyrannen, der bereits in Arelate[1]) seine Residenz genommen hatte, — wie hätte man nicht füglich erwarten dürfen, irgend ein unzufriedener General werde auch im Osten, gestützt auf germanische Söldner, die Fahne des Aufruhrs erheben und zahlreichen Anhang

---

¹) Zosim. V. 31.

bei dem heruntergekommenen Bauer und Bürger oder bei den scythischen Sklaven finden? Oder war nicht zu fürchten, dafs Alarich auf die Todesnachricht des Arcadius sogleich umkehren und das verwaiste Reich als leichte Beute betrachtend einen neuen Raubzug oder auch Eroberungskrieg unternehmen werde? Oder stürzten sich nicht die äufseren Feinde von jenseits der Donau und des Tigris begierig die Gelegenheit ergreifend über das seines Hauptes beraubte Land her? Nichts von alledem! Der Übergang der Krone aus der Hand des sterbenden Kaisers auf das Haupt seines kindlichen Sohnes vollzog sich vielmehr mit einer Ruhe und ungestörten Sicherheit, als ob das Princip der rechtmäfsigen Erbfolge auf den römischen Kaiserthron durch jahrhundertelange Übung geheiligt wäre und nie eine Anfechtung erfahren hätte. Und während man für gewöhnlich dem Lande eine glücklichere Zukunft und Beständigkeit der Verhältnisse vorauszusagen befugt ist, dessen Herrscher ein Mann in der Reife seiner Kraft ist, sehen wir bei dem Vergleich der beiden Hälften des römischen Reichs das seltene Schauspiel vor uns, dafs der von einem unmündigen Kinde anfangs regierte Teil in immer ruhigere und sicherere Bahnen überlenkt und sogar dem anderen Teil nicht nur Hülfe spendet, sondern auch berufen wird, ihm einen neuen Herrscher zu geben, der andere dagegen, von einem Manne geleitet, die schwersten Gefahren zu bestehen hat und immer mehr auseinander fällt. Denn es war der Wille der Vorsehung, dafs der Westen der römischen Weltherrschaft nach unzähligen Kämpfen endlich eine Beute der Germanen werde, während das orientalische Reich den Namen und die Einrichtungen der Römer bis an die Scheide der Neuzeit bewahren sollte, wenn auch der römische Geist und die Nationalität ihm längst entschwunden waren.

Am Totenbette des Arcadius, den das Geschick so frühzeitig aus dem Leben rief, als er eben in das rechte Mannesalter getreten war, stand keine trauernde Witwe, die in den Pfändern der Liebe den einzigen Ersatz für den unersetzlichen Verlust sah und sich gelobte, diese, so gut sie's vermöchte, den Vater nicht entbehren zu lassen, sondern vier Waisen im zartesten Alter, drei Mädchen und ein Knabe, welche kaum imstande waren, die Gröfse des Verlustes zu fassen, der sie hier traf. Es war die neunjährige Pulcheria, die achtjährige Arcadia, die fünfjährige Marina und der siebenjährige Theodosius, der Thronerbe.[2]) Ihm überkam das Reich, welches der grofse Theodosius seinem Vater hinterlassen hatte, zwar nicht ganz so unversehrt,

---

[2]) Vgl. Buch I. cap. 8. Anm. 18—22. Socrat. VI. 23. nennt den Theodos. ὀκταέτης, obwohl er sein Geburtsjahr richtig c. 6. angegeben hat; ebenso falsch Sozom. IX. 1. γάλακτι τρέφεσθαι πεπαυμένος.

denn die Präfectur Illyricum stand zum gröfsten Teil unter dem Westgothenkönig Alarich[3]) und hatte im übrigen nicht weniger als das Innere Kleinasiens durch Raub- und Plünderungszüge gewaltig gelitten, gleichwohl hatte die Regierung des Arcadius den Segen gebracht, dafs die übermächtige Stellung der Germanen, welche in ihren Anfängen durch jenen grofsen Kaiser hervorgerufen war, zurückgedämmt und in heilsame Schranken gewiesen worden war.[4]) Allerdings hatte die Absetzung und Verbannung des Johannes Chrysostomus die Zahl der bestehenden christlichen Secten noch um eine neue hartnäckige vermehrt[5]), indes war einmal die Hoffnung berechtigt, sie in nicht zu langer Frist in den Schofs der Mutterkirche wieder aufgenommen zu sehen, sodann war das letzte Aufflackern der arianischen Gelüste während des Aufstandes des Gainas energisch unterdrückt worden.

Mit den äufseren Feinden des Reichs stand Arcadius bei seinem Tode im ganzen in freundlichem Verhältnis, wenn wir von dem kleinen Kriege an den africanischen Grenzen absehen; denn mit Persien waren die durch Theodosius angebahnten guten Beziehungen von Bestand geblieben, und auch der Fürst eines Teiles der Hunnen, Uldis, hatte durch die Übersendung des Kopfes des Gainas seinen friedlichen Gefühlen gegen das Ostreich Ausdruck verliehen.[6]) Die einzige Wolke daher, welche über dem Haupte des Sterbenden schwebte, war die Sorge um das Verhalten zu dem weströmischen Reich gewesen, welches er selbst durch die Zurückweisung seiner Gesandten auf das schimpflichste beleidigt hatte. Aber gerade nach dieser Seite hin kamen Ereignisse, die man vorher hatte nicht erwarten können, dem Ostreich zu Hülfe.

Nicht nur, dafs Alarich statt den begonnenen Feldzug in Epirus fortzusetzen, wie wir sahen, den Spiefs umdrehte und seine Forderungen nunmehr gegen den Westen richtete, weil Stilicho, unter dem Druck der Nachricht von der Landung des Constantinus in Gallien, seinem Plane gemäfs ihm nicht hatte zu Hülfe eilen können, sondern mehr als durch alles andere wurden die Beziehungen der beiden Reiche beeinflufst durch den plötzlichen Niedergang dieser einzigen Stütze Westroms selbst. Denn als die Nachricht von dem Absterben des Arcadius nach Italien gekommen und zu Honorius gelangt war, welcher auf dem Wege zu den römischen Legionen bei Ticinum (Pavia) sich

[3]) Ebend. cap. 3. f.
[4]) cap. 6 und 7.
[5]) cap. 9.
[6]) Zosim. V. 22.

in Bononia (Bologna) befand, rief er den Stilicho aus Ravenna herbei [1]), um mit ihm bei der Wichtigkeit des Ereignisses über die Schritte zu beraten, welche der Todesfall nötig mache. Honorius hatte den Gedanken, selbst nach dem Orient zu gehen, um bei der Unmündigkeit seines Neffen die Regierung zu ordnen und in feste Hände zu legen. Es zeugt wiederum von der politischen Klugheit des Stilicho, dafs er dem Kaiser diesen Plan ausredete, indem er mit Recht auf die Nähe des Tyrannen Constantinus, auf die Anwesenheit des Alarich, dem er nicht traute, auf italischem Boden und auf die moralische Schwächung hinwies, welche dem Kaiserthron im Westen zugefügt werden würde, wenn der rechtmäfsige Kaiser in eigner Person nach dem Orient ziehe; abgesehen davon, dafs eine solche Reise grofse Kosten und durch die nötig werdende Begleitmannschaft eine Verringerung der kriegstüchtigen Truppen herbeiführen werde.

Dagegen unterbreitete er dem Honorius einen anderen Vorschlag, der diese Schwierigkeiten aus dem Wege räumen sollte: Alarich möge in weströmische Dienste gezogen und im Verein mit den römischen Streitkräften über die Alpen gegen den Usurpator geschickt werden, während er, Stilicho, in den Orient gehen und an Honorius Statt auf Grund kaiserlicher Vollmacht die Ordnung der orientalischen Angelegenheiten in die Hand nehmen wollte. Wie immer, vermochte der unselbständige Augustus dem mit Überzeugung vorgetragenen klugen Ratschlage seines Schwiegervaters nichts Annehmbareres entgegenzusetzen, sondern gab zu allem seine Einwilligung. Ein seltenes Verhängnis und welche Ironie des Schicksals! Was Stilicho seit der Reichsteilung immer erstrebt, warum er sich mit den jedesmaligen Machthabern in Constantinopel stets überworfen hatte, in friedlicher Weise in die Hauptstadt des Orients einzuziehen und in Ausführung des vertraulichen Auftrages des Theodosius seinen Einflufs hier geltend zu machen, — das fiel ihm nun ohne Hindernis zu, und doch mufste er zögern [2]), den selbst empfohlenen Plan durchzuführen. Denn einmal wufste er am besten, dafs Westrom ohne ihn ein schwankendes Rohr war, das vom Zeitwinde hin- und hergeworfen wurde und leicht abgebrochen werden konnte, sodann aber hatte er bereits seit längerer Zeit eine ihm feindliche Stimmung am Hofe beobachtet, deren nicht mifszuverstehendes Anzeichen jene stürmische Senatssitzung war.

Ihm hatte im geheimen bereits die Gunst seines Schwiegersohnes

---

[1]) Zosim. V. 31. Sozomen. IX. 4 ebenso auf Grund des Olympiodor, doch ganz kurz. Vgl. Kaufmann S. 320.
[2]) Zosim. V. 31. f.

ein elender Höfling Olympius⁹) geraubt, der durch Stilicho selbst emporgekommen war, und an die Stelle der Achtung vor einem höheren Geiste in Honorius die leicht erklärliche Furcht gesetzt, als ob Stilicho beabsichtige, ihn selbst¹⁰) oder seinen Neffen in Constantinopel¹¹) vom Throne zu stofsen und seinen Sohn Eucherius an ihrer Statt zum Kaiser hier oder in Ostrom zu machen. Und man mufs gestehen, dafs, wenn auch dies Gerücht eine Fabel ist ohne irgend welchen Wert, da im Gegenteil Stilicho seinen Sohn in geringen Ehrenstellen¹²) beliefs, seine eifrigsten Anhänger in ihrer Sucht, ihm und seinem Geschlechte nur Rühmliches nachzusagen und anzudichten, nicht vorsichtig genug in ihren Äufserungen waren, denn auch Claudian preist den Eucherius als einen purpurgeborenen und deutet auf eine etwaige Vermählung desselben mit der Schwester des Honorius Placidia hin.¹³) Jedenfalls aber wurde dieses Gerede mit zum Sturze benutzt von einer Partei, welche Unterdrückung des germanischen¹⁴) Elements im Heer, auf welches Stilicho sich besonders stützte, Unterdrückung des arianischen Glaubens¹⁵) im Soldaten- und Beamtenstande (gegen das vorgebliche Gelüste des Eucherius, das Heidentum¹⁶) wieder aufleben zu lassen), auf ihre Fahnen schrieb, um nach Beseitigung des ihnen lästigen, stolzen Vandalen ganz die Zügel der Regierung an sich zu ziehen — aber an das Wohl des Vaterlandes dachte sie nicht.

---

⁹) c. 32. Er bekleidete ein hohes Hofamt, vielleicht war er quaestor oder comes domesticorum. Vgl. Philost. XII 1.
¹⁰) Das deuten an Orosius VII. 38. Philost. XII. 2. Vgl. Marc. Com., der den Oros. ausgeschrieben.
¹¹) Zosim. V. 32. Sozom. IX. 4. Vgl. Kaufmann S. 321. v. Wietersheim II. S. 136.
¹²) Zosim. V. 34.
¹³) De consul. Stilich. III. v. 176—181. und De consul. Stilich. II., wo von den Insignien des Consulats, die Rede ist 354 ff.:
    Venus hic invecta columbis
    Tertia regali iungit connubia nexu
    Pennataque nurum circumstipantur Amores
    Progenitam Augustis Augustorumque sororem. . . . . . .
    360. Nam domus haec utroque petit diademata sexu
    Reginasque parit reginarumque maritos.
Vgl. Philost. XII. 2. Gibbon VII. cap. 30.
¹⁴) Das beweist der Aufstand in Ticinum. Oros. VII. 38. Vgl. Dahn Könige S. 44. Kaufmann S. 332. Pallmann Gesch. d. Völkerw. I. S. 281—285.
¹⁵) Lob des Olympius bei August. ep. 124. Oros. a. a. O. Vgl. Cod. Theod. XVI. 5, 42—44.
¹⁶) Oros. VII. 38. Vgl. Dahn S. 44.

So fiel denn derjenige, welcher allein bis dahin alle Stürme, die das Westreich bedroht hatten, mutig und erfolgreich abgeschlagen hatte und allein imstande war den morschen Bau zu halten, durch die Tücke erbärmlicher Hofschranzen, die Schwäche seines Kaisers und den Abfall der römischen Legionen, welche, obgleich selbst gröfstenteils aus Germanen bestehend, dennoch sich den bundesgenössischen Germanen gegenüber gern als Römer aufspielten, wenige Monate nach dem Tode des Arcadius, am 23. August 408 zu Ravenna sich selbst darbietend, unter dem Streiche des Henkers Heraclian.[17]) Sein Tod war das Signal zum Abbruch der friedlichen Beziehungen mit dem Reiche für Alarich und der blutige Anfang nicht minder blutiger Wirren, aus denen Westrom für eine Reihe von Jahren nicht wieder herauskam.

Dem Ostreiche dagegen brachte dasselbe Ereignis nur angenehme Folgen und Erleichterungen mancher Art. Denn wenn der kühne Vandale auch in den Jahren 395—407 gegen den Orient nichts Feindliches im Schilde geführt, sondern immer nur danach getrachtet hatte, wie er auch hier einen heilsamen Einflufs zum Wohle des ganzen Reichs ausüben könne, so war doch diese seine Absicht den jedesmaligen Machthabern in Constantinopel immer als eine Anmafsung und lästige Fessel erschienen, die sie um jeden Preis von sich fern zu halten suchten. Dazu aber war kurz vor dem Absterben des Arcadius der unverkennbare Plan gekommen, mit Hülfe des alten Widersachers des Orients, mit Alarich, dem Reiche eine umfangreiche Provinz zu entreifsen und dem Occident hinzuzufügen, und dieser hatte aufser Arcadius gewifs auch denjenigen mächtig gegen ihn eingenommen, der in den letzten Jahren des verstorbenen Kaisers das Staatsruder gelenkt hatte, und dem daher die schwierige Aufgabe zufiel, das gefährdete Staatsschiff durch alle Klippen glücklich hindurch zu steuern, welche der Regierungswechsel bei der Jugend des Thronerben naturgemäfs mit sich brachte.

Es war das Anthemius [18]), der Grofsvater des Kaisers gleichen Namens und Enkel des Philipp, welcher 346 und 348 als praefectus praetorio und 348 als Consul in den Constitutionen bezeugt wird, während sein Vater unbekannt ist. Er war als Sohn einer so hohen

---

[17]) Das Datum giebt Zosim V. 34. Das Jahr noch Marcell. com. (und Theophan.) — Das Factum Philost. XII. 1. Sozom. IX. 4. Orosius VII. 38. Olymp. frgm. 2. Vgl. Dahn und Wietersheim a. a. O. Kaufmann S. 321. Pallmann Seite 288.

[18]) Socrat. VII. 1; wo sich die Hauptdaten über Anthemius finden, während Sozomen. merkwürdigerweise weder von ihm noch Troilus etwas weifs. Vgl. Sievers S. 425 ff. und S. 520 ff.

Beamtenfamilie ebenfalls in den Civildienst getreten und hatte seit dem Beginn des neuen Jahrhunderts hervorragende Ämter bekleidet, denn 400 erscheint er als Verwalter der Staatskasse (Comes Sacr. Larg.)[19], 404 als Kanzler (magister officiorum)[20], und 405 bereits in der höchsten Stellung des praefectus praetorio[21]), welche in demselben Jahre noch durch den Glanz des Consulats und 408 durch den Titel des Patricius erhöht wurde.[22]) Es ist ein Beweis für die trefflichen Eigenschaften des Geistes und Herzens des Anthemius, dafs er trotz aller Ränke, welche am Hofe von Constantinopel nie aufhörten, nicht nur unter Arcadius sich im Sattel erhielt, sondern auch nach dessen Tode gerade in den gefahrvollsten Zeiten sein Amt noch sechs Jahr ungestört verwaltet hat. Es ist, wie wenn die römische Welt in ihren vornehmsten Vertretern hier im Ostreich die Gefährlichkeit der Lage erkannt und sich alle Mühe gegeben hätte, ihn an der Spitze zu erhalten, um allen Erschütterungen im Innern und Angriffen von aufsen vorzubeugen. Jedenfalls behielt Anthemius, gewifs noch von Arcadius dazu officiell ermächtigt und beglaubigt, die volle Regierungsgewalt an Stelle des im Jahre 402[23]) bereits zum August auf dem Hebdomon erhobenen Theodosius, den die Mitwelt schon den jüngeren (ὁ μικρός) genannt hat. Ihm fiel es daher auch zu, die Beziehungen zu den Nachbarstaaten zu regeln, damit für das verwaiste Reich aus der Unmündigkeit des Thronerben kein Nachteil irgendwo erwachse.

Hierin wurde er von einem Manne unterstützt, dessen Beruf die Politik eigentlich nicht war, der aber hoch gebildet und mit natürlicher Klugheit begabt in allen Fragen von Anthemius zu Rate gezogen wurde und überall als seine rechte Hand erscheint, von Troilus.[24]) Dieser war ein Sophist aus Side in Pamphylien gebürtig und wahrscheinlich einer von den wenigen Heiden, wie sie in den vornehmen Kreisen hin und wieder damals noch auftauchten; auch galt er für einen der gewandtesten Redner seiner Zeit und zählte die angesehensten Männer zu seinen Schülern, wie den späteren Bischof Ablavius von Nicaea und den Verfasser der Gainea Eusebius.[25]) Er war indes nur

---

[19]) Cod. Theod. I. 10, 5.
[20]) XVI. 4, 4. VI. 27, 14. X. 22, 5.
[21]) VII. 10, 1.
[22]) 18. Sept. XII. 12, 14. Sievers äufsert sich nicht hierüber.
[23]) Marcell. com. und Chron. Pasch. Sozom. VIII. 4.
[24]) Socr. VII. 1. und 12. Suidas v. Τρώιλος: σοφιστὴς παιδεύσας ἐν Κωνσταντίνου πόλει λόγοις πολιτικούς, ἐπιστολῶν βιβλία ζ'.
[25]) Socr. VII. 27. und VI. 6.

das Haupt einer gröfseren Vereinigung geistig bedeutender und genialer Männer in der Hauptstadt, in deren Mitte der allmächtige Praefect gern verkehrte und seine Gedanken austauschte. Uns sind besonders die Dichter Nicander und Theotimus bekannt, von welchem letzteren es heifst, dafs er die Thaten und Erfolge des Anthemius zum Gegenstand seiner Muse gemacht habe [26]), im übrigen aber gehörten dazu alle diejenigen Männer, mit denen der Sophist Synesius umging und von denen bereits gelegentlich seiner Anwesenheit in Constantinopel die Rede gewesen ist.[27]) Dafs unter ihnen aber Troilus die gewichtigste Meinung und den gröfsten Einflufs auf Anthemius hatte, bezeugen nicht nur der Zeitgenosse Socrates [28]), welcher ihm ebenfalls nahe gestanden zu haben scheint, sondern auch zahlreiche Briefe [29]) des Synesius aus den Jahren nach seiner Rückkehr von der Gesandtschaft, in denen er bald einen Bekannten der Unterstützung des Troilus empfiehlt, bald seine Hülfe gegen die Delatoren anruft oder seiner Sehnsucht ihn wiederzusehen Ausdruck verleiht; überall aber auf die ungewöhnliche Stellung hinweist, welche Troilus neben Anthemius bekleidete. Unterbreitete somit dieser Staatsmann unbeschadet seiner eigenen Erwägungen seine Entschliefsungen dem Urteil solcher Männer [30]), welche fern von dem Trachten nach selbstsüchtiger Bereicherung ihren Blick auf das Wohl des ganzen Reiches gerichtet hielten, so ging er damit einen Weg, der ihn, wie die Erfahrung lehrte, allein zum rechten Ziele führte und ihm nicht blofs die Anerkennung dieser seiner Freunde und ihrer Partei eintrug, sondern auch jedes anderen Ehrenmannes, der es ehrlich mit seinem Vaterlande meinte. Es ist daher nicht wunderbar, wenn wir neben den zahlreichen Äufserungen des Heiden Synesius auch eine solche des Bischofs Johannes haben [31]), in welcher er noch aus der Verbannung im Jahre 405 den Anthemius zur eben erlangten Praefectur und Consulwürde beglückwünschte, indem er ausführte, nicht die Ämter schmückten den Anthemius, sondern umgekehrt er die Ämter, dessen Milde, Einsicht und philosophischen Kenntnisse man allgemein anerkenne und liebe.

[26]) Synes. ep. 49... καὶ διὰ τῆς Θεοτίμου ποιήσεως, ἔστ᾽ ἂν Ἕλληνες ὦσι, πολὺς Ἀνθέμιος ἐν ταῖς τῶν λόγων διατριβαῖς· ἀλλὰ τὰ μὲν Ῥωμαίων ἐκεῖνος αὔξοι, σὺ δὲ ἐκείνου τὸ ὄνομα, vgl. 98.
[27]) Vgl. Buch I. cap. 5. Ende.
[28]) VII. 1. σχεδὸν πάντα τῇ συμβουλῇ Τρωίλου ἐπράττετο.
[29]) ep. 26. 73. 90. 111. 112. 118. 119. 123.
[30]) Socr. VII. 1. ἀβούλως ἔπραττεν οὐδέν· ἀλλὰ ἀνεκοινοῦτο πολλοὺς τῶν γνωρίμων περὶ τῶν πρακτέων; und φρονιμώτατος τῶν τότε ἀνθρώπων καὶ ἐδόκει καὶ ἦν.
[31]) ep. 147.

Doch mehr als alle schriftlichen Zeugnisse, die, wie wir in Bezug auf Rufin und Eutrop sahen, nicht immer die wahre Meinung des Schreibers wiedergeben, beweisen uns die Mafsnahmen politischer und administrativer ³²) Art, welche von Anthemius ausgingen, dafs er ein äufserst kluger Kopf und mafsvoller Staatsmann war, dem vor allem darauf ankam, das Bestehende zu erhalten, um es dermaleinst ungeschmälert in die Hände des heranwachsenden Herrschers legen zu können. Es fiel daher für ihn die Wolke der Zwietracht fort, welche sich zwischen Honorius und Arcadius geschoben hatte, und an ihrer Stelle trat vielmehr der Gedanke an die Einheit des Reiches wieder hervor; auch läfst sich annehmen, dafs Anthemius trotz der grofsen Spannung, welche bisher zwischen den Brüdern geherrscht hatte, dem natürlichen Oheim seines Schützlings eine officielle Anzeige von dem Ableben des Bruders zugehen liefs. Jedenfalls begann, seitdem auch Stilicho gefallen, eine engere Verbindung der beiden Reichshälften Platz zu greifen, welche darin auch einen offenkundigen Ausdruck erhielt, dafs die Hafensperre, welche der ehemalige Gebieter des Westreichs, jetzt zwar „Landesfeind" betitelt, gegen alle Provenienzen des Orients verordnet hatte, noch vor dem Ende des Jahres 408 aufgehoben und damit der Handel zwischen den beiden Reichen wieder freigegeben wurde.³³) Die mildere und freundlichere Gesinnung, auf welche Anthemius bei diesen Verhandlungen am anderen Hofe stiefs, hatte ihren Grund darin, dafs die Feindschaft sich nicht gut auf den Sohn übertragen liefs, zu welcher der Vater die Veranlassung gegeben, und dafs die Lage des Honorius immer bedrängter, ja so bedrängt wurde, dafs er selbst den oströmischen Minister um Hülfe gegen Alarich bitten mufste.³⁴)

Von dieser Seite also hatte das Reich nichts mehr zu fürchten, es galt nun aber auch nach Osten und Norden die Augen offen zu halten, und da wird uns die wunderbare Mär berichtet, dafs Arcadius selbst noch durch das Testament seinen Sohn vor einem Angriff der Perser sicherte, indem er durch dasselbe den Perserkönig Yesdejerd in eigener Person zum Vormund des Theodosius bestellte, ein Amt, das dieser auch gerne angenommen und durch eine Botschaft an den Senat in Constantinopel officiell angetreten habe. Diese Nachricht, so angenehm-romantisch sie auch ins Ohr klingen mag, darf dennoch

---

³²) Vgl. auch die humane Verfügung zur Beschränkung der lästigen Gesandtschaften. Cod. Theod. XII. 12, 14.

³³) VII. 16, 1. 10. Dec. 408. Ravenna. Ne rarior sit diversarum mercium commeatus.

³⁴) Zosim. VI. 8. Doch hatte schwerlich Stilicho sie schon erwartet, wie Zosim. meint; dazu war die Zeit viel zu kurz zwischen Arcadius und Stilichos Tode.

keinen Anspruch auf Glaubwürdigkeit erheben, da es einmal unwahrscheinlich ist, dafs ein römischer Kaiser einen Partherkönig zum Tutor seines Sohnes eingesetzt habe, sodann, weil diese Thatsache keinem der zeitgenössischen Geschichtsschreiber bekannt ist. Sie taucht vielmehr vereinzelt erst ein Jahrhundert später auf[35]) und ist dann ohne Nachdenken in noch späteren Sammelwerken wiederholt und erweitert worden. Nur das eine geht aus ihr hervor, was wir auch sonst wissen, dafs der unter Arcadius bestehende Friede mit dem östlichen Nachbar auch unter Anthemius und Theodosius fortdauerte, welcher durch einen lebhaften diplomatischen Verkehr gehegt und gefördert wurde.

Gleich im Anfange der Regentschaft des Anthemius wurde ein neuer Handelsvertrag[36]) zwischen beiden Reichen geschlossen, dessen Vermittler wahrscheinlich der Bischof Maruthas von Mesopotamien war und in dem bestimmt wurde, dafs auf persischer Seite Nisibis und Artaxata[37]) die Grenzstationen sein sollten, bis zu denen römische Kaufleute mit ihren Waren vorgehen dürften, wogegen Callinicum[38]) auf römischem Gebiete der äufserste Punkt war, bis zu dem die persischen Händler die Grenze überschreiten durften. Über diese Orte hinaus war jedem untersagt Handel zu treiben, damit nicht, wie es im Instrument heifst, die Geheimnisse des anderen Reiches erforscht würden[39]), und wer dagegen verstiefs, mufste seinen Fürwitz mit dem Verluste der Waren, des gezahlten Geldes und mit Deportation büfsen. Nicht minder wurden die Provinzialstatthalter bedroht, durch deren Gebiet die Kaufleute zu den verbotenen Gegenden gezogen wären; dagegen wurde den Begleitern der persischen Gesandten bis zu einem gewissen Grade das Recht zu handeln überall freigegeben.

[35]) Procop. de bello Pers. I. 1. Diese Nachricht ist von Zonaras XIII. 22. Theoph. zu 407 mit der Erweiterung aufgenommen, dafs der König einen gewissen Antiochus als seinen Vertreter sendet. Cedren p. 334 endlich weifs sogar, dafs dem Yesdejerd bei der Gelegenheit 1000 Pfund Gold als Geschenk übermittelt wurden. Doch schon Gibbon VIII. S. 62 bezweifelt diese Erzählungen. Vgl. den Erklärungsversuch des Tillem. note 1. sur Théodose II. Sievers a. a. O. Elissen der Senat im ostr. Reich S. 37. ist hier unkritisch zu Werke gegangen.

[36]) Cod. Justin. IV. 63, 4. Vgl. Socrat. VII. 8. Dazu macht Sozom. IX. 4, im Anschlufs an die Mitteilung von Stilichos Tod die Bemerkung: τότε γοῦν πέρσαι μὲν εἰς μάχην κεκινημένοι ἑκατοντούτους σπονδάς πρὸς 'Ρωμαίους ἔθεντο. Sollten die Perser also doch an einen Einfall gedacht haben?

[37]) Dafs diese Städte persisch waren, bezeugt Ammian XXV. 9, 9. und Socrat. VII. 18. Vgl. Bekker-Marquardt III. 1. S. 206.

[38]) Vgl. G. S. 168 ff.

[39]) ... ultra ea loca, in quibus foederis tempore cum memorata natione nobis convenit, nundinas exercere minime oportet, ne alieni regni scrutentur arcana.

Nicht so ruhig blieb es an der europäischen Nordgrenze des Reiches jenseits der Donau, wo hunnische Fürsten hausten, zu denen auch jener Uldes gehörte, welcher einst dem Gainas den Tod bereitet und darauf einen Vertrag mit Arcadius geschlossen hatte. Aufser über hunnische Stämme gebot er noch über unterworfene germanische Völkerschaften, von denen uns die Skiren und Carpodaken bekannt sind [39a]), welche bereits 381 einen Einfall über die Donau gemacht hatten, von Theodosius I. aber siegreich zurückgeschlagen waren. Die Treue indes, welche Uldes dem verstorbenen Kaiser gelobt hatte, dauerte nur so lange, als er die römische Macht fürchtete, und wurde ohne Gewissensbisse gebrochen, als Uldes durch die Minderjährigkeit des Thronfolgers die Wehrhaftigkeit der Römer beeinträchtigt glaubte.

Mit einem gewaltigen Heere von Hunnen und Skiren überschritt er den Ister und schlug in Nieder-Moesien ein Lager auf.[40]) Nachdem er die Stadt Castra Martis durch Verrat genommen, machte er von da auch in das übrige Thracien Plünderungszüge und wies übermütig alle Friedensanerbietungen von römischer Seite zurück. Ja, er ging darin soweit, sich vor dem ihm entgegengestellten magister militum per Thracias zu vermessen, indem er auf die aufgehende Sonne hinwies, es sei ihm leicht die ganze Erde, soweit die Sonne sie bestrahle, zu unterjochen, wenn er nur wolle. Diese Überhebung und dieser Stolz des Hunnen einem römischen Feldherrn gegenüber wird nicht vereinzelt bleiben, sondern im Laufe der Darstellung noch mehr zur Erscheinung kommen [41]), sie beweisen jedenfalls, wie stark jene Söhne der Steppe, wie überlegen sie sich den civilisierten Römern fühlten, und wenn dieser Krieg vorläufig damit zu enden schien, dafs der Barbarenfürst dem Autokrator einen hohen Tribut nach seinem Ermessen auferlegte, so mag gleich dabei vorbemerkt werden, dafs dies der Demütigungen gröfseste nicht geblieben ist, welche ein Hunnenkönig dem Augustus aufzwang. In diesem Falle aber schlug noch der Übermut des Uldes zu seinem eigenen Verderben aus, denn wenn auch nicht, wie ein frommer Zeitgenosse berichtet, Gottes Hand schliefslich die Herzen der Anführer der von Uldes geführten Scharen zum Übertritt zu den Römern bewog, sondern ohne Frage das römische Geld, welches heimlich an sie gegeben worden war, so ist doch thatsächlich, dafs ein grofser Teil der von Uldes zusammengewürfelten

---

[39a]) Das ist zu schliefsen aus Zosim. IV. 34, wo dieser Einfall 381 erzählt wird. Vgl. v. Wietersheim II.² a. a. O. Pallmann II. S. 112—127.

[40]) Sozom. IX. 5, einzige Quelle.

[41]) Vgl. das Gespräch des Priscus mit den weströmischen Gesandten. Prisc. frgm. 8.

Mannschaften es vorzog, seine Dienste dem Kaiser anzutragen, und in der That von dem römischen Feldherrn als Bundesgenosse aufgenommen wurde. Mit vereinten Kräften wagten sie darauf einen Angriff auf den Rest der hunnischen Macht, die, Uldes an der Spitze, das jenseitige Ufer der Donau fliehend zu erreichen suchte. Es gelang ihnen ihr Vorhaben durchzuführen, doch ging es dabei nicht ohne grofse Verluste ab, und besonders litt das Uldes treu gebliebene Skirenvolk bei der Verfolgung, welches langsamer fliehend teils getötet teils gefangen genommen wurde. Indes mufs noch eine Anzahl von ihnen übrig geblieben oder überhaupt nicht mit ausgezogen sein, da noch im Jahre 453 Skiren zusammen mit den Sadagarii und anderen Alanen in Klein-Scythien und Unter-Moesien angesiedelt wurden.[42]).

Allein, einen wie günstigen Verlauf auch schliefslich der Krieg für Ostrom nahm, er hatte doch von neuem die Rechtssicherheit in dieser Provinz erschüttert und die bestehende Ordnung und Gesetzlichkeit in Frage gestellt, denn auch mancher Provinziale hatte dabei seinen eigenen Vorteil gesucht, herrenloses Gut sich angeeignet und wohl viele Römer und Sklaven, welche als Gefangene von den Hunnen weggeschleppt waren, bei deren Flucht erbeutet, und wie es schien, nicht übel Lust, sie als seine Arbeiter zu behalten. Dieser Unfug nahm eine solche Ausdehnung an, dafs Anthemius dagegen einzuschreiten [43]) veranlafst wurde und zwar den Provinzialen gestattete, was sie den Barbaren an beweglicher Habe abgenommen hatten, als Eigentum zu behalten, dagegen ihnen gebot, die Freien und Sklaven ihrem Vaterlande oder ihren Herren wiederzuzuführen. Die Zahl der gefangenen Skiren aber war so gewaltig, dafs Anthemius sie für eine gemeinsame Verwendung im Heer, vielleicht im Rückblick auf den Verrat der Greothungen, für zu grofs erachtete [44]), und nachdem eine Menge zu Gunsten der Staatskasse als Sklaven verkauft war, den römischen Grofsgrundbesitzern erlaubte, sich aus ihnen Leute zur Bebauung der Äcker unentgeltlich zu entnehmen; doch unter gewissen Bedingungen, welche die Vorsicht der Regierung und die Neigung, den Germanen keine Gelegenheit wieder zu gemeinsamem Handeln zu geben, deutlich kennzeichneten:

Zunächst sollten diese Arbeiter nicht als Sklaven, sondern als coloni angesehen und behandelt werden (d. h. als eine Art Pächter, welche zwar mit ihren Nachkommen an die Scholle gebunden waren, dagegen

---

[42]) Jordan. c. 50. Vgl. Pallmann II. S. 115.
[43]) Cod. Theod. V. 4, 2. 23. März 409; verderbt überliefert.
[44]) V. 4, 3. 12. April. Scyras, barbaram nationem, maximis Hunnorum, quibus se coniunxerant, copiis fusis imperio nostro subegimus.

auch nicht ohne den Grundbesitz veräufsert werden konnten. Sie zahlten ihren festen Pachtzins an den Gutsherrn, wogegen dieser für sie die Steuer entrichtete, und wurden vielfach als Rekruten ins Heer eingestellt.[44a]) Sodann durfte niemand einem anderen die ihm zugewiesenen Skiren fortschleppen oder auch einen flüchtigen aufnehmen; andererseits brauchten die Grundherren ausnahmsweise für diese Kolonisten keine Abgabe noch für das von ihnen urbar gemachte Land eine Grundsteuer zu entrichten.[45]) In die Städte durften sie ein für allemal nicht mitgenommen werden, sondern innerhalb der nächsten zwei Jahre sollten ihre neuen Herren sie in den überseeischen Teilen des Reichs dort als Feldarbeiter verwenden, wo die Getreideverhältnisse eine gröfsere Ansammlung von Arbeitskraft erheischten; später sollten sie verpflichtet sein, ihnen beständige Wohnsitze als Kolonisten anzuweisen, aber auch dann blieben Thracien und Illyrien wegen der Nähe der Heimat ihnen verschlossen.[46]) So wurden dieser Verordnung des Anthemius gemäfs die gefangenen Skiren in Asien und anderen Provinzen zerstreut als Arbeiter angesiedelt, wie denn ein Zeitgenosse eine grofse Zahl von ihnen am Olymp in Bithynien friedlich auf Hügeln und in Thälern das Feld bestellen sah[47]), für ihn wie gewifs für viele andere fromme Gemüter ein deutlicher Fingerzeig, wie gut es der Herr mit dem Reiche des jungen Theodosius gleich im Anfange seiner Regierung gemeint habe.

Aber für einen so einsichtsvollen Staatsmann als Anthemius war der Einfall des Uldes, wenn er auch siegreich geendet hatte, nur eine ernste Mahnung, gegen Norden mehr als je auf der Hut zu sein und der Deckung der Donaulinie eine erneute Aufmerksamkeit zuzuwenden. Es lagen an dieser von W. nach O. die Landschaften Moesia I., Dacia Ripensis, Moesia II. und Scythia, auf welche die dort stationierten Streitkräfte in folgender Weise verteilt waren[48]): In Scythia standen Garnisonen unter einem Dux in 17 Ortschaften, deren verschiedene Namen jedoch bis heute meist noch der endgültigen Festlegung und Erklärung harren, so besonders in Noviodunum[49]) (vielleicht h. Isakdschi),

---

[44a]) Walter Gesch. des r. Rechts S. 502 und 503. Vgl. Savigny Zeitschrift für gesch. Rechtswissenschaft VI. p. 317 ff. Richter Das Wr. Reich S. 190 ff.

[45]) Opera autem eorum terrarum domini libera utantur; ac nulli subacta (scil. arva) peraequationi vel censui subiaceant.

[46]) Der Schlufs der Verfügung ist unverständlich.

[47]) Sozom. IX. 5.

[48]) Quelle für das folgende ist Notit. Dign. ed. Seeck cap. XXXVI; dazu Böckings Commentar.

[49]) S. 449. Vgl. Corp. I. L. III. 2. 6218 und 780.

Troesmis[60]), der Provinzialhauptstadt, (vielleicht gegenüber der Serethmündung), Axiupolis[51]) (dort, wo die Donau zum letztenmal nach N. biegt); im ganzen 7 Abteilungen Reiter, 7 Auxiliares, 7 Ufer-Legionen, 1 Kompagnie Marinesoldaten (milites nauclarii) und 1 Abteilung Flufsschiffe (in dem unsicheren Platypegia).[52]) In Moesia II. waren die Truppen sogar auf 20 Kastelle verteilt, von denen die bedeutendsten Durostorum (j. Dristra[53]) und Novae (n. von Nicopolis an der Donau)[54]) waren. Die Streitkräfte zerfielen hier in 7 Reiterabteilungen, 8 Auxiliares, 6 Ufer-Legionen, 2 Kompagnien Seesoldaten, und zu ihnen trat ebenfalls eine Flotille von Flufsschiffen.

Unter dem dux Daciae Ripensis sodann standen in 21 Ortschaften 9 Reiterabteilungen und 6 Auxiliares nebst einer Kundschaftertruppe (exploratores), 11 Ufer-Legionen und 2 Flotillen Kriegsschiffe; die gröfseren Garnisonen waren Bononia[55]), Dorticum und Crebro[56]) (j. Zibru oder Zibriz). Endlich hatte Moesia I. in 16 Orten eine Besatzung von 8 Reiterabteilungen, besonders in Viminaciunr (j. Kastolatz)[57]), und 8 Auxiliares, 5 Ufer-Legionen und 3 zum Kundschafterdienste eingeübte Abteilungen und ebenfalls 2 Flotillen in Viminacium und Margus (an der Mündung der Morawa.)[58]) Es lagen somit auf einer Strecke von Singidunum (Belgrad) bis zur Mündung der Donau, etwa 150 deutschen Meilen, mehr als 70 befestigte Orte mit militärischer Bedeckung entweder an der Donau selbst oder in ihrer nächsten Nähe. Gleichwohl hatten die zahlreichen Einfälle, welche fast unausgesetzt über den Flufs gemacht wurden, den Beweis geliefert, dafs dieser Schutzwall noch keineswegs genügende Sicherheit gegen die nomadenhaften Angreifer verleihe; doch hielt Anthemius weniger eine Vermehrung der Truppen für notwendig als vielmehr der dort stationierten Donauflotten, indem er wahrscheinlich von der Meinung ausging, dafs es hauptsächlich darauf ankomme, die feindlichen Scharen nicht erst übersetzen zu lassen, sondern sie, welche,

---

[50]) S. 451. Kiepert S. 332.
[51]) Not. Dign. S. 447.
[52]) S. 455.
[53]) Bekannter ist der Name Silistrija. S. 466.
[54]) S. 467. Vgl. Corp. I. L. III. 1. 749—760. III. 2. 6124—6150: oppidum Novae, ubi nunc est Schistow.
[55]) S. 493. Vgl. Corp. I. L. III. 1. 1641. und III. 2. 6289—6296: Bononia teste itinerario situm decimo septimo vel decimo octavo a Ratiaria lapide incidit in oppidum hodie dictum Widin.
[56]) S. 494.
[57]) S. 479. Vgl. Corp. I. L. III. 1. 1646—1659. III. 2. 6300—6301.
[58]) S. 483.

wie die Niederlage der Greotbungen durch Theodosius I. bewies[59]), in der Herstellung von Schiffsmaterial höchst unerfahren waren, schon während der Überfahrt selbst mitsamt ihren rohen Flöfsen in den Strom zu versenken. Die römischen Schiffe, welche in Aegeta, Ratiaria[60]), Viminacium, Margus, Novae[61]) oder Durostorum (?) und Platypegia ihren Standort hatten, dienten gleich den Flottillen auf dem Rhein und der Mosel sowohl zum Beobachten des jenseitigen Ufers und zum Auskundschaften als auch zum Übersetzen und zum Kämpfen; die ersteren hiefsen angariae (sciL naves), die letzteren iudiciariae.[62])

Die Donauschiffe nun schienen Anthemius für ihren Zweck einmal zu gering an Zahl, sodann auch teilweise zu alt zu sein, er liefs deshalb von neuem den Etat für sie feststellen und ordnete an[63]), dafs für Moesia II. im ganzen 90 Schiffe neu erbaut und 10 alte ausgebessert, dagegen für den Scythischen Grenzstrich (limes Scythicus) wegen der zahlreichen Arme und Windungen des Stromes 110 neue und 15 alte hergestellt werden sollten. Doch legten die grofsen Kosten, welche eine solche Erweiterung des Schiffsbestandes verursachen mufste, die dahin gehende Beschränkung auf, dafs diese Zahl nicht mit einem Male, sondern erst innerhalb sieben Jahre erreicht werden sollte, so dafs in Moesien jährlich 4 Kreuzer und 10 Kampfschiffe, in Scythien 5 Kreuzer und 12 Kampfschiffe neue gebaut und vollständig ausgerüstet würden. Zugleich stellte Anthemius allen hieran beteiligten Beamten vom magister militum per Thracias abwärts für Nachlässigkeit in der Ausführung die strengsten Strafen in Aussicht und verfügte, dafs nur die ausgebesserten Fahrzeuge zur Beschaffung der Lebensmittel für die Truppen dienen sollten, während die neuen für den Kriegsfall unberührt erhalten blieben. Da Anthemius diese Anordnungen im Beginn des Jahres 412 traf, so zählte die römische Donauflotille, sofern keine Unterbrechung nach seinem Rücktritt eintrat, bis zu Ende 418 für die Strecke von der Mündung des Isker bis zu der der Donau nicht weniger als 200 neue Kampfschiffe und 25 Transportschiffe, eine gewifs hohe Ziffer, wenn man erwägt, dafs die weiter stromaufwärts bis Singidunum sich erstreckende Uferlinie einen wenn auch geringeren, so doch sicher ausreichenden Bestand an Schiffen aufzuweisen hatte.

---

[59]) Zosim. IV. 38 und 39.
[60]) So vermute ich; der Name fehlt S. 107. Vgl. S. 510. Corp. I. L. III. 1. 1641. III. 2. 6289—6296. Ratiaria hodie Ardscher.
[61]) S. 103. Vgl. S. 469.
[62]) Vgl. den Commentar Gothofr. zu VII. 17, 1.
[63]) Cod. Theod. VII. 17, 1 de lusoriis Danubii. Constanti mag. mil. per Thrac. 28. Jan. 412.

War der Thronwechsel ohne jede Störung im Innern verlaufen und es dem Anthemius gelungen, auch einen Angriff der Hunnen und Barbaren siegreich zurückzuweisen, so durfte er frohen Blickes in die Zukunft schauen und der Erwartung leben, dafs nichts Trennendes zwischen Kaiser und Volk sich schieben werde, es sei denn, dafs eine neue religiöse Frage auftauchte und die Gemüter erregte oder ein unvorhergesehenes Naturereignis einträte. Indes sollte dennoch ein anderer Zwischenfall in Constantinopel dem stellvertretenden Regenten nicht erspart bleiben, hervorgerufen durch eine plötzlich auftretende Hungersnot.[63]) Seitdem nämlich durch die Reichsteilung auch diejenigen Gebiete, aus denen die grofsen Städte ihren Getreidebedarf schöpften, unter die beiden Reichshälften verteilt waren, blieb für den Bedarf der Hauptstadt des Ostens, da Thracien und Illyricum durch die fortgesetzten Einfälle daniederlagen, allein Ägypten als Kornkammer übrig. Es kam nun aber bisweilen vor, dafs es in Alexandrien an der nötigen Zahl von Schiffen fehlte und über dem Suchen in den entlegensten Winkeln der Inseln nach Fahrzeugen die kostbare Zeit und besonders die günstige Jahreszeit für die Fahrt verloren ging. Der Kurs war zwar durch die Gewohnheit vorgezeichnet, gleichwohl suchte bisweilen ein pflichtvergessener Naviculare fernliegende Gestade auf, verschleuderte die Ware um einen Spottpreis und schützte nachher Schiffbruch vor.[65]) Eine derartige Verkettung von widrigen Umständen war die Veranlassung, dafs die Monate März bis November 408 verstrichen, ohne dafs die gewöhnliche Getreidefracht aus Alexandrien in Constantinopel anlangte. Es trat daher trotz aller Bemühungen des Anthemius eine Hungersnot ein, welche den an seine Getreideportionen gewöhnten Pöbel so erregte, dafs er seine Wut an den leitenden Beamten auszulassen trachtete. Sein zügelloser Zorn richtete sich natürlich gegen das Haupt der Stadtverwaltung, den praefectus urbis Monaxius, dem auch die Verteilung der Getreidespenden oblag; seine Dienstwohnung wurde in Brand gesteckt und sein Kutschwagen von der ersten Region ab bis zur Säulenhalle des Domninus geschleppt.[66])

---

[64]) Marcell. com. zu 409. Auf dasselbe Ereignis mufs man auch das Chron. Pasch. zu 407 Berichtete beziehen. Denn zu 407 kann die Notiz auf keinen Fall deshalb gehören, weil der darin genannte Consul Varanes erst 410 dies Amt bekleidete. (Vgl. Series Chron. Const.) Eine andere Schwierigkeit liegt in dem Namen Monaxius P. U., welcher sich in dieser Stellung 408 und 409 befand, während 410 Isidor auftritt. (Cod. Theod. VIII. 17, 2.) Nun kann sich das Chron. Pasch. vielleicht um ein Jahr geirrt haben und statt „Cons. design." kurzweg „Consul" gesagt haben. Vgl. Tillem. note 3.

[65]) Cod. Theod. XII. 5, 33. Vgl. Cod. Justin. I. 2, 10. 439.

[66]) Chron. Pasch.

Da traten den Aufrührern zwei Feldherrn entgegen, der designierte Consul Varanes und Arsacius[67], und der Finanzminister Synesius[68], welchen es endlich durch Verheifsungen und gutes Zureden glückte, die aufgeregte Menge zu beschwichtigen und zum Auseinandergehen zu bewegen.

Es gelang dem Stadtpräfecten unter der Beihülfe des Senats, die wohl nicht ganz so freiwillig war, als eine Verfügung des Theodosianischen Gesetzbuches es hinstellt[69], 500 Pfund Gold (oder 450000 Mk.) zur Kehrung der allerdringendsten Not und zur schleunigen Herbeischaffung des Brodkorns zusammenzubringen. Weil aber die Bestechlichkeit und Unehrlichkeit der römischen Beamtenwelt sich bis in die höchsten Kreise erstreckte, so ordnete Anthemius an, dafs die Verrechnung der aufgewandten Geldmittel vor dem Senate geschehe und niemand, wer es auch sei, bei Strafe des doppelten Ersatzes eine Summe von diesem Gelde zu irgendwelchem vorgeschützten Zwecke entnehme; dagegen wurde es jedem freigestellt, sich auf eigene Hand Getreide zu kaufen. Auf diese Weise war Anthemius imstande, dem drohenden Unheil eines erneuten Volksaufstandes entgegenzutreten.

Um aber allen derartigen unvorhergesehenen Zufällen für alle Zeit, soweit es überhaupt möglich war, zu begegnen, traf er eine höchst wichtige Änderung in Bezug auf den Transport des Getreides nach Constantinopel, zu der er sich in Übereinstimmung mit dem kaiserlichen Statthalter in Ägypten und dem Statthalter des Inselbezirks (praeses insularum) entschlossen hatte.[71]) Während bis dahin die ganze orientalische Schiffergilde (navicularii), jeder für sich, mit der Überführung des Brodkorns betraut und dafür verantwortlich gewesen war, wurde nunmehr den Vorstehern (summates) der Getreideflotten in Alexandrien und der Insel Carpathos, welche etwa auf halbem Wege zwischen dieser Stadt und Constantinopel lag, und einigen anderen Schiffsherren allein die Überführung in Generalunternehmung übertragen, welchen, um ihren Eifer anzuspornen, aufser der seit 334

---

[67]) Arsacius ist nicht weiter bekannt, da in dem von Gothofr. auf ihn bezogenen Gesetze XII, 24, 6, die codices Tharsacii haben.
[68]) Synesius com. Sacr. Larg. ist uns noch bekannt aus VI, 29, 10 de curiosis 412, doch ohne Titel.
[69]) XIV, 16, 1. 24. April 409.
[70]) XIII, 5, 32. 19. Jan. 409.
[71]) XIII, 5, 7. Vgl. zu dieser ganzen Angelegenheit die eingehende Untersuchung von E. Gebhardt Studien über das Verpflegungswesen von Rom und Constantinopel. Dorpat 1881. Diss.

üblichen Entschädigung [72]) — für je 1000 Scheffel Fracht [73]) 1 aureus und 4% der Ladung — wegen der Arbeit und des Risicos eine besondere kleine Vergütigung (mercedula) sei es durch Herabsetzung der Staatssteuer oder der sogenannten freiwilligen Spende ($\varphi\iota\lambda\iota\varkappa\acute{o}\nu$) [73]) bewilligt wurde. Doch sollte der Schiffbruch nach wie vor streng untersucht und dem Ergebnis entsprechend der Schadenersatz auf die ganze Gesellschaft nach der jedem zufallenden Last verteilt werden.

Bei der bewunderungswürdigen Umsicht, welche den Anthemius auszeichnete, durfte man voraussetzen, dafs er nicht nur Kriegsstürmen und augenblicklichen Gefahren zu begegnen wissen, sondern auch sein Auge auf alle Provinzen gerichtet halten werde, um zu helfen, wo unverschuldetes Elend die Bewohner drückte. Die unbeschreibliche Notlage des durch die Westgothen verwüsteten Illyriens entging ihm daher nicht, und er traf, nachdem die äufseren, näher liegenden Aufgaben erledigt waren, energische Anordnungen, um dem arg mitgenommenen Lande zum teil wenigstens das alte Aussehen wiederzugeben. Die Mafsregel, welche noch von Arcadius herrührte und allen Einwohnern dieser Provinz ohne Unterschied des Standes, gleichviel ob Dekurionen oder nicht, gebot, den Aufbau der Stadtmauern anzugreifen, nahm Anthemius im Jahre 412 wieder auf und schärfte sie von neuem ein. [74])

Als er sich aber nach Jahresfrist über den Erfolg Bericht erstatten liefs und vernahm, dafs sie bisher zu keinem greifbaren Ergebnis geführt hatte, griff er zu einem den Stempel des Aufserordentlichen an der Stirn tragenden Erlasse [75]), um dem Notstande ohne Zögern abzuhelfen. Während nämlich sonst von seiten der Regierung in der Behandlung der Dekurionenfrage der Grundsatz stets aufrecht erhalten und durchgeführt war, um die sich leerenden Curien zu füllen, dafs auch diejenigen Bürger, welche nicht Curialen waren und freiwillig eine Curiallast übernahmen, daraufhin diesem Stande eingefügt wurden, ging Anthemius, unter der ausdrücklichen Beschränkung auf Illyrien, von demselben ab. Er erlaubte denen, welche aus Liebe zur Heimat oder aus Neigung zur Freigebigkeit ohne Zwang ent-

---

[72]) Zur Zeit des Justinian wurden jährlich 8 Millionen Scheffel in Constantinopel eingeführt. Just. Ed. XIII. 7, 8.

[73]) Über diese Spende sucht man bei Elissen a. a. O. vergeblich Auskunft. Vgl. Gothofreds Commentar und Hänel in der Note dazu.

[74]) Auch ich nehme gegen Gothofr. mit Hänel an, dafs das Gesetz XI. 17, 4. an Herculius P. P. Illyr. von 408 in 412 mit einigen Änderungen des Wortlautes wiederholt ist XV. 1, 49. Dann gehört jenes noch in die Zeit des Arcadius, dessen Name der Aufschrift beizufügen wäre.

[75]) XII. 1, 177. Leontio P. P. Ill. . . . vastato Illyrico consulentes. Vgl. Hertzberg Gesch. Griechenl. seit dem Abst. des antik. Lebens I. S. 83.

weder Geld beisteuerten oder selbst eine Arbeit übernähmen, dies unbeschadet ihrer Freiheit vom Curialdienst zu thun, indem sie vor dem Provinzialstatthalter oder, in seiner Abwesenheit, vor den Duumviri oder dem Defensor civitatis eidlich erhärteten, dafs sie dem Dekurionenstande nicht angehörten, und ihnen die Curie umgekehrt verspräche, weder sie noch ihre Nachkommen und ihr Vermögen zu Gunsten ihrer Körperschaft heranzuziehen. Doch wurde diese Erlaubnis an die Bedingung geknüpft, dafs sie die einmal übernommene Arbeit auch vollendeten und nicht halb fertig liegen liefsen. Dagegen verwahrte sich Anthemius zugleich gegen den sicher zu erwartenden Versuch reicher Curialen, welche etwa die Not ihrer Curie benutzend freiwillig für andere einspringen wollten, um sich dafür die zukünftige Freiheit vom Curialdienst gewährleisten zu lassen.

So suchte Anthemius nach Kräften dem unglücklichen Lande aufzuhelfen; aber er vergafs dabei nicht die Sorge für die Hauptstadt, deren Ausschmückung und Befestigung ihm nicht minder am Herzen lag. Die Honorianischen Bäder in der fünften Region wurden durch einen neuen Porticus verschönert[76]), doch entschädigte er die durch den Abbruch ihrer Häuser getroffenen Privatleute in humaner Weise, indem er ihnen gestattete, mit Benutzung des Materials der alten auf der neuen Basilika wieder aufzubauen. Sodann vollendete er im Jahre 413 ein Werk, welches ihm allein ohne seine übrigen Erfolge ein langdauerndes Andenken gesichert hätte. Denn auch die neue Mauer, welche Constantin der Grofse in einem Umfang von 15 Stadien vom goldenen Horn bis zum Zeugma S. Antonii und an der Seeseite bis zur Kirche Θεοτόκου τοῦ ῥάβδου aufgeführt hatte[77]), genügte der unwiderstehlichen Neigung der Hauptstadt zur Ausdehnung nicht, da diese immer nur nach der einen Seite geschehen konnte. Es hatte sich vielmehr, seitdem Constantinopel fortgesetzt Residenz gewesen und zuletzt seit der Reichsteilung ständiger Sitz des oströmischen Kaisers geworden war, die Zahl der Bewohner in so gewaltigem Mafse vermehrt, dafs der Umfassungsring viel zu eng wurde. Infolge dessen liefs Anthemius ihn niederlegen und eine neue Befestigungslinie weiter ins Land hinein herstellen, welche noch heutigen Tages, wenn auch nicht im Material, so doch in der Richtung und Ausdehnung das Stambul der Türken umgiebt. Im Anfang des Jahres 413 konnte der umsichtige Staatsmann den Schlufsstein zu diesem verdienstlichen

---

[76]) Cod. Theod. XV. 1,50. Isidoro P. U. 412.
[77]) Zosim. II. 30. Vgl. Hertzberg Gesch. Griechenl. unter den Römern III. S. 252 ff.

Werke legen.[78]) Wir erfahren das aus einer Verfügung vom 4. April[79]), durch welche den Bürgern die auf ihren Grundstücken aufgerichteten Mauertürme zur Benutzung, jedoch mit der Verpflichtung die jährlichen Ausbesserungskosten zu tragen, überlassen wurden.

So erfreute sich das oströmische Reich unter der Leitung des klugen, fürsorglichen und pflichtgetreuen Anthemius in den sechs Jahren seiner Amtsführung einer fast nie unterbrochenen Ruhe im Genufse der Segnungen des Friedens, während das weströmische Reich inzwischen ein Spielball der germanischen Eindringlinge und Usurpatoren war. Die durch die Ermordung des Stilicho aus Ruder gekommene Höflings-Partei kennzeichnete sich selbst alsbald durch mehrere an den neu ernannten Kanzler Olympius und den Präfekten Curtius[80]) gerichtete Erlasse, welche allen Nicht-Katholiken die Fähigkeit, eine Stellung am Hofe zu bekleiden, absprachen und die strengen Verordnungen gegen die andersgläubigen Sektierer wieder zur Nachachtung bekannt machten. Die Früchte dieser Mifswirtschaft, welcher der unfähige Honorius keinen Widerstand entgegenzusetzen vermochte, blieben auch nicht aus. Zunächst führte die Ermordung der Angehörigen der römischen Foederaten, welche in einigen Städten untergebracht waren, diese selbst dem Alarich in die Arme, dessen Heer durch sie um 30000 Streiter vermehrt wurde.[81]) Trotzdem waren seine Forderungen sehr mäfsig: Auszahlung des Restes der ihm noch durch Stilicho zugesagten Geldsumme und Stellung von Geiseln, wogegen er aus Noricum abziehen und sich mit Pannonien begnügen wollte.[82]) Wäre Honorius auf sie eingegangen, so war der Hauptwunsch der Westgothen, eigne feste Wohnsitze in einer römischen Provinz zu gewinnen, erfüllt, und die Hunnen hätten später mit einem weniger verächtlichen Gegner als ihnen der römische Kaiser erschien, abrechnen müssen, bevor sie auch nach Westen ihre Eroberungen ausdehnten.

Aber Honorius wie früher ganz dem Stilicho so nun dem Olympius

---

[78]) Nur Socr. VII. 1, berichtet kurz davon; sowie Corp. Inscrp. Lat. III. 2. 739.
Portarum valido firmavit omine muros
Pusaeus magno non minor Anthemio.
Vgl. Hammer I. cap. XVI.

[79]) Cod. Th. XV. 1, 51. Turres novi muri, qui ad munitionem splendidissimae urbis exstructus est, completo opere praecipimus eorum usui deputari etc.

[80]) XVI. 5, 42 Olympio mag. offic. et Valenti com. domest. XVI. 5, 43 und XVI. 10, 19. Curtio P. P. Novemb. 408.

[81]) Zosim. V. 35. Aschbach S. 80. Dahn S. 44. Kaufmann S. 322. Pallmann I. S. 295 ff.

[82]) Zosim. V. 36. Socr. VII. 10. und Sozom. IX. 6, behandeln diese Ereignisse nur überhin.

in allem vertrauend wies hochmütig diese bescheidenen Ansprüche zurück, ohne zugleich Vorbereitungen zur Abwehr des Gegners zu treffen. Der Westgothenkönig setzte sich daher, um den Kaiser zum Frieden auf seine Bedingungen hin zu zwingen, über Aquileia, Altinum, Cremona auf Rom zu in Bewegung, überschritt den Po und näherte sich, Ravenna zur Seite liegen lassend, über Ariminum und Picenum der ehrwürdigen Weltbeherrscherin.[83]) Er kannte das wirksamste Mittel, eine so volkreiche Stadt zur Ergebung zu zwingen, umschlofs sie und schnitt ihr jegliche Zufuhr ab[84]), bis der Senat durch die ausbrechende Hungersnot und Pest in die Enge getrieben Gesandte an ihn schickte, welche, nachdem ihre unberechtigte Einbildung durch Alarichs stolze Antwort gedemütigt war, kleinlaut geworden seine harten Forderungen den geängstigten Bewohnern mitteilten.[85]) Da feierte der heidnische Aberglaube zum letztenmale einen schnell vorübergehenden Triumph[86]), und dann blieb nichts übrig, als auf die von Alarich erheblich herabgestimmten Bedingungen widerstandslos einzugehen: 5000 Pfund Gold (4 500 000 Mk.), 3000 Pfund Silber (240 000 Mk.), 4000 seidene Gewänder und 3000 purpurne Felle und 3000 Pfund Pfeffer.[87]) Dieser Vertrag wurde zwar von Honorius bestätigt, aber, da er im festen Ravenna von seiner Umgebung über die wahre Sachlage in Italien fortwährend getäuscht wurde, wollte er von einem Frieden mit Alarich nichts wissen. Er rief vielmehr eine Kerntruppe von 6000 Mann[88]), welche noch in Dalmatien stand, herbei, obwohl er sich hätte sagen können, dafs sie auf jeden Fall den Gothen in die Hände fallen mufste, welche gerade damals durch Athaulf, einen nahen Verwandten des Westgothenkönigs, aus Pannonien gothisch-hunnischen Zuzug erhielten.[89])

Gleichwohl und obgleich Olympius von seinen eignen Kreaturen gestürzt wurde, liefs Honorius eine zweite römische Gesandtschaft und auch den Bischof Innocenz, welche ihm den Frieden anrieten[90]), ohne Erfolg wieder abziehen. Erst durch den praefecten praetorio Jovius bahnte sich eine, wie es schien, hoffnungsvolle Annäherung

---
[83]) Zosim. V. 37.
[84]) c. 39.
[85]) c. 40.
[86]) c. 41. Völlig übereinstimmend Sozom. IX. 6.
[87]) Ebend. vgl. Dahn S. 45. Kaufmann S. 324 über die Mäfsigkeit der Forderung. v. Wietersheim II. S. 147.
[88]) c. 45.
[89]) c. 37. Vgl. Marc. Com. zu 410. Jordan. c. 30. Olymp. frgm. 10. Oros. VII. 40. Köpke S. 130. Dahn S. 55. Kaufmann S. 323. Pallmann S. 301.
[90]) Zosim. V, 44. Sozom. IX. 7. Vgl. Dahn S. 46.

zwischen Kaiser und Westgothenkönig an, die aber im letzten Augenblicke nicht daran scheiterte, dafs Alarich die Provinzen Venetien, Noricum, Dalmatien für seine nach ruhigen Sitzen sich sehnenden Volksgenossen forderte, sondern daran[91]), dafs Honorius dem Könige die Würde eines magister militum, welche er im oströmischen Reich aller Wahrscheinlichkeit nach bereits längst bekleidete, entschieden abschlug.

Aber Alarich, wenn auch im Anfang über diese Beleidigung aufs äufserste erzürnt, sah doch bald darauf von seiner Person ab und nur das von seinem Volke gewünschte Ziel im Auge behaltend stand er von der Bewilligung jener Würde ganz ab und wollte sich sogar mit Noricum, dem zwischen Passau und Wien von der Donau und im Süden von Drau und Sau begrenzten Lande, begnügen.[92]) Doch die Verblendung des Honorius liefs ihn auch diese billigen Bedingungen verwerfen, so dafs Alarich zum letzten schreitend Rom von neuem bedrohte[93]) und durch die Einnahme des Hafens den Senat zu seinem willenlosen Werkzeug machte. Dieser erhob auf seinen Befehl den bisherigen heidnischen und jetzt zum Arianismus übergetretenen Stadtpräfekten Attalus[94]) zum Gegenkaiser, welcher sogleich an Alarich die ihm von Honorius verweigerte Würde sowie dem Athaulf die des Befehlshabers seiner Leibwache (comes domesticorum) erteilte.[95]) Diese Nachricht raubte dem unwürdigen Beherrscher des Westreichs den letzten Rest persönlichen Mutes und der Überlegung, so dafs er bereits entschlossen war, sein Reich im Stiche zu lassen und sich auf den in Ravenna bereit gehaltenen Fahrzeugen nach Constantinopel einzuschiffen. Da langten endlich die sehnlichst erwarteten Hülfstruppen des Orients, welche Anthemius dem Oheim seines jugendlichen Herrn nicht abschlagen zu dürfen glaubte, im Hafen an, und wenn sie auch nur 4000 Mann stark waren[96]), so belebten sie den gesunkenen Mut des weströmischen Hofes doch zu neuem Ausharren.

Und in der That trat ein Umschwung der Verhältnisse zum

---

[91]) Zosim. c. 48—49. Sozom. a. a. O.
[92]) Zosim. c. 50—51. [93]) VI. c. 6. Sozom. IX. 8.
[94]) Zosim. c. 7. Olymp. 13. Vgl. Prosp. Aquit. 409. v. Wietersheim S. 150. Dahn S. 49. Doch ist nicht einzusehen, warum 409, wie Dahn will, nicht in Rom der Heide Attalus P. U. sein konnte, hatte doch im O.-Reich erst kürzlich Optatus, ein Heide, diese Würde bekleidet und war doch Generidus im W. (Zosim V. 46) trotz seines offenbaren Heidentums zum Oberbefehlshaber ernannt worden. Vgl. Philost. XII. 3.
[95]) Vgl. Dahn S. 96.
[96]) Zosim. VI. 8.

Bessern ein, denn Attalus, welcher Alarich gegenüber keineswegs die
Rolle eines Werkzeuges ohne eignen Willen zu spielen beabsichtigte,
geriet mit diesem in Veranlassung der Absendung eines barbarischen
Heerführers zur Eroberung des von Heraclian zu Gunsten des Honorius
verteidigten Africas in Streit[97]) und wurde von ihm seiner kaiserlichen
Würde entsetzt, um dadurch den sehnlichst gewünschten Frieden
mit Honorius zu ermöglichen. Von diesem plötzlichen Ereignis war
dem Anthemius wegen der mangelhaften Verbindung zwischen den
beiden Reichen so bald nichts zu Ohren gekommen, denn noch am
24. April 410 verfügte er auf Grund einer Abmachung zwischen ihm
und Honorius wegen der in Italien und Gallien auftauchenden Usurpatoren an alle Präfekten, dafs alle Häfen, Gestade, Inseln und abge-
legenen Gegenden sorgfältig überwacht würden, damit niemand heimlich oder offen ins Reich einbrechen könne. Nur diejenigen seien
ausnahmsweise zuzulassen, welche einen Brief vom Oheim des jungen
Kaisers Theodosius an ihn selbst vorzeigen könnten. Wenn dagegen
ein Schiffer vorgäbe, er habe an diesen von irgend einem anderen
ein Schreiben abzugeben, so solle derselbe nicht zugelassen, sondern
der Brief erst dem Anthemius vorgelegt werden.[98])

Inzwischen aber griff Alarich zu dem seiner Meinung nach wirk-
samsten und letzten Mittel, den Honorius zur Einwilligung in seine
Wünsche zu bewegen, und beschlofs über Rom die Schrecknisse einer
feindlichen Eroberung zu verhängen. Nach kurzer Einschliefsung
nahm er die Stadt am 24. August 410[99]) ein und überliefs sie drei
Tage lang der Habgier und den Leidenschaften seiner barbarischen
Krieger, deren Wildheit jedoch in so bemerkenswerter Weise durch
die besänftigende Gewalt des Christentums gedämpft wurde, dafs hervorragende Vertreter des katholischen Bekenntnisses die Mäfsigung
der Gothen nicht genug zu rühmen wufsten.[100]) Aber die Erhaltung
der Stadt wie schliefslich auch des Heeres war abhängig von dem
Besitze der reichen Kornerträgnisse Africas; daher zog Alarich bald
von Rom ab und durch Campaniens üppige Gefilde und Lucanien
nach Bruttien, um von dort nach Africa überzusetzen. Indes auch
hier erwies sich von neuem die barbarische Unsicherheit in der Schiffs-

---

[97]) c. 12. Sozom. IX. 9. Philost. XII. 3. Orosius VII. 42.
[98]) Cod. Theod. VII. 16, 2. 24. April 410.
[99]) Oros. VII. 39. Theophanes 24. Aug. Cedren 26. Aug. Prosp. Aquit.
Marcell. Com. geben das Jahr. (Historia miscella XIII. 23. Aug.) c. 4. Köpke
S. 127. Pallmann S. 310 ff. v. Wietersheim S. 152.
[100]) Oros. VII. 40. August de civit. dei I. c. 4 und 7.; III. 29. Vgl. Hieronym.
ep. 127, 12 und 128, 4. Procop. de bello Vand. I, 2. Vgl. v. Wietersheim S. 153.

kunde, welche so oft den Römern über sie den Sieg verliehen hatte, und die reißende Strömung der Meerenge von Messina machte den Versuch zu schanden.[101]) Alle übrigen Unternehmungen gerieten jedoch erst recht ins Stocken, als der Westgothenkönig in der Blüte der Jahre durch eine tückische Krankheit dahingerafft wurde.

Sein Nachfolger Athaulf versuchte ebenso vergeblich in zweijährigem Hin- und Herziehen [102]) in Italien den Honorius zur endgiltigen Abtretung einer römischen Provinz zu bewegen, bis er sich entschloß, jenseits der Alpen in dem durch die Wirren, welche die Erhebung des Constantin und anderer Tyrannen sowie die Vereinigung der verzweifelten gallischen Bauern, der Bagauden, herbeigeführt hatten, arg mitgenommenen Gallien seinen Volksgenossen die festen Sitze zu suchen. Er vermählte sich, um diesem Vorhaben den Stempel einer Versöhnung zwischen Gothen und Römern zu verleihen, in Narbonne ganz nach römischem Ritus mit der seit 408 bereits in den Händen der Gothen befindlichen Stiefschwester des Honorius, der Placidia.[102a])

Die Nachrichten von allen diesen Ereignissen langten allerdings stets erst spät zu der Hauptstadt des östlichen Reiches, doch läßt sich denken, daß man hier mit der höchsten Spannung die Wechselfälle im Occident verfolgte, um so mehr als Anthemius durch den flüchtigen Lagodius [103]), einen von den entfernteren Verwandten Theodosius des Großen in Spanien, auch von der Eroberung dieser Provinz durch den Constantin und durch Sabinus, den verwegenen Schwiegersohn des Heraclian, von dessen unglücklichem Angriff auf Rom 413 [104]) erfahren hatte. Doch genügt der Überblick über diesen Zeitabschnitt vom Tode des Stilicho bis zur Vermählung der Placidia, um den gewaltigen Umschwung in dem Verhältnis der beiden Reichshälften zu einander zu erkennen, denn an die Stelle der Zwietracht und Gleichgültigkeit ist eine nicht nur ideelle, sondern auch thatsächliche Teilnahme getreten, welche sich in den Verfügungen und der Hülfesendung des Anthemius deutlich ausprägt. Das Verdienst aber, diesen erfreulichen Wechsel herbeigeführt zu haben, gebührt einzig und allein dem Präfekten Anthemius, der hierdurch nicht minder wie durch seine Beruhigung der Grenzen, die Herstellung guter Beziehungen zu den

---

[101]) Jord. c. 30.
[102]) Vgl. Aschbach S. 93—102. Dahn S. 55—61. Köpke S. 130—133. Kaufmann S. 334—337.
[102a]) Olymp. frgm. 24. Oros. VII. 43. Vgl. Sievers S. 439.
[103]) Zosim. VI. 4.
[104]) Oros. VII. 42, 14. (Marcell. Com.) Prosp. Aquit.

Nachbarvölkern und die Anordnungen der inneren Verwaltung mit Recht den Namen „des Grofsen"[105]) sich erworben hat, welcher ihm zwar nicht von dem befreundeten, gleichgesinnten Synesius, wohl aber auf einer späteren Inschrift beigelegt worden ist.

Dagegen müssen die Klagen über Mängel[106]) in der Verwaltung der Ämter durch die Beamten bescheiden in den Hintergrund treten, denn hier überall zu bessern war selbst einem Theodosius I. keineswegs geglückt. So waren denn die sechs Jahre der Präfektur des Anthemius eine Zeit fast ungestörter Ruhe und gedeihlichen Friedens für das oströmische Reich gewesen, für welches es sicher zu bedauern ist, dafs das allmähliche Heranwachsen der ältesten Tochter des Arcadius verbunden mit nicht weiter bekannten Hofränken im Laufe des Jahres 414 den Rücktritt des hochverdienten Mannes herbeiführte. Eine seiner letzten und jedenfalls wichtigsten Verfügungen[107]) war ein weitgehender Steuererlafs, welchen die Notlage fast aller Provinzen infolge der vorangegangenen Wirren und Verwüstungen nötig machte und wie ihn Honorius im Westreich seit 401 mehrfach hatte vornehmen müssen.[108]) Den Bewohnern aller Teile des Orients mit Ausnahme des reicheren Ägyptens wurden sämtliche Steuerrückstände jeder Art wie Naturalien, Erz, Geld, Gold oder Silber vom Jahre 368 bis 407 ein für allemal erlassen und zwar nicht blos den Curien insgemein, sondern auch dem einzelnen Bürger.[109]) Nicht in diese Segnung wurden eingeschlossen wegen der zunehmenden Verschwendung in den Prachtbauten die Schuldner der drei Marmorbrüche bei Docimenum in Phrygien, Proconesus an der Propontis und in Troas.

---

[105]) Vgl. Synes. ep. 73. und C. I. L. III. 2. 739.
[106]) Synes. ep. 100, 118, 119.
[107]) Cod. Th. XI. 28, 9. 414 9. April.
[108]) Cod. Theod. XI. 28. 3—8.
[109]) ... Omnium generalium titulorum sub aequa lance tam curiis quam collatori privato et patrimoniali, divinae quin etiam domui omnique iuri munifico nec non et cellariis praeter trium metallorum debitoribus Docimeni, Proconessis et Troadensis, concessimus reliqua, sive species sive aes, pecunia, aurum argentumque debetur etc.

Zweites Kapitel.

Pulcheria beginnt teil zu nehmen an der Erziehung der Geschwister und an den Staatsgeschäften. — Ihr Character. — Sie nimmt den Titel „Augusta" an. — Aurelianus zum zweiten Male Praefectus praetorio. — Pulcheria beschliefst Jungfrau zu bleiben. — Ebenbürtigkeit der Ehen kaiserlicher Prinzessinnen. — Der Bischof Atticus von Constantinopel. — Echt religiöser Sinn der Töchter des Arcadius. — Die Ausbildung Theodosius II. — Bischof Cyrill von Alexandrien. — Die jüdische Gemeinde in Alexandrien. — Streit zwischen Juden und Christen. — Orestes, praefectus Augustalis, und Hierax. — Nächtliche Ermordung der Christen. — Cyrill vertreibt die Juden aus der Stadt. — Die Mönche von Nitria in Alexandrien. — Das Heidentum in Ägypten. — Der Mathematiker Theon und seine Tochter Hypatia. — Ihre Studien, Sinnesart und Schönheit. — Ihr Einflufs in Alexandrien und Verhältnis zu Orest. — Verschwörung der Parabolanen. — Ihre Ermordung März 415. — Ergebnis der Untersuchung durch Aedesius. — Andere Ereignisse aus den ersten Jahren der Regierung Pulcherias.

Bei der völligen Verwaistheit, in welche die Kinder des Arcadius durch seinen Tod versetzt wurden, war es natürlich, dafs die älteste Tochter am ehesten ihre gemeinsame Lage erkannte und sich dann berufen fühlte, an den Geschwistern die bis dahin vermifste Mutterpflege auszuüben. Pulcheria empfand und erfafste diesen Beruf um so früher, als ihr von Natur ein sich schnell entwickelnder Geist verliehen war, welcher sie nicht nur befähigte, die Herrschaft über Bruder und Schwestern, sondern auch viele Jahre lang über das ganze Ostreich zu führen. Aus allem, was wir von ihr erfahren, leuchtet ein ernster, mehr männlicher Sinn hervor, welcher neben der geistlichen Beschäftigung nur Befriedigung in den Sorgen und Fragen der Staatsverwaltung fand; aufserdem aber eine gewisse Herrschsucht, der es schwer wurde, die erste Stelle zu Gunsten einer anderen aufzugeben; doch wurde dieser harte Zug ihres Gemütes durch die echt weibliche Bethätigung des Wohlthuns erheblich gemildert. Wann aber der Zeitpunkt ihrer geistigen Reife eintrat und sie das hohe Amt einer Stellvertreterin der Mutter auf sich nahm, läfst sich nicht mit Bestimmtheit feststellen[1]);

---

[1]) Sozom., welcher den Namen des Anthemius und Troilus nicht kannte, ist hinwiderum über Pulcherias Thätigkeit des Lobes voll, während er andererseits die Eudoxia nicht erwähnt, von der Socrates einiges berichtet. Ebendieser Sozom. erzählt IX. 1., dafs P. die Herrschaft bereits führte οὔπω πέντε καὶ δέκατον ἔτος ἄγουσα. Das wäre das Jahr 412, zu welcher Theophanes die merkwürdige Notiz hat, dafs Ἀντίοχος ὁ πέρσης ἐκ ποδῶν γέγονε καὶ μακαριωτάτη Πουλχερία τελείως τῶν πραγμάτων ἐκράτησεν. Zu der Persönlichkeit dieses Antiochus vgl. Theophanus zu 400., Cedren p. 335. Joh. Malal. lib. XIV. Auch nennt Zonaras XIII. 35 als den ersten der Eunuchen des Theodosius einen Antiochus, auf den sich wahrscheinlich Synes. ep. 110 bezieht, wo von einem

es scheint jedoch, als ob sie bereits in ihrem 14. Lebensjahre anfing, selbstständig zu werden und auf die Staatsangelegenheiten Einfluſs zu gewinnen. Bis dahin ist sie gewiſs dem öffentlichen Leben sowohl wie der Erziehung ihres Bruders Theodosius fern geblieben, welche bis zum Jahre 412 der Oberstkämmerer Antiochus, ein Perser, in Händen hatte.

Man kann sich denken, daſs die stolze und emporstrebende Tochter des Arcadius, welche offenbar in Bezug auf den Geist die Erbschaft der Mutter angetreten hatte, wie sehr sie auch in Anthemius den hochverdienten und genialen Staatsmann verehren mochte, doch im geheimen sich sagte, daſs es nur zuletzt ein Unterthan sei, welcher die Leitung des ganzen Landes in sich vereinige, während sie es für angemessener hielt, daſs, wenn nicht Theodosius selbst, so doch das älteste Familienglied an seiner Statt regiere. Ob auch Einflüsterungen anderer Art hinzugekommen sind, läſst sich voraussetzen, allein es ist uns nichts davon bekannt; die Herrschaft Pulcherias tritt vielmehr fast ganz unvermittelt in den Vordergrund und, wahrscheinlich gleichzeitig damit, Anthemius in den Hintergrund.[2]) Da ist es nun höchst bedauerlich, daſs wir in keiner Weise über die weiteren Schicksale dieses einzigen Mannes und über die Dankbarkeit oder Undankbarkeit des Hofes irgend einen Anhalt besitzen. Jedenfalls legte er, wenn auch äuſserlich freiwillig, im letzten Grunde doch durch den Drang der Ereignisse genötigt sein Amt nieder; denn, wenn wir nicht die Herrschsucht der Pulcheria als erwiesen annehmen, so bleibt unerfindlich, warum Anthemius nicht noch so lange im Amte verblieb, bis Theodosius mit fünfzehn Jahren die Mündigkeit erreicht hatte, was bereits zwei Jahre später der Fall war. Entgegen der bisherigen Gewohnheit, soweit man von einer solchen in der römischen Kaisergeschichte sprechen kann, nach welcher sonst nur die Gemahlinnen

---

A. πρόκοιλος (Siev. πρόκοιτος) die Rede ist, der beim Kaiser alles kann, was er will. Es muſs aber dieser Ant. von demjenigen, der nach Theoph. zu 436 (vgl. Cedren p. 336) vom praepositus und patricius zum Mönch degradiert wurde, verschieden sein, da ἐκ ποδ' γεγ. auf jeden Fall das Ende seiner Machtstellung bedeutet.

²) Nach Cod. Theod. VIII. 4, 26 wäre Anthemius noch am 17. Febr. 415 im Amte gewesen, dem gegenüber steht die bestimmte Nachricht des Chron. Pasch., nach der Aurelianus schon 414 ausdrücklich als zum zweiten Male praefectus praet. und als patricius genannt wird. Man muſs sich wohl für das Chron. Pasch. erklären, weil dieses über die orient. Verhältnisse (immer) gut unterrichtet ist. Auſserdem kann die Datierung des obigen Gesetzes leicht verschrieben sein, da Honorius und Theodosius cons. waren, was auch 412 der Fall war. Vgl. Sievers S. 426.

der Kaiser den höchsten Titel der „Augusta" erhielten, nahm ihn Pulcheria, nur die Tochter eines Kaisers, bereits mit fünfzehn Jahren am 4. Juli 414³) unter grofsen Feierlichkeiten an, obwohl ihr gewifs nicht unklar geblieben war, dafs, falls ihr Bruder zum Zwecke der Fortpflanzung des Theodosianischen Herrscherhauses sich später verheiraten würde, der zukünftigen Gemahlin desselben die gleiche Auszeichnung zu teil werden mufste.

Der Regierungsantritt Pulcherias bedeutete nur einen Personennicht einen Systemwechsel, denn an die Stelle des schwer zu ersetzenden Anthemius trat ein nicht minder tüchtiger Beamter, derselbe Aurelianus, welcher zur Zeit des Aufstandes des Gainas Praefectus praetorio und Consul und nach der Niederwerfung des Typhos aus der Verbannung zurückgekehrt war, von dem sein Schützling Synesius am Ende der Allegorie „die Ägypter" sagt, dafs er „als Greis ruhmvoller denn als Jüngling war und von den Göttern der Ehre gewürdigt wurde nach höherer Losung den Staat zu verwalten" — Worte⁴), welche nur dann einen Sinn haben, wenn man sie auf diese zweite Amtsführung des Patricius Aurelianus bezieht, welche er durch eine ehrfurchtsvolle Stiftung der Brustbilder der regierenden Häupter des römischen Reichs: Honorius, Theodosius und Pulcheria für den Senat feierlich antrat.⁵) Doch war seine Thätigkeit nicht von der langen Dauer

---

³) Den Tag giebt auch Chron. Pasch.; nur das Jahr, Marcell. Com. Vgl. Philost. XII. 7. und Cod. Theod. XIII. 1, 21. 418. domina ac venerabilis Augusta Pulcheria germana nostra, während die übrigen Schwestern nobilissimae sorores heifsen. Ihre Münzen bei Eckhel Doctr. num. VIII. S. 192 und 193.

⁴) II. c. 5. 401 stand Aurelian nach desselben Synesius Darstellung in der Blüte seiner Jahre und konnte unmöglich schon „Greis" genannt werden, das pafst nur auf die Jahre 415 und 416. So sind die folgenden Worte des c. 5 von den Vermittlern, welche den Staat reinigten, bevor Aurelianus wieder auftrat, nur so zu verstehen, dafs zwischen der ersten und zweiten Praefectur des Osiris Männer den Staat leiteten, welche nicht so ausgesprochene Gegner der Germanen im Reich waren. Bei dieser Annahme gehören die Briefe des Synesius 31, 34 und 38 etenfalls in die Zeit der 2. Praefectur, deren Inhalt auf eine hohe Stellung des Aurelian hindeutet. Dann erklären sich auch die Worte in ep. 31. ἀσπάζομαι διὰ τῆς σεμνοτάτης φωνῆς τοῦ πατρὸς τὸν νέον Ταῦρον τὰς ἀγαθὰς Ῥωμαίων ἐλπίδας, den Synesius gewifs bei seinem Aufenthalt in Constantinopel als Kind gesehen hatte. Wir hätten damit überdies noch ein Lebenszeichen von dem vielgenannten Philosophen und Bischof aus dem Jahre 415 oder 416, welches der allgemeinen Annahme, dafs er schon 413 gestorben sei, entgegentritt. Vgl. Volkmann Synes. v. Kyrene a. E. Aurelian erscheint zuerst als praef. pr. II. Cod. Theod. 415 (doch vgl. Anm. 2). IX. 28, 2, zuletzt 416 12. Dec. XVI. 10, 21. Sein Sohn Taurus (Oros) war in dems. Jahre Com. R. P. VI. 30, 21.

⁵) 30. Dec. 414. Chron. Pasch.

seines Vorgängers, denn schon nach zwei Jahren sehen wir andere in seinem Amte; Pulcherias Wirksamkeit dagegen hat mit kurzer Unterbrechung ihr ganzes Leben hindurch nicht aufgehört und ist deshalb von der einschneidendsten Bedeutung für das ganze oströmische Reich gewesen.

Ihr Einflufs aber erstreckte sich naturgemäfs besonders auf die Erziehung ihrer jüngeren Geschwister, und man mufs gestehen, dafs, was Theodosius anbetrifft, sie aus ihm gemacht hat, was aus einem Sohne des Arcadius werden konnte, der des Vaters wenig empfänglichen Sinn geerbt hatte. Zunächst zeichnete sie sich allmählich immer selbstständiger werdend mit fester Entschliefsung das Ziel ihres Lebens vor, welches in nichts Geringerem bestand als in der Entsagung der Freuden und Leiden, welche die Vermählung mit sich bringt.[*] Fromme Gemüter erblickten in diesem Gelöbnis ewiger Jungfräulichkeit nur die Liebe zum Bruder und den leicht erklärlichen Ausflufs jener strengen Frömmigkeit, welche seit dem grofsen Theodosius ein Vermächtnis seiner Nachfolger wurde; profane Geschichtsschreiber werden aber auch nachforschen, ob nicht noch andere Gründe die Augusta zu ihrer Entscheidung bewogen haben. Das Nächstliegende dürfte wohl die Frage der Ebenbürtigkeit sein, welche für eine Vermählung der Pulcheria in Betracht gekommen wäre. Denn ebensowenig, wie es nach unserer oben ausgesprochenen Ansicht für die Kaiser und Prinzen selbst keine der fürstlichen Abstammung nach gleichbürtige Frauen gab, hatten die kaiserlichen Prinzessinnen eine Auswahl; allerdings hatte Theodosius I. die Serena mit dem General Stilicho vermählt, aber einmal war die Dynastie damals erst im Werden und sollte dadurch gestützt werden, andererseits konnte grade das Ende Stilichos, der auch nach Anschauung des oströmischen Hofes heimlich die Absichten eines Thronräubers verfolgt hatte, nur abschreckend wirken, abgesehen davon, dafs Serena nicht einmal königlichen Blutes und nur Adoptivtochter des grofsen Kaisers gewesen war. Sodann hatte Pulcheria den Sinn des Bruders genugsam erkannt, um sich neben ihm im Besitze der Regierungsgewalt hinreichend sicher zu fühlen, und das Gespenst einer herrschsüchtigen Schwägerin schreckte sie nicht, da ihr voraussichtlich die Wahl derselben überlassen blieb. Und dafs in der That neben den geistlichen Gründen auch der Gedanke an den Genufs der höchsten Gewalt auf sie bestimmend einwirkte, beweist am besten, dafs sie ihr mehrere Jahrzehnte hindurch gehaltenes Gelübde, wenn auch nicht thatsächlich, so doch ideell noch

---

[*] Sozom. IX, 1. Ihm nach erzählt Suidas v. Πουλχερία.

am Ende ihres Lebens im einundfünfzigsten Jahre brach und sich dem General Marcianus vermählte[7]), als es sich darum handelte, ob sie nach dem Tode des Bruders ganz auf die Herrschaft verzichten und sie einem thatkräftigen Manne überlassen wollte. Zuletzt mag auch, wie ein ihr nahestehender Geistlicher behauptet[8]), die Erwägung mit dazu beigetragen haben, dafs infolge ihrer Verheiratung der Friede in der Familie und am Hofe durch ein fremdes Element gestört werden möchte, doch entscheidend war gewifs das andere.

Für die Geschwister freilich war ihr Gelübde, welchem sie durch die darauf bezügliche Widmung eines mit Gold und Edelsteinen geschmückten, kostbaren Tisches an die Hauptkirche zu Constantinopel ein offenkundiges Gepräge verlieh, auf jeden Fall eine unschätzbare Wohlthat, da es ihr ermöglichte, ihre ganze Kraft und Liebe diesen allein zuzuwenden. In der Ausübung dieses schweren Berufes aber stand ihr getreulich ein Mann zur seite, dessen Stellung eine nähere Beziehung zur kaiserlichen Familie an und für sich mit sich brachte, der Bischof der Hauptstadt Atticus.[9]) Im Jahre 406 war er dem bereits 405 gestorbenen Arsacius auf dem Patriarchenstuhle gefolgt, welchem er zu nicht geringer Zierde gereicht hat. Geboren in Sebastia (Armenien) und hervorgegangen aus einem Kloster der Macedonianischen Secte war er als Mann erst zum katholischen Bekenntnis übergetreten und als Presbyter der grofsen Kirche in Constantinopel ein Gegner des Johannes Chrysostomus gewesen. Er wird uns als sehr religiös und mit natürlicher Klugheit begabt geschildert, während seine Predigten im Gegensatz zu der Beredtsamkeit des Johannes nur mittelmäfsig waren. Dagegen wufste er durch ein gewandtes, zur Zeit mildes, zeitweise strenges Benehmen besonders die Sektierer für sich einzunehmen, während er sich durch das Studium der heiligen Schrift und seine Pflichttreue die Herzen seiner Gemeinde gewann. Mit den Töchtern des Arcadius, die er in den Heilswahrheiten des christlichen Glaubens unterwies, trat er bald in ein engeres Verhältnis, wobei ihm ein etwas hofmännisches Wesen vorzüglich zu statten kam.[10]) Die kindlichen Gemüter der Prinzessinnen, welche in ihm infolge seiner wunderbaren Heilung eines gichtbrüchigen Israeliten durch das Bad der Taufe[11]) einen gottbegnadigten Heiligen erblickten, wurden sicherlich von Atticus

---

[7]) Chron. Pasch. 450. Vgl. Theophan., Cedren u. a.
[8]) Sozom. a. a. O.
[9]) Socrat. VI. 20. VII. 2. Sozom VIII. 27. Suidas v. $\mathit{Ἀττικός}$ schreibt sie aus.
[10]) Sozom a. a. O. $ἐπιβουλεύσαιτε\ καὶ\ πρὸς\ ἐπιβουλὰς\ ἀντισχεῖν\ ἱκανός$.
[11]) Socr. VII. 4.

in ihrem Entschlusse ewig jungfräulich zu bleiben — denn auch Arcadia und Marina bekannten sich unter der Einwirkung des Beispiels der älteren Schwester dazu — noch bestärkt, da er nach einem alten Bericht ihnen ein treffliches Buch über den Glauben und die Jungfrauenschaft ehrfurchtsvoll widmete.[12])

Bei einer so ausgesprochenen Abneigung der Prinzessinnen gegen das andere Geschlecht und Hinneigung zu einem stillen, gottgeweihten Dasein war der Kaiserpalast am Bosporus trotz seiner üppigen Einrichtung und Ausstattung im Vergleich zum weströmischen Hofe eher ein Kloster[13]), in welchem geistliche Übungen mit stetiger Pünktlichkeit vom Morgen bis zum Abend ängstlich innegehalten wurden. Gingen früher mehr festlich gekleidete Senatoren und Beamte in prächtigen Gewändern in den Hallen des Palastes aus und ein und belebten früher die Uniformen der kommenden und abgehenden Offiziere den grofsen Bau, so überwog jetzt das schwarze Priestergewand und die dunkle Mönchskutte unter den Besuchern, und an Stelle fröhlicher Festesklänge drang zu fest bestimmter Zeit der eintönige Gesang psalmodierender Menschen ans Ohr.[14]) Und trat jemand näher hinzu, so fand er die Prinzessinnen nicht mit eitlem Putz beschäftigt oder unthätig, sondern am Webstuhl an der Herstellung schützender Kleider für Bedürftige und Arme eifrig arbeitend. Denn mehr als je trat in Pulcheria und ihren Geschwistern die werkthätige Christenliebe ins Leben, die nicht müde wurden in der Barmherzigkeit und denen viele wohlthätige Anstalten die Entstehung verdankten.[15]) So erbaute Pulcheria, als Augusta über die Mittel frei verfügend, zahlreiche Kirchen, unter denen die der Gottesmutter in den Blachernen besondere Erwähnung verdient; auch Bethäuser, Armenhäuser, Fremdenherbergen errichtete sie nicht nur, sondern stattete sie auch mit den zur weiteren Erhaltung nötigen Kapitalien aus; ferner schenkte sie den Herbergen auch den Acker, auf welchem die Fremden' bestattet werden konnten. Endlich aber krönte sie ihre Lieb.swerke noch durch das Testament, in welchem sie alle ihre Habe den Armen vermachte, welche ihr Gemahl Marcian in ebenso frommer Gesinnung ohne Abzug herausgab.[16])

So wuchs denn derjenige, welchem später allein die Leitung

---

[12]) Marc. Com. zu 416, doch konnte Atticus damals schon unmöglich das Dogma des Nestorius bekämpfen, wie dieser Chronist behauptet.
[13]) Socrat. VII. 22.
[14]) Sozom. IX. 2.
[15]) Sozom. IX. 1 und 3. Theod. V. 36. Theophan. zu 443.
[16]) Theophan. zu 445. Vgl. Cedren.

des grofsen Reiches zufallen sollte, in einem Palaste auf, dessen Mauern eine aufrichtige, ernste Frömmigkeit durchwehte, und diese bildete daher allmählich auch den Grundzug seines Characters, auf der alle anderen Eigenschaften ruhten.[17]) Aber seine Kindheit verflofs darum nicht minder fröhlich als die anderer Prinzen, denn er verlebte sie nicht stolz abgeschlossen von der übrigen Welt, sondern Pulcheria gesellte ihm zwei muntere Knaben hinzu, den Paulinus und Placitus[18]), mit denen er ohne jede Schranke höherer Abkunft kindlich und offenherzig verkehrte, und die er auch im späteren Leben niemals vergafs. Überhaupt mufs man anerkennen, dafs Pulcheria ihm eine Erziehung geben liefs, wie sie ihm eine besorgte Mutter nicht besser hätte können angedeihen lassen; dazu befähigte sie ihre eigene gediegene Bildung, welche nicht auf das Notwendigste beschränkt geblieben war; rühmlich wird von einem Zeitgenossen hervorgehoben, dafs sie nicht nur griechisch, sondern auch lateinisch sprechen konnte.[19]) Auf ihre Anordnung unterrichteten ihn in allen Fächern des Wissens die besten Lehrer, an deren Spitze gewifs der Bischof Atticus; besondere Unterweisung scheint er seiner Neigung entsprechend in der Naturkunde erhalten zu haben, wenigstens war ihm bis in sein reiferes Alter eine bestimmte Vorliebe dafür eigen[20]); daneben aber wurde die Ausbildung des Körpers nicht vernachlässigt und der jugendliche Leib durch Reiten und Fechten gestählt. Einen Lehrgegenstand jedoch hatte sich die ältere Schwester für sich behalten, wozu auch am ehesten eine Frau nach Göthes bekanntem Ausspruch im Tasso berufen ist, die Anstandslehre.[21]) So erteilte ihm Pulcheria die Unterweisung in äufserer Haltung und Geberde, über das Tragen des Gewandes, über die verschiedene Art, wie er die Begrüfsung oder Bitte eines jeden aufzunehmen habe, wann er lachen durfte, wann eine ernste Miene zeigen — kurzum, es scheint ihm keine Lehre, wie sie noch heute Prinzen in dieser Beziehung zu teil wird, erspart geblieben zu sein. So wuchs Theodosius denn unter treuen Augen heran zu dem, was er vermöge der geringen Energie und natürlichen Klugheit, die ihm innewohnte, überhaupt werden konnte, zu einem frommen, gutherzigen, in seiner Art pflichtgetreuen Regenten.[22]) Aber das römische Reich forderte

---

[17]) Theodor. V. 36. Socrates und Sozom. a. a. O.
[18]) Paulinus war der Sohn eines Comes domesticorum. Chron. Pasch. Vgl. Joh. Antioch. frgm. 192.
[19]) Sozom. IX. 1.
[20]) Vgl. Sozom. Prooem. seiner Kirchengesch.
[21]) Sozom. IX. 1.
[22]) Socrat. VI. 22. Joh. Ant. frgm. 193. Vgl. 194.

nicht blofs einen gutherzigen, sondern auch einen klugen und vor allem thatkräftigen, tapferen Mann als obersten Leiter. Doch wie sollte Theodosius in solcher Umgebung, deren Thun und Denken einzig auf die Thätigkeit des Friedens gerichtet war, ohne ein lebendes Beispiel und Vorbild zu einem tüchtigen Soldaten heranwachsen, wie es sein erhabener Vorfahr gleichen Namens gewesen war?

Die ersten Jahre unter der veränderten Leitung verliefen für das Ostreich bis auf geringe Vorkommnisse ruhig, von denen nur eins besondere Aufmerksamkeit in Anspruch nimmt, weil es von neuem die Unduldsamkeit der christlichen Bischöfe gegen Andersgläubige in wahrhaft erschreckender Weise darthut und dem Anfang dieses Jahrhunderts einen Makel anhängt, wie er häfslicher kaum gefunden werden kann. In Alexandrien war Theophilus, der fanatische Heidenverfolger und Gegner des Johannes Chrysostomus, im Jahre 412 an Altersschwäche gestorben[23]), und um den erledigten Bischofsstuhl erhob sich mit all' der Leidenschaft, welcher nur die Ägypter fähig waren, ein heftiger Streit zwischen dem Archidiacon Timotheus und dem Schwestersohn des Verstorbenen, Cyrillus. Obwohl der erstere in dem Dux Aegypti Abudatius einen energischen Vorkämpfer fand, gelang es doch dem Cyrill, sich zum Bischof emporzuschwingen. Aber hatte schon Theophilus den Ruhm der alexandrinischen Kirche durch sein hitziges Vorgehen gegen jeden vermeintlichen Feind des Glaubens und des ägyptischen Patriarchats für lange Zeit geschädigt, so gelang es seinem Nachfolger nicht minder, den Namen des Ägypters für immer in der römischen Welt berüchtigt zu machen. Denn mehr noch als sein Oheim scheint Cyrill sich die Aufgabe gesteckt zu haben, mit allen Mitteln der Unduldsamkeit alle Andersgläubigen in Alexandrien, seien es Sektierer, Juden oder Heiden, auszurotten oder, wenn nicht anders, mit Gewalt zum Christentum zu bekehren.[24]) Aber so ernst es ihm hiermit um die christliche Sache scheinbar war, so hielt ihn das keinen Augenblick ab, die schändlichste Simonie zu treiben und Bistümer an Unwürdige zu veräufsern, abgesehen davon, dafs er später nicht weniger als Theophilus darauf ausging, das Ansehen des constantinopolitanischen Patriarchen herabzusetzen.

Er eröffnete seine Amtsthätigkeit mit der Schliefsung der Kirchen der Novatianer, denen er zugleich die heiligen Geräte wegnahm und deren Bischof Theopemptus er seiner Würde beraubte. Sodann brachte

---

[23]) Socrat. VII. 7. Theophan. zu 407.
[24]) Vgl. Neander Allgem. Gesch. der christl. Relig. VI. 4. S. 106. und über seine Schriften Gennadius de vir illust. c. 57, bei Fabricius Bibliotheca ecclesiastica. Hamb. 1718

ihn sein heifssporniges Wesen bald auch mit der jüdischen Gemeinde von Alexandrien in ein blutiges Zerwürfnis, welches am meisten seine Lieblosigkeit und fanatische Verblendung gegen die Nichtchristen beweist. Der tiefere Grund dazu lag in der übermächtigen Stellung, welche das Judentum auf eine jahrhundertelange ruhmvolle Vergangenheit fufsend in der Hauptstadt Ägyptens einnahm.[25]) Denn schon unter Alexander dem Grofsen waren neben anderen auch Juden in die neu gegründete Nilstadt verpflanzt worden, deren Zahl sich unter den ersten Ptolemäern bedeutend vermehrte, von der Gunst dieser Könige geschützt im ganzen Pharaonenlande festen Fufs fafste und namentlich einen bedeutenden Bruchteil der Bevölkerung Alexandriens ausmachte. Sie hatten sich mit dem griechisch-heidnischen Teil derselben im Laufe der Jahrhunderte so eng durchdrungen, dafs aus dieser Vereinigung des jüdischen und griechischen Geistes eine eigne Philosophie entstehen konnte, deren Hauptvertreter Philo ist.[26]) Die Juden fühlten sich daher schon lange den Heiden hier gleichberechtigt und sahen die Stadt nicht wie eine fremde, sondern als die ihnen gehörige an, von der ihnen zwei Fünftel als besonderer Stadtteil eingeräumt waren, und in der sie auch unter der römischen Herrschaft ihre eigenen Behörden behalten hatten.[27]) Von der ungefähren Gröfse der jüdischen Gemeinde nun zu Anfang des fünften Jahrhunderts können wir eine Vorstellung durch die Erwägung gewinnen, dafs bereits zur Zeit des Augustus in Alexandrien 300 000 Bürger ohne die Sklaven und Fremden gezählt wurden[28]), eine Zahl, die sich gewifs bis zu unserer Periode wird nahezu verdoppelt haben, so dafs wir nicht fehl gehen werden, wenn wir die israelitischen Glaubensgenossen auf 200 000 anschlagen.

Die Bedeutung derselben wächst aber noch dadurch, dafs in Alexandrien keineswegs durch Theophilus das Heidentum ganz und gar ausgerottet war[29]), sondern sowohl in den besseren Kreisen wie im Volke noch zahlreiche Anhänger zählte. Infolge dessen kann die christliche Gemeinde in der Hauptstadt Ägyptens nicht den breiten Raum eingenommen haben, den sie sonst in den grofsen Städten besafs, und man kann sich daher erklären, warum ein so fanatischer Patriarch wie Cyrill sich die Aufgabe stellte, dem Judentum hier, wie Theophilus dem Heidentum, einen vernichtenden Schlag zu versetzen.

---

[25]) Bekker-Marquardt III. 1. S. 208 ff. und 220.
[26]) Zeller die Philosophie der Griechen III. 1. S. 560 ff.
[27]) Bekker-Marquardt S. 224. O. Kiepert S. 197.
[28]) Diodor XVII. 52.
[29]) Vgl. die Darstellung bei G. S. 190—193.

Andererseits lag es in der Pflicht des Stadtkommandanten wie des kaiserlichen Präfekten eine Ruhestörung zu verhindern, deren Folgen auf jeden Fall dem Vorteil des Staatsganzen, auch dem pecuniären, zuwider liefen. An Reibereien geringfügiger Art fehlte es bei dem heifsen Blute[30]) der Ägypter, welches selbst das Priestergewand nicht zu beruhigen vermochte, und der sich ihrer Anzahl und Macht in Alexandria bewufsten Juden fast niemals; sie traten gewöhnlich bei Volksfesten oder öffentlichen Schaustellungen zu Tage. Bei dem gegen die Juden eingenommenen Standpunkte des Bischofs Cyrill fehlte es ihm unter seinen Untergebenen nicht an solchen, welche ihm alles auf die Juden Bezügliche zutrugen, besonders, wie sich der kaiserliche Präfekt Orestes zu ihnen verhielt, der den Bischof deshalb nicht leiden konnte, weil er sich häufig herausnahm, seine Verordnungen zu vernachlässigen, und sich ganz seinem Dienstkreise zu entziehen trachtete. War somit der Stoff zu einem hitzigen Streit hinlänglich vorhanden, so fehlte bald auch nicht der entzündende Funke.[31])

Ihn brachte eine Bürgerversammlung, welche Orestes im Theater abhielt, und in welcher auch die Juden zahlreich vertreten waren. Mitten während der Verhandlungen bemerkten einige von ihnen den Schulmeister Hierax[32]), einen Menschen mit schamloser Zunge und glühenden Anhänger des Cyrill, der bei dessen Predigten immer das Zeichen zum Beifall zu geben pflegte. Sobald die Juden ihn erblickt hatten, riefen sie, er sei nur ins Theater gekommen das Volk aufzuhetzen und bewogen den Präfekten, der ohnehin dem Bischof nicht wohlwollte, ihn als Unruhestifter foltern zu lassen. Gegen dieses Vorgehen des Präfekten vermochte Cyrill, ohne sich blofszustellen, nichts einzuwenden und liefs daher an den Juden seinen Groll aus, indem er den Vorstand der Gemeinde vor sich forderte und ihnen strenge Bestrafung androhte, wenn sie die Beleidigungen der

---

[30]) Vgl. Ammian Marc. XXII. 16. 23: Homines autem Aegyptii plerique subfusculi sunt et atrati magis quam maesti oris, gracilenti et aridi, ad singulos motus excandescentes, controversi et reposcones acerrimi.

[31]) Die Hauptquelle für das Folgende ist Socrat. VII. 13. Vgl. Theoph. zu 405 und Cedren p. 336. Während Socr. diese Vorgänge ausdrücklich nach dem Tode des Theophilus ansetzt, läfst Theophanes sie noch vor demselben geschehen sein; aber der letztere ist wie so oft hier unkritisch; denn das Ende der Hypatia März 415 beweist, dafs der jüdische Aufstand ins Jahr 414 gehört.

[32]) Er ist offenbar identisch mit demjenigen, den Eunap fragm. 83 trotz seiner Schamlosigkeit zum Schweigen und Erröten brachte; doch nicht derselbe wie der frgm. 86 Erwähnte.

Christen nicht einstellten.³³) Aber anstatt die Aufregung dadurch unter den Juden zu besänftigen, gofs Cyrill mit seiner Drohung nur Öl ins Feuer und trieb sie zu einer Handlung an, welche die bisherige hochgeachtete Stellung der Juden im Reich gewaltig erschütterte und ihnen das Wohlwollen entzog, welches ihnen die früheren Kaiser³⁴) des öfteren bezeugt hatten.

Sie ersannen einen häfslichen Trug und schreckliches Verderben, dessen Parole lautete: Tod den Christen! In nächtlichem Kampfe, sich selbst durch einen Fingerring von Palmenrinde kenntlich machend, beschlossen sie die Gegner zu töten.³⁵) Vorherbestimmte Männer durcheilten eines Nachts, als die übrigen Bewohner friedlich der Ruhe pflegten, plötzlich die ganze Stadt mit dem Rufe „Die Kirche des Alexander brennt!" Alsbald stürzten die Christen, wie es die Juden gewollt hatten, von allen Seiten aus ihren Häusern schlaftrunken herbei, um dem Brande Einhalt zu thun, wurden dabei aber von den sie erwartenden Israeliten in der Dunkelheit widerstandslos niedergestofsen, so dafs am nächsten Morgen die Strafsen mit ihren Leichnamen bedeckt waren. Der Schmerz und Zorn der überlebenden Christen war unbeschreiblich, und es war daher dem Cyrill etwas Leichtes, sie zu einer nicht minder grausamen Rache zu veranlassen. Unter seiner Führung zog eine riesige Menschenmenge zur Synagoge der Juden, nahm diese in Besitz und trieb sie selbst, so wie sie standen und gingen, mit Weib und Kind, ohne Nahrung und Habe, aus der Stadt heraus, während ihre Häuser mit Erlaubnis des Cyrill von den Raublustigen regelrecht wie bei einem Kriegszuge geplündert wurden.

Dafs die Juden an diesem ganzen Vorkommnis nicht völlig unschuldig waren, leuchtet wohl von selbst ein, doch ist ebenso unzweifelhaft, dafs die Hauptschuld daran auf Cyrills Haupt entfällt dessen Aufgabe, falls er ein wahrer Jünger Christi sein wollte, darin bestanden hätte, einen Streit der beiden Religionsparteien zu verhindern, statt ihn heraufzubeschwören und noch zu verschärfen. Man kann sich daher in die Seele des Präfekten versetzen und mitfühlen, wie unangenehm ihm diese Vorgänge waren, da er dazu gesetzt war, über den Frieden in Stadt und Land zu wachen und vor allem die Staatskasse vor grofsen Verlusten zu bewahren. Diese aber waren unausbleiblich, wenn ein so arbeitsamer, fleifsiger Teil der alexandrinischen Handeltreibenden und noch dazu in solchem Umfange plötzlich

---

³³) Socrat. a. a. O.
³⁴) Vgl. Cod. Theod. XVI. 8, 9—15.
³⁵) Socrat. a. a. O.

die Stadt verliefs und dadurch den Handel und Wandel der Grofsstadt in der empfindlichsten Weise schädigte.[36]) Er berichtete daher in diesem Sinne an den Aurelianus, während Cyrill von entgegengesetzten Anschauungen aus sich wahrscheinlich über die laue Unterstützung des christlichen Oberpräsidenten in einer religiösen Angelegenheit bitter bei Pulcheria beklagte.

Und in der That handelte es sich hier in Alexandrien um keine andere Frage als die, welche durch das oben erwähnte Vorkommnis in Castrum Callinicum an Theodosius I. gestellt wurde, ob nämlich die geistliche Gewalt unter Umständen der weltlichen vorangehe.[37]) Inzwischen aber machte sich auch im Volke eine Stimmung gegen den Bischof allmählich geltend, welche ihn bewog eine Versöhnung mit Orestes zu suchen[38]), der jedoch vor der kaiserlichen Entscheidung jeden derartigen Versuch zurückweisen zu müssen glaubte, um so mehr, als er eine aufrichtige Reue bei Cyrill nicht voraussetzen durfte. Infolge dessen kam es, bevor ein kaiserlicher Untersuchungscommissarius aus Constantinopel angelangt war, zu weiteren Ausschreitungen der Anhänger des Bischofs gegen den Orest und seine Partei, und merkwürdig! im Gegensatz zu den unter Theophilus beobachteten Verhältnissen waren diesmal die ehrwürdigen Mönche der Einöde von Nitria auf seiten des alexandrinischen Patriarchen.

Von gewiegten Agenten aufgehetzt zogen sie fünfhundert an der Zahl aus ihren Zellen nach Alexandrien, um ihrem Oberhirten gegen den heidnischen Präfekten (denn so war er den Leichtgläubigen bezeichnet worden) zu Hülfe zu eilen.[39]) Der Zufall fügte es, dafs ihnen gerade beim Einzug in die Stadt Orestes selber fahrend begegnete. Im Nu wurde der Wagen zum Halten gebracht, und er selber mit den härtesten Schmähreden wie „Opferer" und „Heide" überhäuft, obwohl er ihnen verständlich zu machen suchte, dafs er ja von Atticus in Constantinopel getauft und also Christ sei. Die Fanatiker aber hörten nicht darauf, sondern drangen heftiger auf ihn ein, und seine wenigen Diener fühlten sich der Übermacht nicht gewachsen und nahmen Reifsaus. Ja, einer der Mönche, Ammonius mit Namen, ergriff einen spitzen Stein und verwundete den Beamten dergestalt am Kopfe, dafs

---

[36]) Eine genaue Beschreibung der Stadt aus dem Ende des 4. Jahrh. giebt Ammian. Marc. XXII. 16, 7 ff. Vgl. Kiepert S. 197. Wie ängstlich Arcadius seiner Zeit einen Steuerausfall zu verhindern suchte, beweist Marci Diaconi vita Porphyrii Gazensis ed. Haupt c. 41.
[37]) Vgl. G. S. 168 ff.
[38]) Socrates VII. 13.
[39]) c. 14.

ihm das Blut über die Stirn floſs, und wäre nicht inzwischen das alexandrinische Volk herbeigeeilt und hätte die Mönche zurückgetrieben, so hätte Alexandrien einen neuen Mord auf dem Gewissen gehabt.

So aber wurde Ammonius ergriffen und so lange gefoltert, bis er den Geist aufgab. Wiederum berichtete Orestes über die Greuelthat an den Hof und ebenso Cyrill, wenn auch im anderen Sinne, der übrigens, wenn das Volk es zugelassen hätte, am liebsten selbst nach Constantinopel gegangen wäre, um seine Sache durchzufechten.[40]) Indes that er in Alexandrien zunächst noch manches, was den Streit nicht zur Ruhe kommen lieſs. So bestattete er den Ammonius nicht wie einen Verbrecher, sondern wie einen Heiligen in der Kirche, hielt ihm eine verherrlichende Gedächtnisrede und hieſs ihn einen Märtyrer nennen.[41]) Zwar that ihm diese Unbesonnenheit wieder leid, gleichwohl wurde die Feindschaft mit Orest nicht beigelegt, sondern auf **Veranlassung des Cyrill am letzten Ende fiel ihr noch eine der edelsten und bedeutendsten Frauen**, welche je gelebt haben, zum Opfer.

Schon oben ist darauf hingewiesen worden, wie das Vorgehen des Theophilus im Jahre 390 wohl das Heidentum in seiner Wurzel getroffen, doch keineswegs völlig vernichtet hatte. Auch die Unterweisung in den heidnischen Gebräuchen wie insbesondere in den philosophischen Disziplinen erlitt nur vorübergehende Unterbrechung trotz der Vertreibung des Helladius, Ammonius und Olympius[42]) und wurde noch ferner von einem, wenn auch engeren, Kreise eifrig gepflegt. Die Richtung aber, welche der philosophische Gedankengang der damaligen heidnischen Lehrer in Alexandrien nahm, war eine entschieden neuplatonische und vermittelte wider ihren Willen durch den Glauben an eine erlösende Kraft Gottes, den λόγος, den Übergang zum Christentum, wie wir ihn sich zu dieser Zeit in dem bekannten

---

[40]) Dies muſs man folgern aus Cod. Theod. XVI. 2, 42: Quid inter cetera Alexandrinae legationis inutilia hoc etiam decretis scriptum est, ut reverendissimus episcopus de Alexandrina civitate aliquos non exire, wofür Gothofr. in seinem Commentar mit Recht aliquo non exiret zu lesen vorschlägt. Auch Hänel, der den obigen Text giebt, tritt in der Note 1 dieser Ansicht bei für den Fall, daſs nichts ausgefallen ist. Vgl. zu den Reisen der Bischöfe an den Hof Neander V. 3. S. 234.

[41]) Socrates VII. 14.

[42]) Vgl. Suidas v. Ὄλυμπος. Zur Sache noch Schröckh Kirchengesch. VII. S. 212—216. Neander II. 1, 162. Stuffken dissertatio de Theodosii Magni in rem christianam meritis. Lugd- Bat. 1828 S. 57 ff.

Bischof von Kyrene Synesius vollziehen sehen. Damals[42a]) nun stand an der Spitze der Lehrenden nicht ein Mann, sondern — ein seltener Anblick — ein Weib, Hypatia.

Sie war die Tochter des Philosophen Theon[43]), der unter Theodosius I. lebte und sein Hauptstudium auf Mathematik und Mechanik verwandt hatte. Er war noch Mitglied des Museums[44]) gewesen, jener Stiftung der Wissenschaft liebenden Ptolemäer, in welchem die Ordner und Erklärer der bibliothekarischen Schätze Alexandriens einen sorgenlosen und ehrenvollen Unterhalt genossen. Von seinen Kindern widmete sich ein Sohn ebenfalls mathematischen Studien, weit mehr aber als diesen befähigte ein genialer Geist seine Tochter Hypatia[45]), nicht nur gleich dem Vater geometrische und mechanische Probleme zu erdenken und zu lösen, sondern sich auch in der eigentlichen Philosophie heimisch zu machen. Ihre Studien begann und vollendete sie in ihrer Geburtsstadt Alexandrien unter der Leitung des Theon, und war sie je in der anderen Metropole des sinkenden Heidentums, in Athen, so ist es sicher nur vorübergehend gewesen.[46]) So stand sie denn, ein junges Weib, der Leitung der Schule ihres Vaters vor, wozu sie vielleicht von staatswegen beauftragt war[47]), durchschritt die Stadt im Philosphenmantel und lehrte öffentlich den, wer es hören wollte, über Plato, Aristoteles und anderes Wissenswerte.

Den reichen Schätzen ihres Geistes aber fehlte nicht eine anmutige und schöne äufsere Hülle, welche die Bescheidenheit, Würde und Sittsamkeit, mit der sie überall im Leben auftrat, nur noch erhöhte. Sie zog es vor ledig zu bleiben, ein Umstand, der gewifs dazu beigetragen haben wird, ihr die Jugend zuzuführen. Wenigstens wird

---

[42a]) Für das Folgende ist mafsgebend gewesen die Zusammenstellung Hoche's „Hypatia, die Tochter Theons" im Philol. XV. S. 439 ff.

[43]) Vgl. Suidas v. Θέων. Vgl. Synes. ep. 16, wo er durch Hypatia Grüfse aufträgt ἀπὸ τοῦ πατρὸς Θεοτέκνου καὶ ἀπὸ τοῦ ἀδελφοῦ Ἀθανασίου ἀρξαμένη πάντας ἑξῆς.

[44]) Vgl. Pauly Real-Encyclop. und Ammian Marcell XXII. 16, 15 ff.

[45]) Suidas v. Ὑπατία. Von ihren Schriften ist nicht das geringste Fragment erhalten. Auf sie geht ein Epigramm von Palladas. Anthol. Graec. ed. Jacobs IX. 400. ὅταν βλέπω σε, προςκυνῶ, καὶ τοὶς λόγους
τῆς παρθένου τὸν οἶκον ἀστρῷον βλέπων,
εἰς οὐρανὸν γάρ ἐστί σου τὰ πράγματα
Ὑπατία σεμνή, τῶν λόγων εὐμορφία,
ἄχραντον ἄστρον τῆς σοφῆς παιδεύσεως.

[46]) Vgl. Hoche S. 441 und Hertzberg Gesch. Griechenl. unter den Römern III. S. 505.

[47]) Vgl. Hoche a. a. O. Socr. VII. 15. und Suidas: ἐξηγεῖτο δημοσίᾳ τοῖς ἀκροᾶσθαι βουλομένοις.

uns ein Zug aus ihren reiferen Jahren erzählt, welcher darauf schliefsen läfst, dafs mancher ihrer jugendlichen Zuhörer aufser durch ihr Wissen noch durch die Schönheit ihres Körpers angezogen wurde.⁴⁸) Unter den zahlreichen Schülern der Hypatia, welche uns als solche genannt werden, steht natürlich Synesius und sein Bruder oben an⁴⁹), dann folgen die Namen des Troilus, Herculianus, Hesychius und Olympius; mehr aber als die Zahl spricht für den anziehenden, liebevollen Ton des Unterrichts und ein taktvolles Benehmen die Art und Weise, wie diese Jünglinge zu Männern herangereift ihrer auch in späteren Jahren gedachten. Rührend ist die Verehrung des Synesius für sie, wie sie sich in seinen Briefen ausspricht; er giebt ihr die herzlichsten, süfsesten Namen wie „Selige Herrin!⁵⁰) Mutter, Schwester und Lehrerin!"⁵¹) unter der Bedrängnis der Feinde zu einer Zeit, „da die Menschen wie Vieh abgeschlachtet werden, die Luft von Leichen verpestet und von Aasgeiern verdunkelt ist", da denkt er an seine alte Lehrerin⁵²) und klagt ihr auch sein Leid, als ein Kind nach dem anderen von seinem Vaterherzen gerissen ist und ihm keins mehr bleibt.⁵³) Ihr übersendet er unterstützungsbedürftige Landsleute, für die sie bei den Behörden ein Wort einlegen soll⁵⁴), ihr zuerst den Dio und „Über die Träume"⁵⁵), um ihr Urteil zu hören, und dann auch die Schrift über das Astrolabium, während er sie ein andermal bittet, ihm ein Hydroscopium anfertigen zu lassen.⁵⁶)

Der Ruhm aber, den ihre Schüler über den ganzen Orient verbreiteten, liefs nicht zu, dafs sie in Alexandrien wegen ihres heidnischen Bekenntnisses zurücktrat, vielmehr nahm sie hier eine der angesehensten und geachtetsten Stellungen ein, die sie durch Besonnenheit und Gerechtigkeit sich erworben hatte und weiter erhielt. Es waren darum nicht blofs Heiden, welche zu ihrem Umgangskreise gehörten, sondern auch die christlichen Spitzen der Behörden⁵⁶ᵃ) versäumten es nicht,

---

⁴⁸) Einen Zuhörer, der sie mit seinen Liebesanträgen verfolgte, brachte sie auf diese Weise davon zurück: αὐτὴν δὲ προενεγκαμένην τι τῶν γυναικείων ῥακῶν αὐτοῦ βαλλομένην καὶ τὸ σύμβολον ἐπιδείξασαν τῆς ἀκαθάρτου γενέσεως· Τούτου μέντοι, φάναι, ἐρᾷς, ὦ νεανίσκε, καλοῦ δὲ οὐδενός. Doch stimmt dieser Zug wenig zu der Sittsamkeit, die ihr nachgerühmt wird.
⁴⁹) Volkmann S. 11. Vermählt mit Isidor war sie nie. Vgl. Hoche S. 450.
⁵⁰) ep. 10.
⁵¹) ep. 16, μήτηρ καὶ ἀδελφὴ καὶ διδάσκαλε καὶ διὰ πάντων εὐεργετικὴ καὶ ἅπαν ὅτι τίμιον καὶ πρᾶγμα καὶ ὄνομα.
⁵²) ep. 124.   ⁵³) ep. 80.
⁵⁴) ep. 33. 80.   ⁵⁵) ep. 153.
⁵⁶) ep. 15.
⁵⁶ᵃ) Suidas v. Ὑπατία und Socrat. VII. 15. Τοῖς ἄρχουσι σωφρόνως εἰς πρόςωπον ἤρχετο.

ihre Bekanntschaft zu machen und ihren erfahrenen Rat zu hören. So war auch Orestes in ihr Haus gekommen und zählte, selbst erst vor kurzem getauft, zu dem hochgebildeten Kreise, dessen Mittelpunkt die Philosophin war.

Sie war daher einem so fanatischen Bischof wie Cyrill selbstverständlich ein Dorn im Auge; wie konnte es ihm auch gefallen, dafs das Haupt des ägyptischen Landes, der kaiserliche Statthalter, statt mit ihm, dem Bischof, zu verkehren, ihn vielmehr mied und desto öfter die Gesellschaft jener Heidin aufsuchte! und noch viel weniger gefiel es ihm, dafs so viel Volks ihr anhing und anstatt die Predigten des Patriarchen von Alexandrien anzuhören, ihrem Vortrage lauschte. In der That mufs man zugeben, dafs es jedem eifrigen Christen, am meisten aber dem Bischof wohl als schönstes Ziel vorschweben konnte, wenn doch die ganze Stadt zu Christo geführt und ein Herz und eine Seele würde. Aber ein anderes ist der Wunsch, ein anderes das Mittel zu seiner Erfüllung. Ehrliche und verständige Christen hielten es gewifs auch damals für richtiger, wenn das Evangelium durch sich selbst und durch die würdige Haltung seiner Bekenner sich neue Freunde und empfängliche Herzen erwürbe als durch rohe Gewalt und Vernichtung des Bestehenden. Von Cyrill aber durfte man nach seinem ganzen Charakter und den bisherigen Proben desselben kein ruhiges Gewährenlassen erwarten.

Schwerlich wird er nun selbst den Befehl zum Morde der stillen Priesterin der Wissenschaften gegeben haben, doch ist unleugbar, dafs in seinem Umgangskreise der Name der Philosophin nur mit verbissenem Groll und Hafs erwähnt wurde, der seinen Höhepunkt erreichte, als Orestes den Bischof gänzlich mied, dagegen seinen Verkehr mit Hypatia fortsetzte. Es war daher nicht wunderbar, dafs sich in den geistlichen Kreisen die Meinung verbreitete, Hypatia verhindere allein[57]) eine Aussöhnung des weltlichen und geistlichen Oberhauptes des Landes, und dem Cyrill fehlte es nicht an Männern, die ihm blindlings ergeben waren und seinen Wünschen gern zuvorkamen. Es waren das die sogenannten Parabolanen[58]) (Waghälse), die nicht

---

[57]) Socrates VII. 15.

[58]) Cod. Theod. hat die Lesarten parabalani und parabaiani; Cod. Just. I. 3, 17 und 18 libri boni: Parabalanin. Vgl. Mansi VI. S. 827 und Harduin II. S. 214 im Bericht des Bischofs Basil. v. Seleucia. Diesen Namen erklärt Hoche S. 469 auf Grund des Commentars des Gothofr. zu XVI. 2, 42, als gleichbedeutend mit „Waghälse". Vgl. Neander VI. 4. S. 240. Ihre grofse Zahl hängt sicherlich auch damit zusammen, dafs in Alexandrien die berühmteste Schule für Ärzte in damaliger Zeit war. Ammian. Marc. XXII. 16, 18.

sowohl dem geistlichen Stande angehörten, als vielmehr von Priestern in der Krankenpflege unterrichtete Leute waren, deren Zahl in Alexandria fünfhundert weit übertraf und die gewissermafsen, da sie unter Cyrills Aufsicht standen, seine Leibwache bildeten.

Unter ihnen nun verschworen sich einige Heifssporne und an ihrer Spitze der Lektor Paulus, dem ihnen anstöfsigen Treiben der Heidin ein Ende zu machen[59]), indem sie sie ermordeten. Der bösen Absicht folgte die blutige That auf dem Fufse. Als Hypatia eines Tags aus einem Hause trat[60]), stürzten sich die Verschworenen, welche bereits auf sie gewartet hatten, auf die Unglückliche, welche nichts ahnend mit ihrem Gefährt sich weiter begeben wollte, rissen sie aus demselben heraus, schleppten sie unter dem Zuströmen ihrer Genossen und des übrigen Volkes in die Kirche Καισάριον[61]), entkleideten sie hier und töteten sie mit scharfen Muschelschalen[62]), die ihnen grade zur Hand waren. Nachdem sie sie so zerstückelt hatten, häuften sie die Glieder an einer anderen Stelle[63]) zu einem Haufen auf und verbrannten sie. Diese Blutthat geschah im März des Jahres 415[64]), ein ewiger Schandfleck für die Hauptstadt Ägyptens und eine Schmach für das ganze Reich; denn nicht einen Mann hatte man ermordet, der mit tötlichen Waffen gegen friedliche christliche Bürger gekämpft hatte, sondern eine hülflose Frau, deren einziges Verbrechen das Festhalten am alten Glauben und das wohlverdiente Ansehen bei allen Gutgesinnten gewesen war.

Wie grofs der Schreck und dann die allgemeine Entrüstung in der Stadt war, können wir, da hier die Berichte abbrechen, nur ahnen, aber greifen gewifs nicht zu weit, wenn wir annehmen, dafs Cyrill allgemein als der geistige Urheber des Verbrechens bezeichnet wurde, dafs die Parabolanen sich fürerst nicht in der Öffentlichkeit blicken lassen durften, stürmische Versammlungen von beiden Parteien abgehalten

---

[59]) Socrat. VII. 15.

[60]) Die Erzählung des Suidas, dafs Cyrill, als er einst an ihrem Hause vorübergehend eine grofse Menge von Menschen und Pferden vor demselben erblickte, gefragt habe, wessen Haus das wäre, und ergrimmt fortgegangen sei, während Hypatia gleich darauf bei ihrem Heraustreten getötet worden sei, mufs aus dem Grunde als unrichtig angesehen werden, weil ihm, der seit vielen Jahren in Alexandrien lebte, das Haus der berühmten Frau nicht unbekannt sein konnte. Ich schliefse mich daher dem Berichte des Socrates an.

[61]) ἐπὶ τὴν ἐκκλησίαν ᾗ ἐπώνυμον καισάριον. συνέλκουσι.

[62]) ὀστράκοις ἀνεῖλον.

[63]) ἐπὶ τὸν καλούμενον κιναρῶνα.

[64]) Socr. VII. 15. Vgl. die verkehrte Notiz des Theoph. zu 406 vor Theophilus' Tod, Cedren p. 336 und Joh. Mal. XIV; auch Clint. Fast. R.

und Sondergesandtschaften mit widersprechenden Berichten an die Kaiserin abgeschickt wurden.[65]) In Constantinopel brachten die sich häufenden Schreckensbotschaften aus Alexandria einen peinlichen Eindruck hervor, um so mehr, als Aurelianus, wie wir aus den früheren Jahren her wissen, keinen Unterschied in Bezug auf die Zuwendung seiner Gunst zwischen Christen und Heiden machte und zahlreiche Götteranbeter wie Troilus, würdige Vertreter des Heidentums, in der Hauptstadt des Orients lebten und lehrten.

Und auch Pulcheria, obwohl sie einen streng christlichen Standpunkt einnahm, mufste sich doch vor der Staatsraison beugen, die von allen Bürgern des grofsen Reichs ohne Unterschied Wahrung des Landfriedens und Schutz aller Glaubensbekenntnisse forderte. Es wurde daher, um Klarheit in die sich widersprechenden Nachrichten zu bringen, ein hoher Beamter, Aedesius, nach Alexandrien beordert mit dem Auftrage, eine strenge und unparteiische Untersuchung des Sachverhalts anzustellen.[66]) Bei dem Umfang der vorliegenden Thatsachen und den vielen Zeugenvernehmungen zog sich sein Aufenthalt in die Länge, so dafs wir erst aus dem Ende des Jahres 416 eine Verfügung[67]) besitzen, welche das abschliefsende Ergebnis seiner Thätigkeit gewesen zu sein scheint. Es geht aus ihr hervor, dafs auch Aedesius in den Parabolanen die am meisten belasteten Schuldigen erkannte und die Möglichkeit einer so fanatischen Überschreitung ihrer Berufspflichten in dem Umstande erblickte, dafs sie von dem Bischof von Alexandrien abhängig und in keiner Weise der weltlichen Kontrolle unterstellt waren. Denn es wurde nunmehr bestimmt, dafs einmal die Kleriker überhaupt in Zukunft allen öffentlichen Versammlungen, auch denen der Curialen, fern bleiben sollten, andererseits wurde die Anzahl der Parabolanen auf fünfhundert beschränkt. Auch wurde der Modus ihrer Wahl dahin geändert[68]), dafs nicht die Reichen, welche sich die Stelle erkauften, sondern nur diejenigen der Korporation beigefügt werden durften, welche vom alexandrinischen Volke selbst gewählt und deren Namen darauf dem kaiserlichen Präfekten und

---

[65]) Darauf deutet die Verfügung Cod. Theod. XII. 12, 15. 5. Oct. 416; welche anordnet, dafs, wenn eine Gesandtschaft bestimmt wird, alle Curialen zugegen sein und die gemeinsamen Beschlüsse durch Namensunterschrift bekräftigen sollen. Dann wird der praef. August. sie prüfen und entscheiden, ob eine Gesandtschaft abgehen darf oder nicht.

[66]) Suidas v. Ὑπατία. Vgl. Hoche S. 467.

[67]) XVI. 2, 42. 29. Sept.

[68]) ita ut non divites et qui hunc locum redimant, sed pauperes a corporatis pro rata Alexandrini populi praebeantur.

durch ihn dem Praefectus praetorio in Constantinopel mitgeteilt worden wären. Und auch diese durften weder zu irgend einem Schauspiel noch zu Versammlungen und vor Gericht gehen, ausgenommen diejenigen, welche eine besondere Veranlassung dazu verpflichtete, und an die Stelle der Zuwiderhandelnden oder Gestorbenen konnte der Präfekt von Ägypten selbstständig neue Mitglieder ernennen. Von den anderen Strafen, die gewifs eine ganze Reihe von Klerikern und Laien nach peinlicher Untersuchung getroffen haben wird, ist uns leider nichts berichtet; es ist nur eine Notiz noch bemerkenswert, welche darauf deutet, dafs auch Aedesius[69]) der Vorwurf der Bestechlichkeit gemacht wurde, von dem wir natürlich nicht entscheiden können, ob er ihn mit Recht oder Unrecht traf.

Jedenfalls ist so viel sicher, dafs der Einflufs Cyrills, wie sehr auch seine Person durch alle diese Vorkommnisse blosgestellt war, in den nächsten Jahren bereits wieder zu steigen begann, wofür wir den schlagendsten Beweis in einer Verordnung[70]) Pulcherias haben, welche die obige in der Weise änderte, dass die Zahl der Parabolanen auf sechshundert, von Cyrill selbst aus den Gewesenen Ausgewählte erhöht, die ganze Körperschaft dem Geschäftskreis des Statthalters entzogen und dem Bischof von neuem völlig unterstellt wurde.[71])

So wurde der Anfang der Regententhätigkeit der jugendlichen Augusta gleich durch bedauernswerte Ereignisse und Sorgen beschwert, doch fehlte es in denselben Jahren nicht an erfreulichen Anlässen. Das Jahr 415 brachte am 24. Oktob. die Nachricht[72]), dafs Athaulf, einer römerfeindlichen Partei unter seinen Gothen und der Privatrache zum Opfer fallend, in Barcelona ermordet war, welche in Ostrom als Triumph der gemeinsamen Reichsinteressen durch Illumination und am folgenden Tage durch Circusspiele gefeiert wurde, während das nicht minder wichtige Ereignis von der Gefangennahme und Verbannung des zum zweitenmale von Athaulf in Gallien zum Imperator erhobenen Attalus erst am 28. Juni 416[73]) in Constantinopel officiell bekannt wurde. Auch diese Meldung gab zu Circusspielen

---

[69]) Suidas v. Ὑπατία: καὶ ὁ βασιλεὺς ἠγανάκτησεν ἐπὶ τούτῳ, εἰ μὴ Αἰδέσιος ἐδωροδοκήθη. καὶ τῶν μὲν σφαγέων ἀφείλετο τὴν ποινήν, ἐφ' ἑαυτὸν δὲ καὶ γένος τὸ ἀφ' ἑαυτοῦ ταύτην ἀπεσπάσατο. Mir erscheint diese Stelle daher bedenklich, weil auch in Bezug auf den Mord der unbekannte Autor offenbar parteiisch berichtet.

[70]) Cod. Theod. XVI, 2, 43. 3. Febr. 418.

[71]) ita ut pro arbitrio viri reverendissimi antistitis Alexandrinae urbis etc. sescenti parabalani .. eligantur.

[72]) Chron. Pasch. Vgl. Prosp. Aquit. Tiro Pr.

[73]) Chron. Pasch. zu 416.

Veranlassung, welche am 7. Juli ihren Anfang nahmen. Aber auch Feste geistlichen Inhalts bot diese Zeit den kaiserlichen Geschwistern in der Einweihung der bei den Wirren, welche die Absetzung des Johannes Chrysostomus herbeiführte, verbrannten und neu erbauten Hauptkirche [74]) der Stadt und in der feierlichen Einholung der aufgefundenen Gebeine des Joseph, Jacobs Sohn, und Zacharias, des Vaters Johannes des Täufers, welche Atticus und der Bischof Moses von Antaradus in Phoenicien in grofser Procession von der Landungstreppe des Chersonnesus in die grofse Kirche überführten, geleitet von dem Stadtpräfekten Ursus [75]) und dem ganzen Senate.

Drittes Kapitel.

Die Ereignisse in Westrom bis zum Jahre 421. — Emporkommen des Constantius. — Sein Äufseres und Charakter. — Durch Athaulfs Tod wird Placidia frei und von Wallia zurückgegeben. — Ihre Vermählung mit Constantius 1. Jan. 417. — Geburt Valentinians. — Erhebung des Constantius zum Mitregenten 421. — Er wird in Ostrom nicht anerkannt. — Zu derselben Zeit Ausbruch eines Krieges mit Persien. — Das Christentum in Persien seit dem 4. Jahrhundert. — Die diplomatischen Sendungen des Bischofs Maruthas. — Fanatismus des Abdas, Bischofs von Ktesiphon. — Christenverfolgung in Persien. — Die Märtyrer Hormisda, Jacob und Benjamin. — Beginn der Feindseligkeiten. — Pulcheria sucht eine Gemahlin für Theodosius. — Athenais, Tochter des Leontius, aus Athen wird von Pulcheria und Theodosius auserwählt und getauft. — Vermählung 421, 7. Juni. — Tod des Constantius. — Krieg mit den Persern. — Ardaburius, römischer Feldherr. — Friede 422.

Hatten Pulcheria und ihr Berater Monaxius [1]), welcher den Aurelianus in der Führung der Präfektur des Orients ablöste, gehofft, das friedliche Einvernehmen, welches mit dem weströmischen Reiche seit Arcadius Tod und dem persischen schon seit Theodosius I. statt gehabt hatte, noch weiterhin erhalten zu sehen, so traten doch

---

[74]) Marcell. Com. Chron. Pasch.
[75]) Ursus war Stadtpräfekt 415, Cod. Theod. VI. 23, 1, XVI. 5, 57; und 416. XII. 1, 180.
[1]) Er erscheint schon fälschlich neben Anthemius 414, Cod. Theod. XIII. 3, 16; 415 gar nicht, 416 dagegen mehrfach; er blieb nachweisbar in seiner Stellung bis zum 24. Sept. 419. IX. 40, 24; doch ist aus 420 und 421 wegen des Perserkrieges nur eine Verfügung aus Ostrom erhalten, so dafs eine ausreichende Sicherheit für jenen Termin fehlt.

Ereignisse ein, deren Abwehr nicht in ihrer Hand lag, und welche nach Westen hin nur vorübergehend, nach Osten zu aber auf längere Zeit den Friedenszustand trübten.

In Westrom[2]) nämlich wäre die Sache des Honorius niemals mit so günstigem Erfolge geführt worden, hätte dieser unthätige Kaiser nicht einen Mann gefunden, der, ein zweiter Stilicho an Energie und Umsicht, dem sinkenden Reiche gegen die Westgothen und Tyrannen noch einmal zum Siege verhalf. Dieser General, Constantius mit Namen, war aber in allem übrigen das gerade Gegenteil des hochherzigen Vandalen; denn Constantius war ein Römer[3]) von altem Schlage, gebürtig aus Naissus in Illyricum[4]), und hatte im Gegensatze zu dem einstigen Retter des weströmischen Reichs neben dem Wohle seines Kaisers und Vaterlandes vor allem den eignen Vorteil im Auge, zu dem sich in den späteren Jahren Eigennutz und Habsucht gesellten, welche ihn früher nicht verunzierten.[5]) Sein Äufseres war keineswegs einnehmend; er hatte ein stets finsteres, unschönes Gesicht mit grofsen, listig hin- und herschielenden Augen und einen breiten Kopf, welcher sonst stolz emporgetragen, wenn er zu Pferde safs, den Bewegungen des Tieres folgte und vornübernickte; aber bei der fröhlichen Tafel taute er auf, und es gab dort keinen angenehmeren Gesellschafter als diesen Offizier, welchen man wegen seiner körperlichen Eigentümlichkeiten allgemein des Strebens nach der Tyrannis wohl fähig erachtete.[6])

Noch eins machte ihn einer grofsen Partei im Reich lieb und wichtig, das war seine orthodoxe Glaubensrichtung, von der er bald einen unverfälschten Beweis dadurch lieferte, dafs er durch die Verwerfung der störenden Lehre des Pelagius den kirchlichen Frieden in Africa wiederherstellte.[7]) Er konnte in unserem Zeitabschnitt nicht mehr jung sein, da er bereits unter Theodosius I. hohe Würden bekleidet hatte[8]); doch trat er erst 411 als comes durch die Vernichtung der

---

[2]) Vgl. für diese Verhältnisse v. Wietersheim S. 167 und 184 ff.
[3]) Orosius VII. 42, 2: sensit tunc demum respublica et quam utilitatem in Romano tandem duce receperit et quam eatenus perniciem per longa tempora barbaris comitibus subiecta tolerarit.
[4]) Olymp. frgm. 39.
[5]) Ebend.
[6]) frgm. 23.
[7]) Orosius VII. 42, 16. quod in his diebus praecipiente Honorio et adiuvante Constantio pax et unitas per universam Africam ecclesiae catholicae reddita est. Vgl. Prosp. Aquit. 413 und 418. Neander VI. 4. S. 330 ff.
[8]) Olymp. frgm. 39.

Usurpatoren Constantinus und dessen Sohn Constans in Arelate in den Vordergrund des politischen Lebens.[9]) Diese rühmliche Waffenthat trug ihm die höhere Stellung eines kommandierenden Generals ein [10]) (magister utriusque militiae), in welcher er bereits 412 erscheint, und der 414 [11]) ein höherer Glanz durch sein erstes Consulat verliehen wurde, dessen kostspielige Feier er aus dem Nachlafs des gestürzten Gebieters von Africa Heraclian herrichten konnte. Das nächste Ziel, welches er seinem Heere gesteckt hatte, war die Vertreibung des Westgothen Athaulf vom Boden Galliens, gegen den ihn aufser dem Staatsvorteil noch ein persönlicher Grund antrieb; denn nicht minder als der Westgothenkönig hatte Constantius auf die Hand der gefangenen Placidia gerechnet, um durch ihren Besitz auf rechtlichem Wege den höchstbegehrten Preis, die Kaiserkrone, zu erreichen. Das Glück schien ihm über die Mafsen günstig, da ihm nicht nur der von den Gothen aufgegebene Attalus in die Hände fiel [12]), sondern Placidia auch durch die Ermordung ihres Gemahls, ohne Erben zu hinterlassen, frei wurde und von seinem zweiten Nachfolger Wallia nach dem Wunsche des sterbenden Bruders durch Vermittelung des Magistrianen Euplutios dem Honorius zurückgegeben wurde.[13])

Der Patricius Constantius — denn in dieser Würde befand er sich 416 [14]) — hatte seinem kaiserlichen Herrn so wesentliche Dienste geleistet, dafs aus dem Schiffbruch, welchem das Staatsschiff unter der Wucht der Angriffe von seiten der Germanen und zahlreicher Thronräuber entgegenzueilen schien, nicht unwichtige Trümmer gerettet waren; denn hörte auch in Britannien die römische Herrschaft in Wirklichkeit auf und war Spanien ein Spielball germanischer Stämme, so war doch Gallien zum gröfsten Teil durch Constantius Tapferkeit noch römische Provinz und gab Africa der Hauptstadt Rom und Italien alljährlich wieder regelmäfsig das Brodkorn. Was lag daher für den schwachen Honorius näher, als dafs er dem Drängen desjenigen Generals, welcher seine einzige Stütze war, nachgab und seine Schwester Placidia, Gallas Tochter und Justinas, der Gemahlin Valentinians I.[15]), Enkelin, die Witwe Athaulfs, zu einer Vermählung mit Constantius zu bewegen

---

[9]) Orosius VII. 42, 2. Vgl. Prosp. Aquit. 411. Olymp. frgm. 16.
[10]) Cod. Theod. XII. 18, 17.
[11]) Vgl. Prosp. Aquit. Olymp. frgm. 23. und Series chron. const. Cod. Theod.
[12]) Prosper Aquit. Oros. VIII. 42, 9.
[13]) Prosp. Aquit. (Vgl. Marc. Com. zu 414). Olymp. frgm. 26.
[14]) Cod. Theod. XV. 14, 14, Comes et patricius; wie ihn Prosp. Aquit. bereits 415 nennt.
[15]) Vgl. Ifland bei G. S. 153 ff.

suchte! Es war für ihn, da das Ostreich doch nicht in der Lage war, ihn mit ausreichenden Truppen und umsichtigen Führern zu versehen, der einzige Ausweg aus einer sonst dunklen Zukunft. Placidia allerdings, ein stolzes Weib und ihrer Abstammung eingedenk, vermochte sich fürerst nicht an den Gedanken gewöhnen, von neuem die Fesseln der Ehe auf sich zu nehmen, aber sie konnte sich schliefslich, mochte sie auch augenblicklich die Macht durch Beherrschung des Bruders in Händen haben, doch nicht der Frage entziehen, was denn aus dem Reiche und aus ihr werden solle, wenn Honorius kinderlos, wie damals schon sicher war, die Augen schliefsen und sie selber keinen männlichen Erben hinterlassen werde. So legte denn Honorius ihre widerstrebende Hand am 1. Januar 417 [16]) in die Rechte des Consuls und Patricius Constantius, ein weltgeschichtlicher Augenblick von der wichtigsten Bedeutung, da aus der Vereinigung dieser beiden derjenige entsprofs, von dessen Willen und Neigungen das weströmische Reich bis über die Mitte des Jahrhunderts abhängig gewesen ist und dessen Schicksale es geteilt hat. Es entsprangen der Ehe die 418 geborene Honoria[17]), ein Kind, welches später den reinen Namen des Theodosischen Geschlechts durch einen schweren Fehltritt für immer beflecken sollte, und am 2. Juli 419 [18]) endlich ein Sohn, welcher in Rücksicht auf die Ahnen der kaiserlichen Mutter Valentinian (III.) getauft wurde. Nachdem Constantius mit der Familie seines kaiserlichen Schwagers in so enge Beziehungen getreten war, zog Honorius, wenn auch etwas widerwillig, mit Recht aus denselben die letzte Folgerung und gab dem gesunkenen Ansehen des Imparators neue Kraft und neues Ansehen, indem er den Constantius, welcher 420 zum dritten Male das Consulat bekleidete, im Anfang des folgenden Jahres[19]) zum Mitregenten erhob, eine Ernennung, die zugleich die Erhebung Placidias zur Augusta und des Valentinian zum Nobilissimus unverzüglich zur Folge hatte.[20])

---

[16]) Olymp. frgm. 34.
[17]) Ebend.
[18]) Aufser Olymp. ebend. Marcell. Com. Prosp. Aquit. Vgl. Theoph. zu 411.
[19]) Olymp. frgm. 34. Prosp. Aquit. 420. Idac. chron. Theoph. zu 413. 8. Febr. Wenn Sievers hierzu S. 450 bemerkt, Theophanes meine 421, so ist dagegen einzuwenden, dafs die Chronologie des Theoph. überhaupt sehr im Argen liegt und man zu den von ihm gegebenen Daten bald eine höhere bald niedrigere Zahl addieren mufs, um zum Richtigen zu gelangen. Vgl. z. B. 406 zu Hypatia. Ferner beweisen die Verfügungen des Cod. Theod., dafs Constantius erst 421 zum Augustus erhoben wurde; denn während ihn die Gesetze 420 nicht erwähnen, findet er sich III. 16, 2. 10. März; X. 10, 28, (vgl. Hänel note p.); zuletzt II. 27, 1. 26. Juli 421.
[20]) Olymp. frgm. 39. Philost. XII. 10. Vgl. v. Wietersheim S. 184.

In Ostrom, wo man die Entwickelung dieser Verhältnisse mit der gespanntesten Aufmerksamkeit verfolgt hatte, fand das Ereignis nicht die Billigung der Regentschaft aus einer Reihe von schwerwiegenden Erwägungen. Die Absicht des Honorius im Jahre 408, in den Orient zu gehen und dort die Regierung zu ordnen, beweist unwiderleglich, daſs die Einheit des Reiches in den Gedanken der Nachfolger des Theodosius keinen Augenblick trotz aller trennenden Vorkommnisse erloschen war. Daher, wäre Arcadius ohne männlichen Erben zu hinterlassen gestorben, würde Honorius den orientalischen Reichsteil ohne weiteres eingezogen und zum Westen geschlagen haben. Die gleiche Sachlage wäre aber hier eingetreten, wenn Honorius alleiniger Regent des Reiches geblieben wäre, und Theodosius II. würde sicherlich ohne Zögern von dem erledigten Reichsteil Besitz ergriffen und noch einmal, wenn auch in geschmählerter Ausdehnung, das riesige Römerreich in einer Hand vereinigt haben. Auf den Eintritt dieser Erwartung hatte man nun in Constantinopel so lange rechnen dürfen, bis die Ernennung des Constantius erfolgte, durch welche die Regierung Westroms unwiderruflich an eine andere Dynastie gefesselt wurde. Denn war auch Valentinian der Placidia Sohn, so war doch vorauszusehen, daſs bei längerer Lebensdauer des Vaters nach dem Tode des Honorius hier ein anderes Herrscherhaus mit anderen Anschauungen aufkommen werde, welchem der Gedanke an die Reichseinheit immer mehr und mehr verloren gehen würde; um so mehr, als Placidia wohl desselben Vaters Theodosius, aber nicht derselben Mutter Tochter war wie Arcadius und Honorius leibliche Brüder.

Die Regentin Ostroms Pulcheria fühlte sich deshalb im Einverständnis mit ihrem kaiserlichen Bruder (421) nicht in der Lage dem Gesuche des Constantius zu entsprechen, welcher unter Übersendung seines Bildnisses der Sitte gemäſs um Anerkennung des oströmischen Herrschers und um Aufnahme seines Namens in die öffentlichen Kundgebungen des Reiches bat.[21] Nach der bis auf den heutigen Tag geltenden Ansicht wurde diese Zurückweisung auſser als persönliche Beleidigung zugleich als eine versteckte Kriegserklärung angesehen, welcher Constantius, wollte er sein eignes Ansehen, die Würde seines Schwagers und die Zukunft seiner Familie sichern, sich auf keinen Fall entziehen konnte. Und so schien im Beginn des Jahres 421 das langjährige Freundschaftsband, welches Ost- und Westrom seit Arcadius

---

[21] Olymp. frgm. 39. Philost. XII. 10.

Tod so innig umschlang, durch einen blutigen Krieg für immer zerrissen zu werden.

Nicht minder aber hatte sich im fernen Osten zu derselben Zeit der politische Himmel verfinstert, an dem die dräuenden Kriegswolken unabwendbar gegen die Grenzen des Reiches heraufzogen[21a]), welche wie seit einem Jahrhundert zumeist in dem religiösen Gegensatz des römischen und des Partherreichs ihre Begründung hatten. Denn gemäfs der dem Christentum innewohnenden Aufgabe und Kraft, sich über den ganzen Erdkreis auszudehnen und dem Heiland überall auf Erden eine Heimat zu bereiten, waren auch zu den benachbarten Persern frühe die Glaubensboten gekommen und hatten eine fröhliche Saat gestreut, welche dem Christentum bis zum vierten Jahrhundert vielfältige Frucht getragen hatte.[22]) In jenen Zeiten stand an der Spitze der bereits stark vertretenen Kirchen in Persien der Bischof der Hauptstadt Seleucia (Ktesiphon a/Tigris), und es war sogar dahin gekommen, dafs der erste Magier der Lehre von Zoroaster zum Christentum übertrat und eine wirksame Schrift zur Bekämpfung seines ehemaligen Glaubensbekenntnisses veröffentlichte. Eine Verfolgung der Christen brach erst unter Constantins des Grofsen Nachfolgern 343 aus, als man dem Perserkönig seine christlichen Unterthanen als geheime Vaterlandsverräter und Verehrer des römischen Kaisers darzustellen wufste, und dauerte mit Unterbrechungen vierzig Jahre.[23]) Mitten in diesen Wirren wirkte der schimpfliche Friede, welchen Jovian 363[24]) mit den Persern schlofs, und in welchem er aufser weniger bekannten Orten das alte Nisibis und Singara an die Feinde abtrat, nur nachteilig auf das Verhältnis der persischen Christen zu ihrem Herrscher, bis die Ausdauer der· Christen in allen Leiden der Verfolgung Sapor II. bewog Duldung zu gewähren, in derem Schutze die persischen Bekenner des Nicaenums fast bis zum Anfang des zweiten Decenniums des fünften Jahrhunderts lebten.

Besonders am Ende der Regierung des Arcadius und in den ersten Jahren des Theodosius standen die beiden Reiche, wie auch der erwähnte Handelsvertrag des Anthemius deutlich bezeugt, in den lebhaftesten und freundschaftlichsten Beziehungen, deren Vermittler

---

[21a]) Dazu scheint nach der ungenauen Notiz bei Marc. Com. 418 ein Aufruhr in Palästina gekommen zu sein. Vgl. Tillem. note 7. sur Théodose.
[22]) Neander V. 7. S. 155 ff.
[23]) S. 157 ff.
[24]) Ammian Marc. ed. Gardthausen XXV. 7, 9. Petebat autem rex ... Arzanenam et Moxoenam et Zabdicenam itidemque Rehimenam et Corduenam cum castellis quindecim et Nisibin et Singaram et castra Maurorum, 12. postea contigit, ut ... Artaxata inter dissensiones et turbamenta raperent Parthi.

der Bischof Maruthas von Tagrit in Mesopotamien war.[25]) Bei den öfteren Reisen dieses Geistlichen an den persischen Hof war auch der Ruf seiner aufserordentlichen Frömmigkeit bis zu den Ohren des Königs Yazdejerd I. gedrungen, der ihn gerne bei sich sah und auf seinen Rat hörte, und Maruthas wufste sich in dieser vertrauensvollen Stellung, aus welcher ihn die Magier in der Befürchtung, Yazdejerd könne Christ werden, vergeblich durch mancherlei Veranstaltungen zu verdrängen suchten, wohl zu behaupten. Er machte alle ihre Anschläge mit Gottes Hülfe und eigner Klugheit zu schanden und erhielt zur Belohnung vom Könige die Erlaubnis, überall in Persien Kirchen bauen zu dürfen, eine Thatsache, an der auch ein erneuter Ansturm der einheimischen Götzenpriester nichts auszurichten vermochte.

Aber dies einträchtige und für die Ausbreitung der christlichen Lehre so erspriefsliche Verhältnis wurde noch im letzten Jahre des wohlwollenden Königs Yazdejerd[26]) durch den Fanatismus des persischen Metropoliten Abdas gestört, der ohne den Unterschied zu überlegen, ob er auf römischem oder auf persischem Boden sich befinde, gleich wie man jenseits des Tigris die Götzentempel vernichtete, einen der Anbetung des Ormuzd geweihten Bau zerstören liefs. Die natürliche Aufforderung des Königs den Tempel wieder aufzubauen, wies Abdas mit derselben Entrüstung zurück, wie Ambrosius die Zumutung des Theodosius, dafs die Mönche von Nicephorium die Bethäuser der Juden und Valentinianer wieder aufrichten sollten; aber Abdas hatte nicht einen christlichen Kaiser, sondern einen heidnischen Perserkönig sich gegenüber, der schon um des gröfseren Bruchteils seines Volkes willen die Verletzung seines Glaubens nicht ungeahndet lassen durfte. Abdas wurde getötet und alle christlichen Kirchen zum Entgelt vernichtet und damit nicht genug, begann noch in den Tagen des Yazdejerd eine Verfolgung, die sein Sohn und Nachfolger Vararam V. von seinem Vater übernahm und welche über dreifsig Jahre gedauert hat. Es fehlte auch hier nicht an heroischen Männern, die ihren Glauben an Christum höher haltend denn Leib und Leben und Geld und Gut alle Qualen, die ihnen ihre Peiniger erdachten, mit dem hingebendsten Gleichmut und unerschütterlicher Treue ertrugen. Namen wie die eines Hormisda, Jacob und Benjamin[27]) werden unter den Märtyrern

---

[25]) Socr. VII. 8. (Zu Maruthas vgl. VI. 15.) Ihm nach ganz kurz Theoph. zu 406. Vgl. Neander S. 166.

[26]) So berichtet Theodor. V. 39. Vgl. Neander S. 167. Doch steht dem entgegen die Bemerkung des Socr. VII. 18: ὃς τοὺς ἐκεῖ χριστιανοὺς οὐδαμῶς ἐδιώκησε.

[27]) Theod. V. 39. Siehe das Nähere bei Neander S. 167—169.

unseres Glaubens immer voranleuchten, wenn auch der Ruf ihrer Ausdauer und Beharrlichkeit nicht so weit gedrungen ist, als der der Heiligen der ersten Jahrhunderte unserer Kirche. Wo anders aber sollten sich die übrigen hinwenden, welche nicht vorweg ergriffen und von der Neigung, freiwillig sich dem Tode zu weihen, beseelt waren, als zu ihren westwärts wohnenden Glaubensbrüdern! und viele von ihnen scheuten den weiten Weg nicht, nach Constantinopel zu wandern und den Oberhirten Atticus um Hülfe anzugehen.[28]

Bei der ernsten Frömmigkeit, welche Pulcheria und ihren Geschwistern eigen war, war es nicht wunderbar, dafs die Klagen der christlichen Perser durch den Mund ihres alten Lehrers einen tiefen Eindruck auf sie hervorbrachten und ihnen die Erwägung nahe legten, ob es nicht eine Pflicht gegen den gemeinsamen Himmelskönig sei, eine blutige Strafe an den Feinden auszuüben, da Gott ihnen sicher den Sieg verleihen werde. Es waren noch andere Gründe vorhanden diese Überlegung zu unterstützen, einmal hatten die Perser den Römern abgemietete Goldgräber trotz aller Aufforderungen bei sich behalten, sodann aber waren römischen Kaufleuten gegen den von Anthemius abgeschlossenen Handelsvertrag kostbare Waren abgenommen worden. Endlich, nachdem die Verhältnisse so auf die Spitze getrieben waren, forderten die Perser ihre zu den Römern geflohenen christlichen Unterthanen zurück, welchem Verlangen die römische Regierung selbstverständlich nicht entsprach. So sah denn das Jahr 421[30]) in jeder Beziehung drohend aus und schien dem oströmischen Reiche eine Reihe schwerer Prüfungen aufzuerlegen.

Und doch gerade in diesen Tagen der Aufregung und Spannung war es, wo in dem Herzen des jungen Fürsten Theodosius zum erstenmale die Liebe aufging mit all' ihren Freuden und Leiden[31]) und unter einer Verkettung von Umständen, wie sie sich romantischer nicht einem der gewöhnlichen Sterblichen darbieten konnten. Indes war der Entschlufs des Theodosius zu heiraten keineswegs so zufällig

---

[28]) Socr. VII. 18.

[29]) Ebend. — Goth. bezieht hierauf Cod. Theod. VII. 16, 3. 18. Sept. 420., worin untersagt wird den Barbaren verbotene Waren wie Wein, Öl, Salz, Eisen, Getreide, Holz u. a. zu liefern.

[30]) Marc. Com. erwähnt 420 eine Christenverfolgung in Persien; 421 den Krieg, womit Chron. Pasch. übereinstimmt, und 422 den Frieden.

[31]) Über Eudoxia vgl. W. Wiegand: Eudoxia Gemahlin des ostr. Kaisers Theodosius II. 1871 und besonders die geistreiche Schrift von F. Gregorovius Athenais Geschichte einer byzantinischen Kaiserin. Leipzig 1882. 2. Aufl. Eine kurze Bemerkung bei Hertzberg Gesch. Griechenl. III. S. 429 ff., über Leontius S. 517 ff. Vgl. Sievers S. 431.

wie die Wahl, welche er traf; da ihn zu jenem mannigfache Gründe in zwingender Weise nötigten. Denn sowohl ihm wie seiner ältesten Schwester hatte die Thatsache, dafs die Dynastie vorläufig nur auf zwei Augen ruhte, schon längst den Gedanken an eine möglichst baldige Vermählung nahe gelegt, und nur die grofse Jugend des Kaisers, sodann auch der offenbare Mangel an passenden Persönlichkeiten hatten die Ausführung desselben verzögert. Aber noch ein anderer Umstand drängte zur Entscheidung, die Verheiratung des Constantius in Westrom mit Placidia und die Geburt eines männlichen Thronerben im Jahre 419, obwohl damit nicht gesagt werden soll, als ob die Furcht, dieser könne noch einmal bei kinderlosem Tode des Theodosius Herr Ostroms werden, die Absichten des letzteren beschleunigt hätten; jedenfalls aber war die Geburt des Valentinian auch für Ostrom ein wichtiges Ereignis, das zu denken gab. Die Auswahl derjenigen, welche neben Theodosius nunmehr den Kaiserthron einnehmen sollte, lag natürlich in der Hand der Pulcheria, der man es gewifs nicht verdenken kann, wenn sie dabei auch die Frage in Erwägung zog und berücksichtigte, in wie weit etwa die Erkorene ihr selbst den beherrschenden Einflufs auf den Bruder und Hof entziehen könne. Es kam, ihre Entschliefsung zu bestimmen, die schon mehrfach betonte Unmöglichkeit hinzu, für einen Kaiser in jenen Jahrhunderten eine nach unseren Begriffen ebenbürtige Ehe zu schliefsen, und das Beispiel des eignen Vaters, welcher sich bei seiner Wahl auch mehr durch die Schönheit der Eudoxia einst hatte leiten lassen. Theodosius erklärte daher seiner Schwester[32]) bald, dafs er weniger auf den Adel des Blutes als auf den der Gesinnung und vor allem, wie er mit jugendlichem Feuer hinzufügte, auf eine seltene körperliche Vollkommenheit sehen wolle. Pulcheria war damit von Herzen einverstanden und gab sich in Verbindung mit dem Jugendfreunde des Kaisers Paulinus, dem Sohne des Kommandeurs der kaiserlichen Leibwache, die möglichste Mühe, gleichviel ob in der Hauptstadt oder den Provinzen, das den Wünschen des kaiserlichen Jünglings entsprechende Ideal zu finden.

Doch, ehe sie es ahnten, führte ihnen ein wunderbares Zusammentreffen von an und für sich ganz unwichtigen Vorgängen in der ehemaligen geistigen Metropolis der Griechen, Athen, diejenige in die Arme, welche das Geschick zur Gemahlin des neunzehnjährigen Fürsten bestimmt hatte. Dort lebte in jenen Jahren Leontius[33]), einer

---

[32]) Chron. Pasch. 420.
[33]) Gregorovius S. 12 ff. Vgl. Olymp. frgm. 28.

der bekannteren Lehrer der Philosophie an der Hochschule, welcher
seinen Lehrstuhl der Sophistik vielleicht den Bemühungen eines für
unsere Zeit sehr wichtigen Geschichtsschreibers, des Olympiodor, verdankte und wenn auch kein reicher, so doch jedenfalls ein vermögen-
der Mann war.[34]) Er hinterliefs bei seinem Sterben zwei Söhne
Valerius und Gesius[35]), aufserdem eine Tochter Athenais[36]) als
Waisen, und hatte gegen die Erwartung der letzteren, die ihn in seiner
Krankheit mit der gröfsten Aufopferung gepflegt hatte, nicht alle
Kinder zu gleichen Teilen als Erben eingesetzt, sondern den Söhnen
alles vermacht, während er in Bezug auf die Tochter die merkwürdige
Äufserung that: „Meiner innig geliebten Athenais sollen nur hundert
Goldstücke zufallen, denn für sie genügt ihr Glück, welches das aller
Frauen übersteigt."

Welche Beweggründe aufser dem von ihm selbst erwähnten,
der einen vernünftigen Vater doch unmöglich allein leiten durfte,
Leontius zu der Enterbung der Athenais gehabt hat, entzieht sich
völlig unserer Kenntnis, genug er starb, und alle Bitten, so inständig
sie auch waren, vermochten nicht das harte Bruderherz gegen die
berechtigte Forderung der Schwester zu erweichen, sie war und blieb
enterbt. Zum Glück nahm sich der Verstofsenen ihrer Mutter Schwester
in Athen an und hielt sie wie ihr eigen Kind, zog auch mit ihr nach
Constantinopel, wo eine andere Tante wohnte, und bestand darauf,
dafs Athenais einen Prozefs gegen die Brüder anstrengte. War
die Entscheidung desselben nun zu Ungunsten der Klägerin ausgefallen
oder gedachte sie durch den Kaiser auf diese einzuwirken, jedenfalls
hatten Athenais und ihre Tante eine Audienz bei der Augusta Pulcheria,
um ihr unter Darlegung des Sachverhaltes eine Bittschrift zu überreichen.

Die jugendliche Klägerin ergriff dabei selbst das Wort und verstand ihre Gedanken und Klagen in so wohlgebauten Sätzen und so
abgerundeter Form der Kaiserin vorzutragen, dafs diese ergriffen von
der Eindringlichkeit und Klugheit, welche aus ihrer Rede hervorleuchtete,
und der wunderbaren Schönheit des Mädchens unwillkürlich und un-
widerstehlich zu der Überzeugung gebracht wurde, diese Jungfrau und
keine andere sei diejenige, nach welcher sich das Herz des jungen

---

[34]) Joh. Mal. lib. XIV.
[35]) Über die Namen vgl. Gregorovius S. 22.
[36]) Vgl. für das Folgende Chron. Pasch. 420, mit welchem Joh. Mal. XIV.
wörtlich übereinstimmt; nur nennt Chron. P. den Leontius Heraclitus. Vgl. dazu
Theoph. 411 und Cedren p. 337. Niceph. XIV. 23. Zonar. XIII. 23. Über die
Entwickelung der Erzählung von Eudoxia, vgl. Gregorovius S. 62—67.

Fürsten sehne. Und in der That war Athenais körperlich und geistig in einer Weise entwickelt, wie das Menschengeschlecht nicht oft eine Frauengestalt hervorzaubert; denn man denke sich eine hohe schlankgewachsene Mädchengestalt, von dem seltensten Ebenmaſs der Formen, mit groſsen sittsam niedergeschlagenen Augen, deren lebhafter Blick die Schärfe des Geistes ankündigte, mit echt griechischer Nase ohne starke Ausprägung, das klare Weiſs des Gesichtes umrahmt von der üppigen Fülle blonder Locken, dazu die unnachahmliche einer Königin würdige Grazie — so stand die Fremde vor ihr wie ein Bild längst vergangener Zeiten aus den Blütetagen Athens.[37]) Aber die Unterhaltung mit ihr wies bald noch einen anderen Vorzug der Bittstellerin nach, wie man ihn kaum in ihr vermutet hätte, eine ungewöhnliche Ausbildung des Geistes und Gemütes, eine seltene Schärfe des Verstandes, wie ihn nur der fortgesetzte Umgang mit logisch denkenden und geistreichen Männern[38]) in der Frauenseele wachzurufen pflegt, so in jeder Beziehung ein vollkommenes Bild einer eben erblühenden Jungfrau.[39])

Sobald Pulcheria sich gefaſst und durch Fragen erfahren hatte, daſs Athenais noch unverheiratet und aus hochgebildeter Familie sei, hieſs sie die Frauen eine Weile im Audienzzimmer, bewacht von den Dienern, warten, eilte mit der Bittschrift in der Hand zu Theodosius, bei welchem sich gerade sein Freund Paulinus aufhielt, und schilderte ihm das Mädchen in so überschwenglichen Ausdrücken, daſs Theodosius bat, sie unter einem Vorwande in sein Zimmer zu senden, damit er sie zusammen mit seinem Freunde aus einem Versteck ungestört betrachten könne. Pulcheria that, wie ihr Bruder wünschte, Athenais trat ein, und auch die hinter den Vorhängen beobachtenden Jünglinge wurden von ihrem Anblick so fortgerissen, daſs Theodosius von jugendlichem Feuer glühend sogleich darauf bestand, die Jungfrau sich zu vermählen.

Bis hierher führt der romantische Bericht, welcher uns davon erzählt, wie ein Kaiser, hoch oben von dem Herrscherthrone herabstieg und sich mitten aus dem Volk diejenige holte, welche ihm wohlgefiel: er beschreibt uns nicht die Gefühle der enterbten, vater- und mutterlosen Waise, wie ihr in ihrem Elend ein so plötzliches Glück sich bot; er sagt uns nicht, ob sie zuerst sich noch sträubte daran

---

[37]) Vgl. Chron. Pasch.
[38]) Über die Ausbildung der Athenais und der damaligen Frauen, vgl. Gregorovius S. 23—28.
[39]) Vgl. S. 23 und 76. Gregorovius nimmt an, daſs sie etwa 400 oder 401 geboren war.

zu glauben, dann aber freudig einwilligte, die Gemahlin eines als so
gutherzig bekannten Fürsten zu werden, das alles überläfst er der
Phantasie eines jeden sich auszumalen und knüpft nur an ein that-
sächliches Hindernis, welches allein der ehelichen Verbindung entgegen
zu stehen schien [40]), an den heidnischen Glauben der schönen Athenais
an. Indes das schreckte Theodosius nicht, galt es doch nunmehr
für ihn zweierlei an der Zukünftigen zu gewinnen, für sich ihr
Herz und für den Heiland die Seele, und wo Athenais ein so herrlicher Preis winkte und in so liebenswürdiger Weise in Aussicht gestellt wurde, da gab sie sich darein abzuschwören, was ihr einst lieb
und teuer, und anzunehmen, was ihr bis vor kurzem verhafst war.
Dem ehrwürdigen Bischof Atticus fiel die angenehme und interessante
Aufgabe zu, die Professorentochter von dem Einflufs der heidnischen
Irrlehre zu befreien und ihren Geist in die Hallen der ewigen Heilswahrheiten einzuführen. Bald schien die schöne Schülerin den Lehr-
inhalt des Dogmas sich in zufriedenstellender Weise angeeignet zu
haben, und so wurde sie durch das Bad der heiligen Taufe endgiltig
von den Folgen des heidnischen Unglaubens gereinigt [41]), welches sie
nach dem Wunsche ihres zukünftigen Gemahls als Eudocia [42]), eine
christliche Jungfrau, wieder verliefs.

Da unter solchen Umständen der Beendigung dieser so wunderbar entstandenen und märchenhaft klingenden Liebesgeschichte nichts
mehr im Wege stand, so fand die feierliche Vermählung des jungen
Paares bereits am 7. Juni des folgenden Jahres (421) [43]) unter grofsen
Feierlichkeiten statt, von denen uns indes aufser den hippischen und
scenischen Festlichkeiten im Cirkus am 10. Juni näheres nicht bekannt
ist. Aber bevor wir an die Würdigung der Thatsache gehen, dafs
ein Theodosius die Athenais freite, müssen wir schon des rechten
Abschlusses wegen noch mit einem Worte der Art gedenken, wie sie
ihren Brüdern für ihr hartherziges Benehmen nach dem Tode des
Vaters dankte. Valerius und Gesius [44]) waren auf die Nachricht hin,
dafs ihre Schwester den Thron des oströmischen Reiches besteigen
sollte, geflohen und mufsten erst durch Boten ausfindig gemacht und
nach Constantinopel gebracht werden; hier fanden sie bei ihrer Schwester

---

[40]) Vgl. Gregorovius S. 29 ff.

[41]) Chron. Pasch. u. s. w. Socrat. VII. 21. Näheres über die Taufe erst
bei Nicephor. XIV. 13.

[42]) Zum Namen vgl. Gregorov. S. 69. Eckhel Doctr. num. VIII, S. 184 ff.
wirft ihre und Eudoxia's Münzen zusammen. Sabatier Inscription des monnaies
Byzantines I. S. 108. Euagrius hist eccles. I. 21. und Suidas v. Εὐδοξία.

[43]) Chron. Pasch. Marc. Com. Vgl. Gregorov. S. 72.

[44]) Chron. Pasch. und die abgeleiteten Quellen.

die freundlichste Aufnahme, welche zu ihnen sprach: „Hättet ihr mich nicht so schlecht behandelt, so wäre ich nie gezwungen worden, nach Constantinopel zu gehen, und wäre nie Kaiserin geworden. Ihr habt mir somit die Krone, die mir seit der Geburt bestimmt war, allein verschafft, denn mein gutes Glück hat euch gegen mich treulos gemacht und nicht eure Meinung gegen mich!" So söhnte die Erhebung der Athenais die Geschwister wieder mit einander aus, von deren Eintracht und besonders der Gunst der Athenais am besten der feststehende Umstand Zeugnis ablegt, dafs Valerius allmählich bis zum magister officiorum und gar Consul[45]), Gesius ebenfalls bis zu den höchsten Staatsämtern im Laufe der nächsten Jahre emporstieg.[46])

Aber hatte denn diese wunderbare Heirat nicht auch für die übrigen Unterthanen des weiten Reichs noch seine besondere Bedeutung? Gewifs, denn auf die Vermählung des Kaisers mit der Tochter eines heidnischen Philosophen durften auch die früheren Glaubensgenossen derselben stolz sein, wufsten sie doch, dafs neben der äufseren Schönheit nicht zum wenigsten der Besitz der hohen Bildung für ihre Wahl mafsgebend gewesen war, welche allein die Beschäftigung mit den Schätzen antiker Kunst und Wissenschaft damals zu verleihen vermochte; sie war daher in gewissem Sinne ein Triumph des Heidentums und hat sicherlich nicht wenig auf eine versöhnlichere Stimmung zwischen den Christen und Gentilen hingewirkt. Aber nicht nur für diese, sondern überhaupt für alle Unterthanen Ostrom's war die Heirat ein ebenso wichtiges wie freudiges Ereignis; denn durch dasselbe war einmal wieder die starke Wand durchbrochen worden, welche sonst Fürsten und Volk unter Arcadius streng geschieden hatte, es war einmal wieder dem Volke gezeigt, wie auch jene seiner fortgesetzt bedürften und die Unsterblichen ohne die Sterblichen nimmer auskommen können. Endlich warf sich in jenen Tagen wohl mit Recht die Frage auf, ob der in strengstem Glauben erzogene Kaiser auf seine eben erst getaufte Gemahlin einen nachhaltigen Ein-

---

[45]) Valerius ist uns bezeugt im Cod. Theod. als Com. R. Pr. 425 X. 10, 32; V. 14, 9; als Com. S. L. 427. X. 20, 17; als Mag. off. 435 VI. 28, 8 und VII. 8, 16. 432 ist ein Valerius Consul, wozu Sievers S. 432 bemerkt, dafs er von jenem gewifs verschieden sei, obwohl auch in dem für den obigen von S. citierten Gesetze VII. 8, 16. Val. Mag. off. et ex-consule ordinario genannt wird. Dafs er in dem vorangehenden VI. 28, 8 nicht denselben Titel führt, beweist nichts, da auch ‚patricius' oft weggelassen wird. Mithin war der Bruder der Kaiserin wahrscheinlich 432 Consul. Dafür spricht auch die allerdings späte Notiz bei Nicephor. XIV. 12. Vgl. Gregorovius S. 111 und 233.

[46]) Er wurde nach Chron. P. Prf. pr. Illyr. Doch findet sich dafür kein Beleg im Cod. Th.

flufs ausüben oder ob umgekehrt der Bildungsgang, den Eudoxia genossen hatte und mit allen seinen Erinnerungen nicht vergessen konnte, am Hofe selbst, von dem bisher Schöngeisterei und Beschäftigung mit nicht geistlichen Dingen streng verbannt gewesen war, allmählich eine Umgestaltung hervorrufen werde?

Aber wenn Theodosius diese Ehe schlofs trotz des Kriegslärms, welcher vom Westen und Osten seines Reiches nach Constantinopel hinüberschallte, so that er es gezwungen durch höhere Erwägungen, ohne etwa die Gefahren, welche ihm aus jenen Gebieten her drohten, zu verkennen; auch lag es nicht in der Art der umsichtigen Pulcheria, wichtige Angelegenheiten leichtfertig zu behandeln. So sah denn das oströmische Reich der Zukunft nicht so unvorbereitet entgegen, als es auf den ersten Blick scheinen möchte und mit der Hülfe Gottes, auf den sie und ihr kaiserlicher Bruder stets ihre einzige Hoffnung setzten, gelang es demselben teils durch die Tapferkeit seiner Heerführer teils infolge eines unerwarteten günstigen Ereignisses, auf das man vorher nicht hatte rechnen können, seiner Gegner Herr zu werden.

Die nächste Not drängte von Osten her, wo in den römischen Grenzlanden, wie merkwürdiger Weise berichtet wird, die dort stationierten Truppen aus näher nicht bekannten Gründen augenblicklich nicht zur Stelle waren[47]; sonst wären Mesopotamien und Osrhoene durch ihre zahlreichen Reiterregimenter und Armenien durch seine Infanterie[48] für den ersten Angriff mehr als gedeckt gewesen. Gleichwohl waren die Römer die ersten auf dem Kriegsschauplatz, unter der Führung des Ardaburius[49], eines tapferen Feldherrn, welcher in seinem Sohne Aspar seinem Vaterlande einen nicht minder tüchtigen Soldaten erzog, nur dafs beide noch im arianischen Irrglauben befangen waren. Dieser brach zunächst aus dem römischen Anteil Armeniens[50] in die persische Provinz Arzanene ein, verwüstete sie und brachte viele Gefangene ein. Das Schicksal dieser beklagenswerten Perser, deren

---

[47] Socr. VII. 18. Vielleicht waren daran schuld der Aufstand des Plinta comes 418 oder die Soldatenaufstände 420, von denen Marcell. Com. zu diesen Jahren spricht. Vgl. Tillem. note 7 sur Théodose.

[48] Notitia Dign. ed. O. Seeck cap. XXXV. XXXVI. und XXXVIII.

[49] Socr. VII. 18. φθάσας ὁ ῥωμαίων βασιλεὺς ἀποστέλλει μερικὴν δύναμιν, ἧς ἦρχεν ὁ στρατηγὸς Ἀρδαβούριος. Joh. Ant. 195. Aspar wird Arianer genannt bei Theoph. zu 452 und Cedren p. 347. Dessen Sohn hiefs wieder Ardaburius. Priscus frgm. 20 und Suidas v. Στιβηριανός. 427 war Ardaburius Consul. Vgl. Sievers S. 483 ff. und Series chron. Const. Cod. Th.

[50] Aufser Socrates a. a. O. berichtet noch über den Perserkrieg Theophan. zu 418 und Cedren p. 337. Zu Arzanene, das Cassiodor Hist. trip. XI. 15 Azanene und Theophanes Arzane nennt, vgl. Kiepert S. 79.

Erhaltung wegen ihrer Anzahl dem römischen Feldherrn nicht möglich war, wäre wahrscheinlich ein langsamer Hungertod gewesen, hätte sich hier nicht der Bischof Acacius der römischen Grenzstadt Amida ins Mittel gelegt und durch sein nachahmungswertes Beispiel einen Beweis von der Opferwilligkeit der Geistlichen dieser Periode gegeben, wie man das Wort des Herrn von der Liebe gegen den Feind auch durch die That beherzigen könne. Dieser heilige Mann scheute sich nicht seinen Klerikern vorzuschlagen[51]), dafs die goldenen und silbernen Kirchengeräte veräufsert würden, um jene Unglücklichen loszukaufen und mit den nötigen Lebensmitteln zu versehen, ein Vorschlag, welcher die allseitige Zustimmung derselben fand und zur Verwunderung des Perserkönigs auch wirklich ausgeführt wurde.

Inzwischen rückte der persische Feldherr Narsaeus heran, um die Römer zu vertreiben, wurde aber von Ardaburius aufs Haupt geschlagen.[52]) Dennoch beschlofs Narsaeus, nachdem er sein Heer von neuem gesammelt hatte, durch Mesopotamien in die schutzlosen römischen Provinzen einzufallen, aber auch dies Unternehmen schlug fehl, da Ardaburius schleunigst aus Arzanene herangerückt war. Beide Heere trafen in der Nähe der persischen Grenzstadt Nisibis aufeinander; da richtete Narsaeus an den Ardaburius, wie einst die Cimbern an Marius das Ansinnen, Ort und Zeit zu einer Entscheidungsschlacht zu bestimmen, allein Ardaburius wies es stolz zurück, und beide Völker zogen neue Verstärkungen an sich. Doch scheinen die Perser zunächst sich zurückgezogen haben, da es den Römern möglich war, sie in Nisibis mit Holztürmen und Mauerbrechern regelrecht zu belagern und selbst die Hülfe, welche den Eingeschlossenen von Aufsen gebracht wurde, ohne Erfolg zurückzuwerfen. Da rief der Perserkönig zu seiner Unterstützung die nomadenhaften Reitervölker der syrisch-arabischen Wüste unter ihrem Könige Alamundarus herbei, der, ein edler, kriegerischer Mann, mit unzähligen Schwärmen der Sarazenen erschien und Vararam verhiefs, er werde ihm bald die Römer als Gefangene und das reiche Antiochia erobert übergeben. Aber sein stolzes Wort war zu früh gesprochen, denn, wenn wir auch nicht mit dem Kirchenhistoriker Socrates, der uns hier als alleinige Quelle vorliegt, ein Wunder annehmen können, so steht doch soviel fest, dafs die Sarazenen durch ein elementares Ereignis[53]) beim Übersetzen über

---

[51]) Socrat. VII. 21; ὁ θεὸς ἡμῶν οὔτε δίσκων οὔτε ποτηρίων χρῄζει. οὔτε γὰρ ἐσθίει οὔτε πίνει, ἐπεὶ μὴ προςδεής ἐστιν.

[52]) Socr. VII. 18.

[53]) Sollte sich hierauf beziehen, was Theodoret V. 37 zum Perserkrieg berichtet? und wohin gehört die Belagerung von Theodosiopolis ebend.?

den Euphrat so grofse Verluste erlitten, dafs sie den Zug aufgebend schleunigst wieder umkehrten. Dennoch hatte die Nachricht, dafs der Perserkönig sogar mit Elephanten heranziehe, die Folge, dafs die bestürzten Römer ihre Belagerungsmaschinen in Brand steckten und auf die Einnahme von Nisibis verzichteten.

Inzwischen langten die Verstärkungen des römischen Heeres unter dem General Areobind[54]), einem Gothen, an und gaben dem Kriege wiederum eine günstige Wendung, der übrigens aufser durch den oben erwähnten Antrag des Narsaeus an Ardaburius auch dadurch ein antikes Gepräge erhält, dafs Areobind im Zweikampfe[55]) einen übermütigen Perser, der ihn herausgefordert hatte, mit der Schlinge vom Pferde gerissen und getötet haben soll. Jedenfalls neigte sich durch die Vernichtung von sieben persischen Feldherrn durch Ardaburius im Hinterhalt und die Besiegung der Sarazenen durch den Vitianus der Sieg entschieden auf die Seite der Römer, wovon die Nachricht infolge des trefflich eingerichteten Kourierdienstes sehr schnell in Constantinopel anlangte (6. Sept. 421).[56])

Doch bevor der endgiltige Friede mit den Persern abgeschlossen wurde, lief eine andere Nachricht ein, welche Pulcheria und Theodosius von einer schweren Sorge und Verantwortung befreite. Denn, wie oben erwähnt, begann Constantius, dessen Erhebung zum August von der oströmischen Regierung nicht anerkannt worden war, ernstlich zu rüsten, um seiner Stellung durch einen Krieg mit Ostrom den nötigen Rückhalt zu gewinnen; aber mitten in den Vorbereitungen dazu entrifs ihn eine Krankheit der Lunge nach kaum viermonatlicher Herrschaft[56a]) seinem thatenreichen Leben, auf das Honorius und seine Schwester Placidia die weitgehendsten Hoffnungen gesetzt hatten. Nun stand Honorius wieder schutzlos da, und im Falle seines Todes war es um sein Reich schwach bestellt, denn selbst, gesetzt Theodosius würde den Valentinian als Kaiser anerkennen, so fehlte Westrom

---

[54]) Socr. VII. 18 und vgl. Sievers S. 485. Areobind war 434 Consul.

[55]) Socr. a. a. O. Vgl. Cedren p. 337, der ihn comes foederatorum nennt. Ausführlich wurde der Zweikampf bei Joh. Mal. XIV. beschrieben, doch ist der Krieg, in welchem er hier erwähnt wird, wahrscheinlich ein späterer.

[56]) Über die Schnelligkeit der Läufer vgl. Soc. VII. 19. Der hier erwähnte Courier Palladius wird auch während des Concils in Ephesus von Theodosius als Eilbote verwandt. Harduin. Concil. coll. I. p. 1565. Er heifst hier magistrianus. — Das Datum bringt Chron. Pasch.

[56a]) Olymp. frgm. 34. Prosp. Aquit. 421. Idac. ebenfalls, doch fälschlich im 3. Consulat (420.) Nach Theoph. im Jahre seiner Erhebung am 2. September. Ganz verkehrt Tiro Prosp. 423. dignitas — qua vix octo menses usus interiit. Vgl. Philost. XII. 10. Constantius Münzen vgl. bei Eckhel S. 175.

immer noch die starke Hand, deren es so sehr bedurfte. Für Ostrom freilich war dies Ereignis wieder eine Gabe des Geschickes, für die Theodosius Gott gewifs nicht genug danken zu müssen glaubte; es gewährte ihm im Osten freie Hand und eröffnete für die Zukunft die Möglichkeit, entweder noch einmal das weite Römerreich in einer Hand zu vereinigen oder doch wenigstens einen mafsgebenden Einflufs auf die Westhälfte auszuüben.

Trotz des günstigen Wechsels in den politischen Verhältnissen wollte der Kaiser, welchem der Krieg bei seiner aufrichtigen Frömmigkeit stets nur Mittel zum Frieden war und blieb, dem Zerwürfnis mit den Persern ein Ende machen und schickte daher einen hohen Hofbeamten Helio[57]), welcher späterhin die Würde eines Kanzlers und Patricius erlangte, zum Kriegsschauplatz mit dem Auftrage Unterhandlungen anzuknüpfen. In Mesopotamien angelangt, wo die Römer einen Schutzwall und Gräben aufgeworfen hatten, entsandte er als besonderen Unterhändler einen sehr redegewandten Mann aus der Umgebung des Ardaburius Maximinus[58]) mit besonderen Aufträgen an Vararam ab. Diesem erklärte Maximin, er komme nur vom römischen Feldherrn, nicht vom Kaiser, der hiervon nichts wisse, und bitte um Vorschläge zum Frieden.[59]) Gern wäre der König auf seine Anerbietungen eingegangen, aber er fürchtete sich wegen seiner Leibtruppen, der sogenannten Unsterblichen[60]), einen unvorteilhaften Frieden zu schliefsen, hiefs den Maximinus zunächst bei ihm bleiben und zog die Unterhandlungen in die Länge. Gleichwohl war er hinterlistig genug, diese Gelegenheit zu einem unerwarteten Angriff auf die Römer zu benutzen, welche sich während des Aufenthalts ihres Gesandten vor jeglicher Gefahr sicher wähnten. Die Perser hatten einen Hinterhalt gelegt, in welchem sich die Unsterblichen versteckt hielten, um den überraschten Römern den Rest zu geben, aber im entscheidenden Augenblick erschien der General Procopius[61]), fiel seinerseits den Feinden in den Rücken und bereitete den Unsterblichen den den Römern zugedachten Untergang.

---

[57]) Er war 424 Com. et mag. offic. Cod. Th. I. 8, 3, ebenso 426. VI. 27, 20; 427 patricius et mag. offic. VII. 8, 14. XIII. 3, 18; patricius auch bei Socr. VI. 24 und Olymp. frgm. 46.

[58]) 424 Com. S. L. Cod. Th. XI. 21, 3. 426. X. 20, 15.

[59]) Socr. VII. 20.

[60]) Vgl. Suidas v. ἀθάνατοι: μύριοι Περσῶν ἐπίλεκτοι οὕς Ἀρδαβούριος ἐπὶ Θεοδοσίου βασιλέως διέφθειρεν καὶ ἠφάνισεν.

[61]) Er war 424 mag. mil. per orientem. Cod. Theod. VII. 4, 36.

[62]) Socr. VII. 20. Marc. Com.

Nach diesem unglücklichen Verlaufe des Kampfes[42]) sah Vararam die einzige Rettung in dem sofortigen Abschluſs des Friedens, obwohl er dem Maximin gegenüber so that, als wisse er von jenem Angriff nichts und wolle ihm persönlich einen Gefallen erweisen; doch sind wir über die Bedingungen desselben im Unklaren, es scheint, als ob der status quo ante von beiden Seiten von neuem anerkannt worden ist. Man kann sich denken, daſs die Friedensbotschaft (422) in den Herzen des Theodosius und seiner Geschwister den innigsten Dank gegen Gott hervorrief, der ihnen von neuem einen so wunderbaren Beweis seiner Gnade gegeben und sie von allen drohenden Gefahren errettet hatte. Aber sie jubelten nicht allein, denn ihr Beispiel regte viele zu lobpreisenden Reden an, welche die Thaten des Perserkrieges verherrlichten, und vor allem fand die jugendliche Gemahlin des Kaisers gleich im Anfang ihrer Ehe in denselben einen würdigen Gegenstand, in dem sie ihre groſse poetische Begabung in heroischem Versmaſs bethätigen konnte.[43])

Viertes Kapitel.

Geburt der Eudoxia — Verhältnis Placidia's zu Honorius nach dem Tode des Constantius. — Verbannung der Placidia mit ihren Kindern in den Orient. — Honorius stirbt 15. Aug. 423. — Geheime Maſsregeln des oströmischen Hofes. — Johannes, primicerius notariorum, wird in Italien zum Kaiser erhoben. — Seine Gesandtschaft nach Constantinopel. — Ardaburius, Aspar und Candidian werden gegen ihn geschickt. — Valentinian zum Caesar erhoben. — Des Ardaburius unglückliche Expedition zur See und Gefangennahme. — Aquileia genommen. — Ardaburius und Aspar siegen durch Verrat. — Johannes wird hingerichtet. Valentinian wird von Theodosius in Rom zum August ernannt 23. Oktob. 425. — Sieg über die hunnischen Hülfsvölker. — Fürsorge des Theodosius für Illyrien. — Auſserordentliche Besteuerungen werden notwendig. — Professoren und Ärzte unter den Kaisern. — Die Gründung der Universität Constantinopel.

Das Jahr 422 brachte Theodosius, vielleicht noch vor dem Abschluſs des Perserkrieges, ein anderes freudiges Ereignis, die Geburt einer Tochter, welche wie die Enkel in diesen Zeiten gewöhnlich nach ihren Groſsvätern benannt wurden, im Andenken an die Mutter des Kaisers in der heiligen Taufe den Namen Eudoxia[1]) empfing. Zwar

---

[42]) Socr. VII. 21. Gregorovius, welcher S. 251 ff. von den Dichtungen der Kaiserin handelt, erwähnt diese Nachricht nicht, obwohl der ganze Zusammenhang bei Socr. darauf hinweist, daſs ihr der Sieg über die Perser Veranlassung zum Dichten gab.

[1]) Marc. Com. Vgl. Chron. Pasch. zu 421. Socrat. VII. 44. Euagrins I. 20. Sievers S. 431.

war dadurch die Hoffnung auf den erwarteten Thronerben wieder in die Zukunft gewiesen, dennoch war gewifs die Freude über die Geburt im Kaiserpalast zu Constantinopel allgemein, und wer eine kühne Phantasie besafs, weissagte der kleinen Prinzessin wohl die Kaiserkrone, ohne zu ahnen, dafs dieser Traum sich einst verwirklichen sollte. Jedenfalls fafste Eudoxia dadurch immer mehr festen Fufs in der Familie des Theodosius, in welche sie verhältnismäfsig doch fremd eingetreten war, und so konnte ihr nun nicht länger der Titel der Augusta entzogen werden, welchen vor ihr alle Kaiserinnen getragen hatten. Er wurde ihr am 2. Januar[2]) des folgenden Jahres zu teil, doch änderte diese Erhebung vor der Hand nichts in den Zuständen am Hofe, wo Pulcheria nach wie vor das entscheidende Wort sprach, während ihr kaiserlicher Bruder nur seinen Namen zu den Rescripten hinzufügte.

Lenkte so thatsächlich eine Frau, wenn auch mit männlichem Sinn ausgestattet, das weite Gebiet des östlichen Römerreichs, so entwickelten sich die Verhältnisse im Occident derartig, dafs wenige Jahre später auch dieser den Geboten eines Weibes gehorchte.[3]) In Westrom nämlich führten die nächsten Jahre nach dem Tode des Constantius äufserst wichtige Veränderungen herbei, welche das Ostreich lebhaft in Spannung versetzten und schliefslich stark in Mitleidenschaft zogen. Infolge des Verlustes ihres Gemahls hatte sich Placidia wie natürlich zunächst auf das Engste an ihren Bruder angeschlossen, welcher ihr auch Mitgefühl und die wärmste Liebe entgegenzubringen schien.[4]) Allein wie so oft die vertrautesten Verhältnisse, eben weil sie zu vertraulich geworden sind, in argen Hafs, Mifstrauen und grimmige Feindschaft umschlagen, so trat auch plötzlich hier eine auffallende Kälte zwischen den Geschwistern ein, für welche der Grund in persönlichem Zwist gesucht werden mufs; doch wissen wir über ihn nichts Näheres, als dafs zwei Frauen in der Umgebung Placidias, Spadusa[4a]) und ihre ehemalige Amme Elpidia, den Streit schürten, worin sie von dem Haushofmeister der Augusta Leonteus eifrig unterstützt wurden. Es war also eine Kabale, wie sie so oft an Höfen auftritt, zumal an solchen, wo die Herrscher schwach sind und die Macht in den Händen von Frauen oder Eunuchen liegt.

---

[1]) Chron. Pasch.
[2]) Vgl. v. Wietersheim II.[2.] S. 184.
[3]) Olymp. frgm. 40. Vgl. Sievers S. 451.
[4a]) Hansen de vita Aetii diss. Dorpat. 1840, vermutet S. 26. Anm. 46., dafs Σπάδουσα gleich bedeutend sei mit der von Prosp. Aquit. 430 erwähnten Gemahlin des Felix Padusia.

Hier aber blieb sie nicht auf die Palastmauern beschränkt, sondern fand noch auf der Strafse Wiederhall und blutigen Austrag; denn auch Placidia hatte durch ihre Vermählung mit Athaulf noch immer Anhang unter den Soldaten gothischer Abstammung und nicht minder durch die Heirat mit Constantius, welcher die Zuneigung des ganzen Heeres genossen hatte, unter den römischen Truppen. Es kam daher zu manchem heifsen Zusammenstofs zwischen der Leibwache des Honorius und den Parteigängern seiner Schwester, welche nicht ohne gefährliche Verwundungen hüben und drüben abging. Der Zwist zwischen den Geschwistern erreichte endlich, geschürt von derjenigen Partei am Hofe, welche am liebsten den Valentinian und Placidia von der Nachfolge auf dem Thron verdrängt hätte und zu der auch der General Castinus gehörte, den Grad von Feindschaft, dafs Honorius die Augusta samt Honoria und Valentinian wie eine politische Verbrecherin ihrer Titel beraubte und aus seinen Landen verwies.[5])

So mufste die jüngste Tochter des grofsen Theodosius[6]), welche schon in den Jahren, welche sonst die schönsten des Lebens sein sollen, das schwere Geschick barbarischer Gefangenschaft in den Gebieten getragen hatte, welche ihr Vater mit dem Blute seiner Tapferen den Tyrannen wieder abgewonnen hatte, noch im reiferen Alter, wo sie dem Throne bereits so nah gewesen war, mit ihren unmündigen Kindern heimatlos über das Meer irren, um im fernen Orient in Constantinopel, wo auch ihre Wiege gestanden, um freundliche Aufnahme zu bitten. Aber sie war nicht ungetröstet; denn ihr kam gewifs ins Gedächtnis, wie ihre eigene Mutter in Begleitung der Justina einst vor dem Tyrannen Maximus in den Orient geflohen war und hier nicht nur eine bleibende Stätte, sondern sogar die Krone der Augusta gefunden hatte [7]), und aufserdem wufste sie, dafs sie eine starke Partei, welche ihr wohlwollte, im Westen zurückliefs. Wenigstens einer von den Grofsen, Bonifacius, der tapfere Verteidiger Massilias gegen Athaulf und jetzt Statthalter der wichtigen Provinz Africa, blieb ihr in unerschütterlicher Treue ergeben[8]), wovon die Geldsendung, welche er ihr damals zufliefsen liefs, und seine sonstige Bereitwilligkeit ein unverkennbares Zeugnis ablegten.

In Constantinopel fand die Augusta von seiten des Theodosius,

---

[5]) Olymp. ibid. Marcell. Com. giebt die Zahl, aber unrichtig in Bezug auf die Namen der Kinder. Vgl. Olymp. frgm. 46, Tiro Prosp., Cod. Theod. I. 6, 11 v. 6. Aug. 423.
[6]) Vgl. Sievers S. 447.
[7]) G. S. 153.
[8]) Olymp. frgm. 21 und 40. Vgl. Marc. Com. zu 422 und Sievers S. 450.

seiner Gemahlin und seiner Geschwister, trotz der Nichtanerkennung des Constantius eine angemessene Aufnahme, während Honorius ganz in den Händen seiner Günstlinge verblieb. Da auch Placidia gleich ihrem Gemahl zuletzt eine Beschützerin des orthodoxen Bekenntnisses gewesen war, so konnte sie sich in das eintönige, halb klösterliche Leben des Hofes am Bosporus und in die Persönlichkeiten der Eudoxia, Pulcheria und ihrer Schwestern leicht hineinfinden, denen sie in dem Palaste, welcher ihr eingeräumt wurde und nachmals ihren Namen trug[9]), auch räumlich nahe blieb.

Aber das Ereignis, auf welches Theodosius durch Placidia schon vorbereitet war, der Tod des Honorius an der Wassersucht, trat früher ein, als man erwartet hatte, wenige Monate nach der Ankunft der Flüchtlinge in Constantinopel am 15. August 423.[10]) Es ist hier nicht die Aufgabe, den Thaten oder Unterlassungssünden dieses entarteten Sohnes des Theodosius ein endgiltiges Urteil zu sprechen, seine unmännliche Schwäche und sein Mangel an Einsicht sind indes mehrfach auch in unserer Darstellung aufs deutlichste hervorgetreten und beweisen, dafs jene Anekdote[11]), nach welcher er auf die Nachricht von der Einnahme Roms durch Alarich verwundert ausrief: „Sie hat aber doch eben erst Futter aus meiner Hand genommen!" und dann von dem Eunuchen belehrt, dafs nicht seine Henne Roma, sondern die ewige Stadt gemeint sei, weniger erschreckt geantwortet habe: „Ach so, ich glaubte, du meintest das Huhn!" wenigstens gut erfunden ist, falls sie nicht auf Wahrheit beruht. Für Ostrom aber war das Hinscheiden dieses Fürsten, der kinderlos starb, ein Ereignis von der höchsten Bedeutung, da Theodosius ohne Frage der einzige erbberechtigte Angehörige des Verblichenen war, und noch einmal sollte sich also in der Hand eines Mannes fast das ganze ehemalige Römerreich vereinigen.

Schwerlich hatten Theodosius und seine Beraterin Pulcheria von vornherein die Absicht, den westlichen Anteil der Leitung eines anderen anzuvertrauen, sondern zunächst nur den festen Entschlufs, sich das zugefallene Erbteil auf keinen Fall entwinden zu lassen.[12]) Wären

---

[9]) Notitia urbis CP. ed. O. Seeck S. 237. Er lag in der zehnten Region.
[10]) Das Jahr bei Marc. Com. Prosp. Aquit. (Unrichtig Idac. und Philost. XII. 11.) Das Datum giebt Olymp. frgm. 41 auf den 27. Aug. an, Socrates VII. 22 (und Theoph.) auf den 15. Aug. Vgl. Sievers S. 451. v. Wietersheim S. 185 hat falsch subtrahiert.
[11]) Procop. de bello Vandal. I. 2.
[12]) Dagegen ist nicht anzunehmen, dafs Theodos. noch nach der Niederwerfung des Johannes schwankte, wem er das Reich übergeben solle, wie Socr. VII. 24. meint. Vgl. v. Wietersheim S. 185 ff.

Placidia und ihre Kinder in Italien geblieben und nicht verbannt worden, wer weifs? ob nicht Valentinian, der Sohn des einstigen Mitregenten Constantius, und in seinem Namen die Mutter Placidia ohne weitere Störungen und auch anerkannt vom oströmischen Hof die Erbschaft des Oheims angetreten hätte; nun aber, wo sie als Flüchtlinge in Constantinopel Zuflucht gesucht hatten, war ihr Rechtsanteil mehr als je von der Güte und Entscheidung des Theodosius abhängig. Indes bei der völligen Verwaistheit des westlichen Reiches und dem Vorhandensein einer Partei, welche von der Rückkehr der Placidia und einer ihr günstigen Regierung alles befürchten mufste, war vorauszusetzen, dafs das Staatsschiff nicht ohne Unterbrechung der Fahrt und verhängnisvolle Stürme in den Hafen der Ruhe einlaufen werde.

Die Regierung in Constantinopel machte daher den Tod des Kaisers nicht sogleich bekannt[13]), sondern schickte, um zu verhindern, dafs in Illyrien sich Widerstand gegen die Übernahme der Regentschaft zeige, heimlich eine starke Truppenabteilung in diese weströmische Provinz mit dem Auftrage sich des wichtigsten Hafenortes an der adriatischen Küste, Salonae, zu bemächtigen. Dann erst wurde die Trauerbotschaft veröffentlicht und eine officielle Landestrauer geboten, welche sogar dem schaulustigen Publikum der Hauptstadt das Opfer siebentägiger Enthaltung von den Vergnügungen im Hippodrom auferlegte.[14]) Inzwischen aber lief eine Nachricht ein, welche die Befürchtungen hinsichtlich der Folgen des Todesfalles für das Westreich nur zu sehr bestätigten. Denn die Hofpartei[15]), welcher vor kurzem Placidia hatte weichen müssen und die durch den General Castinus[16]) eine mächtige Stütze auch im Heere hatte, suchte ihrem voraussichtlichen Sturze durch das so oft versuchte Mittel der Erhebung eines Gegenkaisers zuvorzukommen und fand eine geeignete und willige Persönlichkeit in einem hohen Ministerialbeamten, dem Primicerius notariorum Johannes[17]), auf den allerdings in Rücksicht auf den

---

[13]) Socr. VII. 23. Zu Salonae vgl. Mommsen Röm. Gesch. V. S. 184 ff.
[14]) Theoph. zu 415.
[15]) Procop. de bello Vand. I. 3.
[16]) Prosp. Aquit. 423: connivente ut putatur Castino. Er hatte 422 unglücklich gegen die Vandalen in Spanien gekämpft. Prosp. Aquit. Idac. chron. Salvian. de gubernat. dei. VII. Vgl. Mannert Gesch. der Vandalen S. 40 ff. Papencordt Gesch. der vand. Herrschaft in Africa S. 16.
[17]) Aufser Prosp. vgl. Marc. Com. zu 424, Philost. XII. 11. Socr. VII. 23. Olymp. frgm. 41. Joh. Ant. frgm. 195. und die abgeleiteten Quellen. v. Wietersheim S. 186 nennt ihn Oberhofnotar; es war das erst die zehnte Charge in der Rangordnung des Hofes. Vgl. Not. Dign. Cap. I.

gewöhnlichen Ausgang aller Usurpatoren mit mehr Recht das damals in Umlauf kommende geflügelte Wort: „Er fällt und steht nicht!" anzuwenden war als die Umkehrung dieses Satzes durch das Volk. Politisch hervorgetreten war der neue Imperator Johannes in den vorangehenden Jahren ebenso wenig wie einst der Usurpator Eugenius[18]), der sich in gleicher oder ähnlicher Stellung befand und vom Franken Arbogast nur zum Deckmantel seiner eigenen Herrschaftsgelüste auf den unsicheren Thron erhoben worden war, auch von seinen persönlichen Eigenschaften wissen wir so gut wie nichts, da die Bemerkungen eines viel späteren Geschichtsschreibers[19]), welcher ihn als einen verständigen, mäfsigen Mann von mildem Gemüt schildert, nur mit Vorsicht aufzunehmen sind. Wie alle Thronräuber zunächst den Versuch machen, sich von dem rechtmäfsigen Staatsoberhaupt die Anerkennung zu verschaffen, welche dem Tyrannen Constantinus vor gar nicht langer Zeit wirklich von dem geängstigten und übel beratenen Honorius anfangs zu teil geworden war, so sandte auch Johannes einige Männer nach Constantinopel, welche den Mut hatten den heiklen Auftrag zu übernehmen.[20]) Hier fanden sie und jedenfalls mit besserer Begründung eine ähnliche Aufnahme, wie sie einst die Abgesandten des römischen Bischofs von seiten der Organe des Arcadius erfahren hatten, denn sie wurden unter Verletzung der sonst im Völkerrecht üblichen Gewohnheiten als Gefangene behandelt und in verschiedenen Orten der Propontis als Verbannte festgehalten.

Nach solchen Erfahrungen war Johannes nicht mehr im Unklaren über die Absichten des oströmischen Hofes, er traf daher auch seinerseits alle Vorkehrungen zur Abwehr des bevorstehenden Angriffes und schickte einen gewandten Offizier, den Aetius, zu den hunnischen Völkern, um möglichst schnell eine Schar von Hülfstruppen herbeizuführen. Inzwischen hatte auch Theodosius im Einverständnis mit seiner[21]) Schwester Pulcheria seinen Entschlufs in betreff der Kriegsführung und des endgiltigen Schicksals der zu erobernden Westhälfte gefafst: Nicht im Lager aufgewachsen und im Waffenlärm wollte er persönlich, ebenso wie es Arcadius und Honorius zu thun pflegten, dem Feldzuge fern bleiben, obwohl ihn die Anwesenheit der Pulcheria in Constantinopel wohl abkömmlich gemacht hätte; er übertrug daher die Leitung der Operationen dem bereits aus dem Perserkriege rühmlichst

---

[18]) Ausführlich behandelt bei G. S. 214 ff.
[19]) Procop. I. 3.
[20]) Philost. XII. 11. Theoph. 415.
[21]) Prosp. Aquit. zu 425. Prosp. Tiro. Ren. Prof. Frig. bei Gregor. Tur. II. 8, Vgl. Hansen de vita Aetii I. S. 31.

bekannten Feldherrn Ardaburius, welchem als Generale sein Sohn Aspar und Candidian[22]), welcher einst die Heirat der Placidia mit Athaulf vermittelt hatte und wahrscheinlich mit ihr nach dem Orient gegangen war, als genauer Kenner der occidentalischen Verhältnisse und des Terrains beigegeben wurden. Als Trägerin der kaiserlichen Autorität aber entschlofs sich Theodosius seine Tante Placidia und seinen jungen Vetter Valentinian mitzusenden[23]), denen er daher ihre ehemaligen Würden erneuerte.

Diese Erhebung der Placidia zur Augusta und des fünfjährigen Valentinian zum Caesar, welche Theodosius in Thessalonich durch den Kanzler und Patricius Helio vornehmen liefs[24]), wäre gewifs ebenso wie die Mitsendung der beiden unterblieben, wenn er nicht in Übereinstimmung mit Pulcheria sich schon endgiltig dahin entschieden gehabt hätte, das eroberte Westreich seinem jungen Verwandten unter der Leitung der Mutter anzuvertrauen. Doch wurde ihnen diese Aussicht nicht ohne bindende Versprechungen in Bezug auf eine Abrundung der NW.-Grenze Ostroms, die Verwaltung des Occidents und die Richtung der einzuschlagenden Politik eröffnet, welche dadurch noch eine festere Grundlage erhielt, dafs, so weit man es von so jugendlichen Menschenkindern sagen darf, die Tochter der Eudocia mit dem Sohne der Placidia feierlich verlobt wurde.[25]) Und hierin haben wir einen nicht unwesentlichen Fingerzeig zur Erklärung der Entschliefsung des Theodosius, denn Eudocia wird nicht müde geworden sein, den erfreulichen Gedanken, ihre Eudoxia dermaleinst auf dem Throne Westroms zu sehen, auf das lebhafteste zu betreiben und ins Werk zu setzen. So sollte denn von neuem die Reichseinheit durch das Band enger Blutsverwandtschaft gestützt und erhalten werden.

Inzwischen hatte das oströmische Heer den beschwerlichen, aber oft betretenen Weg in den Occident angetreten, die Infanterie unter Ardaburius, die Reiterei unter Aspar, und war zusammen mit seinen fürstlichen Begleitern in Salonae angekommen.[26]) Hier trennten sich die Heerführer, da Ardaburius auf der in Salonae in Dienst gestellten Flotte mit den Fufstruppen eine Landung an der italischen Küste am Nordrande des Istrischen Busens versuchen wollte, indes Aspar und

---

[22]) Socr. VII. 23. Phil. a. a. O. Olymp. frgm. 46. Zu Candidian vgl. Olymp. frgm. 24 und Sievers S. 439.

[23]) Philost. a. a. O.

[24]) Prosp. Aquit. 424. Olymp. frgm. 46. Marc. Com.

[25]) Marc. com. 424. Vgl. v. Wietersheim S. 379 und Gregorovius S. 125.

[26]) Philost. und Socrat. a. a. O.

Candidian [27] mit den übrigen vorwiegend aus Reitern bestehenden Abteilungen den Landweg über Sirmium durch Pannonien einschlugen, durch den bekannten Paſs der Julischen Alpen in Italien einbrechen und sich dann mit Ardaburius wieder vereinigen wollten. Aber während es den letzteren gelang, ihren Operationsplan, ohne Widerstand zu finden, auszuführen und sogar das feste durch seine Waffenfabriken wie seine Lage wichtige Aquileja [28]) einzunehmen, scheiterte die Absicht des Ardaburius an dem Eintritt eines heftigen Sturmes, welcher seine Transportflotte auseinanderwarf und ihn selbst nebst zwei Dreiruderern an die italische Küste trieb, wo die in Ravenna stationierte Flottille des Johannes treue Wacht hielt und ihn samt seiner Begleitmannschaft gefangen nahm. [29])

So günstig dieser Fang für den Usurpator war, so sehr schlug die unglückliche Expedition des Ardaburius Placidia und die oströmischen Feldherrn für den Augenblick nieder, und die Operationen gerieten in ein unheilvolles Stocken, ja der ganze Feldzug wäre erfolglos ausgefallen, wenn Johannes selbst mehr Überlegung und Klugheit besessen hätte. In der Annahme nämlich, daſs der Verlust eines so tüchtigen Feldherrn wie Ardaburius den oströmischen Kaiser sehr schmerzlich berühren werde, wiegte er sich in der Hoffnung durch eine glimpfliche Behandlung seines Gefangenen auf Theodosius einwirken und sich selbst gegen Herausgabe desselben die Krone erhalten zu können. Auch fühlte er sich, so lange der erwartete Zuzug von den Hunnen nicht zur Stelle war, dem oströmischen Heere nicht gewachsen, da er einen Teil seiner eigenen Truppen zur Eroberung des von Bonifacius tapfer verteidigten Africas ausgesandt hatte. [30]) Er hatte sich jedoch zum eignen Schaden in der Person des Ardaburius getäuscht, denn dieser benutzte die ihm zu teil gewordene freie Bewegung in Ravenna dazu, mit den obersten Hofbeamten des Johannes sowie besonders mit den abgesetzten Generalen des Honorius eine enge Verbindung anzuknüpfen und sie zu einem Verrat an dem Usurpator zu bewegen. Nachdem er so fast die ganze Umgebung desselben auf seine Seite gebracht hatte, ließ er durch einen geheimen Eilboten seinem Sohne Aspar [31]), der noch immer in Aquileja erwartungsvoll und ratlos stand, die ersehnten Nachrichten zugehen, welche die ost-

---

[27]) Sievers S. 452 und v. Wietersheim S. 186 nehmen an, daſs auch Candidian die Expedition zur See mitmachte.
[28]) Philost. XII. 11 ist Hauptquelle.
[29]) Vgl. Olymp. frgm. 46. Socr. VII. 23. (Joh. Ant. frgm. 195.)
[30]) Prosp. Aquit. zu 424.
[31]) Philost. a. a. O.

römische Reiterei zu schnellem Zuge auf Ravenna veranlafsten, während auch Candidian[32]) mit dem Reste der Truppen von neuem vorging und eine Anzahl Städte eroberte.

Aspar trieb aber nicht nur der Ruf des Vaters zur Eile an, sondern auch die berechtigte Befürchtung, Aetius könne mit den erwarteten hunnischen Hülfstruppen herbeieilen und die Hoffnung auf das Gelingen vereiteln. So erschien er denn mit ungewöhnlicher Schnelligkeit jenseits des Po, besiegte mit Hülfe des Verrats die ihm entgegengesandten Reiter des Johannes in einem Treffen, gelangte mit Unterstützung eines ortskundigen Hirten[33]) durch die gefährlichen Sümpfe und Kanäle, welche Ravenna von der Landseite her so uneinnehmbar machten[34]), befreite den Vater und nahm den nunmehr von allen verlassenen Usurpator widerstandslos gefangen, der darauf zu Placidia nach Aquileja gebracht wurde, um sein nicht zweifelhaftes Urteil zu erfahren. Hier wurde ihm zunächst, weil er seine Hand gegen den rechtmäfsigen Kaiser erhoben hatte, die rechte abgeschlagen, darauf wurde er auf einem Esel reitend zum Spott und Hohn durch den Cirkus geführt und endlich hingerichtet.[35])

Wäre Aspar nur zwei Tage später vor Ravenna erschienen, so würde Johannes nicht nur nicht gefangen worden, sondern wahrscheinlich auch auf lange Zeit noch Kaiser geblieben sein, denn am dritten Tage nach der Katastrophe traf der zu den Hunnen entsandte Aetius mit 60000 Mann barbarischer Hülfstruppen vor Ravenna ein[36]) und begann den Kampf auf eigne Faust gegen Aspar fortzusetzen, da seine Krieger nicht umsonst den weiten Marsch unternommen haben wollten. Indes, da der Usurpator tod war und Aetius selbst keine Neigung hatte, das Loos eines Tyrannen zu übernehmen, so liefs er sich auf Unterhandlungen mit Placidia ein und machte endlich seinen Frieden mit ihr unter der Bedingung, dafs er selbst straflos und in seiner Stellung als Comes im römischen Heere verbleibe, wogegen er die Barbaren durch Geldspenden bewog friedlich wieder abzuziehen. Doch

---

[32]) Olymp. frgm. 46.
[33]) Socrat. VII. 23. So ist es in Wirklichkeit gewesen, während Socr. in dem Hirten den Engel des Herrn sehen will.
[34]) Jordan. c. 39: Habet ab oriente mare ...; ab occidente vero habet paludes, per quas uno angustissimo introitu ut porta relicta est. A septentrionali quoque plaga ramus illi ex l'ado est, qui fossa vocatur Asconis. A meridie idem ipse Padus etc. Vgl. Pallmann II. Beil. Kiepert S. 329 und Güldenpenning Über die Besiedelung der Meerbusen S. 8 und die Karte.
[35]) Philost. Olymp., die Chronisten a. a. O., auserdem Procop, I. 3.
[36]) Philost. XII. 12. Prosp. Aquit. 425. Vgl. Hansen I. S. 32 ff. v. Wietersheim S. 187. Sievers S. 463 ff.

mufsten sie ihm daraufhin ein eidliches Versprechen geben und Geiseln stellen; den magister militum Castinus³⁷) dagegen traf die Strafe der Verbannung.

Mit Recht machen diejenigen, welche über den Verlauf dieses Krieges berichten, darauf aufmerksam, dafs in demselben weniger Tapferkeit und ehrlicher Kampf, als vielmehr glückliche Zufälle und List den Ausschlag gegeben haben; Theodosius aber erblickte in dem günstigen Ausfall des Kriegszuges noch eine höhere Hand und forderte daher, als ihn die Nachricht vom Siege der Seinen gerade während der Circensischen Spiele gemeldet wurde, das Volk alsbald auf, die irdische Lustbarkeit fahren zu lassen und mit ihm in die Kirche zu ziehen, um dem Herrn der Heerscharen den geziemenden Dank abzustatten, worauf die in ihren Stimmungen so leicht beweglichen Bewohner der Hauptstadt auch sogleich eingingen und in feierlichem Zuge Psalmen singend sich in das Gotteshaus begaben.³⁸)

Da nach der Besiegung des Tyrannen und der Beruhigung des weströmischen Heeres der endgiltigen Einsetzung des Valentinian zum Kaiser des Occidents nichts mehr im Wege stand, gedachte Theodosius die erste gröfsere Reise seines Lebens zu unternehmen und persönlich zur Ordnung der Verhältnisse nach Westrom sich zu begeben, allein unterwegs ergriff den an und für sich nicht kräftigen Fürsten eine Krankheit, welche ihn nötigte, in Thessalonich halt zu machen und endlich seinen Plan ganz aufzugeben.³⁹) Er gab daher seinem vertrauten Kanzler und Patricius Helio den ehrenvollen Auftrag, in seiner Vertretung die Krönung des jungen Valentinian vorzunehmen, zu welchem Zweck ihm das Diadem und das kaiserliche Gewand eingehändigt wurden. Zu derselben Zeit verliefsen auch Placidia und ihre Kinder das feste Aquileja⁴⁰) und langten gegen die Mitte des Oktobers 425 in dem seit Honorius zur Residenz erhobenen Ravenna an, während am 23. Oktober⁴¹) in Rom unter dem Zuströmen von schaulustigen

---

³⁷) Prosp. Aquit.
³⁸) Socr. VII. 23.
³⁹) c. 24.
⁴⁰) Placidia und Valentinian blieben bis zum 8. Oktob. 425 in Aquileia Cod. Theod. XVI. 2, 47.
⁴¹) Das Jahr bei Prosp. Aquit. Marc. Com., nur die Thatsache Philost. a. a. O. Olymp. frgm. 46. Das Datum geben Chron. Pasch. und Socr. VII. 25. Wenn nun Sievers S. 453 sich dahin äufsert, dafs der 23. Oktob. nur der Tag der Verkündigung in Constantinopel war, so hat er allerdings die Meinung des Socr. und die Praxis des Chron. Pasch. für sich, indes, wenn Placidia und Valentinian nachweislich noch am 8. Oktob. in Aquileia waren, so konnte Val. zwar vor dem 23. Okt. in Rom gekrönt werden, aber die Nachricht davon auf keinen Fall

Menschen aus ganz Italien die feierliche Inthronisation Valentinians III. durch Helio auf Befehl des Theodosius stattfand. Durch die schnelle Art, wie es dem oströmischen Kaiser gelungen war, das Erbe des Oheims ungeschmälert anzutreten und den ihm entgegentretenden Usurpator zu überwältigen, wurde der Ruhm, welcher schon durch die Siege des Perserkrieges den Lorbeer um die unkriegerische Stirn des Theodosius wand, bedeutend erhöht und die römische Welt von neuem mehr als je auf den zeitweise in Vergessenheit geratenen Gedanken der Reichseinheit wieder hingeführt, welcher durch diese Ereignisse unterstützt für viele Jahre nicht mehr verschwand. Theodosius besonders, dem es vergönnt war, dem weströmischen Reich einen Sprofs aus der Dynastie der eignen Ahnen als Herrscher zu geben, hat während seiner ganzen Regierung nie aufgehört die wechselvollen Schicksale des Nachbarreiches mit ungeteilter und bisweilen werkthätiger Teilnahme zu begleiten, wie er denn bei der grofsen Jugend des Valentinian schon verpflichtet war, ein wachsames Auge auf die Vorgänge am weströmischen Hofe zu richten.

Es war somit von ihm durch die Gunst der Umstände ein ähnliches Verhältnis herbeigeführt worden, wie es einst sein grofser Ahnherr durch die Niederwerfung des Maximus geschaffen hatte, als neben ihm der jugendliche Valentinian II. unter der Leitung seiner Mutter Justina wenige Jahre im Occident[42]) herrschte. Aber insofern hatten sich die Umstände gewaltig geändert, als dieser Valentinian III. nicht wie jener noch über Britannien, Spanien, Gallien, Africa und Italien in ungeschmälerten Umfange gebot, sondern seine Macht sich aufser auf Italien und Africa nur noch auf einen Teil Galliens und Spaniens erstreckte; und auch dieser war ihm kein sicherer Besitz, da noch in dem Jahre der Thronerhebung 425 der Westgothenkönig Theodorich in Gallia Narbonensis eingebrochen war und Arelate, damals die Beherrscherin der Mündungen des Rhodanus, belagerte, von dem ihn erst Aetius wieder unverrichteter Sache zurücktrieb.

Dagegen schlofs sich an die Niederwerfung des Johannes noch ein Nachspiel[44]), welches eine Erweiterung des weströmischen Reichs

---

bereits an diesem Tage in Constantinopel gemeldet sein. Ich nehme daher an, dafs das Datum der Erhebung schon früher mit Theodosius vereinbart war und das Ereignis mit der Verkündigung in CP. zusammenfiel. (Vgl. v. Wietersheim S. 187.) Die erste Verfügung Valent. aus Rom ist erst vom Jan. 426. Cod. Th. X. 26, 2.

[42]) Vgl. G. S. 161 ff.
[43]) Prosp. Aquit. Vgl. v. Wietersh. S. 188 und S. 379. Anm. 2. Sievers S. 453.
[44]) Über diesen Vorfall berichtet nur Socrat. VII. 43. Doch während er ausdrücklich sagt, es seien die dem Joh. zugeführten Söldner gewesen, läfst er

nach Osten zu zur Folge hatte. Die hunnischen Völker nämlich, welche Aetius für den Tyrannen herbeigeholt hatte und durch ihn wieder zum Abzuge bewogen waren, achteten, wie es scheint, nicht die Schwüre und das Leben ihrer Geiseln, sondern fingen, als sie Italiens Grenzen im Rücken hatten, an, in Pannonien nach Feindesart zu verfahren und auch das oströmische Gebiet zu verletzen. Da das weströmische Reich fürerst der Ruhe bedurfte, um seine in Unordnung geratene Verwaltung wieder zu ordnen, so fiel, zumal auch Aetius im Westen beschäftigt war, die Sorge und Abwehr der Eindringlinge wiederum Theodosius II. zu. Nach der wunderbaren Auffassung eines Zeitgenossen wurde der Hunnenführer Rhugas nicht durch Waffengewalt vom römischen Boden vertrieben, sondern elementare Ereignisse wie Unwetter und Pest sollen die Feinde so zu Paaren getrieben haben, daſs es dem oströmischen Heere gelang, tiefer als je in das sonst von den Schwärmen der Barbaren durchzogene und dem Verbande der römischen Provinzen fast völlig entrissene Pannonien einzudringen und es wieder dem weströmischen Reiche einzufügen.[45])

dennoch den Bischof Proclus die Siegespredigt halten, der erst 434 (vgl. c. 40.) zum Patriarchen erhoben ward. Entweder ist das eine Verwechselung mit Sisinnius, welcher auf Atticus († 425.) folgte, oder es bezieht sich auf die Zwischenzeit, in der sich auch Proclus um das Amt bewarb, das er erst später erlangte. Vgl. v. Wietersheim S. 220. Sievers S. 427. Haage Geschichte Attilas. Progr. des Gymnas. zu Celle 1862. S. 4., der den ῥούγας des Socrat. mit dem Rhoilus des Theodoret V. 37 und beide wieder mit Rua identificiert und demgemäſs das, was Socr. erzählt, in eine viel spätere Zeit verlegt, während Theodoret's Nachricht sogar vor dem Perserkriege eingeschaltet ist.

[45]) Die quellenmäſsigen Belege für diese Vermutung sind 1. Marcell. Com., der zu 427 bemerkt: Pannoniae quae per quinquaginta annos ab Hunnis retinebantur, a Romanis receptae sunt. 2. Jordan. c. 32. duodecimo anno Valliae quando et Hunni post paene quinquaginta annos invasa Pannonia a Romanis et Gothis expulsi sunt. 3. Theoph. p. 146. Γότθοι δὲ Παννονίαν ἔσχον πρῶτον ἔπειτα τῷ ιδ' ἔτει τῆς βασιλείας Θεοδοσίου τοῦ νέου ἐπιτρέποντος τὰ τῆς Θρᾴκης χωρία ᾤκησαν καὶ ἐπὶ χρόνους ἐν τῇ Θρᾴκῃ διέτριψαν. In Bezug auf die Notiz des Jordan. muſs man nun zwar v. Wietersheim S. 382 darin Recht geben, daſs J. ein höchst unzuverlässiger Berichterstatter ist und in der Beziehung auf Wallia sich sehr im Irrtum befindet, anderseits ist es doch wunderbar, daſs sowohl er wie der ebenfalls nur mit Vorsicht zu benutzende Theophan. p. 146. gerade auf dasselbe Jahr kommen, welches Marcell. für die Wiedereinnahme Pannoniens angesetzt hat. Es ist daher ohne Zweifel mit diesem Lande irgend eine Veränderung vorgegangen, was auch Wietersh. a. a. O. zugestehen muſs. Dagegen weist derselbe Autor mit Ironie die Vermutung Buat's in der hist. ancienne des peuples d' Europe VII. S. 291—295. zurück, daſs diese Wiedergewinnung oder Befreiung Pannoniens von Ostrom ausgegangen sei. Hat nun schon Sievers S. 427 das Vorgehen v. Wietersheim's als zu entschieden bezeichnet, so muſs ich demselben noch mehr widersprechen aus folgenden Gründen: 1. Es ist

Doch ist die Überlieferung hier gerade so zweifelhaft und voller Widersprüche, dafs wir es uns versagen müssen auf die Bedeutung dieser, wenn besser bezeugt, höchst wichtigen Thatsache näher einzugehen. Jedenfalls bildet aber dies Decennium von 420—430 den ruhmvollsten Teil der Regierung des Theodosius, da neben den kriegerischen Sorgen auch die Pflege und Förderung der wirtschaftlichen Interessen der Reichsangehörigen sowohl wie auch der geistigen keineswegs vernachlässigt wurde.

Und in der That waren teils einzelne Provinzen durch unheilvolle Ereignisse besonders stark in Mitleidenschaft gezogen, teils rief die Mifswirtschaft unter Arcadius einen allgemeinen Notstand der Staatskasse hervor, welchem Theodosius abzuhelfen mit Recht bestrebt war. Vor allem anderen zunächst hatte sich die Bevölkerung der Provinz Illyricum, welche schon zu Strabos Zeiten furchtbar zusammengeschmolzen war und im zweiten nachchristlichen Jahrhundert das traurige Bild zeigte, das uns Pausanias von derselben entwirft[46]), von den letzten Verwüstungen und Plünderungen der Gothen nicht erholen können und selbst jene zu freiwilliger Leistung anspornende Verfügung des Anthemius hatte eine bemerkenswerte Besserung der Verhältnisse nicht herbeizuführen vermocht. Es wäre daher, wenn nicht der Hang zu öffentlichen Lustbarkeiten in diesem Jahrhundert so stark ausgeprägt gewesen wäre, von selbst angezeigt gewesen die bisherige Bestimmung, dafs zu den kostspieligen Spielen in Constantinopel auch die Duumviri der Provinzialstädte eine Beisteuer entrichten mufsten[47]), in Bezug auf

kein zu gewagter Schritt, den Einbruch der Hunnen, welche aus Italien nach Johannes Niederwerfung heimkehrten, Socr. VII. 43 mit dem von Marcell. zu 427 berichteten in Verbindung zu bringen, (doch vgl. Haage S. 4.). Dies zugegeben, so sagt 2. Socrat. a. a. O. ausdrücklich von den Hunnen: ἕτοιμοι ἦσαν κατατρέχειν τὰ ῥωμαίων πράγματα, was man sich wohl dahin erklären kann, dafs die Barbaren unbekümmert, wessen Land sie verwüsteten, auch das Gebiet Ostroms nicht verschont haben. 3. Theodosius war daher durchaus in der Lage bei der Vertreibung der Hunnen vom Boden Pannoniens mitzuwirken, um so mehr, weil durch die Erhebung des Valentinian auf den weströmischen Thron die Einheit des ganzen Römerreichs von neuem hergestellt war, und Theodosius, wie seine spätere Hülfeleistung gegen die Vandalen beweist, sich in gewissem Sinne auch als Schutzherrn des Occidents betrachtete. Endlich wurde 4. Aetius gewifs noch durch den Krieg mit Theodorich und seine Folgen in Gallien zurückgehalten, und konnte daher hier nicht mit eingreifen. — Wenn ich nun aber auch v. Wietersheim in diesem Punkte entgegentreten mufs, so pflichte ich ihm doch in der Annahme bei, dafs die Hunnen damals Pannonien noch nicht völlig in Besitz genommen hatten und dafs sich eine Vertreibung derselben also auch nicht auf die ganze Provinz beziehen kann. Vgl. Pallmann II. S. 49 A.

[46]) Vgl. Bekker-Marquardt III. 1. S. 129. Mommsen V. S. 245 ff.
[47]) Vgl. Gothofred. zu Cod. Theod. XII. 145 und 176. Mommsen S. 264 ff.

Illyricum aufzuheben. Indes bedurfte es doch erst eines besonderen Anstofses, welcher von der Gemeinde Delphi, die wahrscheinlich durch Erdbeben oder andere Naturereignisse neuerdings besonders gelitten hatte, ausging, bevor eine Abstellung dieser unangemessenen Gewohnheit erfolgte. Sicherlich wird auch die Kaiserin Eudocia, selbst ein Griechenkind, nicht verfehlt haben, ihre wirksame Teilnahme dem engeren Vaterland zu erhalten, in dem sie die Folgen und Nachwehen jener Züge mit eigenen Augen geschaut hatte, während sie in Athen gewifs von der allgemeinen Lage des unglücklichen Landes durch ihren Vater unterrichtet war.

Wir dürfen daher die mancherlei Erleichterungen, welche jetzt und demnächst Griechenland zu teil wurden, zumeist auf ihre Rechnung setzen, wenngleich die Gutthat ihres Gemahls dadurch durchaus nicht beeinträchtigt werden soll. Zunächst wurde auf die Bitte Delphis nicht nur diesem jene lästige Beisteuer erlassen, sondern diese Wohlthat auch auf die übrigen Teile der Provinz ausgedehnt, indem Theodosius den Behörden bei Strafe verbot in Zukunft die Quote zu erheben.[48] Aber mehr noch als der partielle Antrag Delphis auf Erleichterung deutet auf die völlige Erschöpfung der ausgesogenen Provinz die allgemeine Beobachtung, welche die kaiserliche Regierung noch in demselben Jahre machte, dafs Illyrien nicht einmal im stande war, die gewöhnlichen Steuern zu erschwingen, und die vom Kaiser abgesandten Inspektoren nach eingehender Inspizierung der einzelnen Gebiete sich genötigt sahen, im Verein mit den Provinziallandtagen eine herabgesetzte Steuerrolle je nach der Lage der Provinzen aufzustellen und der Genehmigung des Kaisers zu empfehlen.[49] Theodosius erklärte daher, es solle keine neue Abschätzung stattfinden, und er wolle mit dem zufrieden sein, was leisten zu können eine jede Provinz laut der Erklärung ihres Landtages[49a] sich anheischig gemacht habe; demgemäfs solle Macedonien die Hälfte des Bisherigen zahlen und die übrigen Teile der gleichnamigen Diözese Creta, Thessalia, Epirus sich dieser Quote anschliefsen, Achaja dagegen, also das alte Hellas, der Peloponnes und die Inseln, nur den von ihm angebotenen dritten Teil der ganzen Steuer entrichten, und zwar solle diese Veranlagung nicht blos für

---

[48] Cod. Th. XV. 5, 4. 22. April 424. Vgl. Hertzberg Gesch. Griech. I. S. 63.
[49] Cod. Theod. XI. 1, 33. 10. Okt. 424 an Isidor Prf. P. Illyr. Cod. Just. V. 2, 8. nur der Schlufs. Hertzberg a. a. O. will Creta ausnehmen.
[49a] Dafs die Erklärung von den Landtagen ausgegangen sei, wird zwar nicht ausdrücklich gesagt, sondern nur von Macedones und Achivi im allgemeinen gesprochen, allein es leuchtet unzweifelhaft bei einer Vergleichung von Cod. Theod. XII, 12. de legatis et decretis legationum ein. Vgl. Menn die röm. Provinziallandtage. Progr. Neuss 1852. Bekker-Marquardt III. 1. S. 267 ff. Mommsen V. S. 242 f.

den Augenblick, sondern für immer gelten und mit dem Jahre 425 ihren Anfang nehmen. Endlich wurde noch die Kirche von Thessalonich, der griechischen Metropolis, in Bezug auf ihre Liegenschaften eine besondere Vergünstigung zu teil, denn sie wurde in Zukunft ganz von Steuern befreit, doch unter der Bedingung, darauf streng zu achten, dafs nicht unter dem Deckmantel kirchlichen Besitzes andere Unterthanen sich eine Steuerdefraudation zu schulden kommen liefsen.[50])

Fiel auf solche Weise notwendig ein erheblicher Teil der Erträge des Landes für die Staatskasse fort, so mufste man versuchen den Ausfall durch andere Mittel zu decken. Das Nächstliegende wäre gewesen, die übrigen Provinzen dafür stärker zu belasten, aber die kaiserliche Regierung wufste zu genau, wie schwer bereits die Steuern auf den Dekurionen lagen, die nicht minder in dieser Periode wie unter Theodosius dem Grofsen sich durch Schliche aller Art ihrem undankbaren Amte zu entziehen suchten, und konnte daher an eine Erhöhung um keinen Preis denken, zumal der jüngste Steuererlafs des Anthemius für den Orient von 414 doch nur von dem Zwange der bittersten Not diktiert worden war. Aber bei einer näheren Betrachtung der Sachlage fand sich leicht, dafs die Beträge keineswegs gleichmäfsig und nach Verhältnis des Vermögens verteilt waren, dafs die Ärmeren im Vergleich zu den Besitzern der grofsen Vermögen zu viel zahlten, während diese wiederum im Verhältnis zu wenig. Besonders aber trat die Ungerechtigkeit bei denen hervor, welche vorzüglich durch die übertriebene Freigebigkeit des Arcadius, unter dem die Zahl der sogenannten Petitoren um verfallenes Gut so gewaltig anschwoll[51]), dafs er mehrfach gegen sie einschreiten mufste, ihren Grundbesitz durch Schenkungen in hohem Grade vermehrt hatten, ohne dafs sie dafür eine höhere Steuer entrichteten, ja zahlreiche Liegenschaften waren ihnen geradezu steuerfrei überlassen worden.

Von diesen Grofsgrundbesitzern mehr einzufordern war daher ein nicht mehr als billiges Verlangen, welches Theodosius auch ohne Zögern und mit Recht stellte und, wie es scheint, nicht nur auf alle Provinzen des Orients mit Ausnahme Illyriens, sondern auch auf Dalmatien, welches damals bereits von seinen Truppen wiedergewonnen war, ausdehnte.[52]) Die aufserordentliche Besteuerung nun traf

---

[50]) ... ita tamen, ut aperte sciat propriae tantummodo capitationis modum beneficio mei numinis sublevandum nec externorum gravamine tributorum rempublicam ecclesiastici nominis abusione laedendam.

[51]) Vgl. Cod. Theod. X. 10, 21. IX. 40, 18. IX. 42, 17.

[52]) Das mufs man aus dem Anfang des Gesetzes Cod. Theod. XI. 20, 5 schliefsen: Ab universis qui post obitum divi avi clementiae meae ex munificentia

den ganzen seit 395 von Arcadius, Honorius und Theodosius II. geschenkten Grundbesitz ohne Rücksicht auf seinen ehemaligen Gerichtsstand, stellte als Norm für die Verteilung und Abschätzung die Zeit der Nutzniefsung fest, gerechnet vom Tage des Erscheinens der Verfügung und bestimmte folgendes: Wer seit drei Jahren im Besitz der Schenkung sei, solle für ein Jahr gänzliche Immunität haben, für die beiden andern aber den halben Ertrag eines Jahres zahlen; wer die Schenkung drei bis fünf Jahre in Händen habe, den Ertrag eines Jahres; wer fünf bis zehn, den Ertrag zweier Jahre; wer sie 10 Jahre und länger genossen habe, den Ertrag dreier Jahre. Dabei aber solle ein Unterschied gemacht werden zwischen denen, die das Grundstück und die Steuerfreiheit, und denen, welche nur die Steuerfreiheit für ein bereits besessenes Besitztum erhalten hätten; jene sollen von den Erträgnissen des Ganzen nach obigem Mafsstabe beisteuern, diese nur nach Mafsgabe des sonst gezahlten Steuercanons eine ebenso nach der Zeit des Genusses der Steuerfreiheit berechnete Quote. Da aber unter dem Geschenkten auch häufig sogenanntes „ödes und unfruchtbares" Land[53]) war, das oft durch fleifsigen Anbau recht ertragfähig geworden war, so solle in Zukunft nach Angabe der zu diesem Behuf vom Praefectus praetorio Asclepiodotus ausgesandten Inspektoren auch von diesem eine Steuer erhoben werden und zwar in derselben Weise wie im obigen Falle, je nach der Zeitdauer. Sollten die Besitzer mit der letzteren Mafsregel nicht einverstanden sein, so wurde ihnen eine erneute Untersuchung durch andere Inspektoren in Aussicht gestellt, bei der sie bestenfalls nicht vorteilhafter wegkommen konnten. Da nun aber im Laufe der dreifsig Jahre, auf welche sich die Verfügung bezieht, vielfache Veränderungen im Besitztitel eingetreten waren, so ordnet der speziellere Teil dieses Gesetzes an, dafs im Falle des Verkaufes der durch Schenkung überkommenen Güter der Empfänger des Kaufgeldes die aufserordentliche Steuer zu entrichten habe, im Falle einer erneuten Verschenkung oder Vererbung der legitime Nachfolger im Besitz und zwar ganz in der oben angedeuteten Weise nach dem Zeitverhältnis. Dasselbe gilt, wenn jemand

tam divae recordationis patris ac patrui mei quam etiam serenitatis meae fundos cuiuslibet iuris petierunt. — Da Honorius kein Recht gehabt hatte, im oström. Reich Güter zu vergeben, so bleibt nur übrig seine Erwähnung, wie dem geschehen ist, zu erklären. Die Verfügung ist vom 13. Mai 424 datiert, als die Feldherrn des Theodosius Dalmatien sicherlich bereits erobert hatten. — Die inhaltliche Erklärung des Gesetzes beruht auf dem Commentar Gothofred's, doch blieb noch manches der eigenen Interpretation übrig.

[53]) ieiunae ac desertae possessiones. Vgl. über ihre Besteuerung B. Matthias die röm. Grundsteuer und das Vectigalrecht. Erlangen 1882. S. 19 ff.

im Namen eines anderen ein der kaiserlichen Gnade verdanktes Grundstück innehat, dann ist der Besitzer steuerpflichtig. Ist endlich das Besitzverhältnis nicht klar, so soll die Steuer nicht darunter leiden, sondern von den Einkünften der Grundstücke genommen werden.
Die Gerechtigkeit einer solchen Mafsregel, die zum Wohle des Ganzen mehr als billig bevorzugte Bürger zur Steuerzahlung heranzog, leuchtet gewifs auf den ersten Blick ein, ein anderes aber ist die Frage, ob die Wirkung derselben den ihr zu grunde liegenden Absichten entsprach. Denn einmal war ohne Zweifel im Laufe der dreifsig seit der Reichsteilung verflossenen Jahre eine grofse Zahl von Veränderungen im Besitzstande durch Tod, Kauf, Verpfändung, Verbannung u. a. vor sich gegangen, die zu sichten und klar zu stellen den Behörden ungemein schwer fallen mufste, sodann ist von der Bestechlichkeit der römischen Beamtenwelt schon so oft die Rede gewesen, dafs man sich von selbst sagen kann, wie vieles in den Händen derer hängen blieb, durch welche das eingelieferte Geld endlich auch in die Generalstaatskasse zu Constantinopel gelangte. Die in jenem Reskript den Beteiligten schliefslich bewilligte Zahlungsfrist von vier Monaten, deren Nichtbeachtung den Verlust der Schenkungen zur Folge haben sollte, wird daher schwerlich innegehalten und die Steuern werden sicherlich nur mit Mühe und Not teilweise eingetrieben worden sein.
Im umgekehrten Verhältnis aber dazu steigerten sich die Bedürfnisse des Staatshaushaltes, nicht als ob allein der Hof des Theodosius ungeheure Summen verschlungen hätte, sondern, weil die äufseren Verhältnisse wie der Perserkrieg und die Niederwerfung des Johannes wegen des erhöhten Soldes der Truppen und ihrer gröfseren Anzahl eine nicht unbedeutende Mehrausgabe veranlafst hatten. Schon wenige Jahre daher, nachdem Theodosius diese aufserordentliche Besteuerung dem ganzen Reich auferlegt hatte, im Jahre 430, sah er sich wiederum genötigt den vermögendsten Bürgern des Staates neue Lasten zuzumuten, wenn auch nach einer anderen Seite hin. Auch diesmal mufste er an die leichtsinnigen Beweise einer übel angebrachten Munifenz des Arcadius anknüpfen, welcher nicht nur Landschenkungen in der übertriebensten Weise vorgenommen, sondern auch vielfach die auf denselben arbeitenden Menschen und Tiere von der Kopfsteuer zu Gunsten des Besitzers befreit oder erleichtert hatte. Demgemäfs verordnete Theodosius durch eine an den Praefectus praetorio Antiochus gerichtete Verfügung, dafs alle diejenigen Besitzer, deren Grundstücke aus Schatullengütern oder Domänen [53a]), oder Gemeinde- und Tempelbe-

---

[53a]) privati iuris vei patrimonialis. Vgl. Goth. im Paratitlon zu Cod. Theod. X. 3. und Bekker-Marquardt III. 2. S. 223 ff.

sitz hervorgegangen und in irgend einer Weise vom Beginn der Regierungszeit des Arcadius ab entweder ganz oder teilweise entlastet oder deren Naturallasten in eine Gold-, Erz- und Eisenleistung umgewandelt wären, den fünften Teil des Vorteils, den sie davon in dieser Zeit gehabt hätten, nach Abschätzung der einzelnen Jahre als **einmalige aufserordentliche Grundsteuer** an die Staatskasse zahlen sollten; doch bleibe dabei alles das in Geltung, was ihnen in betreff der **Kopfsteuer** auf Menschen und Vieh irgendwie zugestanden sei.

In speziellerer Ausführung dieses Prinzipes verordnete er für **die Zukunft** weiter, dafs, wenn jemandem etwas in Bezug auf die Besteuerung des Bodens und der Seelen **von Arcadius und von Theodosius I.** erlassen worden sei, falls der Erlafs bis zu 400 Joch oder Köpfen[44a]) gehe, er die Hälfte der sonst zu zahlenden Steuer entrichten solle, wenn er dagegen diese Zahl übersteige, so sollen 200 Joch oder Häupter ganz frei sein, das übrige aber der allgemeinen Besteuerung unterliegen und zwar gilt das auch, wenn die Besitzungen nicht zusammenhängend in einer, sondern in mehreren Provinzen liegen, gleichviel, ob der betreffende in seinem oder einem untergeschobenen Namen die Erleichterung erlangt hat. Auch hier wurde endlich, wie billig, über die sogenannten „öden und unfruchtbaren" Landstriche eine besondere begünstigende Veranlagung verfügt, dafs nämlich, wenn der Besitzer sich der Abschätzung und Begutachtung eines Inspektors unterwerfen wolle, von 431 ein neuer Canon durch den Präfekten Antiochus unter Berücksichtigung der Verhältnisse in den verschiedenen Provinzen aufgestellt werde. Von dieser ganzen Auflage aber wurde eine einzige dahingehende Ausnahme gemacht, dafs, was den Gemeinden, Kurien, Offizien und einzelnen Personen[44b]) erlassen worden sei, auch ferner bestand haben solle, doch unter der Einschränkung, dafs, falls dem Präfekten dabei etwas verdächtig erscheine, er getreue Inspektoren zur Untersuchung entsenden würde. Die Einziehung der erstgenannten

---

[44]) Cod. Theod. XI. 20, 6. Antiocho. Pf. P. prid. Kal. Jan. Constantinopel 430. Zwar hat auch hier Gothofr. in seinem Commentar mancherlei Aufschlüsse zur Erklärung des Wortlautes gegeben, doch scheint manches noch gröfserer Klarheit zu bedürfen.

[44a]) Unter iugum ist zu verstehen, „eine Portion von Grundstücken, deren abgeschätzter Kapitalwert 1000 solidi betrug." Savigny Vermischte Schriften II. S. 174 ff. Vgl. Matthias a. a. O. S. 17. Walter S. 482 ff.

[44b]) Ich ziehe die Lesart des Pithoeus **personarum meritis** der des Gothofred **provinciarum malis** vor, weil die Reihenfolge der aufgezählten Kategorien eine absteigende vom Umfangreicheren zum Kleineren ist und wir für die Erleichterung einer einzelnen Person ein treffendes Beispiel im Cod. Th. XI. 1, 37 an dem Bischof Cyrus von Aphrodisia haben, cuius tanta sunt meritis, ut etiam contra generalem huiusmodi sanctionem speciali beneficio perfrui non vetetur.

rückläufigen Steuer werde sogleich beginnen und zwar auch von den Käufern und Erben solcher Grundstücke, wenn sie zahlungsfähig seien, oder überhaupt von den Inhabern, je nachdem wie lange der Besitzer die Nutzniefsung bis zu seinem Tode gehabt habe;[55]) auch dürften die jetzigen Besitzer gegen die früheren den Rechtsweg betreten, aber bezahlen müsse jeder.

Wenn nun Theodosius die Grofsgrundbesitzer in dieser Weise zur Füllung des entleerten Staatsseckels heranzog, so that er es einmal nur gezwungen und zu gunsten der ohnehin schon schwer belasteten Kurien, andererseits fühlten diese Geldaristokraten in der That es weniger, wenn sie Tausende dahingeben mufsten, als wenn ein Armer das Geringfügigste beizusteuern angehalten wurde. Denn, da es nicht anzunehmen ist, dafs die oströmischen reichen Familien weniger vermögend waren als die weströmischen[56]), so hatten viele von den Grofsen und Senatoren in Constantinopel ein jährliches Einkommen von 300000 Mk., manche sicherlich bis zu 900000 Mk., wovon ihnen, zumal sie gerade noch mit Schenkungen bedacht waren, mit Recht zur Aufhülfe des ganzen Staates ein Teil damals wieder entzogen wurde.

Aber neben den Sorgen, welche die äufseren Verhältnisse und der Niedergang des Wohlstandes im Innern des Reiches der Pulcheria und ihrem Bruder bereiteten, beschäftigte sie nicht minder die Pflege und Förderung des geistigen Lebens ihrer Unterthanen, vornehmlich in der Reichshauptstadt Constantinopel. Es ist das kein besonderer Vorzug der Geschwister, denn der zunehmende Bildungsdrang hatte trotz allen Kriegslärms und aller Verwickelungen den Wert der Wissenschaft der theoretischen nicht minder, wie der sich auch praktisch bethätigenden in der römischen Kaiserzeit[57]) immer mehr zur Geltung gebracht, so dafs der Jugendunterricht, welcher in der Republik ganz unabhängig von der Staatsgewalt gehandhabt worden war, nunmehr auch in die Beaufsichtigung und Leitung der Behörden überging. Der Stand der Lehrenden und als Ärzte amtierenden verlor dadurch keineswegs weder pekuniär noch nach der Seite des Ansehens, denn, waren sie vorher auf frei abgemessene Gaben und darauf angewiesen, ein jeder für seine Person, sich Geltung zu erwerben, so wurden

---

[55]) So verstehe ich die Worte: vel detentatoribus, pro quo quisque possedit tempore, quo obiit.

[56]) Olymp. frgm. 44 giebt diese Zahlen in Bezug auf die reichen Familien in Rom an. Über die κεντηνάρια vgl. Bekker-Marquardt III. 2. S. 23.

[57]) De professoribus et medicis eorumque privilegio in iure Romano dissert. scripsit E. Theod. Gaupp Vratislaviae 1827. cap. VII. de immunitate professoribus et medicis usque ad Constantini aetatem concessa. Vgl. Walter Gesch. des röm. Rechts S. 456 ff. und Haeser Lehrb. der Gesch. der Medizin I. S. 407—418.

nunmehr allmählich ihre Gehaltsverhältnisse geordnet und ihnen ebenso langsam auch eine bestimmte Rangstufe zugewiesen. Uns, die wir das Verhalten des Theodosius diesen Corporationen gegenüber würdigen wollen, liegt es besonders nahe im Vergleich dazu vorzüglich die Veränderungen kurz zu verfolgen, welche die Lehrer und Ärzte in dem letzt vorangehenden Jahrhundert erfuhren, wofür uns das Theodosianische Gesetzbuch[58]) wie so oft eine unversiegbare Quelle abgiebt.

Nachdem schon das erste Jahrhundert zunächst den Medizinern, später auch den Professoren die Immunität von persönlichen Lasten gebracht hatte, zu der durch Vespasian noch die Freiheit von der Einquartierung hinzugekommen war, schlossen sich an die alten Rechte teils neue an, teils wurden die Vorrechte der Männer auf ihre Kinder und Witwen ausgedehnt. So bestätigte Constantinus, 326[59]), den Ärzten die Freiheit von den Kurial- und Senatorenlasten auch in bezug auf ihre Söhne, wogegen ebendasselbe den Professoren erst 333 nachgegeben wurde mit der Erweiterung, dafs auch die Frauen in die Immunität eingeschlossen seien. An diesem Vorrecht änderten die folgenden Kaiser bis zu Theodosius II. nichts, nur verfügte Valentinian I.[60]), da sich oft schwer belastete Kurialen in andere Provinzen eingeschlichen und für Lehrer der Philosophie ausgegeben hatten, dafs jeder derartige Versuch durch die Zurückweisung derselben in ihre Heimat verhindert werden solle. Mithin besafsen jene Gelehrten in unserer Periode sowohl für sich wie ihre Familie volle Freiheit von allen Leistungen der Kurie und des Senats, auch der besonderen Senatssteuer (glebalis collatio), von der Einquartierung und Verpflegung der Soldaten, vom Kriegsdienst, vom Cursus publicus, von der Übernahme einer Gesandtschaft oder Vormundschaft, endlich von jeder Last, welche ihnen sonst die ihnen verliehene Würde auferlegt haben würde.[61])

Aber nicht nur auf das, was sie selbst zu leisten hatten, richtete der Staat sein Augenmerk, sondern er schützte sowohl ihre Person durch harte Strafandrohung[62]) als auch sah er darauf, dafs ihnen für die geleisteten Dienste der entsprechende Lohn zu teil wurde. Mit Recht wachte er daher auch über die sittliche Haltung der Korporationen,

---

[58]) XIII. 3, 1 ff.
[59]) l. 2 und 3: quo facilius liberalibus studiis et memoratis artibus multos instituant.
[60]) l. 7. 369: turpe enim est ut patriae functiones ferre non possit, qui etiam fortunae vim se ferre profitetur.
[61]) Vgl. Digest. de exc. us. XXVII. 1. l. 6. § 8.
[62]) Cod. Theod. XIII. 3, 1.

und mehrfach [63]) schärften die Kaiser ein, dafs die Lehrer der Jugend zu allererst die nötige sittliche Reife besitzen müfsten, und dafs die Lehrgabe und das Wissen erst das zweite Erfordernis für ihre Stellung sei. Eine besondere Fürsorge genossen begreiflicherweise die Ärzte in den Hauptstädten [64]), deren jedem ein eigener Stadtteil als Dienstbezirk überwiesen wurde zur Hülfeleistung bei den Krankheiten der Armen, und deren innere Organisation sowie die Aufnahme neuer Mitglieder der Beaufsichtigung des Stadtpräfekten unterlag. In ähnlicher Weise wurden auch die öffentlichen Lehrer in den Provinzialhauptstädten besoldet und kontrolliert, wovon wir gerade über die Verhältnisse in Gallien gegen Ende des vierten Jahrhunderts eine interessante Notiz besitzen. Es wurde nämlich hier 376 [65]) angeordnet, dafs in den volkreichsten und berühmtesten Städten die besten Lehrer der griechischen und römischen Beredtsamkeit und Grammatik angestellt würden; und zwar die Redner mit je 24 Annonae, die Grammatiker mit je 12; in Trier dagegen ausnahmsweise der Rhetor mit 30, der lateinische Grammatiker mit 20, der griechische, wenn anders sich eine würdige Persönlichkeit finden lasse, mit nur 12, welche ihnen aus den Staatsmitteln ausgehändigt wurden.

Wir haben keinen Grund eine grundsätzliche Verschiedenheit dieser Verhältnisse von den oströmischen anzunehmen, zumal die Gesetze, auf denen jener Überblick beruht, zum grofsen Teil aus dem Orient stammen. Es ist daher weder wunderbar noch ein grofses Verdienst Theodosius II. und der Pulcheria, wenn sie in Nachahmung der früheren Kaiser ebenfalls den Ärzten und Professoren eine wohlwollende Gesinnung bezeugen. So bestätigten sie ihnen 414 [66]) im ganzen genommen dieselben Vergünstigungen, welche wir eben zusammengestellt haben, nur mit der Erweiterung, dafs, wenn einer von ihnen einen Posten in der Verwaltung übernehme oder in den Ruhestand trete, er trotzdem sowohl selbst wie auch seine Frau und Söhne im Genufs aller jener Vorrechte verbleibe; ein gröfserer Gunstbeweis dagegen war es, dafs 428 [67]), obwohl eine ganze Anzahl anderer Beamtenkreise, welche bisher von der Zahlung der Senatorensteuer befreit gewesen waren, durch ein kaiserliches Reskript [68]) jüngst dieses Vorrecht verloren hatte, die Leibärzte (archiatri palatini) mit der Geheimrats-

---

[63]) l. 5. 362. Magistros studiorum doctoresque excellere oportet moribus primum, deinde facundia. Vgl. l. 6. 364.
[64]) l. 8—10. Vgl. 12 und 14. Haeser S. 413 ff.
[65]) l. 11. Die annona bestand in Getreide und Öl. Haeser S. 415. Vgl. auch Mommsen S. 337.
[66]) l. 16 und 17.   [67]) l. 18.
[68]) VI. 2. 21 vom Anfang desselben Jahres.

würde L Klasse oder noch höherem Range nach wie vor im Besitz ihres Privilegs verblieben.

Aber mehr als durch solche Verordnungen, welche doch nur einzelnen zu gute kamen, haben sich die beiden Geschwister, welche an der Spitze des Staates standen, einen immerwährenden Nachruhm durch eine Einrichtung erworben, die für das ganze Reich ohne Unterschied eine Wohlthat und wohl dazu geeignet wie darauf berechnet war, das wissenschaftliche Studium allseitig zu fördern. Zwar gab es bereits im europäischen Ostrom eine derartige Bildungsstätte, die altberühmte Alma mater Atheniensis[69]), welche ihren uralten Ruhm trotz des Untergangs der politischen Selbständigkeit des griechischen Volks, trotz aller Kriegsläufe und mangelhafter Staatshülfe in ungeschmälertem Glanze sich voll und ganz bewahrt hatte. Selbst die Plünderungszüge der Westgothen am Ende des letztverflossenen Jahrhunderts hatten an ihrer Lebenskraft nicht zu rütteln vermocht, sondern, wie so oft das neue Leben aus Ruinen sprofst, gerade nach diesen Wirren nahm die Universität zu Athen einen neuen wunderbaren Aufschwung, welcher sich diesmal an den Namen des Philosophen Plutarch[70]) knüpft, des Stifters der letzten neuplatonischen Schule, dessen Vorlesungen gleich nach Alarichs Abzuge die studierende Jugend aus allen Gauen des weiten Reichs von neuem nach der stillen Musenstadt lockten.

Aber wie erfreut die Regierung auch einerseits über die Zugkraft des alten Namens Athen sein mufste, so wenig behagte ihr andererseits der deutlich ausgesprochene heidnische Charakter der Universität, welche ihre Bürger durch reiche Dotierung der Lehrstühle und grofsartige Spendungen freiwilliger Art auf ihrer Höhe zu halten redlich bemüht waren. Es war auch in der That ein schreiender Widerspruch, dafs die Kaiserliche Regierung von Ostrom, während sie wiederholt das Opfern und die heidnischen Gottesdienste mit den härtesten Strafen bedrohte und ahndete, hier in Athen die ungehinderte Verbreitung götzendienerischer Lehren in halber Gesetzlichkeit nachsichtig bestehen liefs, ein Widerspruch, der nur in der ruhigen Haltung der Gelehrtenrepublik und ihrer Enthaltung von Angriffen auf den christlichen Glauben seine Erklärung findet. Am allerwenigsten aber konnten Pulcheria und ihr Bruder daran denken, dem fleifsigen Stillleben der athenischen Universität ein Ende zu machen, da ihr Eudocia, welche naturgemäfs immer noch mit liebevoller Erinnerung an den heimat-

---

[69]) Die letzten Schicksale der athenischen Universität s. bei Hertzberg III. S. 488 ff.

[70]) Zeller die Philosophie der Griechen III. 2. S. 911.

lichen Stätten ihrer Jugend hing, ihren gewichtigen Schutz nicht wird entzogen haben.

Wo so viel Bildung und Verständnis für die Wissenschaft auf dem Throne vorhanden war, wie hier in Ostrom in Theodosius und seinen weiblichen Beraterinnen, konnte daher mit Leichtigkeit der Gedanke auftauchen, ob es nicht möglich wäre, durch die Stiftung einer neuen Universität in Constantinopel[71]) der heidnischen Alma mater den Boden zu entziehen und der Hauptstadt des Reichs auch denjenigen wissenschaftlichen Glanz offiziell zu verleihen, welcher sie als Sammelpunkt alles gesellschaftlichen Lebens auch ohnehin schon umstrahlt hatte, seitdem sie der bleibende Sitz der Herrscher geworden war. Denn ohne dafs Constantinopel eine Lehrstätte im Sinne Athens gewesen, waren doch bedeutende Geister der Zeit entweder für immer oder vorübergehend aus den verschiedensten Gründen hier anwesend, sei es, dafs sie wie die alexandrinischen Grammatiker Ammonius und Helladius[72]) hier eine Zuflucht gegen Verfolgungen fanden, oder wie Troilus durch öffentliche Vorträge sich den Lebensunterhalt zu erwerben suchten. Auch war es nicht nötig von Grund aus eine neue Einrichtung zu schaffen, da bereits Constantin der Grofse, auch hierin bemüht seine Hauptstadt zu heben, eine Universität in Constantinopel errichtet und ihr das Kapitolium zum Sitze angewiesen hatte.

Aber, wenn nun auch Theodosius bei Neubegründung seiner Lehranstalt auf diesem Fundamente weiterbaute, so mufs, was nicht immer geschehen ist, klar und deutlich gesagt werden, dafs der Charakter der neuen Universität ein ausgesprochen christlicher war; das bedingt schon die strenge Gläubigkeit des Kaisers und seines Hofes, das bedingt auch der Gegensatz zu Athen, welcher ihr von vornherein aufgedrückt wurde; wir müssen daher annehmen, dafs entschieden die meisten, vielleicht alle Professoren bereits Christen waren, denn eine heidnische Universität neben dem orthodoxen Hofe mufs billig als Unmöglichkeit bezeichnet werden.[73]) Während uns nun die Bedeutung dieses Ereignisses so grofs erscheint, ist es umgekehrt an den Zeitgenossen wie spurlos vorübergegangen, da selbst die Chroniken, welche sonst genau die Erderschütterungen, Hagelschläge, Feuersbrünste in der Hauptstadt mit ängstlicher Genauigkeit buchen, keine Notiz davon genommen haben. So bleiben uns denn als einzige Zeugen die Stiftungsurkunden, wenn man so sagen darf,

---

[71]) Hertzberg III. S. 494 ff. Gesch. Griech. seit dem Abst. u. s. w. I. S. 115.
[72]) Socr. V. 16 und 17. Vgl. G. S. 141.
[73]) Ich nehme daher an, dafs der später noch genannte Helladius sich hat taufen lassen.

welche uns, allerdings um so sicherer und zweifelloser, in dem Theodosianischen Gesetzbuch aufbewahrt sind.

Vom 27. Februar und 15. März 425 sind die drei Freibriefe der Alma mater Constantinopolitana datiert, von denen der erste [74]) den lokalen Verhältnissen, der zweite und dritte dem Lehrpersonal Rechnung trägt. Um der neuen Gründung auch äufserlich ein würdigeres Local und gröfsere Räumlichkeiten zu verleihen, bestimmte Theodosius, dafs die Hörsäle an der Nordseite des Porticus auf dem, in der achten Region mitten in der Stadt mehr der grofsen Mauer zu gelegenen, Capitol, welche allein hinreichend geräumig und schmuckvoll waren, in Zukunft für die Vorlesungen der Professoren frei bleiben sollten, während die nach Osten und Westen liegenden dem alten Zwecke der Garküchen weiter dienten.[75]) Sollten die neu zu ernennenden Professoren nicht durch die Eingriffe staatlich nicht anerkannter Wanderlehrer leiden, so mufste es ebenfalls eine der ersten Mafsregeln des Theodosius sein, diesen einen beschränkenden Damm entgegenzusetzen. Er that das in einer Verfügung [76]) des Inhalts, dafs alle, welche sich den Namen von Magistern anmafsten und in öffentlichen Anstalten und Sälen vor ihren von überall her zusammengelaufenen Schülern Vorträge hielten, fernerhin sich dieser Thätigkeit bei Strafe der Infamie und Ausweisung zu enthalten hätten, wogegen es ihnen unbenommen bleibe privatim ihren Unterricht fortzusetzen. Umgekehrt durften die einmal von der Regierung ernannten Professoren nur in den öffentlichen Hörsälen, nicht in Privathäusern bei Verlust ihrer Privilegien lehren.[77])

Die Anzahl dieser ordentlichen Professoren setzte Theodosius sodann dahin fest, dafs für die lateinische Sprache drei Lehrer der Beredtsamkeit und zehn Grammatiker, für die griechische dagegen ebenso viele Grammatiker, aber fünf Sophisten anzustellen seien, und da, wie es in der Constitution heifst [78]), Theodosius wünschte, dafs die ruhmvolle Jugend nicht blos hierin unterrichtet werde, so gesellte er den genannten noch Lehrer einer tieferen Wissenschaft und Rechts-

---

[74]) Cod. Th. XV. 1, 53. —

[75]) Da nach Hänel note e zu diesem Gesetze anstatt magistris, wie Gothofr. wollte, ministris zu lesen ist, so bezieht sich der Schlufs auf die Garküchen.

[76]) XIV. 9, 3. an Constantius P. U.

[77]) sin autem ex eorum numero fuerint, qui videntur intra Capitolii auditorium constituti, hi omnibus modis privatorum aedium studia sibi interdicta esse cognoscant.

[78]) Et quoniam non his artibus tantum adolescentiam gloriosam optamus institui, profundioris quoque scientiae atque doctrinae memoratis magistris sociamus auctores.

kenntnis hinzu und gründete einen Lehrstuhl für die Philosophie und zwei für die Jurisprudenz. Damit nun aber die Vorlesungen nicht durch das Ab- und Zuströmen der Studierenden und durch einen Streit über die Benutzung der Räumlichkeiten gestört würden[79]), wies der Kaiser den Stadtpräfekten, dem die Universität wie alle städtischen Korporationen unterstand, an eine entsprechende Einteilung der Hörsäle zu veranlassen. Endlich — und das ist die dritte Verfügung[80]) — machte Theodosius bekannt, daſs er die griechischen Grammatiker[81]) Helladius und Syrianus, den lateinischen Grammatiker Theophilus, die Sophisten Martinus und Maximus und den Professor der Jurisprudenz Leontius bereits durch die Verleihung der Geheimratswürde[82]) geehrt habe, daſs er aber zugleich geneigt sei, diese Auszeichnung auch den übrigen Professoren zukommen zu lassen, welche neben einem sittenreinen Wandel Lehr- und Redefertigkeit, Schärfe der Auslegung und Gedankenreichtum aufzuweisen vermöchten, wenn sie zwanzig Jahre hindurch mit Eifer und Pflichttreue ihren Obliegenheiten nachgekommen wären. Die Aufnahme neuer Dozenten in den Lehrkörper behielt sich weder die Regierung vor noch wurde sie der Cooptation der Fakultät überlassen, sondern der Senat[83]) wurde mit der Aufgabe betraut, die Candidaten in der angedeuteten Richtung zu prüfen; dagegen ist es selbstverständlich, daſs, wie in Athen aus den Mitteln der Stadt, so hier die Professoren ein bestimmtes Gehalt aus der Staatskasse bezogen.

Fassen wir nun noch einmal die Verteilung der Lehrstellen auf die verschiedenen Disziplinen ins Auge, so ist auf den ersten Blick klar, daſs diejenigen unter ihnen, welche für den praktischen Beruf, besonders für den Unterricht in den Sprachen vorbereiteten, einen entschiedenen Vorzug vor den übrigen genossen, denn den dreiſsig Professoren für Latein, Griechisch und Jurisprudenz steht nur ein philosophischer Universitätslehrer gegenüber. Gerade nun diese Beobachtung spricht wohl am meisten für den christlichen Charakter der Universität,

---

[79]) ne discipuli sibi invicem possint obstrepere vel magistri neve linguarum confusio permixta vel vocum aures quorundam aut mentes a studio literarum avertat.
[80]) VI. 21, 1. 15. März.
[81]) Über die Personen vgl. die Vermutungen Gothofr. in seinem Commentar. Helladius ist der bereits oben erwähnte Lehrer des Socrates. Photius Bibl. c. 28. und 145. Socrat. V. 16 und 17.
[82]) placuit honorari codicillis comitivae ordinis primi ... ita ut eorum qui sunt ex — vicariis, dignitate potiantur.
[83]) si ... coetu amplissimo iudicante digni fuerint aestimati, qui in memorato auditorio professorum fungantur officio.

denn es gab damals noch keine christliche Philosophie aufserhalb der Klöster und des Klerus und die von diesen getriebene Philosophie stand der heidnischen schroff gegenüber, da sie nicht wie heutigen Tages an die Lehren der alten Naturphilosophen anknüpfte, sondern sich einzig und allein um die christlichen Dogmen und ihre philosophische Begründung drehte. Es war daher der Regierung unmöglich mehr als einen Christen aufzutreiben, der die Systeme der Alten genau studiert hatte und sie zu lehren sich im stande fühlte, wenn anders überhaupt zu Anfang ein Christ diese Stelle bekleidete. Die Universität Constantinopel trat somit von vornherein durch die Zurückdrängung der Philosophie gegen Athen in den Schatten, dessen Gröfse damals auf den Lehrern jener Disziplin beruhte, von denen Proclus[84]) der bedeutendste wurde, und dieser Umstand war die Veranlassung, dafs es in unserem Jahrhundert noch eine letzte Nachblüte erlebte. Doch darf ebenso wenig dabei übersehen werden, dafs auch die Rechtswissenschaft neben den übrigen eine untergeordnete Stellung einnimmt, jedenfalls ein Beweis dafür, dafs diese Seite der Studien damals darniederlag und nur wenige Verehrer zählte.

Endlich aber ist die Verteilung der Lehrkräfte noch besonders wichtig in Bezug auf das Verhältnis der beiden Sprachen, der lateinischen und der griechischen, zu einander; denn während die Lehrer der Grammatik für beide an Zahl sich gleich sind, erhält die griechische Rhetorik zwei Lehrkräfte mehr als die lateinische. Über die Notwendigkeit einer solchen Mafsregel ist kein Wort zu verlieren, denn die allgemeine Landessprache des oströmischen Reichs und vor allem die Kirchensprache war das Griechische, auch verrät die hervorhebende Bemerkung eines Geschichtsschreibers, Pulcheria habe lateinisch sprechen können, dafs die lateinische Sprache nicht mehr von den meisten gebildeten Oströmern verstanden wurde. Gleichwohl hat jene Bevorzugung des Griechischen für uns noch eine andere Bedeutung, nämlich die, dafs wir sehen, wie, wenn auch die officielle Sprache der Behörden und Gesetze ferner die lateinische bleibt, diese doch immer mehr verdrängt wird, bis endlich die griechische unter Justinian I. auch im amtlichen Geschäftsverkehr die herrschende wurde. Zwei Reiche nun, die ehemals zusammengehört haben und noch dazu dieselbe Sprache sprechen, besitzen in derselben ein unzerreisbares Bindemittel, welches sie sich stets von neuem nähern läfst, während der Mangel einer gemeinsamen Sprache, wie es die modernen Verhältnisse deutlich zeigen, selbst Glieder, die politisch zusammen gehören, einander

---

[84]) Vgl. Hertzberg S. 488 ff. Zeller a. a. O. S. 916 ff.

mehr und mehr entfremden kann. Es tritt also in der Begünstigung der griechischen Sprache bei der Gründung der Universität auch ein Moment hervor, das abgesehen von anderen Gründen die allmähliche Trennung des grofsen Römerreichs in eine lateinische Westhälfte und eine griechische Osthälfte schon damals anbahnte. Schliefslich mufs auch darauf mit einem Worte hingewiesen werden, dafs Constantinopel durch die Gründung der Hochschule nicht nur Athens Glanz nach und nach in den Schatten stellte, sondern auch die anderen grofsen Städte des Orients, vor allen Dingen Alexandrien, überflügelte, das in Hypatia ein unschätzbares Anziehungsmittel verloren hatte, und somit auch in geistiger Beziehung der Brennpunkt wurde, von dem die belebenden Strahlen über das ganze orientalische Reich hin ausgingen.

Fünftes Kapitel.

Die Verhältnisse in Westrom. — Bonifacius und Aetius. — Ihr Vorleben und Charakter. — Die Intrigue des Aetius. — Aufstand des Bonifacius. — Mavortius, Galbio und Sinox werden gegen ihn gesandt. — Bonifacius ruft die Vandalen zu Hülfe. — Diese setzen unter der Führung Gaiserichs nach Africa über. — Aussöhnung Placidias und des Bonifacius. — Unglücklicher Kampf mit den Vandalen. — Theodosius II. sendet seinen Feldherrn Aspar, der ebenfalls unterliegt. — Die kirchlichen Zustände des Orients. — Nach dem Tode des Atticus und Sisinnius wird Nestorius aus Antiochia Bischof in Constantinopel. — Zwiespalt der alexandrinischen und antiochenischen Lehrrichtung. — Streit über Maria als ϑεοτόκος. — Cyrill zieht den Kaiser und Hof in denselben hinein. — Synode zu Ephesus 431. — Absetzung des Nestorius. — Ende der Spaltung 433.

Während das oströmische Reich im Laufe des zweiten Decenniums des Jahrhunderts in allen seinen Unternehmungen von dem glücklichsten Erfolge begünstigt wurde und sich das Regiment des zweiten Theodosius, so schwächlich er selbst war, immer mehr befestigte, waren dem weströmischen eine Reihe von Prüfungen ernster Art beschieden, welche den Kaiser des Orients zu neuem Eingreifen nötigten. Er hatte seinen Vetter Valentinian III. als noch nicht siebenjährigen Knaben durch seinen Abgesandten Helio mit dem Purpur begabt, aber die eigentliche Leitung der Staatsangelegenheiten in die Hände seiner Mutter Placidia gelegt, weil ein männlicher Sprofs der Theodosianischen Dynastie aufser ihm nicht vorhanden war, und weil er meinte, dafs sie wie seine Schwester Pulcheria mit Klugheit und männlichem Geiste hinreichend ausgestattet sei.

Doch, hatte sich die Feindschaft der beiden ehemaligen Leiter des Römerreichs, des Stilicho und Rufinus, nicht durch die Ehrfurcht vor den Kaisern Honorius und Arcadius Schranken setzen lassen, um wie viel weniger vermochte die vormundschaftliche Regierung einer fürstlichen Frau den Ehrgeiz ruhmsüchtiger Generale zu zügeln, zumal, wenn sie ihnen zu Dank verpflichtet war! In diese unheilvolle Lage geriet Placidia sogleich, nachdem sie die Staatsgeschäfte übernommen hatte, denn zwei Männer hatten vor allen andern Anrecht auf Auszeichnung und ihre Gunst, Bonifacius und Aetius; und diese waren nicht gewillt einander im geringsten zu weichen. Von ihnen ist uns Bonifacius[1]) bereits näher bekannt als ein rückhaltsloser Anhänger der Kaiserin-Mutter schon seit Honorius Zeiten, der unbekümmert um die feindliche Partei am Hofe zu Ravenna der flüchtigen Fürstin seine Treue erhalten und sie mit den ihm als Statthalter der reichen Provinz Africa zu gebote stehenden Mitteln nicht unwesentlich unterstützt hatte. Über seine militärischen Fähigkeiten ein Urteil zu fällen ist bedenklich, da seiner tapferen Verteidigung Massilias gegen Athaulf und Africas gegen die Truppen des Usurpators Johannes auch unglückliche Feldzüge gegenüberstehen. Wie nun aber auch seine Begabung nach dieser Seite hin beschaffen sein mochte, jedenfalls hatte er die Kaiserin sich durch seine unerschütterliche Anhänglichkeit für immer und aufs engste verpflichtet, welche ihn auch nach der Niederwerfung des Johannes in seinem hohen Amte beliefs.

Aus ganz entgegengesetztem Grunde zunächst machte auch Aetius Anspruch auf die besondere Gunst der Herrscherin, da er im Gegenteil zu der ihr feindlichen Partei gehört und im Auftrage des Johannes jene Hunnenscharen herbeigeführt hatte, welche er dann nach seinem Frieden mit Placidia mit Mühe und Not wieder zur Umkehr bewog. Aetius[2]), dessen Persönlichkeit in den nun folgenden Wirren überall die Hand im Spiele hat, würde sich schon durch die letzte Grofsthat seines Lebens und durch seinen berühmten Gegner Attila unvergänglichen Ruhm erworben haben, wenn er nicht auch schon vorher die Geschicke des weströmischen Reichs nach seinem Willen gelenkt hätte. Er war geboren in der niedermoesischen Stadt Dorostorena[3])

---

[1]) Prosp. Aquit. 422 und 424. Olymp. frgm. 40 und 42. Augustin. ep. 220, 7. Procop. De bello Vand. I. 3. Vgl. Papenkordt Gesch. der vandal. Herrschaft in Africa S. 54—56. Sievers Stud. S. 454: Bonifacius und Aetius.

[2]) Über ihn hat eine ausführliche Darstellung Hansen gegeben in der Dissertatio de vita Aetii part. prior. und posterior. Dorpat 1840. Vgl. aufserdem v. Wietersheim S. 187. Sievers S. 463 ff.

[3]) Jordanis c. 34. Renat. Prof. Frigeridus bei Gregor. Tur. II. 8. Vgl. Hansen S. 1. Aetii parentes. Vgl. besonders Anm. 11. Kiepert S. 392.

(oder Dorostulum j. Silistria) als Sohn einer edlen Italienerin und des Gaudentius, der ursprünglich in oströmischen Diensten stehend mit Theodosius dem Grofsen 394 nach Westen gegen Eugen gezogen und dann im Occident zurückgeblieben war. Hier bekleidete er im Jahre 401[4]) die Würde eines Befehlshabers der römischen Truppen in Africa, wo er zusammen mit Jovius nach dem Zeugnis des hl. Augustinus[5]) die heidnischen Tempel zu Karthago zerstörte, vielleicht noch 409[6]) die eines vicarius Africae und war dann später als General (mag. mil.) von seinen eignen Soldaten in Gallien getötet worden.[7]) Inzwischen hatte sein jugendlicher Sohn Aetius mannigfache Schicksale erfahren; er war 408 von Alarich neben dem Sohne des Jason als Geisel gefordert worden[8]), doch bleibt es fraglich, ob er in der That an die Westgothen ausgeliefert worden ist; sicher dagegen ist die Nachricht, dafs er später als Geisel zu den Hunnen[9]) entsandt wurde und aufser ihren Sitten und Gebräuchen auch seinen grofsen Gegner Attila kennen und achten lernte. Nach seiner Rückkehr, über welche nichts feststeht, diente er in der kaiserlichen Leibgarde[10]) und hatte gegen das Ende der Regierung des Honorius ein so hohes Ansehen sich erworben, dafs der Usurpator Johannes, nachdem er ihn zum Castrensis sacri palatii[11]) erhoben hatte, ihn wegen seiner alten Beziehungen zu den Hunnen sandte, ein Auftrag, dessen Ausgang bereits oben berichtet worden ist.

Hatte den Aetius schon diese wichtige Rolle, welche in dem Kampf um das Erbe des Honorius den Ausschlag gab, mit grofsem

---

[4]) Im Text von Cod. Theod. XI. 17, 3.
[5]) De civ. Dei VIII. 54, 1.
[6]) Cod. Th. VII. 5, 1. Vgl. Sievers S. 463.
[7]) Ren. Prof. Frigeridus a. a. O. und Prosp. Tiro. Vgl. Hansen S. 11. A. 9.
[8]) Greg. Tur. II. 8. tribus annis Alarici obses, dehinc Chunnorum. Hansen S. 14 ff. verficht diese Nachricht als Faktum; Sievers S. 464 stellt es als möglich hin, v. Wietersheim S. 187. A. a. schenkt mehr Zosim. V. 36. Glauben und verwirft jene Annahme.
[9]) Greg. Tur. a. a. O. Jedenfalls nach 410, meint Sievers S. 463. Vgl. Haage Gesch. Attilas. Progr. Celle 1862. S. 4. Hansen S. 20. nimmt an, dafs der Aufenthalt bei den Hunnen schon vor 408 stattfand.
[10]) Sievers a. a. O. bezieht mit Hansen S. 23. das: ex comite domesticorum des Ren. Prof. Friger. auf den Carpilio, des Aetius Schwiegervater. Anders v. Wietersheim S. 187. Vgl. ebend. zu dem Ausdruck derselben Quelle a puero praetorianus.
[11]) Frigeridus: Johannis curam palatii gerere coepit. Vgl. dazu Hansen S. 31. Anm. 52. Sievers S. 464. v. Wietersheim S. 187. Anm. b. Der castr. S. Pal. rangiert in der Hofrangordnung an elfter Stelle. Not. Dign. c. 1. Seine Befugnisse ebend. c. 17. ed. Seeck.

Selbstgefühl erfüllt, so erhob ihn noch mehr der glückliche Erfolg seines Vorgehens gegen den Westgothenkönig Theodorich I., den er 425/426 von Arelate vertrieb und zum Frieden nötigte.[12]) So hatte er sich bereits bis hierher als den gezeigt, welcher er auch in Zukunft blieb, nämlich als einen echten Römer und aufrichtigen Patrioten, in dem die alte Kriegstüchtigkeit eines Theodosius und Constantius wieder auflebte und mit einem reichen Mafs diplomatischer Klugheit, leider aber auch mit unbesieglichem Ehrgeiz und unauslöschlichem Hafs gegen seine Feinde innig gepaart war. Eben diese letzten Eigenschaften nun waren es, welche dem weströmischen Reich zunächst einen schweren Schlag in dem Verluste der reichen Provinz Africa versetzten, von dem es sich nie wieder erholte. Denn Aetius von seinem eigenen Werte übermäfsig eingenommen und auf seine Thaten stolz, verzehrte sich in innerer Eifersucht bei der Wahrnehmung, dafs trotz seiner grofsen Verdienste sein Nebenbuhler Bonifacius dem Herzen und Throne der Augusta am nächsten stand, und beschlofs auf das Vertrauen, welches ihm Placidia entgegenbrachte, fufsend, ihn durch eine klug eingeleitete Intrigue[13]) aus der einflufsreichen Stellung zu entfernen.

Besorgnis um das Wohl des Reichs vorschützend, redete er der Augusta ein, Bonifacius sei willens sich in Africa selbständig zu machen, und werde, falls sie sich davon überzeugen wolle, einer Aufforderung an den Hof zu kommen sicherlich nicht Folge leisten; an Bonifacius dagegen schrieb er, Placidia stelle ihm nach und werde, um ihren Anschlag auszuführen, ihn zu sich rufen lassen. So plump diese List für einen ruhigen und besonnen überlegenden Mann war, so leicht liefsen sich Placidia und Bonifacius von ihr bestricken; denn wenngleich ihr besseres Selbst an die Schlechtigkeit des anderen Teils nicht glauben mochte, so hatten die letzten Jahrhunderte doch mehr als ein Beispiel von Fürstenlaune und Vasallenuntreue geliefert, und so erschien Bonifacius von Placidia berufen in der That nicht vor ihr. Der Besitz Africas war, wie wir bereits aus den Zeiten Stilichos wissen, für Rom eine Lebensfrage und jetzt um so mehr, als grofse Teile des gallischen Getreidebodens und fast ganz Spaniens ihre Erzeugnisse

---

[12]) Prosp. Aquit. 425. Vgl. Hansen S. 44. Anm. 81. Sievers S. 453. Wietersh. S. 188.

[13]) Alleinige Quelle für das Folgende ist Procop. De bello Vand. I. 3ff. Hansen S. 45. Anm. 82[a] verwirft die Mitteilungen des Procop., indem er sich auf Prosp. Aquit. 427, wo Aetius nicht genannt werde, beruft. Vgl. Dahn bei Wietersh. S. 189 und 379. Ausführliche Darstellungen dieser Ereignisse geben Mannert Gesch. der Vandalen Leipzig 1785; Gibbon a. a. O. VII., und Papenkordt a. a. O. S. 57 ff.

nicht mehr für die römische Hauptstadt lieferten; es mufste daher um jeden Preis dem vermeintlichen Aufrührer entzogen werden, der notgedrungen um sein Leben kämpfend ebenfalls zu den Waffen griff. Aetius aber, um nicht dem Argwohn in der Brust der Placidia neue Nahrung zu gewähren, liefs sich nicht selbst gegen seinen Nebenbuhler entsenden, sondern sein Parteigenosse, der magister militum Felix[14]), beauftragte den Mavortius, Galbio und Sinox mit der Führung der römischen Truppen gegen den „Reichsfeind" Bonifacius.

Allein während dieser von ihnen in einem festen Orte, dessen Name nicht genannt ist, belagert wurde, fielen die beiden erstgenannten durch den Verrat des Sinox, der bald darauf aber ebenfalls den Lohn durch Bonifacius erhielt. Gleichwohl fühlte sich der letztere den römischen Streitkräften nicht gewachsen, da Placidia den comes Sigisvultus[15]) von neuem gegen ihn entsandte, und er sicherlich zugleich auch von den Numidern in die Enge getrieben wurde[16]), welche diese Gelegenheit das angebaute Land zu brandschatzen nicht unbenutzt vorübergehen liefsen. Da that er, um sich selbst das Leben zu retten, einen gewagten Schritt, welcher seinem Vaterlande diejenige Landschaft kostete, welche bisher von den Leiden der Völkerwanderung völlig verschont geblieben war. Er rief nämlich zu seiner Unterstützung das Volk der eroberungslustigen und beutelüsternen Vandalen herbei[17]) welche den Süden der spanischen Halbinsel einnehmend dem schwarzen Erdteil benachbart wohnten und auf ihren kühnen Raubfahrten zur See nicht nur die nahen Gestade der Balearen heimgesucht[18]), sondern mit ihren rohen Fahrzeugen selbst die Küste Nordafrikas in Schrecken gesetzt hatten.

Und gerade damals stand an der Spitze derselben ein Mann, dessen Ehrgeiz über die Grenzen Hispaniens weit hinausging. Es war Gaiserich[19]), der unebenbürtige Sprofs des Königs Gunterichs I.[20]), der seinen zwar ebenbürtigen, aber unthätigen Bruder Guntherich II., mit welchem er die Herrschaft teilte, durch seine kriegerische Tüchtigkeit gänzlich in den Schatten stellte. Zwar sein Äufseres

---

[14]) Prosp. Aquit. 927. Über seine Nachrichten vgl. die Untersuchung bei Sievers S. 455 ff. Papenkordt S. 58.
[15]) Prosp. Aquit. 427.
[16]) Papenkordt S. 59.
[17]) Über die Vorgeschichte der Vandalen vgl. Papenkordt S. 1—20.
[18]) Idac. Chron. Papenkordt S. 53.
[19]) Seine Charakteristik bei Jordanis c. 33. Procop. I. 3. $\delta\epsilon\iota\nu\acute{o}\tau\alpha\tau o\varsigma\ \overset{\cdot}{\omega}\nu\ \acute{\alpha}\nu\vartheta\rho\acute{\omega}\pi\omega\nu\ \acute{\alpha}\pi\acute{\alpha}\nu\tau\omega\nu$.
[20]) So Wietersheim S. 188; anders Dahn Könige I. S. 142 ff., der nur einen Guntherich annimmt. Vgl. Procop. a. a. O. Papenkordt S. 61.

entsprach nicht dem Sinne, der ihn beseelte, denn seine keineswegs
hohe Gestalt litt unter dem Fehler des Hinkens, welches er sich durch
einen Sturz vom Pferde zugezogen hatte, dafür aber entschädigte ihn
eine geistige Begabung von bewunderungswürdiger Schärfe, welche
ihn zum Verächter alles unnützen Geschwätzes wie überflüfsiger Bequemlichkeit,
aber auch zu einem gefährlichen Friedenstörer und
Ränkeschmied für die übrigen Völker machte; endlich zeigte sein
Charakter einen zügellosen Jähzorn und den gemeinsamen Zug dieser
Zeiten, die schmutzigste Geldgier. Er ging daher auf den Vorschlag
des römischen Feldherrn, ihn in Africa gegen seinen Widersacher zu
unterstützen, mit der gröfsten Bereitwilligkeit ein[21]), bot sich ihm doch
und seinem Volke aufser den versprochenen Landteilen neue Gelegenheit
ihre Beutelust und ihren Kriegseifer zu befriedigen; er setzte im
Laufe des Jahres 428 oder erst 429[22]) mit seinen Volksgenossen und
Zuzüglern der Alanen[22a]) nebst ihren Angehörigen über die schmale
Strafse von Gibraltar nach Africa hinüber und betrat in der Provinz
Mauretania Tingitana das römische Gebiet. Nach der glaubwürdigen
Notiz eines Zeitgenossen betrug die Gesammtzahl aller Übergesetzten
auf Grund der von Gaiserich alsbald veranstalteten Zählung nur 80000
Seelen[23]), so dafs die kriegstüchtige Mannschaft nicht mehr als 50000
Mann gezählt haben wird.

Während Gaiserich nun mit derselben den ebenso weiten wie
beschwerlichen Marsch durch Mauretania Tingitana und Sitifensis antrat,
war auf Veranlassung der Placidia, welche einige von den Freunden
des Bonifacius an denselben abgeschickt hatte, weil sie an seine Treulosigkeit
nicht glauben wollten, das zwischen ihnen obwaltende Mifsverständnis
gelöst und der Trug des Aetius klar gelegt worden.[24])
Indes bei der mächtigen Stellung des letzteren und den augenblicklichen
mifslichen Verhältnissen zog Placidia vor gute Miene zum bösen
Spiele zu machen und verzichtete auf eine Bestrafung; viel weniger
durfte sie aber dem hintergangenen Bonifacius zürnen und liefs ihm
deshalb die Verzeihung zu teil werden mit der Aufforderung, die

---

[21]) Prosp. Aquit. 427. Chron. Pasch. 428. Idac. 429. Vgl. Sievers S. 456.
Wietersh. S. 190. Papencordt S. 63. Anm. 1.

[22]) Possidonius in vita S. Aug. c. 28.

[22a]) Bevor er nach Africa übersetzte, besiegte er die Sueben, welche in das
Land der Vandalen eingefallen waren. Idac. vgl. v. Wietersheim S. 190. Papenkordt
S. 63.

[23]) Victor. episcop. Vitensis historia persecutionis africanae ed. Halm in
Mon. Germ. Übersetzt v. M. Zink. Progr. Bamberg 1883. I. cap. 1. Procop.
a. a. O. I. 5.   [24]) I. 3.

Barbaren zum Abzuge aus Africa zu bewegen. Allein Bonifacius hatte sich in dem Vandalenkönig getäuscht, der das Verlangen des Römers für einen Treubruch haltend ungesäumt den Krieg gegen ihn selbst und damit auch gegen die Provinz Africa, welche er bisher nur als Bundesgenosse behandelt hatte, begann. Da kostete dies unglückliche Land alle die Leiden, welche die anderen Teile des Reichs nach und nach erduldet hatten, mit einem Schlage durch, und grauenvoll ist die Schilderung[25]), welche uns der Bischof Victor von Vita von ihr entwirft. Nicht nur, dafs die Vandalenhorden wie andere Barbaren die blühenden Gefilde durch Sengen, Brennen und Morden verheerten und entvölkerten, bezeichnender für ihre und ihres Führers Sinnesart war es, dafs sie selbst die fruchtbaren Sträucher nicht von der allgemeinen Vernichtung ausnahmen, „damit nicht etwa die Bewohner, welche sich in die Gebirgshöhlen und sonstige Schlupfwinkel geflüchtet hatten, nach ihrem Abzuge von den Früchten derselben sich ernähren könnten."[26]) Namentlich waren es die Kirchen und Kapellen der Heiligen, die Begräbnisplätze und Klöster, an denen sie auf die frevelhafteste Weise ihre Wut ausliefsen, so dafs sie die Bethäuser noch weit mehr als die grofsen und kleinen Städte insgesamt in lodernden Flammen aufgehen liefsen.

Die Not der also bedrückten Bewohner, an deren Elend Bonifacius allein schuld war, bewog ihn endlich dem Vandalenkönige entgegenzutreten, aber unglücklich im Treffen warf er sich mit dem Reste seiner Truppen, welcher aus föderierten Gothen bestand, in Hippo regius[27]), den Bischofssitz des hl. Augustinus. Hier aus Italien zur See mit allem Nötigen versorgt verteidigte er sich, während die Vandalen nunmehr auch Numidien und die eigentliche Provinz Africa bis auf das feste Cirta und Karthago einnahmen, mit Ausdauer und Geschick vierzehn Monate lang, bis Gaiserich durch den Mangel an Lebensmitteln gezwungen die Belagerung aufhob. Inzwischen war auch das oströmische Reich durch diese unglücklichen Ereignisse ins Interesse gezogen worden; denn Placidia hatte Theodosius Nachricht gegeben, und es zeugt sowohl von dem guten Verhältnis zwischen den beiden Höfen als auch von dem richtigen Blick der Pulcheria, dafs sie die Gefahr des Westreichs auch für die ihres kaiserlichen Bruders ansah und keinen Augenblick zögerte, dem bedrängten Bonifacius Hülfe zu senden. Diese Sendung (431) stand unter dem Befehle des aus dem

---

[25]) Victor Vitens. a. a. O. [26]) I. 1.
[27]) Procop. I. 3. Während dieser Belagerung starb der hl. Augustinus, V. Kal. Sept. inter impetum obsidentium Vandalorum. Prosp. Aquit. 430. Possidonius c. 28. Vgl. Sievers S. 455. Mannert S. 56. Papenkordt S. 67.

letzten Kriege vorteilhaft bekannten Sohnes des Ardaburius Aspar[28]), doch wissen wir über die Stärke seines Kontingentes gar nichts, nur wird berichtet, dafs sich der spätere Kaiser Marcian in seiner Begleitung befand und in vandalische Gefangenschaft fiel.[29]) Die Truppenmacht des Aspar war, da sie zur See auf den Kriegsschauplatz gebracht wurde, gewifs nicht bedeutend; jedenfalls vermochte auch er nicht dem Kriege eine andere Wendung zu geben, sondern beide, er und Bonifacius, wurden nach tapferer Gegenwehr in einer zweiten Schlacht von Gaiserich so aufs Haupt geschlagen, dafs Aspar den weiteren Kampf aufgebend nach Constantinopel zurückkehrte, und Bonifacius von Placidia nach Italien berufen wurde, während Africa seinen Bedrängern hilflos überlassen blieb.[29a])

Aber nicht nur durch die wechselvollen Ereignisse, welche sich im Occident abspielten, wurde die Aufmerksamkeit der Regierenden im Ostreich in denselben Jahren in Anspruch genommen, sondern die Interessen und Neigungen des Theodosius wie seiner Gemahlin und Schwestern zog nicht minder eine andere Angelegenheit in ihre Kreise, welche wiederum wie zu den Zeiten des Johannes Chrysostomus zunächst Constantinopel, dann aber in ihrem weiteren Verlaufe auch das ganze Reich in Aufregung und Verwirrung versetzte. In denselben Tagen nämlich, in denen Theodosius die grofse Reise in den Occident zur Krönung Valentinians III. vorhatte, starb der Bischof Atticus[30]) von Constantinopel, der sämmtlichen Kindern des Arcadius und nicht weniger der Eudocia aufserordentlich nahe gestanden hatte und nach allem, was wir von ihm wissen, ein gutherziger Mann von milder Gemütsart gewesen war. Ist es nicht angenehm in diesen Zeiten, wo die Gegensätze der Bekenntnisse sich noch so schroff gegenüberstanden und so viele Kirchenfürsten ihren Ruhm in der Verfolgung Andersgläubiger zu mehren trachteten, auch einmal auf einen Geistlichen zu stofsen, vor dessen Herzen wenigstens die „Mühseligen und Beladenen" alle gleich waren, welchem Glauben sie auch angehörten! Atticus war ein solcher. Er sandte einmal[31]) dreihundert Goldstücke an den Presbyter Calliopius von Nicaea mit der Bitte, sie an die schamhaften Armen, nicht an die gewerbsmäfsigen Bettler zu verteilen und ohne Rücksicht auf religiöse Unterschiede. Nicht minder zeugt von der Versöhnlich-

---

[28]) Procop. L. 3. Damals schenkte Aetius den ihm von Attila übersandten Maurusier Zercon dem Aspar. Priscus frgm. 11. Suidas v. Ζέρκων.
[29]) Ebend. führt diese Thatsache noch weiter aus.
[29a]) Vgl. Papenkordt S. 69 ff. v. Wietersheim S. 190.
[30]) Socrat. VII. 25. 10. Okt. 425.
[31]) Ebend.

keit seines Sinnes die Aufnahme des Namens des Johannes Chrysostomus in die bischöflichen Diptychen und seine Aufforderung an Cyrill von Alexandrien das Gleiche zu thun.[31a] Es war Theodosius, der diesen seltenen Mann gewifs recht hoch geschätzt hatte, nicht mehr vergönnt gewesen ihm die letzte Ehre zu erweisen, da er durch seine Erkrankung in Thessalonich zurückgehalten worden war; den Streit dagegen, der sich wie immer um die Nachfolge erhob, konnte er bereits schlichten, und zwar geschah dies dahin, dafs der durch Wohlthätigkeit und Frömmigkeit ausgezeichnete Presbyter Sisinnius aus der Vorstadt Elaea auf den Patriarchenstuhl erhoben wurde.[32])

Allein der frühzeitige Tod des ehrwürdigen Mannes am Ende des folgenden Jahres (427)[33] brachte Theodosius und seinem Hause die gleiche Sorge von neuem, und diesmal fiel ihre Wahl nicht auf einen Geistlichen der eignen Kirche, sondern auf den Presbyter Nestorius aus Antiochia. Er stammte aus Germanicia in Syrien[34]), wo er sich bald durch die Gewandtheit seiner Rede, welcher ein schönes Organ noch mehr Nachdruck verlieh, auszeichnete und bekannt machte. Nachdem er darauf eine Zeit als Mönch im Kloster des Euprepius gelebt hatte, wurde er zuerst als Diakon, dann als Presbyter an die antiochenische Kirche berufen. Schon in diesen Zügen zeigt er eine auffallende Ähnlichkeit mit seinem unglücklichen Vorgänger Johannes[34a]), (dessen Andenken durch seine Einwirkung damals am Hofe wiedergefeiert wurde), welche noch durch den ihm anhaftenden Mangel an Mäfsigung vergröfsert wird. Auch fehlte es ihm an der einem Geistlichen so wohl anstehenden Bescheidenheit, dafs er nie oder höchst selten von seiner eigenen Person spricht; er hatte vielmehr etwas Fanatisches in seinem Wesen, welchem er gleich in seiner Antrittspredigt feurige Worte verlieh, indem er dem Kaiser zurief: „Gieb' mir, o Kaiser, die Erde gereinigt von den Ketzern, und ich will Dir den Himmel dafür geben. Vernichte Du mit mir die Irrgläubigen, so will ich mit Dir die Perser vernichten!" Und diesen Worten folgte auch bald die That, denn schon am fünften Tage nach

---

[31a]) Aufser Socrat. a. a. O. Vgl. Attici ep. ad Cyrillum in Cyrilli op. V. 3, 201.

[32]) Am 28. Febr. 426. Aufser ihm bewarben sich die Presbyter Philippus und Proclus um den Bischofsstuhl. Socrat. c. 26.

[33]) 24. Dec. 427. Socrat. c. 28.

[34]) Socrat. c. 29. Marc. Com. 428. Vgl. die auch im Folgenden vielfach benutzten kirchengeschichtlichen Darstellungen von Neander Allgem. Gesch. der christl. Religion und Kirche. ed. 1856. l. 2, S. 667; Gieseler Lehrbuch der Kirchengesch. I. 2. S. 131 ff. v. Hefele Conciliengeschichte II². S. 149.

[34a]) Marc. Com. 428.

seiner Ordination machte er sich daran, die Kirche der Arianer zu vernichten[35]), in der sie heimlich ihre Gebete verrichteten, er bewirkte aber nur, dafs sie in Brand gesteckt und die benachbarten Häuser mit eingeäschert wurden. Nicht minder fanatisch ging er gegen die Macedonianer vor, denen in Constantinopel und den Gegenden am Hellespont ebenfalls die Bethäuser genommen wurden.[36]) So beherrschte er anfangs die frommgläubigen Herzen des Theodosius und der Pulcheria, wovon aufser diesen Thatsachen auch eine erneute Verfügung gegen die Haeretiker aus der ersten Hälfte des Jahres 428[37]) Zeugnis ablegt.

Allein schneller noch als bei Johannes Chrysostomus wurde das gute Verhältnis, in welchem der Patriarch zunächst mit seiner Gemeinde, seinem Klerus und dem Kaiser stand, durch eine dogmatische Streitigkeit getrübt, in deren Verlaufe das eben erst aufgegangene glänzende Gestirn des redegewandten Nestorius nach kurzem Leuchten alsbald wieder in Finsternis versank. Sie wurde nicht von ihm heraufbeschworen, sondern lag schon längst vor ihm in dem tiefen Gegensatz, welcher inbetreff der Auffassung des Verhältnisses Gottes zu Christus und zu den Gläubigen sich zwischen der antiochenischen Kirche, aus der Nestorius stammte, und der alexandrinischen allmählich herausgebildet hatte.[38]) Denn während diese in dem Nebeneinandersein von göttlichen und menschlichen Eigenschaften in Christo überall auf das Übernatürliche darin hinwies, liefsen es sich die antiochenischen Dogmatiker angelegen sein, in der Offenbarung des Übernatürlichen das Natürliche und Erklärbare zu finden, und während sie in dem Verhältnis Gottes zum Menschen ein Analogon zu dem zwischen Gott und Christo zu sehen meinten, erschien gerade dies den Alexandrinern als eine Läugnung der Göttlichkeit des Heilandes; Stoff genug, um bei der leichten Erregbarkeit der orientalischen Gemüter ein Feuer anzufachen, von dessen zunehmender Mächtigkeit die Urheber nichts geahnt hatten. Aber alle diese Fragen würden an und für sich nicht zu unerfreulichem Streit und zur Absetzung des Patriarchen geführt haben, wenn dieser nicht ebenso wie Johannes in einer Zeit berufen wäre, in welcher an der Spitze der alexandrinischen Kirche ein ehrgeiziger und vor keinem Streit zurückschreckender Bischof stand. Es war der uns bereits bekannte Cyrill, bei dessen Erwähnung uns sogleich das

---

[35]) Socrat. ebend. Marc. Com. 428.
[36]) c. 31. Marc. Com. 429.
[37]) Cod. Theod. XVI. 5, 65. 30. Mai.
[38]) Neander S. 666.

Bild jener aufregenden Vorgänge [39]) in Alexandrien vor die Seele tritt, deren Anstifter der Patriarch selbst war. Dafs er Veranlassung zu persönlichem Groll gegen Nestorius gehabt hätte, wird nirgends berichtet, gleichwohl dürfen wir im Hinblick auf seine alexandrinische Thätigkeit annehmen, dafs er demnächst in seinem Vorgehen gegen denselben nicht blos von rein sachlichen und kirchlichen Beweggründen geleitet wurde. [40])

Unter den Erscheinungen, welche dem neuen Patriarchen in seinem Wirkungskreis entgegentraten, war ihm von Anfang an die auffällig, dafs die Mitglieder seiner Gemeinde und seines Klerus mit einer nach seiner Meinung übertriebenen Verehrung von der Mutter Christi als „Gottesgebärerin" ($\vartheta\epsilon o\tau \acute{o}\varkappa o\varsigma$) sprachen [41]); er unterliefs es daher nicht, in seinen Predigten seine abweichende Ansicht über den wunderbaren Anteil Marias an der Geburt des Heilandes auszusprechen, welche er in dem Ausdruck „Christusgebärerin" ($\chi\varrho\iota\sigma\tau o\tau \acute{o}\varkappa o\varsigma$) zusammenfafste [42]), und jene Verehrung in die geziemenden Schranken zurückzuweisen. Natürlich gab er dadurch nicht nur für seine Kleriker, sondern auch für die Laien, welche seine Kirchen besuchten, ein Gesprächsthema, welches nach allen Seiten hin beleuchtet und verhandelt wurde. Unter den ersteren erregte der mit ihm aus Antiochia gekommene Presbyter Anastasius [43]) die öffentliche Meinung noch mehr, indem er eines Tages in der Kirche erklärte: „Niemand nenne die Maria eine Gottesgebärerin, denn Maria war Mensch, von einem Menschen aber kann unmöglich ein Gott geboren werden!" Vergebens versuchte Nestorius in seinen Predigten den Eindruck dieser unvorsichtigen Äufserung abzuschwächen und seiner eigenen mafsvollen Meinung zum Siege zu verhelfen, die Aufregung unter Klerus und Volke ward vielmehr immer gröfser und brachte ihm nicht nur offenen Angriff und

[39]) Vgl. II. Buch c. 2. der Darstellung.
[40]) Neander S. 671.
[41]) So versichert Nestorius, und gewifs mit Recht, selbst in einem Briefe an Johannes von Antiochia bei Harduin conciliorum collectio I. S. 1331: Puto enim et tuam religiositatem cognovisse, quia mox ut venimus huc, aliquos ... eorum, qui ad ecclesiam pertinent, seditione dissidentes invenimus; quorum aliqui quidem sanctam virginem Theotocon tantummodo nominabant, alii vero hominis genitricem. Unde utramque partem ut diligenter colligerem ... Christi eam vocavimus genitricem, ut haec vox utrumque manifeste signaret, id est deum et hominem. Anders Socrat. VII. 32. Vgl. Neander S. 667 ff.
[42]) Neander S. 670. Gieseler S. 138. Anm. 15.
[43]) Socrat. VII. 32: $\vartheta\epsilon\tau\acute{o}\varkappa o\nu$ $\tau\grave{\eta}\nu$ $\mu\alpha\varrho\acute{\iota}\alpha\nu$ $\varkappa\alpha\lambda\epsilon\acute{\iota}\tau\omega$ $\mu\eta\delta\epsilon\acute{\iota}\varsigma$ $\mu\alpha\varrho\acute{\iota}\alpha$ $\gamma\alpha\varrho$ $\mathring{\alpha}\nu\vartheta\varrho\omega\pi o\varsigma$ $\mathring{\eta}\nu$ $\mathring{\upsilon}\pi\grave{o}$ $\mathring{\alpha}\nu\vartheta\varrho\acute{\omega}\pi o\nu$ $\delta\grave{\epsilon}$ $\vartheta\epsilon\grave{o}\nu$ $\tau\epsilon\chi\vartheta\tilde{\eta}\nu\alpha\iota$ $\mathring{\alpha}\delta\acute{\upsilon}\nu\alpha\tau o\nu$.

Widerspruch aus den Reihen der Geistlichen wie den des Proclus[44]), des einstigen Mitbewerbers um den bischöflichen Stuhl, sondern selbst aus der Menge der Laien[45]) ein.

Allmählich nahm der Streit immer mehr den Charakter einer Kirchenspaltung an, da eine Anzahl Kleriker ihm offen die Kirchengemeinschaft aufkündigten und gegen ihn predigten, wogegen Nestorius sowohl die kirchliche Strafe der Excommunication gegen sie verhängte als auch den Arm der weltlichen Gerechtigkeit gegen alle diejenigen zu Hülfe rief, welche in ihrem Fanatismus die Grenzen der erlaubten Handlungen gegen ihr Oberhaupt weit überschritten.[46]) Die Nachricht von den Vorgängen in Constantinopel fand, da sie durch eine alle katholischen Christen angehende Frage veranlafst waren, schnell allgemeine Verbreitung[47]) und erregte vor allem die ägyptische Kirche als diejenige, welche den Inhalt des Wortes $\vartheta\varepsilon o\tau \acute{o}\varkappa o\varsigma$ mit allen Consequenzen verfocht, und zumeist den Cyrill. Sie gab ihm erwünschte Gelegenheit, nachdem er so lange nicht von sich reden gemacht hatte, seiner innersten Natur gemäfs einen Streit aufzunehmen, von dessen erfolgreichem Ausgang er sich für den Glanz seines Namens und seiner Kirche die herrlichsten Früchte versprach. Schon in dem Hirtenbriefe[48]), welchen er nach der Sitte 429 zu Ostern an die Geistlichen seines Bezirkes richtete, wies er auf eine abweichende Lehre von der Jungfrau Maria hin, ohne jedoch Nestorius selbst zu nennen. Auch in einem besonderen Schreiben an die ägyptischen Mönche, deren Beschränktheit einige Ereignisse dieser Zeit bereits hinlänglich dargethan haben, wurde der Name des Patriarchen nicht erwähnt, wohl aber fühlte sich Cyrill berufen, die Mönche über den Begriff des $\vartheta\varepsilon o\tau \acute{o}\varkappa o\varsigma$ aufzuklären, damit sie nicht in ihrem Glauben durch gewisse Gerüchte verwirrt würden.[49]) Wenn er damit die Absicht verfolgte, den bisher auf Constantinopel beschränkten Streit zu einem allgemeinen zu machen, so gelang ihm das zunächst nur unvollkommen, denn Nestorius fühlte sich zwar durch dieses Vorgehen seines Amtsbruders aufs tiefste beleidigt, liefs jedoch die Herausforderung unbe-

---

[44]) Vgl. Socrat. c. 26 und 28. Cedren zum 22. Jahre des Theod. Vgl. Neander S. 669.
[45]) So besonders Eusebius, der spätere Bischof von Dorylaeum. Cedren a. a. O.
[46]) Klageschrift des Archimandriten Basilius und des Lectors und Mönches Thalassios und der übrigen christl. Mönche an die christl. Kaiser Theod. und Valent. in 5 Teilen. Harduin S. 1336 ff. Neander S. 670.
[47]) Mansi Conciliorum omnium amplissima collectio IV. S. 599.
[48]) $\gamma\varrho\acute{\alpha}\mu\mu\alpha\tau\alpha\ \pi\alpha\sigma\chi\acute{\alpha}\lambda\iota\alpha$. Mansi S. 587 ff.
[49]) Mansi S. 599, bes. c. 20. Vgl. Neander S. 671.

antwortet. Erst ein Entschuldigungsschreiben des Cyrill, in welchem er seine Handlungsweise durch den Hinweis auf die Verpflichtung, über die Reinheit des Glaubens zu wachen, zu beschönigen suchte[50]), rief eine kurze, nicht minder deutliche Entgegnung des Nestorius hervor, welche wiederum von Cyrill eine Widerlegung erfuhr. Gleichwohl wäre der Streit vielleicht zwischen ihnen beiden geblieben, wenn nicht durch die Ankunft gemafsregelter alexandrinischer Geistlichen in Constantinopel das persönliche Moment in demselben verschärft worden wäre. Ähnlich wie einst die von Theophilus vertriebenen Mönche bei dem Bischofe der Reichshauptstadt Schutz suchten und die Veranlassung zu Klagen des alexandrinischen Patriarchen wurden, so war auch Cyrill über die Aufnahme seiner Kleriker erzürnt und wandte sich in einem neuen Schreiben[51]) an Nestorius, in welchem er sich darüber beschwerte und eine wiederholte Auseinandersetzung seiner Lehre gab. Nestorius blieb ihm die Antwort nicht schuldig[52]) und wies in derselben besonders die Berufung des Cyrill auf das Nicaenum zurück, während er zum Schlufs die Bemerkung machte, dafs auch „die Kaiser eingenommen seien vom Lichte seines Dogmas."

In dieser Weise hätte der Streit noch lange fortgehen können, ohne die ganze orientalische Kirche zu verwirren und zu entzweien, so lange nicht die weltliche Macht mit in das Parteiinteresse gezogen wurde. Da war es nun für Nestorius höchst verhängnisvoll, dafs Cyrill einen Apell an den Hof richtete, um diesen für seine Anschauung zu gewinnen[53]), da er inzwischen erfahren hatte, dafs an demselben eine Einigkeit in Bezug auf den Gegenstand des Streites nicht herrsche. Es ist zwar nur ein verdächtiges Zeugnis vorhanden[54]), dafs Pulcheria mit dem neuen Patriarchen nicht zum besten stand, indes weist die Art, wie Cyrill seine Berufung an die mafsgebenden Persönlichkeiten im Reich richtete, nicht undeutlich darauf hin, dafs sich allmählich ein persönlicher Gegensatz zwischen der Gemahlin

---

[50]) Mansi S. 883. Neander setzt diesen Brief später an, vgl. S. 673. Während er in demselben „Aufrichtigkeit und einen Beweis seines edlen Herzens" sieht, erblickt von Hefele a. a. O. darin nur „Eigenlob und Derbheit."
[51]) Harduin ep. 4. S. 1273.
[52]) ep. 5. S. 1277.
[53]) So nehme ich mit Neander S. 674 an, vgl. dagegen v. Hefele a. a. O.
[54]) Suidas v. Πουλχερία berichtet, Pulch. habe grofsen Hafs gegen Nestorius gehegt, weil dieser dem Kaiser ihre Buhlerei mit dem damaligen Mag. off. Paulinus hinterbracht habe. Es liegt bei der bekannten Lebensweise der Princessin auf der Hand, dafs jene Nachricht ein gegenstandsloses Geklätsch ist; doch scheint eine feindselige Stimmung der Pulch. gegen Nestorius daraus hervorzugehen. Vgl. Neander S. 674. Anm. 4. und Gregorovius Athenais S. 136.

des Kaisers und seiner Schwester ausgebildet hatte, von denen jede den Augustus und damit das Reich zu beherrschen trachtete. Diese Sachlage schlau benutzend richtete er zwei ausführliche Darlegungen seines Standpunktes zur Frage der Maria als Gottesgebärerin, die eine an Theodosius und Eudocia, die andere an die Augusta Pulcheria[55]), ohne indes dabei des Nestorius Erwähnung zu thun. Seine Absicht war offenbar, die Spaltung am Hofe zu seinen gunsten zu verschärfen und insbesondere die Fürsprache der Schwester des Kaisers zu gewinnen, durch welche er dann den schwachen Theodosius ebenfalls zu seiner Anschauung zu bekehren hoffte. Allein er hatte sich zunächst in Theodosius arg verrechnet, der die Kränkung, welche seiner Autorität durch dies zweite Schreiben an Pulcheria zugefügt worden war, mit Unwillen empfand, wie seine spätere Antwort an Cyrill klar zeigt.

Gewinnt nun der persönliche Streit des Nestorius mit Cyrill dadurch an Bedeutung, dafs das weltliche Staatsoberhaupt mit in ihn verwickelt wurde, so erhielt er aufserdem noch eine besondere Wichtigkeit durch die Bemühungen der beiden Patriarchen, den Bischof von Rom, Coelestinus, in ihr Interesse zu ziehen. Wer von beiden zuerst[56]) an diesen sich gewandt und seine Meinung über die Teilnahme Marias an der Geburt Christi erforscht hat, lässt sich schwer entscheiden; aber die Art und Weise, wie Cyrill die Verhandlungen betrieb, scheint mehr für diesen zu sprechen. Denn während Nestorius in den hierauf bezüglichen Schriftstücken niemals den Standpunkt der Gleichheit zwischen ihm und dem Bischof von Rom verläfst, scheinen die Ausdrücke, welche Cyrill in den seinen gebraucht, eine gewifse Prärogative desselben in Glaubenssachen anzuerkennen. Der römische Bischof war daher von vornherein gegen Nestorius und für Cyrill eingenommen, wie die von ihm 430 zu Rom abgehaltene Synode der italischen Bischöfe aufs deutlichste beweist. Denn diese beschlofs höchst einseitig, dafs Nestorius, wenn er nicht innerhalb zehn Tagen vom Tage des Empfanges des Beschlusses an gerechnet durch eine offene und schriftliche Erklärung seine Irrlehren verdammt habe, aus der Gemeinschaft der katholischen Kirche auszuschliefsen sei[57]).

---

[55]) Mansi IV. 618 ff. Er wird bei Cedren zum 24. Jahre des Theodosius und von Justinian in seinem Schreiben an die 5. oecumenische Synode erwähnt. Cedren p. 379.
[56]) Nach Neander S. 674 war es Cyrill, nach Hefele a. a. O. Nestorius. vgl. den Brief des Nestorius Harduin S. 1308 und des Cyrill Mansi IV. S. 1011.
[57]) Harduin S. 1301, vom 11. August 430. Marcell. Com. zu 430. Prosp. Aquit. zu 428. Euagrius I. 3.

Diese Entscheidung, deren Ausführung man zugleich dem Bischof von Alexandrien übertrug, wurde aufser Nestorius auch dem Clerus[58]) desselben sowie den angesehensten morgenländischen Bischöfen Johannes von Antiochia, Rufus von Thessalonich, Juvenal von Jerusalem und Flavian von Philippi durch besondere Schreiben mitgeteilt.

Nachdem die Angelegenheit ein so gefährliches Gepräge angenommen hatte, versuchte der Bischof Johannes von Antiochia, der Jugendfreund des Nestorius, diesen noch einmal brieflich zur Nachgiebigkeit zu bewegen, allein Nestorius antwortete ihm ausweichend, er hoffe auf ein Concil und bitte ihn sich nicht über die bekannte Anmafsung des aegyptischen Bischofs zu wundern, da schon zahlreiche Beispiele derselben aus der Vergangenheit vorlägen[59]). Bevor aber der Beschluss der römischen Synode Nestorius bekannt gemacht wurde, hielt Cyrill noch eine eigene Kirchenversammlung zu Alexandrien ab, deren Ergebnis in zwölf Anathematismen zusammengefafst wurde. Nun erst teilte Cyrill seinem Gegner die Entscheidung der römischen Bischöfe und zugleich die der aegyptischen mit und forderte ihn zum Widerruf auf. Diesem Ansinnen, welches an ihn gestellt wurde, während er selbst nicht gehört worden war, setzte Nestorius, noch immer im Besitze der kaiserlichen Huld, den gleichen Trotz entgegen und stellte den Verdammungen der Ägypter zwölf andere gegenüber[61]). So weit war der Streit gediehen, ohne dafs bisher die weltliche Macht ihr Urteil abgegeben hätte, und doch war ohne diese eine Einigung oder ein Sieg der einen Anschauung über die andere nicht möglich, nachdem es seit Constantin dem Grofsen Sitte geworden war, dafs kirchliche Streitigkeiten durch Zusammenkünfte der Geistlichen entschieden wurden, welche das Staatsoberhaupt zu berufen hatte. Da nun von beiden Parteien ein Concilium gewünscht worden war, so entschloss sich Theodosius, gewiss aufrichtig um den kirchlichen Frieden in seinem Reiche besorgt, im Einverständnis mit Placidia und Valentinian eine Synode aller katholischen Bischöfe zu versammeln, um die Einheit der Lehre wiederherzustellen.

Am 19. November 430[62]) erliefs Theodosius die Einladungsschreiben an die Metropoliten des Inhalts, dafs sie sich am Pfingsttage des Jahres 431 in Ephesus mit den abkömmlichen Suffraganbischöfen einfinden sollten. An Cyrill aber sandte er aufser diesem

[58]) Harduin S. 1311.
[59]) S. 1317 und 1331.
[60]) S. 1283. Vgl. Gieseler, der sie S. 143—145 ebenfalls mitteilt. Neander S. 676.
[61]) Harduin S. 1298 ff. Gieseler S. 145 und 146.
[62]) Harduin S. 1343.

noch ein besonderes Schreiben[63]) als Antwort auf die an ihn, seine Gemahlin und Pulcheria gerichteten Ausführungen, welches im Gegensatze zu den Zügen, welche uns von ihm mitgeteilt werden, von einem recht männlichen und energischen Sinn zeugt, welcher sonst an ihm nicht zu bemerken ist. Denn nachdem er darin betont hat, dafs auch ihm die Gottesfurcht am Herzen liege, fordert er den Cyrill auf zu erklären, „warum er Unruhe und Spaltung in die Kirchen hineingetragen habe, wie wenn die Heftigkeit der Kühnheit in Sachen der Frömmigkeit mehr vermöge als die Genauigkeit. ... Und ist es nicht wunderbar, fährt er fort, dafs der, welcher in diesen Dingen das Mafs überschritten hat, sein Unternehmen nicht nur gegen die Kirchen und Priester richtete, sondern auch von uns selbst etwas unserer Gottesfurcht Unwürdiges glaubte. Oder welchen Zweck hätte es sonst gehabt, dafs du ein Schreiben an uns und unsere erlauchte Gattin, die Kaiserin Eudocia, und ein anderes an die erlauchte Kaiserin Pulcheria, meine Schwester, sandtest, es sei denn, dafs du meintest, wir wären vereinigt oder hofftest, wir würden es werden". Er gedenke daher Cyrills Worte dem Urteil des Concils zu unterbreiten und fordere ihn auf pünktlich zur festgesetzten Zeit zu erscheinen. Auch den Augustinus lud Theodosius durch besondere Boten ein der Synode beizuwohnen[65]), doch war dieser inzwischen während der Verwüstungen in Afrika gestorben. Ebenso erklärte Coelestinus von Rom durch dringende Amtsgeschäfte von der Teilnahme an den Verhandlungen abgehalten zu sein[66]), er beauftragte aber die beiden Bischöfe Arcadius und Proiectus und den Presbyter Philippus mit seiner Vertretung, deren Vollmacht[67]) dahin lautete, dafs sie stets, unbeschadet der Autorität des bischöflichen Stuhls, im Einverständnis mit Cyrill handeln sollten, doch ohne sich in die Streitigkeiten selbst einzumischen[68]). Ihre Aufgabe sei es vielmehr über dieselben zu richten, und, wenn die Synode zu Ende sei, zu untersuchen, ob die Entscheidung mit dem alten katholischen Glauben übereinstimme oder nicht; käme es dabei zur Spaltung, so sollten sie immer mit Cyrill gemeinsame Beschlüsse fassen. Man sieht, wie gelegen dieser

---

[63]) S. 1348.
[64]) ἢ τίνα εἶχε λόγον ἕτερα μὲν πρὸς ἡμᾶς καὶ τὴν εὐσεβεστάτην Αὐγούσταν Εὐδοκίαν τὴν ἐμὴν σύμβιον ἐπιστέλλειν, ἕτερα δὲ πρὸς τὴν ἐμὴν ἀδελφὴν τὴν εὐσεβεστάτην Αὐγούσταν Πουλχερίαν, εἰ μὴ διχονοεῖν ἡμᾶς ᾠήθης ἢ διχονοήσειν ἤλπισας ἐκ τῶν τῆς σῆς θεοσεβείας γραμμάτων.
[65]) Harduin S. 1419. Brief des Bischofs Capreolus an die Synode.
[66]) S. 1473. 15. Mai 431.
[67]) S. 1347. 8. Mai und S. 1471.
[68]) de eorum sententiis iudicare debeatis, non subire certamen.

Streit dem römischen Bischof kam, um ein vermeintliches Vorrecht vor den übrigen Patriarchen zu beanspruchen und zu befestigen und wie klug in dieser Beziehung die Instruktion seiner Abgesandten abgefasst ist; ohne zu wissen, wie die Entscheidung ausfallen werde, stellt er sich doch von vornherein auf die Seite des einen, immer eingedenk des alten Wortes: teile und herrsche! Der alexandrische Patriarch kam ihm noch dazu mehr als je entgegen und machte sogar die Frage, ob es zulässig sei, dafs Nestorius selbst auf dem Concil erscheine[69]), von seiner Meinung abhängig. Wenn nun neuere Darsteller[70]) dieses Streites einen Beweis der friedfertigen Gesinnung des Coelestin darin sehen, dafs er die Frage bejahte, so zeigen sie nur damit, dafs sie dem römischen Bischof von vornherein einen höheren Rang einräumen, den ihm erst allmählich die Verhältnisse und besonders die der orientalischen Kirche beigelegt haben.

Da auch Theodosius der Synode nicht persönlich beiwohnen wollte, so beauftragte er mit seiner Vertretung den aus dem letzten Kriege her rühmlichst bekannten Commandeur der Kaiserlichen Leibwache Candidian[71]), dessen Vollmacht der Kaiser in einem Schreiben der Synode kund gab[72]). Als erste Pflicht wurde ihm darin aufgegeben, sich selbst in keiner Weise in den Streit zu mischen, sondern die Verhandlungen derartig zu überwachen, dafs er jeder Störung, komme sie aus der Versammlung selbst oder von unbeteiligten Mönchen oder Laien, vorbeuge und so den Beratungen alle Freiheit der Entschliefsung gewähre. Vor allem machte Theodosius ihn dafür verantwortlich, dafs kein Bischof vor der Zeit an die Rückkehr oder eine Reise an den Hof denke und keine andere Angelegenheit vorher in Angriff genommen werde, bevor nicht die Nestorianische Streitigkeit ihre Erledigung gefunden habe. Zum Schlufs giebt er noch der Synode davon Kenntnis, dafs der den Nestorius als Freund nach Ephesus begleitende Comes Irenaeus weder mit den Beschlüssen der Versammlung noch den Aufträgen des Candidian irgend etwas zu schaffen habe. Wer diese Vollmacht unbefangen liest, wird gern zugestehen, dafs sie das Muster für eine klare und unparteiliche Überwachung kirchlicher Verhandlungen abgiebt, denn, indem sie Rücksicht nimmt auf die voraussichtlich stürmischen Erörterungen, will sie jeden störenden Einbruch Unbeteiligter zurückgewiesen sehen, nicht minder aber auch das lärmende Niederschreien der Minderheit durch

---

[69]) Harduin S. 671, 1473. 7. Mai.
[70]) Hefele S. 179.
[71]) Vgl. über ihn die Zusammenstellung bei Sievers S. 439.
[72]) Harduin S. 1345. Neander S. 678.

die Überzahl auf jeden Fall verhindern. Allseitige, ungehinderte Freiheit die Ansichten zu äufsern, das ist das Ziel, welches sie dem Kaiserlichen Commissarius steckt. Um aber Mifsdeutungen zu vermeiden, als sei Nestorius ein besonderer Schützling des Monarchen, giebt sie zugleich Aufklärung über die unofficielle Sendung des Irenaeus. Gleichwohl wird man nicht fehl gehen in der Anwesenheit dieses Freundes, eines hohen Officiers, in Ephesus und der Erwähnung desselben in Candidians Beglaubigungsschreiben einen Fingerzeig darauf zu erblicken, dafs Nestorius damals noch in der Gunst des Kaisers stand und dieser fest entschlossen war, seinen Patriarchen ohne überzeugende Gründe nicht fallen zu lassen [73]).

Von den an der Synode am meisten beteiligten Bischöfen langte Nestorius zuerst, gleich nach Ostern 431 [74]), in Ephesus mit zahlreicher Begleitung an, zu Pfingsten erschien Cyrill mit funfzig Suffraganen, Juvenal von Jerusalem und Flavian von Thessalonich einige Tage nachher [75]); aufserdem waren anwesend die Bischöfe Memmon von Ephesus und diejenigen der benachbarten Provinzen. Es fehlte noch die grofse Zahl der antiochenischen Bischöfe und ihr Patriarch Johannes. Es fanden daher, damit die Zeit nicht nutzlos verstreiche, schon vorläufige Erörterungen statt, in denen einmal Nestorius von Cyrill in die Enge getrieben sich zu der Äufserung verleiten liefs, er könne ein Kind von zwei oder drei Monaten nicht Gott nennen [76]), was ihm sogleich als Leugnung der Thatsache ausgelegt wurde, dafs Christus als wahrer Gott von der Jungfrau Maria geboren sei. Sechzehn Tage [77]) noch wartete man nach Pfingsten auf Johannes und obwohl schliefslich die Nachricht eintraf, dafs er, vorher durch die Beschwerlichkeit des Weges und Regengüsse aufgehalten [78]), nunmehr in der Nähe der Stadt eingetroffen sei, so drang Cyrill, dem das Zögern des antiochenischen Patriarchen sehr gelegen kam, dennoch mit seinem Anhange durch und bestimmte, dafs die Verhandlungen am 22. Juni 431 in der grofsen Marienkirche zu Ephesus eröffnet würden [79]). Die Synode

---

[73]) S. 679.
[74]) Das Jahr Chron. Pasch. und Prosp. Aquit., während Marc. Com. 430 annimmt. [75]) Socrat. VII. 34.
[76]) Ebend. Τὸν γενόμενον διμηναῖον καὶ τριμηναῖον οὐκ ἂν θεὸν ὀνομάσαιμι.
[77]) Harduin S. 1435 und 1506.
[78]) Euagrius I. 3. macht besonders geltend, dafs Ephesus dreifsig Tage Wegs von Antiochia entfernt ist.
[79]) Das Protokoll der Verhandlungen bei Harduin S. 1353 ff. Actio I. bis S. 1465. Vgl. Socrates VII. 34. Euagrius I. 4 und 5. Cyrills Brief an Com. und Pat. Harduin S. 1433. Neander S. 680 ff.

zählte ungefähr zweihundert Mitglieder, fast ausnahmslos willige Werkzeuge des fanatischen Cyrill, der sogleich den Vorsitz im Namen des abwesenden Bischofs von Rom einnahm[80]), während äufserlich die Verhandlungen von dem Presbyter Petrus von Alexandria geleitet wurden. Zunächst wurde trotz des Einspruches Candidians[81]) das kaiserliche Einladungsschreiben vorgelesen, dann erhob sich Cyrill und erklärte, die Synode habe lange genug gewartet und müsse nach dem in jenem Edict ausgesprochenen Wunsche des Kaisers sofort ihren Anfang nehmen.

Nachdem über die erste fruchtlose Citation des Nestorius, der erklärt hatte, nur in einer Versammlung aller Bischöfe erscheinen zu wollen, berichtet war und die weiteren Einladungen denselben Erfolg hatten, ja die zu ihm entsandten Bischöfe zuletzt sogar durch die ihn umgebenden Wachen zurückgewiesen waren, begann auf Vorschlag Juvenals[82]) der dogmatische Teil der Verhandlungen, deren Beginn die Vorlesung des nicaenischen Glaubensbekenntnisses bildete. Sodann wurden die Briefe des Cyrill und Coelestin[83]), welche sie in dieser Angelegenheit geschrieben hatten, und die Antwort des Nestorius[84]) erörtert, wobei die Mehrzahl der Anwesenden ihre Zustimmung oft in den schmeichelhaftesten Ausdrücken für Cyrill zu erkennen gab. Nachdem endlich eine Reihe von Stellen aus den Kirchenvätern über das Verhältnis der beiden Naturen in Christo verlesen waren[85]), trat die Synode zur Beschlufsfassung zusammen und fällte folgendes Urteil[86]): „Da der gottlose Nestorius weder unserer Einladung hat Folge leisten noch die abgesandten heiligsten und religiösesten Bischöfe hat vor sich lassen wollen, so mufsten wir zur Prüfung seiner gottlosen Lehre schreiten. Indem wir daher teils aus seinen eigenen Briefen und Schriften, teils aus Reden, die er zuletzt in dieser Metropolis führte und durch Zeugnisse belegt werden, erfahren, dafs er gottlos denke und predige, so sind wir gezwungen durch die hl. Satzungen und den Brief des heiligsten Bischofs Coelestinus von Rom, unseres Mitdieners, wenn auch zu Thränen gerührt, zu dieser traurigen Sentenz gegen ihn notgedrungen gelangt: Unser von ihm geschmähter

---

[80]) διέποντος καὶ τὸν τόπον τοῦ ἁγιωτάτου καὶ ὁσιωτάτου ἀρχιεπισκόπου τῆς Ῥωμαίων ἐκκλησίας Κελεστίνου. Harduin S. 1353.

[81]) Auch privatim hatte er davon abgeraten, wie er in seinem Bericht an den Kaiser (Harduin S. 1351) erklärt.

[82]) Harduin S. 1361.

[83]) S. 1373—1388.   [84]) S. 1278.

[85]) S. 1399—1419.

[86]) S. 1421. Vgl. Neander S. 680.

Herr Jesus Christus hat durch die anwesende hl. Synode geurteilt, dafs ebendieser Nestorius von der bischöflichen Würde zu entsetzen und von jeder priesterlichen Gemeinschaft fern zu halten sei![87]" Dieses schnell gefasste Urteil wurde zunächst von 198 Bischöfen unterschrieben, denen sich später noch andere hinzugesellten, so dafs es über zweihundert waren[88]). Als Candidian das Geschehene am folgenden Tage durch den öffentlichen Maueranschlag der alexandrinischen Partei erfahren hatte, war er mit Recht auf das äufserste entrüstet, denn ihm, so mufste er fürchten, werde der Kaiser die Schuld an dem Vorgange beimessen. Er beeilte sich daher, den Anschlag in den Strafsen abreifsen zu lassen und ein Exemplar desselben sowie einen Bericht an Theodosius einzusenden; aufserdem gab er durch öffentliche Bekanntmachung seine Unzufriedenheit über die Verhandlungen zu erkennen und erklärte den Synodalbeschlufs für ungültig.[89]) Inzwischen lief sowohl von Nestorius und zehn Bischöfen seiner Partei eine Beschwerdeschrift[90]) an den Kaiser ein als auch der Bericht der Cyrillianischen Bischöfe über die Veranlassung ihrer Verhandlungen ohne Johannes von Antiochien und die in Übereinstimmung mit Coelestinus getroffene Entscheidung.[91])

Wenige Tage später, am 26. oder 27. Juni[92]), langte endlich der Patriarch von Antiochien an und in der Erregung über das Vorgefallene verfiel er in denselben Fehler, welchen Cyril begangen hatte, indem er, nachdem Candidian ihm Bericht erstattet und das kaiserliche Einladungsschreiben verlesen hatte, sich mit den anwesenden 43 Bischöfen als allein rechtmäfsige Synode[93]) constituierte und nach kurzem Verfahren über Cyrill und Memmon wegen des zu frühen Beginnes des Concils die Absetzung aussprechen liefs, während ihre Anhänger excommuniciert wurden. Auch von diesem Urteil wurden Theodosius, Pulcheria und der Clerus von Constantinopel[94]) alsbald

---

[87]) ὁ βλασφημηθεὶς τοίνυν παρ' αὐτοῦ κύριος ἡμῶν Ἰησοῦς Χριστὸς ὥρισε διὰ τῆς παρούσης ἁγιωτάτης σονόδου ἀλλότριον εἶναι τὸν αὐτὸν Νεστόριον τοῦ ἐπισκοπικοῦ ἀξιώματος καὶ παντὸς συλλόγου ἱερατικοῦ. Vgl. Euagrius I. 4.
[88]) Harduin S. 1431.
[89]) S. 1447.   [90]) S. 1437.   [91]) S. 1439.
[92]) Laut Memnons Bericht S. 1595.
[93]) Die Akten S. 1447 ff.
[94]) S. 1458—1466. Im ersten Schreiben sagt Johannes: καὶ αὐτοῦ δὲ Κυρίλλου τοῦ Ἀλαξανδρέως ἐπιστειλαντός μοι τῆς Ἀντιοχέων πρὸ δύο ἡμερῶν τοῦ γενομένου ὑπ' αὐτοῦ συνεδρίου ὡς ἡ σύνοδος πᾶσα ἀναμενεῖ μου τὴν παρουσίαν. Davon weifs Hefele S. 182 nichts.

in Kenntnis gesetzt. Hier aber war der Bericht des Candidian bereits eingelaufen und hatte den Kaiser zu einer neuen Maßregel veranlaßt, welche wiederum von der Mäßigkeit und Unparteilichkeit desselben Zeugnis ablegt. Denn, nachdem er in seinem Rescript [95]) dargelegt hat, daß die in Ephesus gefaßten Beschlüsse ihre Entstehung ungezügelter Leidenschaft verdankten, erklärte er das Geschehene für ungültig und ordnete eine zweite Beratung an, deren Ergebnisse für die Zukunft Bestand haben sollten; zugleich teilte er mit, daß der zur Untersuchung abgesandte Palastbeamte angewiesen sei, keinen Bischof vorher abreisen oder an den Hof sich begeben zu lassen. Diese kaiserliche Kundgebung rief bei den Anhängern des Johannes lebhafte Freude hervor, welcher sie in zwei Bittgesuchen an den Kaiser Ausdruck verliehen [96]); die Anhänger Cyrills dagegen blieben auch nicht müßig und reichten einen zweiten Bericht mit Ausfällen gegen Candidian, der als Begünstiger des Nestorius hingestellt wurde [97]), an den Kaiser ein. Sie versammelten sich am 10. Juli zu einer zweiten Sitzung [98]), in Anwesenheit der inzwischen angelangten päpstlichen Legaten, welche die Schreiben des Coelestinus übermittelten und ihre Absicht das Urteil über Nestorius zu bestätigen, zu erkennen gaben. Dieses wurde ihnen von Cyrill begreiflicherweise zugestanden, und so wurden ihnen denn in der am folgenden Tage stattfindenden dritten Sitzung [99]) die Verhandlungen vorgelesen, welche sie unter bemerkenswerter Betonung der römischen Prärogative [100]) ihrer Instruction gemäß ebenfalls unterschrieben.

Nachdem nunmehr das Einverständnis mit der römischen Kirche hergestellt war, ging Cyrill und seine Partei gegen Johannes und seine Anhänger vor. Indem sie sich nach wie vor als die allein zu recht bestehende Versammlung ansahen, riefen sie die Gegenpartei dreimal vor ihren Richterstuhl, und da diese die Einladungen nicht annahm, so wurden Johannes und die übrigen Bischöfe in der Sitzung vom 17. Juli [101]) gleichfalls excommuniciert, wovon dem Kaiser sogleich Mitteilung gemacht wurde [102]). Bis dahin war die Hauptstadt, in welche aus naheliegenden Gründen das Concil nicht gelegt worden war, vom Kampfe der Parteien verschont geblieben, weil der ausdrücklichen Anordnung des Kaisers gemäß in Constantinopel eine strenge Hafenpolizei gehandhabt und niemand aus Ephesus zugelassen wurde, der

[95]) Harduin S. 1537.
[96]) S. 1539 und 1545.
[97]) S. 1581.   [98]) S. 1465 ff.   [99]) S. 1475 ff.
[100]) Vgl. besonders die Worte des Presbyters Philippus S. 1477.
[101]) S. 1494 ff.   [102]) S. 1501 ff.

entweder selbst Bischof war oder von einer der Synoden noch Sonderbenachrichtigungen an den Clerus und das Volk zu bringen beabsichtigte. Das Verhalten des Kaisers, auf den bisher von seiten der Bevölkerung und des Hofes kein Druck ausgeübt worden war, blieb daher noch immer ein im allgemeinen dem Nestorius günstiges. Da aber gelang es einem von der alexandrinischen Partei abgesandten und als Bettler verkleideten Geistlichen, wie es heifst, sich den Späheraugen der Behörden zu entziehen und mit den in der Hauptstadt befindlichen Bischöfen und Äbten in Verbindung zu setzen [103]). Unter den letzteren genofs der Archimandrit Dalmatius wegen seines fast fünfzigjährigen Klosterlebens, in welchem er die Mauern desselben nicht ein einziges Mal verlassen hatte, ein besonders hohes Ansehen in der Geistlichkeit und unter den Laien. Dieser wurde durch die ihm auf solche Weise zugehenden Nachrichten aus Ephesus so erregt, dafs er, vorgeblich einer inneren Stimme folgend, seine Mönche und den übrigen Clerus, welchem sich das Volk anschlofs, zu einer grofsen Massenkundgebung zu Gunsten der Cyrillianischen Partei veranlafste. Unter dem Gesang von Psalmen und Hymnen begab sich der Zug vor den kaiserlichen Palast und versetzte den schwachen Kaiser in nicht geringe Verlegenheit. Theodosius hörte dem leidenschaftlichen Vortrage des Dalmatius [104]) zunächst ruhig zu, als aber dieser heftiger in ihn drang und den Brief der ersten Synode ihm übergab, sagte er: „Wenn sich die Sache so verhält, so mögen Bischöfe von dort herkommen!" Dalmatius hielt ihm entgegen: „Niemand läfst sie aber durch!", worauf Theodosius erwiderte: „Niemand hindert sie!" Dalmatius entgegnete freimütig: „Doch, von jener Partei kommen und gehen viele ungehindert; die Vorgänge aber auf der hl. Synode läfst niemand zu deiner Kenntnifs gelangen. ... Wen willst du nun lieber hören, die sechstausend Bischöfe oder einen gottlosen Menschen?" Da antwortete der Kaiser: „Du hast gut gefragt!" und fügte zu den übrigen gewandt hinzu: „Betet für mich!" Diese Antwort nahm das Volk mit Jubel auf und laut ertönte sein Ruf: „Anathema dem Nestorius!"

Indem der Kaiser die Erlaubnis erteilt hatte, dafs Abgesandte der Parteien aus Ephesus nach Constantinopel kommen dürften, hatte er nicht nur der Überredung und Bestechung am Hofe Thür und Thor geöffnet, sondern sich selbst auch den Einflüssen der verschiedensten Strömungen ausgesetzt, in denen er sich nun nicht mehr

---

[103]) Über die Vorgänge in Constantinopel vgl. S. 1485 ff.
[104]) Er hat selbst darüber berichtet S. 1587.

zurecht finden konnte. Zuerst erschienen zwei [105]) Bischöfe von seiten des Cyrill und seiner Anhänger, während die antiochenische Partei den Freund des Nestorius Irenaeus als Berichterstatter an den Kaiser absandte. Am Hofe hatte Nestorius dadurch bisher einen besonderen Anhalt gehabt, dafs der kaiserliche Kammerherr Scholasticus stets seine Sache verfocht, und noch in diesen Tagen richtete er an ihn einen Brief, in dem er sich gegen den ungerechten Vorwurf verwahrte, als ob er den Inhalt des Ausdrucks (θεοτόκος Gottesgebärerin) geleugnet habe, und schliefslich seine Sehnsucht nach seinem früheren Klosterleben ausdrückte.[106]) Als nun Irenaeus wenige Tage nach jenen in Constantinopel anlangte [107]), machte er bald die Beobachtung, dafs aufser anderen mächtigen Männern auch Scholasticus gegen die Einflüsterungen der Abgesandten des Cyrill nicht unempfindlich geblieben war. Er setzte daher alle Hebel in Bewegung, um ihren Einflufs zurückzudrängen, gewann die obersten Hofbeamten wieder für Nestorius, wurde seinen Gegnern vor dem Kaiser gegenübergestellt und errang schliefslich die allerhöchste Billigung des Verhaltens der anderen Synode, während Cyrills Vorgehen lebhaft getadelt wurde. Aber wie wenig war auf diese Entscheidung zu geben! Kaum, dafs Irenaeus einen Augenblick gesiegt hatte, erschien der Arzt des Cyrill, Johannes, und wufste die Meinung der ausschlaggebenden Männer so zu bearbeiten, dafs Irenaeus überall auf abweisende Mienen und Antworten stiefs.

So zwischen beiden Parteien hin und her schwankend machte der Kaiser noch einen letzten Versuch, eine Versöhnung derselben herbeizuführen. Er erklärte die Absetzung des Nestorius, Cyrill und Memnon für gültig [108]) und sandte den Finanzminister (Comes S. L.) Johannes als Untersuchungscommissar nach Ephesus. Dieser ging einerseits gegen Cyrill und Memnon energisch vor und übergab sie, während auch Nestorius bewacht wurde, dem Comes Jacobus, welcher sie getrennt festen Gefängnissen überantwortete [109]), andererseits suchte er die übrigen Bischöfe der beiden Richtungen zu einer Einigung zu bewegen, aber alle seine Bemühungen scheiterten an ihrem Widerspruch. Von neuem wandten sich die Gegner des Nestorius mit einem Schreiben an den Kaiser [110]), und veranlafsten den Klerus der Haupt-

---

[105]) Neander S. 683 spricht von dreien.
[106]) Harduin S. 1522. Ab huiusmodi enim quiete nihil est divinius neque beatius apud me.
[107]) S. 1547 ff.   [108]) S. 1554.
[109]) Vgl. seinen Bericht an den Kaiser S. 1555—1560.
[110]) S. 1591.

stadt eine Bittschrift an ihn zu gunsten Cyrills und Memnons zu richten[111]; in gleicher Weise gaben auch Johannes von Antiochien und sein Anhang dem Kaiser Aufschluſs über das Scheitern des Versöhnungsversuches und fügten ihr Glaubensbekenntnis in betreff des „ϑεοτόκος" bei[112], welches in seinen Worten so gemäſsigt gehalten war, daſs es sogar später von Cyrill selbst gebilligt wurde. Wie sich der Umschwung in der Stimmung des Kaisers weiter vollzog, läſst sich nicht mehr verfolgen; fest steht nur, daſs er von jeder Partei acht Vertreter forderte, welche in Constantinopel vor ihm erscheinen sollten. Während die Anhänger Cyrills es ihren Abgesandten zur Pflicht[113] machten keinen Frieden zu schlieſsen, es sei denn, daſs die Gegner des Nestorius Absetzung billigten und Cyrill und Memnon wieder zu ihrem Amte verhälfen, schärften die Antiochener den ihren nur ein, um jeden Preis auf Verwerfung der Anathematismen des Cyrill zu bestehen, und lieſsen ihnen im übrigen freie Hand.[114] Im letzten Augenblicke aber änderte Theodosius noch seine Absicht und beschied die Bischöfe, um allem Tumulte für und wider vorzubeugen, statt nach Constantinopel nach Chalcedon, wo er sich am 1. September in der Vorstadt Rufinianum aufhielt.

Schon vorher jedoch war über des Nestorius Geschick endgiltig entschieden worden[115], denn seiner Bitte gemäſs wurde ihm vom Praefectus pr.[116] als zukünftiger Aufenthalt das Kloster des Euprepius bei Antiochia, in welchem er mehrere Jahre früher zugebracht hatte, angewiesen und für die Reise dahin Staatspost und Lebensunterhalt zur Verfügung gestellt. Schon aus dieser Entscheidung war die Thatsache ersichtlich, daſs der Kaiser, ursprünglich ein Freund des Patriarchen, nunmehr ganz ins andere Lager übergegangen war. Gleichwohl wiegten sich Johannes und seine Anhänger noch immer in der Hoffnung[117] gegen Cyrill Recht zu erhalten; doch machte sie bereits stutzig[118], daſs es ihren Abgesandten zuerst gar nicht erlaubt war, in Chalcedon vor dem Volke zu predigen, und sie sogar einmal nach einer solchen Predigt von Laien und Mönchen mit Steinen beworfen wurden. Zur völligen Klarheit aber über die Erfolglosigkeit ihrer Absichten kamen sie erst, als der Kaiser die Hoffnung auf eine Versöhnung aufgebend sich nach Constantinopel zurückbegab und nur den Cyrillischen Ab-

---

[111] S. 1599 und S. 1607 ff.
[112] S. 1557.   [113] S. 1610.   [114] S. 1562.
[115] S. 1568. Vgl. Euagrius I. 7.
[116] Das Schreiben desselben S. 1831. Antiochus? Vgl. Ser. chron. Cod. Theod.
[117] S. 1572.
[118] ep. Theodoret. ep. Cyri ad Alex. Hierap. Harduin S. 1568.

gesandten erlaubte ihm zu folgen. Der zunehmende Anhang des Cyrill in Constantinopel, welcher sich besonders auf die Mönche stützte, das Geld, welches er durch seine Agenten freigebig an die einflufsreichsten Persönlichkeiten verteilen liefs[119]), und nicht zum mindesten die Einwirkung der Pulcheria, welche von Anfang an eine dem Nestorius feindselige Haltung eingenommen hatte, trieben den Kaiser schliefslich ganz in die Enge und machten ihn Cyrills Absichten gefügig. Das sahen denn die anderen Bischöfe selbst ein und baten in einer der beiden Denkschriften[120]), welche sie Theodosius nachsandten, sie von Chalcedon zu entlassen. Theodosius willfahrte nicht nur ihrer Bitte, sondern gab auch den in Ephesus befindlichen Bischöfen die Erlaubnis nach Hause zurückzukehren[121]), indem er zugleich des Nestorius Absetzung bestätigte, den Cyrill und Memnon aber wieder in ihre Ämter einsetzte.

War damit von seiten der Staatsgewalt geschehen, was sie zu leisten vermochte, so lag es doch nicht in ihrer Macht, die einander gegenüberstehenden Ansichten über die Veranlassung des Streites zu vereinen. Zwar versuchte Theodosius, dem die Herstellung der kirchlichen Einigkeit in seinem Reiche nicht blos Gegenstand der inneren Politik, sondern mehr noch Herzenssache war, persönlich die alexandrinische Richtung mit der antiochenischen zu versöhnen, indem er mehrere Briefe deshalb an Johannes von Antiochia, an den Säulenheiligen Simeon, Acacius von Beröa und andere schrieb, allein es vergingen doch Jahre, bis der Kirchenfriede wiederhergestellt war. In diesen Zeiten war es, wo Cyrill seiner Intriguantennatur folgend wiederum alle Mittel in Bewegung setzte, um sich die Gunst des Hofes zu verschaffen. Welcher Art diese waren, verrät uns ein Brief seines Archidiaconen Epiphanius an den zum Nachfolger des Nestorius gewählten Patriarchen Maximian[122]), aus welchem wir erfahren, dafs Cyrill in seiner Angelegenheit an Pulcheria, den Praepositus Paulus, den Kämmerherrn Romanus und zwei Hofdamen Marcella und Droseria schrieb und ihnen angemessene Präsente machte. Auch an den ihm

---

[119]) Neander nimmt S. 686 stillschweigend an, dafs Cyrill sein Gefängnis verlassen und sich nach Constantinopel begeben hat. Doch fehlt es darüber an sicheren Zeugnissen. Der Com. S. L. scheint mir vielmehr, als ein pflichtgetreuer Diener seines kaiserlichen Herrn, den Cyrill nicht entlassen zu haben. Vgl. ep. Acacii epist. an Alex. v. Hierapolis und dazu Hefele S. 246.

[120]) Hardain S. 1563—1565.

[121]) S. 1615.

[122]) Theodoret V. ep. 173. Mansi V. S. 988. Neander S. 686. Anm. 3. — Zu Maximian vgl. Socrat. VII. 35.

feindlich gesinnten Praepositus Chrysoret sandte er Geschenke, damit er endlich ablasse seinen Interessen entgegenzuarbeiten; Maximian möge Pulcheria bitten, neuen Eifer zu zeigen und zu seinen Gunsten auf Johannes von Antiochien einzuwirken. Den übrigen Hofleuten möge er geben, was die Habsüchtigen wollten, obwohl sie schon genug Geschenke erhalten hätten; auf dem beiliegenden Zettel seien diejenigen Präsente verzeichnet, welche bereits verteilt wären.[123]) Endlich kam 433 durch die Vermittelung des Bischofs Paulus von Emisa ein Vergleich zwischen Cyrill und Johannes zu stande[124]), indem beide von ihren Forderungen etwas abliefsen: Johannes erkannte die Absetzung des Nestorius an, während Cyrill das von Johannes auf der ephesinischen Synode aufgesetzte Glaubensbekenntnis in betreff der Auffassung des Wortes ϑεοτόκος unterzeichnete. Aber auch damit war der Friede nur äufserlich hergestellt, da der Streit innerhalb der beiden Kirchen ungestört sich fortsetzte, ohne das Eingreifen der Staatsgewalt nötig zu machen. Doch war ein greifbares Zeichen desselben, dafs Nestorius zwei Jahre später der Ruhe seines Klosterlebens entrissen[125]) und zur Verbannung nach einer der Oasen verurteilt wurde, in welcher er nach Leiden härtester Art, die er selbst, beschrieb ungefähr 440 starb.

Für unsere Darstellung hat der Nestorianische Streit, abgesehen davon, dafs er zur Klarstellung des Verhältnisses der Maria zu Christo wesentlich beigetragen hat, noch seine besondere Bedeutung in Bezug auf die handelnden Personen; denn er beweist unwiderleglich, dafs in dem kaiserlichen Hause selbst trotz der innigen Frömmigkeit, welche äufserlich in ihm herrschte, nicht immer die erwünschte Einigkeit vorhanden war, dafs Pulcheria und Eudocia mit einander um die Gewalt über den schwachen Theodosius rangen und die erstere schliefslich den Sieg davontrug, zu dessen Andenken sie der Maria ϑεοτόκος in den Blachernen eine eigene Kirche erbaute.[126]) Ebenso aber wie am kaiserlichen Hofe die religiösen Streitfragen nur den Deckmantel für weltliche Leidenschaften und Gelüste abgaben, entschied auch unter den Bischöfen des Morgenlandes nicht die persönliche Überzeugung,

---

[123]) Hefele sucht vergeblich die Handlungsweise des Cyrill mit der damaligen Sitte zu entschuldigen S. 247.
[124]) Neander S. 687. Hefele S. 270. Gieseler S. 150. Anm. 29.
[125]) Socrat. VII. 34. (Er lebte noch, als dieser seine Kirchengesch. schrieb.) Euagrius I. 7., giebt genaue Auskunft. Vgl. Theoph. zu 424., wo der Übersetzer in der Sammlung der Byz. Hist. von Niebuhr ϑλάσει des Textes mit apud Thasum wiedergiebt!
[126]) Theophanes zu 443. Vgl. Gregorovius S. 140.

sondern äufsere Rücksicht auf Macht und Glanz.[127]) Am meisten tritt dabei die agitatorische Thätigkeit des Patriarchen von Alexandrien hervor, der kein Mittel der Überredung und der Bestechung — denn anders kann man es nicht nennen — unversucht liefs, selbst auf Kosten des Kirchenvermögens, seiner Meinung das Übergewicht zu verschaffen. Theodosius endlich hat sich nicht minder unselbständig in den ihn bestürmenden Gegensätzen erwiesen als sein Vater Arcadius, und da ihm von der Vorsehung noch eine lange Regierung beschieden war, so wurde er durch eigne Schuld noch ernsteren Prüfungen ausgesetzt, welcher der Welt zu dem seltenen Schauspiel der sogenannten Räubersynode verholfen haben.

Sechstes Kapitel.

Die africanischen Grenzlande. — Verunreinigung mit Rua. — Aetius tötet den Bonifacius und flieht zu den Hunnen. — Friede zwischen ihm und Placidia durch Vermittelung des Rua. — Vermählung Valentinians III. mit Eudoxia in Constantinopel 437. — Endgiltige Abtretung Dalmatiens an Ostrom. — Veröffentlichung des Codex Theodosianus 438. — Geschichte seiner Entstehung. — Überführung der Gebeine des Johannes Chrysostomus nach Constantinopel. — Erste Reise Eudocias nach Jerusalem und ihr Aufenthalt in Antiochia. — Rückkehr im Jahre 437. — Der Hof Theodosius II.: Antiochus, Chrysaphius und der Dichter Kyros. — Vorübergehende Zurückdrängung des Einflufses der Pulcheria. — Sturz der Eudocia. — Paulinus und die Erzählung vom Apfel. — Eudocia zieht sich nach Jerusalem zurück.

Das dritte Jahrzehnt des fünften Jahrhunderts war im Gegensatz zu dem vorangehenden für das oströmische Reich eine Zeit fast ununterbrochener Ruhe, in welcher es die Segnungen der friedlichen Regierung Theodosius II. ungestört genofs. Dafs die africanischen Grenzlande nach wie vor durch die Einfälle der nomadisierenden Wüstenvölker oft in Angst und Schrecken versetzt wurden[1]), hätte wohl durch ein energischeres Auftreten der dort garnisonierenden römischen Truppen in etwas gehindert werden können, aber völlig würde diese Gefahr bei der Unmöglichkeit die Feinde zu verfolgen nie beseitigt worden sein. So dürfen wir denn annehmen, dafs die Auxorianer, wie sie im Anfange der Regentschaft des Theodosius die Dörfer der Pentapolis niederbrannten, die Städte belagerten und die

---

[127]) Vgl. Gieseler S. 308—313.
[1]) Synes. ep. 57. Catast. p. 302 ff. p. 193 B.; ferner ep. 77. und Cat. p. 299 D. und 300. Elogium Anysii p. 305 und 306. ep. 125. 62. Vgl. Sievers S. 409 ff.

Frauen und Kinder fortschleppten, so auch in diesen Zeiten ihre Raubzüge fortsetzten, wenn auch die Stimme des Augenzeugen Synesius allmählich verstummt. Dafür aber läfst uns die Verbannung des Nestorius wieder einen, leider nur kurzen, Blick in diese Verhältnisse thun, der selbst in der Oase von den Blemmyern gefangen, dann aber von ihnen samt vielen anderen freigelassen wurde, weil die Maziken in ihr Land eingefallen waren.[1]) Auch die von Norden über die Donau herziehende Kriegswolke ging ohne Gefahr vorüber. Sie war dadurch hervorgerufen, dafs die an dem Ister wohnenden Völker, die Amilzuren, Itimaren, Tonosuren, Boisken und andere, ohne Erlaubnis des Hunnenkönigs Rua, dem sie unterworfen waren, den Römern ihre Dienste angeboten hatten und zahlreich über den Strom ins römische Gebiet geflohen waren. Rua schickte daher seinen gewöhnlichen Geschäftsträger Esla an Theodosius mit der Drohung, dafs er den Frieden brechen werde, wenn die Flüchtlinge nicht wieder ausgeliefert würden. Zur Ausgleichung dieser Zwistigkeit bestimmte Theodosius die Consulare Plinthas und Dionysius; aber bevor die Gesandten an den König abgingen, traf die Nachricht von seinem Tode ein und erledigte vorläufig die Angelegenheit.[2a])

Doch mehr als diese Nachrichten beschäftigten die kaiserliche Regierung die Ereignisse in Westrom, welches infolge des Gegensatzes zwischen Bonifacius und Aetius noch immer in Aufregung erhalten wurde. Während der erstere sehr wider seinen Willen gegen die Kaiserin Placidia die Fahne des Aufruhrs erhob, hatte Aetius in Gallien ein ergiebiges Feld für seine Kriegstüchtigkeit gefunden, die er hier im Kampfe mit den Franken, Juthungen und Burgunden aufs glänzendste bewährte.[3]) Für diese ruhmvollen Waffenthaten war er, trotzdem seine gegen Bonifacius gesponnenen Ränke ans Licht gekommen waren, 429 zum kommandierenden General ernannt worden.[4]) Aber neben ihm genofs der Magister militum Felix am Hofe das höchste Ansehen, der zu gleicher Zeit mit dem Titel eines Patricius von Placidia ausgezeichnet wurde. Es zeugt nun von dem ungezügelten Ehrgeiz des Aetius und seinem Mangel an sittlichem Gehalt, dafs er, da er einen Nebenbuhler neben sich nicht ertragen konnte, diesen um seine Herrin hochverdienten General mit seiner Gemahlin Padusia im folgenden Jahre um-

---

[1]) Euagrius I. 7. Vgl. Nicephor. XIV. c. 54.
[2a]) Prisc. frgm. 1. Vgl. Haage a. a. O. S. 4. v. Wietersheim S. 222. Zur Frage der Herkunft dieser Völker, vgl. F. Kanitz Serbien S. 326 ff.
[3]) Prosp. Aquit. Idac. chron. Prosp. Tiro. Vgl. Sievers S. 456 ff. v. Wietersheim. S. 209. Hansen I. S. 48 ff.
[4]) Prosp. Aquit.

bringen liefs, angeblich, weil sie ihm Nachstellungen bereitet hätten.⁵) Jetzt stand dem Übergewicht seines Einflufses nur noch der des Bonifacius im Wege, der gerade 432, als Aetius das Consulat⁶) bekleidete, von Placidia aus Africa abberufen und zum magister militum ernannt in Italien landete und sicherlich die geheime Absicht hatte, sich an seinem Todfeinde zu rächen. Aetius mochte in der That derartiges geahnt haben, denn unter dem Druck des bösen Gewissens glaubte er jenem nur mit den Waffen in der Hand gegenübertreten zu dürfen und rüstete sich mit den wenigen Truppen⁷), welche ihm anhingen, zum Entscheidungskampfe. In diesem siegte zwar Bonifacius, vielleicht im Besitze der gröfseren Menge, wurde aber so schwer verwundet, dafs er einige Tage darauf starb.⁸)

So hatte Aetius allerdings sein Ziel erreicht, seine Nebenbuhler waren aus dem Wege geräumt, gleichwohl fühlte er sich als geschlagener Feldherr ohne Heer nicht sicher in Italien, sondern entwich übers Meer nach Dalmatien und von da nach Pannonien zu seinen alten Freunden, den Hunnen.⁹) Über diese gebot damals der ebenerwähnte Rua (Rugilas), der den Flüchtigen freundlich aufnahm und eine Aussöhnung mit Placidia herbeizuführen suchte.¹⁰) Die Kaiserin von allen verlassen, die ihr in ihrer verzweifelten Lage Stützen gewesen waren, dachte weniger an die Wunden, welche der gewaltige Mann ihrem Herzen geschlagen hatte, als an die hülflose Lage des Reichs, welches eines energischen Feldherrn vor allem bedurfte. So ging sie denn auf die Unterhandlungen mit dem Hunnenkönige ein und nahm den Aetius 433 wieder zu Gnaden an, während Rua für seine Bemühungen einen an der Save gelegenen Teil Pannoniens als Preis davontrug.¹¹) Schon machten die verwirrten Zustände in Gallien

⁵) Ebend. vgl. Hansen S. 49.
⁶) Die Belege bei Sievers S. 542. Hansen II. S. 1—6.
⁷) Dafs die Truppen des Aetius nicht zahlreich waren, folgert man aus seiner Niederlage. v. Wietersheim S. 210.
⁸) Prosp. Aquit. Marc. Com. Der letztere berichtet, Aetius habe sich für den Kampf eine ungewöhnlich lange Lanze anfertigen lassen und mit dieser den Bonifacius verwundet. Nach ihm starb Bonifacius erst im 3. Monate nachher, doch ist die Nachricht des im Occident lebenden Prosper vorzuziehen. Vgl. Prosp. Tiro. Hansen S. 6 ff. v. Wietersheim S. 383, der meint, Aetius sei heimlich vorher nach Constantinopel gegangen.
⁹) Prosp. Aquit.
¹⁰) Ebend. und Prosp. Tiro.
¹¹) Das wird gefolgert aus Priscus p. 147 und 198. Vgl. Hansen S. 10. v. Wietersh. S. 221. Zu dieser von Priscus ἡ πρὸς τῷ Σάῳ ποταμῷ Παιόνων χώραν (vgl. zu diesem Namen Kiepert S. 361.) genannten Landschaft gehörte das

seine Anwesenheit notwendig. Die Bagauden erhoben sich, die Burgunder fielen von neuem ein und die Westgothen brachen den Frieden, aber alle diese Gegner warf der tapfere und umsichtige General mit Hülfe eines hunnischen Hülfskorps bis 439 so nieder[12], dafs die Provinz Gallien bis zum Einfall des Attila ungestörter Ruhe sich erfreute.

Auch in Africa wurde im Jahre 435 den Verwüstungen der Vandalen Einhalt gethan durch einen in Hippo abgeschlossenen Vertrag[13], durch welchen den Eindringlingen zwar die eigentliche Provinz Africa aufser Karthago, Byzacena und der östliche Teil Numidiens überlassen wurde, ganz Mauretanien aber römisch blieb. Aufserdem verstand sich Gaiserich zu einer Tributzahlung, sicherlich in Naturalien, an Valentinian und übergab als Unterpfand seiner Treue seinen Sohn Hunerich.

Diese verhältnismäfsig günstige Lage des weströmischen Reichs machte es Valentinian III., der inzwischen das achtzehnte Jahr erreichte, möglich, die im Jahre 424 zwischen ihm und der einzigen Tochter Theodosius II. Eudoxia geschlossene Verlobung[14] durch eine feierliche Vermählung zu besiegeln. Auch von seiten des oströmischen Reichs stand dieser Absicht, welche gewifs der Kaiserin Eudocia besonders am Herzen lag[14a], nichts im Wege, denn aufser einer Hungersnot im Jahre 431[15] und 434 infolge eines dreitägigen Brandes[16], in Constantinopel, welcher aufser den Staatsspeichern und den Achillischen Bädern einen grofsen Teil der Stadt in Asche legte, hatte hier nichts den Gang der Regierungsgeschäfte unterbrochen. Gern erteilte daher Theodosius seine Einwilligung, da auch Eudoxia inzwischen zur Jungfrau herangeblüht war, und bestimmte als den Ort, wo die Vermählung gefeiert werden sollte, die von Ravenna aus leichter zu erreichende Stadt Thessalonich.[17] Aber der jugendliche Eidam, welcher sich daran erinnerte, dafs sein zukünftiger Schwiegervater schon einmal hier erkrankt war, bestand darauf, ihm die Reise

---

am linken Saveufer gelegene Sirmium nicht, da es von den Hunnen nach Prisc. frgm. 7. später erst erobert wurde.

[12] Prosp. Aquit. Prosp. Tiro. Idac. Vgl. Hansen II. S. 11—16. Sievers S. 458. v. Wietersh. S. 211.

[13] Prosp. Aquit. Procop. I. 4. Vgl. Papenkordt S. 71 ff.

[14] Vgl. ihr Gelübde bei Socrat. VII. 47.

[14a] Marc. Com. quam dudum desponsaverat.

[15] Marc. Com.

[16] Chron. Pasch. Marc. Com. Prosp. Aquit.

[17] Socr. VII. 44.

ersparen und selbst nach Constantinopel kommen zu wollen.[18]) Dort langte er in Begleitung hoher Staatsbeamten[19]) im Jahre 437[20]) wohlbehalten an und legte am 29. Oktober unter dem Segen des Patriarchen Proclus seine Hand in die seiner jugendfrischen Verlobten, indem er so wenig wie sie alle die harten Schicksalsschläge voraussah, welche ihnen nicht ohne ihr eigenes Verschulden bevorstanden. Nach der Beendigung der Festlichkeiten sahen die Eltern ihre einzige[21]) Tochter schweren Herzens gen Westen ziehen, doch blieb sie den Winter über ihnen noch in Thessalonich[22]) nah und erst der Frühling 438 sah das neuvermählte Paar in ihre Residenz Ravenna einziehen.

Aber die Verehelichung der Kinder des Theodosius und Constantius hatte nicht blos für sie selbst ein persönliches Interesse, sondern, da der Leib der Eudocia voraussichtlich für immer verschlossen blieb, sollte zugleich die Sicherheit der Zukunft des oströmischen Reiches gewahrt werden, denn schwerlich dachte Theodosius, dem der Sohn nun einmal versagt war, schon damals daran, dermaleinst mit der Hand der Pulcheria sein Land an einen Fremden, aufserhalb der Familie stehenden zu vererben. Nach den Verhältnissen, welche 437 obwalteten, mufste man vielmehr annehmen, dafs im Falle des Todes des Theodosius das ganze römische Reich wiederum einem Herrscher, dem des Westreichs, zufallen werde.

---

[18]) Die Unterhandlungen führte in Constantinopel im Auftrage des Valentinian der Stadtpräfekt Volusianus. Vita S. Melanae Romanae beim Surius zum 31. Januar.

[19]) Vgl. Gesta in senatu urbis Romae de recipiendo codice Theodosiano.

[20]) Marc. Com. Prosp. Aquit. geben das richtige Jahr; auch das Datum Chron. Pasch. Den Ausschlag gegen Socr. VII. 44, der die Consuln des Jahres 436 nennt, geben die Gesta in senatu etc., wo Acilius Glabrio Faustus sagt: Proximo superiore anno cum felicissimam sacrorum omnium coniunctionem pro devotione comitaremur peractis feliciter nuptiis ... Vgl. Sievers S. 461. Gregorovius a. a. O. S. 143.

[21]) Gregorovius S. 141 nimmt ohne nähere Begründung an, dafs die Notiz bei Marc. Com. zu 431, Flaccilla, die Tochter des Theodosius sei gestorben, auf eine zweite Tochter Eudocia's gehe. Doch dagegen spricht die Bemerkung des gut unterrichteten Chron. Pasch. zu 421, dafs Eudocia dem Th. die Eudoxia geboren habe, da sonst diese Chronik alle Kinder aufzählt, vgl. es zu 437. Aber eine Tochter Theodosius I. kann diese Flaccilla ebenfalls nicht sein, da sich Zos. IV. 57 auf die Geburt der Placidia bezieht. (Denn σὺν τῷ βρέφει καὶ τὸν βίον ἀποθεμένην bedeutet keineswegs, wie Sievers S. 447 meint, dafs auch das Kind tot zur Welt gekommen ist.) Es bleibt daher übrig hier ein Versehen des Marc. Com. anzunehmen, dafs er anstatt „Schwester" Tochter geschrieben habe; wogegen nur Sozom. IX. 1. spricht.

[22]) Marc. Com.

Von diesem Gesichtspunkte aus betrachtet ist die Thatsache der Abtretung eines Teiles des Occidents an das Ostreich nicht so auffällig, als es im ersten Augenblick erscheinen mag, zumal sie eine Folge von Erwägungen schwerwiegender Art war. Denn Theodosius hatte mit Aufgebot eigener Kräfte und auf Kosten der ohnehin genugsam belasteten Staatskasse des Orients das Erbe des Honorius erobert und seinem jugendlichen Verwandten Valentinian überlassen, während er es für sich selbst hätte behalten können. Doch mit Recht hatten 424 Pulcheria und seine übrigen Ratgeber ihm nahe gelegt, diese Gelegenheit nicht unbenutzt vorübergehen zu lassen, um seinem Reiche eine bessere Grenze im Nordwesten zu gewinnen. Denn schon ein Blick auf die Karte lehrt, wie unnatürlich nach dieser Seite hin die Provinz Illyrien zwischen West- und Ost-Rom geteilt war und wie unbequem die weströmische Herrschaft der oströmischen hier sein mufste. Während ein feindlicher Gebieter des Occidents mit seinen Truppen ohne Beschwerlichkeit direkt ins Herz der oströmischen Macht stofsen und Thessalonich oder Constantinopel in wenig Wochen erreichen konnte, hatte eine oströmische Truppenmacht, wenn sie den Süden des weströmischen Illyriens einnahm, noch immer die gefährlichen Pässe der julischen Alpen und einen weiten Weg bis nach Ravenna und Rom vor sich. Theodosius fafste daher im Einverständnis mit Placidia von vornherein die Einverleibung eines Teiles dieser weströmischen Provinz schon 425 ins Auge, ohne dafs indes über die Begrenzung desselben ein förmlicher Vertrag geschlossen wäre; doch gab ihm bereits der Einfall der aus dem Occident zurückkehrenden hunnischen Hülfstruppen des Aetius Veranlassung Illyrien gegen sie zu schützen und den Süden desselben in Besitz zu nehmen. Als nun 437 Valentinian in Constantinopel anwesend war, verweigerte er, auch in Anbetracht der Hülfe, die ihm Theodosius gegen die Vandalen geleistet hatte, nicht seine Einwilligung zu einem Tractat, welcher Dalmatien bis zur Grenze von Pannonia inferior und Savia dem oströmischen Gebiete hinzuschlug und so demselben eine natürliche Grenze verlieh[23]); Pannonien dagegen, soweit es nicht durch

---

[23]) Den einzigen Anhalt für diese Ausführung bietet Cassiodor. Variar. XI. ep. 1. Nurum denique sibi (scil. Placidia) amissione Illyrici comparavit factaque est coniunctio regnantis divisio dolenda provinciis. Diese Notiz veranlafste Tillemont VI. (zu 437) zu der Annahme, dafs ganz West-Illyricum an Ostrom abgetreten worden sei, dafs gelegentlich der Hochzeit: Valentinien peut bien n' avoir fait que ratifier en ce temps -ci ce que sa mère avait déja accordé en 424, lorsqu' elle lui fit fiancer Eudoxie. Dieser Meinung schliefst sich auch v. Wietersheim S. 378 an, indem er zugleich die Annahme, ganz Illyrien sei an

Aetius an Rugilas abgetreten war, und insbesondere Noricum blieben mit dem weströmischen Reiche verbunden.

Die Anwesenheit des Beherrschers des Occidents in Constantinopel war aber auch noch in anderer Beziehung für das ganze Römerreich von der weitgehendsten Bedeutung, weil sie eine Institution ins Lebens rufen half, welche für den Gedanken der Reichseinheit von der höchsten Wichtigkeit war, denn was vermag aufser der gleichen Sprache, wenn wir an moderne Verhältnisse denken, das Bewufstsein der Zusammengehörigkeit mehr zu fördern als ein gemeinsames Gesetzbuch! Freilich, was damals von Theodosius und Valentinian geschaffen wurde, ist weniger ein solches, als vielmehr eine Sammlung kaiserlicher Verordnungen, welche mehr dem Verwaltungsbeamten als dem Richter zu gute kamen, deren Amt allerdings damals nicht getrennt war. Dem Bedürfnis, die Rechtsanschauung der vorangehenden Jahrhunderte seit den Zeiten der Republik zu fixieren und in übersichtlicher Darstellung zu ordnen, waren bereits zwei Privatsammlungen, der Codex Gregorianus und Hermogenianus, entsprungen[24]), von denen der erstere die Constitutionen von Hadrian bis Diocletian enthält und wahrscheinlich seine Entstehung der Anregung des letztgenannten verdankt, während der Nachtrag dazu, der codex Hermogenianus, ein Erzeugnis des vierten Jahrhunderts ist. Von beiden sind Reste auf uns gekommen. Allein auch sie waren nicht im stande der allgemeinen Unsicherheit in der Anwendung des Rechts zu steuern,

Ostrom abgetreten, mit Recht entschieden verwirft. In der That kann es sich nur um Dalmatien gehandelt haben, denn 1. ist die Verfügung Theod. II. über die aufserordentliche Besteuerung der Provinzen Cod. Theod. XI. 20, 5. (vom 13. Mai 424) zu einer Zeit ediert, in welcher die Feldherrn Ardaburius und Aspar Dalmatien bereits eingenommen hatten, und bezieht sich (vgl. die Ausführung in cap. 4. Anm. 52 der Darstellung) offenbar mit auf dieses, 2. wird selbst nach jenem Vertrage des Rugilas mit Aetius das weström. Sirmium von den Hunnen belagert, (Prisc. frgm. 8 p. 846.), welches in Pannonia inferior lag, 3. erscheint noch später Promutos, Statthalter Noricums, unter den weström. Gesandten. Prisc. ibid. Vgl. Sievers S. 461—462. Daher könnte es immer noch einen weströmischen Pf. pr. Illyrici gegeben haben, wenn auch Dalmatien abgetreten war. Aber der so Nov. Val. II. 3. (443) bezeichnete Albinus war es sicher nicht, da sich der Inhalt der auf ihn bezüglichen Verfügungen auf Africa bezieht, das zur Präf. Italia gehörte. Unter allen Umständen aber ist es ein Irrtum Hertzbergs Gesch. Griech. I. S. 62., dafs der Sitz des oströmischen Prf. pr. Illyrici in einem der Jahre 424 bis 427 von Thessalonich nach Sirmium verlegt worden sei. Danach ist die Angabe der Darstellung S. 10. zu berichtigen. Vgl. noch Pallmann Gesch. der Völkerw. II. S. 49. A., der Pannonien schon 424 an Ostrom abgetreten werden läfst.

[24]) Bruns in Holtzendorfs Encyclop. der Rechtswissensch. S. 147. Sie sind ediert von Haenel Bonn 1837.

wie die Verfügung Valentinians III. aus dem Jahre 426 (13. Nov. Ravennae ad senatum urbis Romae [25]) beweist, in welcher er den gesamten Schriften des Papinian, Paullus, Gaius, Ulpian und Modestinus und auch den Entscheidungen derjenigen Rechtskraft verlieh, deren Abhandlungen und Urteilssprüche die Genannten in ihre Werke aufgenommen hatten, wie des Scaevola, Sabinus, Julianus und Marcellus und der übrigen von jenen Citierten, vorausgesetzt, dafs eine Vergleichung der Handschriften stattfände.

Mehr aber als für die Rechtssprüche hatte sich die Notwendigkeit eines Sammelwerkes für die kaiserlichen Constitutionen allmählich immer dringender geltend gemacht, weil die Absichten und Ansichten der Herrscher auf dem Gebiete des Rechts und des kirchlichen wie socialen Lebens so oft gewechselt hatten und ihre Verordnungen sich nicht stets auf das ganze Reich bezogen, sondern bald hier, bald dorthin gerichtet waren, so dafs dem Beamten eine Übersicht über sie ganz unmöglich war. Wollte er daher einen aufsergewöhnlichen Procefs erledigen, so mufste er aufser einer grofsen Menge von Büchern auch die kaiserlichen Verfügungen zu Rate ziehen, ohne dabei sicher zu sein, dafs er keine derselben übersehen habe. Es war somit ein höchst verdienstliches Werk, welches Theodosius II. unternahm, wenn er die Edicte der Kaiser seit Constantin des Grofsen Zeit in einem Compendium zusammenstellen liefs. Die Anregung dazu mag neben dem praktischen Bedürfnis seine eigne Liebe zur Wissenschaft und das Darniederliegen der iuristischen Studien überhaupt gegeben haben; zur Reife kam dieser Gedanke schon im Jahre 429, in welchem er durch eine Verordnung, die wir so glücklich sind noch zu besitzen, die Einsetzung einer Commission sachverständiger Männer zur Ausarbeitung eines Gesetzbuches verfügte.

Wir beschliefsen, heifst es darin, dafs nach dem Vorbild des Codex Gregorianus und Hermogenianus alle Constitutionen gesammelt werden, welche der erlauchte Constantin und die seligen Fürsten nach ihm und Wir gegeben haben, die sich auf die Kraft von Edicten oder auf kaiserliche Generalerlasse stützen. Erstens müssen die Titel, das heifst die Bezeichnungen der Materien, so getrennt werden, dafs wenn eine einzige Verfügung in verschiedene Abschnitte zerfällt und zu mehreren Titeln gehört, jedes an seine passende Stelle gesetzt wird. Darauf möge dasjenige, was die Verschiedenheit der Lesarten für beide Teile in Anspruch nehmen wird, nach der Reihe geprüft werden, nicht nur unter Berücksichtigung des Consulats und der Zeit des

---

[25]) Cod. Theod. I. 4, 3. Zu den Namen vgl. den Comm. Gothofr. und Gregorovius Hadrian S. 296.

Reiches, sondern auch, indem die Zusammensetzung des Werkes selbst zeigt, dafs das spätere von gröfserer Kraft ist. Sodann ist darauf zu achten, dafs die eigenen Worte der Constitution, welche zur Sache gehören, erhalten bleiben, doch mit Übergehung derjenigen, welche zur Einschärfung des Gegenstandes hinzugefügt, jedoch nicht durchaus notwendig sind. Aber obwohl es einfacher und gerechter ist, dafs mit Übergehung der Verordnungen, welche die späteren aufheben, die allein erläutert werden, welche allgemein Gültigkeit haben werden, so möchten Wir doch sehen, dafs dieser Codex und die früher von Fleifsigeren verfafsten, deren wissenschaftlichen Studium sie verdankt werden, auch diejenigen Verfügungen kennen, welche dem Schweigen verfallen und aufser Gebrauch gekommen sind und nur für die Vorkommnisse ihrer Zeit Geltung haben.

Von diesen drei Gesetzbüchern aber und den in den einzelnen Titeln zusammenhängenden Abhandlungen und Entscheidungen der Rechtsgelehrten wird das unsrige (4.) durch die Arbeit ebenderselben, welche den dritten ordnen werden, sich unterscheiden, der keinen Irrtum, keine Umschweife dulden, der nach Unserem Namen benannt, alles zu Befolgende und zu Vermeidende aufzeigen wird. Zur Vollendung des so grofsen Werkes und zur Abfassung der Gesetzbücher, von denen das erste die gesamten verschiedenen generellen Verordnungen enthaltend und keine, welche man vorbringen könnte, auslassend den nichtigen Ausputz von Worten zurückweisen, das andere mit Ausschlufs jeglicher Rechtsverschiedenheit die Specialverfügungen aufnehmen wird, müssen Männer von besonderer Treue und scharfem Verstande auserlesen werden, die, sobald sie das erste Gesetzbuch Unserer Einsicht und der öffentlichen Wirksamkeit unterbreitet haben, sich an die Bearbeitung des andern machen werden, bis er zur Herausgabe reif sein wird.

Die Auserlesenen mögen deiner Excellenz hiermit bekannt werden: Wir haben erwählt die Illustres Antiochus, Ex-Quaestor und Ex-Praefect, Antiochus, Quaestor S. P., die Spectabiles Theodorus, Comes und Vorsteher der geheimen Kanzlei, die Ministerial-Directoren Eudicius und Eusebius, Johannes, Ex-Comes Unseres Consistoriums, die Ministerial-Beamten a. D. Comazontes und Eubulus und den Professor Apelles, einen sehr beredten Mann. Wir haben das Vertrauen zu diesen von Unserer Ewigkeit Erwählten, dafs sie die Gelehrtesten hinzuziehen werden, damit durch ihren gemeinsamen Eifer falsche Rechtsbestimmungen ausgeschlossen werden. In Zukunft wird aber, wenn eine Verordnung ergehen soll, diese in dem anderen Teile des Vereinigten Reichs solche Geltung haben, dafs sich die private Anmafsung durch den Zweifel an ihrer Richtigkeit nicht schützen kann, sondern sie möge von dem Teile, in dem sie gegeben worden ist, unter kaiserlichem Begleitschreiben übersandt werden, um auch in die Archive des andern aufgenommen und in der Form eines Ediktes veröffentlicht zu werden: Denn das übersandte wird **verabredetermafsen** angenommen werden und ohne Zögern Geltung haben, doch bleibt Unserer Milde das Recht der Verbesserung resp. Zurücknahme vorbehalten. An den Senat. Gegeben am 26. März zu Constantinopel unter dem Consulate des Florentius und Dionysius" (429).[26])

In wie weit der Kaiser in der Auswahl der Persönlichkeiten das Rechte getroffen hat, vermögen wir nicht zu erkennen, doch verdient die Art der Zusammensetzung der Kommission entschieden Beifall, weil er aufser im Dienste ergrauten Beamten auch der Theorie einen Platz in der Person des Inhabers einer der beiden Professuren für Rechtswissenschaft an der Universität Constantinopel einräumte. Diese Männer nun arbeiteten sich mit Hülfe von Sub-Commissionen im Laufe der nächsten sechs Jahre so fleifsig durch den überreich vorhandenen Stoff hindurch, dafs Theodosius ihnen am Ende des Jahres 435 für die **endgiltige Abfassung** des Gesetzbuches eine besondere Vollmacht erteilte.[27]) Sie sollten überflüssige Worte fortlassen, notwendige hinzufügen, zweifelhafte ändern, widersprechende verbessern dürfen. Doch waren in diesem Zeitraume von den oben genannten Sachverständigen alle bis auf den Präsidenten Antiochus, Theodorus und Eubulus entweder gestorben oder ausgeschieden, so dafs wir unter den hier wieder aufgezählten Mitgliedern aufser jenen Dreien neuen Namen begegnen: Maximinus, Quästor, die Konsistorialräte Sperantius, Martyrius, Alipius, Sebastianus, Apollodorus und Oron; die Ministerialbeamten Maximus, Epigenes, Diodorus, Procopius, der Ex-Vikar Erotius und Neuterius; im ganzen waren es also sechszehn, von denen diesmal keiner dem Professorenberufe angehörte, und welche im Falle eines Todes oder Behinderung eines Mitgliedes stets vom Kaiser wieder ergänzt wurden.

Endlich nach etwa zweijähriger Arbeit der neuen Kommission konnte Theodosius am 15. Februar 438, nachdem er sich des Einverständnisses Valentinians bei seiner Anwesenheit in Constantinopel versichert hatte, den nach ihm benannten **Codex Theodosianus** der Öffentlichkeit übergeben. Er sagt in der darauf bezüglichen an den Patricius Florentius gerichteten Verfügung:[28]) Oft habe er

---

[26]) I. 1, 5. (fehlt bei Gothofred.)
[27]) I. 1, 6. 21. Dec. 435.
[28]) Novell. Theod. II. Tit. 1. und Hänel p. 90ff. in den Gesta senatus.

darüber Betrachtungen angestellt, woher es komme, dafs trotz der so
hohen Belohnungen, durch welche die Kunst und Wissenschaft gefördert
würden, so wenige sich gefunden hätten, welche mit der Fülle des
Civilrechts sich bereicherten, und dafs trotz der so schwächenden
Nachtarbeiten kaum einer oder der andere das Ganze der vollendeten
Wissenschaft in sich aufgenommen habe.[29]) Wenn er nun so die
ungeheure Menge der Bücher, die Verschiedenheit der Formalitäten,
die Schwierigkeit der Prozesse, wenn er endlich die Masse der kaiserlichen Verordnungen betrachte, die gleichsam begraben unter einem
Wall dichten Nebels und Finsternis dem menschlichen Geiste die
Übersicht unmöglich mache, so glaube er in Wahrheit ein zeitgemäfses
Werk vollführt und die Finsternis zerteilend durch ein zusammenfassendes Kompendium über die Gesetze Licht verbreitet zu haben.
Er habe durch auserlesene Männer von erprobter Treue und berühmter
Gelehrsamkeit die Entscheidungen der früheren Kaiser veröffentlicht,
damit nicht in Zukunft gleichsam aus dem Allerheiligsten selbst furchterweckende Urteile erwartet würden[30]), da nunmehr jedem klar vor
Augen liege, durch was für eine Urkunde eine donatio übertragen,
auf welchem Rechtswege eine Erbschaft erlangt werde, mit welchen
Worten eine rechtmäfsige Stipulation vor sich gehen müsse. Dies
alles sei nun durch die Arbeit der Rechtsgelehrten und unter dem
strahlenden Glanze seines Namens ans Licht gezogen. Und diejenigen,
welchen er die göttlichen Gedanken seiner Brust anvertraut habe,
möchten nicht argwöhnen, dafs ein geringer Preis ihrer warte, denn
wenn er richtig mit menschlichem Scharfsinn in die Zukunft blicke,
so würden sie durch die Teilnahme an seiner Arbeit auf die Nachwelt kommen. Darum gebe er nach Besichtigung der Wolke nichtsnutzender Bände einer zusammenfassenden Kenntnis der kaiserlichen
Konstitutionen seit Constantins Zeiten Gesetzeskraft, so dafs niemand[31])
nach dem 1. Januar (des folgenden Jahres) die Erlaubnis habe, auf
dem Forum oder in den täglichen Sitzungen kaiserliches Recht zu
sprechen oder Prozefsakten zu verfassen, aufser auf Grund dieser
Bücher, die auf seinen Namen übergegangen seien und im Staatsarchiv
aufbewahrt würden. Doch sei deswegen keines der früheren Kaiser
Andenken beseitigt, keines Gesetzgebers Name untergegangen, nein,

---

[29]) ... et in tanto locubrationum tristi pallore vix unus aut alter receperit
soliditatem perfectae doctrinae.

[30]) ne iurisperitorum ulterius severitate mentita dissimulata scientia, velut
ab ipsis adytis, exspectarentur formidanda responsa.

[31]) nulli post Kal. Jan. concessa licentia ad forum et cotidianas advocationes
ius principale deferre vel litis instrumenta componere.

die Gunst des Lichtes eintauschend, würden sie mit ihm in erlauchter Genossenschaft verbunden. Aufserdem, fügt er hinzu, dürfe in Zukunft keine Verordnung als im Westreich oder in einer anderen Gegend von Valentinian III. gegeben vorgebracht werden oder Gesetzeskraft erlangen, wenn nicht eben dies ihm durch eine kaiserliche Note mitgeteilt worden wäre; dasselbe gelte umgekehrt natürlich auch für die, welche im Orient veröffentlicht würden.[32])

Zum Schlufs zählte er unter ehrenden Bemerkungen die acht Männer der oben erwähnten Kommission auf, welche bis zum Abschlufs des Werkes ihm ihre Kräfte gewidmet hatten — es waren der Vorsitzende Antiochus, Ex-Präfekt und Ex-Consul, ferner Maximinus, der später zu Attila als Gesandter geschickt wurde, Sperantius, Martyrius, Apollodor, Theodor, Epigenes und Procopius, — und beauftragte den Präfekten Florentius dieses Edikt zu allgemeiner Kenntnis zu bringen.

Der Publikation im Orient folgte die im Occident am Ende des Jahres nach, wie wir aus dem darüber aufgenommenen und erhaltenen Protokoll ersehen.[33]) Am 23. Dezember 438 berief der Consul und Praefectus praetorio Acilius Glabrio Faustus zu Rom den Senat zu einer Sitzung in seine Wohnung, in welcher er zunächst berichtete, dafs, als er im verflossenen Jahre bei Gelegenheit der Hochzeit des Kaisers Valentinian in Constantinopel war, Theodosius ihn und den Praefectus pr. des Orients rufen liefs und ihnen eigenhändig ein Exemplar des Codex Theodosianus überreichte, damit derselbe in beiden Reichen Geltung habe. Das Gesetzbuch liege nun hier vor ihren Augen und, wenn es dem Senate gefiele, so werde er das Veröffentlichungsedikt verlesen. Nachdem dies unter allgemeinem Beifall geschehen war, wurde die Anfertigung dreier Copien in der Art beschlossen, dafs der vorliegende Codex im Archiv des Praefectus pr. verbleiben, die erste Copie in dem Archiv des Stadtpräfekten aufbewahrt werden, dagegen die zweite als Norm für die zahlreichen Abschriften zum praktischen Gebrauch dienen sollte und die dritte für Africa bestimmt wurde.

So war denn in einem Zeitraum von neun Jahren ein Werk gelungen, welches auf die Anregung und unter der fördernden Teil-

---

[32]) His adiicimus nullam constitutionem in posterum velut latam in partibus Occidentis aliove in loco ab invictissimo principe filio nostrae clementiae perpetuo augusto Valentinano posse proferri vel vim legis aliquam obtinere, nisi hoc idem divina pragmatica nostris mentibus intimetur. Quod observari necesse est in his etiam quae per Orientem nobis auctoribus promulgantur.

[33]) Bei Hänel vor dem Cod. Theodos. als Gesta in senatu urbis Romae de recipiendo codice Theodosiano.

nahme des Kaisers Theodosius entstanden ist. Grofse Thaten würdig eines Helden kann man diesem unkriegerischen und wenig soldatischen Herrscher nicht nachrühmen, um so mehr ist es daher angebracht diese seine selbständige Thätigkeit anzuerkennen, in welcher er dem friedlichen Könige, wie ihn einst der kühne Synesius seinem Vater gezeichnet hatte, so nahe kommt. Theodosius hatte zwar Vorbilder in seinem Unternehmen, gleichwohl war dasselbe doch in anderer Weise originell, da es sich nicht nur auf die Sammlung von Rechtssprüchen beschränkte, sondern den ganzen Wust unendlich vieler kaiserlicher Konstitutionen zu sichten und das Brauchbare und Praktische herauszuschälen unternahm. Sein Werk hat für seine eigene Zeit einem unerträglich werdenden Mangel abgeholfen, die Rechtspflege gehoben und den Gang der Geschäfte erleichtert. Wenn nun aber Theodosius in die Zukunft schauend der Meinung war, sein Werk werde bleibenden Wert haben, so hat er sich zwar insofern getäuscht, als durch die umfassenderen Sammlungen Justinians I. seine eigne überholt und erweitert wurde, nach einer anderen Seite dagegen hat er vollständig Recht gehabt. Denn der Codex Theodosianus mit seinen Nachträgen[34]) wird für alle Zeiten in Hinsicht auf die Sprache, die Sitten, Einrichtungen und Gebräuche, endlich die Ereignisse der Zeit von 313—468 eine unentbehrliche Quelle des Geschichtsforschers bleiben, haben wir an ihm doch häufig die einzige Wage, auf der wir die absichtlich gefärbten Nachrichten parteiischer Geschichtsschreiber allein und am besten abzuwägen im stande sind.

In demselben Jahre, in welchem Theodosius dies verdienstliche Werk schuf, war es ihm auch vergönnt das Unrecht seiner Eltern an dem Patriarchen Johannes Chrysostomus, wenn auch erst nach seinem Tode, zu sühnen. Schon als Atticus den Bischofssitz in Constantinopel einnahm, war, wie wir sehen, sein Name in der Reihe der übrigen Bischöfe wieder genannt worden und dieser Umschwung hatte durch den Antiochener Nestorius eine weitere Förderung erfahren.[35]) Erst aber dem Bischof Proclus, der nach zweimaliger Zurückweisung 434[36]) endlich das Ziel seiner Sehnsucht erreichte, war es vorbehalten den letzten Schritt zur Aussöhnung mit den Johanniten zu thun. Denn

---

[34]) Den sogen. Novellae (leges) Theodosius II., Valentinian III., des Martianus, Maiorianus, Severus, Anthemius; ebenfalls ed. von Hänel. Sie gingen mit dem Codex zusammen über in die lex Romana Visigothorum und Burgundionum. Vgl. Teuffel Röm. Literaturgesch. S. 1085 ff. Walter Gesch. des r. Rechts II. S. 35 bis 37. Edm. Vogt. Progr. des Gymnas. a. d. Apostelkirche zu Köln 1870, S. 23. G. S. 42.

[35]) Marc. Com. 428.

[36]) Socrat. VII. 40—42.

auf seine Veranlassung und auf den Wunsch der kaiserlichen Geschwister wurden die Gebeine des edlen Seelsorgers in Comana dem Grabe entnommen [37]) und nach der Hauptstadt überführt. Als sie in Chalcedon angekommen waren, fuhr ihnen der Kaiser mit seinem gesammten Hofstaat entgegen, holte sie am 27. Januar [38]) feierlichst ein und schritt neben Pulcheria der Procession voran, welche sie zu ihrer letzten, endlichen Ruhestätte, der Apostelkirche, geleitete. Damit war auch den fanatischen Johanniten Genüge geschehen und sie hörten fortan auf, Sonderversammlungen und Gottesdienste abzuhalten.

Den Namen der Kaiserin Eudocia finden wir in dieser Angelegenheit nicht genannt, doch ist es keinem Zweifel unterworfen, dafs sie sich ebenfalls an der Einholung beteiligte, wenn anders sie überhaupt in Constantinopel anwesend war. Denn Eudocia hatte sich in den achtzehn Jahren, seitdem sie die Gemahlin des Theodosius war, äufserlich vollständig in die fromme Weise eingelebt, welche der byzantinische Hof vor den Augen der Welt zur Schau trug, und hatte im Hinblick auf den sehnlichsten Wunsch ihres Herzens, die Vermählung ihrer Tochter Eudocia mit Valentinian, dem Himmelsherrn gelobt [39]), gleich der frommen Mutter Constantins Helena, zu den Stätten zu wallfahrten, wo der Erlöser gelitten hatte und für die Menschheit gestorben war. Diesem Gelöbnis hielt sie die Treue und noch im Jahre 438 [40]), um den Trennungsschmerz eine Ableitung zu geben, machte sie sich auf den weiten Weg, doch wissen wir nicht, ob sie die Land- oder Seereise vorgezogen hat. [41])

Jedenfalls berührte sie auf ihrer Wallfahrt, welcher der kaiserliche Glanz nicht gefehlt haben wird, das alte, durch eine lange Geschichte und den Aufenthalt des Apostelfürsten ehrwürdige Antiochia. Aber mehr als die neuen Bauwerke der christlichen Zeit zogen die Tochter des Leontius die Reste der antiken Denkmäler an, welche zu ihr in einer Sprache redeten, die ihr noch aus ihrer Jugendzeit in Athen heimisch und vertraut war. Hier, fern den Späheraugen neugieriger

---

[37]) c. 45. Theoph. zu 430. Cedren zum 28. Jahre des Theodosius. Legendenhaft ausgeschmückt bei Nicephor. XIV. 48.

[38]) Marcell. Com. am 28. Jan. Socrat. am 27. Jan.

[39]) Socrat. VII. 47.

[40]) Dies ergiebt sich daraus, dafs Socrates seine Geschichte 439 beendigte und von ihrer Rückkehr wufste. Vgl. Marc. Com. zu 439.

[41]) Gregorovius nimmt S. 148 ff. ohne weiteres an, dafs sie zur See reiste; er hat überhaupt diese Reise mit Hülfe der eignen Phantasie ausgeschmückt. Die Stationen der Wallfahrtsstrafse nach Jerusalem zählt das Itinerarium Hierolsolymitanum (ed. Parthey et Pinder) S. 271 ff. Wessel. p. 571 ff. auf. Vgl. Itin. Anton. S. 65 ff.

und hämischer Höflinge und inmitten eines sie jubelnd umgebenden Volkes, knüpfte sie einmal wieder an jene Erinnerungen an, welche in die Zeit gehörten, da sie noch Heidin war. Im Senatsgebäude Antiochias[42]) vor den Spitzen der Behörden des Staates und des grofsen Gemeinwesens und zahlreichen Bürgern hielt sie auf goldenem, von Edelsteinen funkelnden Throne sitzend eine begeisterte Dank- und Lobrede auf die Stadt, deren überreiche Gastfreundschaft sie genofs, und an die Zeit erinnernd, als die Griechen noch kolonisierend das Mittelmeer auf schwankendem Kiel kühn durchfuhren, rief sie dem Volke das homerische Wort zu:
„Eures Geschlechts und Blutes zu sein, des rühme auch ich mich.[43])"
Eine Kaiserin, die nicht nur durch den äufseren Rang, sondern auch durch die Gaben ihres Geistes sich als Herrscherin von Gottes Gnaden bethätigte, hatten die Antiochener noch nie gesehen, und ihre Freude, ihr Jubeln wollte daher kein Ende nehmen. Noch in den späteren Zeiten sah der Fremde im Senate ihr goldenes Bildnis und im Museum ihre eherne Statue[44]) als Andenken an die schönen Tage ihrer Anwesenheit in der Hauptstadt Syriens, welche die dankbaren Bürger Antiochias ihrer Kaiserin gestiftet hatten. Aber auch Eudocia hinterliefs wohlthätige Spuren ihres Aufenthalts, denn auf ihre Bitte erweiterte Theodosius die Stadtmauern bis zum Thore, das zum Hain Daphne führte, und 200 Pfd. Gold (180000 Mk.) spendete sie mit freigebiger Hand zur Wiederherstellung der Bäder des Valens, welche durch eine Feuersbrunst zum teil vernichtet waren.[45])

Von Antiochia zog die Kaiserin, wahrscheinlich auf der alten Pilgerstrafse[46]) über Laodicea, Tripolis, Berytus, Sidon, Tyrus, Caesarea zum gelobten Lande Palästina und stattete allen den heiligen Orten, welche der Erlöser durch seine Anwesenheit für immer geweiht hatte, kurze Besuche ab, bis sie endlich in der ersehnten Stadt Jerusalem anlangte. Jerusalem[47]) oder wie es seit der Zerstörung durch Titus hiefs, Aelia Capitolina, war, nachdem die einheimische jüdische Bevölkerung durch Hadrians Gebot aus ihr verbannt worden war, eine rein christliche Stadt, aber von der Höhe der ehemaligen Einwohner-

---
[42]) Euagrius I. 20. und 21. unterscheidet die beiden Reisen ganz deutlich; ebenso Theoph. 427 und 440; nicht so das Chron. Pasch. zu 444, welches nur eine kennt und Joh. Mal. Vgl. Sievers S. 462 und 463. Gregorovius S. 148 ff.
[43]) ὑμετέρης γενεῆς τε καὶ αἵματος εὔχομαι εἶναι. Euagrius I. 20.
[44]) Chron. Pasch. Euagr. ebend.
[45]) Euagrius ebend. Von Antiochia entwirft ein lebendiges Bild Mommsen V. S. 456 ff.
[46]) Vgl. Gregorovius S. 156. Itin. Hieros. p. 581 ff.
[47]) S. 158 ff.

zahl tief herabgesunken; denn das gewerbtreibende Leben war erloschen, seitdem die Mönche und Nonnen ihren bleibenden Sitz hier aufgeschlagen hatten. Gleichwohl zog das heilige Grab, über welchem Constantin der Grofse eine marmorne Kapelle erbaut hatte, Pilger aus allen Gegenden der Welt herbei, so dafs der hl. Hieronimus, welcher am Ende des 4. und zu Anfang des 5. Jahrhunderts in Betlehem lebte, in einem Briefe [48]) sagen konnte: „Aus dem ganzen Erdkreis strömt man hierher zusammen; die Stadt ist angefüllt mit Menschen aller Gattungen und so grofs ist die Ansammlung beiderlei Geschlechts, dafs, was du anderswo geteilt flohest, du hier ungeteilt zu ertragen genötigt wirst." Denn abgesehen von den heiligen Orten und den zahlreichen Kirchen und Klöstern bot Aelia Capitolina das gewöhnliche Bild einer Stadt, welche aufser ihren Bürgern Soldaten und daher auch diejenigen Dinge in ihren Mauern birgt, an denen sie Freude haben: die Stätten des Lasters und der Volksbelustigungen. Ungefähr ein Jahr hielt sich Eudocia in Jerusalem auf und brachte die Tage in geistlichen Übungen und im Umgang mit frommen Frauen hin.[49]) Dann kehrte sie im Besitze wertvoller Reliquien, für die sie der Kirche reiche Geschenke machte, noch im Jahre 439 nach Constantinopel zurück[50]), wo die von ihr mitgeführten Gebeine des Protomärtyrers Stephanus in der Kapelle des heiligen Laurentius feierlichst beigesetzt wurden.[51])

Aber die Tage des Glückes und des Frohsinns waren für Eudocia mit der Vermählung ihrer Tochter und der Reise nach Jerusalem zu Ende, denn, was uns weiter von ihr berichtet wird, ist die Kehrseite des glänzenden Lebens, das sie als byzantinische Kaiserin geführt hatte. Der Umschwung trat nicht plötzlich ein und unvorbereitet, sondern er hatte seine Begründung in den eigentümlichen Verhältnissen, welche damals am Hofe zu Constantinopel obwalteten. Weniger zwar als bei Arcadius machte sich unter Theodosius die heimliche Macht der Eunuchen bemerklich, besonders in den ersten Jahren seiner Regierung, weil einerseits das Andenken an die durch Eutropius herbeigeführten Unruhen noch zu frisch in aller Gedächtnis war, andererseits, weil die Herrschaft über den Kaiser ganz und gar von den beiden Frauen Pulcheria und Eudocia gehandhabt wurde und neben ihnen das Übergewicht der Oberstkämmerer weit zurücktrat. Dennoch finden sich Anzeichen, dafs auch unter dem schwachen Theodosius II. die Eunuchen eine ge-

---

[48]) ep. 58 ad Paulinum § 4 ff. Non Jerosolymis fuisse, sed Jerosolymis bene vixisse laudandum est.
[49]) Gregorovius S. 169 ff.
[50]) Marcell. Com. Theophan. zu 427.
[51]) Vgl. Gregorovius S. 171 und 172.

bietende Rolle zu spielen vermochten, denn die verworrenen und dürftigen Quellen dieser Zeit erzählen von einem Eunuchen Antiochus[52]), der seine Macht, welche er über den Kaiser hatte, mißbrauchend von ihm plötzlich seines Amtes, des Titels Patricius und aller seiner Güter beraubt und dann als Geistlicher in ein Kloster gesteckt wurde. Er sei ferner auch die Veranlassung geworden zu der Verordnung des Theodosius, daß hinfort ein Verschnittener nie wieder durch die Würde des Patricius ausgezeichnet werden dürfe. Der Fall dieses allmächtigen Mannes wird von den Chronisten in das Jahr 443 gesetzt, allein es sind triftige Gründe zu der Annahme vorhanden, daß Antiochus damals längst beseitigt war und seine Stelle von einem anderen, dem Eunuchen Chrysaphius[53]), von dessen gewaltigem Einfluß uns noch eine andere Angelegenheit überzeugen wird, eingenommen wurde. Ihn hatte dem Kaiser seine schöne Gestalt und ein gewinnendes Äußere empfohlen, und auch er verstand es bald Theodosius nach seinem Willen zu lenken und sein Besitztum zu vermehren.

Außer ihm teilten sich in die Herrschaft über den Gebieter des oströmischen Reichs seine Schwester Pulcheria und seine Gemahlin Eudocia, von denen die erstere durch die energische und umsichtige Art, wie sie während Theodosius Minderjährigkeit die Staatsgeschäfte geführt hatte, sich ein bleibendes Anrecht auf die Dankbarkeit des Bruders erworben hatte, die andere dagegen auf das Recht der Gemahlin pochte. Daß ein Zerwürfnis zwischen ihnen zeitweise herrschte, konnte man bereits aus dem Nestorianischen Streit erkennen[54]), doch scheint gerade zu dieser Zeit, da Eudocia ihre Tochter vermählt hatte und aus Jerusalem heimkehrte, die Gemahlin des Kaisers mehr denn je den Hof zu Constantinopel beeinflußt zu haben.

Es läßt sich dies aus mancherlei Erwägungen folgern: Einmal stand

---

[52]) Daß es der von Theoph. zu 412 erwähnte A. nicht sein kann, ist bereits oben dargelegt worden. Dagegen könnte er der Cod. Theod. I. 1, 5 424 an zweiter Stelle erwähnte quaestor S. P. sein, der 435 I. 1, 6 nicht mehr als Mitglied der Kommission genannt wird. Da nun die bei Theoph. zu 440 erzählte Intrigue nicht erst 446—449, als Flavian Bischof war, geschehen sein kann, und zur Zeit des Sturzes der Eudocia Chrysaphius bereits im Amte war, so mag Ant. im Laufe des 3. Decenniums gestürzt sein. Über das Ereignis berichten nur Cedren p. 336 und Theoph. zu 436. Vgl. Suidas v. *Πατρίκιος* und *Θεοδόσιος*. Andere Eunuchen von Einfluß waren Lausus, Amantius, Macrobius. Vgl. Tillem. art. 26 und Cod. Theod. VI. 8, 1.

[53]) Er trug den Beinamen *Ταϊουμᾶ* oder *Ζουμνᾶ* oder *Ζτουμᾶς*. Über ihn vgl. Joh. Mal. XIV. Theophan. zu 436. Cedren zum 41. Jahre des Theod. Joh. Ant. frgm. 194. Suidas v. *Θεοδόσιος* sagt, daß Chrys. nach Kyros den Theod. beherrscht habe. Vgl. Sievers S. 434.

[54]) Suidas v. *Πουλχερία*.

gerade in den Jahren von 439—441 [56]) an der Spitze der Staatsverwaltung ein Mann, der ohne Zweifel mehr mit Eudocia denn mit Pulcheria harmonierte und offenbar ein Günstling der ersteren war. Es war dies der Ägypter Kyros [56]) aus Panopolis, einer von den wenigen Dichtern dieser poesielosen Zeit, dessen Name uns neben dem des Claudian aufbewahrt worden ist. Aber weit weniger als des letztgenannten Erzeugnisse vermögen die von Kyros erhaltenen sechs Epigramme [57]) unsern Beifall zu erringen, sie verraten vielmehr eine auffallende Gedankenarmut und atmen dem Herrscher gegenüber nicht den unabhängigen Geist eines Dichters, sondern den servilen Sinn eines Höflings, wenn eins derselben den Theodosius an Gestalt den Agamemnon und an Klugheit den Odysseus [46]) übertreffen läfst und ihm den Ruhm der Thaten eines Achill zuerkennt. Ihn schätzte die Kaiserin bei der Gleichartigkeit ihrer Neigungen sehr hoch [59]), nicht minder aber genofs er die Gunst des Kaisers wegen seiner staatsmännischen Verdienste. Als im Jahre 438 [60]) ein Erdbeben wieder einen Teil der von Anthemius erbauten Ringmauern Constantinopels niederrifs, stellte sie Kyros als Praefectus pr. unter der wetteifernden Teilnahme der beiden Cirkusfraktionen der Prasinen (Grünen) und Veneter (Blauen) in kürzester Frist wieder her [61]); auch als Stadtpräfekt hatte er manche für den Verkehr wohlthätige Änderungen in Constantinopel geschaffen, so dafs ihm das Volk im Cirkus jubelnd zurief: „Constantin hat gegründet, Kyros wiederhergestellt!" [62])

Das enge Verhältnis aber zwischen der Kaiserin und dem Dichter gefiel selbstverständlich nicht den frommen Gemütern, welche jeden Zusammenhang mit der Götterwelt der Heiden abzuschneiden für Christenpflicht und die Beschäftigung mit den Musen und Grazien einer schöneren Vergangenheit für eitel Sünde hielten. [63]) An der

---

[56]) Nov. Theod. XVIII. de lenonibus Cyro P. P. 6. Dec. 439. 441 war er Consul. Novell. Theod. V. 3; aufserdem zahlreiche Verfügungen im Jahre 440 an ihn im Cod. Justin; die letzte I. 55, 10. 18. August 441.

[56]) Suidas v. Κῦρος. Euagrius I. 19. Joh. Malal. XIV. Chron. Pasch. 450. Er hat aber nicht die röm. Truppen gegen Gaiserich angeführt, als dieser Karthago eingenommen hatte, wie Euagr. a. a. O. erzählt, denn Kyros war Civilbeamter.

[57]) Anthol. Graeca ed. Jacobs. VII. 557; IX. 136, 623, 808, 809; XV. 9.

[46]) XV. 9. Vgl. Gregorovius S. 202 ff.

[59]) Suidas v. Κῦρος.

[60]) Theoph. zu 430. und Cedren zum Jahre 28. des Theod.

[61]) Chron. Pasch. Zonaras XII. 34. Vgl. Hammer Constantinopel und der Bosporus cap. XIX. und XX. und H. v. Moltke Briefe über Zust. und Begebenh. in der Türkei aus den Jahren 1835—1839. S. 182. No. 34.

[62]) Chron. Pasch. Joh. Mal. XIV.

[63]) Vgl. auch Suidas v. Θεοδόσιος.

Spitze derjenigen, welche dieser Ansicht huldigten, stand Pulcheria, und wenn gerade damals ein aus dem Versteck geführter Kampf zwischen ihr und Eudocia entbrannte, so handelte es sich nicht nur um den Vorrang und die Macht über den Kaiser, sondern auch um den Sieg ihrer verschiedenartigen Geistesrichtungen. Wir können in das Getriebe der Minen und Gegenminen am Hofe heute nicht mehr klar sehen, da die Phantasie der späteren Chronisten aus eigenem Antriebe manches hinzugedichtet hat, nur so viel scheint aus allem als sicher hervorzugehen, dafs es zunächst Eudocia im Bunde mit Chrysaphius gelang den Einflufs Pulcherias so zurückzudrängen[64]) und den Theodosius so zu beherrschen, dafs Pulcheria es vorzog aus dem Kaiserpalast am Bosporus sich in die Einsamkeit ihres Hauses nach dem Hebdomon[65]) zurückzuziehen, wobei es fraglich gelassen werden mufs, ob Theodosius wirklich auf Zureden der Eudocia die Absicht hatte, seine Schwester zur Diaconissin zu machen oder nicht.

Aber man kann sich denken, dafs dieser Schritt der Augusta, welche so viele Jahre ihren Einflufs am Hofe behauptet hatte, eine starke Partei, die orthodoxe, gegen Eudocia aufs äufserste erregte, und dafs dieselbe in der Geistlichkeit eine mächtige Stütze hatte. Ihr gelang es, nachdem Eudocia kurze Zeit die Alleinherrschaft in den Händen gehabt hatte, sie von dieser Höhe in die jäheste Tiefe hinabzustofsen. Als Hebel zur Erreichung des Zieles benutzte sie die Eifersucht des Kaisers, eine schwache Seite an ihm, welche bei der Schönheit seiner Gemahlin verzeihlich erscheint, die ihn aber durch die Umstände, welche die Verleumdung begleitete, aus einem sanftmütigen Herrscher, wie ihn die Kirchenhistoriker zu schildern belieben, in einen blutdürstigen Tyrannen verwandelte.

Bekanntlich war es der Jugendfreund Paulinus gewesen, welcher hingerissen von der Schönheit der Jungfrau, den Kaiser mit bestimmte, Eudocia zu seiner Gemahlin zu erheben; auch in der Folgezeit hatte das in gemeinsamen Erinnerungen wurzelnde Band das liebevolle Verhältnis zwischen den beiden Männern unverändert erhalten, denn Paulinus erscheint bald nach der Vermählung seines kaiserlichen Freundes in den höchsten Staatsämtern.[66]) In dieser Stellung stand ihm der freie Verkehr, wie ausdrücklich erzählt wird[67]), mit Kaiser und Kaiserin

---

[64]) Theoph. zu 440. Vgl. Sievers S. 434. Gregorovius S. 176 ff.
[65]) In der 11. Region stand domus Augustae Pulcheriae. Not. Urb. Const. ed. Seeck S. 238.
[66]) Chron. Pasch. 421. Marc. Com. 440. Cod. Theod. VI. 27, 23 wird er als mag. offic. bezeugt 435. VI. 20, 8 ist es Valerius.
[67]) Chron. Pasch. a. a. O.

ohne die beengenden Schranken der Etiquette ungehindert offen, und auch seine Beziehungen zur Eudocia wurden und blieben höchst freundschaftlicher und herzlicher Art. Diesen Umstand beschlossen nun die Gegner der Eudocia zur Verwirklichung ihrer Absicht zu benutzen, und ihr Versuch gelang ihnen nur zu gut.

Als Theodosius, so lautet die älteste Nachricht [68]), am Epiphanientage in die Kirche ging, war Paulinus durch ein Fufsübel am Erscheinen gehindert und liefs sich entschuldigen. Da bot dem Kaiser aus der Menge, welche ihn umdrängte, ein armer Mann einen phrygischen Apfel von ungewöhnlicher Gröfse. Der Kaiser nicht minder als der ihn begleitende Senat die Gröfse der Frucht bewundernd hiefs dem Manne ein reichliches Geldgeschenk reichen und schickte den Apfel der Kaiserin Eudocia. Diese, wohl um dem kranken Freunde eine Freude zu machen, sandte ihn an Paulinus, der nichts Arges darin sehend ihn wiederum an den noch in der Kirche befindlichen Kaiser übermittelte. Theodosius war daher nicht wenig erstaunt beim Heraustreten aus dem Gotteshause den Apfel wiederzufinden; er verbarg ihn zunächst und fragte dann nach seiner Rückkehr in den Palast die herbeigerufene Augusta: „Wo ist der Apfel, den ich dir geschickt habe?" Eudocia erwiderte: „Ich habe ihn aufgegessen!" Da beschwor sie Theodosius bei ihrem Seelenheil die Wahrheit zu sagen, ob sie ihn gegessen oder einem anderen geschenkt habe. Sie aber schwur, dafs sie den Apfel verzehrt habe; da holte Theodosius den Apfel hervor und zeigte ihn ihr. Seit dieser Zeit trat eine merkliche Trennung zwischen den beiden Gatten ein, während Paulinus dem Argwohn des Kaisers unwiderruflich verfiel. So weit der Chronist.

Nachdem nun einmal das Mifstrauen in dem schwachen Kaiser gegen Gattin und Freund erregt worden war, liefs die Gegenpartei, in deren Hände er jetzt völlig wieder geriet, ihn nicht mehr los und schürte das Feuer der Eifersucht in der Seele des gutmütigsten aller Herrscher zu einer solchen Stärke an, dafs er den Paulinus zunächst nach Cappadocien verbannte und endlich sogar töten liefs.[69]) Es war daher begreiflich, dafs Eudocia, welche sich mehr und mehr zurückgesetzt und von argwöhnischen Augen bewacht fühlte, das Leben am Hofe zu Constantinopel unerträglich fand und sich

---

[68]) Chron. Pasch. 444. Joh. Mal. XIV.
[69]) Theophan. Niceph. — Marcellinus Com. 440: Paullinus magister officiorum in Caesarea Cappadociae iubente Theodosio principe interemptus est. — Demgemäfs nimmt Sievers, dem ich mich anschliefse, S. 426 an, dafs Eudocia zwischen 437—440 gestürzt ist, Gregorovius S. 182 zwischen 440—444; Clinton Fast. Rom. 444, der sie noch in demselben Jahre nach Jerusalem gehen läfst.

nach einer Stätte sehnte, wo sie sich fern allem Weltgetriebe der Beschaulichkeit und frommen Übungen hingeben könnte. Sie richtete deshalb — und das wird in den Jahren 441—443 geschehen sein [70]) — die Bitte an ihren Gemahl, er möge ihr gestatten, dafs sie sich nach Jerusalem zurückziehe, um hier den Rest ihres Lebens zu verbringen. Nachdem einmal das zarte Band der Liebe, welche allein diese beiden Herzen zusammengeführt hatte, so jäh zerrissen war, konnte Theodosius keine Veranlassung haben, die einst innig geliebte und jetzt ebenso glühend gehafste Frau bei sich zurückzuhalten.

So zog denn Eudocia wenige Jahre, nachdem sie zum ersten Male die heilige Stadt aufgesucht hatte, von neuem [71]) dorthin, um ihren bleibenden Wohnsitz dort aufzuschlagen. Aber welch' ein Unterschied zwischen damals und jetzt! Damals eine glückliche Mutter und Gemahlin des Gebieters des oströmischen Reichs, jetzt eine freiwillig verbannte und unter dem Verdachte des Ehebruchs stehende Frau! Doch wurden ihr von Theodosius die kaiserlichen Ehren gelassen und reichliche Mittel zur Verfügung gestellt [72]), welche ihr nicht nur ermöglichten einen angemessenen Hausstand in Jerusalem zu führen, sondern auch die Stadt mit wohlthätigen und nützlichen Bauwerken zu schmücken [73]), zu denen sie vielleicht auf der ersten Reise schon den Grund gelegt hatte. Aber auch in Aelia, so weit es auch von Constantinopel lag, war sie den Späherblicken geheimer Hofspione ausgesetzt, welche von ihrem Leben und Treiben dem Kaiser ein so abschreckendes Bild entwarfen, dafs er im Jahre 444 [74]) in neuerwachter Eifersucht den Presbyter Severus und den Diacon Johannes, welche schon in Constantinopel von Eudocia begünstigt waren, durch den Befehlshaber seiner Leibwache Saturninus in Jerusalem umbringen liefs. Doch blieb diese That nicht ungerächt, denn Eudocia, in deren Seele ebenfalls neben der Liebe der Hafs und neben der Sanftmut die Rachsucht schlummerten, ruhte nicht eher, als bis auch Saturninus [75])

[70]) Theophan. zu 440. nimmt auch an, dafs zwischen Paullinus Tod und Eudocias Abreise noch einige Zeit verstrichen sei. Vgl. Gregorovius S. 183—187. Sievers S. 103.

[71]) Euagrius I. 21. spricht sich über die Veranlassung aus: καὶ ὅτου χάριν ἤτε πρωτοτύπως ὥς φασι βουλομένῃ, τοῖς ἱστορήσασι καταληπτέον, εἰ καὶ μὴ ἀληθίζεσθαι μοι δοκοῦσιν; doch nennt Marc. Com. die Eudocia bereits moecha.

[72]) Vgl. Gregorovius S. 188 ff.

[73]) Euagrius I. 21 und 22. Cedren a. a. O. Nicephorus XIV. 50. Vgl. Gregorovius S. 250.

[74]) Marcell. Com. 444. Priscus frg. 8. Theoph. und Cedren a. a. O.

[75]) Es ist ein Irrtum von Gregorovius S. 191, wenn er meint, dieser Saturninus habe sich im Kriege mit Gainas bereits einen Namen gemacht. Denn der

durch bezahlte Schergen oder in einem Aufstande der zahlreichen Mönche in Aelia — wer vermag es zu sagen? — das Leben verlor.

In Constantinopel hatte ihr Sturz und Fortgang Pulcheria und die orthodoxe Partei ans Ruder gebracht, welcher natürlich der poesieliebende Präfekt Kyros mit seiner offen ausgesprochenen Schwärmerei für die Dichter der alten Welt ein Dorn im Auge war. Er war zwar noch Ende des Jahres 441 in seinem Amte[76]), aber seit dieser Zeit verschwindet sein Name aus den öffentlichen Akten, denn seine Hinneigung zu den Erzeugnissen der heidnischen Literatur mufsten ihn einem Kaiser verdächtig und unlieb machen, dessen ganzes Leben fast den Beschäftigungen der Geistlichen und Mönche gewidmet war; auch jener Zuruf des Cirkus mochte diesem nicht gefallen, und so traf denn den Kyros das Los so vieler in Mifsgunst gefallener Beamten, er wurde seiner Ämter und Güter beraubt und zum Geistlichen bestimmt.[77]) Als Bischof von Cotyaeum in Phrygien soll er noch bis zu der Zeit des Kaisers Leo in Frieden und unbehelligt von weiteren Zeichen kaiserlicher Ungnade gelebt haben.

So endete die unter so sonderbaren Umständen entstandene Neigung des oströmischen Kaisers zu der Tochter eines Professors der Sophistik, und die Verbindung des orthodoxen Christentums mit dem übertünchten Heidentum auf dem Throne hatte sich als unmöglich herausgestellt, denn schliefslich brachte doch nur der Gegensatz der geistigen Richtung Eudocias zu der am Hofe herrschenden strengchristlichen die Kaiserin zu Falle und zeigte auch an ihrem Beispiele, wie an dem der Kriemhild, wie — „liebe mit leide ze iungest lônen kann."

---

in der Geschichte des Gothenaufstandes genannte Saturnin war schon damals ein älterer Mann, der 382 die letzten Gothen besiegt und 383 das Consulat bekleidet hatte. Noch weniger würde er 444 in der Würde eines Comes dom. gewesen sein. Vgl. Richter das Westr. Reich S. 585. III. S. 89. Zur Thatsache vgl. Gregorovius S. 190 ff.

[76]) Cod. Just. I. 55, 10. 8. Aug.

[77]) Joh. Mal. Chron. Pasch. Suidas v. Θεοδόσιος und Κῦρος. Vgl. Gregorovius S. 196 ff.

Siebentes Kapitel.

Die Beziehungen der Hunnen seit ihrem ersten Auftreten in Europa zu Ost- und West-Rom bis zum Tode des Rua. — Der Schwerpunkt ihrer Macht rückt allmählich bis in das heutige Ungarn vor. — In wiefern entsprach dieses den Lebensgewohnheiten der Hunnen? — Attila und Bleda, Ruas Nachfolger. — Äufseres und Charakter Attilas. — Sein Verhältnis zu Aetius und Gaiserich. — Austrag des Streites zwischen Ostrom und Rua. — Gaiserich erobert Africa und greift Italien an. — Die Hülfesendung Ostroms. — Einfall der Perser, Sarrazenen, Hunnen von Osten, Attilas und Bledas von Norden. — Eroberung der Donaukastelle und Verwüstung Thraciens. — Friede 443. — Ereignisse in Ostrom von 443—447. — Zweiter Raubzug Attilas, Alleinherrschers der Hunnen. — Die Friedensbedingungen. — Die Gesandtschaftsreise des Priscus. — Letzte Beziehungen des Theodosius zu Attila.

Auf den Gang der politischen Ereignisse hatten diese Wandlungen am Hofe keinen Einflufs, doch waren jene nicht minder betrübend und nahmen von Jahr zu Jahr einen bedrohlicheren Charakter an. Denn wenn auch seit dem Beginn der ostwestlichen Völkerbewegung, welche man die Völkerwanderung nennt, zahlreiche Feinde dem römischen Namen erstanden waren, die Westgothen im Ostreich und nach der Wende des Jahrhunderts im Occident, Greothungen, Carpodaken, Skiren zu den verschiedensten Zeiten im Orient, Sueven, Alanen, Vandalen im Westreich, zu denen sich in den letzten Jahren auch die Franken und Burgunder gesellt hatten, so erfolgten doch ihre Angriffe nicht gemeinsam und erschütterten von allen Seiten die Grenzen des mächtigen Kolosses, der allmählich in seinen Grundfesten zu erzittern begann. Erst dem letzten Jahrzehnt der Regierung des Theodosius vielmehr blieb es vorbehalten, gemeinsame Operationen der Feinde des Römerreichs hervorzurufen, welche auch den oströmischen Kaiser in so verzweifelte Lagen brachten, dafs selbst ein anderer als der schwache Theodosius in ihnen den Kopf verloren hätte. Diejenigen Völker aber, von denen diese Angriffe ausgingen, waren die Vandalen und Hunnen, von denen die ersteren, wie wir sahen, infolge der Eifersucht zwischen Bonifacius und Aetius nach Africa übergesetzt waren und diese reiche Provinz zum grofsen Teil erobert hatten, während wir bisher nur hin und wieder Veranlassung hatten den Hunnen unsere Aufmerksamkeit zuzuwenden.

Denn diese traten nicht, wie man nach dem ersten Ansturm ihrer Reiterscharen durch die kaspische Pforte erwarten sollte, auch in den nächsten Jahren nach diesem welthistorischen Ereignisse in den Vordergrund der politischen Erwägungen und kriegerischen Vorsichtsmaſsregeln für das römische Reich, sondern nur vorübergehend erheischen sie die Abwehr und waren vielmehr meistens freundliche und dienstwillige Nachbarn.[1]) So erschienen sie im Kampfe der Westgothen unter Fritigern[2]) gegen Valens neben den Alanen als beutelüsterne Hülfsvölker und muſsten nebst Carpodaken und Skiren von Theodosius I. 381[3]) über den Ister zurückgeschlagen werden; 395 benutzten sie die Wirren nach Theodosius Tod und fielen durch die kaucasischen Pässe verheerend in Klein-Asien ein[4]), endlich waren sie auch im Gefolge Athaulfs (409) Gegner der Weströmer.[5]) Andererseits dienten sie dem Stilicho[6]) gegen Rhadagais, dem Honorius[7]) gegen Alarich, und ein Hunnenfürst Uldes war es, der dem Gainas den Garaus machte und seinen Kopf nach Constantinopel sandte; doch muſste ebenderselbe 409, als er mit den Skiren zusammen in Thracien plünderte, von den Feldherrn des Anthemius blutig über die Donau zurückgewiesen werden.

Gleichwohl wäre es verfehlt, aus ihrer mehr sekundären Teilnahme an den groſsen Ereignissen der Zeit auf ein Zurückgehen ihrer Macht zu schlieſsen; denn diese sowohl wie die Ausdehnung ihrer Herrschaft war im Gegenteil in stetem Wachstum begriffen. Zwar weist ihr Auftreten in Armenien 395 und die Gesandtschaftsreise des Geschichtsschreibers Olympiodor (412) zu Wasser[8]) darauf hin, daſs der Hauptsitz der Hunnen noch nördlich des Pontus sich befand, aber es wäre falsch daraus zu folgern, daſs sie nicht auch inzwischen westwärts vorgedrungen waren. Das beweist, wenngleich die Nachricht zweier Chronisten[9]), daſs die Hunnen fünfzig Jahre vor 427 Pannonien in Besitz genommen hätten, entschieden zurückzuweisen ist, schon nicht nur der fortwährende Zuzug hunnischer Hülfstruppen und der Feldzug des Uldes, sondern mehr noch das

---

[1]) Vgl. zu diesem Abschnitt die eingehende Abhandlung von Haage Geschichte Attilas. Progr. Celle 1862 und v. Wietersheim S. 217 ff.

[2]) Ammian XXXI. 8, 3. und 16, 3: At Gothi Hunis Halanisque permixti nimium bellicosis et fortibus rerumque asperarum difficultatibus induratis quos miris praemiorum illecebris sibi sociarat sollertia Fritigerni.

[3]) Zosim. IV. 34; doch folgt nicht aus c. 22., daſs die Hunnen bereits am jenseitigen Ufer des Ister saſsen. v. Wietersheim S. 217 und 218 (vgl. Tillem. VI. S. 373) bezieht das frgm. 28 des Priscus auf die Zeit Theodos. I.; doch schon Dahn bekämpft diese Ansicht a. a. O.

[4]) Claud. in Ruf. II. 28 ff. Socrat. VI. 1., Sozom. VIII. 1.

[5]) Zos. V. 37. 45.

[6]) V. 26. Orosius. ed. Zangemeister VII. 37, 12.

[7]) Zos. V. 50.

[8]) Olymp. frgm. 18.

[9]) Marcell. Com. Jordan. c. 32.

Vorwärtsdrängen der Westgothen unter Alarich und vor allem der plötzliche Einfall des Rhadagais über die Alpen. Waren die Hunnen nun die Herren der grofsen südrussischen Steppe, Rumäniens und Ungarns bis zur Donau und aller in diesen Gegenden zurückgebliebenen Völker, von denen die Ostgothen jetzt am westlichsten safsen, so mufs ihr seltenes Hervortreten darin seinen Grund haben, dafs ihre Stämme nicht unter einem Herrscher geeinigt waren, sondern mehreren Fürsten gehorchten, eine Thatsache, welche aus einer kurzen Bemerkung des Olympiodor klar erhellt[10]), aus der wir zugleich ersehen, dafs der Einflufs Ostroms auf die Südküste des pontischen Meeres damals noch nicht erloschen war.

Diese Verhältnisse hatten auch noch im zweiten Decennium des fünften Jahrhunderts statt, da wir Grund haben anzunehmen, dafs damals mehrere Brüder neben einander über die weit verzweigten hunnischen Völker geboten; Rua, Octar, Mundzuc und Oebarsius.[11]) Von ihnen war offenbar Rua, den andere Schriftsteller auch Roas, Rugila, Ruga und Roilus nennen, der bedeutendste, da alle Nachrichten, welche wir aus dieser Zeit besitzen, sich auf ihn beziehen: Bei ihm war Aetius wahrscheinlich als Geisel und lernte den etwa gleichaltrigen Attila kennen, zu ihm eilte ebenderselbe, um dem Tyrannen Johannes Hülfstruppen zuzuführen, zu ihm floh er 432, als er den Bonifacius beseitigt hatte, und erlangte durch seine Vermittelung den erwünschten Frieden mit Placidia, welcher dem Occident ein Stück Pannoniens an der Save kostete.[12]) Aber auch den Oströmern war Rua bereits ein gewichtiger Faktor, mit dem sie zu rechnen hatten, denn er empfing[13]) von ihnen bereits einen Tribut von 350 Pfd. (315 000 Mk.), und als die Römer Flüchtlinge der am Ister wohnenden Amilzuren, Itimaren, Tonosuren, Boisken[14]) und anderer Völker bei sich auf und in ihre Dienste genommen hatten, drohte er mit dem Abbruch der friedlichen Beziehungen, welchen eine Gesandtschaft verhindern sollte. Da starb er im Jahre 434[15]) und hinterliefs bei seinem Tode kein namenloses

---

[10]) frgm. 18. Vgl. Haage S. 4. v. Wietersheim S. 219.

[11]) Zu Oktar vgl. Jord. c. 35. und Socr. VII. 30., zu Oebarsius Priscus frgm. 8. — v. Wietersheim S. 220.

[12]) Vgl. Haage S. 4. v. Wietersheim S. 220—222. Zu den Namen vgl. Socr. VII. 43. Theodoret V. 37.

[13]) Priscus. frgm. 1.

[14]) Vgl. zu den Namen Jord. c. 5.: gens Acatzirorum fortissima, frugum ignara, quae pecoribus et venationibus victitat. und cap. 24.

[15]) Tiro Prosper. 434: Rugila rex Chunnorum cum quo pax firmata moritur, cui Bleda successit.

Volk mehr, sondern unter seiner kräftigen Regierung und umsichtigen Leitung war die Hunnenmacht aus ihrer Abgeschiedenheit herausgetreten und fing an sich in die politischen Händel der damaligen Welt zu mischen. Ein geistesverwandter Nachfolger hatte es daher leicht das von Rua begonnene Werk fortzusetzen.

Doch bevor wir daran gehen zu erörtern, wer auf Rua folgte und wie seine Pläne durchgeführt und erweitert wurden, müssen wir konstatieren, dafs, während im Anfang des Jahrhunderts die Hauptmacht der hunnischen Herrschaft sich noch im Norden des schwarzen Meeres befand, sie unter Rua endgiltig ihren Sitz diesseits der Karpathen in dem heutigen Magyarenlande aufgeschlagen hatte. Und in der That waren diese Gegenden die einzigen des europäischen Erdteils, welche aufser den südrussischen Steppen den Lebensbedingungen der Hunnen allseitig entsprachen. Denn, wenn sie gewohnt waren den Blick über unermefsliche Flächen ungehemmt durch irgendwelche Bodenanschwellungen schweifen zu lassen, hier zwischen Donau und Theiss und jenseits der letzteren fanden sie ebendieselben Sandsteppen, welche sich in dem ungarischen Mesopotamien nirgends über 30 m erheben. Glühte ihnen in den pontischen Steppen im Sommer bei mehr als 24 $^{0}/_{0}$ C.[16]) der Boden unter den Füfsen wie in Africa, die Pufsten Ungarns, wasser- und baumlos, standen diesen wenig darin nach, denn auch Ofen geniefst einen Juli von 22,4 $^{0}/_{0}$ C. Mittelwärme; in der öden pontisch-kaspischen Steppe sinkt im Winter die Temperatur bisweilen auf — 30° C., während der Januar gewöhnlich nur — 6,4 $^{0}/_{0}$ C. aufzuweisen pflegt, kaum geringer aber sind die Temperaturschwankungen in der Pufsta, wenn auch Ofen nur einen Januar von — 1,4 $^{0}/_{0}$ C. hat; dagegen stimmen diese Gegenden in Bezug auf den Niederschlag fast völlig überein, denn das südliche Rufsland ohne eine beträchtliche Bodenerhebung vermag die feuchten Wolken nicht zur Condensierung ihres Wasserdampfes zu bringen und hat trotz der grofsen Sommerwärme nur einen mittleren Niederschlag von 489 mm. In Ungarn entziehen die hohen Gebirge, welche es im N., O. und S. wie eine Mauer umwallen, den Wolken den gröfsten Teil des Feuchtigkeitsgehaltes und lassen diesem Lande ebenfalls nur einen mittleren Niederschlag von 452 mm zukommen. Aber auch die Flüsse, welche aufser der tückischen fischreichen Theiss träge dahinfliefsen: Donau, Szamos, Körös, Maros und Temes, vermögen durch ihren Wassergehalt den Steppen keine gröfsere Feuchtigkeit und damit eine freundlichere Pflanzenphysiognomie

---

[16]) Vgl. zu diesen Angaben Allgemeine Erdkunde von Han, v. Hochstetter und Pokorny S. 44 und 77.

zu geben, da ihre Ufer vielfach zu Sumpf- und Moor geworden sind und den Anwohnern miasmatische Lüfte zuführen.

Bei einer solchen Bodenbeschaffenheit ist Ungarn von jeher vorwiegend ein Land der Viehzucht gewesen, auf dem seit den ältesten Zeiten stets ein Reitervolk hauste, das mit seinen Rossen wie verwachsen war und mit Geringschätzung auf alle die herabsah, die nicht beritten waren. Und ein solches Volk waren eben auch die Hunnen[17]), auch sie waren nirgends besser zu Hause als auf ihren flinken Steppenpferden, und es gab kaum eine Beschäftigung, welche sie nicht auf ihnen zu verrichten pflegten; daher sagt ein alter Bericht von ihnen: „Die Hunnen wissen nicht zu gehen und schwanken hin und her, denn ohne Pferd möchte ein Hunne die Erde nicht berühren."[18]) Aber nicht nur für die Rosse boten die weiten Steppen unermefsliches Weideland, sondern auch für die Nahrung und Kleidung spendenden Haustiere: Rind, Schaf, Ziege und Schwein; auf deren Vorhandensein wir, wenn es uns auch nicht bestimmt berichtet wäre[19]), schon daraus schliefsen können, dafs noch heute Ungarn im Verhältnis zu dem mehr als doppelt so umfangreichen deutschen Reich an diesen Tieren ungleich reicher ist. Denn während das deutsche Reich 3 352 000 Pferde[20]), 15 777 000 Stück Hornvieh, 25 000 000 Schafe, 7 124 000 Schweine zählt, belaufen sich in dem nicht halb so grofsen Ungarn dieselben Bestände auf 2 179 000 Pferde, 5 279 000 Stück Hornvieh, 15 076 000 Schafe, 4 443 000 Schweine und übertreffen somit in Bezug auf die Zahl der Pferde und Schweine das deutsche Reich im Verhältnis zum Flächeninhalt um ein Bedeutendes. Aber eine ausgedehnte Viehzucht hat von jeher das enge Zusammenleben der Völker, die sie zu treiben genötigt waren, gehindert, da sie naturgemäfs bei der Ausdehnung des Weidelandes, welches die Erhaltung des Viehes erfordert, auf weitem Raum nur wenigen Heerdenbesitzer den Unterhalt gewährt, deshalb steht das heutige Ungarn bei seinen 26,2 % des Areals an Wiese[21]) in Bezug auf Volksdichtigkeit weit zurück und erreicht kaum mit seinen 2 702 pro ☐Ml. die halbe Höhe derjenigen Italiens; noch weniger dicht aber können die Steppen zur Zeit der Hunnen bevölkert gewesen sein, zumal sie sicherlich mehr als die heutigen Bewohner

---

[17]) Ihre Charakteristik bei Ammian XXXI. 2. und Jordanis c. 24. Vgl. v. Wietersheim S. 27 ff.

[18]) Suidas v. $\dot{\alpha}\varkappa\varrho o\sigma\varphi\alpha\lambda\varepsilon\tilde{\iota}\varsigma$ und Hieronymus ep. 60, 17.

[19]) Vgl. Müller frgm. hist. Graec. S. 80, wo den Gesandten eine Kuh und Flufsfische gebracht werden, und S. 92 ff., wo von viererlei Fleischspeisen die Rede ist.

[20]) Statist. Skizze der europ. Staaten v. Brachelli 1881 S. 60 und 7.

[21]) Deutsches Reich 19,5 %. Vgl. a. a. O. S. 5 und 58.

des Landes Viehzucht trieben, während das moderne Magyarenland allein 33,7 % seines Flächeninhalts auf den Anbau des Brotkorns verwendet.[21a]) Indes läfst sich nicht annehmen[22]), dafs die wunderbare Fruchtbarkeit des den Steppen aufgelagerten Lössbodens, insbesondere im südlichen Teil zwischen Theiss, Donau und Maros, und seine Produktionskraft in Beziehung auf den Getreidebau[23]) den Hunnen entgangen sei, da sie das Land von ackerbautreibenden Völkern bewohnt fanden.

Aber aus der Bodenbeschaffenheit, welche sich bei keinem Lande, es sei denn, dafs plötzlich eintretende Naturereignisse mitwirkten, in vierzehn Jahrhunderten in bemerkenswerter Weise verändern kann[24]), erklären sich noch manche andere Eigentümlichkeiten jenes Mongolenvolkes: Das wechselvolle Klima des ungarischen Steppenlandes erlaubte den Hunnen ihre aus der Urheimat mitgebrachte Bekleidungsart[25]): über linnenem Unterkleid ein Mantel fest aneinandergenähter Tierfelle, auf dem Kopfe ein Lederhelm und um die haarigen Beine Bocksfelle, beizubehalten, denn auch hier schützte das dichte Oberkleid im Winter gegen die strenge Kälte, im Sommer gegen die Folgen schneller Abkühlung. Die nahrungspendende Erde lieferte ihnen auch hier Brotkorn und vor allem das Fleisch des Herdenviehes, das sie vorwiegend zu geniefsen pflegten. Der ihnen innewohnenden Lust zum Umherziehen brauchten sie anfangs auch hier keinen Zügel anzulegen, sondern die Steppe gestattete ihnen mit ihren Filzhütten zu wandern, wohin es ihnen gefiel; wenn auch allmählich die Begrenztheit Ungarns und seines Weidelandes sie feste Wohnsitze für Weiber, Kinder, die Unterworfenen und Kriegsgefangenen, welche ihnen das Vieh hüteten und den Boden bestellten, zu nehmen zwang. Aber auch dann blieben sie die freien Söhne der Steppe, fürchten sich nicht eng wie die

[21a]) Ebend. S. 5.

[22]) Allerdings berichtet Ammian a. a. O., die Hunnen kannten den Ackerbau überhaupt nicht; es geht aber aus Priscus frgm. 8. Müller IV. S. 83 unzweifelhaft hervor, dafs auch damals in Ungarn Hirse und Gerste gebaut wurde. Vgl. Kiepert S. 333 und Jung Röm. und Romanen in den deutsch. Donauländern S. 146 und 181 ff.

[23]) Das heutige Ungarn hat an Weizen und Mais eine so ergiebige Ernte, dafs Deutschland im Verhältnis weit hinter ihm zurückbleibt:

	Ungarn	Deutsches Reich
Weizen	27 Mill. Hect.	41,6
Mais	27 „ „	0,2

Brachelli S. 6 und 60.

[24]) Abgesehen von saecularer Hebung und Senkung an den Küsten des Meeres.

[25]) Ammian XXXI. 2, 5 und 6.

Römer und Griechen in schmalen Strafsen an einander und zogen sich vorsichtig hinter Mauer und Wall zurück, sondern sie lebten in weit sich hinziehenden offenen Dörfern²⁶), wie sie dieser Steppe ewig eigen bleiben und sie die Avaren nachmals hatten und die Magyaren heute genau ebenso haben. Da ferner die Steppe in ihrem Boden kein Baumaterial lieferte²⁷), so waren sie froh aus leichtem Holz schnell gezimmerte Hütten herzustellen, und nur die Wohnungen des Herrschers und der Grofsen zeigten die Schnitzkunst fremder Bauleute.

Die innigen Beziehungen der Bodenbeschaffenheit aber zum Leben eines Volkes geben uns endlich noch einen wichtigen Hinweis zur Erklärung der zukünftigen Unternehmungen der Hunnen, denn es ist klar, dafs sie bei den Anforderungen, welche sie an die Länder, die sie bewohnten, ihrer Herkunft und Sitte nach stellten, in dem ganzen europäischen Erdteil keine anderen Gegenden finden konnten, welche jenen entsprachen, sondern hier in Ungarn war ihnen gen Süden und Westen von der Natur selbst ein Damm entgegengestellt, den sie wohl zeitweise, aber nie dauernd überschreiten konnten.²⁶ᵃ) Sie würden nie, indem wir von den Vandalen in Afrika absehen, wie die Westgothen es thaten, vermocht haben in einer der drei südlichen Halbinseln des Mittelmeers sich für immer nieder zu lassen, denn jene wollten sefshaft sein und Ackerbau treiben, den Hunnen dagegen wären in jenen Gebieten die Lebensadern unterbunden worden, und sie wären elendig zu grunde gegangen. Da sie das aber selbst fühlten, gingen ihre Absichten auch unter dem gewaltigen Nachfolger Ruas nicht darauf aus, jenseits der ungarischen Steppe auf der Balkanhalbinsel mit ihren mäfsigen Ebenen und ihrer (im Süden) gleichmäfsigen Temperatur oder in Germanien und Gallien neue Wohnsitze zu suchen, sondern Raubgier und den Schrecken des hunnischen Namens immer weiter zu tragen und neue Völker seinem Scepter botmäfsig zu machen — das waren die Triebfedern zu denjenigen Zügen, welche demnächst von dem Hunnenkönig zu berichten sind.

Auf Rua folgten im Jahre 434 seine Neffen Attila und Bleda, die Söhne des Mundzuc oder Mundiuch²⁸), doch ist schwer zu ent-

---

²⁶ᵃ) Vgl. zu diesen Ausf. die tiefsinnigen Gedanken C. Ritter's in Europa, Vorlesungen ed. Daniel. S. 10 ff.

²⁶) Hierüber giebt der Gesandtschaftsbericht des Priscus frgm. 8. die anschaulichste Darstellung.

²⁷) Ebend. Müller S. 85.

²⁸) Prisc. frgm. 1 a. E. (Vgl. Haage S. 5.) und Jordanis c. 35. Vgl. Prisc. frgm. 12.

scheiden, wer von ihnen der ältere war.²⁹) Eben so wenig läfst sich mit Bestimmtheit sagen, mit welchem Rechte sie die Erbschaft des Oheims antraten, ob dieser keine eigenen Söhne hatte, was bei der Vielweiberei, welcher die Hunnen huldigten, kaum anzunehmen ist, oder ob, wie es bei Hirten- und Jägerstämmen häufig vorkommt³⁰), die individuelle Tüchtigkeit den Rechten des Blutes voranging. Aber die Persönlichkeit des Bleda ist durch diejenige des Attila so in den Schatten gestellt worden — ein Zug, den sich die Sage im Nibelungenliede³¹) nicht hat entgehen lassen —, dafs wir von ihm nur wenig wissen, obwohl er über einen grofsen Teil³²) der hunnischen Völker gebot.

Und in der That, nicht nur die Schilderungen der Zeitgenossen, sondern auch alle Züge und Thaten, welche uns von Attila erhalten sind, weisen daraufhin, dafs er ein aufsergewöhnlicher Mensch und mit den Gaben eines Herrschers und Eroberers freigebig von der Natur ausgestattet war.³³) Freilich im Äufseren glich er auf den ersten Blick seinen mongolischen Stammesgenossen auf ein Haar; eine kurze, gedrungene Gestalt mit breiter Brust, massigem Kopfe, kleinen Augen, spärlichem Bartwuchs, plattgedrückter Nase, häfslicher Gesichtsfarbe; aber alle diese Merkmale traten bei ihm zurück, wenn er hochaufgerichtet einherging und die Augen beobachtend hier- und dorthin herumschweifen³⁴) liefs, dann erschien er als der geborene Herrscher. Als solcher liebte er wohl den Krieg als Mittel der Bereicherung und Beschäftigung seiner Volksgenossen, aber mehr denn mit den Waffen des Krieges zog er es vor, die Schärfe seines Geistes in der Durchdringung der Absichten anderer und der Gruppierung der politischen Faktoren seiner Zeit zu erproben; sein Stolz liefs ihn endlich gnädig gegen die Hülfeflehenden und treu gegen die sein, welche seinem Worte vertraut hatten. Aber diese Eigenschaften allein hätten ihn nicht zum Schrecken seiner Feinde und zum Liebling der Sage³⁵)

---

²⁹) Haage S. 5 hält Attila für den älteren, v. Wietersheim S. 224 den Bleda. Vgl. Theoph. zu 442, der Bleda ebenfalls als den älteren bezeichnet.
³⁰) Vgl. O. Peschels's Völkerkunde S. 252.
³¹) ed. Bartsch Str. 1346 erscheint Blödel in Etzels Gefolge; 1906—1909 läfst er sich durch die Aussicht Nuodunges wîp zu gewinnen von Krimbild zum Mord der Gäste bewegen. Vgl. v. Wietersheim S. 270.
³²) Vgl. Prosp. Aquit. 444.
³³) Jordan. c. 35. Vgl. Haage S. 6. v. Wietersheim S. 267 ff.
³⁴) Vgl. Priscus bei Müller S. 89.
³⁵) In der Edda (ed. Simrock. Vgl. bes. II. 18 und 19: Atlakvidha und Atlamâc. S. 246 ff.) und dem Nibelungenliede hat aber Attila nichts von dem Gewaltigen an sich, welches ihm die Zeitgenossen zuweisen, sondern er erscheint

und Legende gemacht, wenn nicht sein ganzes Wesen durch den grofsen
Zug, welcher durch alle seine Unternehmungen hindurchweht, geadelt
und gehoben wäre, und nur deshalb, weil er in allen Händeln seiner
Zeit seine Hand im Spiele hat, schlau die Kräfte gegen einander ob-
wägt und das römische Reich nicht nur von Norden her erdrücken,
sondern auch von Osten über den Kaukasus her und im Bunde mit
den südlichen Reichsfeinden auch von der Seeseite her umspannen
will, und diesen Plänen den Versuch der Ausführung folgen läfst,
darum hat er nicht aufgehört in Geschichte, Sage und Legende fort-
zuleben und hat alle seine Zeitgenossen aufser Aetius und Gaiserich
in den Hintergrund gedrängt.

Und zum Unglück für das oströmische Reich wufste Attila,
so lange Theodosius II. regierte, mit diesen beiden ihm ebenbürtigen
Männern ununterbrochene Freundschaft zu bewahren, denn mit Aetius,
welchen er gewifs als Geisel bereits schätzen gelernt und später mehrmals am Hofe des Rua gesehen hatte, blieb er auch nach dem Tode
desselben in friedlichen Beziehungen, von deren Herzlichkeit die Geschenke, welche sie sich gegenseitig machten, Zeugnis ablegen: Aetius
sandte dem ungelehrten Hunnenkönige geschäftskundige Schreiber[36]),
welche die in lateinischer Sprache abgefafsten Traktate aufsetzten, und
verdolmetschten, und seinen Sohn Carpilio als Geisel[37]), Attila dagegen
schenkte dem berühmten römischen Feldherrn später den Spafsmacher
seines Bruders Zercon[38]) als Zeichen seines Wohlwollens und liefs eine
Schar seiner Krieger als Hülfskorps zu Aetius stofsen, welche diesem in
seinen oben erwähnten gallischen Kämpfen die wichtigsten Dienste
leisteten.[39]) Es zeugt von der Gewandtheit der Mafsnahmen Attilas,
welchem sein Bruder Bleda zunächst noch immer zur Seite stand,
dafs es ihm, während er sich gegen Ostrom fortgesetzt feindlich
verhielt, gelang mit Westrom in Frieden und Freundschaft zu bleiben[40]),

---

hier nur passiv und tritt gegen die vor nichts zurückschreckende Krimhild
in den Hintergrund. Dagegen wird auch hier sein Hof und die Ausdehnung
seiner Herrschaft in den glänzendsten Farben geschildert, vgl. Nibelungenlied
XX. 1262. XXI. 1334 und 1335. XXII. 1338. Aufserdem Klemm, Attila nach
Geschichte, Sage und Legende. Leipzig 1827. S. 142—157. G. Lange, Unters.
über die Gesch. und das Verhältn. der nord. und deutschen Heldensage 1832.
S. 320 ff. v. Wietersheim S. 270. — In der Legende erscheint er als die Geisel
Gottes, die Strafrute des Himmels für die entarteten Christen. Vgl. Klemm
S. 158—163. v. Wietersheim S. 269.

[36]) Priscus frgm. 8. (Müller S. 84.) Vgl. Haage S. 18 und 19.
[37]) Ebend. S. 81.
[38]) S. 92 und frgm. 11. Suidas v. Ζέρχων.
[39]) Vgl. v. Wietersheim S. 211. Haage S. 12 und 13.
[40]) Vgl. Haage S. 26.

obwohl gerade unter der Regierung des Theodosius der Gedanke der Reichseinheit des römischen Gebiets nicht nur offiziell gepflegt, sondern auch durch die mehrfachen Hülfeleistungen des oströmischen Kaisers lebhaft bethätigt wurde. Man sollte daher annehmen, dafs, was dem einen Reichsteil an Schaden von Attila zugefügt wurde, auch in dem andern als solcher empfunden wurde, indes die gefährdete Lage, in der sich das weströmische Reich bei der Abwehr seiner zahlreichen Feinde unaufhörlich befand, liefsen dasselbe die Hülfe der Hunnen dankbar annehmen und Attila ehren.

Auch zeigten sich die Hunnenkönige bis zum Jahre 441, so weit wir sehen können, Ostrom gegenüber noch mäfsig, obgleich schon damals ihre unersättliche Goldgier die Erhöhung des Rua gewährten Tributs verlangte und die Forderung, welche fortan in allen Unterhandlungen mit den Hunnen typisch ist, die entflohenen Kriegsgefangenen oder Unterthanen auszuliefern, auch damals schon auftauchte. Gleich im Beginn ihrer Herrschaft brachte sie die unter ihrem Vorgänger bereits entstandene Streitigkeit mit Theodosius in Verbindung, deren Abschlufs durch Rua's Tod verhindert worden war. Darauf[41]) wurden von oströmischer Seite der Consular und General Plinthas[42]) und der gewandte und kluge Quästor Epigenes[43]) mit der Abwickelung dieser Angelegenheit betraut und zu den Hunnen entsandt. Aufserhalb der Stadt Margus am Ister gegenüber dem auf rumänischer Seite gelegenen Kastell Constantia[44]) kamen die römischen Gesandten mit den „königlichen Scythen" zusammen, welche ihrer Sitte gemäfs darauf bestanden, dafs die Verhandlungen zu Pferde geführt wurden. Sie einigten sich schliefslich dahin, dafs die Römer in Zukunft nicht nur die hunnischen Überläufer nicht aufnehmen, sondern auch die früheren zugleich mit den römischen Kriegsgefangenen, die ohne Lösegeld aus dem Hunnenlande in ihre Heimat entkommen waren, herausgeben sollten, es sei denn, dafs für jeden der letzteren acht solidi[45]) gezahlt würden. Sodann dürften die Römer sich nicht mit einem barbarischen Volke verbünden, welches gegen die Hunnen zu Felde liege; ferner

---

[41]) Priscus frgm. 1.
[42]) Plinthas war Consul 419. Vgl. Soz. VII. 17 und Marc. Com. 418; aufserdem Sievers S. 427.
[43]) Der Name Epigenes wird auch mit Auszeichnung unter den Editoren des Codex Theodosianus genannt: I. 1, 6. und de Theod. Cod. auctoritate, aber sowohl 435 als 438 ist der hier erwähnte comes et magister scriniorum und zwar memoriae.
[44]) Not. Dign. ed. Böcking S. 483 ff.
[45]) 1 solidus seit Constantin = 11,92 Mrk. Bekker-Marquardt III. 2. S. 18 und 34.

sollte der Marktverkehr zwischen den beiden Völkern frei sein. Alle diese Bedingungen aber waren von der letzten abhängig, welche in der Verdoppelung des bisherigen Tributes von 350 Pfd. Gold (630000 Mk.) bestand. Nachdem Römer und Hunnen sich gegenseitig auf diesen Vertrag hin Eide gelobt hatten, trennten sie sich. Die Römer lieferten darauf die zu ihnen geflohenen Barbaren aus, unter denen auch Mama und Atacam waren, zwei Knaben aus königlichem Geschlechte, welche als Strafe für ihre Desertion den Tod durch Kreuzigung erlitten. Das sind die einzigen Beziehungen, welche nach den dürftigen Quellen der Zeit im Laufe des dritten Jahrzehntes zwischen Hunnen und Oströmern obwalteten. Es scheint daher bis zum Jahre 441 Friede an der Donau geherrscht zu haben, eine Annahme, die dadurch unterstützt wird, dafs Attila und Bleda diese Zeit benutzten[46]), um sich alle Völker von den Karpathen bis zum kaspischen See zu unterwerfen und den Einflufs des Kaisers, der sich unter den pontischen Stämmen noch immer geltend machte[47]), ganz zu verdrängen, und erst dann traten sie wieder in den Vordergrund, als Ostrom durch die Bedrängnis des Occidents genötigt wurde, einen Teil seiner Streitkräfte dorthin zu entsenden.

Denn nachdem einmal die Vandalen das Meer überschritten und in der Kunde des Schiffsbaues eigene Kenntnisse sich erworben hatten, fing das mittelländische Meer, auf welchem einst die Flotten der Römer stolz allein geherrscht hatten, an von Piraten aller Art lebendig zu werden, zu denen die Vandalen wahrscheinlich das gröfste Kontingent stellten, obwohl ihr König mit Westrom im Frieden war. Unvermutet landeten sie an den Gestaden der zahlreichen Inseln, besonders Siciliens[48]), raubten die Städte und Dörfer aus und trieben selbst im östlichen Teil des Meeres ihr gefährliches Wesen, so dafs uns zum Jahre 438[49]) berichtet wird, der Seeräuber Cotradis sei mit seinen Raubgesellen gefangen und hingerichtet worden. Bedenklicher jedoch wurde die Lage des Westreiches, als Gaiserich mitten im Frieden 439 am 19. Oktober die Stadt Carthago[50]) eroberte, dessen Bewohner auf das

---

[46]) Das geht aus dem Ende des frgm. 1 des Priscus hervor, wo es heifst, dafs Attila und Bleda die scythischen Völker zu unterwerfen beabsichtigten, von denen die Sorosges genannt werden. Vgl. zur Sache Haage S. 15. v. Wietersheim S. 223.

[47]) Vgl. Priscus frgm. 8. (Müller S. 82). Theodosius suchte sie durch Geschenke von Attila abzuziehen.

[48]) Prosp. Aquitanus zu 437 und 438.

[49]) Marcell. Com. vgl. Suidas v. Θεοδόσιος. Joh. Antioch. frgm. 194.

[50]) Prosp. Aquit. Marcell. Com. Idac. Chron. Pasch. Vict. Vit. I. c. 4. Proscop. I. 5. Vgl. Papenkordt S. 73. v. Wietersheim S. 190ff. Sievers S. 459.

grausamste behandelt wurden und alle ihre Kostbarkeiten dem Sieger ausliefern mufsten. Aber nicht sowohl diese Thatsache und die Wegnahme des römischen Gebietes an der kleinen Syrte war es, was die Gebieter von West- und Ost-Rom mit Angst und Schrecken erfüllte, sondern die berechtigte Furcht, dafs der kühne und beutegierige Vandalenkönig, im Besitz des besten Hafens an der südlichen Küste des Mittelmeers, von dem aus man ebenso leicht Gibraltar wie Alexandrien erreichen kann, nunmehr Rom alle die Schrecknisse reichlich zurückzahlen werde, welche dieses einst die phönicische Nebenbuhlerin bis zur Neige hatte durchkosten lassen; ja, selbst in Constantinopel fühlte sich Theodosius nicht sicher, sondern liefs auch die Gestade des Bosporus und goldenen Horns mit festen Mauern umwallen [51]), während die Bewohner Roms wenig später alle ohne Unterschied angehalten wurden die schadhaft gewordenen Stadtmauern nebst Türmen und Thoren eiligst wiederherzustellen.[52])

So konnte man wohl die Hauptstadt des Reiches und die übrigen festen Plätze vor plötzlichen Überfällen der Vandalen schützen, aber der Mehrzahl der Bewohner Italiens, das wegen seiner ausgedehnten Längenerstreckung auch heute mehr als die beiden andern südlichen Halbinseln Europas eine ungemein weitgespannte Küste als Angriffslinie dem Gegner darbietet, war auf diese Weise nicht zu helfen. Als nun Gaiserich in der That im Anfang des Jahres 440 [53]) mit zahlreichen Schiffen in See ging und man in Rom noch nicht wufste, welche Gegend er zuerst heimsuchen werde, da gestattete Valentinian III. den Provinzialen, indem er ihnen das Faktum mitteilte und die nahe Hülfe der Oströmer und des Actius in Aussicht stellte, ausnahmsweise die Waffen zu führen, um das unglückliche Volk nicht widerstandslos dem grimmigen Feinde auszuliefern. Gaiserich erkor sich Sicilien [54]) und die Halbinsel Calabrien als diesmaliges Ziel seines Raubzuges, fand hier aber in dem Ahnherrn Cassiodors einen sehr schneidigen und ihm gewachsenen Gegner.[55])

Gleichwohl rüstete Theodosius inzwischen eine gewaltige Flotte aus nicht sowohl, um den Weströmern Hülfe zu bringen, deren sie für jetzt vielleicht nicht bedurft hätten, sondern vor allem, um dem Seeräuberwesen auf dem Mittelmeer überhaupt ein für alle mal ein

---

[51]) Chron. Pasch. 439. Vgl. Hertzberg Gesch. Griechenl. III. S. 455.
[52]) Novell. Valentinians III. V. 1. 2. März 440.
[53]) Nov. Valent III. IX. 1. 24. Juni.
[54]) Prosp. Aq. 440. Idac. chron. Vgl. Papenkordt S. 75. Sievers S. 460. v. Wietersheim S. 192. Mascov S. 415.
[55]) Cassiod. Var. ep. l. 4.

Ende zu machen. Denn gerade seine Unterthanen, die griechischsprechenden Oströmer, litten unter diesem Unwesen am meisten, da sie eben so, wie heute die Griechen und Armenier, geborene Kaufleute waren und ganz besonders mit der Millionenstadt Rom einen schwunghaften Handel betrieben, welcher ihnen den bezeichnenden Namen der „Allerweltshändler"[56]) eingetragen hatte. Er zog daher nicht nur die verfügbaren Kriegsschiffe, welche im Mittelmeer und Pontus stationiert waren, zusammen, sondern nahm auch die Fahrzeuge der Privatleute, insbesondere die dem Getreidetransport dienenden[57]), für die Unternehmung in Anspruch, und hierdurch gelang es ihm eine Flotte von 1100 Lastschiffen[58]) aufzubringen, eine Zahl, wie sie das Mittelmeer auf einem Punkt noch nicht versammelt gesehen hatte. An die Spitze der zahlreichen Truppen, welche auf den Schiffen sich befanden, stellte Theodosius den aus dem Perserkrieg bekannten Areobind und die Generale Anaxilla, Germanus, Innobind und Arintheus.[59]) Gaiserich aber, welcher inzwischen Libybaeum erobert hatte und Panormus belagerte, war auf die Nachricht, dafs der Schwiegersohn des Bonifacius Sebastianus, ein tapferer Mann, aus Spanien nach Africa übergesetzt sei[60]), schnell von Sicilien dorthin zurückgekehrt und knüpfte, als die oströmische Flotte bei Sicilien angekommen war, erschreckt Unterhandlungen mit den Feldherrn an.[61])

Während diese sich in die Länge zogen, wurde das oströmische Reich, dessen Kerntruppen durch die sicilische Expedition aus ihren Garnisonen entfernt waren, von Osten und Norden an denjenigen Grenzen angegriffen, welche von jeher seine volle Aufmerksamkeit und Wachsamkeit erfordert hatten. Erwägt man nun, dafs die Ziele Attilas und Gaiserichs auf dasselbe hinausliefen, nämlich das römische Reich zu demütigen und besonders auszurauben, bedenkt man ferner, dafs die Hunnen zum teil noch nördlich des Pontus safsen und an der Scheide Asiens und Europas Nachbarn der Perser waren, welche in demselben Jahre (440) in Yesdeyerd II. einen neuen König erhalten hatten, so ist

---

[56]) Von der Gröfse dieses Handels zeugt Nov. Valent. III. V., 1. 440. Graecos itaque negotiatores, quos pantapolas dicunt, in quibus manifesum est, maximam inesse multitudinem magnamque in emendis vendendisque mercibus diligentiam ulterius non patimur sacrae urbis habitatione secludi. Vgl. Mommsen V. S. 465 ff. über die Ausdehnung des syrischen Handels.

[57]) Vielleicht bezieht sich hierauf Nov. Theod. II. VIII. 439.

[58]) Theophan. 441.

[59]) Prosp. Aquit. Theophan. Zur Sache vgl. Papenkordt S. 76. Sievers S. 460. v. Wietersheim S. 192.

[60]) Prosp. Aquit. 440. Vgl. Vict. Vitens. I. c. 6. Joh. Antioch. frgm. 194.

[61]) Theoph. a. a. O. Prosp. Aquit. 441.

die Vermutung⁶²) nicht zu gewagt, dafs schon damals Gaiserich mit Attila und dieser mit Persien in Verbindung stand und dafs alle Feinde des römischen Namens in Norden und Osten sich zu einem gemeinsamen Stofse auf Ostrom zusammenthaten, um ihren südlichen Bundesgenossen, Gaiserich, aus seiner Notlage zu befreien. Leider aber gehen uns über diesen grofsen Krieg die Nachrichten höchst spärlich und zusammenhangslos zu: Im Jahre 441 fielen die Perser mit Sarrazenen und Zannen und die Hunnen über den Kaukasus in die östlichen Grenzlande ein⁶³), während das Räubervolk der Isauren, welches schon unter Arcadius dem Reiche so viel zu schaffen machte, die allgemeine Bedrängnis dazu benutzte, sein altes Handwerk von neuem und ungefährdet auszuüben. Gegen die Perser und ihre Verbündeten wurden als Feldherrn die kommandierenden Generale Anatolius und Aspar geschickt, welchen es, wie es heifst, gelang die Feinde zu einem einjährigen Waffenstillstand zu bewegen, während dem die alten Grenzverhältnisse unverändert bleiben und keine neuen Befestigungen angelegt werden sollten.⁶⁴)

Aber bevor noch dieser Krieg zum baldigen Ende gelangte, führten von Norden her die Hunnenkönige Attila und Bleda mit unzähligen Schwärmen einen Hauptschlag gegen Theodosius, von dem sich die nördlichen Grenzlande, so lange Attila herrschte, nie wieder erholt haben.⁶⁵) Indem wir uns dabei an die Thätigkeit des Anthemius erinnern, wie er für die Herstellung einer kolossalen Flottenmacht auf der Donau östlich vom Cebrus⁶⁶) Sorge trug und die grofse Zahl der

---

⁶²) Allerdings sagt Jordan. c. 36 erst bei Gelegenheit des Feldzuges von 451: Gizerichus — multis muneribus .. praecipitat, aber einmal ist das Zusammentreffen dieser Ereignisse kaum zufällig, sodann geht aus Priscus frgm. 8. (Gespräch des Prisc. und der weström. Gesandten) unzweifelhaft hervor, einen wie weiten Blick die hochgestelltesten Römer dem Attila zutrauten. Vgl. Haage S. 16. v. Wietersheim S. 223.

⁶³) Marc. Com. vgl. Nov. Theod. II. V. 3. 441. Haage S. 9.

⁶⁴) Marc. Com. Procop. de bello Pers. I. 2. Euagrius I. 19. Vgl. Sievers S. 428. S. 442. Zu Anatolius Vergangenheit und Schicksal s. ebend. S. 435 und 436, zu Aspar S. 483 ff.

⁶⁵) Prosp. Aquit. 442. Marc. Com. 441 und 442. Tiro Prosp. 445. Die Züge Attilas nach der Balkanhalbinsel behandelt Thierry Histoire d'Attila et de ses successeurs. Paris 1856. I. S. 59—63 ganz unzulänglich und unkritisch. Wie er kurze hist. Nachrichten phantasievoll auszuschmücken beliebt, zeigt seine Paraphrase des ersten Satzes von Priscus frgm. 2. S. 59. u. a.

⁶⁶) Vgl. in der Darstellung II. Buch. cap. 1. Um die Festlegung dieser alten Kastelle bemühte sich bereits im vorigen Jahrhundert der Graf Marsigli in seinem Danubius pannonico-mysicus (1717. 2. Bd.) und J. B. d'Anville Geographie ancienne. (Paris 1769. Vgl. Niebuhr Vorl. über röm. Gesch. I. S. 76 ff.), in dem laufenden Mannert Geographie der Griech. und Römer. Bd. VII. S. 73.

Städte und Kastelle ins Auge fassen, welche von Singidunum bis zur Istermündung die Donaulinie deckten, so mufs es billig wunder nehmen, wie schnell die Hunnen diese Schranke durchbrachen und in Thracien verheerend einfielen. Waren die Besatzungen etwa mit zum Kriege gegen die Vandalen verwandt und hatten auch die Wachtschiffe auf dem Ister eine andere Bestimmung erhalten? So mufs man annehmen, da man sonst vergeblich nach einer Erklärung der überraschenden Erfolge der Hunnen ausschaut.

Als Vorwand den Frieden zu brechen, gaben die Hunnenkönige in einem Briefe an den Kaiser vor, es seien zahlreiche hunnische Flüchtlinge zu den Römern geflohen und der Tribut sei nicht regelrecht gezahlt[66a]); es möchten daher von römischer Seite Gesandte geschickt werden, sonst könnten sie, wenn die Römer zögerten oder zum Kriege rüsteten, ihre Krieger nicht mehr vom Angriff zurückhalten. Die Regierung in Constantinopel fühlte sich stark genug, die Auslieferung der Flüchtlinge zu verweigern, da sie bisher den Attila noch nicht als Feind kennen gelernt und seine nachdrückliche Kriegsführung empfunden hatte. Sie beschlofs daher zur Beilegung der Streitigkeiten Gesandte abzuschicken. Aber Theodosius und seine Berater hatten sich in ihren Gegnern schmählich getäuscht, welche die Lage, in welcher Ostrom durch die Expedition gegen die Vandalen sich befand, genau kannten und deshalb sogleich, nachdem ihnen der Beschlufs des Kaisers bekannt geworden war, einige Kastelle am linken Isterufer[67]) und das wichtige Ratiaria[67a]), die Hauptstadt von Dacia Ripensis,

---

bis 125 und Forbiger Handbuch der Geogr. III. Allein die Entscheidung in vielen Fragen hat erst F. Kanitz gebracht, der Serbien und Bulgarien mehrfach bereiste und nach den verschiedensten Seiten hin durchstreifte. Die Ergebnisse seiner Forschungen hat er in einer Reihe von Werken niedergelegt, von denen hier Serbien, hist.-ethnogr. Reisestudien. Leipzig 1868 und Donau-Bulgarien und der Balkan 1876 am meisten interessieren.

[66a]) Ich nehme gegen die bisherige Anordnung eine Umstellung der frgm. 1b. 2 und 3 (bei Dindorf Hist. Graec. frgm.) vor, weil in frgm. 3 im Anf. als Grund zum Kriege die auch bei Attila später fortwährend auftauchende Forderung, die Überläufer auszuliefern, angegeben und am Ende von der Einnahme von Kastellen die Rede ist, wovon frgm. 2. wieder eingangs spricht. frgm. 1b aber fällt in eine spätere Zeit als 3. und 2., weil die Hunnen Naissus, das auf der Strafse nach Constantinopel an der Nissawa gelegen war, erst dann einnehmen konnten, nachdem sie durch Eroberung sämtlicher Donaufesten (bis zur Mündung des Cebrus) sich den Rücken gesichert hatten.

[67]) Vgl. Theophanes zu 442, der Constantia erwähnt, welches Mannert S. 77 mit Contra Margum identificiert.

[67a]) Hier endete die wichtige den Timok begleitende Strafse von Naissus. Kanitz Serb. S. 297—302. Mannert S. 85.

Sitz einer Waffenfabrik und Standort einer Flottenabteilung, bestürmten. Da erschienen oströmische Gesandte bei ihnen und stellten ihnen vor, sie hätten durch die Wegnahme des Kastells den Frieden gebrochen.[68]) Die Hunnen erwiderten, sie hätten dies nur vertheidigungsweise gethan, denn der Bischof von Margus sei in ihr Land gekommen, habe die Königsgräber aufgespürt und die in denselben befindlichen Schätze geraubt, würden die Römer nicht diese und die zahlreichen Überläufer herausgeben, so würden sie den Krieg ohne Zögern fortsetzen. Dem unnützen Wortstreit über die gegenseitigen Behauptungen und Vorwürfe machten die Hunnenkönige dadurch ein Ende, dafs sie alle ihre übrigen Scharen über den Ister herbeiriefen[69]) und zunächst Ratiaria[70]) eroberten. Aber, da ihnen weder das Vordringen ungehindert noch der Rückzug sicher erschien, so lange die an der Donau liegenden festen Plätze in der Hand der Römer waren, so wandten sie sich mit Sturmeseile am Ister entlang nach Westen, wo sie den Flufs für weniger gedeckt hielten, und nahmen fast alle Kastelle, welche hier lagen, mit stürmender Hand ein. Nur wenige werden uns namentlich aufgeführt[70a]), wie Viminacium[71]), Margus und Singidunum[72]), und nur von Margus[73]) ist uns die Art der Einnahme berichtet, aus der wir ersehen, dafs die Hunnen neben kriegerischer Tüchtigkeit und unwiderstehlicher Tapferkeit ihre Erfolge auch dem Verrate verdankten. Denn eben jener Bischof von Margus aus Furcht, von den Römern ausgeliefert zu werden, begab sich ohne Wissen der Bewohner zu den Barbaren und versprach die Stadt in ihre Hände zu bringen, wenn sie mit ihm glimpflich verfahren würden. Die Hunnenkönige gingen darauf ein und zogen unter Führung des verräterischen Bischofs in die Nähe der Stadt, verbargen sich am jenseitigen Ufer bis zur Nachtzeit und nahmen dann unter allen Schrecken,

---

[68]) frgm. 2.
[69]) Auch dies spricht für die Umstellung, da frgm. 3. von einer Überschreitung des Ister nicht die Rede ist.
[70]) Vgl. Prisc. frgm. 8. (Müller S. 93.)
[70a]) Auch Sirmium wird damals genommen sein, das aber noch zu Westrom gehörte. Vgl. Priscus frgm. 8. (Müller S. 84.) und v. Wietersheim S. 231.
[71]) frgm. 2. Vgl. Kiepert S. 331. Boeck. a. a. O. S. 106. und 479. Mannert S. 78. Kanitz Serb. handelt ausführlich über diesen Ort S. 406—420. Er fand schon ½ Stunde von Kostolac bei dem Dorfe Drmno wertvolle Überreste. Vim. lag zu beiden Seiten der Mlawa bei ihrer Mündung in die Donau und wurde durch die langgestreckte Donauinsel Ostrovo gedeckt.
[72]) Marc. Com.
[73]) frgm. 2. Heute durch die Ruinen des Schlosses Kulic bezeichnet. Kanitz S. 13.

welche ein nächtlicher Überfall mit sich bringt, die wichtige am Ausflufs des gleichnamigen Stromes gelegene Stadt ein.

Nachdem nun die Hunnen in der Linie der Befestigungen an der Donau eine weite Bresche gelegt hatten, lag die Balkanhalbinsel für ihre weiteren Angriffe offen da, und sie zögerten nicht sich an die Ausführung ihrer eigentlichen Absicht, die Ausraubung derselben, zu machen. Dazu bot sich ihnen als der von der Natur vorgeschriebene Weg das Thal des Margus (Morawa) dar, welches, wenn man den Flufs bis zu seiner (bulgarischen) Quelle verfolgt, zu der Hochebene des Amselfeldes bei Prischtina und über dasselbe in das Thal des Axius (Wardar) auf Thessalonich (Saloniki) zuführt; wenn man dagegen die Richtung auf Constantinopel einschlagen will, so mufs man vom Margus rechts in das Thal der Nissawa einbiegen, welche in ihrem weiteren Laufe zu dem des Hebrus (Maritza) und somit in gerader Linie auf Constantinopel hinleitet.[74]) Diese natürliche Beschaffenheit des Bodens der Halbinsel giebt daher an die Hand, dafs die Hunnen für diesmal sich den östlichen Teil Thraciens als Schauplatz ihrer Verwüstungen auserkoren hatten, denn als ihre nächste Waffenthat wird uns die Eroberung von Naissus (j. Nisch) gemeldet.[75]) Dieses war die Hauptstadt der Provinz Dardania, welche von einem Präses verwaltet wurde, der jedenfalls hier seinen Sitz hatte. Es befand sich daselbst eine Waffenfabrik, so dafs die volkreiche Stadt, abgesehen von ihrer natürlichen Festigkeit, wohl nicht ganz von Verteidigern entblöfst war. Diesen Ort mufsten die Hunnen, wenn sie sich den Rücken frei halten wollten, auf jeden Fall einnehmen; allein ihnen selbst, welche weder Städte zu bauen verstanden und noch viel weniger mit den Künsten einer regelrechten Belagerung vertraut waren, wäre dies trotz ihrer unzähligen Tausenden nicht gelungen, wenn sie nicht römische Flüchtlinge und barbarisierte Römer bei sich gehabt hätten, welche Belagerungsmaschinen zu bauen im stande waren oder die in den eroberten römischen Festungen erbeuteten zu benutzen verstanden. Mit deren Hülfe überbrückten die Hunnen den reifsenden Gebirgsstrom bis zur Hälfte, um der Menge den Übergang zu erleichtern und vertrieben durch die Unzahl ihrer Geschosse die tapferen Verteidiger von den Mauern, während von der Landseite die Maschinen auf Rädern herangeschleppt wurden und ihre Führer durch Flechtwerk sich schützten. Aber auch dann noch, als die schweren Widder zur Breschelegung an die Mauern herange-

---

[74]) Vgl. Guthe-Wagner, Lehrbuch der Erdk. S. 428. und Güldenpenning Besied. der Meerb. S. 19.

[75]) Priscus frgm. 1 b. Vgl. Müller S. 78. Kiepert S. 331. Not. Dign. ed. Böcking S. 39. und 243. Mannert S. 93 und 94.

bracht waren, suchten die Bewohner durch riesengrofse Steine, welche sie zu diesem Zwecke aufgeschichtet hatten, die Belagerer fern zu halten. Die grofse Menge der Maschinen jedoch zersplitterte ihre Kräfte und liefs sie bald erlahmen, auf Leitern erstiegen die Barbaren die Wälle oder drangen durch die Breschen in die Stadt, deren Widerstand somit gebrochen war. Nunmehr war der Weg nach Constantinopel den Hunnen frei, doch hatten sie es nicht auf die Belagerung einer so uneinnehmbaren Festung, sondern nur auf die Erregung des Schreckens abgesehen[75a]), drangen deshalb bis zum Kastell Athyra, wenige Meilen von der Hauptstadt entfernt, vor und zerstörten noch manche Stadt, von denen uns jedoch nur Philippopel und Arcadiopel genannt sind.[76])

Doch nicht überall trug die hunnische Übermacht schliefslich über tapfere Römer, die ihre Heimat aufopfernd verteidigten, den Sieg davon, sondern die verwirrten Quellen wissen auch von der rühmlichen Waffenthat eines kleinen Kastelles zu erzählen[77]), welches nur eine Abteilung Leichtbewaffneter zur Besatzung hatte.[78]) Es war das in der Nähe des heutigen Nicopoli gelegene Asemos in Moesia II., welchem die Natur einen aufserordentlichen Schutz gegen seine Angreifer gewährte. Hierher war ein nicht minder grofser Schwarm der Hunnen

---

[75a]) Damals schützte wohl Zeno Constantinopel. Vgl. Priscus frgm. 8. Sievers S. 476.

[76]) Schon Sievers S. 429 hat an die Möglichkeit gedacht, frgm. 5. in den Feldzug des Jahres 441—442 hineinzuziehen, weil es zu dem, was Marcellinus Com. zu 447 berichtet, durchaus nicht pafst. Dazu ist die Situation, welche Prisc. frgm. 6. von Ostrom entwirft, derartig, dafs sie nur den Verhältnissen von 441 bis 443 entspricht, denn später war Ostrom mit Persern und Vandalen im Frieden. Aber auch die Eroberung von Naissus (Marc. Com. 441) weist meiner geographischen Ausführung nach auf einen Zug auf Constantinopel zu. Endlich war es den Hunnen unzweifelhaft 441 leichter ganz Thracien bis Constantinopel zu durchstreifen, da die Besatzungen sicherlich entweder ganz oder doch teilweise zum Zuge gegen Gaiserich verwandt waren, denn 447, als Ostrom mehr auf den Krieg vorbereitet war. Gesetzt nun frgm. 5. fällt in die Jahre 441—443, so mufs auch das, was Theophan. zu 442 erzählt, hier hineingezogen werden, denn 1. dringen bei ihm die Hunnen bis Athyra an der thrak. Küste vor, was in Verbindung mit frgm. 5. Anf. auf ein weiteres Zurückdrängen der Römer deutet, welche vielleicht die Absicht hatten nach Asien überzusetzen. (Dies war leicht, denn die Meerenge ist bei Sestus nur 1350 m breit. Kiepert S. 326.) 2. stimmt die von Attila in frgm. 5. und bei Theoph. geforderte Summe von 6000 Pfd. Gold überein und nur die Angabe über den jährlichen Tribut ist verschieden. Vgl. v. Wietersheim S. 225. Rösler Zeitschr. für östr. Gymn. 1869 war mir nicht zugänglich.

[77]) frgm. 5.

[78]) Mannert S. 111. Not. Dign. ed. Böcking S. 102 und 461. Es ist das heutige Osem Kalesi am Osem in der Nähe von Nicopoli. Kanitz Donau-Bulg. II. S. 178.

nach der Einnahme der westlichen Donaufesten unter Anführung
namhafter Führer abgeschwenkt, welche aber dort einen ebenso unerwarteten Widerstand in der patriotischen Auffaffung römischer Bürger
fanden, wie einst Tribigild in Pamphylien. Nicht zufrieden von den
Mauern die Feinde zu beschiefsen, stiegen sie kühn von den Wällen
herab und lieferten den Hunnen mehrere Treffen, in denen die
Römer Sieger blieben. Jene aber, deren Art der Kriegführung lang-
wierige Belagerungen nicht waren, sahen bald das Erfolglose ihrer
Bemühungen ein und zogen mit dem Ergebnis der Beraubung des
platten Landes wieder nach Westen ab; aber kaum hatten die Asemuntier
durch ihre Späher davon Nachricht erhalten, als sie den Feinden nach-
setzten, ihnen die Beute nach kurzem Gefechte abjagten und viele
Gefangene machten, von denen sie die Hunnen töteten, während sie
die Römer freiliefsen.

Inzwischen aber waren von seiten des Kaisers Schritte gethan, welche
dem weiteren Vordringen der Hunnen einen Damm entgegensetzen sollten;
er schlofs schleunigst mit Gaiserich Frieden und rief die Flotte zurück,
welche es zu Thaten gegen die Vandalen nicht gebracht hatte, sondern
mehr der Insel Sicilien selbst zur Last geworden war.[79]) Ihre Abberufung zwang den weströmischen Kaiser in einen Vertrag mit Gaiserich
zu willigen, welcher nunmehr endgiltig das weströmische Africa mit
Ausnahme der beiden Mauretania und des westlichen Numidiens als
rechtlichen Besitz der Vandalen anerkannte und somit eine neue
Schwächung des Gesammtreiches in sich schlofs.[80]) Allein, da Theodosius
selbst in so grofser Bedrängnis war, mufste er auch diesen ungünstigen
Frieden gutheifsen und im übrigen alle seine Streitkräfte gegen die
hunnischen Eindringlinge wenden.

Doch scheinen seine Feldherrn Aspar, Areobind und Theo-
dulos[81]) sich keine Lorbeern im Kampfe mit den Barbaren erworben
zu haben, eine fragmentarische Nachricht weist vielmehr darauf hin,
dafs die römischen Truppen vor den Hunnen wichen und schliefslich
bis zu dem schmalen thracischen Chersonnes gedrängt zur Entscheidungsschlacht genötigt wurden, in welcher Attila und Bleda Sieger blieben.[82])

---

[79]) Prosp. Aquit. 441 und 442. Theoph. 442.

[80]) Prosp. Aquit.: certis spatiis Africa inter utrumque divisa est. Vgl.
Papenkordt S. 77. Sievers S. 460. (Novell. Val. III. 83. 451.) v. Wietersheim
S. 224.

[81]) Diese Namen ergeben die Notizen bei Marc. Com. 441, Theophanes
442 (zu Arnegisclus vgl. Sievers S. 428) und frgm. 5. des Priscus. Zu Theodulus
vgl. auch frgm. 4, nach welchem Senator über den Pontus nach Odessus in Moesien
gefahren war, wo Theodulus sich aufhielt.

[82]) Priscus frgm. 5. Vgl. Theophan. 442.

Nachdem diese den breiten Norden der Balkanhalbinsel durchzogen, ausgeplündert und die Römer überall besiegt hatten, hielten sie für diesmal mit weiterem Vorrücken inne und liefsen sich mit Anatolius, welcher inzwischen den Perserkrieg beendet hatte, auf Unterhandlungen ein. Die Bedingungen, welche die Hunnenkönige dem Kaiser diktierten, waren schmählich genug: 1. Zur Ausgleichung der rückständigen Tributzahlungen sollten den Hunnen 6000 Pfd. Gold (5,400000 Mk.) gezahlt werden, 2. der jährliche Tribut wurde auf 2100 Pfd. Gold (1 890 000 Mk.) erhöht. 3. Den Hunnen wurden die Flüchtlinge unentgeltlich ausgeliefert, während für jeden aus dem Hunnenlande ohne Lösegeld entflohenen Römer 12 solidi gezahlt werden mufsten. Als diese Bedingungen römischerseits erfüllt und Gold und Flüchtlinge dem hunnischen Kommissar Scotta, dem Bruder des später bei Attila allmächtigen Onegesius, übergeben waren, verlangte Attila noch die Auslieferung derjenigen Hunnen und ihrer Gefangenen, welche den Asemuntier in die Hände gefallen waren. Die Asemuntier aber erklärten, die Hunnen getötet und die Römer freigelassen zu haben, nur zwei Hunnen hätten sie am Leben gelassen, weil ihnen damals von den Belagerern Hirtenknaben entführt seien, welche sie gegen jene austauschen wollten. Nachdem diese Angelegenheit zu gegenseitiger Zufriedenheit erledigt war, konnte der den Römern sehnlichst erwünschte Friede 443[83]) als abgeschlossen angesehen werden.

Er machte einem Kriege ein Ende, aus dessen ganzer Art hervorgeht, dafs die römischen Kastelle der Strecke von Singidunum bis zur Grenze Moesiens offenbar weniger widerstandsfähig und die Flotten weniger kriegstüchtig waren als diejenigen der östlichen Grenzlande Moesia II. und Scythia, denn von allen den Ortschaften, welche von den Hunnen auf diesem Feldzuge bestürmt oder eingenommen wurden, liegt aufser Asemos keine einzige jenseits des Cebrus, sondern sie sind sämmtlich in Moesia I. und Dacia Ripensis zu suchen. Aber nicht blofs die fürsorgliche Thätigkeit des Anthemius liefs die Gegenden des heutigen Bulgariens diesmal noch von den Schrecken des Hunnenkrieges verschont bleiben, sondern es kamen auch natürliche Hindernisse hinzu, welche den Hunnen hier den Weg versperrten, nämlich einmal die gröfsere Gespaltenheit des Ister und seine ausgedehntere

---

[83]) Dafs der Friede 443 geschlossen wurde, beweisen Marcell. Com. und Chron. Pasch., wenn sie berichten, dafs Theod. von seiner expeditio Asiana nach CP. zurückkehrte; denn vor der Beendigung des Hunnenkrieges hat Th. diese Reise sicher nicht unternommen. Sie wird bestätigt durch Cod. Theod. Nov. Theod. Tit. XXIII. vom 21. Juni 443. Vgl. Sozom. prooem. seiner Kirchengeschichte.

Sumpfumgebung, dann aber stellte sich ihnen in dem enggeschlossenen Hämus mit seinen (im W.) über 1000 m hohen Pässen⁸³ᵃ) eine natürliche Mauer entgegen, deren Überschreitung ihren an Steppenland gewöhnten Pferden beschwerlich war und ihnen mit leichter Mühe, wie das auch der neueste russisch-türkische Krieg beweist, von den Oströmern verlegt werden konnte.⁸³ᵇ)

So waren denn die beiden Reiche des Ostens und Westens der grofsen Coalition zum Opfer gefallen, welche die diplomatische Fernsicht des Attila wahrscheinlich ins Leben gerufen hatte, denn Valentinian III. hatte die wichtigste Provinz des Occidents an die Vandalen verloren und Theodosius, der zwar keine Einbufse an Land erlitt, hatte sich zu einem demütigen Frieden entschliefsen müssen, welcher seinen Unterthanen durch die fast unerschwingliche Kriegskontribution vielfach den Untergang bereitete. Aber auch für Theodosius selbst wurden die Zeiten immer trüber, denn gerade in diesen Jahren wurde ihm die schmerzendste Wunde geschlagen durch die Entfernung der einst so heifsgeliebten Gemahlin, zu welcher noch im Jahre 444 der Verlust seiner Schwester Arcadia hinzukam.⁸⁴) Zwar hatte er noch 443 die Freude die Achillischen Bäder, welche durch den Brand von 433 zerstört waren, wieder einweihen⁸⁵) und das Gelübde, welches er in Bezug auf sein fünfundvierzigjähriges Regierungsjubiläum gethan hatte, durch einen Besuch der benachbarten asiatischen Landschaften erfüllen zu können⁸⁶), aber schon das nächste Jahr brachte denselben Gegenden ein so starkes Erdbeben zusammen mit Regengüssen und Überschwemmungen, dafs in Bithynien der Hauptort Nicomedien und

---

⁸³ᵃ) Schon H. v. Moltke, welcher zweimal den Balkan überstieg, erkannte die Schwierigkeit der westlichen Pässe. Briefe aus der Türkei S. 16 ff. und 137 ff. Aus F. Kanitz's Höhenmessungen in Donau-Bulg. II. S. 379 ff. ersehen wir, dafs kein Pafs westlich des Sibka bis auf 1000 m herabgeht. Der niedrigste ist der Baba-Konakpafs des Etropol-Balkan mit 1050 m, welcher Serdica mit Prisca (Ruscuk) verband und wahrscheinlich von den Asemos verlassenden Hunnen benutzt wurde; der höchste ist der Rosalitapafs 1931 m; der gangbarste der Sibka 1408 m.

⁸³ᵇ) Denn (nach Kanitz S. 260) gab es „einen planvoll angelegten zweiten Befestigungsgürtel, welcher das Land auf einer von der Donau ziemlich gleich abstehenden Linie durchschnitt und dem höchst wahrscheinlich eine zweifache Aufgabe zufiel", nämlich einmal die Unterstützung des Donaulimes und sodann der Schutz der grofsen Verbindungsstrafsen, welche von Thracien und Macedonien nach Moesien zur Donau liefen. Zahlreiche Reste ders. bei Kanitz S. 64, 135, 144, 203, 206, 266, 319 u. a. v. a. O.

⁸⁴) Marc. Com.
⁸⁵) Chron. Pasch. Marc. Com.
⁸⁶) Vgl. Anm. 83.

viele andere Städte und Dörfer den wütenden Naturkräften erlagen.[87]) Aber kaum war der Schrecken, welchen diese Ereignisse den Bewohnern eingeflöfst hatten, vorüber, da brach 446 eine Hungersnot in Constantinopel aus [88]) und in deren Gefolge die Pest, welche sich im folgenden Jahre auch über die Provinzen verbreitete und diese entvölkerte. Dazu wurden die Grenzen von neuem durch die Perser, Sarrazenen und die Völker der Sahara, das innere Asien von den Isaurern fortgesetzt beunruhigt, während die Vandalen fortfuhren das Meer unsicher zu machen.[89])

Doch das für einen Herrscher peinlichste Gefühl, das der widerstandslosen Demütigung vor einem Feinde, den er sonst zu verachten befugt ist, blieb dem Theodosius, so lange er lebte, in ungeschmälerter Stärke erhalten; denn nachdem Attila im Jahre 445[90]) seinen Bruder Bleda sowohl des Lebens als auch der Herrschaft beraubt und dessen Völker ihm zu gehorchen gezwungen hatte, gebot er unumschränkt von Pannonien ostwärts bis zum Don und konnte sogar wenige Jahre später seinen ältesten Sohn als König über die Acatziren und die übrigen Stämme der südrussischen Steppe einsetzen; während sein Einflufs sich noch jenseits des Urals und auf der anderen Seite bis tief nach Germanien und Gallien hinein geltend machte.[91]) Und dieser mächtige Gebieter war genau unterrichtet über die Verhältnisse der einzelnen Staaten und Völker zu einander und kannte vor allen Dingen die Schwäche seiner oströmischen Gegner nur zu gut, deshalb schickte er nach jenem Friedensschlusse vier Gesandtschaften[92]) hintereinander mit der vorgeschützten Forderung seine geflohenen Unterthanen auszuliefern, in Wirklichkeit aber wollte er nur seine eigenen Grofsen bereichern, da die Unterhändler in Constantinopel stets reich beschenkt wurden, und den Kaiser daran erinnern, dafs ein Stärkerer über ihn gebiete. „Die Römer aber scheuten sich den Frieden zu brechen und gehorchten jedem seiner Winke."

Aus welchem besonderen Anlafs nun Attila nach vierjährigem Frieden einen neuen grofsen Raubzug über die Donau unternahm, ist

---

[87]) Marc. Com. Vgl. Malal. lib. XIV.
[88]) Marc. Com.
[89]) frgm. 6. des Priscus. Nach Procop. de bello Pers. I. 2., war mit den Persern nur ein einjähriger Friede geschlossen worden. Zu den Vandalen vgl. Papenkordt S. 80.
[90]) Prosp. Aquit. 444, Marc. Com. 445. Tiro Pr. 446. Vgl. v. Wietersheim S. 224 ff. Haage S. 5.
[91]) Haage S. 10 ff.
[92]) Priscus frgm. 6.

uns bei der fragmentarischen Überlieferung der Quellen nicht erhalten worden, jedenfalls kam im Jahre 447 [93]) zu allem andern Ungemach, das auf Theodosius schwer geprüftes Haupt einstürmte, noch ein erneuter Einfall der Hunnen, in welchem in Untermoesien hart gekämpft wurde. Allerdings hatte Theodosius gleich nach dem Vertrage von 443 alles, was in seinen Kräften stand, zur Widerherstellung der Kastelle und ihrer Widerstandsfähigkeit gethan: denn er erklärte in einem Erlafs [94]), fortan zu Grenzgouverneuren persönlich nur die tüchtigsten Offiziere auswählen zu wollen und verordnete, dafs sie sich stets an den Grenzen aufzuhalten hätten und sie nur selten verlassen dürften; er befahl ihnen die Anzahl der Grenzsoldaten auf die vorgeschriebene Höhe zu bringen, sie durch tägliche Übungen zu beschäftigen und zur Instandhaltung der Lagerplätze und Flufsschiffe anzuhalten und bedrohte sie wie ihr Beamtenpersonal im Falle einer Defraudation an dem, was jenen zukäme, mit den härtesten Strafen, während dem Magister officiorum aufgegeben wurde über die Präsenzstärke der Soldaten, Lager und Kampfschiffe an den Grenzen alljährlich dem kaiserlichen Konsistorium Bericht zu erstatten. Doch waren die Anordnungen, wie es oft vorkam, nur lässig ausgeführt worden oder die Schwärme der Hunnen zu übermächtig, genug, 447 waren diese wiederum jenseits des Ister, und während sie auf dem früheren Zuge mehr die Gegenden diesseits des Cebrus heimgesucht hatten, mufsten diesmal nicht minder die Kastelle und Städte Moesiens II. und Scythiens alle Schrecken der Überrumpelung und Verwüstung durchkosten. Denn darauf deutet sowohl die Eroberung Marcianopels [95]), welches die Römer wiedernahmen, als auch die Bemerkung, dafs der General Arnegisclus nach einer heifsen Schlacht mit Attila, in welcher auch viele Hunnen getötet wurden, am Utus (Wid) in Untermoesien nach tapferer Gegenwehr gefallen sei. [96])

Im übrigen mieden die Hunnen, wie es scheint, bei diesem Einfall die Gegenden südlich des Hämus, welche sie damals hart mitgenommen hatten, sie zogen diesmal, wiederum an dem Margus entlang, über das Amselfeld in das Thal des Axius und ritten in Sturmeseile durch das ebene Thessalien bis zu dem Thermopylenpasse [97]) durch

---

[93]) Marcell. Com.
[94]) Novell. Tit. XXIV. Nomo mag. officiorum. 12. Sept. 443.
[95]) Chron. Pasch.
[96]) Marc. Com. Haage. S. 16. v. Wietersheim S. 225 beziehen auf diesen Zug frgm. 5. des Priscus.
[97]) Marc. Com.: Thermopolis. Zinkeisen Gesch. Griechenl. S. 649 und Hopf Griechenl. im Mittelalter S. 75 verwerfen diese Lesart.

Raub und Mord ihren Weg bezeichnend. Welche Schäden sie hier und im Norden anrichteten, wissen wir ebenso wenig wie, wann der Friede und unter welchen Bedingungen er geschlossen wurde, denn das Theodosianische Gesetzbuch trägt selbst die Spuren der wirren Zustände, da es uns aus Ostrom aus diesen Jahren kaum einige Verfügungen erhalten hat. Aber aus einer späteren Bemerkung des Geschichtsschreibers Priscus[98]) geht hervor, dafs sich Attila mit der Geldzahlung nicht begnügte, sondern die Abtretung des sich in einer Breite von fünf Tagereisen von Singidunum (Belgrad) bis Novae (Sistow) in Moesien II. am Ister erstreckenden Landes forderte. Wir müssen daher annehmen, dafs auch die lange Reihe der römischen Kastelle auf dieser Strecke nicht wieder aufgebaut wurde, sondern vorläufig in Schutt und Asche liegen blieb, zumal wir von Naissus und Serdica gewifs sind, dafs sie damals zerstört wurden.[99]) Dafs Westrom nicht in diesen Kampf eingriff, obwohl es gegen die Vandalen und in Gallien Ruhe hatte, ist mit Recht von einem Chronisten[100]) als wunderbar und für Ostrom verhängnisvoll bezeichnet worden, indes, wenn wir erwägen, dafs an der Spitze des Staates weniger der Kaiser Valentinian III. stand als der ruhmreiche Feldherr und Freund des Attila Aetius, so wird jene befremdliche Thatsache an Natürlichkeit gewinnen.

Das Verhältnis zwischen Attila und der oströmischen Regierung wurde durch diesen Frieden sonst in keiner Weise geändert, nach wie vor schickte der Hunne seine Gesandten und stellte eine Forderung nach der anderen. An seinem Hofe umgab er sich, selbst sowohl wie seine Volksgenossen des Lesens und Schreibens unkundig, mit gewandten geschäftskundigen Ausländern, welche meistens Germanen oder Römer waren; so erklärt sich leicht die Nachricht, dafs der nach jenem Kriege nach Constantinopel als Unterhändler gesandte Edecon[101]) ein Germane war, der sich bei den Hunnen durch kriegerische Thaten ausgezeichnet hatte, und dafs sich in seiner Begleitung der aus jenem an der Save gelegenen und an die Hunnen von Aetius abgetretenen Teil Pannoniens stammende Römer Orestes befand.[102]) Sie überbrachten die Drohung des Hunnenkönigs an den Kaiser, dafs, wenn nicht die Flüchtlinge ausgeliefert würden und die

---

[98]) frgm. 7. (Müller S. 76.)
[99]) Ebend. 78.
[100]) Tiro Prosper 447.
[101]) Nach Joh. Ant. frgm. 290 identisch mit Idico, dem Vater des Odoaker. Vgl. v. Wietersheim S. 236.
[102]) Vgl. Thierry S. 67 über Orestes. Das folgende nach Priscus frgm. 7.

Römer aufhörten den an ihn abgetretenen Streifen am Ister zu bebauen [102a]), er zu den Waffen greifen werde. Zu dieser Forderung fügte er noch hohnvoll eine zweite, dafs der Tauschhandel zwischen den Nachbarvölkern in Zukunft in Naissus selbst, nicht wie seit alters üblich am Ister, stattfinden solle und dafs römische Gesandte und zwar vom Range der Konsularen mit ihm in Serdica zusammenkommen sollten — obwohl er am besten wufste, dafs diese Orte durch seine Scharen in elende Trümmerhaufen verwandelt waren.

Nach der Audienz, in welcher Edecon dem Kaiser die Anliegen seines Herrn übermittelt hatte, begab er sich in Begleitung des kaiserlichen Dollmetschers im auswärtigen Amte Bigilas [102b]) zu dem eigentlichen Beherrscher des Ostreichs, dem Verschnittenen Chrysaphius, um diesem allmächtigen Manne seine Aufwartung zu machen. Es zeugt nun von der Verworfenheit der römischen Hofwelt, dafs Chrysaphius den Versuch machte den Edecon zum Verrat und Morde an seinem Könige zu bewegen, noch erbärmlicher und geradezu unwürdig aber war es, dafs Theodosius selber zu einem solchen Bubenstücke die Hand reichte und seine Einwilligung zu dem Komplott gab, zu welchem sich der hunnische Gesandte nur scheinbar hergab. Den Vermittler dieser bei einem Mahle getroffenen Verabredung, von der Orestes nichts wufste, spielte der Dollmetscher Bigilas, und so kam denn zwischen Chrysaphius und Edecon, welcher erklärte als einer der Vertrauten Attilas ungehindert Zutritt bei ihm zu haben, ein geheimes Abkommen dahin zu stande, dafs Edecon für den Fall des Gelingens ein glänzendes Leben in Reichtum am Hofe zu Constantinopel verheifsen wurde, wogegen er auch im Falle des Mifslingens reinen Mund zu halten versprach. Doch lehnte er es ab die 50 Pfd. Gold (45000 Mk.), welche ihm Chrysaphius zur Bestechung der Umgebung des Attila übergeben wollte, selbst mitzunehmen, sondern meinte, es sei besser den Bigilas, welcher die Antwort des Attila in betreff der Flüchtlinge in Empfang nehmen sollte, mit diesem Geschäft zu beauftragen, da Attila stets von seinen Gesandten erforsche, von welchen Römern und wie grofse Geschenke sie erhalten hätten.

Den Ausfall dieser Unterhandlung teilte der Eunuch dem Kaiser mit, der alsbald seinen Kanzler Martialius rufen liefs, um mit ihm das Weitere zu beraten.[103]) Sie kamen dahin überein, dafs Bigilas zum

---

[102a]) Die Versuchung dazu war um so gröfser, als sich vom Timok bis zum Pontus eine 6—8 Ml. breite Lössterrasse an der Donau hinzieht, welche das ergiebigste Acker- und Weideland darbot. Kanitz II. S. 144 und 174.

[102b]) Vgl. Thierry S. 69 ff. v. Wietersheim S. 227. Der Name ist gothisch.

[103]) Priscus frgm. 8.

Schein die Rolle des Dollmetschers übernehmen, die eigentliche Gesandtschaft, aber ohne um jenes Komplott zu wissen, der beim Kaiser hochangesehene und einem edlen Geschlechte entsprofsene Maximinus[104]) führen sollte. Ihm wurde ein Brief an Attila übergeben, welcher in seinem Beginn Maximinus und Bigilas als die Vertrauenspersonen des Theodosius beglaubigte und weiterhin erklärte, es sei nicht nötig den Frieden zu brechen, da der Kaiser ihm nun noch siebzehn Flüchtlinge aufser den früheren ausliefere, mehr aber nicht vorhanden seien. Mündlich sollte Maximinus ferner Attila sagen, er möge nicht verlangen, dafs Gesandte von der höchsten Würde zu ihm kämen, denn dies sei weder seinen Vorfahren noch anderen scythischen Königen nachgegeben worden, Theodosius bitte aber, dafs zur Ausgleichung der streitigen Punkte Onegesius zu ihm gesandt werde, da Attila wegen der Zerstörung Serdica's schwerlich daselbst mit einem Konsularen zusammenkommen könne.

Bevor sich Maximinus auf den Weg machte, suchte er noch einen persönlichen Reisebegleiter zu gewinnen und fand ihn in dem Geschichtsschreiber Priscus.[105]) Hätte er einen anderen gewählt, wer weifs? ob wir dann über die Verhältnisse Ostroms zu den Hunnen so trefflich unterrichtet wären, wie wir es jetzt sind. Denn Priscus hat später eine byzantinische Geschichte in acht Büchern verfafst, in welcher er besonders die Beziehungen zu Attila beleuchtete, den er selbst kennen gelernt hatte. Wir sind so glücklich aus derselben eine Reihe von Bruchstücken zu besitzen, von denen das Fragment 8. eine so lebensfrische und anschauliche Schilderung nicht nur seiner eigenen Erlebnisse auf dieser Reise, sondern auch des Lebens und Treibens am Hofe Attilas giebt, dafs wir am besten Priscus selbst sprechen lassen.

Die Gesandtschaftsreise des Priscus.*)

An dieser Gesandtschaft bewog mich Maximinus durch Überredung teilzunehmen. So machten wir uns denn zusammen mit den

---

[104]) Er war 435 Quaestor und in der Kommission zur Ausarbeitung des Codex. Cod. Theod. I. 1, 6. 438 in de Th. Cod. auctor. sagt Theodosius II. von ihm: v. i., ex-quaestore nostri palatii, eminens omni genere litterarum. 424 und 425 war er Com. S. L. Cod. Th. X, 21, 3 und X. 20, 15.

[105]) Vgl. Müller IV. S. 69. Er ging 452 mit Maximinus nach Arabien und der Thebais, wo dieser starb, und wurde nach Constantinopel zurückkehrt Gehülfe des Mag. offic. Euphemius; auch in Rom war er später.

*) Vgl. Tierry S. 75 ff.

Barbaren auf den Weg und kamen in Serdica [105a]) an, welches für einen tüchtigen Fufsgänger in 13 Tagemärschen von Constantinopel zu erreichen ist. Hier ruhten wir uns aus und erachteten es für gut, den Edecon und die übrigen Barbaren zur Mahlzeit zu laden; Schafe und Rinder, welche uns die Eingeborenen verkauften, lieferten uns das Frühstück. Als beim Mahle die Barbaren ihre Bewunderung für Attila, wir für den Kaiser aussprachen, sagte Bigilas, es sei nicht billig einen Gott und einen Menschen zu vergleichen, indem er mit dem Menschen den Attila, mit dem Gott aber den Theodosius meinte. Da wurden die Hunnen allmählich ärgerlich und waren für eine kurze Zeit erzürnt, wir aber wandten die Rede auf etwas anderes und besänftigten ihren Zorn durch Liebenswürdigkeit. Als wir uns nun nach der Mahlzeit trennten, beschenkte Maximinus den Edecon und Orestes mit seidenen Gewändern und indischen Steinen; Orestes aber wartete die Entfernung des Edecon ab und sagte zu dem Maximinus, er sei klug und sehr gut, da er nichts Ähnliches wie die anderen Hofleute im Schilde führe, denn diese hatten den Edecon ohne ihn zum Mahle gerufen und durch Geschenke geehrt. Wie wir ihn nun fragten, wie und zu welcher Zeit er selbst übergangen, Edecon aber geehrt worden sei, ging er ohne Antwort hinweg. Am folgenden Tage erzählten wir unterwegs dem Bigilas, was uns Orestes gesagt hatte, der aber erwiderte, Orestes habe kein Recht zu zürnen, dafs er nicht dasselbe erhalten habe wie Edecon, denn er sei ja nur Begleiter und Schreiber des Attila, Edecon aber, hunnischen Geschlechts, habe sich im Kriege ausgezeichnet und den Orestes weit an Ansehen hinter sich zurückgelassen. Nachdem er dieses gesagt und mit Edecon in seiner Sprache geredet hatte, erklärte er uns am folgenden Tage, sei es Wahrheit, sei es Flunkerei, dafs er dem Edecon von jener Unterredung Mitteilung gemacht habe, und dafs dieser kaum besänftigt worden sei, da er über die Worte des Orestes zornig geworden wäre.

Darauf kamen wir in Naissus an und fanden die Stadt von den Menschen verlassen, da sie von den Feinden zerstört worden war, nur in den heiligen Herbergen waren noch einige Kranke. Wir machten etwas oberhalb des Stromes unter freiem Himmel Rast, da das ganze Ufer mit den Gebeinen der im Kriege Getöteten übersät war und langten am folgenden Morgen bei Agintheus, dem Kommandanten der Truppen in Illyrien, nicht weit von Naissus an, um ihm

---

[105a]) Über die Lage Serdica's u. s. Geschichte vgl. Kanitz II. S. 296—300. Die Entfernung von Const. betrug nach dem Itin. Ant. p. 62—65 80 Ml. Vgl. Itin. Hieros. p. 564 ff. Die einzelnen Stationen mit alten und neuen Namen zählt Kanitz Serbien S. 289 auf.

die Botschaft vom Kaiser zu melden und die Flüchtlinge in Empfang zu nehmen. Denn er sollte fünf von den siebzehn, von welchen in dem Briefe an Attila die Rede war, übergeben, und wir bewogen ihn in der That die fünf Flüchtlinge mit einigen Trostworten den Hunnen auszuliefern. Nachdem wir übernachtet und aus der Gegend von Naissus nach dem Ister zu aufgebrochen waren, kamen wir zu einer bewaldeten Örtlichkeit mit vielen Windungen und Schluchten, in welcher wir, in der Meinung nach Westen zu marschieren, bei Tagesanbruch die Sonne gerade im Gesicht hatten, so dafs die der Gegend Unkundigen aufschrieen, als wenn die Sonne einen umgekehrten Lauf habe und sich ein ungewöhnliches Schauspiel darböte; aber in Wirklichkeit wendet sich hier der Weg wegen der Unebenheit des Bodens nach Osten. Darauf gelangten wir aus diesem unwegsamen Gebiet in eine Ebene, die zugleich bewaldet war, wurden von barbarischen Fährmännern in Nachen aufgenommen, welche sie aus einzelnen gefällten und ausgehöhlten Baumstämmen herstellen, und über den Flufs gesetzt. Sie hielten sich nicht unsertwegen bereit, sondern um eine Menge Barbaren hinüber zu befördern, welche uns unterwegs begegnet waren, da Attila zur Jagd in's römische Gebiet hinübergehen wollte. Als Vorwand aber zum Kriege diente dem Könige der Umstand, dafs ihm nicht alle Flüchtlinge ausgeliefert seien.

Nachdem wir den Ister überschritten hatten und mit den Barbaren ungefähr 70 Stadien marschiert waren, wurden wir gezwungen in einer Ebene Halt zu machen, damit Edecon und seine Leute dem Attila unsere Ankunft verkündeten. Als wir nun mit den Barbaren, welchen die Führung der Fremden oblag, warteten und ganz spät unsere Mahlzeit verzehrten, vernahmen wir das Geräusch von Pferden, die auf uns zukamen, und wirklich erschienen zwei Scythen, die uns mitteilten, wir sollten zu Attila kommen. Wir forderten sie auf vorher an unserem Mahle teilzunehmen, da stiegen sie von den Pferden und liefsen es sich gut schmecken und führten uns am folgenden Tage weiter. Wir kamen bei den Zelten des Attila um die neunte Stunde des Tages an, — es waren aber ihrer viele — und als wir auf einem Hügel unser Zelt aufschlagen wollten, hinderten es unsere barbarischen Begleiter, da des Attila Zelt in der Niederung stand. Wir machten also Rast, wo es den Scythen gut schien, und empfingen den Besuch des Edecon, Orest und Scottas und anderer „der Auserlesenen", welche fragten, was wir eigentlich durch unsere Gesandtschaft erreichen wollten. Wir aber verwunderten uns über diese merkwürdige Frage und schauten einander an, während sie fortfuhren uns wegen der Antwort lästig zu fallen. Als wir erklärten, dafs wir nur dem Attila und nicht anderen den Auftrag des Kaisers mitteilen würden, da wurde Scottas zornig und sagte, es geschehe auf Befehl ihres Herrn, denn nicht aus Neugier seien sie zu uns gekommen. Wir erwiderten darauf, es sei nicht bei den Gesandten Sitte, dafs sie, ohne diejenigen zu treffen und ohne denen vor Augen zu kommen, zu welchen sie geschickt wären, durch andere das antworten liefsen, weswegen sie selbst gesandt wären, und diese Sitte würden die Scythen gewifs kennen, da sie häufig mit dem Kaiser verhandelten. Es sei aber nötig, dafs wir auf gleiche Weise behandelt würden; denn sonst würden wir nichts von unseren Aufträgen verraten. Sie brachen darauf zum Attila auf und kehrten wieder zurück ohne den Edecon und zählten alles auf, weswegen wir geschickt waren, indem sie uns aufforderten aufs schnellste abzureisen, wenn wir nicht noch anderes zu sagen hätten. Über diese Worte aber gerieten wir noch mehr in Verlegenheit, denn es war nicht möglich zu erkennen, wie die geheimen Beschlüsse des Kaisers bekannt geworden waren; wir hielten es daher für gut, nichts von unseren Aufträgen verlauten zu lassen, es sei denn, dafs wir bei Attila Zutritt erhielten. Deswegen sagten wir, ob wir nun das von den Scythen Mitgeteilte oder noch anderes zu übermitteln hätten, in jedem Falle dürfe es nur ihr Herr erfahren, und wir würden darüber mit keinem anderen verhandeln. Daraufhin forderten sie uns auf sofort umzukehren.

Als wir uns nun zur Abreise rüsteten, tadelte Bigilas unsere Antwort, indem er sagte, es sei besser auf einer Lüge ertappt zu werden als unverrichteter Sache umzukehren. „Denn, sagte er, wenn ich nur persönlich mit Attila zusammen käme, so würde ich ihn leicht überreden, die Feindschaft gegen die Römer fahren zu lassen; denn ich bin ihm bekannt von der Gesandtschaft des Anatolius her." Dies aber sagte er in der Hoffnung, Edecon sei ihm wohl gesinnt, und dafs sie unter dem Scheine der Gesandtschaft und mit Hülfe desjenigen, was sie wahrheitsgemäfs oder erlogen sagen wollten, den Weg, wie sie das Komplott gegen Attila zur Ausführung brächten, auffinden, und das Geld, welches Edecon als zur Verteilung an bestimmte Personen notwendig vom Eunuchen gefordert hatte, herbeischaffen würden. Im geheimen aber war er betrogen worden; denn Edecon, sei es, dafs er aus List es versprochen hatte, sei es aus Furcht, Orestes könne vor Attila bringen, was er zu uns in Serdica nach der Mahlzeit gesagt hatte, und dafs er (Edecon) ohne ihn mit dem Kaiser und den Eunuchen unterhandelt habe, teilte Attila den verabredeten Anschlag mit und die Summe Goldes, welche geschickt werden sollte, und fügte hinzu, zu welchem Zwecke wir die Gesandtschaft unternommen hätten.

Als nun das Gepäck bereits auf die Lasttiere geladen war und wir schon notgedrungen zur Nachtzeit aufzubrechen gedachten, kamen einige Barbaren herbei und sagten, Attila befehle uns wegen der vorgerückten Tageszeit noch zu bleiben, während uns andere an ebendieselbe Stelle, von wo wir aufgebrochen waren, eine Kuh und Flussfische auf Geheiss des Attila brachten. Nach der Mahlzeit legten wir uns zum Schlaf nieder, als es aber Tag geworden war, vermeinten wir, der Barbar würde uns eine freundliche Mitteilung zugehen lassen, statt dessen schickte er aber dieselben Leute zu uns mit der Aufforderung abzuziehen, wenn wir nichts aufser dem ihnen Bekannten zu sagen hätten. Wir antworteten nichts darauf, sondern rüsteten uns zur Abreise, obwohl Bigilas meinte, wir sollten sagen, es sei uns noch anderes aufgetragen. Als ich nun so den Maximinus in Niedergeschlagenheit sah, nahm ich mit mir den Rusticius, welcher die Barbaren-Sprache verstand und mit uns ins Scythenland gekommen war, (nicht der Gesandtschaft wegen, sondern wegen privater Angelegenheit mit dem Weströmer Constantius, welchen der Feldherr Aetius dem Attila als Schreiber geschickt hatte), und begab mich zu Scottas, denn Onegesius war damals nicht anwesend. Und indem ich mit ihm durch Rusticius als Dollmetscher eine Unterhaltung anknüpfte, sagte ich, er werde sehr viele Geschenke vom Maximinus erhalten, wenn er ihm den Zutritt zu Attila verschaffe, denn seine Gesandtschaft werde nicht nur den Römern und Hunnen nützen, sondern auch dem Onegesius, welchen der Kaiser zu sich als Gesandten kommen zu sehen wünsche, um die Streitpunkte zwischen den Völkern beizulegen, eine Angelegenheit, welche ihm die gröfsten Geschenke eintragen werde. Es sei nun notwendig, da Onegesius nicht zugegen wäre, dafs er uns, mehr aber noch den Bruder zum guten Ausgang unterstütze. Ich fügte hinzu, ich hätte erfahren, dafs Attila sich auch durch ihn überreden lasse, wir könnten es aber nicht glauben, wenn er nicht durch den Versuch einen Beweis seiner Macht gebe. Er aber erwiderte, es herrsche zwischen ihm und seinem Bruder keine Verschiedenheit in Bezug auf ihre Macht im Reden und Thun bei Attila, und alsbald setzte er sich zu Rofs und jagte zu dem Zelte Attilas.

Ich aber kehrte zurück zu dem Maximinus, welcher betrübt und mit Bigilas in Verzweiflung über den Stand der Dinge war, erzählte, was ich mit dem Scottas besprochen und von ihm gehört hätte, und dafs es nötig sei, die für die Barbaren bestimmten Geschenke bereit zu halten und die Worte, welche wir zu Attila sprechen wollten, zu überlegen. Da sprangen sie beide auf, denn sie lagen gerade auf dem Boden im Grase, lobten meine That, riefen die mit den Lasttieren Aufgebrochenen zurück und beratschlagten, wie sie den Attila anreden sollten und ihm sowohl die Geschenke des Kaisers als auch die des Maximinus übergäben. Während wir noch damit beschäftigt waren, liefs uns Attila durch Scottas rufen, und nun kamen wir endlich bei seinem Zelte an, welches im Umkreise von Barbaren bewacht wurde. Als wir eintraten, fanden wir den Attila auf einem hölzernen Throne sitzend, von dem wir uns ein wenig abseits aufstellten. Darauf trat Maximinus vor, begrüfste den Barbaren und den kaiserlichen Brief überreichend sprach er, der Kaiser wünsche ihm und seinem Volke Wohlergehen. Attila aber antwortete: Auch den Römern möge zu teil werden, was sie ihm wünschten. Darauf wandte er sich sogleich zu Bigilas, nannte ihn ein schamloses Tier und fragte, weswegen er zu ihm komme, obwohl er wisse, was zwischen ihm und Anatolius beim Friedensschlufs abgemacht worden wäre, nämlich, dafs nicht früher Gesandte zu ihm kämen, als bis ihm alle Flüchtlinge ausgeliefert wären. Als jener nun erwiderte, es sei vom scythischen Geschlechte keiner bei den Römern, denn die vorhandenen wären ausgeliefert, da wurde Attila noch erzürnter und ihn aufs höchste schmähend, sagte er schreiend, er würde ihn kreuzigen lassen und den Vögeln zur Speise geben, wenn er nicht das Gesandtenrecht zu verletzen befürchtete, indem er ihn wegen seiner Schamlosigkeit und frechen Reden also bestrafte. Denn es seien der Flüchtlinge von seinem Geschlechte viele bei den Römern, deren auf einem Blatt geschriebene Namen er den Schreibern vorzulesen befahl. Nachdem sie sie verlesen hatten, befahl er ihm sich ohne Zögern zu entfernen, Esla solle aber mit ihm gehen und den Römern sagen, sie sollten alle bei ihnen seit den Zeiten des Karpilios, des Sohnes des Aetius, welcher als Geisel bei ihm gewesen war, befindlichen Flüchtlinge ausliefern; denn er werde nicht dulden, dafs seine eigenen Knechte gegen ihn in der Schlacht kämpften, wenn sie auch nicht einmal denen zu helfen vermöchten, welche ihnen die Bewachung ihres eigenen Landes anvertraut hätten. Denn welche Stadt oder welches Kastell sei von jenen erhalten worden, sagte er, dessen Eroberung er sich vorgenommen hätte? Sie sollten aber seinen Beschlufs in Bezug auf die Flüchtlinge melden und sogleich mit der Antwort zurückkehren, ob die Römer jene ausliefern wollten oder den Krieg annehmen. Nachdem er noch dem Maximinus befohlen hatte, zu warten, damit er durch ihn auf den Brief des Kaisers antworte, geruhte er, die Geschenke entgegenzunehmen. Wir aber kehrten ins Zelt zurück und sprachen mit einander über jeden Punkt der Unterredung.

Und als Bigilas sich wunderte, wie Attila, der ihm bei seiner früheren Gesandtschaft sanft und milde erschienen war, ihn jetzt geschmäht habe, sagte ich, wenn nur nicht einige von den Barbaren, welche in Serdica mit uns afsen, ihn beim Attila angeschwärzt hätten, indem sie berichteten, er habe den römischen Kaiser einen Gott, den Attila einen Menschen genannt. Diesen Gedanken nahm Maximinus als glaubwürdig an, da er nichts ab wufste von der Verschwörung, welche der Eunuch gegen den Barbaren in's Werk gesetzt hatte. Bigilas aber war zweifelhaft und schien mir den Grund nicht finden zu können, weswegen Attila ihn gescholten habe, denn, wie er später aussagte, konnte er sich nicht denken, dafs der Vorgang in Serdica und die Verabredung der Verschwörung dem Attila mitgeteilt sei, da ein anderer aus der Umgebung vor Furcht nicht wagen würde, mit Attila darüber zu sprechen. Edecon aber werde vollends den Mund halten wegen der Schwüre und der Gewagtheit der Sache, geschweige denn, dafs er selbst als Mitwisser solcher Dinge und dazu als Vertrauter des Attila den Tod als Strafe erleiden wolle.

Während wir nun in solchem Zweifel waren, näherte sich uns Edecon und führte Bigilas aus unserm Kreise fort, indem er vorgab, er wolle aufrichtig und ernstlich über ihre geheimen Absichten reden; er forderte ihn auf, das Gold zu holen, welches an seine Leute gegeben werden sollte, und ging dann weg. Als ich Bigilas aber etwas neugierig nach dem Inhalt seiner Unterredung mit Edecon fragte, suchte er selbst getäuscht noch zu täuschen und sagte, Edecon habe ihm mitgeteilt, dafs Attila auch ihm wegen der Flüchtlinge ungnädig sei. Denn es sollten entweder alle Flüchtlinge ausgeliefert werden oder Gesandte von der höchsten Würde zu ihm kommen. Als wir uns darüber unterredeten, kamen einige Leute des Attila und sagten, weder Bigilas noch wir dürften einen römischen Kriegsgefangenen oder barbarischen Sklaven oder Pferde oder sonst irgend etwas aufser Nahrungsmitteln kaufen, bis dafs die streitigen Punkte zwischen Römern und Hunnen beigelegt seien. Schlau und wohl überlegt aber geschah dies von seiten des Barbaren, damit er den Bigilas leicht bei der That gegen ihn ertappe, da dieser keinen Grund werde angeben können, weswegen er das Gold kommen lasse, und damit wir wegen der Antwort, welche auf die Gesandtschaft gegeben werden sollte, den Onegesius abwarteten, um ihm die Geschenke zufliefsen zu lassen, welche wir übergeben wollten und der Kaiser geschickt hatte.

Denn dieser war damals mit dem älteren Sohne des Attila zu dem Volk der Akatziren[106]) geschickt worden, einer scythischen Völker-

---

[106]) Vgl. v. Wietersheim S. 230.

schaft, welche aus folgender Veranlassung dem Attila unterworfen war. Da viele über die Stämme und Geschlechter des Volkes herrschten, schickte der Kaiser Theodosius Geschenke, um es von dem Bündnis mit Attila abzubringen und auf die Seite der Römer zu ziehen. Sein Unterhändler aber gab die Geschenke den Königen nicht nach Rang und Würden, daher rief Kuridachos, weil er der ältere in der Herrschaft war, die Geschenke aber an zweiter Stelle erhalten hatte, sich zurückgesetzt fühlend, den Attila gegen seine Mitkönige zu Hülfe, der ohne Zögern eine grofse Truppenmacht sandte und die einen tötete, die andern unterwarf. Darauf hiefs er den Kuridachos zu sich kommen, um ihm von der Siegesbeute mitzuteilen; der aber Verrat witternd, erklärte, es sei schwer für einen Menschen einem Gott unter die Augen zu treten, denn, wenn es schon unmöglich sei die Sonnenscheibe unverwandt anzuschauen, wie könne man dann den gröfsten der Götter anblicken! So blieb Kuridachos bei den Seinen und bewahrte seine Herrschaft, während das übrige Volk der Acatziren dem Attila unterworfen war. Über dieses Volk nun wollte Attila seinen älteren Sohn zum König machen und hatte zu diesem Zwecke den Onegesius mitgeschickt; uns aber hiefs er warten und schickte den Bigilas mit dem Esla zu den Römern unter dem Vorwande die Flüchtlinge zurückzufordern; in der That aber, um dem Edecon das versprochene Geld zu holen.

Als wir nach der Entfernung des Bigilas einen Tag in diesen Gegenden verweilt hatten, setzten wir am folgenden Tage zusammen mit Attila unsere Reise mehr nach Norden zu fort; aber nach einer kurzen Strecke schlugen wir einen anderen Weg ein auf Befehl unseres scythischen Führers, da Attila sich zu einem Dorfe begeben wollte, um dort seine Tochter Escam nach scythischer Sitte als Frau heimzuführen, obwohl er der Frauen bereits sehr viele besafs. Darauf wurde der Weg immer ebener, und wir stiefsen auf schiffbare Flüsse, von denen nächst dem Ister der Drecon, Tigas und Tiphesas die gröfsesten waren.[107] Wir überschritten diese auf Fahrzeugen aus einem Baumstamm, wie sie die Anwohner der Flüsse gebrauchen, die übrigen aber auf Flöfsen,

---

[107] Jordanis c. 34, der aus Priscus schöpfte, nennt dieselben Flüsse: Dricca, Tisia und Tibisia, die Dricca aber zuletzt. Dafs unter einem dieser Flüsse die Theiss zu verstehen sei, möchte ich bezweifeln. Denn nach der weiteren Darstellung des Priscus kann er diese überhaupt nicht überschritten haben, da die Gesandten (vgl. S. 360 unten) nach „einem weiten" und dann nach „einem 7 tägigen Marsche" noch „einige Flüsse" (S. 363 oben) zu passieren hatten. Ein Blick auf eine genaue Karte (vgl. Stieler Nr. 29) lehrt aber, dafs auf dem ganzen rechten Theissufer in diesen Gegenden nur der Zagyva mündet. Vgl. v. Wietersheim S. 234. Kiepert S. 335.

welche die Barbaren auf Wagen durch die sumpfigen Gegenden mit sich führen. In den Dörfern wurden uns Nahrungsmittel angeboten; anstatt des Brotes ein Hirsekuchen und anstatt des Weines sogenannter Met; auch unsere Diener erhielten Hirsekuchen und ein aus Gerste gebrautes Getränk, welches die Barbaren „camus" nennen.

Nachdem wir einen weiten Marsch hinter uns hatten, schlugen wir am späten Abend die Zelte an einem Teich auf, der trinkbares Wasser enthielt und aus dem auch die Dorfbewohner ihr Wasser schöpften. Plötzlich aber überfiel uns ein Wind, der sich zu einem Sturm verstärkte, mit Donner, häufigen Blitzen und gewaltigem Platzregen und entführte uns nicht nur das Zelt, sondern wirbelte auch unsere ganze Ausrüstung in den Sumpf. Durch das Ungestüm der Luftbewegung und die begleitenden Umstände erschreckt, verliefsen wir den Lagerplatz und verloren einander bei der Dunkelheit und dem Regen aus den Augen, da ein jeder den ihm am bequemsten scheinenden Weg einschlug. Gleichwohl gelangten wir, da alle dasselbe Ziel, nur in verschiedener Richtung gesucht hatten, zu den Hütten des Dorfes und versuchten unter Geschrei das Verlorene wieder zu finden. Bei diesem Lärm sprangen die Scythen heraus, zündeten die Rohrscheite, die sie zum Feuer sich halten, an und fragten, warum wir so ein Geschrei erhöben. Als die uns begleitenden Barbaren antworteten, dafs wir durch das Unwetter in Schrecken gesetzt seien, luden sie uns zu sich ein und machten es uns behaglich warm, indem sie sehr viele Scheite anzündeten. In dem Dorfe aber gebot eine Frau, eine von den vielen des Bleda, und sandte uns Lebensmittel und schöne Mädchen als Beischläferinnen — so gebietet es die scythische Sitte —, doch beschenkten wir nur die Mädchen mit den uns dargebotenen Lebensmitteln und enthielten uns ihrer Benutzung.

Nach einer Nacht in diesen Hütten suchten wir bei Tagesanbruch nach unseren Gerätschaften und waren so glücklich sie teils an unserem Lagerplatz, teils am Ufer des Teiches, teils in ihm selbst wieder zu finden. Mit dem Trocknen dieser Gegenstände brachten wir, da das Unwetter nachgelassen hatte und die Sonne klar schien, den ganzen Tag im Dorfe zu und begaben uns, nachdem auch die Pferde und Lasttiere besorgt waren, zur Begrüfsung der Königin. Wir wechselten Geschenke mit einander, begabten sie mit drei silbernen Schalen, Purpurstoffen, indischem Pfeffer, Datteln und anderem Naschwerk, alles Dinge, welche den Barbaren unbekannt sind und daher von ihnen hochgeschätzt werden, und verabschiedeten uns mit lebhaften Segenswünschen für die genossene Gastfreundschaft. Nachdem wir einen Weg von sieben Tagereisen durchmessen hatten, hiefsen uns

unsere Führer in einem Dorfe halt machen, weil wir erst nach Attila
der desselben Weges ziehen wollte, unsere Reise fortsetzen sollten.
Hier trafen wir weströmische Gesandte, welche ebenfalls zu Attila geschickt waren. Es war unter ihnen der Comes Romulus, der Statthalter
von Noricum [106]) Promutos und der Oberst Romanus; es war
ferner bei ihnen Constantius, welchen Aetius an Attila geschickt
hatte, um den Dienst eines Schreibers bei ihm zu versehen, und Tatulus,
der Vater des Orestes, des Begleiters des Edecon, welche nicht einer
Gesandtschaft, sondern einer privaten Angelegenheit wegen mit ihnen
die Reise gemacht hatten, Constantius nämlich wegen seiner früheren
Bekanntschaft mit diesen Männern, Tatulus aber als Verwandter. Denn
sein Sohn Orestes hatte die Tochter des Romulus geheiratet, welche aus
Petoevio (Pettau) in Noricum stammte. Ihre Gesandtschaft aber hatte den
Zweck, den Attila zu besänftigen, welcher die Auslieferung des Silvanus
verlangte, des Vorstehers der Geldwechsler in Rom, weil er goldene
Schalen von einem gewissen Constantius empfangen hatte, welcher,
ein Gallier von Geburt, ebenfalls zum Attila und Bleda als Schreiber
gesandt worden war, gleich wie nach ihm der andere Constantius.
Zu jener Zeit nämlich, in welcher Sirmium in Pannonien von den Scythen
belagert wurde, hatte er die Schalen von dem Bischof der Stadt
empfangen, damit er ihn, im Falle die Stadt eingenommen würde,
befreie, oder falls er selbst (der Bischof) getötet würde, dafür die
aus der Stadt fortgeführten Kriegsgefangenen loskaufe. Constantius
aber kümmerte sich nach der Einnahme der Stadt wenig um das Abkommen, sondern begab sich in irgend einer Angelegenheit nach
Rom und verkaufte die Schalen an den Silvanus für eine Geldsumme
unter der Bedingung, dafs, wenn er innerhalb einer bestimmten Frist
das empfangene Geld zurückgebe, er die Gefäfse wieder erhalten
solle, wenn aber nicht, Silvanus sie nach Belieben verwenden dürfe.
Diesen Constantius nun hatten Attila und Bleda als des Verrates verdächtig an's Kreuz schlagen lassen. Seitdem aber dem Attila dies
Geschäft zu Ohren gekommen war, verlangte er die Auslieferung des
Silvanus als eines Diebes, welcher sich an seinem Eigentum vergriffen
hätte. Die Gesandten des Aetius und des weströmischen Kaisers nun
waren beauftragt zu erklären, dafs Silvanus als Gläubiger des Constantius
die Schalen als Pfand behalten habe und sie nicht als Hehler besitze,
sondern sie an irgend welche Geistliche für Geld weggegeben habe,
denn es sei nicht recht, dafs Menschen zu ihrem Gebrauche Gefäfse
benutzten, welche Gott geweihet wären. Das war die Veranlassung

---

[106]) Noricum war also noch weströmisch.

zu der Gesandtschaft dieser Männer, welche dem Barbaren folgten, um von ihm eine Antwort zu erhalten. Da wir nun desselben Weges ziehen mufsten, so warteten wir, bis Attila uns voraus war, und setzten dann unsern Marsch zusammen mit dem ganzen Trofs fort. Nachdem wir darauf einige Flüsse überschritten hatten, gelangten wir in ein grofses Dorf.[108a])

Hier war der Palast des Attila, von dem es hiefs, er sei prächtiger als irgend einer auf der Erde. Er war aus trefflich geglätteten Balken und Getäfel erbaut und mit einer hölzernen Umfriedigung umgeben, nicht zur Sicherung, sondern zum Schmuck. Nächst dem Palaste des Königs war der des Onegesius ausgezeichnet und ebenfalls mit einer hölzernen Umfriedigung versehen, doch nicht in gleicher Weise wie der des Attila mit Türmen geschmückt. Ganz nahe bei dem Hause befand sich das Bad, welches Onegesius, der nächst Attila bei den Scythen durch Ansehen hervorragte, aus pannonischen Steinen erbaut hatte, denn in diesen Gegenden giebt es weder Stein noch Baum, sondern das Material wird von anderswoher herbeigeholt. Der Baumeister aber dieses Bades war ein römischer Kriegsgefangener aus Sirmium, der als Lohn dafür die Freiheit erhofft hatte, statt dessen jedoch nur in um so gröfsere Knechtschaft verfiel, denn Onegesius setzte ihn zum Bademeister ein, damit er ihm und seiner ganzen Familie, wenn sie badeten, Handreichung leistete.

Als nun Attila in dieses Dorf einzog, gingen ihm die Jungfrauen entgegen in Reihen zu sieben oder mehr hintereinander unter möglichst weit ausgebreiteten linnenen, zarten und weifsen Tüchern [109]), indem sie sie von beiden Seiten in die Höhe hielten — es waren aber viele solcher Reihen unter jenen Linnen — und sangen scythische Lieder. Schon war er ganz nahe am Hause des Onegesius, durch welches der Weg zum Königspalaste führte, da eilte die Gattin desselben begleitet von einer grofsen Schar Mägde ihm entgegen, welche teils Speisen teils Wein kredenzten, — dies ist die gröfste Ehre bei den Scythen — begrüfste ihn und bat von den Speisen zu kosten, welche sie ihm ehrfurchtsvoll dargebracht hatte. Er aber, um die Gattin des ihm nahestehenden Mannes zu ehren, afs auf dem Pferde sitzend, während seine Begleiter die silberne Schale hochhielten, und zog sich, nachdem er auch den dargebotenen Becher gekostet hatte, in seinen Palast zurück, der ansehnlicher als die übrigen und auf einer Erhöhung gelegen war.

[108a]) Nach der Ausführung in A. 107 ist dieses Dorf in der Steppe nördlich des Körös zu suchen.

[109]) Vgl. v. Wietersheim S. 232.

Wir aber blieben zunächst in dem Hause des Onegesius, der eben mit Attilas Sohn zurückgekehrt war und es so anordnete. Hier nahmen wir, von der Frau empfangen, das Mal ein, welche von den Edleren ihrer Sippe begleitet war; denn er selbst hatte keine Zeit in Mufse uns beim Gastmahl zu erheitern. Er hatte sich nämlich sogleich nach der Rückkehr zur Audienz bei Attila begeben, um über den Erfolg seiner Mission und den Unfall seines Sohnes (der sich den rechten Arm gebrochen hatte) Bericht zu erstatten. Nach der Mahlzeit verliefsen wir das Haus des Onegesius und schlugen nahe bei Attilas Palast unsere Zelte auf, damit Maximinus, der den Attila aufsuchen und mit seinen Räten verhandeln mufste, nicht zu fern von ihm sei. Dort also, wo wir uns niedergelassen hatten, verbrachten wir die Nacht, am Morgen aber schickte mich Maximinus zum Onegesius, damit ich ihm seine eigenen und des Kaisers Geschenke überreichte und damit er selbst erführe, ob und wann jener sich mit ihm unterreden wolle. Ich begab mich demgemäfs mit den Dienern, welche die Geschenke trugen, zu Onegesius, und da die Thore geschlossen waren, so wartete ich, bis sie geöffnet wurden und jemand herauskäme, der ihn von meiner Anwesenheit benachrichtigte.

Während ich mir nun die Zeit vertrieb und vor der Umfriedigung des Palastes auf und ab ging, kam jemand auf mich zu, den ich nach seiner scythischen Kleidung für einen Barbaren halten mufste, der mich aber in griechischer Sprache begrüfste, indem er sagte: χαῖρε· Ich aber wunderte mich, dafs ein scythischer Mann griechisch reden könne, denn aus verschiedenen Volksstämmen gemischt, sprechen die Scythen aufser ihrer eigenen barbarischen Sprache entweder die hunnische oder gothische oder auch die römische; natürlich nur diejenigen, welche mit den Römer häufig verkehren, und nicht leicht spricht jemand von ihnen griechisch, es sei denn, dafs es Gefangene wären aus Thracien oder dem am Meere gelegenen Illyrien. Aber jene machen sich den Begegnenden schon kenntlich durch zerrissene Gewänder und durch den Schmutz des Kopfes, da sie ja in ein elendes Geschick geraten sind. Dieser dagegen zeigte das Äufsere eines wohlhabenden Scythen, denn er war gut und elegant gekleidet und hatte das Haupt in der Mitte geschoren.

Ich grüfste ihn wieder und fragte, wer er sei und woher er in das Barbarenland gekommen und die hunnische Lebensweise angenommen habe; da fragte er mich, warum ich das zu wissen wünsche, und ich erwiderte, seine griechische Sprachweise sei die Veranlassung meiner Frage. Darauf entgegnete er lachend, er sei ein Grieche und zum Zwecke des Handelns nach Viminacium am Ister gekommen, habe dort eine Reihe von Jahren gelebt und eine vermögende Frau heimgeführt. Aber sein hier gewonnenes Glück sei ihm durch die Eroberung der Stadt geraubt worden, und sowohl er wie alle seine Habe seien wegen seines Reichtums bei der Verteilung der Beute dem Onegesius zugefallen; denn es sei bei den Hunnen Sitte, dafs nächst Attila die Mächtigsten sich die reicheren Gefangenen erwählten, weil sie das gröfste Ansehen geniefsen. Nachdem er aber später in den Kämpfen mit den Römern und Acatziren tapfer mitgestritten und nach der scythischen Gewohnheit seine Kriegsbeute seinem barbarischen Herrn überlassen hatte, habe er die Freiheit erlangt, ein barbarisches Weib geheiratet und Kinder mit ihr gezeugt, sei nun Tischgenosse des Onegesius und mit diesem Leben mehr zufrieden als mit dem früheren......[110])

Während wir so mit einander redeten, öffnete einer von innen das Thor der Umfriedigung, und ich beeilte mich zu fragen, ob Onegesius zu sprechen wäre, da ich ihm von seiten des römischen Gesandten eine Mitteilung zu machen hätte. Jener antwortete, ich würde ihn sprechen, wenn ich einen Augenblick wartete, denn er werde gleich herauskommen. Bald darauf sah ich ihn wirklich erscheinen, trat auf ihn zu und sagte: „Der römische Gesandte läfst Dich grüfsen! Ich bringe sowohl seine Geschenke als auch das vom Kaiser geschickte Geld." Und da Maximinus sobald als möglich mit ihm zusammen kommen wollte, so fragte ich, wo und wann er die Unterredung wünsche. Da befahl Onegesius den anwesenden Dienern das Geld und die Geschenke fortzutragen und mir dem Maximinus zu sagen, er werde sogleich zu ihm kommen. Ich kehrte also zu Maximinus zurück und meldete ihm, Onegesius werde ihn im Augenblick besuchen, und in der That erschien dieser alsbald im Zelte. Er sagte Maximinus und dem Kaiser Dank für die Geschenke und fragte, weshalb er ihn habe rufen lassen, und was er ihm zu sagen habe. Darauf entgegnete Maximinus, es komme die Zeit, wo Onegesius noch gröfseren Ruhm bei den Menschen erlangen könne, wenn er als Gesandter zum Kaiser ginge und mit seiner Klugheit die Streitigkeiten zwischen Hunnen und Römern beilege und die Eintracht zwischen beiden herstellte. Es werde aber daraus nicht blos für die beiden Völker Nutzen entspriefsen, sondern auch seinem eigenen Hause viel Gutes zufliefsen, da er wie seine Kinder für immer mit dem Kaiser und seinem Hause dadurch engverbunden sein würden. Darauf fragte Onegesius, wie er

---

[110]) Der Grieche lobt des weiteren die Segnungen der hunnischen Herrschaft, während Priscus die römischen Einrichtungen verteidigt. Thierry hat dieses Gespräch S. 100—105 übersetzt.

dem Kaiser gefällig sein und die Zwistigkeiten beilegen könne. Als nun Maximinus antwortete, wenn er sich ins römische Gebiet begebe, so werde er sich den Dank des Kaisers verdienen und die Streitigkeiten beilegen, wenn er dem Ursprung derselber nachspüre und sie nach den Gesetzen des Friedens beseitige. Onegesius erwiderte, er werde dem Kaiser und seinen Räten das sagen, was ihm Attila vorschreiben werde. Oder ob die Römer etwa glaubten, dafs er durch irgend welche Bitte bewogen werden könne, seinen Herrn zu verachten und seine Erziehung bei den Scythen und Weiber und Kinder für nichts zu achten und nicht höher anzuschlagen die Knechtschaft bei Attila als Reichtum bei den Römern! Er werde aber, wenn er hier bleibe, ihrer Sache mehr von Nutzen sein, indem er den Zorn seines Herrn besänftigte in Bezug auf das, weswegen er den Römern zürne, als wenn er zum Kaiser ginge und sich dem Verdachte aussetzte, als wenn er anderes, als Attila gefiele, beabsichtige. Nachdem er so gesprochen und mir die Erlaubnis gegeben hatte, ihn, wenn wir etwas von ihm wissen wollten, aufzusuchen — denn für den Maximinus in seiner hohen Würde war ein intimer Verkehr nicht schicklich —, verliefs er uns.

Am folgenden Tage begab ich mich in den inneren Raum des Palastes des Attila, um seiner Gemahlin Creka[111]) Geschenke zu überbringen. Von dieser hatte er drei Kinder, von denen der älteste Sohn über die Acatziren und die übrigen Völker am Pontus gebot. Innerhalb jener Umfriedigung waren viele Gebäude teils aus behauenen und trefflich gefügten Täfelchen, teils aus Balken, welche aus reiner Arbeit und zu einer geraden Linie kunstgerecht behauen waren und die wiederum auf kreisförmig gebogenen Hölzern ruhten. Die Kreise aber erhoben sich vom Boden zu mäfsiger Höhe. Hier wohnte die Gattin des Attila, zu welcher ich durch die Barbaren, welche vor der Thür standen, Zugang erhielt, und die ich auf einer weichen Decke liegen fand. Es war aber der Fufsboden mit wollenen Teppichen bedeckt, auf denen wir uns aufstellten. Eine Menge von Dienerinnen umstanden sie im Kreise und gegenüber webten am Boden sitzende Mägde farbige Gewänder, welche über die Kleider der Barbaren zum Schmuck gezogen werden. Nachdem ich Creka begrüfst und die Geschenke übergeben hatte, ging ich hinaus, wartend, bis Onegesius den königlichen Palast verliefs, und näherte mich den übrigen Gebäuden, in denen Attila wohnte. Während ich hier unter der übrigen Menge stand, (denn ich wurde nirgends von einer Annäherung zurückgehalten,

---

[111]) In dem Nibelungenliede Helke.

da ich den Wächtern des Attilas und den Barbaren, welche ihn begleitet hatten, bekannt war), sah ich einen grofsen Haufen Hunnen herzueilen, welche mit Lärm und Geräusch das Heraustreten des Attila abwarteten. Endlich trat Attilla aus dem Hause heraus, mit ernster Miene die Augen bald hierin, bald dahin wendend und machte mit dem Onegesius vor dem Palaste halt. Hier näherten sich ihm viele, welche Streitigkeiten hatten, und empfingen sein Urteil. Darauf kehrte er in den Palast zurück und erteilte den Gesandten der barbarischen Völker, welche zu ihm gekommen waren, Audienz.

Darauf trifft Priscus die weströmischen Gesandten, mit denen er eine längere Unterredung[112] über Attilas Absichten hatte, und fährt dann fort:

Indem wir so über die gegenwärtige Lage der Dinge redeten, kam Onegesius heraus, dem wir uns näherten, um über unsere Aufträge etwas zu erfahren. Jener aber, nachdem er zuvor mit irgendwelchen Barbaren gesprochen hatte, hiefs mich den Maximinus fragen, welchen Gesandten aus der Zahl der Konsularen die Römer zu Attila schicken würden. Bevor ich in das Zelt getreten war und den Auftrag des Onegesius ausgerichtet hatte, berieten wir, welche Antwort den Barbaren zu erteilen wäre, darauf kehrte ich zurück und teilte dem Onegesius mit, die Römer wünschten, dafs er selbst zu ihnen käme, um über die Streitigkeiten zu unterhandeln. Wenn sie sich aber hierin täuschen sollten, so werde der Kaiser einen Gesandten schicken, welcher ihm gut dünkte. Alsbald befahl er mir den Maximinus herbeizuholen, den er sogleich zu Attila führte. Maximinus kehrte bald darauf zurück und erzählte, der Barbar wünsche, dafs Nomus oder Anatolius[113]) oder Senator[114]) als Gesandte geschickt würden, denn einen anderen aufser den Genannten würde er nicht annehmen, und als Maximinus einwarf, es schicke sich nicht, dafs er durch namentliche Bezeichnung der Männer für die Gesandtschaft diese dem Kaiser verdächtig mache, habe Attila geantwortet, wenn sie nicht vorzögen, ihm seinen Willen zu thun, so werde er die Streitigkeiten mit den Waffen in der Hand ausgleichen.

Nachdem wir ins Zelt zurückgekehrt waren, siehe da erschien der Vater des Orestes und sprach: „Attila ladet euch beide zum Gastmahl ein, es wird aber um die neunte Stunde stattfinden." Sobald wir mit

---

[112]) Wir entnehmen aus ihr, dafs Attila vom weströmischen Kaiser unter dem Titel eines Heerführers Gehalt bezog. (Vgl. Hage S. 19. v. Wietersheim S. 234) und die Sage vom Schwerte des Mars, welche auch Jordan. c. 35 übernommen hat. Vgl. Thierry S. 108 ff.

[113]) Vgl. frgm. 5.   [114]) Vgl. frgm. 4.

Innehaltung der Zeit zum Gastmahl erschienen waren, zugleich mit den Gesandten West-Roms, blieben wir auf der Schwelle vor Attila stehen; darauf reichten uns, wie es die Sitte in jenen Gegenden ist, die Schenken den Becher, damit wir vor dem Niedersitzen beteten. Nachdem dies geschehen und wir den Becher gekostet hatten, begaben wir uns zu den Sesseln, auf denen wir sitzend speisen sollten. Alle Sitze waren an den Wänden des Gemaches auf beiden Seiten aufgestellt; auf dem mittelsten aber safs Attila auf einem Ruhebette, indem ein anderes in seinem Rücken hingebreitet war, hinter welchem einige Stufen zu seiner Lagerstatt hinaufführten, welche mit feiner Leinwand und bunten Teppichen zum Schmuck umhüllt war, gleich wie es Griechen und Römer für Neuvermählte herzurichten pflegen. Und für den ersten Platz nun unter den Speisenden hielten sie den zur Rechten des Attila, für den zweiten den zu seiner Linken, auf welchem wir uns befanden, doch safs Berichus [114a], ein bei den Scythen angesehener Mann, zu oberst, denn Onegesius safs auf dem Sessel zur Rechten des Ruhebettes des Königs und gegenüber von ihm zwei der Söhne Attilas, denn der ältere safs auf ebendemselben Lager, auf welchem Attila, jedoch nicht nahebei, sondern am Ende, indem er aus Ehrfurcht vor dem Vater stets zu Boden sah.

Als nun alle in der richtigen Ordnung Platz genommen hatten, kredenzte der Mundschenk dem Attila eine Schale Wein; nachdem dieser sie genommen hatte, begrüfste er den der Reihe nach nächsten, der geehrt durch den Grufs sich erhob und der Sitte gemäfs sich nicht früher setzte, als bis Attila den Wein kostend oder austrinkend die Schale dem Schenken zurückgab. Als Attila wieder Platz genommen, ehrten ihn die anderen in derselben Weise, indem sie die Becher empfingen und nach der Begrüfsung kosteten. Einem jeden aber war ein Mundschenk beigegeben, dem es oblag nach der Reihe einzutreten, wenn des Attila Mundschenk hinausgegangen war. Nachdem der Zweite und die Folgenden auf solche Weise geehrt waren, begrüfste Attila auch uns ebenso nach der Ordnung der Sitze, und nachdem wir nun alle durch die Begrüfsung geehrt waren, entfernten sich die Mundschenken. Neben Attila's Tisch aber waren andere aufgerichtet für drei und vier oder auch mehr Personen, sodafs ein jeder im stande war auf seinem Sessel sitzend von den aufgetragenen Speisen bequem zu nehmen, ohne die Ordnung der Sitze zu verletzen. Darauf trat zuerst der Diener des Attila ein mit einer Schale voll Fleischgerichten, sodann andere, welche auf die Tische Brod und Zukost setzten; aber

---

[114a] Vgl. Jung a. a. O. S. 146 ff.

während den übrigen Barbaren und uns ein herrliches Mahl bereitet worden war, welches auf silbernen Scheiben lag, befand sich des Attila Mahl auf einer hölzernen Schüssel und zwar nichts als Fleisch. In gleicher Weise zeigte er sich mäfsig in allen anderen Dingen. Den Gästen wurden goldene und silberne Becher gereicht, der seinige war aus Holz, ebenso war sein Gewand sehr einfach und nur durch Reinlichkeit ausgezeichnet, auch waren weder sein Schwert noch die Bänder seines barbarischen Schuhzeuges, noch die Zügel seines Pferdes wie bei den übrigen Scythen mit Gold oder Steinen oder irgend einer anderen Kostbarkeit geschmückt. Sobald die Speisen der ersten Schüssel verzehrt waren, erhoben wir uns und ein jeder kehrte nicht früher zu seinem Sitze zurück, als bis er nach der früheren Ordnung aus dem ihm dargereichten Becher Wein getrunken und dem Attila Wohlergehen gewünscht hatte, und nachdem wir ihn also geehrt hatten, setzten wir uns wieder nieder, und es wurde auf jeden Tisch eine zweite Schüssel mit anderen Speisen aufgetragen. Nachdem wir von diesen alle zur Genüge gegessen hatten, erhoben wir uns auf ebendieselbe Weise und nach wiederholter Leerung des Bechers setzten wir uns wieder hin.

Als der Abend kam und Fackeln angezündet waren, traten zwei Scythen vor Attila auf und trugen eigene Gedichte vor, in welchen sie seine Siege und kriegerischen Tugenden besangen. Auf diese waren die Augen der Tischgenossen gerichtet, und die einen freuten sich an den Versen, die anderen der Kriege gedenkend, fühlten sich in ihren Gemütern erhoben, noch andere aber zerflossen in Thränen, deren Körper vom Alter geschwächt und deren Geist sie zur Ruhe zwang. Nach den Gesängen und Liedern erregte ein Scythe, welcher gestörten Geistes ungereimtes und thörichtes Zeug und Unvernünftiges redete, bei allen Gelächter und zuletzt trat der Maure Zercon[115]) ein, denn Edecon hatte ihn überredet, zum Attila zurückzukommen, indem er ihm versprach, ihm auf alle Weise zur Wiedererlangung seiner Gattin behülflich zu sein. Denn diese hatte er, da Bleda ihm günstig war, bei den Barbaren erhalten, und als er vom Attila dem Aetius zum Geschenk gemacht worden war, in Scythien zurückgelassen. Aber er täuschte sich in dieser Hoffnung, da ihm Attila zürnte, weil er in sein Land zurückgekehrt war. Deshalb ergriff er jetzt die Gelegenheit der Festlichkeit und erfüllte durch seine Gestalt, sein Äufseres, seine Stimme, seine durch einander geworfenen Reden, indem er römisch, hunnisch und gothisch durcheinander mischte, alle mit grofser Heiterkeit aufser

---

[115]) Vgl. Suidas v. Ζέρκων. Priscus frgm. 11.

Attila. Denn der blieb unbeweglich, verzog keine Miene und schien nichts zu sagen oder zu thun, was an Scherz erinnerte, aufser dafs er dem jüngsten seiner Söhne mit Namen Ernas, welcher eintrat und herzukam, mit freundlichen Augen ansah und ihm die Backen strich. Als ich mich aber wunderte, dafs Attila seine übrigen Kinder gering achtete und nur diesen einen beachtete, erzählte mir einer von den Barbaren, der neben mir safs und der lateinischen Sprache mächtig war, nachdem ich ihm mein Wort gegeben, nichts von dem Gehörten erzählen zu wollen, die Wahrsager hätten dem Attila geweissagt, dafs sein Geschlecht, welches sonst untergehen würde, durch diesen Knaben neu erstehen würde. Als sich aber das Gelage bis in die Nacht hineingezogen hatte, entfernten wir uns, weil wir nicht länger bei dem Zechen ausharren wollten.

Nach Tagesanbruch begaben wir uns zum Onegesius und sagten, wir müfsten um unsere Entlassung bitten und könnten nicht länger die Zeit verbringen. Jener antwortete, das sei auch der Wille Attilas, der beschlossen habe uns zu verabschieden. Daher hielt er bald darauf einen Rat der Auserwählten über die Beschlüsse des Attila ab und fertigte einen Brief aus, welcher dem Kaiser übergeben werden sollte, wozu ihm Schreiber zur Hand waren und unter diesen Rusticius, der aus Ober-Moesien gebürtig, von den Feinden gefangen worden war und wegen seiner Redegewandtheit dem Barbaren als Sekretär diente. Als Onegesius die Ratsversammlung verlassen hatte, baten wir ihn um die Loslassung der Gattin und Kinder des Sylla, welche bei der Eroberung von Ratiaria gefangen worden waren; hiergegen verhielt er sich durchaus nicht ablehnend, aber beanspruchte dafür ein grofses Lösegeld. Als wir nun ihn anflehten in anbetracht ihrer früheren Glückslage sich ihrer zu erbarmen, ging er zu Attila und gab die Frau für 500 Solidi[116]) los, die Kinder aber machte er dem Kaiser zum Geschenk.

Inzwischen lud uns Creka, Attilas Gemahlin, in das Haus ihres Hofmarschalls Adames zum Gastmahl ein, und wir fanden sie zusammen mit mehreren Vornehmen der Scythen sehr liebenswürdig, da sie uns sowohl mit freundlichen Worten als auch mit trefflichem Male aufnahm. Darauf erhob sich ein jeder von den Anwesenden und reichte in hunnischer Höflichkeit uns den vollen Becher, und nachdem er den Trinkenden umarmt und geküfst hatte, empfing er den Becher wieder. Nach der Mahlzeit aber kehrten wir in das Zelt zurück und

---

[116]) Auch Dahn hat den Fehler Wietersheim's S. 236, welcher von 500 Pfd. Gold (450000 Mk.) redet, übersehen.

ruhten aus. Am folgenden Tage lud uns Attila wieder zu Gaste und in derselben Weise wie vorher nahmen wir bei ihm unseren Eintritt und gaben uns der Geselligkeit hin. Damals aber safs nicht der ältere von seinen Söhnen auf seinem Ruhebette neben ihm, sondern Oebarsius, sein Oheim väterlicherseits. Während des ganzen Gastmahles aber redete er uns mit freundlichen Worten an und hiefs uns dem Kaiser sagen, er möge dem von Aetius geschickten Schreiber Constantius die versprochene Frau geben; denn Constantius war zusammen mit den Gesandten des Attila zum Theodosius gekommen und hatte gesagt, er wolle dahin wirken, dafs der Friede zwischen Römern und Hunnen lange erhalten bliebe, wenn er ihm eine reiche Frau gebe. Die Erfüllung dieser Bitte hatte ihm der Kaiser zugesagt und versprochen, ihm die Tochter des durch Vermögen und Geschlecht hervorragenden Saturninus zu geben; den Saturninus hatte aber Athenais oder Eudocia (denn mit beiden Namen wurde sie genannt), getötet, und der Kaiser konnte sein Versprechen nicht halten; daran war nämlich Zeno schuld, ein Consular, welcher mit einer grofsen Menge Isaurer die Stadt Constantinopel im Kriege bewacht hatte. Damals nun entrifs er als Magister militum per Orientem das Mädchen seiner Hut und verlobte es mit einem seiner Freunde Rufus. Da dem Constantius die Braut so entzogen war, bat er den Barbaren, er möge die ihm angethane Beleidigung nicht gleichgültig aufnehmen, sondern darauf bestehen, dafs ihm entweder die entrissene oder eine andere, aber auch eine vermögende, gegeben werde; deshalb befahl der Barbar dem Maximinus während des Mahles dem Kaiser zu sagen, er dürfe den Constantius in seiner Hoffnung nicht täuschen, denn es schicke sich nicht für einen Kaiser zu lügen. Dies aber trug ihm Attila deswegen auf, weil ihm Constantius einen Teil des Geldes versprochen hatte für den Fall, dafs er ihm eine reiche Frau von den Römern verschaffte. Als wir das Gastmahl verlassen hatten, blieben wir aufser der Nacht noch drei Tage, dann wurden wir mit den herkömmlichen Geschenken entlassen. Soweit der wörtliche Bericht.

Während Maximinus und Priscus in Begleitung des angesehenen Berichos sich nach Constantinopel über Philippopel und Adrianopel zurückbegaben, war Bigilas bereits wieder auf dem Wege zu Attila und mit ihm das Geld, welches Edecon nach der Verabredung an die Umgebung des Attila verteilen sollte.[117]) Aber kaum war er in der Residenz Attilas angelangt, als ihm sogleich das Geld abgenommen

---

[117]) frgm. 8. (4. Buch).

und er selbst vor den König geführt wurde. Dieser, längst durch
Edecon über die verräterischen Pläne des Römers unterrichtet, stellte
an ihn die verfängliche Frage, zu welchem Zwecke er so viel Geld
mitgebracht hätte und Bigilas um die Antwort nicht verlegen, erklärte
kühn, es sei geschehen, um die Reisebedürfnisse für sich und seine
Gefährten zu bestreiten, auch sei ihm ein Teil zur Auslösung römischer
Gefangener übergeben worden. Da fuhr Attila auf ihn los, er werde
mit seinen Ausflüchten nicht durchkommen und der verdienten Strafe
nicht entgehen, denn die Summe sei viel zu grofs, als dafs sie für
diese Zwecke bestimmt sein könne, und befahl seinem Sohn, der zum
ersten Mal mit ins Barbarenland gekommen war, zu töten, wenn der
Vater nicht die Wahrheit gestände. Da nun gestand Bigilas, um
seinen Sohn zu retten, das ganze Komplott ein und bat seinen Sohn
zu schonen; und Attila entschied, er solle so lange im Gefängnis
schmachten, bis sein Sohn fünfzig Pfund Gold als Lösegeld herbeigeholt hätte. Zugleich [118] entsandte er als Geschäftsträger den Esla
und Orestes nach Constantinopel und befahl dem letzteren mit der
Geldtasche um den Hals, in welcher Bigilas den Sündenlohn getragen
habe, vor den Kaiser zu treten und den Eunuchen zu fragen, ob er
die Geldtasche wohl kenne. Darauf sollte Esla zum Kaiser also sprechen:
Theodosius sei eines berühmten und edlen Vaters Sohn und ebenso
Attila; während aber dieser den ihm von seinem Vater Mundiuch
überkommenen Adel der Seele unversehrt bewahrt habe, sei Theodosius
von dieser edlen Gesinnung abgewichen, indem er ihm Tribut zahle
und sein Sklave geworden sei. Nun thue aber der Unrecht, der seinem
Herrn als Knecht heimliche Nachstellungen bereite, und er werde
nicht früher aufhören ihn deswegen anzuklagen, als bis Chrysaphius
hingerichtet sei.

Aber nicht nur von dieser Seite drohte dem Eunuchen Gefahr,
denn nachdem dem Kaiser die Forderung Attilas in Bezug auf Constantius von Maximinus mitgeteilt war, hatte Theodosius im Zorn die
Güter jenes Mädchens, der Tochter des Saturninus, von staatswegen
eingezogen, und nun drang auch der mächtige Magister militum Zeno
auf die Bestrafung des Eunuchen. Dieser trachtete daher vor allem
den Attila zu versöhnen [119] und bewog deshalb den Kaiser Männer
von höchstem Range an ihn zu senden, den von dem letzten Friedensschlusse her bekannten General Anatolius und den Kanzler Nomus [120],

[118] frgm. 12. [119] frgm. 13.
[120] Er war 445 Consul gewesen; vorher mag. offic. Nov. Theod. Tit.
XXIV. 443. Cod. Just. I. 24, 4. XII. 9, 17; 22, 6; 27, 2. XXV. 444. Vgl.
Sievers S. 437.

beide Patrizier. Der letztere wurde nicht nur wegen seiner Stellung mitgesandt, sondern auch als Freund des Eunuchen und um dem Attila recht um den Bart zu gehen, denn wenn es etwas durchzuführen galt, so schonte er das Geld nicht.[121]) Sie hatten den Auftrag, Attilas Zorn zu besänftigen und ihn zur Innehaltung des Vertrages zu bewegen; sie sollten ihm mitteilen, Theodosius werde dem Constantius eine andere Frau geben, da jene ihn nicht gewollt habe und es gesetzlich verboten sei eine Frau wider ihren Willen zu vermählen[121a]); aufserdem führten sie reiche Geldsendungen bei sich. Aber Attila durch den hohen Rang der Gesandten geschmeichelt liefs sie nicht den ganzen Weg durch die Steppe machen, sondern kam ihnen bereits entgegen, als sie am Drecon-Flusse angelangt waren. Sein anfänglicher Zorn legte sich infolge der ansehnlichen Geschenke und der bestechenden Worte der Römer bald und wich einer gewissen Liebenswürdigkeit, indem er sowohl verhiefs den Frieden zu beobachten, als auch das eroberte Gebiet diesseits des Istros zu räumen, auch versprach er, nicht ferner dem Kaiser wegen der Überläufer lästig zu fallen, vorausgesetzt, dafs die Römer in Zukunft keine aufnähmen, ja er liefs auch den Bigilas gegen das ausbedungene Lösegeld und viele andere Gefangene umsonst frei, um sich den Gesandten gefällig zu erweisen. Mit diesen, welchen Attila Pferde und Pelzwerk verehrt hatte, begab sich auch der Schreiber Constantius nach Constantinopel und empfing dort aus den Händen des Kaisers als Gemahlin die Witwe des Armatius, des Sohnes des Plintha, eine durch Reichtümer und Abkunft ausgezeichnete Dame.

Hier hört der Bericht des Priscus über die Beziehungen Attilas zu Ostrom auf, was um so mehr zu bedauern ist, als er nicht nur Zeitgenosse, sondern an den Ereignissen, die er beschrieben hat, selbst beteiligt war. Es bleibt daher nur übrig das, was sich aus seinem Nachlafs ergiebt, noch einmal kurz zusammenzufassen.[122]) Danach herrschte an dem Hofe des Barbarenkönigs ein seltenes Gemisch der verschiedensten Nationen, unter welchen die hunnische an Stärke hervorragte. Aber obgleich die Hunnen bereits so weit in der Kultur vorgeschritten waren, dafs ihr König die weitgehendste Politik trieb und sein geistiges Auge auf alle politischen Veränderungen und Erscheinungen in der ihm bekannten Welt gerichtet hielt, so vermochten sie

---

[121]) Suidas v. Ἀνατόλιος schreibt hier Priscus aus, bezieht aber dessen Worte fälschlich auf Anatolius. Vgl. Joh. Ant. frgm. 198.
[121a]) Zur Schliefsung der Ehe war die Einwilligung der Eltern und des Mädchens nötig. Vgl. Cod. Theod. III. 10, 1 und Gothofr. Comment.
[122]) Vgl. Haage S. 20—25. v. Wietersheim S. 239 ff. Jung S. 181 ff.

dennoch nicht den Griffel zu führen und sich in der Sprache der Diplomatie, dazumal dem Lateinischen, gewandt auszudrücken. Zu diesem Zwecke sehen wir daher einige wenige Römer aus ihrer Niedrigkeit erhoben und in den Kreis der hunnischen Grofsen aufgenommen, während die Mehrzahl der römischen Unterthanen oder Kriegsgefangenen Attilas in Elend und Knechtschaft schmachteten. Aus den Hunnen selbst wiederum hob sich besonders das Korps der Logaden ab, welche, nach den dürftigen Andeutungen über sie, in erster Linie die Begleiter des Königs waren, wozu sie der Adel der Geburt wie der des persönlichen Verdienstes berechtigte; sie genofsen nächst dem Könige das höchste Ansehen und durften nach ihm sich aus der Kriegsbeute den vorteilhaftesten Anteil und die vermögendsten Gefangenen aussuchen. Über das übrige Hunnenvolk gebot Attila, wie es den Hirtenvölkern eigentümlich ist, in patriarchalischer Weise, Streitigkeiten entschied er persönlich, ohne Formeln, und eine Apellation gegen seine königliche Entscheidung war unmöglich. Aber die Gerechtigkeit, welche Attila hier bethätigte, verliefs ihn auch im Verkehr mit den Römern nicht, denn obwohl er wufste, welche Absichten den Bigilas in sein Reich führten, liefs er ihn doch nicht ergreifen und strafen, sondern er achtete auch in dem Verräter die Unverletzlichkeit des Gesandten. Steht hiermit nun die Schrofheit in seinem Auftreten gegen die römischen Unterhändler und gegen den Kaiser im Widerspruch, so machte er nur von dem Rechte des Stärkeren Gebrauch, gleichwie es die Eroberer aller Zeiten vom alten Rom bis zu Napoleon I. gegen den Schwächeren stets ausgeübt haben. Denn in solchem Verhältnis stand auch Ostrom zu ihm, das trotz aller seiner Hilfsmittel ihm jedesmal unterlegen war und dessen Kaiser daher jedem der Winke des Hunnenkönigs zu erfüllen sich beeilte, vergessend der eigenen Würde und des römischen Namens.

Achtes Kapitel.

Flavian B. von Constantinopel, Dioscurus B. von Alexandrien, Leo B. von Rom. — Eutyches wird von der Synode zu Constantinopel abgesetzt. — Die Räubersynode zu Ephesus 449. — Flavian wird auf Betreiben des Dioscurus verurteilt. — Einmischung Leos des Grofsen. — Sein Briefwechsel mit Theodosius II. — Anastasius, Nachfolger Flavians. — Sturz des Chrysaphius und erneutes Übergewicht der Pulcheria. — Furcht vor einem Aufstand des Zeno. — Beunruhigende Rüstungen Attila's. — Tod des Theodosius und Regierungsantritt des Marcianus. — Charakteristik und Würdigung Theodosius II.

Aber nicht nur die politischen Verhältnisse dieses Jahrzehntes zogen Theodosius II. in ihren Bannkreis, bereiteten ihm Sorgen und dem Reiche schwere Drangsale, sondern auch die religiösen Verhältnisse entwickelten sich zu derselben Zeit in einer Weise, dafs die orientalische Kirche durch neue Streitfragen erschüttert und verwirrt wurde. Die Veranlassung trat nicht plötzlich und unvorbereitet auf, sondern schon oben wurde darauf hingewiesen, dafs der Nestorianische Streit nur äufserlich durch das Übereinkommen Cyrills und Johannes von Antiochia beigelegt war und im Geheimen weiter fortglühte.[1]) Während aber damals der Anteil der Maria an dem von ihr geborenen Heilande den ganzen Zwiespalt erregte, hatte sich in weiterem Verlaufe die Frage dahin zugespitzt, ob in Christo zwei oder nur eine Natur zur Offenbarung gekommen sei; denn die ägyptische Kirche betrachtete die Lehre von zwei Naturen Christi als Nestorianismus, die syrische die Lehre von einer Natur als Appollinarischen Irrtum.[2])

Es hatten nun gerade damals die drei wichtigsten Patriarchate von Constantinopel, Alexandrien und Rom die Bischöfe Flavian, Dioscurus und Leo inne. Von diesen ist uns über Flavian[3]), den Nachfolger des Proclus, nur bekannt, dafs er ein Anhänger der syrischen Lehrrichtung war und am Hofe des Theodosius in nicht besonderer Gunst stand. Denn er hatte es von vornherein mit dem allmächtigen Oberstkämmerer des Kaisers Chrysaphius dadurch verdorben, dafs er ihm beim Antritt seines Amtes nicht eine Geldspende zukommen liefs[4]), dagegen hielt er es mit der Augusta Pulcheria, deren Einflufs von dem Eunuchen zurückgedrängt worden war. Dioscurus[5]) war im Jahre 444 auf Cyrill gefolgt und gab ihm an Heftigkeit des Wesens, an mafsloser Herrschsucht und Habsucht nichts nach und gedachte die Versuche seiner Amtsvorgänger, die orientalische Kirche ihrer Lehrmeinung zu unterwerfen und vor allem den Patriarchen von Constantinopel von sich abhängig zu machen, endgiltig zum Ziele zu führen. Da war es nun ein Verhängnis für den alexandrinischen Bischof, dafs der Stuhl Petri zu dieser Zeit von einem Manne eingenommen wurde, der aus den Handlungen seiner Vorgänger die Folgerungen ziehend die Bistümer Illyriens, Galliens und Nordafrika's der römischen Kirche unterordnete und mit mehr Nachdruck als alle vor ihm den Anspruch derselben auf den Primat in der gesammten christlichen Kirche

---

[1]) Vgl. Neander I. 2. S. 687—695.
[2]) S. 697. Gieseler Lehrb. d. Kirchengesch. I. 2. S. 155 ff.
[3]) Neander S. 700.
[4]) Theoph. zu 440. Vgl. Neander S. 705 und dazu Gregorovius S. 214.
[5]) Theoph. 439. Neander S. 696.

erhob.⁶) Leo gab nämlich dem Dioscurus, gleich nachdem dieser Bischof geworden war, sowohl deutlich zu verstehen, dafs, da sie „eines gemeinsamen Körpers und Glaubens" seien, hinsichtlich der Lehre und Einrichtungen kein Unterschied zwischen ihnen bestehen dürfe und dafs selbstverständlich der Inhaber des Stuhles Petri hierin mafsgebender sei als der Nachfolger des Marcus, als auch trat er ihm späterhin in der Auffassung von den Naturen Christi energisch entgegen.⁷)

Der Anlafs zu den Streitigkeiten aber⁸), in welchen diese drei Bischöfe die Haupthandelnden waren, ging von den Mönchen aus, bei denen merkwürdigerweise, obwohl sie die eifrigsten Gegner des Nestorius gewesen waren, der Monophysitismus am meisten Eingang gefunden hatte, und deren Haupt der hochbetagte Archimandrit Eutyches⁹) in Constantinopel war, ein Mann von beschränktem Verstande, welcher das Nebeneinandersein des Göttlichen und Menschlichen in Christo nicht zu erfassen vermochte. Auf ihn erfolgte mit derselben orientalischen Unversöhnlichkeit wie einst auf Nestorius der erste Angriff und zwar von dem Bischof Eusebius¹⁰) von Dorylaeum, welcher schon als Laie gegen Nestorius in der Sophienkirche aufgetreten war. Als Flavian mit seinen Suffraganbischöfen am 8. November 448 eine Synode¹¹) zur Schlichtung eines Streits zwischen Florentinus von Sardes und zwei anderen Bischöfen zu Constantinopel abhielt, überreichte ihm Eusebius eine Schrift, in welcher Eutyches der Irrlehre beschuldigt wurde. Vergeblich versuchte Flavian, welcher ahnte, dafs diese Angelegenheit von neuem die orientalische Kirche verwirren würde, den Bischof von seinem Vorhaben abzubringen und ihn zu

---

⁶) Neander S. 704 ff. Böhringer a. a. O. S. 170—310. Vgl. Nov. Valent. III. tit. XVI. de episcoporum ordinatione (445.)

⁷) S. Leonis Magni opera curantibus Petro et Hieronymo Fratribus Balleriniis. Venedig 1753. I. ep. 9. Cum enim beatissimus Petrus apostolicum a domino acceperit principatum et Romana ecclesia in eius permaneat institutio, nefas est credere, quod sanctus discipulus eius Marcus, qui Alexandrinam primus ecclesiam gubernavit, aliis regulis traditionum suarum decreta formaverit, cum sine dubio de eodem fonte gratiae unus spiritus et discipuli fuerit et magistri nec aliud ordinatus tradere potuerit quam quod ab ordinatore suscepit etc.

⁸) Für das Folgende wurde aufser dem Genannten Hefele Conciliengeschichte S. 317 ff. benutzt.

⁹) Theophan. zu 440. Euagrius I. 9. Vgl. Alcimi Ecdisii Aviti Viennensis episcopi opera in Mon. Germ. hist. auct. antiq. tomi VI. pars posterior. 1883 ed. Rud. Peiper, S. 15 ff. Contra Eutychianam haeresim libri duo. (An den König Gundobadus 512 oder 513).

¹⁰) Vgl. Neander S. 698; dagegen Hefele S. 319.

¹¹) Die folgenden Verhandlungen s. bei Mansi VI. 649 ff. Harduin II. S. 10 ff.

einer persönlichen Ausgleichung mit Eutyches zu bewegen. Infolge
dessen sah sich Flavian genötigt die Anklage anzunehmen und den
Beklagten vor den Richterstuhl der Synode zu fordern. Trotz mehr-
facher Vorladung erschien Eutyches unter leeren Entschuldigungen
nicht, sondern suchte im geheimen die Vorsteher der übrigen Klöster
der Hauptstadt für seine Ansicht zu gewinnen. Als er aber endlich
am letzten Termin, am 22. November, vor der Synode erschien, hatte
er inzwischen durch den Einfluſs des Chrysaphius den Kaiser und
Hof aufser Pulcheria auf seine Seite gezogen; denn der Kaiser gab
ihm, ein Akt des höchsten Miſstrauens gegen die Synode, eine militärische
Begleitung zum Beratungshause und den Geheimrat Magnus mit,
welcher den versammelten Bischöfen eine kaiserliche Botschaft über-
brachte.¹²) In derselben sagte Theodosius, es sei sein lebhafter
Wunsch, daſs der Frieden der Kirche und die orthodoxe Lehre erhalten bliebe, wie sie zu Nicaea und Ephesus von den Vätern festgesetzt sei; zu diesem Zwecke werde der als rechtgläubiger Mann
bekannte Patricius Florentius¹³) den Beratungen beiwohnen.

Obgleich in dieser letzten Maſsregel eine schwere Beleidigung für
die Bischöfe lag, da sonst nur kaiserliche Kommissare zur Aufrecht-
erhaltung der Ordnung bei den Verhandlungen zugegen gewesen waren,
so wurde doch in die Beratung eingetreten, deren Grundlage der
von Cyrill an die orientalischen Bischöfe über sein Glaubensbekenntnis
gerichtete Brief abgab. Eutyches versuchte die darauf an ihn gestellte
Frage, wie er sich dazu in seiner Meinung verhalte, zunächst zu umgehen, erklärte aber endlich von Florentius in die Enge getrieben, er
glaube, daſs der Herr vor der Fleischwerdung zwei Naturen, nach
derselben nur eine Natur gehabt habe. Auf diese Erklärung hin wurde
er seines Vorsteher- und Priesteramtes entsetzt und exkommuniziert.¹⁴)
Aber Eutyches beruhigte sich bei diesem Entscheide nicht, sondern
rief die Hülfe einiger anderer fern wohnender Bischöfe an; und so
wandte er sich auch an Leo in einem Schreiben, in welchem er behauptete, während der Verhandlungen an das Urteil des römischen
Bichofs appelliert zu haben, und ihn beschwor ihn gegen seine
parteiischen Richter in Schutz zu nehmen.¹⁵)

---

¹²) Mansi VI. S. 730—734. Harduin S. 158 ff. Neander S. 699.
¹³) Florentius war praef. pr. zuerst 428. (Cod. Theod. XV 8, 2.), Consul
429, dann wieder prf. pr. 438. (De Theod. cod. auctor. und Nov. Theod. tit. III;)
dann verschwindet sein Name aus den öffentlichen Akten. Vgl. Sievers S. 437.
¹⁴) Mansi S. 746—754 und Harduin S. 167—172.
¹⁵) ep. 21: Rogabam ut innotescerent ista Sanctitati vestrae et quod vobis
videretur, iudicaretis, omnibus modis me secuturum quae probassetis.

Zu gleicher Zeit benachrichtigte auch Theodosius den römischen Bischof von dem Ereignis, so dafs Leo unmutig und kategorisch den Patriarchen Flavian aufforderte[16]), ihm einen authentischen Bericht einzusenden, damit er klar sehen und urteilen könne. An den Kaiser aber schrieb Leo, er freue sich in Theodosius nicht nur einen „königlichen", sondern auch „priesterlichen" Sinn zu erkennen, doch vermöge er nicht einzusehen, warum Eutyches abgesetzt sei.[17]) Auch kam Flavian dem Verlangen Leos sogleich nach[18]), übersandte ihm die Akten, erklärte die Behauptung des Eutyches, er habe an Rom appelliert, für erlogen und sprach die Hoffnung aus, dafs Leo dem Urteil zustimmen und es nicht nötig sein werde ein Konzil zu berufen. Inzwischen hatte Eutyches durch die Gunst des Eunuchen den Kaiser immer mehr von der Gerechtigkeit seiner Sache überzeugt, so dafs Theodosius gegen sonstigen Brauch durch eine aus Geistlichen und Laien gemischte Kommission[19]) die Synodalakten untersuchen liefs, weil Eutyches behauptete, sie seien von den Notaren des Flavian unrichtig geführt worden. Allein die Verhandlungen ergaben keinen Anhalt für diese Beschwerde, nur wurde auf ein erneutes Gesuch des Verurteilten festgestellt, dafs bevor Eutyches sich in der letzten Sitzung stellte, seine Verurteilung wegen Nichterscheinens bereits beschlossen und ausgefertigt war. Als aber alle diese Versuche an dem Urteil nichts zu ändern vermochten, setzten Chrysaphius, welcher mit Dioscurus aus naheliegenden Gründen eng befreundet war, und seine Partei die Berufung eines allgemeinen Konziliums durch.[20])

Schon am 30. März 449 wurden die Einladungen an die Patriarchen versandt, in welchen, wie wir aus dem an Dioscurus gerichteten und erhaltenen Schriftstück[21]) ersehen, diese aufgefordert wurden, mit je 10 Metropoliten und 10 anderen Bischöfen sich bis zum 1. August in Ephesus einzufinden; doch bewiesen zwei andere Mafsregeln des Kaisers, dafs er sich ganz in den Händen der ägyptischen Partei befand und, im Gegensatz zu der ersten Synode zu Ephesus, hier nicht wenigstens auch nach Kräften sich bemühte über den Streitenden zu stehen. Denn, während die Zulassung des in den Nestorianischen Streitigkeiten mehrfach hervorgetretenen Bischofs Theodoret von Kyros

[16]) ep. 23.
[17]) ep. 24. 18. Febr. 449: cum studere debuerit (Flavian) primitus nobis (Leo) cuncta reserare.
[18]) ep. 26. März 449.
[19]) Mansi VI. S. 753 ff. Neander S. 700.
[20]) Theoph. 440. Euagrius I. 10.
[21]) Mansi S. 588.

von der Entscheidung des Dioscurus[22]), welcher zum Präsidenten ernannt war, abhängig gemacht wurde und die Mitglieder der Synode von Constantinopel nicht mit abstimmen durften, verfügte Theodosius andererseits ohne die Synode zu fragen, dafs auch der syrische Archimandrit Barsumas Sitz und Stimme haben solle, weil in einigen Gegenden des Orients nestorisch gesinnte Bischöfe mit rechtgläubigen Äbten in Streit geraten seien. Leo hatte seine Einladung am 13. Mai erhalten[23]) und bestätigte deren Empfang in einem Briefe an den Kaiser Theodosius[24]), erklärte aber wegen der nur kurz bemessenen Frist bis zur Eröffnung der Synode und der Zeitlage nicht persönlich erscheinen zu können, in der That aber, um durch seine Vertretung durch Gesandte dem Gedanken, dafs der römische Bischof über den anderen stehe und keinen Zweifel in Bezug auf den Glauben habe, mehr Geltung zu verschaffen.[25]) Er bestellte daher zu seinen Vertretern den Bischof Julius von Puzzuoli, den Presbyter Renatus, den Diacon Hilarius und den Notar Dulcitius, welche zugleich seine Briefe an Flavian, den Kaiser und Pulcheria überbringen sollten. Von diesen hat das Schreiben an Flavian[26]) die gröfste Bedeutung, weil Leo in demselben, nachdem er das Verhalten des Eutyches aus dessen Unkenntnis der heiligen Schrift erklärt und ihn der Begnadigung empfohlen hatte, zunächst dem Bischof Flavian, dann aber auch dem Kaiser hierin zu wissen geben wollte, „was die katholische Kirche insgemein über das Sakrament der Fleischwerdung Christi lehre."[27]) Hier tritt also zum ersten Mal die eingestandene Anmafsung des römischen Bischofs auf in Sachen des Glaubens der berechtigte Richter für die ganze Christenheit, d. h. wie heute ex cathedra unfehlbar zu sein. Auch an die Synode hatte Leo ein Schreiben[28]) bestimmt, in welchem er die Bischöfe bat mit besserer Einsicht den Irrtum zu zerstreuen und

---

[22]) Vgl. Neander S. 702.
[23]) ep. 31. [24]) ep. 29.
[25]) Er schreibt ep. 31 an Pulcheria 13. Juni 449: Theodosius episcopali concilio niminum breve et angustum tempus indixit diem Kalendarum Augustarum praestituendo conventui cum a III. Id. Mai, quo eius scripta suscepimus, maior pars reliqui sit temporis absumenda, ut profectis sacerdotum qui negotiis sufficiant, valeat ordinari. Selbst zu kommen verhindert ihn die Zeitlage, etiam si secundum aliquod praecedens exigeretur exemplum. Vgl. ep. 37 und Böhringer S. 216.
[26]) ep. 28 vom 13. Juni. Eutych. nennt er multum imprudens et nimis imperitus.
[27]) ep. 29. Die ep. dogm. ist abgedruckt lat. und deutsch bei Hefele S. 353 ff. Mansi V. 1366 ff.
[28]) ep. 33.

den Eutyches, falls er widerrufe, in den Schofs der Kirche wiederaufzunehmen; auch weist er hier ebenso wie in seinem Briefe an den Kaiser auf seine Epistola dogmatica hin.

Inzwischen kam der Eröffnungstermin heran, und die Bischöfe versammelten sich in den ersten Tagen des August 449 in Ephesus. Die kaiserlichen Kommissare, der Comes Elpidius und der Tribun Eulogius, welche beauftragt waren, ebenso wie einst Candidian über die Ordnung während der Verhandlungen zu wachen, doch die Richter des Eutyches an der Abstimmung nicht teilnehmen zu lassen, trafen ebenfalls ein.[29] So konnte denn am 8. August die zweite Synode[30]) zu Ephesus eröffnet werden, welche Leo bereits ein „Räuberkonzil"[31]) genannt hat. Es waren auf derselben etwa 135 Bischöfe anwesend, welche, wie es scheint, an einem Tage die Hauptverhandlung über Eutyches und die Absetzung Flavians vornahmen. Aber aufser diesem bot die Synodalversammlung einen gegen die früheren ganz abweichenden Anblick dar, denn es waren fortwährend in der Kirche bewaffnete Soldaten, die Mönche des Barsumas und jene durch den Mord der Hypatia hinlänglich gekennzeichnete Schar der Parabolanen erschienen, die Trabanten des alexandrinischen Bischofs.[32]) Während Dioscurus den Vorsitz hatte, wurden die Beratungen[33]) von dem Notarius Johannes geleitet. Nach der Verlesung des kaiserlichen Einladungsschreibens begrüfsten die Vertreter des römischen Bischofs durch den Bischof Florentin von Sardes als Dolmetscher die Synode im Namen Leos, doch wufste Dioscurus sowohl jetzt als auch später die Mitteilung des von Leo an die Synode gerichteten Schreibens und der epistola dogmatica zu verhindern.[34]) Ebenso liefs er ein näheres Eingehen auf den Glauben, wie es Julius von Puzzeoli beantragte, nicht zu, sondern er verlas nur die Entscheidungen des Konzils von Nicaea und Ephesus, welche teilweise von den Anwesenden mit Beifall aufgenommen wurden. Darauf wurde trotz der Forderung des Flavian, dafs Eutyches selbst verhört werde, über das schriftliche Glaubensbekenntnis desselben verhandelt und die Akten der Synode zu Constantinopel verlesen; sodann beantragte Dioscur eine Abstimmung, ob Eutyches in sein Amt wiedereingesetzt werden solle oder nicht, und in der That erklärten sich 114 Bischöfe dafür.

---

[29]) Mansi S. 596.
[30]) Ihre Akten S. 606 ff.
[31]) ep. 95. Vgl. Theoph. 441: σύνοδος λῃστρική.
[32]) Mansi S. 827 ff.
[33]) Vgl. Neander S. 702 ff.
[34]) ep. 44 Leos.

Waren aber die Verhandlungen bisher, abgesehen von den Willkürlichkeiten und der schreienden Stimme des Dioscur, verhältnismäfsig ruhig verlaufen, so bot sich nunmehr den kaiserlichen Kommissarien ein Schauspiel dar, wie es so unwürdig nie eine Versammlung christlicher Bischöfe wieder gezeigt hat. Zunächst nahte sich der Synode eine Deputation der Mönche des Eutyches, welche sich über die Absetzung ihres Abtes und über Flavian beklagten, dann forderte Dioscur, nachdem die dogmatischen Verhandlungen des ersten ephesinischen Konzils verlesen waren, die Anwesenden auf ihr Urteil schriftlich abzugeben, ob die, welche diese Bestimmungen vernachlässigten und anders lehrten, abzusetzen seien. Als sich nun manche, um der Verurteilung Flavians aus dem Wege zu gehen, entfernen wollten, da stellte sich Dioscur auf einen erhöhten Platz und rief: „Wer nicht unterschreibt, hat es mit mir zu thun!" und als einige seine Kniee umklammerten und ihn beschworen sich zu mäfsigen, liefs er die Schergen des Proconsuls mit Ketten eintreten.[35]) Da unterschrieb die Mehrzahl das noch unbeschriebene Papier, das man ihnen bot, und die sich weigerten, mufsten die Nacht in Gesellschaft von Soldaten und Mönchen in der Kirche zubringen.[36]) Als Dioscur so den Flavian und Eusebius für abgesetzt erklärt hatte, Flavian dagegen protestierte und an den römischen Bischof appellierte[37]), wurde er von den Dienern des Dioscur so mifshandelt, dafs er bald darauf in Epipa in Lydien den Geist aufgab.[38]) Aufser ihm wurden noch die Bischöfe Theodoret von Kyros, Domnus von Antiochia, Daniel von Karrhae, Irenaeus von Tyrus und Aquilinus von Byblos abgesetzt[39]), und somit hatte Dioscur vorläufig seine Ziele, die syrische Lehrrichtung zu unterdrücken und auf die Besetzung des Patriarchenstuhls von Constantinopel Einflufs zu gewinnen, unter Zulassung des Kaisers und mit Anwendung roher Gewalt erreicht; denn in einem uns noch erhaltenen Edikt bestätigte Theodosius die Beschlüsse der Synode und befahl keinen Anhänger des Nestorius oder Flavian in Zukunft zum Bischof zu wählen.[40])

Inzwischen hatte Leo durch seinen Diacon Hilarius, welcher entsetzt aus der Synode geflohen war[41]), von dem gewaltthätigen Siege des Dioscur gehört und hielt es, auch von Theodoret dazu lebhaft auf-

---

[35]) Mansi S. 827 ff.
[36]) S. 623 ff.
[37]) Vgl. Hefele S. 378 Anm.
[38]) Marc. Com. Prosp. 449.
[39]) Vgl. Neander S. 703.
[40]) Mansi VII. S. 495.
[41]) ep. 44—46.

gefordert, daher für seine Pflicht Theodosius seine Meinung über die Synode nicht zu verhehlen; er that dies in einem vom 13. Oktober 449[42]) datierten Schreiben und hat ihn nach Italien ein allgemeines Konzilium auszuschreiben. Zugleich berief er eine abendländische Synode nach Rom, welche die Beschlüsse der ephesinischen für ungiltig erklärte, während er jenen Wunsch noch einmal brieflich am 25. December an Theodosius aussprach.[43]) Als aber alle seine bisherigen Schritte ohne Erfolg blieben, benutzte er die Anwesenheit der Placidia, Valentinians und Eudoxias in Rom gelegentlich einer kirchlichen Feier, um die weltliche Gewalt des Occidents zu einer ernstlichen Verwendung in der Angelegenheit des Flavian zu bewegen.[44]) Dies wurde die Veranlassung zu einem Briefwechsel zwischen den Kaisern und den Augustae der beiden Reiche, welcher insbesondere dem alternden Theodosius als dem Schwiegervater des Valentinian sehr unangenehm sein und das gute Verhältnis zwischen ihnen trüben mufste. Denn Theodosius antwortete Valentinian[45]), er habe keine Veranlassung die Entscheidung der Synode zu ändern, da auf derselben nur nach der Regel und Gerechtigkeit verfahren und Flavian nur nach Gebühr bestraft sei, in ähnlicher Weise fiel auch seine Antwort an Placidia[46]) aus, während die an seine Tochter Eudoxia am kürzesten gehalten ist.[47]) Bei einem so ablehnenden Verhalten des Kaisers fand auch der von ihm zum Nachfolger des Flavian ernannte Bischof Anastasius[48]) nicht ohne weiteres die Anerkennung Leos, sondern dieser verlangte, dafs Anastasius erst vor dem gesammten Klerus und Volke von Constantinopel sich offen zu dem allgemeinen Glauben, hier also dem des römischen Bischofs, bekennen sollte.[49]) Aber bevor noch Leo's Gesandten[50]) in Constantinopel eintrafen, waren durch den Heimgang Theodosius II. die politischen wie religiösen Anschauungen am dortigen Hofe ganz andere geworden.

Auch die Jahre nach dem letzten Einfall der Hunnen hatten

---

[42]) ep. 43.
[43]) ep. 50. 54.
[44]) ep. 55. Ende Februar. Val. an Theod. 56. Galla Pl. an Theod. 57. Eudoxia an ihren Vater. 58. Plac. an Pulcheria, alle desselben Inhalts.
[45]) ep. 62. [46]) ep. 63.)
[47]) ep. 64. Theoph. 441.
[48]) ep. 53. Anastasius berichtet seine Wahl an Leo.
[49]) ep. 69. ut sinceram communis fidei professionem, absolutissima subscriptione, coram omni clero et universa plebe declares, apostolicae sedi et universis Domini sacerdotibus atque ecclesiis publicandum.
[50]) Ebend. Die Bisch. Abundius und Asterius, die Presbyter Basilius und Senator; sie sollten der Erklärung des Anast. beiwohnen.

Theodosius nur aufregende Ereignisse und mancherlei Sorgen gebracht, denn bei seiner ihm eigentümlichen Geistesbildung, welche von Jugend an aufs Religiöse gerichtet war, hatte ihn die Eutychianische Streitfrage nicht nur als Regenten, sondern auch als Menschen mächtig angegriffen, um so mehr, als er sich durch die Einwirkung des Chrysaphius zu sehr auf die Seite des Dioscurus hatte ziehen lassen und nun durch die fortgesetzten Mahnungen von seiten des römischen Bischofs und gar des ganzen weströmischen Hofes doch in seiner festgegründeten Meinung schwankend gemacht wurde. Mit diesem Schwanken in seiner Auffassung der Ergebnisse des ephesinischen Konzils hängt auch die Thatsache[51]) zusammen, dafs der allmächtige Eunuch noch kurz vor dem Tode des Kaisers seiner Stellung enthoben und in die Verbannung geschickt wurde, obwohl er bereits durch die Ermordung des Vandalen Johannes[52]) in Thracien, von dem wir allerdings sonst nichts wissen, dem Kaiser Veranlassung zur Klage gegeben hatte. Ihm arbeitete am Hofe die Partei der ehrgeizigen Schwester Theodosius II., der Augusta Pulcheria, entgegen, deren bisheriger Einflufs durch den Eunuchen eingeschränkt worden war, und so war es denn Pulcheria, welche in den letzten Monaten der Regierung des Theodosius wieder unumschränkt über den Monarchen gebot.[53])

Doch aufser der Sorge um das Wohl der orientalischen Kirche beschäftigte den Kaiser auch die Furcht vor inneren Unruhen, welche von dem kommandierenden General des Orients drohten. Denn der Konsular Zeno fühlte sich durch die Konfiskation der Güter, welche die von ihm an seinen Freund Rufus gegebene Tochter des Saturninus getroffen hatte, aufs äufserste beleidigt, zumal er Constantinopel und den Kaiser bei einem Einfall der Hunnen, wahrscheinlich 442, mit seinen tapferen Isaurern vor jeglicher Gefahr behütet hatte. Sein Zorn richtete sich zunächst gegen den Eunuchen Chrysaphius, in welchem er den Urheber dieser ihn verletzenden Mafsregel wufste, dann aber liefs er sich auch zu Handlungen hinreifsen, welche in Theodosius den Argwohn erregten[54]), als ob der General an Abfall und eine offene Empörung denke, deren Herd die Landschaft Isauria, wie so oft, war. Schon hatte Theodosius den erprobten Vertrauten Maximinus beauftragt nach Asien zu gehen und die isaurischen Ortschaften mit den Landtruppen zu besetzen, während eine grofse Flotte einem etwaigen

---

[51]) Theoph. 442. — Noch 450 wurde er auf Befehl der Pulcheria nach Theodosius Tode hingerichtet. Marc. Com. Chron. Pasch. 450. f.

[52]) Theoph. zu 438. Vgl. Marc. Com. 441. Chron. Pasch. Sievers S. 434.

[53]) Vgl. Theoph. 442.

[54]) Priscus frgm. 14.

Versuch des Zeno den Kampf zur See fortzusetzen entgegentreten sollte[55]), da wurden diese Anordnungen im letzten Augenblick zurückgenommen, weil der Kaiser anderweitige wichtige Nachrichten erhalten hatte, welche seine Aufmerksamkeit und Streitkräfte nach der entgegengesetzten Richtung in Anspruch nahmen.

Denn es konnte der oströmischen Regierung, deren Provinzen Moesien, Dacien und Scythien nun wieder an den Ister stiefsen und dem Hunnenlande benachbart waren, nicht entgehen, dafs am Hofe Attilas ein neuer gewaltiger Feldzug vorbereitet werde, doch schien es nicht sicher, gegen wen er gerichtet war. Die letzten Beziehungen zu Attila waren höchst friedlicher Natur gewesen. Denn dieser hatte sich sogar persönlich bemüht den römischen Gesandten, Anatolius und Nomus, sich gefällig zu erweisen, doch bei der wechselvollen Stimmung, welche der Barbar Ostrom gegenüber so oft bewiesen hatte, war mit Gewifsheit eine kriegerische Absicht desselben nicht von der Hand zu weisen; denn es war nicht anzunehmen, dafs Attila das gegen sein Leben gerichtete Komplott des Eunuchen vergessen haben sollte. Allerdings war mehr Grund zu der Vermutung vorhanden, Attila gedenke diesmal gegen den Occident einen Schlag zu thun, denn die enge Freundschaft, welche ihn mit dem eigentlichen Gebieter Westroms, mit Actius, verband, beruhte nur auf den gemeinsamen Vorteilen, welche ihnen ihre Verbindung gegen andere gab, und hatte in den letzten Jahren einen bedenklichen Rifs erhalten. Wie konnte auch Actius der Einnahme Sirmiums mitten im Frieden, die wir 442 ansetzen müssen, vergessen und anders auffassen als einen indirekt gegen ihn gerichteten Hieb! und wie wenig freundschaftlich war es, wenn Attila um einer so geringfügigen Sache willen, wie es die Kirchengeräte dieser Stadt waren, dem weströmischen Hofe so viele Verlegenheiten bereitete und im Falle, dafs ihm sein Wille nicht geschehe, mit Krieg drohte.[56])

Persönlicher aber wurde die Spannung zwischen diesen bedeutendsten Männern des fünften Jahrhunderts, als die beiden Söhne des letzten Königs der ripuarischen Franken im Streit um die Erbfolge, der eine nach Rom, der andere an Attila sich wandten[57]), denn hier griff Attila in eine Rom am nächsten angehende Angelegen-

---

[55]) Joh. Antioch. frgm. 199, setzt dieses frgm. offenbar fort.
[56]) Vgl. Priscus frgm. 8. Zu der ganzen Ausführung Haage S. 26 ff. v. Wietersheim S. 242 ff.
[57]) Priscus frgm. 16. Vgl. v. Wietersh. S. 243. Zu der Angelegenheit der Honoria vgl. Priscus frgm. 15 und 16. Joh. Ant. frgm. 199, 2. Jord. c. 42. Marc. Com. 434. Thierry S. 133—135.

heit ein. Je mehr sich aber Attila und Aëtius entfremdeten, desto inniger wurde dagegen das Verhältnis des letzteren zu Theodorich [58]), dem Könige der Rom einst so feindlichen Westgothen, der ebenfalls durch eine Verkettung besonderer Umstände die Macht des Hunnenkönigs fürchten mufste. Denn Gaiserich, welcher die Tochter des Theodorich, seines Sohnes Hunnerich Gemahlin, auf den blofsen Verdacht einer beabsichtigten Vergiftung hin mit abgeschnittener Nase und verstümmelten Ohren Theodorich zurückgesandt hatte [59]), war mit Recht um die Rache des gekränkten Vaters in Sorge und lag schon seit längerer Zeit seinem ehemaligen Bundesgenossen Attila mit reichlichen Geschenken [60]), denen der Hunnen bekanntlich sehr zugänglich war, an, durch einen Krieg mit den Westgothen diese ihm fernzuhalten. Aber auch ein gegen die Westgothen gerichteter Zug mufste Westrom und damit auch das Ostreich in Mitleidenschaft ziehen, und Theodosius that daher ganz recht daran, seine Streitkräfte nicht in inneren Wirren zu zersplittern, sondern zu einer energischen Abwehr äufserer Feinde bereit zu halten.

So stand er am Vorabend eines welthistorischen Ereignisses, dessen Bedeutung er wohl ahnte, aber dessen Ziel ihm verborgen war: da bereitete ein unvorhergesehener Unfall dem Leben des noch nicht fünfzigjährigen Fürsten ein jähes Ende. Es war Ende Juli des Jahres 450, als Theodosius sich zur Jagd, der einzigen körperlichen Übung, welche er sich trotz seines wenig männlichen Wesens bis zuletzt gestattete, in die Umgegend von Constantinopel begab und in der Nähe des Flüfschens Leucos [62]) so unglücklich vom Pferde stürzte, dafs er sich das Rückgrat verletzte und in einer Sänfte in die Stadt befördert werden mufste. Bei der Eigentümlichkeit der Verwundung war eine Heilung von vornherein ausgeschlossen, doch hatte er noch Zeit genug, seine Anordnungen für die Zukunft des Reiches zu treffen. Von lieben Verwandten war niemand weiter um ihn als Pulcheria, mit der er in den letzten Monaten wieder mehr in Eintracht gelebt

---

[58]) Vgl. Idac. 451.
[59]) Jord. c. 36. Vgl. Papenkordt S. 81.
[60]) ibid. multis muneribus ad Vesegotharum bella praecipitat. . . . Attila igitur dudum bella concepta Gizerichi redemptione parturiens.
[61]) Das blofse Faktum bei Prosp. Aquit. Prosp. Tiro; Marcell. Com. Ausführlicher Chron. Pasch. Joh. Malal. Theoph. Cedren. Niceph. XIV. 58. — In den Juni setzt Theoph. das Ereignis; auf den 28. Juli Theodoret lat. II. fin., aus den Novell. ist nichts zu entnehmen.
[62]) Hammer Const. und der Bosporus I. S. 15. Der Leucos ist einer der zahlreichen Bäche, welche in resp. bei Constantinopel münden; er durchschneidet die Stadt in ihrer ganzen Breite.

hatte; noch 449 war die andere Schwester Marina[63]) ihm ins Grab vorangegangen, und seine Gemahlin Eudocia[64]) führte in der Verbannung zu Jerusalem ein der Poesie, religiösen Übungen und Händeln gewidmetes Dasein und war seinem Herzen längst entfremdet, an dem der Stachel der Eifersucht unablässig nagte; denn Theodosius hatte die griechische Professorentochter einst heifs geliebt. Aber ihre Ehe war auch äufserlich nicht gesegnet gewesen, da aufser Eudoxia dem Kaiserpaar kein Kind geboren wurde, und doch wie herzlich werden sie den Sohn erfleht haben, der das Reich Theodosius des Grofsen ererben und in seiner Linie fortpflanzen sollte. Darum besonders fiel das Abscheiden dem Fürsten so schwer, da mit ihm der einzige männliche Sprofs des kaiserlichen Hauses ins Grab stieg, denn auch seine Tochter Eudoxia hatte ihrem Gatten nur Töchter[65]) geschenkt.

Da trat nun die schwerste der Fragen noch auf dem Sterbebette an Theodosius heran, wem er das oströmische Reich, das seit 379 im Besitze der Theodosianischen Dynastie war, hinterlassen solle? Das Nächstliegende wäre bei der Auffassung, welche Theodosius II. von der Einheit des ganzen Römerreichs hatte, und welcher er durch die Hülfesendungen in den Occident und durch die Eroberung des Erbteils des Honorius den beredtesten Ausdruck verliehen hatte, gewesen, dafs, beim gänzlichen Mangel eines männlichen Thronerben sowie der Hoffnung auf einen solchen durch Pulcheria, die Osthälfte an den Occident und an Valentinian III. gefallen wäre, da dieser zugleich der Schwiegersohn des Theodosius war und seine Gemahlin ihm vielleicht noch einen Sohn schenken konnte. Aber gegen eine so natürliche Lösung des Knotens sprach mancherlei, denn einmal war die Trennung der Reiche, wenn auch offiziell die Einheit in der gemeinsamen Kanzleisprache und den gemeinsamen Gesetzeserlassen aufrecht erhalten wurde, doch unmerklich in dem Bewufstsein des oströmischen Volkes stetig weiter fortgeschritten, das selbst nur griechisch noch sprach und nur griechisch seine religiöse Speise empfing. Ferner war die hohe Hofgesellschaft wie auch das Heer gewifs nicht geneigt ihren Herrn fortan in Rom zu suchen, und endlich würden die Bewohner der Hauptstadt sich schwer an den Gedanken gewöhnt haben, dafs Constantinopel nicht mehr die Residenz eines Kaisers sein solle. So sprachen sehr viele Gründe gegen eine natürliche Lösung der Frage,

---

[63]) Marcell. Com.
[64]) Vgl. Gregorovius S. 222 ff. Sie starb wahrscheinlich erst 460. S. 260.
[65]) Eudocia und Placidia; über die Nachkommen der letzteren vgl. die Stammtafel bei Sievers S. 529.

welche in anderer Weise durch die energische Tochter des Arcadius, Pulcheria, zum Austrag gebracht wurde.

Denn sie am allerwenigsten konnte und wollte vergessen, dafs sie mit kurzen Unterbrechungen seit den Jahren ihrer jungfräulichen Reife die Zügel der Regierung in den Händen gehabt hatte; wie konnte sie sich daher an die Aussicht gewöhnen, nunmehr ganz in den Hintergrund treten zu müssen! Aber andererseits war es ebenso unmöglich, dafs sie als Frau dem Ostreiche gebot, und deshalb durchaus nötig, dafs sie sich einen Gemahl gab, der mit ihr, wenn auch nicht das Bett, so doch den Kaisertitel und die kaiserliche Gewalt teile. Da galt es für sie noch einen schweren Kampf, nämlich das Gelübde der ewigen Jungfräulichkeit zu brechen, welches sie einst als Mädchen gethan hatte, doch vor der Staatsraison mufste dies Bedenken schwinden, um so mehr, da sie bei ihrem hohen Alter von über fünfzig Jahren für ihre Virginität kaum mehr zu fürchten hatte.[66]) Auch fiel ihre Wahl auf einen Mann, der ihrem Herzen und ihren Neigungen wohl zusagen konnte, auf den Senator Marcianus[67]), einen als gottesfürchtig und ernst im Volk und Heer bekannten und beliebten Greis, welchem allerdings infolge seiner Laufbahn vom einfachen Soldaten aufwärts das höfisch-feine Wesen abging. Diese Entschliefsung mufste schnell geschehen, wenn anders sie die Bestätigung des Theodosius empfangen sollte, und wirklich war es dem Sterbenden noch vergönnt den Marcian an seinem Bette zu sehen, wohin inzwischen der Magister militum Aspar[68]), nächst Zeno die wichtigste militärische Persönlichkeit Ostroms, und die übrigen Senatoren zusammenberufen waren. In dem Zustande, in welchem sich der Kaiser befand, den Blick bereits auf eine bessere Zukunft gerichtet, konnte die Entscheidung ihm, der nichts that, ohne sich mit Gott zu beraten, wohl als eine Eingebung von oben erscheinen[69]), und so

---

[66]) Bei Theoph. a. a. O. läfst Pulcheria ihn rufen und sich versprechen ihre Jungfräulichkeit schonen zu wollen. Dsgl. bei Cedren 42.

[67]) Prosp. Aquit. vir gravissimus et non solum reipublicae, sed etiam ecclesiae pernecessarius. Theoph. nennt ihn ἐνάρετος (in den Worten der Pulcheria.) Ähnlich Cedren, aber ἄπειρος παιδείας τῆς ἔξωθεν. Zu seiner Vorgeschichte vgl. Procop. de bello Vand. I. 4. Euagrius II. 1: Thracier von Geburt, Sohn eines Soldaten; gottesfürchtig und gerecht. Vgl. Sievers S. 475 ff.

[68]) Vgl. Marc. Com. (consensione totius exercitus) und Idac. (Marcianus a militibus et ab exercitu instante etiam sorore Theod. Pulcheria regina efficitur imperator.)

[69]) Es wird auch berichtet, Theodosius habe kurz vor seinem Tode eine Reise nach Ephesus gemacht und sei hier vom hl. Johannes, dem Theologen

sprach er denn zu seinem künftigen Nachfolger: „Es ist mir von Gott eingegeben, dafs du nach mir Kaiser sein sollst!"[70]) Zwei Tage später[71]) verschied er nach einer Regierung von zwei und vierzig Jahren, welche die Segnungen des Friedens im Anfang und die Schrecken des Krieges am Ende gekostet hatte, fromm und ergeben, der letzte Herrscher Ostroms aus dem Geschlechte des grofsen Theodosius.

Der verstorbene Kaiser war ein Mann von mäfsiger Gröfse, hatte im Gegensatz zu seinem Vater grofse, schwarze und scharfblickende Augen, eine fein geschnittene, gerade Nase und dunkelblondes Haar.[72]) Seine Gesundheit war nicht die kräftigste, da seinem im Reiten und Fechten in der Jugend ausgebildeten Körper die spätere mönchisch abgeschlossene Lebensweise nicht zuträglich war; nur die Freuden der Jagd liebte er bis zu seinem Ende. Von all' dem Wissenswerten, welches er der Anordnung seiner Schwester Pulcheria verdankte, blieb ihm nur die Neigung für die Naturwissenschaften[73]), für Steine, Kräuter, Wurzeln und für Astronomie eigen; am meisten jedoch pflegte er die technischen Fähigkeiten der Malerei und Bildhauerkunst.[74]) War nach dem, was ihm im späteren Leben Freude machte, seine Ausbildung eine höchst vielseitige gewesen, welche allen Disziplinen gleichmäfsig Rechnung trug, so hatten doch alle Unterweisungen das Eine ihm nicht zu geben vermocht, was allein dem Herrscher frommen kann, den durchdringenden Verstand[75]), und nur leere Schmeichelei vermochte dem Sohne des Arcadius dieses Attribut beizumessen, welches ihm in der That völlig abging.[76])

Die Entwickelung seines Gemütes war wesentlich durch den frömmelnden Ton beeinflufst, welcher schon am Hofe Theodosius I., besonders aber unter Arcadius mafsgebend geworden war, denn bei einer aufrichtigen Frömmigkeit wären die Vorgänge in Constantinopel, welche sich um die Persönlichkeit des Patriarchen Johannes drehten, unmöglich gewesen. Dagegen kam die fromme Gesinnung[77]), welche

im Traume über die Frage, wer sein Nachfolger sein solle, belehrt worden. Joh. Mal. Cedren. Nicephor. XIV. 58.

[70]) Chron. Pasch. Bei Theophanes ist Th. schon tot, als Pulcheria Marcian ihre Entschliefsung mitteilt.

[71]) Chron. Pasch. Marcians Erhebung erfolgte am 25. August.

[72]) Cedren p. 395.

[73]) Prooem. der Kirchengesch. des Sozomenos.

[74]) Cedren p. 395. Joh. Antioch. frgm. 191.

[75]) Joh. Ant. a. a. O.

[76]) Socrat. VII. 22. Prooem. Sozom.

[77]) Socrates und Sozom. a. a. O. Theodoret V. 36 und 37.

Theodosius II. zu jeder Zeit zeigte, aus dem Grunde seines Herzens und sie war der Boden, aus welchem seine übrigen anziehenden Eigenschaften sich entwickelten. Dürfen wir einem dem Hofe nahestehenden Geistlichen in etwas trauen, so begann er bereits früh morgens den Tag, indem er im Verein mit seinen Schwestern Hymnen sang und dann Stellen der heiligen Schrift auswendig citierte; auch fastete er oft und bisweilen vier bis sechs Tage. Am liebsten führte er eine Unterredung mit Bischöfen oder Priestern über heilige Gegenstände, wobei ihm seine Bibelkenntnis gut zu statten kam. Aber dieser fromme Sinn äufserte sich auch in Verfügungen und Vorkommnissen mancherlei Art: Er trat der übertriebenen Verehrung der kaiserlichen Statuen und Bildnisse durch ein besonderes Edikt entgegen und verbot die Abhaltung von Spielen an Sonn- und Festtagen, selbst wenn sein eigener Namenstag auf einen derselben fiele.[77a]) Ungern unterzeichnete er Todesurteile und gewöhnlich erreichte der Gnadenerlafs den Bösewicht noch auf dem Wege zum Richtplatz: denn: „Es ist, sagte er, weder grofs noch schwierig, dafs ein Mensch einen Mensch tötet, aber einen Menschen aus Reue wieder auferwecken, das kann nur Gott!"[78]) Aus ebendemselben Grunde verweigerte er einmal den im Hippodrom versammelten Volke einen zum Tode Verurteilten mit den Tieren kämpfen zu lassen, wie er denn mehrfach die schaulustigen Bewohner der Hauptstadt bei gegebenen Anlässen aus dem Cirkus in feierlichem Zuge ins Gotteshaus führte. Als er einmal einem Mönche eine Bitte mehrmals abgeschlagen und dieser ihn schliefslich in der Hitze des Augenblicks exkommuniziert hatte, nahm er nicht früher am Mahle teil, als bis der Mönch aufgefunden war und sein hartes Wort zurücknahm.[79]) Auch die vielfachen Übertragungen der Reliquien von Aposteln und anderen heiligen Männern während seiner Regierung sind Beweise seines christlichen Sinnes.[80]) Die wahre Frömmigkeit äufsert sich vor allem in der Liebe zum Nächsten, und auch in der Ausübung dieser Pflicht finden wir den Kaiser stets neben seinen

---

[77a]) Cod. Theod. XV. 4, 1 und XV. 5, 5. Vgl. die entsprechende Verfügung des Honorius II. 8, 25.
[78]) Bei Socrat. VII. 22.
[79]) Theodoret V. 37.
[80]) Chron. Pasch. 415: Reliquien des Joseph und Zacharias. Theophanes zu 419: Zacharias und Steph. 430. Proclus überführt die Gebeine des Johannes. Cedren: Zacharias, Stephan, Laurentius im 19. Jahre der Regierung; im 35. die Gebeine des Jesaias. Nicephorus XIV. 8.: Zacharias, Stephan und die 40 Märtyrer. Vgl. Sozom. IX. 2. und IX. 17, wo ausführlich die Überführung des Zacharias und Stephan erzählt wird.

Schwestern, und es ist keine Stimme vorhanden, welche ihm die Freundlichkeit und Milde gegen jedermann nicht nachrühmte.[81])

Aber diese trefflichen Eigenschaften des Herzens wurden zu seinem und des Reiches Nachteil durch einen grofsen Mangel an Energie und eigener Willenskraft erheblich beeinträchtigt.[82]) Denn aufgewachsen wie sein Vater in den Mauern des Palastes und vorwiegend unter Frauen oder Verschnittenen hatte er die freudige Lust des Lebens im Feldlager und seine charakterbildende Macht nie kennen und lieben gelernt, und so blieb er sein ganzes Leben hindurch ein Spielball der Neigungen und Wünsche seiner Umgebung. Unter den Eunuchen, welche ihm am nächsten standen und ihren Einflufs am mächtigsten auf ihn auszuüben wufsten, werden uns die Namen des Antiochus des Persers, Amantius, eines zweiten Antiochus, Lausus und Chrysaphius genannt[83]), von denen der letztere durch den gegen Attila geschmiedeten Mord der Weltgeschichte angehört. Doch trat das Unwesen der Eunuchen unter ihm weit weniger hervor, weil über und neben denselben stets eine energische Hand in der Leitung der Geschäfte sich fühlbar machte, zuerst die des Anthemius und dann bis zuletzt die der Pulcheria, deren männlich angelegter Geist an Schärfe des Verstandes und Willenskraft den des Bruders bei weitem übertraf. Infolge dessen, da Theodosius selbst diesen Mangel fühlte, gab er sich den Regierungsgeschäften nicht mit der Pflichttreue hin, wie es sich für einen gewissenhaften Regenten geschickt hätte, sondern vertraute in allem so sehr der Schwester, dafs er meist nur seine Unterschrift hergab[84]), ohne die Schriftstücke vorher durchzulesen. Bezeichnend für seine Sorglosigkeit ist die Erzählung eines späteren Chronisten, welcher berichtet, Pulcheria habe ihm einmal ein Dokument vorgelegt, in welchem ihr in gesetzmäfsiger Form die Gemahlin des Kaisers Eudocia als Sklavin zugesprochen wurde, er habe es unterschrieben und sei sehr verwundert gewesen, als ihm Pulcheria den scherzhaften Trug offenbarte.[85])

Somit, allerdings weit weniger als sein Vater, allen Strömungen, welche am Hofe herrschten, fast willenlos überliefert, hat er durch seine Schwäche dem Reiche schmerzhafte Wunden in den religiösen

---

[81]) Socrat. VII. 22. Theodoret V. 36. Cedren p. 395. Dahin gehört auch die Zurückweisung derjenigen Erbschaften, welche nicht aus regelrechten Testamenten herrühren. Cod. Theod. IV. 4, 5. Vgl. G. S. 239. A.

[82]) Joh. Antioch. frgm. 191.

[83]) Cedren p. 395 und Zonaras XII. E. Vgl. Mal. XIV. Suidas v. Θεοδόσιος; Theoph. 436; Cedren 36.

[84]) Joh. Antioch.

[85]) Theophan. 441.

Wirren nicht ferngehalten; zwar schien ihn im Anfang des Nestorianischen Streites eine männliche Anwandlung zu ergreifen, doch sie hielt nicht lange vor und am Ende desselben war er nicht der entscheidende, sondern der, welcher gedrängt wurde. Noch verhängnisvoller wurde seine Schwäche, mit der sich bisweilen eine unbezwingliche Verranntheit und Hartnäckigkeit verband, in den Eutychianischen Wirren, da nur der Hinterhalt, welchen die Staatsgewalt dem Dioscurus gewährte, eine Synode herbeiführen konnte, in welcher die roheste Gewalt über die innerste Überzeugung den Sieg davontrug. Aber ein schwärzerer Fleck fällt auf seinen Charakter durch die Schwäche, mit welcher er sich dem Glauben an die Untreue der eigenen Gattin hingab; denn dieser Verdacht machte den sonst so milden Gebieter zu einem Wüterich, der im Zorn selbst das Leben des besten Freundes nicht schonte, und vor den Augen der ehemaligen Kaiserin Männer in geistlichen Gewande schonungslos niedermetzeln liefs. Man sieht, die entsetzliche Gemütskrankheit der römischen Caesaren brach auch bei diesem Kaiser, wenn auch in gelinderer Weise als bei seinem gleichnamigen Ahnen, gelegentlich wieder aus. Eine weitere Folge seiner geringen Willenskraft endlich ist die Demütigung[86]), welche Ostrom von seinen ärgsten Feinden, den Hunnen, erfuhr, da der Gebieter des Orients es mit seiner Würde vereinigen zu können glaubte, wenn er Attila einen riesigen Tribut zahlte und allen seinen Wünschen gehorsam nachkam. Geradezu verächtlich aber machte sich der Kaiser noch kurz vor seinem Tode, indem er wie immer den Plan seiner Vertrauten billigte und so selbst schuld daran wurde, dafs Attila ihn mit Recht der Begünstigung des Verrats und Meuchelmordes bezichtigen konnte.

Doch so schwach Theodosius selbst war und wenn sich auch an seinen Namen von bedeutenden Ereignissen nur die Codifizierung der kaiserlichen Konstitutionen knüpft, so darf die Zeit seiner Regierung von 408—450 keineswegs als eine traurige für seine Völker betrachtet werden, denn einmal standen neben ihm stets kräftige Geister an der Spitze der Verwaltung und des Heeres, andererseits begünstigte der Wille der Vorsehung in wunderbarer Weise fast alle seine Unternehmungen. Die Hunnen unter Uldes wurden über die Donau zurückgeworfen, die Perser in rühmlichem Kampfe zum Frieden genötigt, Westrom der Dynastie wiedergewonnen, eine Landerweiterung in Illyrien errungen; ja, es war Theodosius sogar vergönnt noch einmal dem Occident Hülfe gegen die Vandalen zu gewähren, und nur

---

[86]) Joh. Antioch. frgm. 191.

der Name des Attila liefs Ostrom erzittern. Innere Aufregungen brachten nur die religiösen Kämpfe um die Ausbildung der christlichen Lehre, denn Empörungen gegen das rechtmäfsige Staatsoberhaupt kamen so gut wie garnicht vor [87]), und so weit war hier im Osten das Gefühl der Gesetzmäfsigkeit, der Ordnung und Zusammengehörigkeit von Fürst und Volk im Gegensatz zu Westrom erstarkt, dafs Theodosius gerade so ruhig, wie er das Reich von seinem Vater überkommen hatte, es einem Nachfolger vererben konnte, den die Bande des Blutes zum Throne nicht berechtigten.

Neuntes Kapitel.

Die Zustände in Kirche und Staat in den Jahren 395—450.

Die religiösen Verhältnisse: Die orthodoxe Kirche. — Die Häretiker. Die Heiden. — Die Juden. — Die weltlichen Verhältnisse: Urteile der Geschichtsschreiber. — Aufserordentliche Besteuerungen und Steuererlasse. — Die Lage der Kurialen und Senatoren. — Avancement und Rangverhältnisse der Beamten. — Ihre Verwaltung. — Unregelmäfsigkeiten im Militärwesen. — Die Getreidespenden. — Juristische Bestimmungen. — Die literarischen Erscheinungen dieser Epoche.

Nicht nur die Zweifel an dem in Nicaea 325 und in Constantinopel 381 festgestellten Dogma und ihre Zurückweisung machten das Eingreifen der staatlichen Gewalt in die religiösen Verhältnisse notwendig, sondern auch die fortgesetzt zu Tage tretende Absicht der Kirche und ihrer Diener, sich mehr als das von den Kaisern ihnen Gewährte anzumafsen und sich über die Gebote des Staates hinwegzusetzen. Seitdem das Christentum auch vom Throne Besitz ergriffen hatte, war die Vergünstigung des Asylrechtes, welches bis dahin der Heiligkeit der heidnischen Tempel und Altäre von der öffentlichen Rechtspflege nachgegeben worden war [1]), naturgemäfs auf die christliche Kirche übergegangen, welche seit Constantin dem Grofsen die letzte Zuflucht aller derjenigen wurde, die in ihrem Beruf irgendwie Schiffbruch gelitten hatten oder unter der Last ihrer Schuld zusammenzusinken befürchteten. Aber es konnte nicht fehlen, dafs sich auch solche dieses Recht zu nutze zu machen trachteten, welchen der Stand, dem sie durch Geburt angehörten, nicht gefiel oder welche ihren pekuniären

---

[87]) Vgl. Marc. Com. 418 und Priscus frgm. 14. Joh. Antioch. frgm. 199, 1.
[1]) Vgl. Neander I. 2. S. 490 ff.

Verpflichtungen gegen den Staat oder Private nicht nachzukommen sich im stande fühlten. Hier lag für den Staat die Gefahr nahe, dafs sich die steuerzahlenden und Lasten tragenden Stände immer mehr entleerten, während der von allen Lasten befreite Klerus sich übermäfsig füllte. Dieser Mifsbrauch des Asylrechtes der Kirche nun nahm allmählich so überhand, dafs Arcadius im Anfange seiner Regierung gegen ihn einschreiten mufste und verordnete[2]): Wenn ein Sklave oder eine Sklavin, ein Kuriale, kaiserlicher Verwalter, Purpurschneckensammler oder wer sonst in privaten oder Staatsschulden stecke, zum Kleriker ordiniert oder überhaupt in Schutz genommen sei, so sollten die Kurialen und Schuldner des Fiskus sogleich ihrem alten Beruf wieder zurückgegeben werden, die übrigen könne die Kirche in ihren Schofs aufnehmen, doch nicht, bevor der Verwalter des Kirchenvermögens[3]) ihre Schulden berichtigt habe. Sollte trotzdem Mangel an Geistlichen sich einstellen, so sei zu empfehlen, an Stelle der zugelaufenen Schuldner Mönche zu Klerikern zu machen.[4]) Doch dauerte die Flucht verschuldeter Kaufleute noch weiter fort, welche unter dem Deckmantel ihres neuen Standes sich nicht entblödeten ihre Handelsthätigkeit fortzusetzen, bis sie durch eine neue Verfügung[5]) des Arcadius belehrt wurden, dafs sie entweder Kaufleute bleiben oder „der heiligsten Gottheit dienend des schlauen Erwerbes sich enthalten sollten."[6])

Aber nicht nur das Asylrecht im weiteren Sinne, insofern dabei an eine Aufnahme in den schützenden Klerus gedacht wird, mufste im Interesse des Staatswohles beschränkt werden, sondern es wurde auch in dem Sinne, dafs nur ein vorübergehender Schutz gewährt wurde, vielfach in einer Weise ausgenutzt, welche den Beweggründen zu seiner Entstehung geradezu zuwiderlief. Denn ohne Zweifel war das Asylrecht der Kirche nur zu dem Zweck verliehen worden, wirklich Hülfeflehende vor dem augenblicklichen Zornausbruch des Volkes oder ihrer Herren so lange zu schützen, bis eine ruhigere Stimmung der Verfolger gelindere Strafe oder Verzeihung erwarten liefs, jedenfalls aber sollte jener Ausweg denjenigen verschlossen sein, welche noch nicht die Selbsthülfe aufgebend mit den Waffen in der Hand in die heiligen Gebäude eindrangen. Mit Recht waren daher ene Anhänger des Gainas, welche in Constantinopel abgeschnitten

---

[2]) Cod. Theod. IX. 45, 3.
[3]) Neander S. 499; die sogen. οἰκονόμοι.
[4]) Cod. Theod. XVI. 2, 32.
[5]) XIII. 1, 16.
[6]) distincta enim stipendia sunt religionis et calliditatis.

und in eine Kirche geflüchtet waren, in ihr selbst vernichtet worden, wenngleich strenggläubige Gemüter in diesem Vorgang einen Frevel ärgster Art sehen wollten.[7]) Auch war die Befürchtung nicht ungerechtfertigt, dafs, wenn das Waffentragen in der Kirche gestattet war, unter Umständen die Diener derselben selbst in Gefahr geraten konnten[8]), aber die besondere Veranlassung, hier eine Beschränkung eintreten zu lassen, gab ein unter dem Jahre 431 von Marcellinus angemerktes Ereignis[9]), dafs nämlich barbarische Sklaven in einer Kirche zu Constantinopel ihre Zuflucht gesucht, sich mit ihren Waffen an geweihter Stätte verteidigt und endlich selbst getötet hatten. Infolge dessen gab Theodosius II. eine nähere Definition[10]) des bisherigen Asylrechts und der Ausdehnung seines Geltungsbereiches: Aufser dem Altar und dem für die Gemeinde bestimmten Platze[11]) solle auch der ganze Raum zwischen dem eigentlichen Gotteshause und den Thoren, durch welche das Volk eintrat, mit den darauf befindlichen Zellen, Gärten, Bädern, Höfen und Säulenhallen in Zukunft unverletzlich sein, damit nicht die Flüchtigen in der Kirche selbst oder auf den Altären äfsen, lägen oder nächtigten, die Waffen dagegen seien aufserhalb jener Schranken zurückzulassen. Diejenigen ferner, welche ohne Waffen die Kirche aufsuchten, sollten von den Geistlichen Orte angewiesen erhalten, wo sie Speise zu sich nehmen, schlafen dürften und sicher wären. Beträte aber jemand mit den Waffen in der Hand den oben begrenzten Raum, so solle er zunächst aufgefordert werden sie abzulegen, folge er diesem Gebote nicht, so werde er durch Bewaffnete hinausgetrieben werden. Dieses letzte Mittel aber dürfe nur angewandt werden, nachdem der Bischof und die weltliche Behörde ihre Zustimmung erteilt hätten. Trotz dieses deutlichen und energischen Ediktes jedoch liefsen sich die Geistlichen vielfach nicht abhalten gegen die das Asylrecht in Anspruch Nehmenden allzu nachsichtig zu sein. Theodosius sah sich daher schon im folgenden Jahre genötigt seinen Willen noch näher und in nicht mifszuverstehender Schärfe dahin kund zu thun[12]), dafs, wenn ein Sklave unbewaffnet in die Kirche geflohen sei, die Kleriker nicht mehr als einen Tag verstreichen lassen dürften, bis sie seinen Herrn oder Widersacher von seiner Auf-

---

[7]) Zosim. V. 19.
[8]) Wie das im Occident mehrfach vorgekommen war. Cod. Theod. XVI. 2, 31. 398.
[9]) Auch Socrat. VIII. 33 berichtet darüber.
[10]) Cod. Theod. IX. 45, 4. Griechisch und ausführlicher bei Gothofr.
[11]) Über die einzelnen Teile der Kirche vgl. Neander a. a. O. S. 568.
[12]) IX. 45, 5.

nahme benachrichtigt hätten. Stürze dagegen ein Sklave bewaffnet herein, so sei der Herr sofort davon in Kenntnis zu setzen; dieser habe dann das Recht ihn unter Anwendung von Gewalt zu entfernen, und werde der Sklave dabei getötet, so könne eine Anklage deshalb nicht erhoben werden. Wer von den Klerikern diese Pflicht in sträflicher Nachlässigkeit versäume, habe durch seinen Bischof die Ausstofsung aus dem geistlichen Stande in den der Laien (plebei) zu gewärtigen.

Auch gegen einen anderen Mifsbrauch des geistlichen Standes, der schon von Theodosius dem Grofsen gerügt worden war, mufste in dieser Periode eingeschritten werden, nämlich dagegen, dafs zum Tode Verurteilte der gerechten Strafe durch Geistliche oder Mönche entzogen wurden. Die Sitte der Intercession[13]) entsprach zwar an und für sich durchaus dem Geiste der christlichen Liebe, wie sie von dem Stifter unserer Religion gepredigt und bethätigt war, und hatte oft gewifs nur Gutes bewirkt, doch griff sie noch öfter zum Schaden der öffentlichen Rechtspflege ein, und Arcadius verordnete daher[14]), dafs den Verbrechern die Berufung an den zuständigen Richter in der festgesetzten Frist freistehen solle, falls gegen das Wohl eines Menschen durch den Irrtum oder die Parteilichkeit des Richters gesündigt zu sein scheine. Sei aber jene Frist verstrichen und würden die Schuldigen auf den Richtplatz geführt, so solle niemand wagen die Exekution aufzuhalten. Den Richter erwarte eine Geldstrafe, den Vorsteher seiner Kanzlei aber der Tod, wenn sie nicht eine solche Ausschreitung sofort abwendeten oder im Falle, dafs bei der Menge der Mönche und Kleriker eher ein Kampf denn eine Urteilsvollstreckung in Aussicht stehe[15]), nicht sogleich an den Kaiser berichten würden. Es wird hinzugefügt, es werde die Schuld der Bischöfe sein, wenn in ihrem Sprengel derartige Tumulte vorkämen, und wenn für diese auch keine Strafe bestimmt wurde, so lag in den letzten Worten der Verordnung doch die ernste Mahnung, jenem Unwesen mit ihren geistlichen Waffen energisch entgegenzutreten.

Nachdem unter Theodosius I., besonders durch den Einflufs des Bischofs Acholius von Thessalonich, die Anhänger des Nicaenums zum Siege gelangt waren und die Lehre von der Wesensgleichheit des Vaters, des Sohnes und des heil. Geistes auf dem sogenannten zweiten oecumenischen Konzil zu Constantinopel (381)[16]) von neuem unter

---

[13]) Vgl. Neander S. 589.
[14]) Cod. Theod. IX. 40, 16. 398.
[15]) ... ut bellum potius quam iudicium futurum esse existimetur.
[16]) Neander S. 645—646. G. S. 75.

395

ausdrücklicher Betonung der Göttlichkeit des hl. Geistes anerkannt und durch Theodosius zum Gesetz erhoben war, ging dieser orthodoxe Kaiser gegen die Andersgläubigen mit großer Strenge vor. Auch die Anhänger des Eunomius[17]), der gleich Arius die Gottgleichheit Christi geleugnet und den hl. Geist als das erste durch den Sohn hervorgebrachte Geschöpf aufgefaßt hatte, ließ er die Schärfe seines Unwillens fühlen, indem er ihnen 389[18]) jede Art des Besitzes sowie die Fähigkeit zu erben und zu vererben absprach. Doch schon 384[19]) änderte er diese harten Bestimmungen und gestattete ihnen wieder nach gemeinsamem Rechte zu leben. Auch sein Sohn Arcadius[20]) zeigt ein ähnliches Schwanken in der Behandlung dieser Sekte; von den gegen sie gerichteten Verfügungen verdient nur die vom Jahre 398[21]) besondere Beachtung, in welcher es heißt: Wer von ihnen in einer Versammlung außerhalb der Stadt ertappt ist, wird zur Deportation verurteilt, und der Besitzer des Grundstückes, auf welchem der Gottesdienst stattfindet, zum Verluste desselben. Diejenigen dagegen, welche in den Mauern der Stadt selbst ergriffen werden, verfallen dem Tode und das Haus der Zusammenkunft der Deportation. Ihre Bücher endlich sollen aufgesucht und verbrannt werden, und wer von ihnen als Richter etwas verbirgt, hat den Tod zu erwarten. Dieselben Bestimmungen erneuerte schließlich das letzte Gesetz des Arcadius gegen die Eunomianer vom Jahre 399, bei dem man nicht fehl gehen wird, wenn man hier den Einfluß des neuen Bischofs Johannes Chrysostomus erkennen will, der gleich in der Antrittspredigt seine Gemeinde vor den Täuschungskünsten der Eunomianischen Dialektik warnte.[22]) Trotz aller Dekrete aber fanden diese Sektierer Gelegenheit zu Zusammenkünften genug und auch Personen, welche ihnen nicht nur auf dem Lande, sondern auch in den Städten ihre Wohnungen zur Abhaltung von Versammlungen überließen, und so hatte auch Theodosius II. mehrfach Veranlassung die alten gegen sie erlassenen Edikte von neuem einzuschärfen.[23]) Vor allem ordnete er an[24]), daß von dem Besitz eines Eunomianers nur dasjenige nicht dem Fiskus zufallen solle, was dem legitimen Erben auch ohne Testament (ab intestato) gebühre. Er schloß die ganze Sekte von dem Dienst in

---

[17]) Neander S. 646.
[18]) Cod. Theod. XVI. 5, 17.
[19]) l. 23.   [20]) l. 25 -37.
[21]) l. 34.
[22]) Neander der hl. Joh. Chrys. II. S. 31.
[23]) Cod. Theod. XVI. 10, 7.
[24]) XVI. 5, 49. 410.

der Verwaltung und dem Heere aus[25]), doch mufste er diese Verfügung bald dahin einschränken[26]), dafs die zur Dienstleistung in den Kanzleien der Beamten verpflichteten (cohortalini) in ihren Stellungen verblieben, da sonst das untere Beamtenpersonal noch mehr, als es schon der Fall war, zusammengeschmolzen wäre.

Mit derselben Strenge wie gegen die Eunomianer ging Arcadius, auch hier in die Spuren des Vaters tretend, gegen die Geistlichen des Apollinarischen Irrglaubens und gegen die Manichaeer vor, nachdem er bereits 395[27]) gleich im Beginn seiner Regierung die Versammlungen der Haeretiker insgemein, öffentliche wie geheime, und ebenso die Annahme eines bischöflichen oder anderen hierarchischen Titels untersagt hatte. Dieses Verbot der Zusammenkünfte erneuerte er im folgenden Jahre[28]) speziell für die Stadt Constantinopel in einer Verordnung an den Stadtpräfekten Clearch, in welcher zugleich die Ausweisung der Priester und die Bestrafung der Beamten der Präfektur im Nichtbeachtungsfalle mit einer schweren Geldbufse ausgesprochen wurde. Gleichwohl war die Zahl der Haeretiker, welche in kaiserlichen Diensten standen, im Anfang der Herrschaft des Arcadius wenigstens, nicht gering, denn er ordnete eine Untersuchung darüber an[29]), ob in den Kanzleien, dem Korps der agentes in rebus (Feldjäger) und unter den Hofbeamten sich Sektierer befänden, und bedrohte sie und diejenigen, welche ihnen Vorschub geleistet hatten, mit dem Verluste ihres Amtes und der Ausweisung aus der Hauptstadt. Auch hier blieb Theodosius II. nur übrig von Zeit zu Zeit die Edikte seines Grofsvaters und Vaters gegen die Manichaeer, Montanisten, Priscillianisten u. s. w. wieder in Erinnerung zu bringen, was er abgesehen von einigen Einzelbestimmungen in mehreren allgemeinen Verfügungen 423, 428 und 438[30]) gethan hat. Bemerkenswert ist nur sein gegen die Anhänger des Nestorius, den er einst selbst hoch verehrt hatte, geschleudertes Edikt[31]) vom Jahre 435, in welchem er befiehlt, dafs nachdem der Urheber des scheufslichen Aberglaubens — Nestorius — verdammt

---

[25]) l. 59. 415.
[26]) l. 61. 423.
[27]) l. 26.
[28]) l. 30.
[29]) l. 29. Vgl. des Honorius berühmte Verfügung an Olympius 408 l. 42.
[30]) l. 59. 423. — l. 65. 428. Hier werden sämtliche Sekten aufgezählt und je nach ihrem Standpunkt bedroht. Gothofr. schreibt dies Gesetz der Einwirkung des Nestorius zu. Vgl. Socrat. VII. 29. und Neander S. 669. — Nov. III. 1. § 9. 438.
[31]) l. 66. 435; auch in den Akten der Synode zu Ephesus bei Harduin I. p. 1715.

sei, seine Anhänger nicht den Namen der Christen mifsbrauchen, sondern mit Eifer aufgesucht und öffentlich verbrannt werden sollten; die Zusammenkünfte, wo auch immer, wurden ihnen untersagt und die Zuwiderhandelnden mit der Proskription bedroht.

So machten den Kaisern die Ausbildung der neuen Lehre und der neue Klerus ungleich mehr Sorge und Mühe als das sinkende Heidentum.[32]) Besonders Theodosius der Grofse hatte wuchtige Schläge gegen den morschen Bau des alten Systems geführt, wie seine zahlreichen Verfügungen[33]) gegen das Opfern und Betreten der Tempel beweisen. Seine Nachfolger hatten daher nur nötig seine Verordnungen von neuem einzuschärfen, um die hie und da noch an die Oberfläche des Volkslebens tretenden Zuckungen des alten Aberglaubens zu unterdrücken[34]), dessen Anhänger lateinisch pagani (oder gentiles) genannt wurden.[34a]) Doch fällt dabei sowohl unter Arcadius als auch unter Theodosius II. der Widerspruch auf, in welchen sie sich dadurch mit ihren eigenen Verboten setzten, dafs sie gerade diejenigen Stätten, an denen das Heidentum allein in dem ganzen Reich ein herrschendes Element war, die Universitäten Athen und Alexandrien fast unbehelligt ihre Existenz und heidnische Lehrthätigkeit fortsetzen liefsen, abgesehen von der Ermordung der Hypatia, welche dem persönlichen Übelwollen des Cyrillus zum Opfer fiel. Diesen Widerspruch erklärt einmal das ruhige, stille Verhalten der heidnischen Dozenten an jenen Hochschulen, sodann fürchtete Arcadius und gewifs auch Theodosius II., die Bewohner würden aus Furcht fliehen, die Städte veröden, wenn die Tempel in ihnen zerstört würden, und die Staatskasse werde eine nicht unbedeutende Einbufse an Steuern erleiden, während die Orte bisher treu ihre Abgaben zahlten und dem Staate viel einbrachten.[35]) Sie waren daher in dieser Rücksicht mehr für eine allmähliche Austilgung des Heidentums in den Städten, und nur einmal liefs sich Arcadius durch die Vorstellungen seiner Gemahlin, als sie ihm eben den Thronfolger geboren hatte, von diesen Grundsätzen abbringen und gab seine Ein-

---

[32]) Vgl. hierzu Neander S. 450—452.
[33]) Cod. Theod. XVI. 10, 7 ff.
[34]) II. 8, 22. 395 verordnete er, dafs die Festtage der Heiden nicht allgemeine Festtage seien.
[34a]) Der Name kommt zuerst unter Valent. II. im Cod. Theod. XVI. 2, 18 vor; vgl. seine Erklärung bei Orosius in der Vorrede § 9. und Prudentius contra Symmach. 1. v. 620. Neander S. 444.
[35]) So begründete Arcadius seine anfängliche Zurückweisung der Bitte des Porphyrius, die Tempel in Gaza zerstören zu lassen. Vita Porphyrii Gaz. c. 41.

willigung zu der Zerstörung der Tempel in Gaza (Phoenicien), mit welcher Cynegius beauftragt wurde.[36])

Gegen die Heiligtümer auf dem platten Lande dagegen ging Arcadius weniger glimpflich vor und verordnete 399 für Phoenicien, wo sich die Götterverehrung besonders hartnäckig erhielt, daſs die noch vorhandenen Tempel, aber ohne Auflauf und Tumult, vom Erdboden getilgt werden sollten.[37]) Die Regierung zog dabei gewiſs den Egoismus der Christen und ihre Neigung zu Ausschreitungen in jenen Gegenden in Rechnung, deren Art und Weise Tempel zu vernichten Libanius in seiner Rede περὶ τῶν ἱερῶν[38]) auf das drastischste

---

[36]) Ebend. c. 50 und 51. Eudoxia trug dem Cynegius auf πάντα τὰ εἰδωλεῖα ἕως ἐδάφους κατεστρέψαι καὶ πυρὶ παραδοῦναι. Vgl. c. 57 ff.

[37]) XVI. 10, 16. Obwohl dies Gesetz aus Damascus datiert und an Eutychian gerichtet ist, hat Neander S. 450 es doch auf Honorius bezogen. Es wird unter dem Einfluſs des Joh. Chrysostomus erlassen sein. Vgl. Theodor. V. 29.

[38]) ed. Reiske. Es heiſst in derselben: „Die Schwarzröcke (μελανειμονοῦντες), die da mehr essen als die Elephanten, durch die Menge der Becher aber, die sie zu sich nehmen, denen Mühe bereiten, welche das Trinken mit Liedern begleiten, und ihre Trunkliebe unter einer künstlich erzeugten Bleichheit verbergen, stürzen, trotzdem das Gesetz (noch war das Weihrauchverbrennen, τὸ λιβανωτόν, nicht verboten!) noch in Kraft ist, mit Stangen, Steinen und Eisen oder auch ohne dieses zu den Tempeln. Dann werden die Dächer eingerissen, die Mauern umgestürzt, die Bilder herabgerissen, die Altäre zerstört, und die Priester müssen schweigen oder den Tod erleiden. Von dem einen gehts dann zum andern, zum dritten und so fort. Dies wagt man sogar in den Städten, wenn auch am meisten auf dem Lande. Und viele, die sonst Feinde sind, thun sich nun zusammen zu tausendfachen Bosheiten (μυριάκακα) und fragen einander, was sie ausgerichtet haben, und halten für Schande, nicht das gröſste Unrecht begangen zu haben. Sie schreiten aber über die Felder dahin wie Gieſsbäche und vernichten mit den Tempeln die Äcker, denn wo immer ein Heiligtum zerstört ist — der Acker ist erblindet und hat seine Seele verloren! Mit den Tempeln geht die Hoffnung der Landleute dahin, denn sie werden der Götter beraubt, welche den Acker anhalten sein Teil zu geben. So weit geht die Unverschämtheit derer, die da sagen, den Tempeln gelte der Krieg; aber der Krieg ist nur die Pforte zu dem im Tempel aufbewahrten Gut, auch die Pforte zu den Scheunen und Ställen der Landleute, so daſs sie weggehen wie von der Eroberung einer Stadt. Damit nicht genug, eignen sie sich fremdes Land an, indem sie sagen, es sei heilig, und viele werden des väterlichen Besitzes unter unwahrem Vorwande beraubt. Sie aber leben von anderer Unglück herrlich und in Freuden, sie, die da behaupten, sie dienten Gott durch Fasten. Kommen aber die Geschädigten zum Hirten in der Stadt (so nämlich wird der durchaus nicht ehrenwerte Mann genannt) und klagen ihm ihr Leid, da lobt er jene und treibt diese fort, wie wenn sie froh sein könnten, nicht mehr erlitten zu haben. Und doch fürwahr! sind diese, o Kaiser, soviel nützlicher dem Reiche als jene wie die Arbeitenden als die Trägen, denn diese gleichen den Bienen, jene den Drohnen! Und wenn sie hören, es habe jemand ein Stück Land, den man berauben könnte,

dargestellt und mit beifsender Ironie gegeifselt hat. Im Occident befahl Honorius[39]) diejenigen Tempel zu schonen, welche frei von heidnischen Bildwerken seien und in denen nicht geopfert werde, jedenfalls um architektonisch schöne Gebäude zu erhalten und den Ortschaften als Schmuck zu belassen, doch wird dieses Gesetz vornehmlich auf die Städte seine Anwendung gefunden haben, und es ist anzunehmen, dafs man auch im Orient ebenso human dachte. Das Material der zerstörten Tempel dagegen wurde im Interesse des öffentlichen Nutzens zur Wegebesserung und zum Bau von Brücken, Wasserleitungen und Mauern verwandt.[40])

So wurde das Heidentum immer mehr aus der Öffentlichkeit verdrängt, wenn auch die Provinzialstatthalter öfters im geheimen dem Paganismus gewogen waren und durch strenge Edikte an ihre Pflicht erinnert werden mufsten.[41]) Zwar kamen im Anfang sogar noch Rückfälle ins Heidentum vor[42]), aber die Anzahl der im Staatsdienst stehenden Paganen nahm von Jahr zu Jahr ab. Aus Arcadius Zeit werden uns an hervorragenden Persönlichkeiten nur der Stadtpräfekt Optatus[43]) und der ruhmreiche Gothenbesieger Fravitta genannt, während es aus der Zeit Theodosius II. fast an jeglichem Beispiel fehlt.[44]) Dieser nahm 416[45]) den Gentilen die Fähigkeit als Soldat, in der Verwaltung oder als Richter dem Staate zu dienen, und erneuerte 423[46]) das alte Verbot des Götzendienstes, „obwohl er glaube, dafs es keine Heiden mehr gäbe"; 435[47]) gebot er die letzten Reste der Tempel zu beseitigen und an ihrer Stelle das Zeichen des Kreuzes Christi zur Sühne aufzustellen. Aber dafs das Heidentum nach wie

so heifst es gleich: „Er hat geopfert! er ist ein Bösewicht" und „man mufs Militär requirieren!" und die Klugmacher (σωφρονισται vgl. Neander S. 447) sind dann gleich bei der Hand. „Feldzug" nennen sie nämlich ihre Räuberei, wenn dieses Wort nicht zu wenig sagt, denn die Räuber suchen sich wenigstens zu verbergen, leugnen und nennen es Beleidigung, wenn man sie „Bandit" schimpft. Diese aber suchen sogar ihren Ehrgeiz darin, rühmen sich dessen, erzählen es den Unkundigen und behaupten, sie verdienten Belohnungen. Heifst das nicht mitten im Frieden die Landleute überfallen?" - Doch machten es die Heiden, wo sie sich kräftig dazu fühlten, nicht anders. August. ep. 90, 91 und 104.

[39]) Cod. Theod. XVI. 10, 15 und 18.
[40]) XV. 1, 36, 397.
[41]) XVI. 10, 13 und 14.
[42]) XVI. 7, 6.
[43]) Socrat. VI. 18.
[44]) Vgl. den Geschichtsschreiber Olympiodorus und vielleicht Priscus.
[45]) XVI. 10, 21.
[46]) 1. 22.   [47]) 1. 25.

vor noch geheime Anhänger zählte und keineswegs, wie Theodosius meinte, erloschen war, beweist seine allgemein gegen die Andersgläubigen, gegen die Juden, Heiden und Haeretiker, gerichtete Novelle[48]) vom Jahre 438, in welcher das Opfern wiederum mit Proskription und dem Tode bedroht wird. Interessant ist an dieser Verordnung die Begründung, welche, gleichwie ehemals die Heiden die Leiden der Gegenwart dem Abfall vom alten Glauben zuschrieben, nun umgekehrt das Festhalten an demselben für alle Unglücksfälle und für die schlechten Zeiten verantwortlich macht. „Oder sollen wir noch länger ertragen, heifst es darin, dafs sich die Jahreszeiten ändern und der Himmel weiter zürnt, welcher infolge der erbitterten Treulosigkeit der Heiden das natürliche Gleichgewicht nicht zu bewahren vermag? Warum sonst hat der Frühling seine gewohnte Gunst uns entzogen? Warum sonst hat der Sommer durch eine dürftige Ernte den arbeitsamen Landmann in seiner Hoffnung auf reichen Körnerertrag getäuscht? Warum sonst hat des Winters aufsergewöhnliche Heftigkeit die Fruchtbarkeit des Landes durch anhaltenden Frost zur Unfruchtbarkeit verdammt, wenn nicht die Gesetzmäfsigkeit in der Natur sich zur Strafe für die Gottlosigkeit selbst aufmacht?" So durfte Theodosius bereits über die Götteranbetung sich aussprechen, während zwanzig Jahre früher Orosius noch sich veranlafst fühlte, das Christentum gegen ähnliche Angriffe von seiten der Heiden in seinen sieben Büchern gegen die Paganen in Schutz zu nehmen[49]); ein deutlicher Beweis, wie ganz ohnmächtig und unbedeutend das Heidentum bis zur Mitte des fünften Jahrhunderts allmählich geworden war!

Während das Christentum gleich dem Senfkorn fast alle Völker, welche ehemals dem römischen Reich angehörten, durchdrungen und sich zu eigen gemacht hat, ist seine alles überwindende Kraft an der Zähigkeit des jüdischen Volksstammes machtlos abgeprallt und steht demselben noch heutigen tages so unversöhnt gegenüber als in den ersten Jahrhunderten unserer Zeitrechnung. Unter allen Breiten und zu allen Zeiten hat er seine ihm charakteristischen Merkmale sich zu erhalten gewufst, gleichviel ob ruhige und günstige Jahre ihm gegönnt wurden oder die Prüfungen feindlicher Verfolgungen hereinbrachen. Zur Zeit Theodosius I. nun waren die Juden eine erlaubte Sekte[50]) und genossen den Schutz der kaiserlichen Hoheit in der ausgiebigsten

---

[48]) III. 1. § 8.
[49]) ed. Zangemeister. Vorrede § 9 und 10.
[50]) Cod. Theod. XVI. 8, 9: Judaeorum sectam nulla lege prohibitam satis constat. Vgl. G. S. 169 ff. Für die ersten Jahrhunderte vgl. Mommsen V. Cap. 11; bes. S. 540—552.

Weise. Auch Arcadius liefs ihnen denselben in reichem Mafse zu teil werden, wie eine Reihe auf sie bezüglicher Verordnungen[51]) beweist. So untersagte er 396 auf's strengste die Festsetzung des Preises für die von den Juden auf den Markt gebrachten Lebensmittel durch Leute, welche ihrer Gemeinde nicht angehörten, und suchte sie und insbesondere ihre Vorsteher, die Patriarchen, vor Beschimpfungen und ihre Synagogen vor Angriffen des christlichen Pöbels zu schützen. Diese Mafsnahmen des Kaisers waren um so mehr gerechtfertigt, als die Juden wie alle andern römischen Bürger die Staatslasten zu tragen hatten und demgemäfs auch der Korporation der Kurialen angehörten. Zwar suchten sie sich den Pflichten derselben zu entziehen und mufsten ihr mit Gewalt wieder zugeführt werden[52]), doch war diese Flucht bekanntlich ein allgemeines Übel der damaligen sozialen Verhältnisse und durch den unerträglichen Steuerdruck hervorgerufen.

Wie aber die Diener der christlich-orthodoxen Kirche seit Constantin dem Grofsen von jenen Lasten befreit waren[53]), so auch die Gemeindeältesten und die übrigen Beamten der jüdischen Religionsgesellschaft. Unter Arcadius nun scheinen die Behörden bisweilen hiergegen verstofsen zu haben, denn der Kaiser mufste ihnen zweimal ins Gedächtnis rufen, dafs die Privilegien der Patriarchen und übrigen Geistlichen unangetastet bleiben sollten. In gleicher Weise kam Arcadius den Juden in Bezug auf ihren Gerichtsstand zu Hülfe, indem er in einem sehr wichtigen Reskript[54]) vom Jahre 398 zunächst zwar feststellte, dafs die Juden wie allen anderen Bürger dem römischen Recht und Gesetz unterlägen, dann aber hervorhob, dafs alle auf ihren Ritus bezüglichen Streitigkeiten zu der Jurisdiktion ihrer geistlichen Oberen gehörten, ganz besonders aber, dafs wenn die streitenden Parteien in Civilsachen sich Schiedsrichter aus ihren Glaubensgenossen erwählt hätten, deren Entscheidungen für den christlichen Provinzialstatthalter dieselbe Verbindlichkeit haben sollten, als wenn er jene selbst bestimmt hätte.[54a]) Nicht minder interessant und wichtig endlich ist die Entscheidung des Arcadius inbetreff der Frage, ob das Asylrecht der Kirche auch auf die Juden Anwendung finde oder nicht. Wir besitzen hierüber eine an den Statthalter Egyptens gerichtete Verfügung aus dem Jahre 397[55]), aus der hervorgeht, dafs

---

[51]) XVI. 8, 10—15. Vgl. Jost Allgem. Gesch. des israelit. Volkes II. S. 159—162 behandelt auch unseren Zeitraum, aber sehr kurz und ungenau.

[52]) XII. 1, 165.   [53]) Neander S. 487.   [54]) II. 1. 10.   [55]) IX. 45, 2.

[54a]) In ähnlicher Weise war den Christen schon von Constantin d. Gr. gestattet worden, sich den Bischof zum Richter zu erwählen. Cod. Theod. I. 27, 1 und 2. Sozom. I. 9. Neander V. 3. S. 214.

den Juden im allgemeinen der Vorteil des Asyls in derselben Weise wie allen andern Hülfsbedürftigen zu teil wurde. Dagegen trat eine Beschränkung insofern ein, als verboten wurde, Juden aufzunehmen, die wegen einer Anklage oder übermäfsiger Schulden der Welt vergeblich entsagen und zum Christentum übertreten wollten. Auf diese wandte Arcadius, wie später auf alle anderen Schuldner, den Grundsatz an, dafs ihrer Aufnahme nichts im Wege stehe, nachdem sie dem Gesetze oder ihren Gläubigern genug gethan hätten. Er wollte damit offenbar zugleich der Sucht der christlichen Geistlichen entgegentreten, um jeden Preis verirrte Schafe zum alleinseligmachenden Glauben zurückzuführen, von der uns der Kirchenhistoriker Socrates[56] ein abschreckendes Beispiel aus der Zeit Theodosius II. erzählt.

Die väterliche Milde aber und die Humanität des Arcadius scheint die Juden verwöhnt, und wo sie in Überzahl waren, übermütig gemacht zu haben, denn sein Nachfolger hatte mehrfach Veranlassung, sich über Ausschreitungen der Juden insgemein und besonders eines ihrer Patriarchen zu beklagen und sie in die angemessenen Schranken zurückzuweisen. So kam es gleich im Beginn der Regentschaft[57] des Anthemius vor, dafs Juden bei der Feier des Amanfestes eine Nachbildung des Kreuzes den Christen zum Spott verbrannten; Anthemius wies daher sämtliche Statthalter an in allen Provinzen auf diesen Unfug zu achten und ihn zu verhindern, indem er die Juden mit der Entziehung der ihnen bisher gewährten Rechte bedrohte. Es ist zwar nicht ersichtlich, ob diese Verfügung die Gelegenheit dazu abgab, dafs die Juden fortan mehr belästigt und beunruhigt wurden, doch scheint das der Fall gewesen zu sein, denn 412[58]) verbot Anthemius unschuldige Israeliten zu schmähen oder gar ihre Synagogen anzuzünden; selbst, wenn jemand von ihnen Verbrechen begangen habe, stehe die Strafe doch nur dem Richter, nicht einer Privatperson zu. Zuletzt aber ermahnte er auch die Juden, keinen Anlafs zum Streit zu geben und vor allem nicht den christlichen Kult zu beleidigen.

Aber die gereizte Stimmung, welche sich allmählich zwischen den beiden Religionsgemeinschaften ausgebildet hatte, liefs sich durch schriftliche Edikte nicht beseitigen, sie führte vielmehr, wie wir sahen, in Alexandrien zu dem grausigen Christenmord, der Verbrennung der Synagoge der Juden und zu ihrer Austreibung, Ereignissen, mit welchen der Name des Bischofs Cyrill in engster Verbindung stand. Diese Vorgänge hier fanden ihren Wiederhall in Syrien, wo die Juden in der Nähe Antiochia's gelegentlich einer Festfeier einen Christenknaben

---

[56]) VII. 17.
[57]) XVI. 8, 18.   [58]) l. 21.

ans Kreuz geheftet und durch Schläge getötet haben sollten.[59]) Der Kaiser liefs hierauf die Rädelsführer heraussuchen und hinrichten, doch blieb dies nicht die einzige Folge jener Handlungsweise der Juden. Denn im Jahre 415[60]) nahm Theodosius dem jüdischen Patriarchen Gamaliel[60]), welcher früher mit der Würde eines Präfekten beschenkt worden war, diese Auszeichnung wieder, und da er in der Erbauung neuer Synagogen sehr willkürlich vorgegangen war, so befahl er diejenigen, welche an einsamen Orten lagen, ohne Tumult niederzureifsen. Ferner untersagte er ihm über Christen zu richten und ordnete an, dafs bei Streitigkeiten zwischen Juden und Christen der rector provinciae die Entscheidung haben solle.

Mit dieser Mafsregelung des Gamaliel hängt endlich die Beobachtung zusammen, welche einer Constitution vom Jahre 429[62]) entnommen ist, dafs nach dem Hingang dieses Patriarchen dem jüdischen Volk keine Neuwahl verstattet wurde, sondern dafs es in Zukunft nur durch primates in seinen religiösen Angelegenheiten geleitet wurde. Überhaupt scheint die Lage der Juden nach all' diesen Vorkommnissen im Gegensatz zu den Zeiten des Arcadius eine recht bedrängte geworden zu sein, da Theodosius 423[63]) das Verbrennen und Ausrauben ihrer Gotteshäuser streng verbot und in einer Verfügung desselben Jahres von ihren „kläglichen Bitten" redete. Was er sonst in Bezug auf sie that, lag in dem mehrfach[64]) von ihm betonten Grundsatz ausgesprochen, dafs die alten Synagogen zu erhalten, neue aber keinesfalls zu erbauen seien. Auch verbot er ihnen 417[65]) christliche Sklaven zu kaufen oder als Geschenk anzunehmen, alle derartige Sklaven seien ohne weiteres frei, doch blieb es gestattet, die bereits im Besitz Befindlichen zu behalten. Von ihrer Lage in den letzten Jahren des Theodosius schliefslich giebt die oben erwähnte Novelle[66]) Zeugnis, in welcher es heifst: Kein Jude dürfe zu Ehren und Würden gelangen, keinem die Verwaltung eines bürgerlichen Amtes, auch nicht einmal das eines defensor civitatis offenstehen. Denn er halte es für unrecht, wenn **die Feinde der göttlichen Majestät und der römischen Gesetze**

---

[59]) Socrat. VII. 16. Jost S. 160 berichtet diese Thatsache fälschlich als unter Arcadius geschehen.

[60]) XVI. 8, 22. Vgl. Cod. Just. I. 9, 15.

[61]) Vgl. Hieronym. ep. 57 ad Pammachium 395: Dudum Hesychium virum consularem (contra quem patriarcha Gamaliel gravissimas exercuit inimicitias) etc.

[62]) XVI., 8 29. Vgl. Jost S. 162: Das Patriarchat erlosch. Mommsen V. S. 499.

[63]) I. 25 und 26.   [64]) Vgl. l. 27.

[65]) XVI. 9, 4.   [66]) III. 1.

für Verehrer derselben unter dem Vorwand erschlichener Jurisdiktion gehalten würden und durch die Amtswürde geschützt über Christen und womöglich über die Priester der heiligen Religion ein Urteil oder eine Anordnung auszusprechen das Recht hätten. Neue Synagogen dürften nicht gebaut, nur die alten, mit Einsturz drohenden wiederhergestellt werden. Wer einen christlichen Sklaven oder Freien zum Übertritt zu seiner Sekte verleite, werde seine Güter und sein Leben verlieren. Wer Priester geworden, dürfe sich nicht auf seine Würden stürzen, wer sich eine Ehre erschlichen habe, werde sie verlieren. Dabei blieben sie jedoch als Kurialen oder Cohortalinen mit ihrem Vermögen und ihrer Person den Korporationen haftbar, doch durften sie als Diener der Beamten kein Urteil vollstrecken noch Gefangenwärter sein. — Man kann daher das Verhältnis der Juden zur römischen Staatsregierung in unserem Zeitraum dahin zusammenfassen, dafs sie unter Arcadius sich ruhiger und glücklicher Zeiten erfreuten, unter Theodosius II. dagegen mannigfache Leiden und Verfolgungen zu ertragen hatten, aber nicht ohne eigenes Verschulden.

Während die christlichen Geschichtsschreiber[67]) dieser Jahre sich bemühen die glücklichen Ereignisse und Kriege als die Segnungen darzustellen, welche die göttliche Gnade den Völkern des Orients als Lohn der Frömmigkeit ihrer Herrscher spendete, fahren die heidnischen Quellen[68]) fast ausnahmslos fort die Zustände, wie unter der Regierung Theodosius I.[69]), so auch unter Arcadius und Theodosius II. in den schwärzesten Farben zu schildern. Wollte man ihnen rückhaltslos Glauben schenken, so folgten auf den Heimgang des grofsen Theodosius im Osten nicht nur, sondern auch im Occident Zeiten, wie sie schlimmer nicht eine Tyrannis härtester Art zeitigen konnte: Denn die Machthaber, welche nach einander als allmächtige Minister oder Oberkämmerer die eigentliche Leitung des Staatsruders in den Händen hatten, mochten sie Rufinus, Eutropius oder Chrysaphius heifsen, benutzten ihre einflufsreiche Stellung nur zur eigenen Bereicherung, vertrieben die Reichen eben um des Besitzes willen aus Haus und Hof durch bestochene Ankläger und erdichtete Anklagen, hielten sich in allen Provinzen ehrlose Delatoren, trieben öffentlich einen schmählichen Handel mit Ämtern und verschleuderten das Staatsgut an schamlose Petitoren: kurz sie bereiteten, wie sich die in bittere Ironie und in Gift getauchte Feder des Eunap[70]) ausdrückt, allen ein

---

[67]) Socr. VI. 23. VII. 22. Sozom. prooem. Theodor. V. 36.
[68]) Besonders Eunap und Zosimus.
[69]) Darüber ist ausführlich gehandelt bei G. S. 233 ff.
[70]) Bei Zosim. V. 24.

Leben ohne Leben, so dafs den Gutgesinnten nichts erwünschter war als der Tod. Dafs vieles von diesen Schilderungen auf Wahrheit beruht, ist schon an den entsprechenden Stellen der Darstellung zugegeben und ausgenutzt worden, aber der streng heidnische Standpunkt, den sie ungescheut bekennen, und die Gleichartigkeit des Lobes, mit welchem sie ihre Glaubensgenossen überreichlich bedenken, sowie des Tadels, welchen sie über die leitenden Männer im Staat aussprechen[71]), zwingen ihren Berichten das Gewand des Übertriebenen abzustreifen und sie auf das rechte Mafs zurückzuführen. Wir werden daher nicht annehmen, unter der Regierung der Pulcheria (seit 415) habe der öffentliche Ämterverkauf so überhand genommen[72]), dafs, wie Eunap sich in seiner drastischen Weise äufsert, damals in Constantinopel das geflügelte Wort umlief: „Wie, du wunderbarer Mensch, du gebietest nicht über Städte und Völker?" Wir werden das vielmehr auf den Regierungswechsel zwischen Anthemius und der Augusta beziehen, mit welchem gewifs eine grofse Umwälzung in den höheren Beamtenstellen verbunden war. Auch sind die Nachrichten des Malalas[73]), nach denen unter Theodosius II. eine nachteilige Zerstückelung der Provinzen stattgefunden habe, auf entschiedenen Widerspruch gestofsen, und nur die Lostrennung der Honorias von Bithynien ist als sein Werk angenommen worden[74]), während man die Teilung Lycaoniens, Syriens und Cilicens meist dem grofsen Theodosius und Arcadius zuschreibt.[75]) Hingegen findet die Bemerkung über das Unwesen der Denuncianten eine traurige Bestätigung in den Klagen des Sophisten Synesius[76]), der gleichwohl nicht müde wird die gute Verwaltung des Anthemius zu rühmen. Vor allem aber haben wir eine urkundliche Beglaubigung der Verschleuderung[77]) konfiszierter Güter an die sogenannten petitores in den Constitutionen des Codex Theodosianus, aus welchen wir ersehen, dafs jener Mifsstand besonders unter der Regierung des Arcadius[78]) in erschreckender Weise um sich griff und dafs er auch den Zeiten Theodosius II.[79]) nicht fremd war, wenn dieser auch mehr Mafs darin hielt.

[71]) Vgl. G. S. 11.
[72]) Eunap. frgm. 87. Claud. in Eutr. 199 ff.
[73]) Lib. XIV.
[74]) Bekker-Marquardt III. 1. S. 154 und 155.
[75]) S. 157, 171, 201. Vgl. Boecking I. S. 130, 141, 139, 129, 142.
[76]) ep. 118. Vgl. die frumentarii des Hadrian. Vita Hadr. c. 11. Gregorov. der Kais. Hadrian S. 86.
[77]) Zosim. V. 24.
[78]) Vgl. Cod. Theod. IX. 42, 17. X. 10, 23 und 24. IX. 40, 18.
[79]) X. 10, 32. X. 7, 5. Nov. V. 2 und 3. XVII. 1 und 2.

Die Folgen der sinnlosen Verschleuderung, zu welcher die inneren und äufseren Kriege, die zahlreichen Spiele im Hippodrom und die Vergnügungen des Hofes hinzutraten[80]), liefsen denn auch nicht lange auf sich warten und traten in umfangreichen Defizits der Staatskasse zu Tage, welche Theodosius durch jene beiden, oben des weiteren besprochenen, aufserordentlichen Umlagen vom Jahre 424 und 430[81]) einigermafsen zu decken versuchte. Aber nicht alle Gemeinden und Privatpersonen waren im stande die erhöhten Steuern zu entrichten, so dafs Theodosius sich genötigt sah, 433[82]) die Rückstände an Geldzahlungen und Naturalienlieferungen der Jahre 407—428 den Kurien sowohl als auch einzelnen Bürgern und 434[83]) die Rückstände der aufserordentlichen Besteuerung insgemein zu erlassen. Zu all' diesem Elend kamen endlich gegen das Ende der Regierung des Theodosius die schrecklichen Plünderungszüge des Attila und die hohen Tributzahlungen, welche dieser willkürlich forderte. Priscus[84]) selbst, der zeitgenössische Geschichtsschreiber der Beziehungen Ostroms zu den Hunnen, versichert uns, dafs zur Beschaffung der im Frieden des Anatolius geforderten Geldbeträge auch diejenigen zur Beisteuer herangezogen wurden, welche sonst durch kaiserliche Munificenz davon befreit waren; unter Mifshandlungen scharrten die Bewohner zusammen, was die Berater des Kaisers bestimmt hatten, so dafs die Wohlhabenden sogar den Schmuck der Frauen und die bewegliche Habe auf den Markt bringen mufsten und viele durch Hungern oder den Strang freiwillig das elende Dasein endigten. So ist es also kein erfreuliches Bild, welches die Quellen von der finanziellen Lage des Orients in allen Teilen unserer Epoche entwerfen, und es darf nicht geleugnet werden, dafs die Steuerlast zeitweise die Kräfte der Einwohner überstieg, doch waren die Zeiten deswegen noch nicht unglücklicher als die unter Theodosius I. Herrschaft, und es traten auch wieder Ruhepausen ein, in denen das Volk sich wirtschaftlich erholen konnte.

Diese mifslichen Zustände haben ihr Spiegelbild in den Verhältnissen der Kurialen, welche uns aus dem Codex Theodosianus bekannt sind.[85])

---

[80]) Vgl. Prisc. frgm. 5.
[81]) XI. 20, 5 und 6.
[82]) XI. 28, 16: ita ut quae ... sive in speciebus sive pecunia auro argentoque debeantur, nomine reliquorum omnibus concedantur.
[83]) l. 153 ex imposita descriptione donatis relevatisque.
[84]) frgm. 5.
[85]) Lib. XII. tit. 1. Eine Literaturübersicht giebt Menn: Über den Ursprung der Erblichkeit des Dekurionats in den röm. Municipien. (Progr. Neuss 1864) S. 16 ff., von der hier Rüdiger de curialibus imper. Rom. post Constant. M. Vratis-

Das Prinzip Theodosius I.[86]), zuerst den Stand der decuriones zu erhalten und zu heben und dann den einzelnen Kurialen möglichst viele Vorteile zu gönnen, nahmen seine Nachfolger bereitwillig auf und hielten es in ihren Verfügungen energisch fest. Die Verleihung der Würde eines Geheimrats III. Klasse[87]) (comes tertii ordinis), welche Theodosius der Grofse den im Amte ergrauten Kurialen als Belohnung zugesagt hatte, liefs Arcadius bestehen, doch hatte diese Auszeichnung die Folge gehabt, dafs die also erhobenen gegen die Provinzialstatthalter den schuldigen Gehorsam vermissen liefsen. Arcadius bedrohte sie deshalb 395[88]) in solchem Falle mit dem Verlust jener Würde, der um so schmerzlicher für sie sein mufste, weil sie dadurch bei peinlichem Gerichtsverfahren, wenn sie Geld unterschlagen oder sonst eines Betruges sich schuldig gemacht hatten, wieder der Folter und Knute preisgegeben wurden.[89])

Auch unter Arcadius entzogen sich die Kurialen vielfach ihren Verpflichtungen, indem sie heimlich ins Heer, in die Verwaltung[89a]) oder den Klerus einzudringen suchten; daher erliefs er 398[90]) eine harte Bestimmung gegen diejenigen, welche durch irgend welchen Trug in die Verwaltung eingetreten waren, denn er nahm ihnen nicht nur alle erschlichenen Würden und hiefs sie die Kuriallasten von Anfang an wieder leisten, sondern verurteilte sie auch zum Verluste des halben väterlichen Erbteils. Doch milderte[91]) er noch in demselben Jahre diese Verordnung dahin, dafs, wer aus der Kurie bis zum 13. Nov. 398 durch seine Stellung als Beamter in den grofsen Senat von Constantinopel gelangt wäre, auch in demselben bleiben dürfe, jedoch müsse er einen Stellvertreter stellen, der für ihn den Kurialleistungen nachkäme. Desgleichen liefs Arcadius eine Milderung jenes das Asylrecht der Kirche beschränkenden Gesetzes vom Jahre 398 eintreten, indem er Ende 399[92]) anordnete, dafs, wer seit 388 als Kuriale in den Priesterstand getreten und schon zum Bischof, Presbyter

laviae 1836 und Kuhn Beiträge zur Verfassung des röm. Reichs eingesehen worden sind. Vgl. G. S. 237.
[86]) G. S. 238.
[87]) l. 127.
[88]) l. 150.
[89]) Vgl. l. 117 und 126.
[89a]) Auch die Kammer der Anwälte am Reichsgericht (praef. praet.) in Constantinopel war von ihnen überfüllt, so dafs Theod. II. die Anzahl derselben beschränkte. Novell. X. 1.
[90]) l. 159.
[91]) l. 160.
[92]) l. 163.

oder Diakon aufgerückt sei, in dieser Stellung bleiben dürfe, doch müsse er entweder einen Stellvertreter schaffen oder sein Vermögen der Kurie überlassen. Auch gegen die Neigung[93]) der Kurialen ihre Vaterstadt zu verlassen und sich fernab auf dem Lande anzukaufen, mufste Arcadius einschreiten und verfügte, dafs solchen Flüchtigen der neuerworbene Besitz konfisziert und sie selbst ihrer Heimat wieder zugeführt werden sollten.

In derselben Weise wie unter Arcadius traten auch unter Theodosius II. die Bemühungen der Kurialen hervor, sich von den Fesseln des lästigen Standes loszumachen, denen gegenüber er dasselbe Prinzip wie sein Vorgänger beobachtete, möglichst die Korporation in der Zahl ihrer Mitglieder zu vermehren und unter allen Umständen das Kurialvermögen[94]) vor jeder Schädigung zu bewahren. Aus dem letzteren Grunde verbot[95]) er den Kurialen sogar, im Interesse eines anderen Miet- und Pachtgeschäfte zu vermitteln, weil sie dabei irgendwie mit ihrem Vermögen haftbar werden könnten, und den Eintritt in den Senat zu Constantinopel[96]), weil durch die doppelten Anforderungen die der Kurie zustehenden Leistungen geschmälert würden.[97]) Von besonderer Wichtigkeit dagegen ist der Wechsel in der Auffassung der Frage, ob die der Kurie nicht angehörenden Bürger, welche aus Patriotismus oder anderen Gründen freiwillig Lasten übernähmen, fortan ihr zugewiesen werden sollten oder nicht. War im Anfange der Regentschaft des Anthemius (410) noch das erste als Grundsatz ausgesprochen[98]), so wurde dieser im Jahre 413[99]), aber nur in Bezug auf „das verödete Illyrien", fallen gelassen und erst 443[100]) das allgemeine Prinzip aufgestellt, dafs, wenn jemand selbst oder durch einen andern irgend ein gemeinnütziges Werk ausgeführt habe, er weder in die Gefahr seinen Stand zu verlieren noch Rechenschaft abzulegen, geraten dürfe.

Trug Theodosius durch diese Entscheidung nur der Billigkeit Rechnung, so liefs er dabei doch nicht die Sorge aus den Augen, wie die sich mehr und mehr leerenden Kurien auf gesetzmäfsige und nicht drückende Art wieder gefüllt und gehoben werden könnten. In diesem

---

[93]) XII. 18, 2.
[94]) IX. 42, 24. XII. 2, 3. Novell. XXII. 1 und 2.
[95]) Novell. IX. 1. 439.
[96]) XII. 180 und 183.
[97]) l. 180 und Novell. XV. 1. 439.
[98]) l. 172.
[99]) l. 177.
[100]) Novell. XXII. 1.

Sinne gab er im Jahre 423[101]) die Verordnung, dafs auch die angenommenen Kinder (suscepti) der Kurialen und Kohortalinen, gleichviel ob sie vor dem Eintritt der Eltern in diesen Stand oder nach Ableistung aller Funktionen adoptiert wären, in jedem Falle die Kuriallasten zu tragen hätten. Doch, da auch dieses Mittel dem Bedürfnis und Notstand nicht entsprach, griff er 443[102]) noch zu einem anderen Ausweg, indem er erklärte: Weil einerseits die Niedrigkeit der natürlichen Kinder des „glänzenden" Standes des Vaters (Kuriale,) andererseits die hohe Genossenschaft der Dekurionen einer angemessenen Mitgliederzahl entbehre, so solle durch das Gesetz beiden geholfen werden. 1) Sind legitime und illegitime Kinder vorhanden, so sollen den legitimen unter Bewahrung der alten Bestimmungen ihre Rechte nicht verkürzt werden. 2) Hat jemand, Kuriale oder nicht, keine Eltern mehr und keine legitime, sondern nur natürliche Nachkommenschaft, so darf er einen oder alle Söhne, wie er will, der Kurie seiner Vaterstadt übergeben und sie zu Universalerben einsetzen. 3) Stirbt aber der Vater eines natürlichen, der Kurie zugewiesenen Sohnes und hat selbst noch Eltern, so mufs der vierte Teil des Vermögens an diese oder die Grofseltern fallen. 4) Wenn die natürlichen Söhne nicht in der Stadt, sondern in einem Dorfe oder auf einer Besitzung geboren sind, so mufs sie der Vater der Kurie zuführen, in deren Bezirk jenes Dorf oder Besitztum liegt. 5) Sind sie in Rom oder Constantinopel geboren, so müssen sie der Kurie einer Provinzialhauptstadt einverleibt werden. In ähnlicher Weise gestattete Theodosius wenige Monate später[103]), dafs auch die natürliche Tochter eines Kurialen in das Erbe des Vaters eintreten dürfe, wenn legitime Nachkommenschaft sonst nicht vorhanden sei und wenn sie einen Kurialen heirate.

Auch gegen die Versuche der Waffenschmiede (fabricenses), welche ohne gerade Kurialen zu sein, doch zur öffentlichen Arbeit in den staatlichen Waffenfabriken verpflichtet waren, sich ihrem Dienste zu entziehen, mufste Arcadius einschreiten, und wie sehr dies Übel eingerissen war, deutet die Verordnung vom Jahre 398[104]) an, dafs die fabricenses gleich den Rekruten (tirones) mit einem Stigma, wahrscheinlich dem kaiserlichen Namenszuge, gekennzeichnet werden sollten. Ferner sollten diejenigen, welche die Flüchtigen oder ihre Kinder aufgenommen hatten, unweigerlich zur Strafe selbst der Korporation zu-

---

[101]) Cod. Theod. VI. 35, 14. Vgl. XII. 1, 184.
[102]) Novell. XXII. 1.
[103]) Ebend. 2.
[104]) Cod. Theod. X. 22, 4 und 5.

gewiesen werden. Infolge dieser Mafsregeln scheint der angedeutete Mifsstand in etwas gehoben zu sein, da Theodosius II. in seiner langen Regierungszeit niemals [105]) Veranlassung hatte darüber zu klagen. Dagegen trachteten die in ähnlichen Verhältnissen befindlichen fiskalischen Metallarbeiter (metallarii [106]) und Purpurschneckensammler [107]) (murilegi oder conchylioleguli) danach sich von ihrer drückenden Lage durch Flucht freizumachen, und so begannen auch diese Körperschaften an der allgemeinen Verödung teilzunehmen. Ihr suchte Theodosius durch die Verordnung entgegenzutreten, dafs in Zukunft auch die Kinder eines metallarius oder murilegus und einer diesen Korporationen nicht angehörenden Frau (und umgekehrt,) die fiskalischen Funktionen zu übernehmen hätten und ebenso die Käufer ihrer Grundstücke.

Das Ziel der Sehnsucht der Kurialen war die Aufnahme in den grofsen Senat, dessen Mitglieder von den Kuriallasten frei waren und nur die glebalis collatio, die Grundsteuer, zu entrichten hatten.[108]) Die staatsrechtliche Stellung dieses durch Constantin den Grofsen von Rom nach Constantinopel übertragenen Instituts war, je nachdem ein kraftvoller oder schwacher Kaiser das Scepter führte, verschieden.[109]) In unserer Epoche tritt der Senat besonders bei dem Tode des Arcadius hervor, als der Perserkönig ihm die (allerdings fragliche) Übernahme der Vormundschaft über Theodosius II. mitteilt, aufserdem wird auch in seinem Namen Stilicho auf Betreiben des Eutrop zum Feind des Vaterlandes erklärt, und Priscus [110]) berichtet uns, dafs es der Senat war, welcher nach dem Tode Rua's den Konsular Plintha an Attila und Bleda entsandte. Auch an der Übertragung der Krone pflegte der Senat einen gesetzlichen Anteil zu haben, wie das in unserer Periode beim Regierungsantritt des Marcian sich geltend macht. Demgemäfs war der Senat die hochgeachtetste Körperschaft des ganzen Reichs, und wenn seine Glieder auch als gröfstenteils reiche Leute von umfangreichem Grundbesitz in Notlagen [111]) des Staates mit ihrem Vermögen herhalten mufsten, so erschien die Zulassung zu demselben doch allen Bürgern als ein höchst erstrebenswertes Glück, zu dessen Erlangung sie kein Mittel unversucht liefsen. Aber da es

---

[105]) Vgl. Novell. VI.
[106]) IX. 19, 15.
[107]) X. 20, 14 und 15.
[108]) Elissen, Der Senat im ostrom. Reich S. 18. Vgl. das Paratitlon Gothofr. zu Cod. Theod. VI. 2.
[109]) Elissen S. 34 ff.
[110]) frgm. 1. Vgl. Elissen S. 44 ff.
[111]) Vgl. Prisc. frgm. 5.

andererseits die Pflicht der Kaiser war, die sich leerenden Kurien vor fortgesetzter Verringerung der Mitgliederzahl zu bewahren, so galt auch in unserem Zeitraum im allgemeinen das Prinzip, dafs kein Kuriale zugleich Senator sein und ein Kuriale erst nach Ableistung aller Lasten Senator werden dürfe.[112]) Doch wurde dieses Gebot häufig genug umgangen. In der Beziehung ist daher wichtig, was Theodosius II. im Jahre 436[113]) verfügte: Wer vor diesem Gesetze, der Kurie entsprossen, zur Würde eines Spectabilis oder Illustris gelangt sei, möge diese Ehren samt ihren Privilegien geniefsen. Wer aber in Zukunft dieselben erreiche, müsse sowohl die senatorischen wie Kuriallasten tragen und ebenso seine Kinder. Diejenigen, welche Illustres geworden seien nicht durch Avancement als Beamte, sondern durch blofse Titelverleihung (honorario titulo), möchten den Funktionen des Senates selbst, denen der Kurie durch einen Stellvertreter gerecht werden, ihre Kinder aber müfsten beide persönlich übernehmen.[114]) Es war in der That auch schwierig den beiderseitigen Verpflichtungen nachzukommen, weil den Senatoren auch die kostspielige Leistung der Praetur oblag, durch welche mancher Kuriale in seinen Vermögensverhältnissen völlig zu Grunde gerichtet wurde.[115])

Nicht minder einschneidend waren zwei Constitutionen[116]) des Arcadius, welche die Geldgeschäfte der Senatoren betrafen. Während nämlich das frühere römische Recht allen Unterthanen 12% (centesimae usurae) Zinsen zu nehmen gestattete[117]), hatte Alexander Severus den Senatoren zuerst überhaupt das Zinsennehmen verboten, später aber ihnen eine Zinsforderung von 6% (semisses) nachgegeben. Es mufs nun in der Folgezeit, vielleicht unter dem Einflufs der christlichen Kirche, ein uns nicht erhaltenes entgegengesetztes Verbot ergangen sein; denn nur so erklärt sich des Arcadius erstes Edikt, das beginnt: „Vergebens weigern sich die Schuldner Minderjähriger Zinsen zu zahlen, weil jene senatorischen Ranges seien", aus dem hervorgeht, dafs die Schuldner das Verbot des Zinsennehmens auch auf die unmündigen Senatorensöhne ausgedehnt hatten. Arcadius verordnete

---

[112]) XII. 1, 180 und 182.
[113]) I. 187.
[114]) Novell. XV. 2. 444. Das freche Benehmen des Senators Valerius in Emisa führte zu der erneuten Bestimmung, dafs die erschlichene Senatorenwürde nicht gelten solle.
[115]) Novell. XV. 1. 439.
[116]) Cod. Theod. II. 33, 3 und 4. Vgl. Gothofr. Comment.
[117]) Erst Justinian I. beschränkte es auf 6%. Vgl. Arndts Lehrb. der Pandecten. 10. Aufl. S. 359 A. 1.

nun, daſs die Schuldner diesen das Kapital nebst den ausgemachten Zinsen zurückzahlen müſsten, doch blieb den mündigen Senatoren diese Art des Gelderwerbs als nicht standesgemäſs noch verschlossen, und hierher gehört daher die Bemerkung des Johannes Chrysostomus in seiner Homilie in Mathaeum gegen den Wucher: τοὺς γοῦν ἐν ἀξιώμασιν ὄντας καὶ εἰς τὴν μεγάλην τελοῦντας βουλὴν (ὃν σύγκλητον καλοῦσιν) οὐθέμις τούτοις κέρδεσι καταισχύνεσθαι· ἀλλὰ νόμος ἐστὶ παρ᾽ αὐτοῖς ὁ τοιαῦτα ἀπαγορεύων κέρδη. Nach achtjährigem Zwischenraum (405) aber verlieh Arcadius den Senatoren überhaupt die Erlaubnis Zinsen zu nehmen, doch nur sub medietatem centesimae usurae, also semisses = 6%[118]), und bestimmte zugleich, daſs die mehr versprochenen ungültig seien und die mehr gezahlten vom Kapital abgezogen werden sollten. So gestattete er ihnen wohl ihr Vermögen durch Verleihen zu vermehren, doch wahrte er zugleich die Standesehre, welcher ein übermäſsiger Zinsfuſs nicht ziemte. Seine Bestimmungen wurden von Theodosius II. nicht verändert und blieben bis Justinian I. in Geltung.

Für den Beamtenstand des oströmischen Reichs war diese Periode insofern von der gröſsten Wichtigkeit, als Theodosius II. es sich angelegen sein lieſs, die einzelnen Kategorien auseinander zu halten und durch Anordnungen über ihren Rang, wie insbesondere über ihr Avancement in den ganzen Regierungsapparat eine gröſsere Festigkeit und Stetigkeit zu bringen; denn es ist klar, daſs das Aussetzen eines bestimmt zu erreichenden Zieles und die feste Normierung des Aufrückens der früheren Willkür der höheren Vorgesetzten einen Damm entgegensetzte und die treue Erfüllung der Pflichten beförderte. So bestätigte[119]) er 409 durch eine allgemeine Verfügung, daſs das Avancement von dem Dienstalter abhängig sei, und ordnete in den folgenden Jahren die Verhältnisse der comites [120]), decuriones palatii[121]), castrenses[122]), Kanzleibeamten[123]), decani[124]), domestici[125]), palatini[126]) und agentes in rebus[127]) u. a. Von allen dahin zielenden Constitutionen

---

[118]) Justinian erlaubte den illustres und Leuten von höherem Rang nur 4%. Cod. Just. IV. 32, 26 § 1. 528. Vgl. Arndts a. a. O.
[119]) Cod. Theod. VII. 3, 2.
[120]) VI. 13, 30.
[121]) VI. 26, 17.
[122]) VI. 32, 1.
[123]) VI. 30, 21.
[124]) VI. 33, 1. Vgl. VI. 25, 1.
[125]) VI. 24, 8.
[126]) VI. 30, 22.
[127]) VI. 27, 18.

aber verdient besonders eine [128]) Beachtung, weil sie auch offiziell zeigt, wie das an und für sich untergeordnete Amt des Oberkämmerers allmählich zu dem höchsten Hofamte aufstieg. Denn im Jahre 422 verlieh Theodosius durch die Verdienste des Macrobius bewogen dem praepositus sacri cubiculi den gleichen Rang mit den obersten Staatsdienern, den praefecti praetorio und urbi und den magistri militum.

Im übrigen darf man nicht erwarten, daſs in der Bestechlichkeit und den Übergriffen der Beamten in den Provinzen, unter welchen das Volk schon seit Jahrhunderten gelitten hatte, unter so schwachen und von Günstlingen geleiteten Kaisern wie Arcadius und Theodosius II. eine durchgreifende Änderung eingetreten ist, um so mehr, als dies nicht einmal ihrem energischen Vorgänger gelungen war. Man wird sich daher nicht wundern, wenn man hört, daſs die auf eine Anstellung hoffenden Statthalter auf Schritt und Tritt von ihren Gläubigern sowohl in Constantinopel als auch in den Provinzen begleitet wurden und daſs für sie der Posten eines Vicarius oder rector provinciae nicht nur ein Amt, sondern vor allem auch eine Gelegenheit war, ihre Schulden zu tilgen und sich zu bereichern.[129]) Aus der Feder des glaubwürdigen Bischofs Synesius haben wir Briefe [130]), in denen er uns das abschreckende Bild eines solchen ungetreuen Beamten in grellen Farben darstellt, des Andronicus. Dieser war, obwohl die Gesetze [131]) verboten, daſs der Statthalter aus seinem Amtsbezirk gebürtig sei, aus Berenice in der Pentapolis und ließ sich die härtesten und grausamsten Maſsregeln gegen die Bürger zu schulden kommen. Einen Dekurionen, welchem die öffentlichen Gelder gestohlen waren, der aber den gröſsten Teil sogleich aus eigener Tasche erstattete, ließ er wegen der noch fehlenden 1000 solidi in die Festung werfen und fünf Tage lang hungern; auſserdem erfand er neue Folterwerkzeuge, quälte die Steuerzahler aufs schrecklichste, verletzte das Asylrecht der Kirche und schlug sogar seine Verordnungen an die Kirchenthüre an. Deshalb von Synesius gebannt [132]) schützte er Reue vor und wurde wieder in die Kirchengemeinschaft aufgenommen. Trotzdem begann er noch ärgeres zu treiben, indem er Unschuldige hinrichten ließ und ihre Güter konfiszierte. Und dies alles konnte zu einer Zeit

---

[128]) VI. 8, 1.
[129]) Synes. ep. 100 von den ἄρχοντες· οὓς οὐκ εἰκὸς ἀγνοεῖσθαι διὰ τὴν ἀκολουθίαν τῶν δανειστῶν und ep. 73. παῤ οἷς ἐφ᾿ ἡμῶν, ὥςπερ ἐπὶ κτήμασι, δανείζονται χρήματα.
[130]) ep. 58, 72, 73. Vgl. Volkmann S. 229 ff. und Sievers S. 405 ff.
[131]) Cod. Theod. I. 35, 1. VIII, 8, 4. Walter S. 465.
[132]) ep. 58.

geschehen, da Anthemius die Regentschaft leitete, von dem derselbe Synesius doch beteuert, er habe „nicht nur die Kraft, sondern auch das Geschick den Staat zu lenken."[133]) Man mufs daher annehmen, dafs Andronicus so frevelhafte Thaten nur wagte, weil die Verbindung zwischen Kyrene und Constantinopel eine äufserst mangelhafte und seltene war, und dafs in den andern Gegenden des Orients dergleichen sonst nicht vorkam.

Noch aus Theodosius I. Regierungszeit stammt jene bekannte Rede des Sophisten Libanius περὶ τῶν προστασιῶν [134]), aus der man ersieht, wie sich unter den Provinzialen in den Dörfern die Unsitte eingebürgert hatte, sich den Schutz der einliegenden, ja auch der nicht dort garnisonierenden militärischen Befehlshaber zu erkaufen und darauf gestützt den Dekurionen die Steuern zu verweigern oder wohl gar sie thätlich anzugreifen. Die Folge war, dafs die Kurialen selbst zuschiefsen mufsten und schliefslich verarmten. Ein Umschwung zum Besseren war trotz dieses rhetorischen Aufrufes an Theodosius nicht eingetreten, denn 395 [135]) bedrohte Arcadius in einer Verfügung an den Comes Aegypti alle Beamten seines Bezirkes, welche Dorfschaften zum Schaden des Staates in Schutz genommen hatten, ohne zunächst eine bestimmte Strafe festzusetzen. Aber schon 399 mufste er durch zwei Verordnungen [136]) von neuem dagegen einschreiten, welche zeigen, bis in wie hohe Beamtenkreise sich das Unwesen erstreckte. Es werden in der ersten namhaft gemacht die magistri utriusque militae, die comites, Prokonsuln, Vikare, der praefectus Augustalis, dann die niederen Offiziere, die tribuni militares, endlich die Kurialen; mit einem Wort! das gesamte Beamtentum des oströmischen Reichs, wenige ausgenommen, wird der Bestechlichkeit geziehen und mit der hohen Geldstrafe von ungefähr 36000 Mrk bedroht, während die in ihren Schutz getretenen rustici zur Zahlung der doppelten Steuer verurteilt werden. Ja, die Strafe wurde zwei Monate später in einem anderen Edikt noch dahin erhöht, dafs der Schutz Gewährende sein ganzes Vermögen, der Beschützte seinen Grundbesitz verlieren solle.

Die Ungerechtigkeiten der hohen Beamten beschränkten sich aber nicht auf die Landbewohner; aus einem von demselben Tage wie jenes erste datierten Gesetze [137]) ersehen wir vielmehr, dafs in

---

[133]) ep. 23: ἐπειδὴ σώζειν τὰς πόλεις Ἀνθέμιος καὶ φύσιν ἔχει καὶ τύχην καὶ τέχνην.
[134]) G. S. 237.
[135]) Cod. Theod. XI. 24, 3.
[136]) l. 4 und 5.
[137]) XIII. 7, 1.

Alexandrien wenigstens in Bezug auf die Stellung von Schiffen ähnliches vorkam. Reichten nämlich die Fahrzeuge der navicularii, welchen der Transport der species publicae (Getreide, Holz u. a.) nach Constantinopel von staatswegen oblag, zur Überfahrt nicht aus, so wurden private in Anspruch genommen. Und hierbei war gewifs viel Parteilichkeit vorgekommen, denn Arcadius wandte sich in seiner Verfügung gegen den Unfug, dafs Schiffe unter dem Schutze Mächtiger zur Überfahrt des Getreides nicht gestellt würden, und setzte für die Übertretung eine Strafe von 18000 Mark fest. Gleichwohl wurde durch diese Edikte das Übel mit der Wurzel nicht ausgerottet, denn aus einer Verordnung Theodosius II.[138]) aus dem Jahre 415 geht hervor, dafs in einem so angebauten Lande wie Aegypten unter dem Einfluſs dieser patrocinia viele Dörfer ganz verödet waren, und aus einer Novelle des Jahres 439 [139]), dafs die Entziehung der Privatfahrzeuge vom Staatsdienst noch immer fortdauerte.

Auch gegen die Anmaſsung der Präfekten, auf Gesandtschaften selbst zu antworten [140]), gegen die Neigung der Beamten, unter Miſsbrauch ihrer Amtsgewalt [141]) Leute zu Käufen, Verkäufen und Schenkungen zu zwingen, gegen die Willkür [142]), mit welcher manche bei der Eintreibung der annonae für Offiziere und Beamten verfuhren, gegen die Belästigung, welche die östlichen Provinzialen durch den unnötigen Aufenthalt der Transporteure der wilden Tiere für die Spiele erduldeten [143]) und gegen den Schmuggelhandel [144]) an den Grenzen sah Theodosius II. sich genötigt Verfügungen zu erlassen. Von besonderer Wichtigkeit endlich sind seine Anordnungen über den Gerichtsstand [145]) derjenigen Beamten, welche auf ihren kaiserlichen Dienst fuſsend nebenher noch Pächter oder Mieter fremder Güter waren und Handel aller Art trieben. Er befahl, dafs alle domestici, agentes in rebus und sonst in Beamtenstellung Befindlichen durchaus den öffentlichen Verpflichtungen nachkommen und sich nicht auf ihren Gerichtsstand berufen sollten. Nur diejenigen wurden von dieser Constitution nicht getroffen, welche im Besitz eines Urlaubsscheines waren zum Zwecke der Ordnung ihrer persönlichen Verhältnisse.

---

[138]) XI. 24, 7.
[139]) VIII. 1.
[140]) XII. 12, 16.
[141]) III. 1, 9.
[142]) VII. 4, 35.
[143]) XV. 11, 2.
[144]) VI. 29, 10.
[145]) Novell. VII. 1—3.

Die Bauwut[146]) der Provinzialstatthalter scheint in dieser Zeit nachgelassen zu haben, nur mufsten die Kaiser die Beamten energisch zur Ausbesserung und Wiederherstellung der durch ihre Nachlässigkeit verfallenen Paläste, Amtswohnungen und Stallungen anhalten, welche auf Kosten der Säumigen selbst vorgenommen werden sollten.[147]) Dagegen zeigte sich die unehrliche Neigung der höchsten Beamten wieder in der unerlaubten Benutzung der Staatspost (cursus publicus).[148]) Aufser dem Kaiser hatten nur die praefecti praetorio und der magister officiorum die Befugnis Erlaubnisscheine (evectiones)[149]) zum Gebrauch des cursus publicus zu erteilen, während den übrigen Behörden eine bestimmte Anzahl von evectiones dem Bedürfnis entsprechend vom Kaiser gewährt worden war, die sie nicht überschreiten durften.[150]) Gleichwohl hörten die Vergehen dagegen nicht auf, und auch Arcadius mufste mehrfach einschreiten.[151]) So erliefs er 396 an den mag. mil Simplicius eine Verfügung, in welcher gesagt wird, dafs die den Statthaltern gegebenen Erlaubnisscheine vollständig ausreichten, und dafs er selbst nicht befugt sei solche auszustellen, wobei besonders der Hinweis charakteristisch ist, dafs das Beispiel des höchsten Vorgesetzten auf seine Untergebenen zurückwirke.[152])

Mit der gewinnsüchtigen Ausnutzung der Staatspost steht in engstem Zusammenhang der Mifsbrauch, die an den Staatsstrafsen gelegenen kaiserlichen Pfalzen und Wohnhäuser gelegentlich einer Reise in Anspruch zu nehmen;[153]) hiergegen wurde so oft gesündigt, dafs Arcadius 405 ein strenges Verbot erliefs. In demselben untersagte er unter Androhung einer hohen Geldstrafe oder, im Unvermögensfalle, der Deportation jegliche Benutzung dieser kaiserlichen Grundstücke, doch mufste er sich selbst bald dahin verbessern, dafs er den Provinzialgouverneuren, wenn sie abseits der Chausseen amtlich zu thun hatten, — wo also Amtswohnungen (practoria) nicht vorhanden waren — erlaubte in den kaiserlichen Gebäuden zu wohnen.

---

[146]) Vgl. G. S. 235.
[147]) XV. 1, 35.
[148]) Vgl. das Paratitlon Gothofr. zu VIII. 5. Hudemann Geschichte des röm. Postwesens während der Kaiserzeit S. 44 ff. geht über die Regierung des Arcadius und Theodos. II. kurz hinweg.
[149]) Hudemann S. 100.
[150]) Sie sind in der Not. Dign. am Schlufs der betr. Capitel angegeben.
[151]) Vgl. VIII. 5, 56—66.
[152]) Tunc namque metu praeceptum custodire oportet iudices inferiores, cum cognoverint a potioribus custodiri.
[153]) VII. 10, 1 und 2.

Hierhin gehört auch das Übermafs von Ansprüchen[154]), welche die auf Reisen befindlichen Beamten an ihre Wirte stellten, und die so hoch stiegen, dafs Arcadius eine feste Norm ein für alle mal festsetzte. Er bestimmte, dafs der hospes (Wirt) seine Behausung in drei Teile zerlegen solle, von denen er sich den ersten selbst wählen konnte und aufserdem noch den dritten erhielt, während der einliegende Beamte sich mit dem zweiten zu begnügen hatte. Es geschah dies offenbar zum Schutze des Wirts, denn es heifst von ihm: intrepidus ac securus possideat portiones; jedoch wurde den illustres viri, der ersten Rangklasse (praef. praet.; mag. off.; quaestor; comes S. L. und R. Pr., com. domest.) gestattet die Hälfte des Gebäudes zu beanspruchen, alle Mehrforderungen aber wurden mit hohen Geldstrafen bedroht.

Auch die Behandlung der Gefangenen war unter Arcadius besserungsbedürftig; sie war gewifs noch so willkürlich und ungesund wie zur Zeit, da Libanius gegen diese Übelstände seine Rede πρὸς τὸν βασιλέα περὶ τῶν δεσμωτῶν verfafste.[155]) Der Kaiser sah sich genötigt die Provinzialstatthalter anzuweisen die Strafe ohne Zögerung auszuführen oder bei Freisprechung die Gefangenen sofort frei zu lassen.[156]) Doch kam es noch unter Theodosius II. vor, dafs zum Exil Verurteilte entweder ihre Strafzeit durch die Nachlässigkeit der Beamten im Gefängnis abgesessen hatten[157]) oder über ihre Zeit hinaus in der Verbannung hinter Schlofs und Riegel gehalten wurden.[158])

Im Militärwesen war es etwas Gewöhnliches, dafs die Rechnungsführer (actuarii) mehr forderten, als ihnen an Steuern oder Naturalien zukam.[159]) Wir ersehen aus einigen Verfügungen des Arcadius und Theodosius II., dafs sie wieder mit den Calculatoren des praefectus urbi (numerarii) und den scriniarii des magister mil. per Orientem[160]) unter einer Decke spielten. Auch in dieser Periode fehlte es nicht an Übergriffen der gemeinen Soldaten, sie benutzten die Gemeindewiesen[161] vielfach als Weideplätze für ihre Tiere und forderten bei Einquartierungen vom Wirt mehr, als zulässig war.[162]) Dagegen scheint die Disziplin selbst sich mehr und mehr gefestigt zu haben und nur

---

[154]) VII. 8, 5. Vgl. Gaupp a. a. O. S. 85 ff. und Pallmann II. S. 318 ff.
[155]) Vgl. G. S. 234.
[156]) IX. 1, 18.
[157]) IX. 40, 22.
[158]) I. 23.
[159]) VII. 4, 28 und VIII. 1, 14.
[160]) I. 15.
[161]) VII. 7, 4 und 5.
[162]) VII. 9, 1.

im Anfang der Regierung des Arcadius locker gewesen zu sein[163]), bevor durch die Niederwerfung des Gainas die Verhältnisse sich geklärt hatten. Andererseits führte die Unsicherheit des Gerichtsstandes zu mancherlei Belästigungen und Kompetenzkonflikten, welche Theodosius in einigen Novellen zu beseitigen sich bemüht hat. Denn die strenge Scheidung zwischen Militärgericht und Civilgericht, wie wir sie heute haben, kannte das römische Recht noch nicht. So litten die duciani vel limitanei milites[164]) (erblich angesiedelte Grenzsoldaten) darunter, dafs ihr Gerichtsstand, weil sie halb Soldaten, halb Civilisten waren, nicht genau festgestellt war, und dafs sie oft lange Zeit durch die Führung eines Prozesses in Constantinopel ihrem Waffenhandwerke entzogen wurden. Theodosius unterstellte sie daher 438 dem Militärgericht und ordnete die Zahlung der Prozefskosten. Ähnlich lag die Sache mit den Beamten der magistri militum, welche in einer Bittschrift ebenfalls um Verleihung des militärischen Gerichtsstandes eingekommen waren.[165]) Ihnen gegenüber schlug Theodosius einen Mittelweg ein[166]), indem er erklärte, die apparitores der mag. mil. hätten an und für sich nicht das Recht sich der Civilgerichtsbarkeit auf Grund ihrer militärischen Stellung zu entziehen, er verstatte aber den Offizieren des mag. mil. 300 apparitores, welche ohne Erlaubnis des mag. mil. nicht vor das Forum der Präfekten oder rectores provinciarum gezogen werden könnten. Alle über diese Zahl hinaus seien nicht durch ihr cingulum geschützt, sondern der Civilgerichtsbarkeit unterworfen (quasi nec militantes). Es sollte nun allerdings dem Urlaubsschein oder der Legitimation eines apparitor regelmäfsig hinzugesetzt werden, ob er zu jenen 300 gehöre oder nicht, aber bei der Bestechlichkeit der ganzen Beamtenwelt ist kaum anzunehmen, dafs dieses Gebot nicht vielfach umgangen wurde.

In Bezug auf die Verpflegung[167]) der Stadt Constantinopel hat Arcadius zwar keine nachhaltigen Änderungen vorgenommen, da erst kürzlich von seinem Vater der durch Constantin festgesetzte Canon um 125 Brode täglich vermehrt worden war, doch hatte er Veranlassung gegen eine ungerechte Verteilung der Spenden einzuschreiten. Er schlofs 396[168]) von diesen novae annonae alle diejenigen aus, welche kein Haus besafsen oder innerhalb sechs Monate keins bauen

---

[163]) Vgl. die zahlreichen Urlauber VII. 1, 17. 398 und Synes. Catast p. 302.
[164]) Novell. IV. 438. Vgl. Walter S. 496.
[165]) Vgl. Cod. Just. III. 13, 6. 413. Cod. Theod. II. 1, 9.
[166]) Novell. VII. 4. 441.
[167]) E. Gebhardt Studien über das Verpflegungswesen von Rom und Constantinopel. Dorpat 1881. Diss. Vgl. Walter I. S. 454 ff.
[168]) Cod. Theod. XIV. 17, 13 und 14.

wollten, und da diese Verfügung doch verletzt wurde, so bestimmte er 402, dafs Entscheidungen über den Anteil an denselben entweder von ihm persönlich oder mit seiner Genehmigung vom Stadtpräfekten ausgehen sollten. Ähnlich mufste Theodosius II. gegen den Mifsbrauch eintreten, dafs die Staatsbäcker (mancipes) das Getreide in unverbacktem Zustande an die Familien abgaben[169], welche es dann zu anderen Zwecken verwandten und doch an Brot Mangel litten; er ordnete daher an, dafs das Korn nur in Gestalt des Brotes zur Verteilung gelangen sollte. Wie sein Ahn gleichen Namens für Constantinopel gesorgt hatte, so vermehrte Theodosius II. für das an Volkszahl stetig wachsende Alexandrien[170]) die von Diocletian eingesetzten Getreidespenden um 110 Scheffel, „damit niemand des bisher Genossenen beraubt werde."

An einschneidenden juristischen Dekreten erliefs Arcadius eine Verfügung, durch welche die bisherige allgemeine Rechtsverbindlichkeit der rescripta (Bescheide auf Anfragen der Parteien oder Behörden um Rechtsbelehrung) aufgehoben und ihre Geltung auf den einzelnen Fall beschränkt wurde![170a]) In einer anderen eherechtlichen Verfügung gab er wichtige Bestimmungen[171]) inbetreff der sogenannten incestae nuptiae. Während nämlich bis dahin denjenigen, welche mit Geschwisterkindern oder Schwägerinnen eine Ehe eingegangen waren, der Feuertod und Güterproskription gedroht hatte, milderte er die Strafe in folgender Weise: Der Frevler darf zwar sein Vermögen zeitlebens behalten und geniefsen, doch gelten die Frau so wenig wie die Kinder für legitim und dürfen weder im Leben von ihm beschenkt werden noch nach seinem Tode von ihm erben, ja die zugebrachte Mitgift fällt sogar dem Fiskus anheim. Seine Erben sind vielmehr, ob er testamentiert oder nicht, stets die direkten Ascendenten, wenn solche aus legitimer Ehe vorhanden sind, oder die Descendenten oder die Seitenverwandten Bruder, Schwester, Oheim, Tante; jedoch wird demjenigen von ihnen, der dem Mann zu jener Heirat geraten hat oder sonst daran beteiligt war, sein Anteil zu Gunsten der Staatskasse entzogen. Dieselben Bestimmungen gelten auch für die Frau und beziehen sich nicht nur auf zukünftige Fälle, sondern haben sogar rückwirkende Kraft. Noch wichtigere Veränderungen knüpfen sich an den Namen Theodosius II., der nicht nur im Erbrecht ein anderes Prinzip aufstellte, sondern auch für die Verjährung der Klagen eine

---

[169]) XIV. 16, 2. [170]) XIV. 26, 2. 436.
[170a]) Cod. Theod. I. 2, 11. 398. Doch vgl. Cod. Just. I. 14, 3. 426. Ravennae.
[171]) Cod. Theod. III. 12, 3.

allgemeine Norm gab. Die von Augustus erlassenen Gesetze, l. Julia und Papia Poppaea[172]), hatten zu einer wirksamen Erbeseinsetzung oder Zuwendung eines Legats aufser der Einsetzungsfähigkeit des testamentarischen Erben (testamenti factio passiva) oder Legatars noch die sogenannte Erwerbsfähigkeit (capacitas) als notwendig bezeichnet und bestimmt, dafs die unverheirateten Personen (caelibes) ganz, die kinderlosen Eheleute (orbi) zur Hälfte erwerbsunfähig seien. Die letzteren konnten von einander nur den zehnten Teil ihres Vermögens und ein Drittel des Niefsbrauchs an dem übrigen erwerben. Diese Bestimmungen waren dem Wunsche des Kaisers entsprungen, die Schliefsung von Ehen und die Erzeugung von Kindern zur Steigerung der nur schwach sich mehrenden Bevölkerungszahl des Reichs zu fördern, hatten aber gewifs oft zur Folge gehabt, dafs Gatten nach dem Tode des andern Teils in arge Not geraten waren; deshalb hob Theodosius, da unter dem Einflufs des Christentums die Sittlichkeit sich gehoben hatte und die Schliefsungen legitimer Ehen wieder häufiger geworden waren, jenen die Ehegatten beschränkenden Passus 410 auf, nachdem Constantin der Grofse bereits 329 die Erwerbsunfähigkeit der Caelibes beseitigt hatte, und gestattete den Ehegatten, auch wenn sie keine Kinder hatten, das ganze Vermögen einander letztwillig zuzuwenden und zu erwerben.[172a]) Im Jahre 424 endlich führte er die sog. praescriptio triginta annorum ein, nach welcher alle Klagen, soweit ihre Wirksamkeit nicht schon auf kürzere Zeit beschränkt worden war, in dreifsig Jahren verjährten.[172b])

Die litterarischen Erscheinungen dieser Epoche[173]) sind in gewissem Sinne der Widerschein der religiös-sozialen Verhältnisse. In dem Mafse wie das Heidentum Schritt für Schritt vor dem anstürmenden, übermächtigen Christentum zurückweicht, in demselben Grade hört nach und nach die Lust zum Schreiben bei seinen Anhängern auf, weil die Häupter des Heidentums, wenn sie nicht in Athen oder Alexandrien waren, immer geringere Aussicht auf ein gebildetes, dankbares Publikum hatten und allmählich aus dem öffentlichen Leben verschwanden. Sie zerfallen in zwei Gruppen, je nachdem ihr Charakter sie zu offenem Angriff auf das Christentum antrieb

---

[172]) Gaii institut. ed. Krueger et Studemund II. 111, 114, 207, 286. Salkowski Institutionen 3. Aufl. S. 404. Arndts a. a. O. § 492. Baron Pandecten S. 63. Windscheid Lehrb. des Pandectenrechts § 549 und 550.

[172a]) Cod. Theod. XIII. 17, 2 und 3. Cod. Just. VIII. 57, 2. Vgl. Cod. Theod. XIII. 16 und Cod. Just. a. a. O. l. 1.

[172b]) Cod. Theod. IV. 14, 1. Baron S. 184. Arndts S. 161.

[173]) Vgl. die näher auf dieselben eingehende Untersuchung des Verf. „Die Quellen zur Geschichte des Kaisers Theod. d. Gr." Dissert. Halle 1878.

oder auf das beschauliche Versenken in eine bessere Ideenwelt hinwies. Der bedeutendste der wenigen Vertreter der ersteren Richtung war der sophistisch und medizinisch gebildete Geschichtsschreiber Eunapius[174]) aus Sardes, der aufser den Biographien von drei und zwanzig Philosophen seiner Zeit und der nächsten Vergangenheit unter der Regierung Theodosius II. eine für die Jahre 270—404 n. Chr. höchst wichtige Darstellung verfafste, von der allerdings nur Fragmente auf uns gekommen sind. Doch sind sie zahlreich genug, um in ihm die Neigung, die christlichen Kaiser auf Kosten der wenigen hervorragenden heidnischen Männer mit den Mitteln der beifsendsten Ironie herabzusetzen und zu verunglimpfen, klar hervortreten zu lassen. Einen merkwürdigen Gegensatz zu ihm bildet Olympiodorus[175]), der, obwohl auch Heide, dem Hofe so nahe stand, dafs er es wagen konnte, Theodosius II. sein die Jahre 407—425 umfassendes Geschichtswerk zu widmen. Man findet daher in den Fragmenten desselben keine Spur jenes ätzenden Giftes, in welches beständig die Feder des Eunap getaucht ist; seine Geschichte verdient aber um so mehr Beachtung, als er nur die Ereignisse seiner Zeit schrieb, selbst als Gesandter zu den Hunnen geschickt worden ist und einen grofsen Teil der damaligen Welt aus eigener Anschauung kennen gelernt hat.

Von den Vertretern der anderen Richtung dagegen sind uns mehr Nachrichten und Werke hinterlassen. Man erinnere sich an den Freund des Anthemius, Troilus, den Lehrer vieler Bischöfe, und an ihren ganzen oben des näheren geschilderten Dichter- und Gelehrtenkreis; auch der Hypatia, ihres Vaters Theon und überhaupt der alexandrinischen Schule ist hier zu gedenken. Die ansprechendste und den Standpunkt dieser philosophischen Richtung am deutlichsten charakterisierende Persönlichkeit aber ist der Philosoph Synesius[176]), den sein Neuplatonismus, die christliche Gattin und seine eigene milde Gemütsart noch in seinen späteren Jahren zum Übertritt zum Christentum bewogen, dem er auch als Bischof von Kyrene den Griffel seiner Muse geliehen hat. Doch die Hymnen, die er in dieser Zeit gedichtet hat, sind von geringem poetischen Werte und würden ihn nicht der Vergessenheit entrissen haben, sondern er ist durch seine im Anfange der Darstellung wiedergegebene „Rede über das Königtum" an Ar-

[174]) Ebend. S. 5—14. und G. S. 236. Zu Zosimus vgl. Pallmann II. S. 152—168 und meine Dissert. S. 8.

[175]) Müller Frgm. hist. Graec. IV. S. 57 und 58. Photius Bibl. c. 80. Pallmann S. 151.

[176]) Vgl. die Literaturangabe auf S. 89 der Darstellung. Nach Volkmann S. 208 trat er 409, nach Sievers S. 401 410 oder 411 zum Christentum über.

cadius und seinen philosophisch-allegorisch angelegten Roman „Die Ägypter oder über die Vorsehung" eng mit der Zeitgeschichte verbunden und für die Wende des Jahrhunderts eine nicht zu unterschätzende Quelle. Auch seine Briefe haben ihre Bedeutung als Bilder des Stillebens eines Philosophen, der hart am Rande der Sahara seinen Garten bestellt, aber nur zu oft durch die Einfälle der räuberischen Nomaden der Wüste in seiner Ruhe gestört wird, und als Zeugnis des sorgenvollen Lebens eines christlichen Bischofs neben einem allmächtigen Gouverneur, während seine übrigen Schriften das allgemeinere Interesse nicht berühren. Der bedeutendste Heide aber ist der bekannte athenische Sophist, Proclus[177]), der Schüler des Syrianus, der unbekümmert um das Stürzen der letzten Tempel gerade zu seiner Zeit den Neuplatonismus durch die strenge Folgerichtigkeit seiner Systematik zum formellen Abschluſs gebracht hat, dessen Hauptthätigkeit aber erst in das Ende der Regierung Theodosius II. und nach seinem Tode fällt.

Ungleich reicher, was den Stoff und die Lebendigkeit anbetrifft, entfaltete sich dagegen die christliche Litteratur[178]), denn alle neuen Antriebe des Lebens gingen von ihr aus und hatten durch den leicht verständlichen, von Herzen kommenden und zu Herzen gehenden Inhalt die innigste Fühlung mit der breiten Masse des Volkes. Und besonders die Glieder der Kirche entwickelten auch in unserer Periode eine ungemeine Neigung ihre Gedanken und Gefühle den Glaubensgenossen mitzuteilen. Nichts war natürlicher! Denn während ein grosser Teil der Provinzialen entweder als Kurialen, Navicularen, Mancipes, Fabricenses, Murilegi, Metallarii u. s. w. oder endlich als Soldaten in die engen Bande ihrer Korporation mit all' den Lasten und Verpflichtungen für Lebenszeit eingeschlossen waren, ohne viel Aussicht je aus ihrem Stande heraus- und emporzukommen, waren die Diener der Kirche persönlich frei von jenen Lasten und führten ein angesehenes, beschauliches und im ganzen vor den Ungerechtigkeiten der Beamten sicheres Leben. Darum erblicken wir, während die stummen Klagen der Steuerzahler uns nur in den kalten, geschäftsmäſsigen Konstitutionen der Kaiser entgegentreten, die ganze Fülle des leidenschaftlichen orientalischen Lebens in den persönlichen Streitigkeiten einzelner und vor allem in den erregten Debatten der Synoden. Aber dies ist auch das einzige, was man den litterarischen Erzeugnissen von christlicher Seite nachrühmen kann, der lebendige Ausdruck

---

[177]) Zeller die Philos. der Griech. III. S. 906 ff. Hertzberg Gesch. Griech. III. S. 517 ff.

[178]) Vgl. meine Dissert. S. 21 ff.

natürlicher Gefühle und inniger Glaubenstreue, denn mit den ehrwürdigen Denkmälern der Antike standen sie als Kinder einer neuen Welt in offenster Feindschaft und aufser den zahlreichen Citaten aus der heiligen Schrift begegnet man selten [179]) einer gelehrten Reminiscenz aus den Meisterwerken der griechischen Blütezeit. Und doch wie gut würden sie gerade den Produkten dieser Zeit angestanden haben, welche fast auf keinem Gebiete der Litteratur etwas Originelles und für alle Geschlechter Lesenswertes geschaffen hat. Denn selbst die mit ihrer Erziehung im Heidentum wurzelnde Kaiserin Eudocia [180]), Theodosius II. Gemahlin, hat es über poetische Umschreibungen biblischer Stoffe im heroischen Versmafs kaum hinausgebracht. Es werden ihr beigelegt die Metaphrase des Octateuchs in acht Teilen, welcher Photius [181]) ein angenehmes Mafshalten im Stoff und eine angemessene Sprache nachrühmt, und eine solche der Propheten Zacharias und Daniel. Eigene Gedanken dagegen enthält nur das Werk, welches die Lebens- und Leidensgeschichte des Cyprian in drei [182]) Büchern behandelt, von denen das zweite am interessantesten erscheint. Auch die erhaltenen Epigramme ihres Günstlings, des Praefekten Kyros, verraten nur viel Schmeichelsucht und wenig Originalität. Zu bedauern dagegen ist, schon wegen ihres Inhalts, dafs die poetischen Darstellungen des Gothenaufstandes unter Gainas durch den scholasticus Eusebius und den „Dichter" Ammonius [183]) nicht einmal in Fragmenten auf uns gekommen sind, wenn sie auch schwerlich die übrigen Geisteserzeugnisse dieser Art überragt haben werden.

Mannigfaltiger sind die Gattungen der prosaischen Schreibweise vertreten. Vor allem ist dieser Litteraturzweig reich an den Sammlungen von Predigten, in denen sich besonders Johannes Chrysostomus und sein Zeitgenosse Severianus von Gabala [184]) hervorthat, an Streit-

---

[179]) Socrat. VII. 25, werden Xenoph. Anabasis lib. VI. und Strabo zitiert. Doch vgl. Neander a. a. O. S. 797.

[180]) Vgl. die Schlufscapitel bei Gregorovius a. a. O.

[181]) Cod. 183 und 184. Aufserdem erwähnt Zonaras XIII. 23 die sog. ὁμηροκέντρα, welche ganz aus Versen des Homer zusammengesetzt das Leben Jesu Christi behandelten.

[182]) Das 2. Buch ist metrisch übersetzt von Gregorovius im Anh. a. a. O.

[183]) Vgl. Socrat. VI. 6.

[184]) Gennadius de script. eccles. S. 21. Clinton fasti Rom. S. 543.

[184a]) Hieronymus gehört seiner Geburt und Schreibweise nach mehr in den Occident. Vgl. Neander S. 797 ff. und Teufel Gesch. der röm. Litteratur S. 1021 ff. Richter das westr. Reich S. 602 ff. Griechisch hat er nichts geschrieben, sondern nur Übersetzungen aus demselben ins Lateinische angefertigt. Zöckler Hieronymus Gotha 1865 S. 81. 84. 162. 343 ff.

schriften und ähnlichen Mitteilungen an die Gläubigen, welche hier alle aufzuzählen viel zu weit führen würde. Von allgemeinerer Bedeutung dagegen sind die geschichtlichen Darstellungen, welche aus dieser Zeit herrühren, obgleich es niemand, so viel wir wissen, von christlicher Seite unternommen hat, eine Profangeschichte der Epoche zu schreiben; denn von Priscus[185]), dem wir allein eine „byzantinische Geschichte" verdanken, ist nicht mit Sicherheit festzustellen, ob er noch ein Anhänger des alten Glaubens war oder Christ. Alle übrigen derartigen Erscheinungen sind aus religiösen Erwägungen und Rücksichten hervorgegangen, seien es nun die chronologischen Studien, in welche sich die ägyptischen Mönche Annianus und Panodorus[186]) zur Zeit des Theophilus vertieften, oder die Biographien hervorragender Bischöfe oder kirchengeschichtliche Werke. Die bekannteste der ersteren ist die Lebensgeschichte des Johannes Chrysostomus, dargestellt von dem Bischof Palladius[187]) von Hellenopolis, welcher zugleich der Verfasser einer dem Oberkämmerer Lausus gewidmeten Geschichte des Mönchswesens in biographischer Form ist; nicht minder wichtig für die Zeitgeschichte ist die Biographie des Porphyrius von Gaza von seinem Diacon Marcus, deren wir ebenfalls in der Darstellung dankbar zu erwähnen Veranlassung hatten. Von den zahlreichen kirchengeschichtlichen Erzeugnissen ist die „christliche Geschichte" des Presbyters Philippus[188]) aus Side leider verloren gegangen, doch wissen wir, dafs sie sechs und dreifsig Bücher umfafste und vieles nicht dahin Gehörige enthielt. Dagegen sind die Darstellungen[189]) des Sachwalters Socrates und der Geistlichen Sozomenos und Theodoret in vollem Umfange vorhanden, von denen die des Erstgenannten wegen ihrer einfachen Sprache und genauen Zeitangaben den Vorzug vor den beiden andern verdient, welche durch die Leichtgläubigkeit ihrer frommen Verfasser an Glaubwürdigkeit eingebüfst haben. Socrates führt die Ereignisse in 7 Büchern vom Jahre 323 bis 438, Sozomenos, welcher sein Werk Theodosius II. gewidmet hat, von demselben Ausgangspunkt bis 415 und Theodoret endlich, später Bischof von Kyros in Syrien, ebenso bis 429. Im Gegensatz endlich zu ihren Darstellungen behandelt ihr

---

[185]) Vgl. Niebuhr bei Müller IV S. 69.
[186]) Syncellus p. 34 und 326 C. Clinton S. 581.
[187]) S. 549 und 599. ἡ πρὸς Λαῦσον ἱστορία ist ediert bei Migne Bd. 34 S. 995 ff.
[188]) Socrat. VII. 26 und 27. Photius Bibl. c. 35. Vgl. Clinton S. 607.
[189]) Über das Leben derselben und das Verhältnis ihrer Werke zu einander vgl. meine Dissert. S. 22—42.

aufgeklärter Zeitgenosse Philostorgius[190]) die Kirchengeschichte von 300—425 vom arianischen Standpunkte aus und entwirft, da ihn kein Band der Pietät an die katholischen Kaiser knüpfte, sowohl von ihnen wie von den Zuständen des Reiches ein Bild, welches dem des Heiden Eunap sehr ähnlich ist.

So ist denn diese Periode von der Reichsteilung bis zum Tode des jüngeren Theodosius keineswegs arm an litterarischen Erzeugnissen, aber ihnen allen fehlt mehr oder weniger die Originalität, welche dem praktischen Bedürfnissen dienenden Codex Theodosianus überhaupt abgeht. Diese Unselbständigkeit hat immer mehr mit den Jahrhunderten zugenommen, bis sie schliefslich in umfangreichen Sammelwerken verlief, in denen der Geistesreichtum einer früheren Epoche wohl mit emsigem Bienenfleifs, aber ohne Verständnis zusammengetragen wurde.

[190]) Ebend. S. 35 und 36. Ed. von Valesius 1748, sie ist nur im Auszuge des Photius erhalten.

Berichtigung.
Lies S. 79 4. Zeile von unten statt „noch höheren" nur „hohen".

Halle, Druck von Ehrhardt Karras.

www.ingramcontent.com/pod-product-compliance
Lightning Source LLC
Chambersburg PA
CBHW032011300426

44117CB00008B/982